教育部哲学社会科学研究重大课题攻关项目（12JZD046）成果

教育改革的社会支持

吴康宁 等著

人民出版社

目　录

前　言

　　光阴如箭！若从 20 世纪 70 年代末 80 年代初算起，裹挟于整个改革开放社会进程中的中国教育改革历程转眼间竟已近四十年。在人类历史长河中，四十年的时间只是极为短暂的一瞬，但从国人对于改变国家教育状况、促进受教育者健康发展、推动社会文明进步的强烈期盼来看，四十年的时间却又显得颇为漫长。

　　尤为让人纠结的是，即便经过近四十年的漫长过程，中国教育改革也只是在《国家中长期教育改革和发展规划纲要（2010—2020 年)》[以下简称为《教育规划纲要（2010—2020)》] 颁布之后才开始在国家层面上启动"深水区"教育改革的进程，且只是在 2012 年十八大之后，才进入"深水区"教育改革的务实阶段。无疑，"深水区"教育改革阶段的复杂性与曲折性绝非"浅水区"所可同日而语。这意味着，中国教育改革仍将任重道远，漫长过程仍将延续，与之相应的中国教育发展在今后相当长一段时间里也仍将艰难前行。

　　事实上，近四十年来所进行的大大小小、林林总总的教育改革及其相应发展，有些获得了成功，有些则并未成功；有些得以持续推进，有些则屡屡止步不前；还有些虽然成效明显，但代价也相当昂贵。有鉴于此，认真反思教育改革过程，深入剖析教育改革的制约因素，努力寻觅教育改革的可能改善空间，便成为推进教育改革的必要功课。

　　显然，制约着教育改革的，既有教育内部因素，也有外部社会因素。由于教育对于社会（政治、经济、文化等）的依附性依然存在，因而，教育中的一些重要方面其实并不只是教育自身的特征，而且也是，甚至主要是外部社会在教育领域中的特定延伸（如教育意识形态、教育管理体制等）。而且，在许多情况下，尤其是在中国当下极为复杂、极为曲折的社会转型过程中，教育改革的几乎所有领域（从高等教育改革到学前教育改革）、所有方面（从宏观层面的教育体制改革到微观层面的课堂教学改革），都越来越需要外部社会的有力支持，否则便举步维艰，以至难有所成。

因此，完整的教育改革研究不能仅仅以教育改革本身为对象，不能仅仅滞留于琢磨教育改革的取向本身是否正确、思路本身是否科学、方式本身是否合理、效果本身是否明显，等等，而应拓展至审思教育改革所处的外部环境，检视必要的社会条件。应通过研究，为改善与优化教育改革所处社会环境提供有益启示。这既符逻辑之理，也合实际之情。因为，至少在当下中国，若不改善与优化社会环境，教育改革的名副其实且具可持续效应的成功也将无从谈起。

据此来看，迄今为止的教育改革研究便在总体上存在着重"内"轻"外"的倾向，即偏重对教育改革本身的研究，忽视对外部社会支持的研究。而已有的为数不多的有关外部社会支持的研究也存有两个重大缺陷：一是多半只是对某一单项社会支持要素（如财政投入支持、社区支持、社会舆论支持等）的零散研究，缺少对整个社会支持系统的总体研究；二是多半只是指出存在问题，分析产生原因，很少在研究基础上有针对性地提出切实可行的解决问题的对策。①

为此，我们对我国教育改革的社会支持进行了较为系统的研究。我们的一个基本立场是：我国教育改革需要一个强有力的、行之有效的社会支持系统。我们希望通过这项研究，客观呈现相关社会支持要素以及由这些支持要素构成的整个社会支持系统总体的现实状况，尤其是客观呈现需要着力解决的重要问题，客观分析产生问题的主要原因，并在此基础上提出旨在改善与优化相关社会支持要素及整个社会支持系统的对策建议。

---

① 以上文字中部分内容参照拙文《研究教育改革和发展的社会支持问题》（《南京师大学报》（社会科学版）2012 年第 5 期），有修改。

　　当然，正因为教育的外部社会太庞杂，教育改革所需要的社会支持也太繁杂，几乎无所不包，所以，我们对于教育改革的社会支持研究也就既不可能穷尽所有组成部分，而只能择其要者（对于社会支持要素，本书选择了十种。详见本书引论）；也不可能囊括所有层面，同样只能择其要者（对于社会支持系统整体，本书选择了整体战略、模式建构、运行机制、条件保障及效果评价等五个层面，详见本书第十二章）。这些"要者"的选择依据，既来自我们在经历、体验以及客观了解基础上形成的对于教育改革的常识性、实践性理解，也来自我们在理论思考基础上形成的对于教育改革的规律性、逻辑性认识。

　　由于本研究既需要涉及各种单项社会支持要素，又需要针对整个社会支持系统；既需要呈现现状、分析原因，又需要提出解决问题的对策，因而本书在整体框架上采取了"总—分—总"的方式，即在阐明"教育改革的社会支持系统"的内涵的基础上（引论），首先呈现教育改革的社会支持系统的总体状况，分析问题产生的主要原因（第一章），然后逐一揭示构成社会支持系统的各种支持要素的状况，分析问题产生的主要原因，提出解决问题的相关对策建议（第二至十一章）；最后提出改善与优化教育改革的社会支持系统的整体对策建议（第十二章）。

　　可以想见，不论对于教育改革的单项社会支持要素，还是对于整个社会支持系统，人们所作出的现状判断、原因分析及对策提供，都会是仁者见仁、智者见智。更重要的是，由于我们的见识与能力有限，且鲜有同类研究可资借鉴，因而本书难免存有诸多不足。由衷期待读者批评指正。

吴康宁

2019 年 6 月 18 日

引　论　教育改革视野中的"社会"与"社会支持"

有关教育与社会的关系的常识性理论[①]告诉我们，教育及其改革不只是教育自身的事情，教育改革必定受制于社会。在任何社会中，都不会允许任由教育界随心所欲地启动、推进与评价教育改革。即是说，社会乃是教育改革的现实土壤。进一步而言，任何教育改革都需要有社会的足够支持，社会支持乃是成功教育改革的必要条件。

这就需要稍微仔细地审视一下，教育改革视野中的"社会"与"社会支持"究竟有着怎样的意涵。

一、社会：教育改革的现实土壤[②]

"社会是教育改革的现实土壤"这句话意味着，教育改革根植于现实社

---

① 参见南京师范大学教育系编：《教育学》，人民教育出版社 1984 年版，第 45—51、59—66、72—73 页。把"教育"与"社会"作为一对概念来谈论两者之间的关系，早已被人们视为不言自明、理所当然。为避免引起混乱，笔者此处也如此使用。但需要说明的是，教育或教育要素（学校、教师、学生、课程等等）都不是"非社会"之物，其本身就是社会的组成部分。现实中既不存在完全独立于"社会"之外的"教育"或"教育要素"，也不存在可将教育或教育要素"剔除"在外的"社会"。当我们谈论"教育与社会""学校与社会""教师与社会"之类的话题时，其实不过是为了认识方便起见，在思想上把"教育""学校""教师"等从社会系统中权且"抽离"出来，并权且将它们作为一个个"单独事项"，然后再去考察这些单独事项同把它们"剔除"在外的"其余的社会"（或曰"剩余社会"）之间的关系。详见吴康宁等著：《课堂教学社会学》，南京师范大学出版社 1999 年版，前言第 2 页；课题组《"我国教育改革和发展的社会支持系统研究"投标评审书》（2012 年 3 月，未发表），第 26 页。

② 本部分研究内容以论文形式已见刊，详见吴康宁：《社会对教育改革的制约》，《教育研究》2016 年第 3 期。本处有删改。

会之中，教育改革的启动、推进及评价在很大程度上都取决于社会向它提供着什么样的现实土壤。具体来说，作为现实土壤的"社会"对教育改革的制约包括以下三个方面：

(一) 社会需要：启动教育改革少不了的动力

教育之所以需要改革，有着教育系统自身与外部社会两方面原因。

当现行教育不仅不能促进，反而严重阻碍学生的健康成长和发展时，来自学生以及有良知的教师、校长与教育行政官员们的质疑、反思、批评乃至抵制便不可避免，要求改革的呼声也会日趋强烈。这是教育系统自身对于教育改革的一种内在需求，也是教育改革的一种内在动力。

既然是教育改革，来自教育系统自身的内在需求自然必不可少，没有教育系统自身内在需求的教育改革是不可想象的。任何教育改革，即便最初是由外部社会所发动与推动，也必须同时有着来自教育系统自身的内在需求，或者至少在改革启动之后也必须逐步成为教育系统自身的内在需求。否则，发动之后便是搁浅，形式之外便无内容，所谓顺畅推进、圆满成功云云，根本无从谈起。

然而，在管理体制的集权特征十分明显的国家中，这种源自教育系统自身的内在动力并不必然导致教育改革随之发生，尤其是并不必然导致国家层面或较广行政区域范围（如省、地级市范围）内官方主导的大规模教育改革随之发生。只有当外部社会需要也强烈到且迫切到一定程度时，更确切地说，只有当不进行必要的教育改革便会影响国家（区域社会）的发展，甚至会导致产生社会问题时，教育改革尤其官方主导的国家层面或较广区域范围的教育改革才会进入国家或地方政府的重要议事日程，国家或地方政府才会制定教育改革计划，拉开教育改革大幕。

20 世纪 70 年代末 80 年代初以来我国历次全国范围的教育改革，如1985 年颁布的《中共中央关于教育体制改革的决定》、2001 年开始实施的《基础教育课程改革纲要》、2010 年开始实施的《国家中长期教育改革和发展规划纲要（2010—2020 年)》等，都是如此。即便在一些教育发达的西方国家，由政府主导或官方倡导的大规模教育改革，如美国 20 世纪 50 年代颁布的《国防教育法》、法国20世纪60年代出台的《高等教育方向指导法案》、英国20世纪80年代推出的《教育改革法》、日本20世纪80年代进行的第三次教育大改革、俄罗斯本世纪初提出的《2010年前俄罗斯教育现代化构想》、德国2005年开始实施的《职业教育法》等，同样概莫能外。

　　依循迄今为止的习惯说法，教育改革必然要受到社会的深刻制约。但若拓展视域，更为广阔地审视一下，则教育改革自身何尝不是整个社会改革的一个组成部分？何尝不是整个社会改革的一个具体领域？这既可用社会学的结构功能主义（structural-functionalism）① 加以解释，也可从"嵌入性"（embeddedness）理论② 得到说明，甚至与冲突理论（conflict theory）③ 之间也并无根本矛盾。这是因为，根据结构功能主义理论，整个社会是一个大系统，教育则是其中的一个子系统；教育同政治、经济、文化等其他子系统一起，共同组成了整个社会系统，尽管不同子系统之间的关系要因具体的历史时空而异，不可一概而论。按照嵌入性理论，可以把教育理解为深嵌于社会之中的一种构件（social component），教育自然要区别于外部社会，且可以在一定程度上超越于外部社会，但却不可能真正脱嵌（disembedded）于社会之外；教育的真实状态是既受制于社会、服务于社会，又表征着社会、型构着社会。而站在冲突理论的立场来审视，则也会发现正因为教育与社会之间存在着矛盾与冲突，或者教育自身的矛盾与冲突成为导致外部社会发生矛盾与冲突的重要原因，社会才会迫使教育进行相应的改革。

　　当然，这并不意味着教育系统自身的内在需求就不能引发教育改革。事

---

① 有关结构功能主义的论著汗牛充栋，美国社会学家帕森斯（T. Parsons）是一位集大成者。具体可见其代表性巨著《社会系统》一书（无中译本，英文原著：Socia System，The Free Press,1951）。

② "嵌入性"这一概念及理论最初由匈牙利政治经济学家卡尔·波兰尼（Karl Polanyi）在分析经济与市场在社会中的位置时提出（详见 [匈] 卡尔·波兰尼：《大转型：我们时代的政治与经济起源》，冯刚等译，浙江人民出版社2007年版）。

③ 有关冲突理论的论著同样汗牛充栋。作为代表作，可见 [美] 科塞（L. A. Coser）：《社会冲突的功能》，孙立平译，华夏出版社1989年版；柯林斯（R. Collins）：《冲突社会学：迈向一门解释性的科学》（无中译本，英文原著：*Conflict Sociology：Toward An Explanatory Science*，New York：Academic Press，1975）。

实上，存在着大量的学校自主进行的微观层面上的教育改革。然而，即便是这种类型的教育改革，也是作为发动者与实施者的学校对于自身状况与外部社会需要进行综合分析与判断的结果（完全基于学校领导人的政绩观、完全为了改革而强行启动与实施的改革不在其列）。不对外部社会需要进行分析与判断，仅仅依凭学校对于自身状况的感受，就贸然进行学校自身的改革并最终获得成功，迄今尚未见有先例。至于学校对于社会需要究竟会进行怎样的分析，作出怎样的判断，并因此而进行怎样的改革，则另当别论。

（二）社会环境：推进教育改革过程离不开的基础

重要的问题在于，作为现实土壤的社会包罗万象、极为庞杂，并因此而十分复杂。其复杂性表现在许多方面，其中之一就是"悖论性现象"几乎无处不在。这种"悖论性现象"也普遍体现在教育改革问题上，并常常导致教育改革处于一种进退维谷的两难境地。

大量经验事实表明，即便社会对于教育和发展有着强烈需要，即便正是在社会强烈需要的巨大压力下才促发了教育改革行动，然而，当教育改革正式启动之后，一旦要真刀真枪实施改革方案，一旦要深入地实质性推进教育改革，却未必能得到所需要的社会大力支持，未必能从教育改革所处外部社会环境中得到充分助力。于是，几乎所有重要教育改革无一例外都是困难重重、举步维艰；于是，"起初轰轰烈烈、其后冷冷清清、继而徒有虚名、最终偃旗息鼓的现象相当普遍，三心二意、空喊口号、虚与委蛇、忽悠作秀、乃至借改革之机谋名逐利等也成为混杂于教育改革中的一些常态现象或准常态现象，以至于我们很难仅凭各种公开的文件、仪式、会议、活动以及相应的媒体报道，便可准确判断教育改革实际进程与实际效果"[①]。

这就是"社会环境"的"厉害"之处。社会环境作为一种生存土壤，既"供养着"教育改革，又"规限着"教育改革。此处所谓"社会环境"，是一个广义的概念。它既是社会的政治、经济、文化等所有领域的状况的统称，也是社会的物质、制度、观念等所有层面的条件的统称，又是社会的历

---

① 吴康宁：《中国教育改革的社会学研究丛书》之"总序"，广西师范大学出版社 2010 年版。

史背景、现实场景及未来愿景等所有时空的图景的统称。

首先，社会的政治、经济、文化等所有领域的状况都制约着教育改革的推进过程。以社会的经济状况为例，经济富有可为教育改革提供充足的、源源不断的经费支撑，从而为教育改革扩大规模、添加内容、提升层次提供必要的保障条件；而经济困窘则会使教育改革陷入巧妇难为无米之炊的困境，有时甚至连教育的基本生存都难以保证。这是思考经济与教育改革的关系问题的一项基本常识，也是在经济发展水平极不平衡的社会境况中推进教育改革所每每凸显的一种日常现实。以县域义务教育基本均衡发展中资源配置方面的改革为例，东部沿海地区中的部分发达县（区）因财大气粗而有足够能力推进资源配置方面的几乎所有改革，进行高规格、高质量的资源配置，其所能实现的已远非"基本均衡发展"，而是带有浓烈的锦上添花色彩的所谓"高位（优质）均衡发展"。而中西部地区中的部分贫困县（区）则由于经济拮据，连维持日常生存都捉襟见肘，除了国家按标准拨付的经费之外，几乎没有任何财力用于改善义务教育办学条件，以至于任何经费投入都具有雪中送炭的性质。在这些县（区），有关义务教育资源配置方面的种种改革举措多半都很难真正落实到位，即便能实现其县（区）范围内的义务教育基本均衡发展，也是低规格、低质量的。

其次，社会的思想、制度、物质等所有层面的条件都影响着教育改革的推进过程。以社会的制度条件为例，合理、健全且得到切实有效执行的一整套制度当有助于教育改革按照预定计划有条不紊地顺畅前行；而不健全、不合理或形同虚设的制度则会放纵教育改革朝令夕改、随意变换，充满未知数和不确定性。而且，由于教育中的许多制度（如行政本位的教育管理制度、注重形式忽视内涵的教育评价制度等）在很大程度上原本就是外部社会的相关制度在教育领域中的延伸，因而，倘若外部社会相关制度并无所需改变，则教育领域相应制度的改革即便大张旗鼓地开场，也会因缺少相应依凭而容易导致所谓认认真真走过场。譬如，根据相关法令，近几年来全国许多高等学校陆陆续续都制定了学校章程，成为所谓建设现代大学制度的一种标识，但坦率地讲，现实中很少有高校真正一丝不苟地把学校章程作为自己"依法自主办学、实施管理和履行公共职能的基本准则"。[①] 一个众人皆知的普遍现象便是：一旦政府或上级主管部门所不时发出、随意变化甚至前后矛盾的行政指令、书面批示乃至口头要求与学校章程之间发生矛盾时，学校章程往往就会被抛在一边，其严肃性便随之荡然无存。究其主要原因，可归之于现行的高校领导选拔制度。由于高校领导并非由教师选举产生，而是由上级领导选任，因而他们首先介意的常常并非教育的根本理念、办学的基本原则以及本校师生员工的切身利益，而是上级领导或主管部门的反应。[②]

再次，社会的历史背景、现实场景、未来前景等所有时空的图景也都牵扯着教育改革的推进过程。以社会未来前景为例，对于社会不远未来的明确、积极且已在公众中形成较大共识的发展前景，将有助于人们确立起参与或支持同这一前景相吻应的教育改革的信心，提高参与或支持的积极性，并在遇到困难或挫折时依然热情不减，愿意付出持之以恒的努力；而模糊不清、消极暗淡或者并未在公众中形成较大共识的未来前景，则无法激励人们主动、积极地参与或支持教育改革，无法增强人们的信心和克服困难的力量，即便在教育改革的起始阶段具有某种热情，一旦遇到困难或挫折便容易打道回府。

（三）社会认可：评价教育改革效果绕不过的标准

对于教育改革的效果，教育系统自身当然可以且也需要进行评价。教育行政部门可以进行评价，学校的校长、教师可以进行评价，学生也可以进行评价。

然而，且不说教育系统内部这些不同主体的评价之间是否会存在差异以及在多大程度上存在差异，即便不存在差异，对于教育改革的效果评价也并非可完全可由教育界自身说了算。教育改革究竟有无顺畅运行、究竟有无达到预期目标、究竟付出了多大代价，对于诸如此类的问题，不仅需要来自教

---

① 《高等学校章程制定暂行办法》（2011 年 11 月 28 日发布）。

② 参见熊丙奇：《大学行政化导致校长不对师生而是对领导负责》，"搜狐教育" 2012 年 5 月 3 日，http://learning.sohu.com/20120503/n342222711_1.shtml；吴康宁：《角色困扰：影响大学校长领导力的重要原因》，《探索与争鸣》2015 年第 7 期。

育系统自身的评价,而且需要来自外部社会的评价,需要外部社会的普遍认可。

诚然,外部社会普遍认可并非教育改革的唯一标准,但若得不到外部社会普遍认可,则不论教育系统自身对教育改革予以何种高度认可,给予多少赞美词汇,都不能就此便可表明教育改革切实推向了纵深或真正取得了成功,除非教育改革原本就没有被视为整个社会改革的有机组成部分,除非教育改革原本就只是被当作教育系统内部的一种自娱自乐的"自家人游戏"。

因此,只要承认教育改革原本就是一项社会事业——尽管是一项特殊的社会事业,只要承认教育改革原本就并非只有业内同行才可参与并可自说自话的一种"圈内活动"——尽管有专业性要求,那么,社会普遍认可便是教育改革评价所不可或缺,因而也是绕不过的一项重要标准。这涉及教育改革是否具有社会合法性的问题。①

教育改革不仅需要有道德正当性,而且需要有社会合法性,两者缺一不可。衡量教育改革的道德正当性的标准在于教育改革是否符合促进学生健康全面发展、助力社会文明进步这样的根本理念,而衡量教育改革的社会合法性的标准则在于教育改革有无得到普遍认可,这当中就包括了外部社会普遍认可。而对于教育改革究竟有无得到外部社会普遍认可的判断,显然不能仅仅局限于教育改革的启动阶段,即看外部社会是否普遍支持进行教育改革,而是还应贯穿于教育改革的其后阶段,即看外部社会是否普遍认同教育改革的过程,是否普遍满意教育改革的结果。

之所以如此强调外部社会普遍认可在教育改革评价中的重要性,理由也非常简单,可以说近乎常识,即有了外部社会普遍认可,教育改和发展才有

---

① "合法性"是一个可以讨论的概念。譬如,请见周濂:《正当性与合法性之辨——评戴岑豪斯〈合法性与正当性〉》,《读书》2014 年第 5 期。在不同语境中、不同学科背景下谈论"合法性",其内涵及外延均会有所不同。本文此处所说的"合法性",指涉的是社会基础、人心向背、公众认可之类的意涵,大致等同于"合民意性"。有鉴于此,为强调并凸显起见,特将"社会"二字添加于"合法性"之前,形成"社会合法性"的概念。笔者此前也曾述及教育改革的道德正当性与社会合法性问题。详见吴康宁:《教育改革成功的基础》,《教育研究》2012 年第 1 期。

可能顺畅前行直至成功，且教育改革的效果也才有可能持续产生作用；而若无外部社会普遍认可，则教育改革即便能得到教育系统自身的高度评价，其推进过程也注定会困难重重，其所谓的成效也不会延续多久。

正是基于这一认识，近年来有的地方已经开始重视教育改革的社会评价问题，尝试通过第三方机构对教育改革进行社会评价，并将评价结果作为完善和深化教育改革的重要参考依据。[①] 在这些地方，社会评价成为整个教育改革评价的重要一环。

当然，由于"外部社会"并非铁板一块，而是纷繁多样、错综复杂，因而对于教育改革有无得到外部社会普遍认可的判断也就并非轻而易举之事。但这说到只是一个需要认真琢磨、着力解决的技术问题，不能就此而否认外部社会普遍认可的必要性与重要性，并因此而在教育改革评价中忽略、回避乃至舍弃对于社会认可程度的判断。更何况，即便是"教育系统"本身，同样也并非铁板一块，教育系统内部同样也纷繁多样、错综复杂，对于教育改革有无得到教育系统内部普遍认可的判断同样并非轻而易举之事，同样需要认真琢磨、着力解决判断的技术问题。

概言之，在深入推进教育改革的今天，需要特别强调教育改革的社会制约。绝不能把教育改革仅仅理解为只是在"教育"的边界内、"学校"的围墙里所发生、推进并评价的一种封闭的活动；而应时时意识到教育改革植根于现实社会的土壤之中，教育改革的启动、前行及效果，都挣不脱，也离不开社会的影响。强调这一点，并非是要诉说教育改革的无奈，而是要提请高度关注教育改革的社会合法性问题，积极寻求并设法增强教育改革的社会支持因素，合理选择教育改革的恰当时机与有效方式。

二、社会支持：教育改革的必要条件

上文所述作为教育改革之现实土壤的"社会"是一个中性的无所不包的

---

① 譬如，请见秦明、柯昌万：《西安引入第三方机构评价教育改革情况》，《中国教育报》2012 年 8 月 1 日。

概念。教育改革所需要的，自然并非来自社会的全部态度与行为，而只是其中"支持的"态度与行为。这些"支持的"态度与行为是教育改革的必要条件。

（一）社会支持的概念

"社会支持"作为一个专业学术用语，最初出现于 20 世纪 70 年代的精神病学文献之中。其后，心理学家、社会学家、社会精神病学家、流行病学家等都基于各自的视角对社会支持问题进行了大量研究。其中，尤以心理学与社会学的研究为数众多，影响也最大。[①]

在心理学研究中，虽然学者们的界定不一，但比较普遍的看法认为，社会支持是个体从其所拥有的社会关系中获得的精神与物质的支持，这些支持能减轻个体的心理应激反应，缓解精神紧张状态，提高社会适应能力。[②] 在社会学研究中，具体界定同样因人而异，但在社会支持的对象问题上，则观点相当一致，即都把弱势人群作为社会支持的对象。比较有代表性的观点认为："在笼统的含义上，我们可以把社会支持表述为各种社会形态对社会脆弱群体即社会生活有困难者所提供的无偿救助和服务。"[③] 不难看出，社会支持原本是一个总体性概念。

在本研究中，所谓"社会支持"，也是对于各种各样的社会力量或社会因素（如政府、社区、舆论、文化等）对教育改革的支持的统称。当然，"支持"并不单纯意味着拥护和举手赞成，也包括积极参与和切实行动，还包括负责任的批评和有用的建议。我们把这些社会力量或社会因素分别对于教育改革的支持视为各种具体的"社会支持要素"，而把由所有社会支持要素构成的整体视为"社会支持系统"。

社会支持系统与社会支持要素既有联系，又有区别。一方面，社会支持

[①]　参见 Cassel，J.，Epidemiol，1976；Cobb，S.，Psychosom Med，1976。刁鹏飞：《社会支持研究述评》，《哈尔滨工业大学学报》2012 年第 5 期。

[②]　刘晓、黄希庭：《社会支持及其对心理健康的作用机制》，《心理研究》2010 年第 1 期。

[③]　郑杭生：《转型中的中国社会与中国社会的转型》，首都师范大学出版社 1996 年版，第 319 页。

系统由一系列社会支持要素构成，研究社会支持系统就不能不研究作为其组成部分的社会支持要素；另一方面，也正因为如此，对于某一或某些社会支持要素本身的研究也不能取代对于整个社会支持系统的研究。在这个意义上，或可把"社会支持系统"看成是凸显"社会支持"的多样性、复杂性、总体性等意涵的一种"强调性概念"。

就笔者目力所及，迄今关于"社会支持系统"的专门研究并不多见。经相关查阅，尚未见有"标题"或关键词中含有"社会支持系统"的英文文献。这或许是因为在国外学者看来，"社会支持"本来就并非专指某一或某些特定的社会支持要素（如上面提及的政府支持、社区支持、舆论支持、文化支持等），而是包括了各种社会支持要素的缘故。"中国知网"查阅结果，我国学术界自 1994 年才开始见有关于"社会支持系统"的专门研究。[①] 而截至 2015 年年底发表的标题中或关键词中含有"社会支持"一词的 17299 篇论文中，标题中或关键词中含有"社会支持系统"（或"社会支持体系"，下同）一词的论文共 772 篇，占 4.5%。[②] 且即便在这些论文中，多半也未对社会支持系统予以明确界定，而是直接就对社会支持系统的构成进行分析。[③]

进一步来看，"社会支持系统"作为一个明确的概念在我国教育学术文

[①] 请见袁训初等：《社会支持系统的组成及有关因素——776 名正常人资料分析》，《上海精神医学》1994 年第 1 期。

[②] 当然，没有明确使用"社会支持系统"这一概念，并不等于完全没有涉及社会支持系统问题。在有些研究中，社会支持与社会支持系统这两个概念往往交替使用。参见雷鹏等：《中国留守儿童社会支持系统研究述评》，《长江师范学院学报》2010 年第 6 期。

[③] 譬如，林顺利与孟亚男在讨论对于弱势群体的"多元主体的社会支持系统"问题时，便按支持主体将社会支持分为由政府和正式组织（非政府组织）主导的正式支持、以社区为主导的"准正式支持"、由个人网络提供的社会支持以及由社会工作专业人士和组织提供的专业技术性支持等四种类型（林顺利、孟亚男《国内弱势群体社会支持研究述评》，《甘肃社会科学》2010 年第 1 期）。再如，行红芳在论及老年人的社会支持系统时，便将这一系统直接区分为"国家/政府层面""社区层面""组织层面""家庭层面"的支持（行红芳：《老年人的社会支持系统与需求满足》，《中州学刊》2006 年第 3 期）。

献中最早出现于 1997 年。① 笔者主持的课题组自 2012 年 9 月起开始承担教育部哲学社会科学研究重大课题攻关项目"我国教育改革发展的社会支持系统研究"，将社会支持系统作为教育改革研究的一个专门范畴。从"中国知网"查询结果来看，在此之前的十五年间，标题或关键词中含有"社会支持系统"的教育论文总共只有 43 篇；而在此之后至 2015 年底的三年间，标题或关键词中含有"社会支持系统"的教育论文便有 48 篇，论文数量大幅增加。

再进一步来看，在 2012 年之前，对于什么叫教育改革的社会支持系统、教育改革为什么一定需要有社会支持系统、需要有怎样的社会支持系统、我国教育改革的社会支持系统是一种什么样的状况、应当如何建立与完善社会支持系统等一系列基本问题，虽然也偶有一些三言两语的一般性提及或述及，但并未见有专门比较系统比较具体的研究，既缺理论阐明，也缺实际分析，更缺务实建议。

（二）对社会支持的关注的变化

在上文中，先后出现涉及教育改革"外部"范畴的三个概念，即社会、社会支持、社会支持系统。这三个概念不是随意提出的，而是有其出现的必然逻辑，即从看到"社会"对于教育改革的深刻制约，到强调"社会支持"的极端重要，再到凸显"社会支持系统"的不可或缺。

1. 从重视"社会"到强调"社会支持"

作为教育改革之现实土壤的"社会"无所不包、极为庞杂。其中，既有支持教育改革的力量或因素，也有反对的力量或因素，还有既不支持也不反对的所谓中间的力量或因素。这当中，来自外部社会的对于教育改革的各种各样的支持力量或支持因素，便是本书所说的"社会支持"。

社会支持的形成、强大与优化，是教育改革的必要条件。教育改革的顺畅推进、终获成功且具有可持续效应，若无社会支持则绝无可能。社会支持是作为教育改革之现实土壤的"社会"对于教育改革的总体制约中的一部

---

① 　冯晓霞：《中国家庭教育的社会支持系统》，《学前教育研究》1997 年第 3 期。

分，是其中的积极部分。因此，对作为教育改革之"必要条件"的"社会支持"的讨论，可视为对作为教育改革之"现实土壤"的"社会"的讨论的一种具体延续。当我们一般性地讨论"社会"对教育改革的"制约"时，视线往往会自觉地不自觉地主要集中在社会制约中的"消极作用"方面，主要进行的是"科学认识"意义上的研究。而当我们专门探讨"社会支持"对教育改革的作用时，初衷通常是要为教育改革寻求更多、更大、更优的社会支持，是在科学研究基础上进行"选择与建构"。

2. 从专注"社会支持要素"到关注"社会支持系统"

在教育改革的一般推进状态下，人们往往会将目光更多地集中于社会支持的"方面"及"数量"，希望获得尽可能多种类的社会支持要素的支持，希望获得这些社会支持要素的尽可能多的支持，诸如政府为教育投入了多少经费、为解决贫困地区师资配备难问题出台了多少优惠政策，社区为配合区域内学校的教育活动开放了多少相关场所、投入了多少人力财力物力、接待了多少人次，家庭为学校教育教学改革提供了多少帮助、给予了多少配合等等。

而在教育改革的深入推进阶段，尤其是当教育改革进入"深水区""攻坚战"、必须啃下一系列难啃的"硬骨头"的阶段，对于社会支持就不仅有"方面"及"数量"的要求，而且对社会支持的"整体"及"质量"也会有相应要求。原因就在于处于"深水区"的教育改革通常都具有综合的特征，任何一项具体的教育改革事项往往都会牵一发而动全身。"深水区"教育改革不仅需要全社会的支持，而且需要全社会的高质量支持。即是说，处于"深水区"的教育改革所需要的"社会支持"，远非此前阶段的教育改革所可相提并论，它所需要的是一种高质量社会支持系统。在这个系统中，对于教育改革的社会支持不是残缺的，而是完整的；不是分裂的，而是谐和的；不是过度的，而是适度的；不是差异悬殊的，而是大致均衡的。[①]

---

① 参见吴康宁：《教育领域综合改革需要怎样的社会支持》，《教育研究与实验》2013 年第 6 期。

至此，我们也可在更一般的意义上理解"社会支持系统"。所谓教育改革的社会支持系统，是指教育外部的所有机构、组织、群体、个人对教育改革给予的各种各样的支持所构成的一种总体格局。这一理解提示着社会支持系统具有三个相互关联的特性：

一是结构性。来自外部社会的对于教育改革的各种各样的社会支持，不管是有计划地协调、组织起来的，还是互不沟通、各自为战的，对教育改革而言都会聚合并显示出一种"社会支持的结构"，表明某些社会支持因素（如政策扶持、财政投入、社区参与、家长配合等）的到位或缺位，强劲或薄弱。

二是复杂性。教育的外部社会本身并非铁板一块，外部社会中各种不同的机构、组织、群体及个人对于教育改革的理解与认可程度难免存在诸多差异，甚至迥然相异，这将导致他们对于教育改革，既可能存在支持程度上的差异，也可能存在支持与否的差异，甚至还可能出现主观上予以行动支持、客观上却帮倒忙的现象。

三是整体性。在社会支持系统中，任何一种社会支持因素都不可能单一地、完全孤立地发挥作用，它对教育改革最终能产生多大影响，还要受制于其他社会支持因素的状况。反过来，任何一种社会支持因素的状况也会影响其他社会支持因素的作用发挥。即是说，所谓社会支持对教育改革的影响，乃是整个社会支持系统综合作用的结果。

（三）社会支持系统的构成与建设

对于教育改革的社会支持系统的完整研究包括实然分析与应然探讨两个方面，两者缺一不可。实然分析的前提，是把现实中对于教育改革的各种各样的社会支持本身就看成是一种客观存在的系统，而不管这个系统具有怎样的容量与质量，是否已达到如上所说"完整的、谐和的、适度的、大致均衡的"之类的要求。应然探讨则要提出为了深入推进教育改革，应当建成怎样的以及如何建成这样的社会支持系统。

1.社会支持系统的构成

这里的所谓"社会支持系统的构成"是一种实然分析，即对于社会支系统实际构成的分析，而不是应然探讨——那是本书最后一章《教育改革的社会支持系统：整体对策》的任务。

笔者主持的课题组经过多次研讨，认为可从"官方·民间"这一角度来分析我国教育改革的社会支持系统的构成。这是因为，"官方"与"民间"在社会的治理秩序及实践行动中处于两极，用"官方"与"民间"这一对概念构成的"官方·民间"角度，具有较好的容纳性。

基于这一角度不难发现，在教育改革的社会支持系统中，存在着三个不同方面的支持力量，即：政府方面的支持力量、经济与社会组织方面的支持力量、公众与社会群体方面的支持力量。每一方面都包括若干支持要素，三个方面共含有十种支持要素。

（1）政府方面的支持力量

在对教育改革的社会支持中，第一方面的支持力量来自"政府"，是"政府履行职能"的结果。从我国的现实国情来看，政府对于教育改革的支持主要是做三件事，即：减负、放权、给钱。这就相应构成了政府方面的支持力量的三种素，即：政策支持、体制支持、财政投入支持。

a. 政策支持

在中国的语境中，对于"政策"这一概念的日常理解与使用常常是广义的，即指以法律、法规、行政规章、规定乃至领导"重要讲话"等文本形式所规定的一系列行动准则。为方便相应的探讨和分析，这里也在广义上使用这一概念。由于若无政府相关政策（主要是"社会政策"而非"教育政策"）的引导、鼓励、扶持，任何需要开拓与创新的教育变革都不可能成功，且由于在中国这样一个以权力集中、行政本位为管理基本特征的国家中，政策出台之频、数量之大、变化之快、相互之间不一致之处之多，均非西方发达国家所能比拟，因而，政府相关政策的积极、一致且稳定的支持，便成为顺利推进教育改革不可或缺的重要保证。[1]

---

① 参见程天君：《衔接·配套·协调——教育改革和发展的政策支持之要领》，《教育学报》2014年第4期。

　　b. 体制支持

　　教育改革，尤其是深入推进教育改革所需攻克的许多难题，都涉及体制问题。教育资源的无序配置、学校办学自主权的严重缺失、学校内部学术权力与行政权的频繁冲突、民办教育的活力低下等，无一不同体制障碍有关。克服体制障碍，并非教育领域自身力所能逮，而是必须诉诸外部社会。教育改革的攻坚克难，需要来自外部社会的体制方面的支持，需要在政府主导下实现外部社会相关体制的必要改变。①

　　c. 财政投入支持

　　财政投入支持对于教育改革的重要性不言而喻。钱不是万能的，但没有钱是万万不能的。关于人与社会的生存和发展的这一基本常识，同样适用于教育改革。教育改革不能成为无米之炊，体制的转型、办学条件的改善、课程的改造、教师的提高、创新人才的培养等，都需要充足的经费保障。其中，政府的财政投入无疑是教育改革所需经费的重要来源。在义务教育阶段，甚至是主要来源。②

　　(2) 公众与社会群体方面的支持力量

　　教育改革的社会支持的第二方面力量来自"公众与社会群体"，是"公众与社会群体"施加影响的结果。相对于"政府"而言，公众与社会群体基本上属于"民间"的范畴。从我国公众文化与社会群体对教育改革的现有影响及近期影响空间来看，专家的指导、家长的参与、社会舆论的倾向、公众文化的品质可以说是公众与社会群体方面的支持力量中较为明显的四种成分。这就相应构成了公众与社会群体方面的支持力量的四个要素，即：专家支持、家长支持、社会舆论支持、公众文化支持。

　　a. 专家支持

　　在过去的相当长一段时间里，专家在我国教育改革中并未发挥应有的值得称道的作用。但随着教育改革的复杂性、曲折性以及由此带来的长期性渐

---

① 参见王有升：《中国教育改革的社会治理体制支持》，《教育学报》2014 年第 4 期。

② 参见姚继军、张新平：《后 4% 时代公共财政如何更好地保障教育的改革与发展》，《教育学报》2014 年第 4 期。

趋凸显，人们对于教育改革的科学性、合理性及可预期程度的要求也渐趋强烈，希望能最大限度地避免教育改革的盲目性、悖理性及不可预测性。这就要求任何重要的教育改革都必须经过充分的科学论证，需要专家提供专业性的决策咨询。专家支持的重要性由此而日益凸显。[①]

b. 家长支持

教育理论一直强调家长对学生发展的重要影响。当下中国，家长在深入推进教育改革中的影响不可小觑。家长既可能成为制定与调整教育改革有关政策、组织与开展学校教育教学改革实践的强大助推力，也可能为强大阻抗力。而当下中国教育的重要特征之一，便是家长参与、介入、干预学校教育的欲望愈益趋强烈，话语权渐趋增强。争取家长支持，已成为当下中国学校教育改革勉力进行的一项基础性工作。[②]

c. 社会舆论支持

教育改革需要有广泛的民意基础。由于人们通常会根据社会舆论来判断民意，且各种各样的媒体对社会舆论存在着加工的可能，因而，经由媒体显示的社会舆论既可能真实反映着民意，也可能经过加工而在一定程度上凸显、放大了某种民意倾向，淡化、压缩了其他民意倾向，从而对民意的显示进行了一定的过滤，对民意的变化具有一定的诱导作用。教育改革无一例外地都会全力争取社会舆论支持。[③]

d. 公众文化支持

公众文化是在普通民众中广为存在的文化样态，它反映着普通民众的价值取向、精神世界及生活行为方式。处于公众文化"包围"之中的教育，不可能不受到公众文化的弥漫式、渗透式影响。积极、振作、舒缓的公众文化能放大教育的正面效果、减弱教育的负面效应；而消极、颓废、压抑的公众

---

① 参见郭华：《专家如何能支持教育改革——基于深度访谈的实证研究报告》，《教育研究与实验》2014 年第 2 期。

② 参见胡金平：《家长干预学校教育行为的现象分析——一种嵌入的视角》，《湖南师范大学教育科学学报》2012 年第 3 期。

③ 参见骆正林：《社会舆论对教育改革与发展的支持模式》，《教育发展研究》2014 年第 Z1 期。

文化则会减弱教育的正面效果、放大教育的负面效应。公众文化也已成为教育改革不可忽视的一项社会支持要素。①

(3) 经济与非政府组织方面的力量

教育改革的社会支持的第三方面力量来自"经济与非政府组织",是"经济与非政府组织"发挥作用的结果。"经济与非政府组织"是一个处于"中间状态"的范畴。一方面,"经济与非政府组织"并非政府部门,不具有政府部门通常拥有的制定政策、配置公共资源、提供公共产品和服务及进行市场监管等行政管理的职能与权力;另一方面,在我国,"经济与非政府组织"又不同于基本上纯属"民间"范畴的"公众与社会群体",因为它往往在一定程度上显露出"政府"的影子,带有些许"半官方"的色彩。其中,相对而言比较重要的成分有人才市场、社会投入及社区。这就相应构成了公众与社会群体方面的支持力量的三个要素,即人才市场支持、社会投入支持、社区支持。

a. 人才市场支持

教育改革说到底是为了推动教育更有效地帮助学生健康、全面发展,促使教育培养出社会所需要的数量更多、质量更高的人才。在市场经济社会中,经济与社会发展对学校培养人才的需求已不再是政府指令计划的产物,而是人才市场作用的结果。人才市场对于学校毕业生的合理需求,对学校的专业设置、培养方案及课程教学的调整与改造可以发挥引导、促进的作用。人才市场给予教育改革的是一种"倒逼式"支持。②

b. 社会投入支持

教育既是国家的事业,也是全社会的事情;支持教育改革既是政府责无旁贷的义务,也是全社会义不容辞的责任。尤其是在市场经济的国家中,政府不可能也不应当把支持教育改革的全部责任包揽下来,而是需要最大限度

---

① 参见周宗伟:《"隧道效应"理论视野下的公众文化冲突现象分析——以中国教育改革的"变态性支持"事件为例》,《江苏社会科学》2015年第3期。

② 参见周元宽:《人才市场何以支持高等教育及创新型人才的培养》,《当代教育科学》2014年第19期。

调动社会积极性，促进社会不断加大教育投入，包括家庭教育投入的增加、社会捐赠的扩大、民办教育的扩充等。社会投入支持与财政投入支持共同构成教育改革必不可少的投入支持。①

c.社区支持

学校的许多教育活动都需要在作为外部社会环境的社区中进行，需要得到社区的有效配合。不仅如此，社区本身也是素质教育的一种主体，是终身教育的重要场所。没有社区积极参与，没有社区与学校之间的密切联系、频繁互动、有效合作，学校教育的所谓社会性便是不完整的、残缺的，学校中所进行的素质教育也很难收到预期的良好效果；至于终身教育，则几乎无从谈起。社区支持是教育改革的重要支持要素。②

上述三方面支持力量、十种支持要素，便构成了如图引-1 所示的教育改革的社会支持系统。对此，需要说明的是，现实社会的具体构成本身是复杂的，现实社会中教育改革的社会支持系统也是复杂的，任何一种所谓的"系统图"都无法穷尽社会支持系统所含有的全部要素。图引-1 列示的十种社会支持要素，也只是笔者主持的课题组以"对于我国教育改革的现实重要性"为基准，在反复讨论、比较的基础上，从众多社会支持要素中筛选出来的，它并不表明教育改革的社会支持系统只含有这十种要素。

---

① 参见叶忠：《家庭教育投入：教育改革与发展的重要支持性因素》，《南京师大学报》（社会科学版）2013 年第 3 期；叶忠《基础教育捐赠的三种类型及其对教育改革与发展的支持》，《教育学报》2014 年第 4 期。

② 参见黄晓珊、吴亦明：《教育改革和发展的社区支持探析》，《教育科学》2014 年第 6 期。

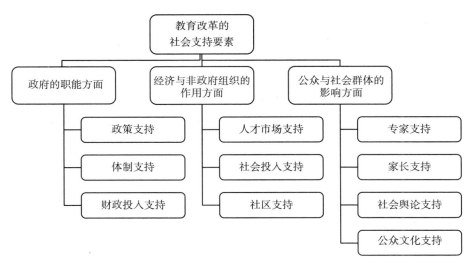

图引-1　教育改革的社会支持系统

2. 社会支持系统的建设

关于如何建设教育改革的社会系统问题，在本书第十二章中将会有进行比较系统的专门探讨。这里仅从建设社会支持系统的重要性出发，对教育界的作为及政府的责任予以特别强调。

（1）推促建设社会支持系统：教育界的必修功课①

既然教育改革必须得到社会支持，既然深入推进教育改革需要有社会支持系统，那么，努力寻求社会支持、推促建设社会支持系统便成了教育界的一门必修功课。这也可以说是当下中国教育界在处理自身与外部社会关系时必备的一项基本常识。

然而，恰恰是在这个常识性问题上，教育界这些年来总体而言乏善可陈，没有多少值得称道的作为。由于社会与教育之间通常呈现为相对而言的强势与弱势的关系，因而，教育界普遍存在一种独善其身的心态，即外部社会的问题并非我们所能左右，只能静候其发生改变，我们只需把教育自身的

---

① 本部分相关内容以论文形式已见刊，此处有删改。详见吴康宁：《深化教育改革需事先的三个重要转变》，《南京师大学报》（社会科学版）2013 年第 2 期。

事做好即可。这种对于外部社会感到无奈并因此而无所作为的精神状态一直弥漫于教育界，[①] 以至于实际上形成了一种"只管教育门前雪，莫管社会瓦上霜"的思想氛围。

教育界确实需要首先做好自己的事情，外部社会的问题也确实并非能为教育领域所左右。然而，在今天这样一个场域极为复杂的转型社会中，很难说"做好教育自身的事情"就是教育界的全部职责。为了能使教育改革不断向纵深推进，为了解决三十多年来的教育改革始终未能根本解决的一系列老大难问题，教育界就不能不努力寻求社会支持，推促社会支持系统的建设与完善。尤其是当深入推进教育改革受到严重阻碍时，寻求社会支持、推促建设高质量的社会支持系统也就成了教育界不得不着力开展的一项关键性工作。因为在这种情况下，若无高质量的社会支持系统作为后盾，教育改革的相关高层决策不是难以顺利形成，就是难以有效落实；即便是微观领域的诸多教育改革实践，如课程与教学的改革，也很难收到令人满意且可持续的预期效果。

拓宽视野来看，任何领域的改革其实都需要其他领域的积极干预。倘若政治、经济、文化、教育、社会（此处所说"社会"是狭义的）等所有领域的改革都只关注本领域自身的事情，而对阻碍本领域改革的其他领域的状况不予关注，更不去积极干预的话，则整个社会便会出现一种"领域分离"乃至"领域割据"的局面。其结果，一方面所有领域的改革都会因缺少来自其他领域的压力而导致动力不足；另一方面，所有领域的改革也将因只依靠本领域自身力量而难免能力不够。这无疑将大大延缓各领域自身的改革进程，并因此而大大延缓整个社会的改革进程。由于这个缘故，就教育与外部社会的关系而言，不仅教育领域的改革需要来自外部社会其他领域的干预及其压力，外部社会其他的改革也需要来自教育领域的干预及其压力。

主动干预外部社会、积极推动社会变革，已成为当今中国教育界为顺利

---

① 参见鲁洁：《超越性的存在——兼析病态适应的教育》，《华东师范大学学报》（教育科学版）2007年第4期。

推进自身改革而推促建设社会支持系统所必不可少的一项基础性工作。所谓基础性工作，也就意味着并不是一件可做可不做的事情，而是必须采取的重要行动，也是一份不可推卸的责任。如果教育界只是消极等待社会变化而非积极推动社会变革，这至少表明教育界自身对于清除外部社会制约教育改革的严重障碍没有贡献，甚至还表明教育界自身在客观上就成了延缓教育改革进程的一个重要因素。在已进入"深水区"教育改革的今天，这种意涵愈加凸显。

那么，教育界果真能积极干预社会、积极推动社会变革吗？在笔者看来，答案是肯定的。前提是教育界努力成为干预社会现实、推动社会变革的一种自觉的"压力集团"。

长期以来，教育界一直扮演着无条件为其他领域服务的"工具"角色，有时甚至是"附庸"角色。以高等教育为例，新中国成立以来我国高等教育就先后把国家工业化、政治运动、经济体制改革和建设"世界一流大学"等社会目标作为自己的无条件适应对象。① 在这一过程中，其他领域不断向教育领域施压，提出这样那样的要求，干预和影响教育改革的正常进程；而教育界则基本上是一味顺从、疲于应付，很少公开质疑这些领域所提要求本身是否合理，很少去公开质询这些领域自身有无为教育改革提供应有条件，更谈不上向这些领域施加压力，提出变革要求。当然，不少教师个人基于良知、见识及勇气，倒是不时对来自其他领域的要求及其他领域的现状加以反思与质疑，提出批评与呼吁，并在自己的教育实践中理智而为。但这些零散的、分离的"教师个人行为"力量过于单薄，很难成为其他领域实施变革的真正压力。

有鉴于此，在深化教育改革的今天，有必要将教育界对于严重阻碍教育改革的其它领域现实状况的质疑、批评、呼吁以及教育实践中的理智应对从"教师个人行为"转变为"教育界行动"。教育界应当基于自身对促进学

① 展立新、陈学飞：《理性的视角：走出高等教育"适应论"的历史误区》，《北京大学教育评论》2013 年第 1 期。

生发展的坚定信念、对振兴中华民族的强烈责任感以及对教育规律的科学把握，形成一种有效"联盟"——不光应成为促进教育事业本身健康发展、促进教育活动本身顺利开展的有效"联盟"，而且应成为积极推动社会变革、为深化教育改革而改造外部社会环境的有效"联盟"。在促使那些严重阻碍教育改革的其他领域实行变革方面，教育界应当亮出自己的鲜明观点，提出自己的明确要求，发出自己的强劲声音，并在教育实践过程中，在法律与职业规范允许的范围内拒绝与抵制那些妨害教育健康发展、妨害学生健康成长的外部要求，以此成为触发或推进其他领域的强劲压力之组成部分。

（2）着力建设社会支持系统：政府的应尽责任[①]

既然教育改革是全社会的事情，那么，整个社会就应当同心勠力，为教育改革提供高质量的社会支持系统。然而，不可否认的是，在政府依然强势、民间相对弱势的我国现实境况中，在建设教育改革的社会支持系统的问题上，政府依然负有不可推卸的首要责任。

当然，在一个开放的、充满活力的现代国家中，政府不应当也不可能包办一切。且我国当下改革开放的一项重要任务，便是转变政府职能，变"大政府""全能型政府"为"小政府""服务型政府"。因此，指望完全由政府对影响教育改革和各种社会支持要素发号施令，进行强势的构建、协调、整合，无疑有悖转变政府职能的初衷。更何况，在今天这样一个信息化、网络化时代，即便是强势政府，对有些社会支持要素（诸如家长、社会舆论、公众文化等）也无法颐指气使、随心所欲。

但与此同时，对我国当下教育改革进入"深水区"、必须啃下一系列难啃的"硬骨头"来说，在建设高质量的社会支持系统问题上，政府的作用依然不可或缺，而且至关重要。政府对于其他社会支持要素虽然不能颐指气使、随心所欲，但却可以通过制定相关政策、调整相关（虽非全部）资源分配等手段，引导其他社会支持要素对教育改革予以支持的正确方向，甚至可

---

① 本部分相关内容以论文形式已见刊，此处有修改。详见吴康宁：《深化教育领域综合改革需要怎样的社会支持》，《教育研究与实验》2013 年第 6 期。

以在一定程度上影响其他社会支持要素的生存与发展状况，借此来推动其他社会支持要素在教育改革中发挥积极作用。[①] 譬如，政府可以通过改变人才评价、人才使用及劳动用工制度，推动"人才市场"对教育改革的有序支持；可以通过调整相关政策及管理办法，降低社会资金进入教育领域的门槛，推动"社会投入"对教育改革的积极支持；可以通过加大对社区文化建设的投入，推动"社区"对教育改革的有效支持；可以通过强化政府决策的科学化与民主化过程，推动"专家""家长"及社会各界对教育改革的合理支持。如此等等，不一而足。

[①] 　陈华：《基于政府职能转变的教育社会支持变迁》，《南京师大学报》（社会科学版）2013 年第 5 期。

第一章　教育改革的社会支持：现实状况

教育改革不仅仅是教育自身的问题，还需要外部社会的广泛支持。教育系统外部的社会支持包含多方面的因素，这些因素不仅纷繁复杂，而且因素与因素之间参差不齐，不仅具有变动不居的强弱关系和协同组合，还具有截然不同的运行方式以及发挥作用的原理。因此，对教育改革社会支持系统的考察需要寻找一个较为稳定的分析路径。

需要注意的是，所有这些支持都是来源于某一主体，即某一类人或由这一类人组成的组织、机构或群体。统观我国教育改革的社会支持所走过的历史，以及当前的实际状态，从主体来看，教育改革的社会支持主要有两个来源，一个是来自政府的支持，一个是来自民间的支持，它们各自具有一套相对独立的运行方式，形成教育改革的政府支持子系统和民间支持子系统。在政府—民间的视域下，教育改革的社会支持系统的现实状况这一整体研究目标可分解为以下四个问题域：

第一，教育改革社会支持系统的发展轨迹。我国教育改革的社会支持系统经历了从混沌到分化的变迁过程。这一过程与政府职能转变密切相关，也显示了政府支持子系统和民间支持子系统的形成过程。因此，需要对我国教育改革的社会支持系统进行历时态的考察，呈现在教育改革中政府支持子系统和民间支持子系统发生和发展的原初面貌。

第二，政府支持教育改革的运行原理及实际状况。政府是教育改革的实际规划者和管理者，因此是支持教育改革的主导性主体。教育改革有赖于政府职能的切实履行。通过对当前政府职能部门的职权结构、职权关系原理的分析，归纳和呈现政府支持子系统的构成、运行方式与现实状况。

第三，民间支持教育改革的运行原理及实际状况。民间社会是教育改革的最终需求者和价值主体，因此是支持教育改革的重要变量。通过对当前民间力量的群体结构、群体关系原理的分析，归纳和呈现民间支持子系统的构成、运行方式与现实状况。

第四，政府与民间的关系及其对教育改革社会支持状况的影响。政府和民间力量不仅是教育社会支持的关键主体，同时，政府与民间的关系也在很大程度上决定社会支持的结构、制约社会支持的广度与深度。因此，在对政府支持子系统内部和民间支持子系统内部进行考察之后，本章还要考察教育社会支持中政府力量与民间力量的关系变迁，以及在目前的政府—民间关系模式下，我国教育改革社会支持的状况与问题。

第一节　教育改革社会支持系统的轨迹①

教育改革需要外部社会的广泛支持，如政策导向、财政投入、体制保障、舆论环境、专业引领、社会投入、家庭与社区等方面。由于我国教育改革基本上由政府主导，因此，虽然政府职能本身也是社会支持要素的其中一个方面，但政府职能的定位却在一定程度上制约着教育改革的整个社会支持系统的状态和水平。《教育规划纲要（2010—2020)》在多处提出，政府及其部门要树立服务意识，改进管理方式，明确政府管理的权限和职责，明确各级各类学校办学的权利和责任，调动全社会参与的积极性，构建政府、学校、社会之间的新型关系，形成以政府办学为主体、全社会积极参与、公办教育和民办教育共同发展的格局。这样的政府职能定位与改革开放之初相比，已有很大转变。这种转变是伴随着计划经济向市场经济转型的过程而发生并日趋明晰的。相应于这种转变，教育改革的社会支持经历了从混沌到分

---

① 本节部分研究内容以论文形式已见刊，详见陈华：《基于政府职能转变的教育社会支持变迁》，《南京师大学报》（社会科学版）2013 年第 5 期；陈华：《教育政策滞后及其社会消弭机制》，《全球教育展望》2014 年第 12 期。

化的过程。因此，从政府职能转变的视角，可以更好地理解教育社会支持变迁的历史概貌。

一、"全能政府"与社会支持的混沌

新中国成立之初，各项事业百废待兴，我国主要借鉴苏联的经济和社会发展模式，逐步确立起全面控制的"全能政府"管理模式，并在此基础上建立起高度集中的计划经济体制。在计划经济体制下，无论经济活动还是社会事业，都由国家统一提供和分配。政府作为国家的代理人，成为包办一切的全能主体。这种状况一直持续至20世纪90年代，在此期间，计划管理的思想全面渗透在各项事业中，导致政府的职能界定不清，教育改革的社会支持几乎没有生长的空间，处于混沌的自发状态。

（一）全能政府与教育发展

在"全能政府"的工作模式下，通过教育的国有化改造，至1957年，以国家为单一办学主体和政府直接管理学校及其他教育机构为特征的公共教育制度建立起来，整个教育事业的发展被纳入到国家计划管理的轨道。随后的"教育大跃进"和"教育革命"，都是典型的对教育事业的"运动式治理"，致使教育机构和教育工作几近瘫痪，教学质量严重下降，教育发展停滞。在经历了十年"文革"的破坏和耽误之后，社会仍然期待一个高强力介入的政府来扭转乾坤，使整个国家结成"统一战线"，"集中力量办大事"。

在这种特殊的历史条件下，由政府出面完成了教育发展的三项主要任务，一是奠定教育和科技的重点发展地位，将"科教兴国"作为我国长期的发展战略；二是恢复教育的正常秩序和基本制度，恢复高考，按照教育的标准而不是政治成分等非教育标准来分配教育机会；三是基础教育实行既普及又提高的方针，集中有限的资源建设一批重点中小学。

鉴于国家整体财富有限，我国推进普及义务教育采取的是"低水平、广覆盖"的方式。这种方式的特点是学制短、学校硬件设施落后、课程和教学不正规。然而，这种制度安排合理且实际，保证了义务教育超越经济实力优先发展。1949年我国的"文盲"占80%，在政府恢复教育秩序的努力下，到 1978 年改革开放时，小学阶段毛入学率已经达到 90%，小学升学率也整体提高。[①]

"重点校"政策也是这一时期政府主导教育的一个主要特征。1978 年后一直到 90 年代，国家教委陆续颁布了《关于办好一批重点中小学的试行方案》《关于分期分批办好重点中学的决定》《关于进一步提高普通中学教育质量的几点意见》等文件，逐步强化办重点中小学的必要性和示范作用，对重点学校的教育经费投入、人员配置、办学条件、教育教学管理等做出了十分明确的倾斜性规定。

从新中国成立到改革开放的最初几年，政府主导完成了由无到有的原始积累，为教育事业的发展奠定了基础，从幼儿教育到高等教育的完整的国民教育体系得到重建，义务教育入学率和高中教育入学率不断提高，对快速培养社会发展急需人才起到了巨大的推动作用。政府的全能与强势在此显示出历史的需要和合理性。在"一穷二白"的现状面前，教育的发展被理所当然地认为是政府的职责。此时政府的职能定位问题尚未突显，政府的职能即等于教育的社会支持，教育改革主要依赖于政府的财政支持。

（二）以财政支持为主导

各国现代教育体系中，政府都是教育经费的主要提供者。在改革开放初期，我国教育发展主要依赖政府职能，但由于政策法规尚不完备、体制改革刚刚起步，因此在政府的职能中，财政投入支持在很长一段时间里是占据主导地位的支持因素，政府通常以追加财政投入来表示对某项教育改革事项的决心。

然而，经济和社会发展战略严重影响了政府的教育决策，教育的发展长期服务和服从于国家政治、经济发展需要的结果，导致教育改革本身所需要的支持则常常落空。首先，由于行政体制的放权让利造成"国家能力"严重削弱，在各级政府特别是地方政府追求经济建设重点的热潮中，经济发展和

[①]　曾晓东、曾娅琴：《中国教育改革 30 年：关键数据及国际比较卷》，北京师范大学出版社 2009 年版，第 43 页。

科教文卫事业发展的比例严重失调。增加教育经费作为一个重要的战略思想，长期得不到落实；其次，即使有了一些有限的资源，也常常作为政治或经济筹码被投注在特定的教育领域，而非教育改革本身最需要的地方。这一发展战略造成教育经费投入总量严重不足和比例严重失调现象长期并存，教育改革在地区之间、学校之间的不均衡问题十分严重。

我国政府在 70 年代末对高等教育的高投入，即主要是为了经济发展的目标。由于中央政府主要承担着基础产业的重点建设项目，如能源、交通、采矿等，而高等教育被看作是发展工业的智力基础，于是高等教育受到高度重视。1977 年，教育主管部门作出恢复高考的决定，并在中央和地方财政极其困难的情况下大力投入高校建设。高等学校的数量从 1977 年的 404 所猛增到 1978 年的 598 所，高校的生均经费从 1965 年的 918 元提高到 1978 年的 1844 元，这个标准是当时中小学生均经费的 100 倍。[①]

相对于高等教育的高投入，政府对基础教育的投入则严重不足。根据《中国教育经费统计年鉴》提供的资料，在 1999 年之前，中央政府每年投入义务教育的预算内资金从来没有超过 1 亿元。[②]1992 年中央政府财政预算内教育资金的总额为 70.11 亿元，其分配比例为：大学 90.9%，中等专业学校 2.5%，中小学 0.3%；到了 1998 年，中小学的分配比例变为 0.2%，不升反降。[③]

实际上，由于国家财政能力难以维持"穷国办大教育"的局面，因此，从 20 世纪 50 年代开始，几乎在建构"以政府办学为主体"的办学体制的同时，就不断提出"两条腿走路"、"采取多种多样的办学形式"、鼓励"社会力量办学"的设想。不过当时所提社会力量办学主要是在教育投入严重不足

---

① 张俊洪：《回顾与检讨——新中国四次教育改革论纲》，湖南教育出版社 1999 年版，第 225 页。

② 张玉林：《分级办学制度下的教育资源分配与城乡教育差距——关于教育机会均等问题的政治经济学探讨》，《中国农村观察》2003 年第 1 期。

③ 张玉林：《分级办学制度下的教育资源分配与城乡教育差距——关于教育机会均等问题的政治经济学探讨》，《中国农村观察》2003 年第 1 期。

的条件下对教育投资体制的权宜变通，不涉及办学体制这一原则性问题。①
即便如此，由于政府缺乏吸纳社会可利用资源的政策和机制，因此，能够
吸引社会资金的渠道非常有限，非财政性资金进入教育发展领域很少。比
如，在 1999 年之前，我国的金融制度不允许向教育机构贷款，学校作为事
业单位，不准向银行举债，这大大限制了学校筹措非财政性收入性资金的
渠道。②

（三）社会支持的自发状态

在全能政府的职能定位下，政府几乎是教育改革唯一可依靠的社会支持
力量。然而，这并不意味着教育发展的问题和教育需求能够完全被政府职能
涵盖。即使在高度集中的计划管理体制下，也存在一些政府依靠行政权力管
不了也管不好的问题。对应于一些局部的、即时的、个性化的教育问题和需
求，实际上存在着自发状态的一些社会支持。

1. 需求驱动

民间支持因素的出现是由需求驱动的，他们像是"临时的消防队"，哪
里需要就到哪里救火，而未被作为自觉的社会支持机制加以对待，甚至其合
法性都是可疑或者不稳定的。而且，由于经济和体制的制约，民间支持主要
表现为对教育的物质条件和入学机会等表层问题提供辅助性的帮扶。

以恢复高考为例，恢复高考的消息在 1977 年 10 月 21 日才登报，离开
考只有一个多月，大量荒废学业多年的学生如何备考成为一个问题。一些老
师随即在工厂车间、田间地头和中小学校拉起高考补习班，补习班进行得
"如火如荼"。③ 除了补习班，缺少复习资料也是备考的一大问题，出版社在
其中发挥了巨大作用。上海科学技术出版社编辑徐福生在恢复高考的消息公
布之前的两个月就得知了这个消息，他的第一反应就是赶印复习资料。印
刷厂赶在高考前的一个月，分批印出了《数理化自学丛书》，一举出售了数

---

① 陈桂生：《中国民办教育问题》，教育科学出版社 2001 年版，第 35 页。
② 刘道兴：《教育投入的革命》，社会科学文献出版社 2011 年版，第 54 页。
③ 毛蜜娜：《1977 年高考，让梦想照进现实——访西安交通大学第二附属中学校长董建》，
《三秦都市报》2007 年 5 月 15 日。

千万册。①

　　然而，当时的高考录取率不及 5%，大量考生无法被录取，于是，各类业余性质的电大、夜大、函大和刊授大学，成为了上百万未能进入正规高校学习的青年实现读书愿望的途径。越是在经济发展快的地区，这类业余性质的教育机构数量越多。胡启立在回忆 1984 年的广东调研情况时写道："广东属于沿海开放地区。由于城乡经济改革的推动，教育改革也充满了生机和活力。广东高校数量比较少，改革开放以后人才需求激增，为适应经济和社会发展需要，他们不拘一格，多层次、多渠道、多形式办学，电大、夜大、函大，还有各种培训班，如雨后春笋，方兴未艾。广东人发扬敢想、敢闯、敢试的精神，大胆突破一些体制障碍，为教育改革提供了一些实践经验。"②

　　2. 隐性的社会支持要素

　　虽然这一阶段教育改革的社会支持因素基本处于混沌状态，但大致仍可分为两种类型。一类是政府职能方面的社会支持，基本处于显性状态，以财政投入支持为主，政策支持和体制支持为辅；另一类是社会团体、社会公众方面的社会支持，通常处于隐性状态，组织程度比较低，基本上是不具明确和正式责任的支持主体。这两类社会支持因素的共同特征在于，它们在客观上实现的对教育改革的支持属于自发状态，而并未上升至自觉的状态。即使是政府的职能方面，也由于其强烈的控制取向，而不能算作是自觉的支持。

　　在这一阶段隐约显现的隐性社会支持要素中，比较典型的是公众文化。改革开放初期，传统文化在农村地区发挥着重要作用。在乡村，民办教师有文化，受人敬重，甚至算是半个"国家干部"，所以民办教师的职业很受农村知识青年欢迎，他们把能够站在学校的讲台上看作一份光荣。③ 但是，公众文化具有柔性的特征，随着情境的变化，它有可能对教育改革表现出负面影响作用。在市场经济大潮的冲击下，有些农民开始进城务工、经商，成为时代的"弄潮儿"，而民办教师的工资收入比例下滑。原本因其知识和政治

---

① 吴琼：《叩响命运之门的丛书》，《文汇读书周报》2011 年 8 月 5 日第 15 版。
② 胡启立：《中共中央关于教育体制改革的决定出台前后》，《炎黄春秋》2008 年第 12 期。
③ 费振钟：《农村民办教师》，《上海文学》2000 年第 2 期。

角色而受到敬重的民办教师，转而被与其经济状况的贫穷联系在一起，马上相形见绌。

在社会团体、社会公众这一类型的支持因素中，有些看似并未呈现出明显的支持功能，却对教育改革的方向产生了重要影响。这些影响因素，可视为潜在的社会支持因素。人才市场对学校教育的影响作用即属此类。据统计，1987 年全国有 5500 多名毕业生被用人单位退回；在 1988 年的一次研究生分配供需会上，有 1/3 的研究生受到冷遇。这说明劳务市场的供求规律已形成一种力量，影响学校人才的培养与分配。[①]

另有一种隐性的社会支持要素并非主动和自愿，而是被动地超负荷支持。家庭便是其中之一。由于"八五决定"确立了"分级办学"制度以及"地方可以征收教育附加费"政策，实际上将本应主要由国家负担的义务教育责任转嫁给了家庭，尤其是农村学生家庭。尽管《义务教育法》明确规定，"实施义务教育所需事业费和基本建设投资，由国务院和地方各级人民政府负责筹措，予以保证"，但是在"把发展基础教育的责任交给地方"这一原则的指导下，对基础教育的投资都落到了地方肩上。根据国务院发展研究中心的调查，自实施义务教育以来，在农村义务教育资金的投资比例中，中央政府负担的部分仅为 2%，省和地区（包括地级市）的负担部分合计起来也只有 11%，县和县级市的负担为 9%，而乡镇负担了全部的 78%。[②] 因此乡镇财政普遍被称作"教育财政"，缘于其财政支出的大部分必须用于义务教育。而乡镇财政的收入相当一部分来源于农民缴纳的农业税。这便是 80 年代广为人知的"人民教育人民办"。乡镇财政通常无法满足办教育的需求，还必须对农民征收教育附加费。从统计数据来看，教育附加费自 1985 年开始征收，以后逐年增加。在 1985—1999 年间，其总额超过了 1100

---

① 鲁洁：《商品经济与教育》，《江苏高教》1989 年第 1 期。

② 张玉林：《分级办学制度下的教育资源分配与城乡教育差距——关于教育机会均等问题的政治经济学探讨》，《中国农村观察》2003 年第 1 期。

亿元。①

除了教育附加费，农民还面临各种形式和名目的"教育集资"。"教育集资活动实际上在80年代末期已经开始，进入90年代之后，各地迫于在2000年之前实现'两基'目标的压力，更加频繁和大规模地展开，从而成为90年代中期农民负担进一步加重的主要原因。根据《中国教育经费统计年鉴》所提供的数据，仅在1993—1999年的7年间，从农民征收的教育集资即超过516亿元人民币。"② 在这种状况下，无数的农村孩子无法完成法定的九年义务教育。"砸锅卖铁也要供孩子上学"，成了那个时代的家长说出的最辛酸的豪言壮语。

3.作为"补充式"参与的显性社会支持要素

虽然民间支持基本处于隐性状态，但也存在少许显性因素。比如前文提及的社会力量办学。另有中国青少年发展基金会于1989年发起的慈善公益活动"希望工程"，以在基础教育领域捐助贫困失学儿童而闻名。这两类社会支持之所以成为显性因素是由于他们定位于在政府规定的体制框架内"补充式"地参与教育改革。

"补充式"参与的定位对于这类社会支持来说，是其合法性存在的必要前提。就民间助学活动与政府主管教育部门之间的微妙关系来说，由于民间助学活动通过宣传社会的贫困状况和儿童的失学情况来获得社会捐助，而这样的宣传对政府部门来说，属于负面新闻，与其政绩追求和考核指标相左，这就造成了宣传口径上的直接矛盾。希望工程获得了极高的社会声誉，它所筹集的资金虽然仅占教育财政投入的一小部分，却抢了大风头，使得政府在支持教育发展方面的作用相形见绌，这也导致加重了双方的矛盾。这些矛盾使得希望工程与教育主管部门之间难免产生分歧。但希望工程活动很快明确了自己的定位，主动强调自己的"协助者"地位，而非批评者、挑战者。比

① 张玉林：《分级办学制度下的教育资源分配与城乡教育差距——关于教育机会均等问题的政治经济学探讨》，《中国农村观察》2003年第1期。
② 张玉林：《分级办学制度下的教育资源分配与城乡教育差距——关于教育机会均等问题的政治经济学探讨》，《中国农村观察》2003年第1期。

如在上报失学儿童数量时，将失学儿童改为"即将失学儿童"，组织活动时邀请政府机构和官员带头捐款或题词，建成的希望小学全都交给教委管理等，以此来获得政府部门对自己参与教育的默许。[1]

二、政府职能转变与社会支持的分化

20世纪90年代末，从计划经济体制向市场经济体制的过渡基本完成。以市场为导向的社会经济生活要求摆脱僵化的行政干预，将市场作为资源配置的主要机制。在此过程中，政府职能发生了重大变革，政府正在经历从"全能政府"向"有限政府"的转变。伴随着政府职能的转变，教育改革的社会支持走向分化，各种社会支持主体和因素从原来混沌一体的状态中剥离出来。

（一）社会发展与政府职能的逐渐明晰

市场经济的运转激发了社会发展的活力，社会力量在成长壮大。不同于新中国成立之初和"文革"之后对强势政府建设国家的期待，当下社会渴望自由发展的空间。教育系统也从未像今天这样，和社会系统的互动关系如此紧密和紧迫，关起门来进行教育改革的可能越来越小。教育如果不关照社会基础和社会的要求，社会就会拒绝教育的成果。上个世纪由国家主导的毕业生包分配政策已经不适应市场社会，"毕业生分配办公室"变成了"就业指导中心"，甚至只能是"就业服务中心"。这一办公机构的小小缩影反映出的大趋势是，政府对教育的"超强控制"已经引发"倒逼"机制，社会的力量倒过来警示教育改革必须有健全的社会支持。

当教育改革进入"深水区"，对于什么是好的教育、什么是好的考试、如何评价等专业问题，并非依靠政府的行政力量就能解答或解决。政府在本世纪初开启了基础教育课程改革，却在推进与深化课程改革方面举步维艰，原因就在于课程改革需要办学主体自主谋划，如果学校进行教育改革的主体

---

[1]　孙立平等：《动员与参与：第三部门募捐机制个案研究》，浙江人民出版社1999年版，第42—44页。

地位不能合理确立，改革就难以取得成效。

社会和学校向政府职能提出的挑战，提示了合理、明晰地界定政府职能对教育改革的重要意义。世界各国政府职能的历史变迁都表明：政府职能不是一成不变的，它必须因应经济社会的发展变化而作相应调整，这是政府重新适应变化的行政环境的一种根本性努力，是政府始终能起到促进经济社会发展之作用的逻辑前提。①

1996年《全国教育事业"九五"规划和2010年发展规划》中明确提出，"转变政府职能，由对学校的直接行政管理，转变为运用立法、规划、拨款、信息服务、政策指导和必要的行政手段等，进行宏观管理，确立和落实学校面向社会自主办学的法人实体地位"。但在具体的落实上，我们看到，政府控制教育的后遗症和惯性力过于强大，从控制教育向支持教育的转变之路迂回且艰难。相应地，教育改革的其他社会支持力量并非自然地分化与生长，却更像是在市场社会力量的撕扯下痛苦地剥离。

（二）以政策支持为主导

随着改革与发展中涉及的矛盾越来越表现为结构或体制的矛盾，单单依靠加大财政投入这种经济措施，已不足以解决问题。同时，由于国家能力的增强和政府执政能力的提高，政府对教育改革的支持，逐渐从财政支持为主，拓展为财政投入与政策支持并重，并以政策支持为主导。

从政策文本上看，教育改革与发展日益受到重视。不仅党的历届全国代表大会、国务院的历年《政府工作报告》都对教育的战略地位有专门的阐释，而且与教育改革相关的政策及法律法规也越来越多。在各项政策"日新月异"的同时，"上有政策，下有对策"也流行起来。以发布政策来推动教育改革，常常演变为一种"雷声大，雨点小"的无力之举。在素质教育改革这一事件上，政策的无力感表现得最为明显。早在1994年，教育主管部门就正式提出从应试教育向素质教育转轨，积极推动素质教育区域性改革，并把实施素质教育作为全社会共同的责任；1999年颁布的《中共中央国务院关

---

① 徐邦友：《中国政府传统行政的逻辑》，中国经济出版社2005年版，第85页。

于深化教育改革全面推进素质教育的决定》把推进素质教育改革上升为国家教育战略的重大政策措施;进入 21 世纪,国家进一步通过基础教育课程改革等重大措施来推动素质教育改革。《教育规划纲要(2010—2020)》指出,"全面实施素质教育是教育改革发展的战略主题"。然而素质教育改革在政策力度不断加大的同时,在实践中却仍然面临重重困难,很难真正落到实处,"素质教育轰轰烈烈,应试教育扎扎实实",至今仍是人们评价素质教育改革效果的一句常用语。

教育政策的滞后是我国现行教育行政系统中存在的普遍现象。比如,在新课程培训遍地开花、新课程理念逐步为广大教师所认可、新课程的改革实践从试验区推广到了全国绝大多数学校的同时,支持和保障课程改革的政策与制度建设却相对落后。随着改革的深入,政策的滞后已经成为影响课程改革继续推进的症结所在。①

政策的滞后不仅受到各种主、客观因素的影响,而且各种影响因素在教育政策制定与执行过程中相互牵制、相互作用。从政策议程的设置、政策制定所需的数据信息,到政策实施的配套条件及制度环境等一系列程序来看,教育政策滞后反映出教育改革的社会支持要素及要素间的关系存在很多缺陷。

以制度环境为例。良好的制度环境是指所有正在运行的政策能够各司其职,不相互牵制。在实践中,一项政策与另一项政策或制度之间存在抵触的情况并不鲜见,政策或制度的不一致,会带来政策执行中的冲突,使教育政策的落实陷入进退两难之境。

比如,为解决农民工子女上学问题而出台的《关于进一步做好进城务工就业农民工子女义务教育工作的意见》(2003 年)对流入地政府提出"两为主"的政策要求,即"以流入地区政府管理为主,以全日制公办中小学为主"。然而落实这一政策不是一件易事。就政策环境来说,我国的教育经费

---

① 吴刚平、陈华:《课程改革政策滞后现象探析》,《湖南师范大学教育科学学报》2014 年第 3 期。

拨付方式与户籍相捆绑，这使流入地政府缺少满足流动人口子女教育需求的经费，而且，当地教育水平是以户籍人口为衡量标准，这又使流入地政府缺少解决流动人口问题的动力。物质基础与主观愿望两方面的缺失致使流入地政府难以真正落实上述政策。[①] 在我国现行户籍管理制度环境下，流动人口子女入学政策的执行出现滞后状况具有一定的必然性。

即使农村孩子进入了城市公办中小学之后，也会出现很多政策或制度上的障碍。比如，由于不少农村地区的课程体系极为残缺，而且各省使用的教材不一致，使得不少跨省流动的儿童无法适应流入地的课程体系，很多转学生跟不上进度。而目前的义务教育制度严格限制留级，"减负"政策又禁止教师额外补课。由此所造成的教育衔接工作的负担几乎全部转移到流动儿童所在班级的班主任和相关科目的教师身上，他们不得不放慢教学进度，而这对整体的学习进度造成了影响，对教师也造成了超负荷的工作压力和心理压力。[②]

（三）社会支持的艰难分化

在90年代末期，当民办学校被纳入办学体制，传统的"政府包揽办学"体制得以终结。然而，教育领域的"官民之争"也随即上演。在各种压力下，政府所承担的教育公共事业的责任中有一部分开始发生转移或分散，民间空间开启，各种社会力量开始作用于教育改革，教育改革的社会支持主体渐为独立和多样。同时，教育改革的社会支持主体内部也产生了分化，其中既有对教育事业真心支持者，也有为了某种附加利益而支持者；既有发挥正向功能者，也有产生负向功能者。

各种社会支持主体所带有的附加利益诉求常常是隐性的，而政府对于这种附加利益诉求则保持着本能的防范和担忧。由于利益满足机制、监管机制和法律制度尚未建立健全，新问题也就不时出现。在缺少前瞻性的研究和预警机制的条件下，政府通常选择将原本开启的空间再度紧收，于是形成"不

---

① 改革开放以来的教育发展历史性成就和基本经验研究课题组：《改革开放30年中国教育重大历史事件》，教育科学出版社2008年版，第228页。

② 卢德平：《中国弱势儿童群体：问题与对策》，社会科学文献出版社2007年版，第74页。

得不放，一放就乱，一乱就收"的复杂局面。因此，教育改革的社会支持可以说是在"官民博弈"中生长的。不过，由于政府仍然掌握较强的权力，这里的"官民博弈"在表面上看，更像是政府对其他教育社会支持力量"自如收放"的一种不对等状况。这种状况，可以从下面三种现象中窥见一斑：

1. 市场膨胀，政府被动补救

改革开放以后，"市场"一词越来越走俏，政府不仅鼓励老百姓找市场解决问题，其自身也从市场中寻找解决社会问题的出路。1992 年，《中共中央国务院关于加快发展第三产业的决定》明确把教育事业归入第三产业，在政策层面强化了教育发展的经济学思维。活力无限的市场机制被引入教育之后，凡是政府没有能力解决的问题，都完全交给市场去自发调节。在某种意义上，市场化的过程变成了政府推卸社会责任、减弱公共投入的过程。[①] 由于在原有的"全能政府"模式下，政府在教育政策、财政投入和体制方面的决策和作为，均无预防机制或纠错机制，各种可能的失误都会为后来的发展埋下隐患。当经济高速发展，所有的教育问题都交由市场自发调节，而政府缺少有效的监管机制，最初异常有效的市场机制就开始出现问题，教育乱收费、天价学区房、培训市场和教辅市场鱼目混珠等乱象丛生。此时政府再用行政的手段去治理这些问题，就已很难控制。

比如在经济建设急需人才而教育资源普遍匮乏的时期确立的举办重点中小学政策，反映的是计划经济体制下的教育发展模式。到了市场经济阶段，金钱借助着权力，自发地参与到教育机会的选择。在 80 年代末，先富起来的温州农民向城市重点中小学进军，开了"分不够，钱来凑"的口子。[②] 到了 90 年代，重点学校政策引起的教育不公平、无序竞争、效率低下等问题越来越严重。尽管国家教委在 1996 年叫停示范高中评估验收，但各省市的示范高中建设活动仍在变相开展，反映出国家教育主管部门和地方教育部门、重点学校之间的分歧。究其原因，重点学校政策已经生成一批既得利益

---

① 徐月宾、张秀兰：《中国政府在社会福利中的角色重建》，《中国社会科学》2005 年第 5 期。

② 曾天山：《义务教育阶段"择校生"现象剖析》，广西教育出版社 1999 年版，第 10 页。

群体，当既得利益无法通过其他途径进行转化或保存，这些利益人群就会采取各种形式来抵抗改革。

2. 民间组织生长，政府积极监管

由计划经济体制向市场经济的转型必然引起社会的转型，其中一个重要的表现就是从政府全能型社会向公民社会转变，民间组织（也称为第三部门）开始发展壮大。在中国的民间组织中，一部分属于"政府的非政府组织"，比如中国青少年发展基金会。这类体制背景很强的民间组织一方面占据着制度优势和丰富的资源，另一方面却由此而面临公信力和专业化的压力。自本世纪初以来，涌现出一些没有体制背景但拥有社会资本的民间公益组织，以及更多的依靠志愿者机制组织起来的"草根型"民间公益组织，民间组织的活动也从普遍的物质资助，逐步走向专题式、差异化的专业服务。值得注意的是，近几年出现一些致力于政策咨询服务、教育问题研究的智力投资型民间组织，以及对教育改革问题进行联合攻关的名校联盟，这些都是教育改革与发展的新兴专业支持力量。

实际上，在中国最早涉足教育支持的是国际发展组织和基金会等非政府组织。即便在今天，这些具有海外背景的慈善或公益组织在中国的影响力仍然不可小觑，而且他们的海外背景颇为复杂，商业、宗教、文化、政治……不一而足。民间组织作为一种背景较为复杂的组织形式，对于国家的治理和稳定来说，具有一定程度的风险性。因此，可以看到的情况是，民间组织的生存境况并不乐观。中国的民间组织受到政府、企业和海外力量等各方面的牵制，基本处于"依附式发展"。[①] 政府对民间组织的管制性管理则是其依附状态的根源。面对民间组织的涌现，政府部门制定了严格的登记管理条例，在管理法规建设方面还不健全。而且在所有重要的领域，政府部门都成立了官办的第三部门组织，表现出一种通过"功能替代"来抑制同类民间组织发展的倾向。[②] 自改革开放以来，我国的宏观制度环境对第三部门的发展

---

① 康晓光等：《中国第三部门观察报告（2011）》，社会科学文献出版社 2011 年版，第 97 页。
② 康晓光等：《中国第三部门观察报告（2013）》，社会科学文献出版社 2013 年版，第 27 页。

是以鼓励为主，但是，在微观制度环境上存在的积极监管倾向。

3. 专家行动，政府支持

素质教育作为中国教育改革毋庸置疑的蓝图，从 80 年代末至今，一直是教育决策与管理部门的文件和官员广泛使用并强力推广的。启动于本世纪之初的基础教育课程改革则被定位为对素质教育的响应、落实和深化。这场改革不同于以往的教育改革之处在于，专家在课程改革中以引领者的角色出现。课程改革作为一项行政权力所不能及的深度的改革事件，汇集了课程论、教学论、心理学研究者和各种学科专家，这些专家对课程标准、教材、课程评价和课程管理等问题进行讨论，形成的课改成果可谓"汗牛充栋"。同时，学校被鼓动起来建设"校本课程"，进行"校本管理"；中小学教师也被鼓动起来，参加"新课程培训"，争做"研究型教师"。在这场课程改革中，传统的国家主导、行政主导的教育改革模式，在形式上过渡为专家主导、专业主导的教育改革模式。

然而实际上，新课程改革仍是自上而下的政府行为。不过与以往不同的是，更多地将专家及其为增强课程改革的合理性、合法性而打造的概念和理论体系推向前台。[①] 因此，哪些专家能够被改革者优先考虑，取决于专家个人与改革者、与政府的互动关系。基于这样的关系，在前台—后台的角色分配上，一方面，专家被推向前台却可能难以主动。教育改革能达到的高度取决于它受到哪一层级领导的重视和肯定，课程改革同样对官方的认可和支持非常敏感。另一方面，政府虽未直接参与课程改革，但并不代表行政权力的退出，政府通过课题立项、经费资助、学术评奖等各种方式对课改专家和中小学校长、教师进行重要影响或制约。由于专家与政府双方的不对等关系，在改革过程中，两者的界限有时会变得模糊。

---

① 高水红：《共用知识空间：新课程改革行动案例研究》，南京师范大学出版社 2008 年版，第 97 页。

第二节　政府支持子系统的构成、运行方式及问题[①]

在现阶段，我国的教育改革离不开国家权力的发挥。政府是支持教育改革的主导性主体，教育改革有赖于政府职能的切实履行。政府通过统筹规划、资源配置、政策杠杆、监督管理等手段，调节教育的供需矛盾，进而推动教育改革与发展，改善公共教育服务。政府的职能由具体的部门承担，这些部门担负相应的职能，也拥有相应的权力。然而，不同级别的政府、不同的政府部门和不同的政府官员之间存在价值观的差异和利益的冲突。因此，要了解政府支持教育改革的现状，需要借助政府层级和政府部门的关系视角。

一、教育改革需要的政府支持

（一）不同层级的政府支持

教育改革的政府支持首先可分为来自中央政府和地方政府两个层级的支持，二者有明确的职责分工和相应的行政权力配置。中央政府负责管理全局性的、纲领性的问题，负责保基础、促均衡；而局域性的、实务性的问题则由中央政府指派给各地方政府，地方政府负责发展本地的基础教育、职业教育、地方高校等。同时，我国的地方政府与中央政府具有高度的职责同构、机构复制的特点，地方政府作为一个"缩微版的中央政府"，其管理活动也是依靠多层级的层层委托而逐步向前推进。[②] 我国政府的纵向结构表现为权力集中、层级设置分明的科层化结构，其主要特征是地方服从中央、下级服从上级。

（二）不同部门的政府支持

在教育改革的政府支持中，各级各类的职权相关部门是发出支持行为的

---

① 本节部分研究内容以论文形式已见刊，详见陈华：《教育改革和发展的社会支持——政府与民间的视角》，《中国教育管理评论》第9卷，教育科学出版社2014年版。
② 刘祖云：《政府间关系：合作博弈与府际治理》，《学海》2007年第1期。

主体，其中不仅包括教育行政部门，还可涉及科技、财政、司法、民政、人事、文化、卫生、公安、国土资源、城建和发展改革委等众多与教育改革事项相关的部门。这些部门之所以都是教育改革的职权相关部门，是因为政府部门垄断着学校的几乎所有重要的人力资源（校长任免、人员编制、职称比例、高素质师资等）、财力资源（基本办学经费、各种支持经费等）、物质资源（土地、建筑、设施设备等）以及官方设立的各种各样的项目、奖项、机会等等各种重要的办学资源。①

二、政府支持教育改革的主要方式

当社会处于不同的发展阶段，或地区处于不同的经济发展水平，都会面临不同的教育供需矛盾。而不同的教育供需矛盾将导致政府解决教育供需矛盾的主要手段发生变化。从新中国成立初期至今，我国政府参与、管理与调控教育改革的方式和手段主要表现出财政化、部门化、项目化和政绩化四种特点。从新中国成立至改革开放初期，主要是以财政化为主要方式；自改革深化以来，则表现出部门化、项目化和政绩化等多种方式并用的特点。

（一）财政化

教育改革是政府的责任，而其中最重要的责任之一就是财政投入。改革开放以来，各级政府将有限的财力投入到具有战略意义的教育领域，通过财政投入和重点倾斜，调整了教育结构，把教育发展的重心转移到基础教育上来，在确保一批重点高校和重点中小学继续得到重视和发展的同时，持续推动"两基"进程，在世纪交替时实现了在全国范围内基本消除青壮年文盲和基本普及九年义务教育的重大历史性任务。政府的财政投入和重点倾斜促成了教育的迅速普及和发展，对教育改革起到了巨大的支持作用。

在改革开放初期法治建设不健全的背景下，"财政化"的工作思路渗透到教育改革的规划与实施中，教育曾一度成为一种为政府开辟财源，弥补教

---

① 吴康宁：《政府超强控制：制约我国教育改革深入发展的一个要害性问题》，《南京师大学报》（社会科学版）2012 年第 5 期。

育经费不足的途径。政府在财政化的教育发展思路下，凡事利益挂帅，有利于财政创收的，就大力支持；不利于财政创收的，就消极不作为。在相当一段时间，出现了校办企业、教育乱收费、在编人员下海经商和在职人员坐吃空饷等教育乱象。与此同时，在财政化的发展思路下，教育改革在和其他社会事务争取财政支持的竞争中处于弱势。由于教育事业的回报周期较长，教育部门在短期内只带来政府支出而不能直接增加政府收入，因而在财政预算上常常没有话语权，有时甚至拿不到原属于本部门的上级拨款，而被市政府或财政局截留，挪作他用。

（二）部门化

教育改革必将涉及对某些办学资源的调整，从而介入到不同职能部门的职权范围，并形成处于核心地位的主导部门，以及若干处于边缘地位的辅助性部门。教育改革过程中的问题，需要主导部门和辅助性部门协作解决。由于平级部门之间缺少协作机制，部门化的切割使得需要跨部门解决的教育改革问题成为困难，往往要等待问题严重到一定程度时，才由上级部门出面协调。

比如，异地中高考不只是教育部门的事情，还涉及市政府等多个职能管理部门。遇到类似情况下，政府官员常常都会以"这是多个部门的事"而搪塞过去。这也实际上反映了"部门化"的现实和弊端，局部的尤其是弱势的职能部门无法独立解决涉及多部门的问题。

事实上，目前政府部门之间的隔绝和封闭已经成为教育改革的严重障碍之一。其客观原因在于政府各职能部门之间职权划分不清，多头管理，而主观原因在于部门利益至上的普遍心态，部门会根据是否有利可图，而随意地扩张或收缩自己的管辖边界。

（三）项目化

通过设立项目、打造工程来对某些重大问题进行重点扶持或重点攻关，是现阶段政府推进教育改革的一种重要途径和措施。[1]"项目化"方式的优

---

① 吴康宁：《政府超强控制：制约我国教育改革深入发展的一个要害性问题》，《南京师大学报》（社会科学版）2012 年第 5 期。

点在于通过引入专项机制，"把钱用在刀刃上"，通过项目的竞争和运行，避免资源投向低水平的重复，探索紧迫、重大的改革问题，从而积累经验，起到带动和辐射的作用，为教育改革建立起基础、标准和示范。

"项目化"在积极支持教育改革的同时，也存在一些消极影响。其一，"项目化"的形式淡化了政府的层级职权和部门职权，因而淡化了政府部门职权范围的边界与限制，容易导致权力的无限膨胀，进而导致教育腐败，各类项目的行政审批已然成为教育寻租的一种主要方式；其二，"项目化"使专项经费的使用简单而僵化，容易造成资源浪费与资源不足并存；其三，"项目化"的形式常常重启动轻过程、重形式轻结果，导致难以深入内涵发展，更没有顾及教育改革的普惠性，这与其全面提高教育质量的根本目的相悖。

（四）政绩化

政绩考核的方式为各级政府和官员重视高校和中小学提高办学水平，发展优质教育资源，抓紧人才培养和引进，推进教育公平和均衡化等指标事项注入了强劲动力。政府官员在追求教育政绩的过程中，客观上相当快速地推进了教育改革，同时，也在相当大程度上在政府内部形成了重视教育的政绩观和官场文化。

然而，由于任期制和晋升制的存在，致使一些官员片面看重短期效益和看得见的政绩，热衷于追求"短、平、快"的"形象工程"。教育改革与发展是一个长期的过程，行政官员的任期则是有限的，将有限的任期投入到无限的改革中导致的后果是，政府官员的上任往往会引发一场新的改革风生水起，而官员的更迭则往往会导致正在进行的改革偃旗息鼓。即使是对于同一项教育改革的推进，也会因政府官员的上任和离任而明显出现赋予地位高低有别、支持力度强弱不同、推进速度缓急有异等普遍现象，影响了教育改革的长效与持续。

三、政府支持教育改革的问题

我国当前的政府支持处于以政策支持为主导、财政投入支持为辅助、向法治化前进的阶段。在这一阶段，政府对教育改革发挥了积极的支持保障作用，同时也存在很多问题。

（一）管控有余而支持不足

政府在教育改革中的领导者与组织者地位毋庸置疑。政府职能的缺位会在教育改革中造成严重的后果。然而我国政府在教育改革中更多承担了管控者的角色，在基本职能履行方面则存在支持不到位的状况。

政府对教育改革的管控特征体现在以下四个方面：

1.自上而下。推进教育改革的权力集中在政府手中，教育改革的目标与任务由上级层层委托给下一级，下一级政府参与教育改革的积极性主要来自内部和上面，即"让上级领导满意"，从而获取部门利益和个人政绩。

2.政府推进改革的行为逻辑是计划—审批。政府的行动路径是下级通过领会上级的政策意图来执行，上级则通过规定各项计划、指标来控制和监督下级的工作，同时，政府设立和审批各种各样的项目、计划和工程，来推动学校参与教育改革。

3.政府直接干预教育。政府在教育改革中无处不在、无所不能，政府不仅直接干预全部教育资源的配置，而且直接规定和限制改革行动的路径与方式。政府既是教育改革的设计者，同时也是指导者、管理者、监督者、调控者及评价者。

4.效率取向。管控模式与支持模式的差别之一还在于政府是效率取向还是效率与公平并重的取向。用一个显在的标准来衡量的话，即政府在改革中是否维护特殊群体的利益。我国的教育改革付出了很多不均衡的代价。在改革的前期，政府在追求效率的过程中，缺少对教育公平的维护，从而使特殊群体承担了更多的改革成本。

政府独具的结构特性决定了它的功能是有限的，政府职能的越位不仅会影响政府本位职能的履行，影响政府行政管理的效能，而且还会抑制民间社会的生长发育。现行行政体制的弊端对教育改革的制约几乎无处不在。因此，政府的行为逻辑有待转变为回应—支持型，即教育改革的问题是由民间社会提出，专家、学者、教师、家长及社会其他群体或团体具有参与教育决策的机制和路径，地方和学校对教育事务拥有较大的自主权，政府的主要职能是回应和体现民意，通过顶层设计和资源分配，对教育改革提供职权范围以内的支持。

（二）部门隔绝而统筹失调

中央、地方与基层政府各部门的设置有其对应的职能和相应的权力，只有职权明晰，各司其职，相互协调，才能共同致力于对教育改革的支持。然而在实际中，职权交叉、职权不匹、权责不清、多头管理、部门隔绝、相互推诿扯皮等现象广泛存在，使政府各部门对教育改革的支持力量难以统筹协调，发挥合力。

由于我国实行中央与地方政府"职责同构"的行政制度，因此，中央政府与地方政府的职权划分是问题的关键。从改革开放以来，中央层面不断下放行政权力以调动地方政府的积极性，但从地方层面的职权现状来看，地方政府已握有很大的权力却往往抱怨无权，要求下放更多的权限。中央与地方政府的职权划分表现出"一放就乱""一收就死"的"怪圈"。其深层原因源于中央与地方的职权划分模式是采取单一的行政性分权模式，而非法治性分权模式，即在划分依据上是以政策文件为界权主要依据和手段，而非以宪法、法律为依据和手段，在划分方法、方式上，则是多级同构式的，而非依中央和地方政府应履权的领域来划分的，因此法治的职权划分效力较为有限。所以，表面上的收收放放，其决定权都掌握在上级政府或部门手中，地方政府虽然实际上行使很多权力，但由于没有制度保障，产生不了权力归属感，仍感到权力握在中央政府手中，自己并未真正掌握多少权力，且时刻担忧既有的权力被收回，由此产生"现权不用，过期作废"的权力行使的功利主义和急功近利思想，[①] 也就难免产生部门边界意识、部门利益至上等心理，以及"上有政策，下有对策"的政策执行变异。

从这个意义上说，中央与地方的职权划分问题的重要性和迫切性，不亚于政府职能转变问题。要解决政府支持的统筹协调问题，就必须从根本上推

---

① 刘光大、莫勇波：《论我国政府间纵向职权划分模式的战略选择——从行政性分权模式向法治性分权模式的转型》，《改革与战略》2006 年第 11 期。

动中央与地方职权的调整进入法治化、制度化的轨道，完成法治国家框架下中央与地方权力格局的科学、合理的重构。

（三）行政先行而专业不彰

政府对教育改革的支持与保障必不可少，然而，政府部门过于行政化的行为逻辑导致行政对专业的压制，以行政力量代替了专业意见，而使行政先行，专业不彰。"行政先行，专业不彰"的表现及其弊端表现在两个方面：

其一，以行政化的思路来处理专业化的教育改革问题，将生动的改革意愿转化成不容置疑的官方目标、方针、计划、指标。如此一来，即使政策设计原本科学、民主、贴近实际问题，也容易在实施的过程中引起地方教育行政人员和一线教育工作者的"交差感""被迫感"等体验，使其对教育改革缺少心理认可，导致政策执行的象征性合作、选择性执行、政策目标扩大化、政策内容全异化、政策执行停滞化等各种表现，致使各种政策问题不仅迟迟得不到解决，而且可能出现加剧或失控状况。如果学校进行教育改革的主体地位不能合理确立，就难以在具体的教育改革政策上拥有主动性和创新力。在教育改革政策上缺少自由探索、发挥潜能的空间，学校就只能被动地等待各类教育改革政策的发布，或亦步亦趋地执行各级教育行政部门下发的政策。

其二，政府为教育改革提出了诸多要求、限制和规则，比如控制教育资源、实行等级评定、项目审批等，然而，却没有对自身进行足够理性的设想。"受此影响，政府被赋予了广泛的自由裁量权，但对其权力的行使却没有设置相应的制约与监督机制。在这种缺乏可预知的制度架构和政府行为模式的情况下，政府权力既可能引导社会发展、为公众谋求福利，也可能给具体的行政机关及其工作人员利用权力获取私利创造条件；或者使他们在运用规则的时候，出现主观臆断、任意专横的现象。"[①] 由此，政府的行政职能与权力缺少合理的规范和限制，将导致职权的滥用，甚至是教育寻租、教育腐

---

① 何艳玲：《从"管制"到"平衡"——政府与公众理想关系模式的构建及其制度化》，《学海》2003 年第 5 期。

败，使教育资源集结在少数人手中，不仅造成教育的不公平，而且将吞噬教育改革的成果，阻碍社会的发展和进步。

第三节 民间支持子系统的构成、运行方式及问题[①]

教育改革涉及三大利益攸关方，即政府、学校和民间社会。从根本上说，民间社会是教育的托付者和受益人，是教育改革的最终需求者和价值主体。但是，民间社会的利益需求和价值观念对教育改革的影响不是直接的，而通常需要通过政府和学校的力量才能实现，因为政府是教育的主办者和主管者，学校是教育的承办者。[②] 政府和学校办学的权力本是来自于民间社会的委托或让渡，但这一本源往往被改革者忽略，很多教育改革单单从国家的立场、行政的意志、专家的理性出发，而未能关照社会公众的利益诉求，也很少主动寻求民间社会的支持。这一缺失的原因也有其现实困难的一面，即社会公众对教育改革的利益诉求既多样、易变、相互冲突，又往往秘而不宣，所以难以把握。但是通过对民间力量的分类剖析，我们仍可从中发现决定民间群体是否支持教育改革的规律。

一、教育改革需要的民间群体支持

由于教育具有正向的外部效应，即它能使受教育者和提供教育者之外的第三者受益，教育系统外的社会个体或群体均可视为"教育利益相关者"，他们自身会受到教育改革目标实现过程的影响，他们的活动亦能够影响教育改革目标的实现过程。然而，不同的群体和教育具有不同性质、不同程度的利益关系。根据前文所述教育改革的社会支持系统的构成要素，并参考利益相关者理论和对教育改革事实的经验判断，人才市场、社会投入、社区、专

---

① 本节部分研究内容以论文形式已见刊，详见陈华：《教育改革和发展需要怎样的民间支持》，《教育发展研究》2014 年第 13—14 期。

② 吴刚平、朱志平：《中考招生改革的深化问题探讨》，《全球教育展望》2010 年第 2 期。

家、学生家长和社会公众，是教育改革的民间力量中的主要利益群体。根据各类利益群体与教育改革的关系，可以区分为以下三种类型：

（一）内生型利益群体的支持

内生型利益群体主要是指学生家长。教育实际上是由家庭和学校共同分担的责任，绝大多数家长通常都会为子女接受教育而投入大量的资本、时间和期望，可能得到的教育回报率将会影响家长实际的教育投入。学生及其家长是教育改革的成果、风险和代价的实际承担者，因此，在教育社会支持的民间力量中，学生家长是与教育改革的关联最为直接和紧密的群体，它是教育改革中的内生型利益群体。

（二）结构嵌入型利益群体的支持

结构嵌入型利益群体主要是指以知识产业为代表的社会投入。教育作为知识创造与传递的主要载体成为知识经济的基础产业，并衍生出相关知识产业群体的参与，包括教育培训机构、考试组织、研究团体、民间组织、出版社、传媒界、教学设备研发销售商等知识产业经营群体。这类利益群体脱离于学校教育过程而独立运行，但在功能上直接嵌入教育改革的某个或某些环节，他们通过提供服务、材料、设备或其他条件性资源来满足公众对教育的多元化需求，从中获得物质利益或精神利益，可称之为结构嵌入型利益群体。

专家和社区也属于此类利益群体。专家介入和支持教育改革已成为常态和必需，但专家一般来自高校或研究机构，他们与中小学教育之间的关系，也属于功能嵌入的性质，即专家通过提供专业意见来指导教育改革，并从中获得物质利益或精神利益。教育改革也需要城乡社区的广泛支持。作为一种兼具教育目标的自治组织，社区对素质教育、教育公平和终身教育具有不言而喻的重要作用。

（三）关系嵌入型利益群体的支持

关系嵌入型利益群体主要是指人才市场。对社会而言，教育的过程同时是人才生产的过程，以各类企事业用人单位为主体的人才市场是人才消费的主体，也是教育改革的第三支民间利益群体。人才市场是独立市场化运营的，但它与教育改革的全过程有一定的外部相关性，它通过就业市场的导向作用和人才消费的杠杆作用，影响教育改革的方向与内容，对教育过程起到倒逼、协调和促进的作用，可称作关系嵌入型利益群体。

社会公众也属于此类利益群体。社会公众与教育改革的关系主要表现为社会舆论及公众文化对教育改革的影响。社会舆论和公众文化虽不直接参与教育过程，但通过或明或暗、或强或弱、或正或负的间接作用，亦能够对教育改革起到不容忽视的影响。

二、民间群体支持教育改革的决定因素

内生型、结构嵌入型和关系嵌入型三种利益群体因切身利益，而以不同的方式与教育改革发生关联，他们是关涉教育改革的重要变量，既可能成为支持的力量，也有可能成为阻碍的力量。支持作为一种作用力，它对于事物的作用效果取决于这种作用力的着力点、方向和大小。相应地，民间群体对教育改革的支持状况，也取决于这三个要素：（1）民间群体能从哪个方面的教育改革获得利益，决定着民间群体将主要关心教育改革的哪个方面；（2）教育改革的方向与民间群体自身利益的方向是否一致，决定着民间群体是否愿意支持教育改革；（3）教育改革能为民间群体带来的利益增量有多大，决定着民间群体在多大程度上支持教育改革。下面以学生家长、知识产业和人才市场这三类典型的利益群体为例进行说明。

（一）利益着力点决定支持的内容

以学生家长为主体的内生型利益群体主要关心受教育机会的改革。家长对子女的人生负有责任和期望，在受教育程度与职业收入、社会地位挂钩而优质教育资源稀缺的大环境下，家长的利益首先指向子女接受优质教育的机会，以此促进子女向上流动或实现精英阶层再生产。所以家长很可能不了解不同的学校有哪些不同的课程设置，但却非常清楚本地区的重点学校及其升学率排名，甚至对学校里哪个是最好的班、最好的班主任都心里有数。因此，招生考试改革、教育均衡化改革、"择校"、"幼儿园入园难"问题等，触及了家长的首要利害点，是家长的呼声最集中的地方，家长甚至会在这些

方面投入过度的关切。而基础教育课程改革、"减负"问题、教师评价改革、教育管理体制改革等涉及教育内部要素的问题，对家长而言是次要利害点，只有在首要利益得到满足之后，才会受到关注。学生家长正是通过迎合、抵制或漠视教育改革的行为方式，直接影响基层教育改革与实践。对于教育改革政策的制定，家长群体的直接影响力却相当有限。

以知识产业为主的结构嵌入型利益群体主要关心特定教育要素的改革。这类利益群体是在教育改革的过程中应着某种社会需求而自发生长起来的，他们参与教育改革的合法性先天不足，是在政府规定的体制框架下依附于教育改革而存在的。因此，特定的教育要素是他们获取合法性和利益的来源，一旦被改革切断，利益链条就会断裂。比如，办学体制牵涉民办学校的合法性及利益，公共教育服务体制牵涉民间组织参与的合法性及利益，"减负"及"择校"治理触及了培训机构和家教机构的既得利益，招生考试改革牵涉考试组织的利益，课程改革牵涉研究团体和出版社的利益调整，等等。在参与途径上，知识产业群体因掌握大量的资源，而能在关键资源配置上对教育改革起到一定的影响和支持作用。但是，这种影响作用的发挥常常受到管理体制的干预和限制。

以人才市场为主的关系嵌入型利益群体同样关心教育要素的改革，但不同的是，它的关注更为整体，是对整个人才培养模式及其结果的关注，重点在于按照特定培养目标和人才规格制定的课程、教学、管理和评价体系。在充分竞争的人才市场中，用人单位主要看重劳动者的个人素质和实用技能，特别是劳动者能为雇佣单位创造独特价值的潜力，而非其文凭学历、家庭背景、社会关系等外在因素。用人单位对教育的期望，不仅是出自社会责任，也是为了自身的生存与发展。如果教育不能提供高质量的人才资源，企业据此发展、生存的基础将会荡然无存。我国人才市场的竞争尚不充分，但大学生就业难与民工荒同时存在所表明的人才供求的结构性矛盾，已使用人单位对教育的人才培养模式形成了诸多抱怨、批判和期待。人才市场主要是通过传达这些意见，进而对教育改革施加压力来参与教育改革的。

（二）利益方向决定支持的意愿

民间群体是活在此时、此地的，教育改革对于他们来说，最重要的不是改革前的状态与改革后的状态，而是改革中的现实状态。教育改革的推进有渐进性的特点和实效性的问题，因此，在改革政策的理念、文本、宣传与教育教学实践的现行体制之间，存在着割裂现象。民间群体对教育改革的支持意愿也相应地存在割裂，即民间群体普遍愿意支持整体的教育改革，但具体到和自己的切身利益相关的教育改革内容时，则会意识到个体的力量不可能对抗体制的力量，进而会选择博弈或妥协，努力争取在现行体制下的利益最大化，并据此表现出是否支持教育改革。

民间群体对教育改革的这两种支持意愿，前者可称为表层意愿，后者则为深层意愿。表层意愿表达的是人们对某种行为是否认同，深层意愿则显示人们是否会从事某种行为。民间群体是否发出实际支持行为，由其深层意愿决定，而非表层意愿。因此，很多学生家长一边呼吁政府对"择校"问题、"减负"问题采取措施，一边又拼着关系、拼着财力延续"择校"行为、"报班"行为。

以知识产业为主的结构嵌入型利益群体是依附于教育改革的利益交换群体，他们通过一定的付出来获取利益回报。因此，他们对教育改革的支持意愿是摇摆的，即当教育改革能够给他们带来更多利益份额时，他们就会倾向于支持，反之则不会支持。比如，应学生及其家长的择校需求而行情日涨的"辅导班""占坑班"，是择校利益链条中的重要环节，在择校治理中屡禁不绝。

以用人单位为主体的人才市场对人才有强烈的需求，因此致力于培养人的教育改革与之具有大体一致的方向。用人单位参与教育供给的层次越高，获取满意劳动力的概率就越大，其对教育改革的支持意愿和影响力也会随之提高。人才市场对教育改革有正向的激励作用，但这种作用能否发挥，取决于二者的关系，也会受到社会政治经济体制的制约与影响。

（三）利益增量决定支持的程度

教育改革的利益相关群体都会被裹挟到教育改革的利益格局调整中，一部分群体从中获得利益的增加，一部分群体的利益则遭到减损。教育改革的社会支持力量主要来自获得利益增量的群体。但是，教育改革带来的利益可有近期利益和远期利益、内部利益和外部利益、点状利益和结构性利益之分，不同群体所看重的利益增长点不同，他们衡量利益增量大小的尺度也有所不同。

学生家长群体倾向于从教育改革带来的近期利益、外部利益和点状利益来衡量其利益增量。与文教精英和社会公众看重教育改革的社会发展功能、民族复兴价值不同，学生家长更看重子女的发展和前途。对家长来说，子女学习成绩的提高（近期利益）优先于其素质的全面发展（远期利益），子女进入名校（外部利益）优先于其接受适合自己的教育（内部利益），子女通过择校接受到优质教育（点状利益）优先于全社会的教育公平生态（结构性利益）。更具体地看，学生家长作为一个复杂的群体其本身是分阶层的，无论优势阶层还是特殊阶层的学生家长，其中都有一部分家长持有理性、宽容的教育观念，而注重子女的个性发展；同时也有一部分家长出于向上流动（特殊阶层）或阶层再生产（优势阶层）的压力，而对子女的教育更加严格和保守。开明抑或保守，与学生家长的阶层并无必然关联，但优势阶层的学生家长的确拥有"更多的教育选择、自由和政策的优势"。[1] 因而拥有更强的获得利益增量的能力，从而在教育改革中表现出更大的支持比例和更强的支持力度。

结构嵌入型利益群体的内部构成更加多样，对教育改革的态度也更为复杂。其中既有基于教育目的而支持教育改革的"理念支撑的态度"，也有出于利益考虑而支持教育改革的"利益驱动的态度"，以及两者兼顾的"动机杂陈的态度"。[2] 即使在同一类群体内部，比如民办幼儿园举办者，其中有真心从事教育事业者，也混杂有假借教育善举之名而行个人赚钱之实的"食

① 文东茅：《我国城市义务教育阶段的择校及其对弱势群体的影响》，《北京大学教育评论》2006年第2期。
② 吴康宁：《赞成？反对？中立？——再论教育改革的社会基础》，《教育学报》2011年第4期。

利者"。商业成分愈重，这类利益群体愈追求教育改革的短期利益、外在利益和点状利益，其支持教育改革的动力，在很大程度上乃是出于同行间的竞争。比如，对于教材供应商来说，市场份额占有率是其利益最大化的主要指标，出版社为了提高市场份额占有率，会迎合教育改革而改进教材质量，并挤压其他出版社的生存空间。

就人才市场来说，不同性质的用人单位有不同的用人观，对教育改革也相应地有不同的期待和需求。比如在招聘人才时，国有企业一般青睐名牌大学毕业、有担任学生干部经历和获奖经历的党员学生，会重点考察应聘者的政治素质与思想品德；民营企业主要强调应聘者已有的工作经验、技术才能和开拓进取的精神；外资企业则主要看重个人的职业发展潜质，注重应聘者的诚信品质、领导才能、团队合作能力与创新能力。就三种用人观而言，国有企业相对注重外显品质，民营企业和外资企业都更注重内在品质，而民营企业相对注重短期效益，外资企业则更注重长期效益。外资企业的用人标准更接近素质教育的长远目标，三种企业对素质教育改革的主观需求及支持力度是有差异的。

三、民间群体支持教育改革的问题

"教育改革能否成功，从与'利益相关者'的关系的角度来看，至少取决于三个基本条件：第一，是否有足够的利益相关者赞同改革；第二，是否有足够的利益相关者参与改革；第三，是否能使大多数利益相关者从改革中受益。"[1] 作为参与教育改革的利益相关者，民间群体的支持力度与深度同样取决于这三个方面。然而目前，由于利益需求得不到满足、参与路径缺乏体制保障、民间群体内部存在利益冲突等原因，民间群体对教育改革的支持力度与深度都处于欠缺的状态。具体来说，民间群体参与教育改革存在以下三个方面的问题：

---

① 吴康宁：《赞成？反对？中立？——再论教育改革的社会基础》，《教育学报》2011年第4期。

（一）整体力量微弱

首先，民间支持力的微弱表现在民间支持力量的着力点更多偏向于物质的、条件的和外围的方面，而较少精神的、专业的和内涵的支持；民间利益群体对教育改革的支持意愿多数停留在表层，而在深层意愿上往往与之相悖；多数民间利益群体不能从长远利益、全局利益和内部利益出发支持教育改革，而仅注重其短期利益、点状利益和外部利益。

其次，民间支持力的微弱也表现在民间支持动力不足。我国有教育利益国家化的倾向，而较少主动向民间社会释放改革红利，社会多数群体正当的利益需求不能在改革和发展中得到满足，所以难以调动其支持教育改革的动力。

教育改革越来越多地需要能够深层次参与的、持有长远战略眼光的民间支持力量。对民间支持力量的培育，既要通过教育观念的更新，同时也应当考虑民间利益群体的深层意愿及利益方向，据此调整改革的设计，在战略长远利益和当前的红利中找到平衡点，吸引更多的利益相关群体参与到教育改革中，让各利益群体都能在其中看到自己的利益点所在并得到合理满足。当民间社会充分发育，民间群体对教育改革问题会有更多的感同身受和责任担当。

（二）缺乏体制保障

由于教育改革的政策与社会体制之间存在着割裂，民间支持虽然在改革政策上被鼓励，但在现行体制中却处处受到限制，主要体现为两个方面：

首先，民间力量缺少参与教育改革的主体地位。以行政命令为主、自上而下的教育改革路径，使各级政府行政官员处于改革的核心、主导和主动地位，拥有很大的责任和权力，而学生家长及更广泛的社会利益群体在总体上处于边缘、依附和被动的位置。[1] 由于关键的利益相关群体基本被排除在改革行动之外，这些利益群体就很难确立主体意识，把教育改革视为自己的责

---

[1]　石中英：《30 年教育改革的中国经验》，《北京师范大学学报（社会科学版）》2008 年第5 期。

任，反而会在很大程度上扮演着与政策进行博弈的对手角色。[①]

其次，民间力量缺少参与教育改革的空间与支持教育改革的路径。民间群体的利益诉求没有畅通的渠道反映到教育改革的顶层设计中，教育改革也没有主动寻求民间力量的支持。学生家长和人才市场作为教育改革的关键利益群体，有参与和支持教育改革的需求和意愿，却基本不具备参与和支持的路径，以知识产业为主的嵌入型利益群体则受到来自教育行政部门的诸多干预和限制，难以发挥其资源优势和影响力。缺少对民间支持力量的把握与争取，教育改革的继续推进就会遇到瓶颈。深化教育领域综合改革，亟须建立民主的参与机制，鼓励和引导民间力量的支持，使每个利益主体在教育改革中发挥其建设性的作用力。

（三）内部不协调

民间支持力量由各种利益群体构成，虽然民间力量自身缺乏结构性，但是，如果能将这些群体全部调动起来，形成一个相对和谐的支持网络，则教育改革的民间支持力量将能够发挥巨大能量。但事实上，目前民间支持力量存在分裂、不均衡和欠组织的状况，造成民间支持力量内部的不协调。

民间支持力量内部不协调一方面表现在部分学生家长、知识产业群体和用人单位参与教育改革的行动具有排他性，仅从个人利益出发而不计社会后果；另一方面表现在民间支持力量的无组织状态。我国社会组织的发育还很不完善，民间群体的自组织能力不强，各种利益群体呈松散无组织状，缺少整体性，无法形成合力。而且，民间群体在很大程度上对政府仍有明显的依赖性。

利益主体之间的利益分配不当和力量的不均衡，会影响教育改革的公平与效率。要确保教育改革具有稳固的社会基础，就需要根据民间力量参与教育改革的原理，预测利益群体的需求及力量对比，据此设计改革方案。另外，营利性质的知识产业群体和人才市场都具有市场的"逐利"本性，他们

---

① 董辉：《给择校热"降温"：从"内部治理"到"社会治理"》，《全球教育展望》2014年第2期。

作为嵌入型利益群体的本质，决定他们必须受到一定的约束，使经济扩张始终嵌入在社会目的之中。

第四节　政府—民间关系及社会支持系统的运行状况①

政府和民间力量不仅是教育社会支持的两大主体，同时，政府与民间的关系也在很大程度上决定社会支持的结构、制约社会支持的广度与深度。教育改革既有赖于政府职能的有效发挥，又离不开民间力量的积极推动。只有当政府和民间多方力量协调一致、各司其能，才能有机地促进教育改革与发展。

一、从"单向控制"到"左右摇摆"

以历史的眼光来看，我国教育改革的社会支持力量正在经历从政府"单向控制"到政府与民间力量"左右摇摆"的发展过程，有待进一步走向一种双方相互促进和制衡的理想状态。

（一）教育改革社会支持结构的改变

从 1978 年至 20 世纪 90 年代，政府是教育改革的绝对主体，民间力量不仅弱小，而且在教育改革中几乎没有主动发挥支持作用的空间。在"单向控制"取向的社会支持下，教育改革表现为一种以权力为中心的封闭状态，很难适时获取结构合理的社会支持。政府不仅在基本职能履行方面长期存在不足，而且忽视和限制了民间力量支持教育改革的权利和空间，致使国家教育改革变成政府自上而下推行的行政任务，学校丧失了教育改革的主体地位，教育改革失去了来自民间的监督和创造力。在教育改革的社会支持中，少量自发启动的民间支持力量也因缺少统筹和调节，而不能形成合力，导致

---

① 本节部分研究内容以论文形式已见刊，详见陈华：《教育改革和发展的社会支持中政府与民间关系》，《全球教育展望》2014 年第 3 期。

教育发展不均衡问题更加严重。由于政府力量单向控制民间力量，教育社会支持结构单一，教育改革的广度、深度亦受到很大限制，社会支持的主体性和积极性很难得到真正的激发。

20 世纪 90 年代末，从计划经济体制向市场经济体制的过渡基本完成，政府职能发生相应变革，正在经历从"全能政府"向"有限政府"的转变。通过经济建设和体制改革，我国的国家能力有所提高，政府的实力在不断增强。同时，开放促进了社会成员的多层次流动，原本封闭稳定的社会结构被打破，市场经济的运转激发了社会发展的活力，市场、企业、大众媒介、民间组织、社区等各种民间力量开始成长壮大，并不可避免地与教育系统发生关联。民办学校被纳入办学体制，传统的"政府包揽办学"体制得以终结。在各种压力下，政府所承担的教育公共事业的责任中有一部分开始发生转移或分散，民间空间开启，各色社会力量开始作用于教育改革，出现了公共教育权力由政府领域向市场领域和公民社会领域的横向转移的萌芽。围绕着教育改革所引起的利益纠葛，诸多民间力量相互间的横向联系也开始趋向错综复杂的活跃态势。

社会力量的崛起和学校教育的发展向政府职能提出了挑战。《教育规划纲要》在多处提出，政府及其部门要树立服务意识，改进管理方式，明确政府管理的权限和职责，明确各级各类学校办学的权利和责任，调动社会参与的积极性，构建政府、学校、社会之间的新型关系，形成以政府办学为主体、全社会积极参与、公办教育和民办教育共同发展的格局。在构思未来十年的"政府教育管理职能"转型时，《教育规划纲要》首次引入"教育公共治理"理念，提出要"积极发挥行业协会、专业学会、基金会等各类社会组织在教育公共治理中的作用"，探索建立"国家主导、社会参与"的教育改革治理格局。国家的教育改革大计，不再是政府部门一家垄断的"家务事"，而开始成为民间力量参与支持的"公家事"。

由于政府和民间双方的力量都有所增强，教育改革的社会支持结构发生重要变化，民间力量迅速成长，开始突破政府力量单向控制民间力量的格局。在教育社会支持结构不断变化的过程中，政府力量和民间力量的矛盾和冲突变得更加正面和频繁，所产生的振荡也更大、更强烈。在教育改革的社会支持方面，既体现为一种总体特征上的左右摇摆，也体现出政府力量与民间力量各自内部以及相互之间的"左右摇摆"特征：一方面，既有积极进取，走向政府转变职能、公民社会积极参与的大趋势，此即"右"；另一方面，又有故步自封，回到政府控制、官本位社会的老路上去的"路径依赖"，此即"左"。

（二）政府力量与民间力量的路径依赖

尽管执政理念发生了变化，然而在具体的落实上，政府对教育改革的权力渗透并未明显减弱。相应地，民间对官方资源的依赖性在客观上不断加深。因此，在这片"全社会积极参与"的新气象背后，同时暗藏着一种"开而不放""改而不革"的矛盾倾向。

这种现象可以称之为对体制转换的路径依赖（path dependency）。路径依赖类似于物理学中的惯性原理，是指在人类社会的制度变迁中，人们可能对最初选择的制度产生依赖，程序化的、惯性的力量使起始的选择不断自我强化，让人难以轻易走出去。[1]

在民间方面，由于社会的发展主要是由经济高速发展的"硬环境"所引起的，相关的法治环境、思想观念、行为方式等与经济发展相配套的"软环境"尚未建立健全，于是，计划经济体制下的旧习气、潜规则仍然发挥着作用，不少民间力量不得不积极地找后台、搭靠山、寻求官方幌子的"合法外衣"。对各种民间力量来说，一方面追求自由空间，另一方面又渴望官方认可，这是当下一种普遍的社会心理。在这种社会心理下，教育改革中也出现很多"官不官"、"民不民"的事物。比如挂靠在正规高等院校的民办"二级学院"，以及开在公立重点中小学的私立"校中校"。"二级学院"和"名校办民校"曾盛行一时，反映出民间资本倾向于戴上"红帽子"，借助官方渠道介入教育领域。

---

[1] 冯绍雷：《俄罗斯体制转型的路径依赖——从制度变迁与对外关系相关性视角的一项考察》，《俄罗斯研究》2010 年第 6 期。

在政府方面，整体上，政府对民间社会的控制力度在弱化，但是由于其实力增强而职能未变，政府在某些具体领域里的控制力度非但没有减弱，反而有强化的迹象。在教育领域，由于拥有对学校的校长任免权、资源分配权和等级区分权，政府部门对学校的控制已经达到"超强控制"的程度。"超强控制"使教育改革具有较强的指令性与规范性特征，自上而下的官方色彩浓厚，结果造成诸多"官方标准"的存在，导致改革难以形成充满个性和张力的格局，也造成对民间教育改革生存空间的挤压。[①]

（三）结构不良的社会支持对教育改革的影响

在"左右摇摆"的现阶段，教育改革可以获得多方面的社会支持，相比于改革开放初期的政府单一控制状态，已有明显改善。然而，左右摇摆的社会支持仍然是一种结构不良的支持状态，政府与民间对体制转换的路径依赖导致教育改革的社会支持力量内部的冲突和不稳定。这种冲突和不稳定的状态不仅无法为教育改革提供及时而充分的社会支持，反而会成为教育改革的阻碍或牵制力量。

在政府职能转变的背景下，各种民间的社会支持要素虽然显现，却大多处于支持不力的状态。一方面，在于各种民间社会支持要素本身发育不成熟，大多处于外延式发展的物质支持层面，很少达到内涵式发展的专业支持水平。另一方面，教育改革的民间社会支持力量缺少法治约束和有效引导。由于政府在教育政策、财政投入和体制方面的决策和作为均无预防机制或纠错机制，各种可能的失误都会为后来的发展埋下隐患。当经济高速发展，所有问题都交由市场自发调节，而政府缺少有效的监管机制，最初异常有效的市场机制就开始出现问题。此时政府再用行政的手段去治理这些问题，就已很难控制。同时，由于政府部门本身在相当程度上是作为一种利益集团卷入教育改革，很难对民间社会支持要素起到主动培育、引导和整体统筹的作用。在政府、市场与民间社会的内部全都混乱不清的状态下，教育改革的社

[①]　吴康宁：《政府超强控制：制约我国教育改革深入发展的一个要害性问题》，《南京师大学报》（社会科学版）2012 年第 5 期。

会支持必然难以协调运行，作用发挥不稳。而中央与地方、城市与乡村、官方与民间之间的利益冲突，则进一步导致社会支持整体运行状况不良，影响了教育改革的成效。

二、教育改革社会支持系统的总体状况

在当今时代，我们能够看到教育社会支持系统良性发展的前景，但却仍然没有完全摆脱政府单向控制所遗留的羁绊，而处于左右摇摆的暧昧状态。虽然对教育改革信心不是很足，但还是要继续改革，依靠更加全面彻底的改革来克服社会支持系统目前存在的以下问题。

（一）统筹不够导致无法形成合力

从社会支持的种类与教育改革的关系来看，教育社会支持已超越政府职能的单一因素，如今，有经济组织、人才市场、专家、学生家长、社会舆论、非政府组织、社区等多样化的支持因素参与教育改革，社会支持的整体力量有所增强。

对于某一具体的教育改革事项来说，比如校车安全工程，它或许不需要所有可能的社会支持要素，但是一些关键的社会支持必不可少，即社会支持要相对完整，政府各相关部门、校车生产运营商、学生家长、社会舆论等与校车安全密切相关的要素都应在校车安全工程中起到各自的支持作用。然而现实中存在的问题是，尽管这些社会支持要素因职责或利益而参与，但由于社会支持的不同主体对于教育改革的目标、过程及方式的理解及其同教育改革之间的利益关联不尽相同，因而各种社会支持主体对于教育改革在回报期待、着力方面及行动过程等方面基本上处于各自为政、互不关联、凌乱无章的状况，比如前文所述的各色民间群体对教育改革的支持状况会因利益着力点、利益方向、利益增量的不同而不同，又比如政府内部存在的财政化、部门化、项目化、政绩化等片面不当的支持形式，所以，教育社会支持没有形成一种有机的整体。①

---

① 吴康宁：《教育领域综合改革需要怎样的社会支持》，《教育研究与实验》2013 年第 6 期。

由于缺乏社会支持的整体统筹，社会支持呈现自发的参差不齐状态，某些社会支持薄弱或者支持缺位，某些社会支持则过度，不适当地"扭曲"了教育改革的正常过程。缺少整体统筹，社会支持无法形成多管齐下、各司其职地推进教育改革的合力。

（二）内部冲突导致协调运行不畅

从各类社会支持之间的关系来看，教育社会支持的内部存在冲突，这既表现在政府内部存在的职权不清、部门利益等冲突，也表现在民间群体内部的利益抵触、行为排他性等冲突，还表现在政府与民间力量之间的利益博弈、路径依赖等冲突。社会支持的内部冲突导致支持的分裂，社会支持很难以支持系统的形式协调运行。

在政府的层级之间、部门之间，都存在职权的划分，相应地也存在利益的冲突。由于目前职权划分的模式主要是采取单一的行政性分权模式，而非以宪法、法律为依据和手段，因而缺乏法治的职权划分效力，加深了部门边界和部门利益，使政府职能的发挥遇到阻碍。同时，政府的教育管理职能转型尚未完成，对民间力量参与教育改革与发展存有"欲放还收"的心态，使二者之间的关系处于"开而不放""改而不革"的矛盾状况中。而正在活跃起来的民间群体，由于自身缺乏组织和整体性，也存在支持动力不足、支持行为分裂、支持力量微弱、支持缺少体制保障等状况，难以释放应有的活力。

因此，亟须建立社会支持的系统机制，调和各种社会支持之间的矛盾，使其能够相互关联、相互支撑、相互强化、相互推动。由于利益冲突是各类社会支持内部冲突的根本原因所在，所以，这种机制必须建立在各类社会支持主体的合理利益得到全面认识和相对满足的基础上。如果不能尊重各利益主体的合理要求，有利于教育改革的外部环境不会自发形成，教育改革也难以深入推进。

（三）利益分配不均导致地区差异

虽然本研究是从国家视角整体讨论教育社会支持，但在文中时常出现诸如经济发达地区与经济欠发达地区、城市与乡村、优势阶层学生家长与特殊阶层学生家长这样地分而论之。实际上，改革四十年来，由于利益分配不均，我国社会形成了城市乡村之间、东西部地区之间以及阶层阶级之间的失衡，不同的地区在经济发展、文化观念、制度建设等方面存在巨大的不平衡，不同阶层之间亦存在物质条件、思想观念、资源和机会的差异，因此，就各类社会支持要素自身与教育改革的关系来说，也存在着严重的地区差异、阶层差异。

社会支持的地区差异、阶层差异有其历史基础的原因，但主要还是在改革过程中的利益分配不当所造成并加剧的。更为严重的问题是，社会支持的地区差异、阶层差异造成各地区之间的教育发展水平差距越来越大、各阶层之间的受教育机会差距越来越大。教育公平的问题在近年来已经得到深切的关注，从教育改革社会支持的角度，这个问题就变得更加严重和紧迫。

第二章　教育改革的政策支持

作为教育改革社会支持系统的政府职能层面的一个构成要素，"政策支持"至关重要。历史与现实屡屡表明，不少教育改革缺少明确、有力的政策支持；不同政府部门的政策支持缺少整体合力；不少政策支持不切实际，难以贯彻落实。教育改革的政策方面既存在着支持不足与支持过度的问题，也存在着支持不当与支持不力的问题。这便是本章"教育改革的政策支持"的所要探讨的内容。这里所说的"政策支持"有如下几点含义：

第一，广义与狭义之取舍。本研究中的"政策"采取广义而非狭义的政策，它包含法律、法规；文件、规章、领导重要讲话等也包含在本研究所说的"政策"之内。

第二，内部与外部之偏重。本研究中的"政策支持"是指作为教育改革的"社会支持系统"的一个要素。它强调，教育改革的政策支持不仅需要教育内部政策（简称"教育政策"）的支持，更需要，甚至主要取决于教育外部的其他社会政策（简称"社会政策"）的支持，故本研究侧重于"社会政策"。

第三，静态与动态之并举。对教育改革的政策文件和文本的研究固然重要，但对政策的执行和落实的研究更需加强。教育改革中种种问题的解决，都有赖完备的政策体系及其协调运行，做到政策文本及其执行的并重并举。

第四，正向与负向之兼顾。本研究所说的政策"支持"，可从正向和逆向两方面理解。从正向说，政策支持的含义是要充分发挥政策特别是教育外部的社会政策对教育改革的有利、正向、促进作用；从逆向说，政策支持的含义则是要有效克服政策特别是教育外部的社会政策对教育改革的不利、反向、阻碍作用。因此，政策"支持"研究并不意味着只研究政策的"推进"作用，而是也要研究如何克服其"阻碍"作用。

第一节　教育改革：政策的经验与反思

回首过去，新中国成立70年来教育成就的取得，主要靠改革；展望未来，"教育要发展，根本靠改革"①。然而，我国教育事业的改革和发展历程并非一帆风顺，而是历经波折，甚至不乏倒退。这就需要总结既有重大教育改革的政策经验。当前，我国改革已进入攻坚期和深水区，而教育理念的彻底变革可以说是当前政治体制改革的根本与"关键"②，教育体制改革则日益成为中国深度经济发展的一个"瓶颈"③。这就需要回答未来教育改革的政策取向。

一、作为"政治—经济改革的教育改革"

以党的十一届三中全会为界，可将新中国70年来的教育大致分为前30年和后40年。基于新中国成立初期对旧中国改造的时代背景以及随后"以阶级斗争为纲"指导思想的确立，前30年间的重大教育改革难免多由政治统领和挂帅；自十一届三中全会作出把党和国家工作重心转移到以经济建设为中心以来，特别是1992年确立社会主义市场经济改革目标以来，后40年间的重大教育改革则势必主要以经济为主导和取向。与此同时，70年间更不乏基于政治、经济双重需要和逻辑的教育改革。加上教育本身的相对独立性非常有限，教育的改革发展不可避免地受到政治、经济、文化、科技等方面的深刻影响，尤其会深受当时政治和经济的影响。由此，70年来既有的

---

①　中共中央、国务院：《国家中长期教育改革和发展规划纲要（2010—2020年）》，2010年7月印发。

②　邓晓芒：《当代中国教育的病根》，《社会科学论坛》2010年第7期。

③　郑永年：《保卫社会》，浙江人民出版社2011年版，第226页。

重大教育改革，可统称为"作为政治—经济改革的教育改革"[①]。

"教育改革作为政治改革"的典例有三，发生在前 30 年。

其一是"教育改造"。新中国成立后，开展了一场对包括教育在内的各项事业的政治性改造，确立了新民主主义的文化教育政策，强调人民政府的文化教育工作应以提高人民文化水平，培养国家建设人才，肃清封建的、买办的、法西斯主义的思想，发展为人民服务的思想为主要任务。[②] 这种改造具有鲜明的政治色彩，如各地政府和军管会接收、接办原国民党统治区的公立学校、外资津贴学校和私立学校；建立各级教育行政机构，并在各级各类学校里建立共产党、青年团、教育工会、学生会、少先队组织；贯彻"团结、教育、改造"的知识分子政策，政治性地重塑了教师角色；坚持教育向工农开门，确保工农干部和工农群众及其子女受教育的权利；等等。至 1956 年教育的社会主义改造完成，初步建立起社会主义教育制度，完成了"从半殖民地、半封建的教育向新民主主义教育进而向社会主义教育的转变"[③]。

其二是"教育大跃进"。1958 年至 1960 年的教育"大跃进"有国内国际两个政治社会背景。在国内，第一个五年计划的实行使工农业生产大幅度提高，国民干劲高涨。在国际上，1957 年 11 月社会主义大家庭在莫斯科会议召开会议，苏联刚刚发射的第一颗人造卫星促使社会主义国家形成"社会主义正在上升、资本主义正在衰退"的共识。赫鲁晓夫提出要用 15 年时间赶超过美国，毛泽东同志则表示中国要用 15 年时间超过美国的小弟弟英国。次年 3 月，毛泽东同志提出"鼓足干劲，力争上游，多快好省地建设社会主义"的基本思想，并作为总路线于 5 月在党的八大二次会议上正式通过。1958 年"教育革命"开始后，中共中央、国务院指示："大力发展中等教育

① 详见程天君：《教育改革的转型与教育政策的调整——基于新中国教育 60 年来的基本经验》，《北京大学教育评论》2012 年第 4 期。
② 中央教育科学研究所：《中华人民共和国教育大事记：1949—1982》，教育科学出版社1984 年版，第 3 页。
③ 方晓东、李玉非：《新中国教育 60 年回顾与反思》，《人民教育》2009 年第 17 期。

和高等教育，凡是有条件的和自愿的，都可以接受高等教育。"① 由此开始了教育的跃进式增长，推行了包括"勤工俭学、半工半读"和"扩招、扩招、再扩招"在内的各项教育改革措施，三年净增高校一千所，几乎平均每天成立一所大学，不少省份提出一个地区甚至一个县建一所大学。

其三是"文化大革命"中的"教育革命"。1966年"文化大革命"爆发，教育作为阶级斗争的工具和革命的试验田，再次经历作为政治而被革命的命运。教育领域作为"文化大革命"的首发地和重灾区，教育思想被搞乱；知识分子政策和干部政策受到严重践踏，广大教师、干部不仅受到政治上和身体上的摧残，而且由于长期不能从事正常的教育教学活动和接受培训，导致自身教育教学水平下降；教育机构和教育工作一度瘫痪，学校教学秩序遭到全面破坏，学生学习时断时续，无政府主义思潮和"读书无用论"思想一度泛滥，对青少年的思想道德品行造成负面影响；学校基本建设停滞，大量校舍被侵占，教学仪器设备和图书资料损毁极为严重，使教育事业发展受到严重的破坏，在许多方面出现大幅度的倒退，少为国家培养了数以百万计高中级专门人才，也降低了整个民族的科学文化素质。②

"教育改革作为经济改革"的典例亦有三，发生在后40年。

其一是"93纲要"。党的十一届三中全会作出把党和国家工作中心转移到经济建设上来的决策，教育工作的重点也从为阶级斗争服务转变到为社会主义现代化建设服务的轨道上来。1992年党的十四大确立社会主义市场经济体制的经济改革目标，1993年《中国教育改革和发展纲要》（简称"93纲要"）随之提出"初步建立起与社会主义市场经济体制和政治体制、科技体制改革相适应的教育新体制"。"93纲要"提出了教育改革发展的蓝图和思路，教育改革从由政治挂帅转向了以经济主导，"教育改革作为政治改革"的弊端和"教育改革作为经济改革"的问题也在此消彼长。建立与市场经济相适应的教育体制需要市场导向的教育改革，而"市场导向的教育改革是一

---

① 何东昌：《中华人民共和国重要教育文献》，海南出版社1998年版，第860—861页。
② 方晓东、李玉非：《新中国教育60年：回顾与反思》，《人民教育》2009年第17期。

把双刃剑"，它能激活教育体制，也会扩大差距、加剧分层，并磨损教育公益性、滋生教育腐败①。某种意义上讲，"93纲要"为日后教育改革迈向事实上的、无以问责的市场化、产业化、"大跃进"关闭了红灯。

其二是"99扩招"。开始于1999年的高校扩招政策（简称"99扩招"），当然不乏"高等教育大众化"理论作支撑。1999年《中共中央国务院关于深化教育改革全面推进素质教育的决定》提出，"扩大高中阶段教育和高等教育的规模，通过多种形式积极发展高等教育，到2010年，我国同龄人口的高等教育入学率要从现在的百分之九提高到百分之十五左右"，这也是高等教育大众化的国际通行最低标准。但1999年当年，高校招生增长速度达到史无前例的47.4%，1999—2004年，6年间的平均增幅高达24.8%。此次高校扩招是典型的把教育用于经济改革的例子。扩大内需以拉动经济增长可能才是扩招的重要政策目标，这项政策问题最先由经济学家讨论和提出，"决策过程迅速而急迫"（4个月左右），决策者主要是政府官员和经济学家，"具有法定教育决策职能和责任的国家教育主管部门只是高校扩招政策的具体执行者"；而其政策代价则是降低教育教学质量、专业方向不合理及毕业生就业压力等问题。②

其三是"教育产业化"。尽管迟至2005年"教育产业化"才成为"人人喊打的过街老鼠"而被叫停，但把教育作为产业操持的经济学思维自改革开放以来就存在并日益走强：1984年国家统计局把教育划分在"第三产业"的第三个层次；1992年《中共中央国务院关于加快发展第三产业的决定》明确把教育事业归属于"第三产业"；1999年第三次全国教育工作会议提出要"切实把教育作为先导性、全局性、基础性的知识'产业'和关键的基础设施摆在优先发展的战略地位"。这些，都被援作"教育产业化"理论、至少是教育产业化实践的思想导向和政策依凭。事实上，无论实际动机还是发展路径，"99扩招"亦是其时"教育产业化"思潮的产物，有很强的经济主义

① 劳凯声：《教育市场的可能性及其限度》，《北京师范大学学报》（社科版）2005年第1期。
② 刘复兴：《教育政策的价值分析》，教育科学出版社2003年版，第215—225页。

属性，可作为佐证的是，与高校扩招并行的，却是国家财政性教育经费占GDP的比例一直徘徊在 2.5% 上下[①]。这种国家不增加经费投入而大规模发展教育的模式，包括公办大学大规模举债、兴建"大学城"、举办高收费的"独立学院"，连同基础教育阶段的"天价幼儿园""名校办民校"等，都是我国特定历史阶段"把教育改革作为经济（产业化）改革"的产物。

"教育改革作为政治—经济改革"的典例有二，分别发生在前 30 年和后 40 年。

一是"52 调整"。1952 年中央政府大规模调整了全国高等学校的院系设置（简称"52 调整"），把民国时代的现代高等院校系统改造成"苏联模式"高等教育体系。经全盘调整，全国许多高等学校被分拆，大力发展独立建制的工科院校，相继新设钢铁、地质、航空、矿业、水利等专门学院和专业，工科、农林、师范、医药院校的数量从此前的 108 所大幅度增加到 149 所，而高校数量由 1952 年之前的 211 所下降到 1953 年后的 183 所，综合性院校则明显减少。这次教育改革的一个动因是经济重工业化的需求，教育的重心被放在与经济建设直接相关的高等教育尤其是工程和科学技术教育上，致力一种培养"专家"的教育体制，教育与经济紧密相连，按产业部门、行业来甚至按产品设立学院、系科和专业，确定招生和学生分配。另一个动因则是政治一统化。经此调整和改造，高校从此失去自主权特别是教学自主权，社会学、政治学等人文社科类专业被停止和取消，私立教育退出历史舞台，一大批社会学学者或转行民族学，或遁入图书馆做资料员。

二是"85 决定"。1985 年出台的《中共中央关于教育体制改革的决定》（简称"85 决定"），是与此前一年出台的《中共中央关于经济体制改革的决定》"配套"的教育改革，旨在配合党的十二届三中全会关于经济体制改革的决定，解决"多出人才、出好人才"的紧迫问题。它确立了对后来我国城乡教育发展产生重要影响的教育制度即"分级办学"，并授权"地方可以征收教育费附加"。"85 决定"把发展基础教育的责任交给地方，有步骤地实行九年

---

① 杨东平：《关于高等教育的"中国模式"》，《江苏高教》2011 年第 1 期。

制义务教育。后来基本上采用"县办高中、乡办初中、村办小学"的实际做法。"分级办学"作为此次教育体制改革一项实行城乡教育分割的制度，连同"地方可以征收教育费附加"的政策授权，将本应主要由国家负担的义务教育的政治—经济责任和义务，转嫁给了人民特别是农民。1986年《义务教育法》颁布后，因在"钱"上遇到羁绊，只能依靠"人民教育人民办"这种方式，把义务教育的过半费用推给农民和企业承担，以致我国"20年来的义务教育是以加重农民负担为代价取得成就"的。[①] 其结果是不仅加重了农村和农民的负担，而且造成了农村教育的滞后和城乡教育差距的延续与扩大。[②]

把教育改革作为政治—经济改革，容易导致教育背离自身的发展规律，偏离正确改革发展方向，弱化自身功能和作用。"作为政治改革的教育改革"，在新中国成立初期因着社会主义改造而势所必然，并在"文革"期间达到登峰造极的地步；"作为经济改革的教育改革"，在过去的30多年里随着我国市场化经济改革浪潮而持续走强。教育改革需要转型。转型的主题便是：从"作为政治—经济改革"走向"作为社会—文化改革"[③]。

二、作为社会—文化改革的教育改革

科学发展观、和谐社会和文化强国等治国理念的推行，为教育改革的转型提供了宏观背景和未来方向。历经改革开放初期的"粗放型发展观"、80年代中期的"集约型发展观"、90年代中期的"可持续发展观"，2003年中共十六届三中全会提出"科学发展观"。国家事业建设的总体布局，从中共十六大提出的"三位一体"（经济建设、政治建设、文化建设），到十七大提出的"四位一体"（经济建设、政治建设、文化建设和社会建设），再到

① 《义务教育，这20年为何这么难？——对话全国人大常委会委员、国家原教委副主任柳斌》，《南方周末》2006年10月12日。

② 张玉林：《分级办学制度下的教育资源分配与城乡教育差距——关于教育机会均等问题的政治经济学探讨》，《中国农村观察》2003年第1期。

③ 详见程天君：《改革教育改革——从作为政治—经济改革到作为社会—文化改革》，《湖南师范大学教育科学学报》2012年第2期。

十八大提出的"五位一体"（经济建设、政治建设、文化建设、社会建设、生态文明建设）。2011 年中共十七届六中全会则作出了《中共中央关于深化文化体制改革、推动社会主义文化大发展大繁荣若干重大问题的决定》，"文化发展"提上重要日程。由此，中国的改革将进入新的阶段，这就是从经济建设为主的那个阶段进入到一个经济建设依然是中心，但要把"社会建设"放在重点、放在突出位置的这么一个阶段[1]，甚至是从过去二三十年以"经济改革"为中心，转移到未来二三十年以"社会改革"为中心的阶段[2]。

当前我国教育主要矛盾的转变，则对教育改革的转型带来了时代要求和现实可能。经过 30 多年的改革，我国的计划经济正在转型为市场经济，但教育仍是计划经济的最后一个"堡垒"，教育改革明显滞后于其他领域的改革。随着中国社会已经进入"以人为本"的新阶段，我国教育正面临一个历史性的转折点：从满足基本需求到追求好的理想的教育，处于一场大变革的前夜，已具备深入教育改革的条件，主要表现为人民群众要求改革教育的强大压力，以及当前教育的主要矛盾——由资源不足和供求关系的问题转变为先进的社会发展观与落后的教育理念的矛盾、人民群众日益增长的需求与落后的教育体制的矛盾[3]。随着国家财政性教育经费支出占 GDP4%目标的再三承诺与达成，教育投入"分配不公"问题将胜过"总量不足"问题很快扑面而来[4]；教育改革将面临着"既患寡又患不均"的双重矛盾[5]。这就需要我们顺应时代潮流，把"作为政治—经济改革的教育改革"，转型为"作为社会—文化改革的教育改革"。

这一转型任务相当艰巨。因为不同于单纯的经济改革，社会改革涉及公共利益，是要有利他性的，要为公共物品掏钱；而中国对社会保障、公共教

---

① 陆学艺：《社会建设论》，社会科学文献出版社 2012 年版，第 51 页。

② 郑永年：《中国改革三步走》，东方出版社 2011 年版，第 15—22 页。

③ 杨东平：《2020：中国教育改革方略》，人民出版社 2010 年版，第 5—8 页。

④ 田磊：《教育投入：总量不足与分配不公》，《南风窗》2012 年第 4 期。

⑤ 《教育经费：既患寡又患不均》，http://data.163.com/12/0308/22/7S3V233G00014MTN. html。

育和医疗的投入与 **GDP** 总量相比是非常低的[①]。要改革教育改革，使之走向作为社会—文化的改革，从政策思路上来讲，起码要做到一个确保，施行两种解救；同时理顺三组关系。

首先要确保教育的公益性和教育公平。教育公平是社会公平的基石，是社会的基础性公平，包括教育在内的社会改革，对中国社会稳定和可持续发展极为重要。当前，教育不公突出表现在"过度教育"与"教育不足"并存，这都会有巨大的社会政治代价：就教育过度意味着过度期待，过度教育经常培养的是运动家和革命家；就教育不足而言，教育制度失去了人才培养的功能，教育提供给弱势者的不是希望而是怨恨。[②] 促进教育公平的主要职责在政府，国家和政府要加大补偿和纠错力度，确保教育的公益性和教育公平。作为社会改革的教育改革，最紧迫的任务就是使低收入群体特别是广大农村地区的学生、城市民工子弟及特殊群体子弟享受到教育的"国民待遇"，确保其受到公平的教育这一基本人权。且教育必须连同住房保障、医疗保险等社会改革配套（安居乐业）进行，确保社会保障的基本标准才能推进落实。因此，需要施行两种解救：把教育改革从作为政治、特别是作为经济改革的范畴中解救出来，归位于社会改革领域。解救教育于政治、经济，就是要树立和发展教育的自主性；只有当教育界发展出自主性的"行规"来约束自身和评价自身的时候，才有可能培养出高质量的人才来。[③]

与此同时，教育改革的转型还需要理顺三组主要关系：坚持改革和发展的互助互促、改革和革命的区别区用、政策和实施的并重并举。其一，就教育改革的目的而言，需要以发展引领教育改革、以改革促进教育公平、科学发展，如此才能实现改革和发展的互助互促。作为政治改革的教育改革，就是未能处理好"发展引领改革"这一关系，造成了教育的退步甚至灾难；作为经济改革的教育改革，就是"重发展轻改革"，乃至以发展代替改革，带来了质量堪忧、体制僵滞和市场化发展等问题。处理好改革和发展的关系，就是为了走出"作

---

① 郑永年：《中国改革三步走》，东方出版社 2011 年版，第 139 页。
② 郑永年：《保卫社会》，浙江人民出版社 2011 年版，第 244—248 页。
③ 郑永年：《保卫社会》，浙江人民出版社 2011 年版，第 234 页。

为政治—经济改革的教育改革",走向"作为社会改革的教育改革",以理顺改革和发展的关系。其二,就改革的方式而言,区别区用改革和革命,就是为了走出"作为政治—经济改革的教育改革",走向"作为文化改革的教育改革",坚持以人为本、育人为本,保有文化视野和文化自觉,去粗存精、去伪存真。这样,才能处理好教育改革中的古今问题和中西问题,传承中国优秀文化传统并吸收国外先进文化,勇于革除其中的糟粕和病腐并有所创新和精进。其三,就改革的合力而言,强调政策和实施的并重并举,就是为了改变重静态的政策文本轻动态的政策实施、重教育内部的政策轻外部的配套政策这种状况,形成教育改革的合力,落实教育优先发展战略,从而由"作为政治—经济改革的教育改革"走向"作为社会—文化改革的教育改革",淡化教育改革的政治—经济逻辑,增强教育改革的社会责任和文化使命。

第二节　教育改革政策支持问题的例证式分析

在对 70 年来我国教育改革经验的总结与反思的基础上,上文阐述了教育改革转型的宏观政策导向,即从"作为政治—经济改革"到"作为社会—文化改革的教育改革"。接下来,尚需针对教育改革和发展中的突出问题,剖析其政策支持的症结及原因究竟何在,以便在下一节提出有针对性的政策支持建议。为此,本节拟从《教育规划纲要(2010—2020)》中选取教育改革的若干突出问题进行分析。这里选取的主题,均涉及政策支持问题:一是校园安全。这是教育改革和发展的基本保障,校园安全问题频发,严重影响了教育改革和发展;没有校园安全,就谈不上教育改革和发展。二是"减负"。这是基础教育中的一个老大难问题,尽管新中国成立以来颁布了 62 条"减负令"①,但学生负担问题似乎愈演愈烈,乃至成了一个"国家

---

① 姚佳胜、方媛:《政策工具视角下我国减负政策文本计量研究》,《上海教育科研》2019
年第 2 期。

问题""世纪问题"。三是"落实和扩大高校办学自主权"。这是高等教育中一个十分突出的问题，尽管自改革开放以来，我国出台了越来越多的相关政策，但政策执行效果甚微，乃至与政策初衷南辕北辙。

一、例证分析之一："校园安全"政策支持的问题及其症结

校园安全是教育活动和教育改革发展的基本保障。《教育规划纲要（2010—2020）》提出，要切实维护教育系统和谐稳定，深入开展平安校园创建活动，加强安全教育和学校安全管理，加强校园网络管理和周边治安综合治理，完善学校突发事件应急管理机制，妥善处置各种事端。但当前校园安全政策的应急机制与长效管控应对不足，校园安全形势严峻。[①]

（一）应急机制与长效管控乏力，校园安全形势严峻

我国的校园安全形势相当严峻。教育部、公安部等单位对北京、天津、上海等10个省市的调查显示，目前全国每年约有1.6万名中小学生非正常死亡，平均每天约有40名学生非正常死亡。[②] 一项针对2000—2013年间媒体中出现的1.4万个校园安全事故案例的统计报告显示：近年来特别是2010年以来校园安全事故数量上升较快；各类安全事故中，受害、施害较多的是小学和初中生，小学生受伤害最多；其中，自然灾害引发的事故只有173个，不到所有事故的2%，其他各类事故绝大部分都是由人的主观因素引起的[③]。解决校园安全问题并非朝夕之功，不能单靠一时一地的运动式检查、整改、督导，而要结合问题实际形成切实可行、长效常态的政策制度，为此类问题的应对处理提供可靠的保障。反观我国已有的校园安全政策，在应急机制、长效管控两方面还存在诸多不足。

1. 政策应急机制不足，突发事件危害严重

校园安全问题主要分为安全突发事件和日常安全事故两类。校园安全突

---

① 参见程天君、李永康：《校园安全：形势、症结与政策支持》，《教育研究与实验》2016年第1期。

② 侯莹莹：《转型期我国中小学校园安全管理研究》，南京师范大学硕士学位论文，2011年。

③ 蔡之青：《调查：学校安全事故有何显著特征》，《中国教育报》2014年7月12日。

发事件有自然和社会两个方面的诱因，前者包括突发的洪水、地震、风雨等对校园安全造成的严重危害。如 2008 年汶川地震中有 7000 多间校舍倒塌，数千名师生丧生。后者包括暴力残杀师生、性侵幼童、校园投毒、公共安全事件等。此类事件尤为严重，如 2010 年 3 至 5 月，福建、广西、广东、江苏、山东等地连续发生多起针对幼儿园、中小学生的恶性砍杀事件，造成数十人死亡，近百人受伤。[1] 仅 2013 年 5 月一个月内就相继爆出海南万宁、安徽潜山、广东雷州、湖南嘉禾、广东深圳、山东青岛等多地数十起针对幼儿园孩子、小学生性侵、猥亵事件，有校长、教师、保安等校内人员涉案。2014 年一年被媒体曝光的性侵儿童案件高达 503 起，平均 0.73 天就曝光 1 起，也就是每天曝光 1.38 起，是 2013 年同比的 4.06 倍。[2] 大学校园安全问题也层出不穷：1995 年、1997 年、2007 年，清华、北大、中国矿大先后发生三起学生遭铊盐投毒案；2004 年云南大学马加爵宿舍杀人案；2014 年复旦大学研究生林森浩投毒致室友黄洋死亡案；2015 年山西万荣县考生贾文林高考志愿遭同班同学郑某篡改案，不一而足。2010—2014 年，全国有报道记录的校车事故为 43 起，仅 2011 年就发生了 14 起，事故多发生在农村地区，死伤率高、危害极大。[3] 如 2010 年湖南衡阳松江校车坠河，14 名学生死亡，2014 年 11 月山东蓬莱幼儿园面包车与货车碰撞，造成 11 名幼儿死亡。此外，诸如学生踩踏、校园火灾等案件也屡见报端。

这类突发事件严重危害着在校师生的人身与生命安全，但已有政策中处理突发事件的应急机制明显不足。突发事件出现时的信息传递和预警机制、应对问题的紧急决策机制、信息公开机制、干预机制等没有得到足够的重视，导致相关问题一旦发生，后果往往极为严重。另外，针对可能的重大事故（件）或灾害，为保证迅速、有序、有效地开展应急与救援行动、降低事故损失而预先制定的应急预案往往也较为粗陋、覆盖率低。由于缺乏制度化

---

① 中国安防网：《恶性砍杀小学生事件》，http://news.hqps.com/zt/214600.html。

② 网易新闻：《调查：2014 年每天曝光 1.38 起性侵儿童案》，http://edu.163.com/15/0302/18/AJNL9N7V00294N01_all.html。

③ 周洪宇：《实施"全国校车安全工程"的建议》，《中小学管理》2011 年第 4 期。

的有效应急机制，许多事故发生时只能依赖决策者的临场决断，难免手忙脚乱、错失良机、后果堪忧。

2. 政策长效管控不力，日常安全事故频发

较之校园突发事件，日常安全事故更烦琐、类型较多样，管理也更为困难。日常安全事故主要集中在学校建筑、器材设施、集体餐饮、日常交通等方面。近年来，这类事故引发的校园安全问题呈现上升的势头。一项针对全国范围内校园安全事故的调查显示，建筑设施隐患（危房、旧房、设计不合理）、食堂卫生、交通事故、安全制度等是引发校园安全事故的主要原因。[①]从全国中小学安全事故发生的总体情况来看，交通、溺水等事故在发生起数和造成儿童意外死亡方面都位居前列，尤其是上下学期间，学生在时间和地点上都处于学校和家长监管的中间地带，容易发生事故；这些死亡事故中，排除不可预见的自然灾害和人力不可抗拒的重大事故外，约有80%的非正常死亡本可以通过预防措施避免。[②]

此类事故的频发，原因在于已有政策中涉及各类学校公共服务的长效管控机制缺乏，国家和地方教育主管部门未能将其列入正式的教育发展规划中。有关学校基础设施建设、餐饮质量管控、交通等问题的应对目前还停留在短期的试点性或区域性专项工程的层面（如"全国中小学校舍安全工程"、"农村义务教育学生营养改善计划"、各地方政府组织的"校车安全"活动等），对其中最为核心的财政分担、人事配给、管理分工、工作机制等问题没有形成明确的制度化政策，因而实践中就缺乏坚实的依据，导致一些问题频频出现。

（二）缺位与低效："校园安全"政策支持的症结

我国有关校园安全的政策多散见于各个层级的规范性文件中，内容庞杂、数量繁多。仅统计经有关部门审定发布的政策，其中主要包括法律7

---

① 劳凯声、孙云晓：《当代中国少年儿童人身伤害研究报告》，北京师范大学出版社2002年版，第79页。

② 廉颖婷：《校园风险趋向复杂呼唤安全教育升级》，《法制日报》2015年3月31日。

部、部门规章 11 部、地方性法规 37 部、地方性规章 25 部，其他规范性文件 200 多部。但从整体上看，我国已有的校园安全政策在实践中仍存在应急机制不足、长效管控缺乏的问题。其症结在于政策体系与政策执行两方面的缺陷：在政策体系上，层级断代、基准缺失，是为政策缺位；在政策执行上，权责不明、事权倒挂，因此政策低效。

1. 政策缺位：层级断代、基准缺失

完备的教育政策体系应包含可作为司法依据的基本法和配套的条例规章，意味着围绕特定事项从法律到规章、从中央到地方、从判定到执行、从实体到程序能够形成一个相对完整的系统。其中，必须有一个居于主导地位的核心规范，其他政策才能以此为基准进行派生、从属，规定更多事项，从而形成一个层次分明、位阶有序的规范体系。但我国当前尚缺少有关学校安全事项的专门法。现有的涉及校园安全的法律如《义务教育法》和《未成年人保护法》的规定多为宣示性条款，只是强调保护青少年儿童健康发展、为其提供安全环境的必要性，却并未直接提出具体的权利、义务，并不具有规范和操作意义上的法律效果。而在操作中使用较多的《侵权责任法》第三十八、三十九、四十条虽直接涉及学校安全事项，但更侧重于从结果上明确责任归属的原则，而不是立足于行为意义去规制学校的安全义务，因此只能对部分校园安全问题的事后处置提供依据，无法对责任主体、义务划分作出界定。[1]

在中央行政法规方面，有中央部委联合发布的《中小学幼儿园安全管理办法》和教育部发布的《学生伤害事故处理办法》。作为行政机关颁布的这类法规在法院判案时都只能作为行政处罚的依据而不能作为司法的准绳。法院在审理在校学生人身伤害、财产损失等纠纷案件时，主要还是依据《民法通则》《侵权责任法》《刑法》中的条款；但这些法律条款只是对一般的人身损害赔偿案件作了原则性的规定，在审理涉及青少年儿童的特殊案件时，往往缺乏可以直接适用的法律依据，经常不能很好地解决案情。

---

① 劳凯声、陈希：《〈侵权责任法〉与学校对未成年学生的保护职责》，《教育研究》2010 年第 9 期。

在中央立法缺位，不足以规制学校安全的情况下，很多地方政府部门制定了地方规章，如《浙江省中小学幼儿园校园安全管理办法》《福建省学校安全管理条例》《云南省学校安全条例》等。但这些大都为执行性立法，内容较为零散，立法质量参差不齐。加之囿于区域性限制，在立法体例、规范内容、法律责任等方面不统一，且多出台于《侵权责任法》颁布之前（《侵权责任法》自 2010 年 1 月起实行），部分条款与后者存在冲突。此外，还存在着大量的"意见""通知"，这些不具法律效力的红头文件规定极为广泛，数量庞大，但有着明显的时效性、情境性，缺乏规范性、稳定性，并不利于建立长效的校园安全保障体系。

由于基准法的缺位，造成了现有校园安全政策令出多门、交叉重复现象严重。在中央行政法规中，《中小学幼儿园安全管理办法》第四章"日常安全管理"与《学生伤害事故处理办法》第一章"总则"、第二章"事故与责任"，《学生伤害事故处理办法》第五章"事故责任者的处理"与《中小学幼儿园安全管理办法》第八章"奖励与责任"在实质内容上其实是重合的，区别仅在于《中小学幼儿园安全管理办法》立足于行为意义去规制学校的安全义务，而《学生伤害事故处理办法》侧重于从结果意义上明确责任的归属。这不仅造成了政策体系的冗余，也不利于政策的执行[①]。不仅如此，地方法规与中央政策之间也存在冲突。由于《立法法》第九十一条规定，部门规章之间、部门规章与地方政府规章之间具有同等效力，在各自的权限范围内施行。在缺乏统一的基准法的前提下，各省、市政府依据地方实际与工作需求制定的校园安全政策与中央政策法规之间一旦发生冲突，势必要启用较为复杂的仲裁程序，不仅增加了行政成本，也大大弱化了政策自身的效力。

2. 政策低效：权责不明、事权倒挂

我国现有的校园安全政策总数相当可观。但安全问题依然层出不穷，不少政策徒具形式，难以操作落实，造成政策庞杂而效力低下的不良局面。原

---

① 李昕：《学校侵权责任确立的价值定位与制度设计》，《首都师大学报》（社科版）2010年第 6 期。

因主要有二，一是多数校园安全政策存在着明显的权责不明现象。许多政策文本表述仅为宣示性条款，在职责划分上大量使用"应如何如何"的形式，只是简单宣示有关部门的责任、义务，并无规范意义上的法律后果与之对应。如《义务教育法》第二十四条以义务性条款和禁止性条款的方式对学校安全予以规定，涉及政府和学校两个义务主体，但在第七章"法律责任"中，对于违反上述义务的行为仅规定了一种情形的罚则，学校的有关义务并未附随着相应的法律责任。又如《未成年人保护法》第二十二条、第六十条都只是笼统规定，并未将义务主体未尽义务的法律责任明确化和具体化。再如《中小学幼儿园安全管理办法》第六、第六十一条只明确各部门事前的职责范围，却没有针对后果的责任认定，使得义务主体没有对应的法律或行政责任，造成了政策逻辑上的混乱。

二是有关政策中各主体的事权倒挂也严重制约着政策的落实。实践中，政策规定政府及其部门、学校、其他组织和个人对校园安全管理均负有责任，但责任是有区别的：政府及其部门承担的是相对宏观的监督、指导、协调责任；学校则对本校的安全管理负有直接、全面、具体的责任，许多地方法规中都提出"校长负责制"的方法。与此同时，这些政策又规定实际管理中的主要权力由行政机关（如地方政府）行使；学校主要负有报告、服从、配合、协助等义务。与权限的集中相对应的本应是资源的集中，但学校自身在安全管理中所能支配的资源却是相当有限的，绝大部分资源都由属地政府、财政、公安、医疗等部门掌握。这就造成了一种事权倒挂的悖论：作为安全管理责任重心的学校不掌握应有的权限和资源；拥有权力和资源的政府及其部门却不是直接的责任人[①]。如在《校车安全管理条例》中涉及校车服务供给的部分只有"县级以上人民政府"的笼统说法；而没有对中央、省、地市各级政府所应承担的制度建设、资金筹措等职责予以明确规定，相关政策难以落实。

---

① 林鸿潮：《试论中小学安全管理创新——以学校的资源约束为视角》，《教育研究》2014年第 3 期。

二、例证分析之二：“减负”与“规范社会补习机构”政策支持的问题及其症结

“减负”是一个老大难问题。《教育规划纲要（2010—2020）》辟专节阐述“减轻中小学生课业负担”，认为过重的课业负担严重损害青少年身心健康，危害民族未来；强调减轻学生过重课业负担是全社会的共同责任，政府、学校、家庭、社会必须共同努力，标本兼治，综合治理，特别要规范各种社会补习机构和教辅市场。但现实表明，“减负”问题依然严峻。

（一）失效与错位：“减负”与“规范社会补习机构”的政策支持问题

1. 政策失效：补习大潮下“减负令”的量—效失衡

减负问题已成顽疾。为解决中小学课业负担过重的问题，从新中国成立至今，共推出 60 多个“减负令”。绝大多数政策指令都在标题中明确指出要切实减轻过重的中小学生课业负担。

除中央政府教育部门颁布的“减负令”之外，各地方政府的教育部门也结合地方实际，颁布了各地的“减负令”。如 2005 年江苏省《关于切实减轻中小学生过重课业负担的通知》、2006 年天津市《义务教育阶段减轻中小学生过重课业负担促进学生全面发展的共约》、2013 年北京市《义务教育阶段中小学校切实减轻过重课业负担的八条新规》等不一而足。

尽管如此，中小学生课业负担过重的情形却并未得到有效缓解。2012 年经济合作组织（OECD）开展的国际学生评估项目（PISA）针对全球 65 个国家和地区的调查表明，中国上海学生每周作业时间平均为 13.8 小时，高于 OECD 国家的平均值 7 小时，是中国香港、澳门、台湾地区的 2 倍多，也是韩国、芬兰、捷克的 2 倍多。如果加上校外辅导和私人家教，上海学生每周校外学习时间平均达到 17 小时左右，远远高于 OECD 的平均值 7.8 小时[1]。繁重的课业负担导致学生疲于完成名目繁多的作业，严重影响

---

① 沈文林：《PISA 测评上海学生最强作业时间也最长》，http://shanghai.xinmin.cn/msrx/2013/12/03/22836308.html。

身心健康。深圳市疾控中心发布的《深圳市青少年心理问题调查》显示：深圳市 12.1% 的受访学生表示曾考虑过自杀，2.2% 的学生曾采取措施试图自杀；产生自杀的原因中 24.4% 的学生认为是学习压力过大。仅在 2008—2010 年 3 年间，深圳市就有 16 名中小学生自杀，其中课业负担过重是一项重要诱因。①

"减负令"的量多与效低并存，甚至在部分地区出现了减负工作年年有，学生负担年年加的情况。此类政策多由基础教育管理部门执行，只能针对公立学校内部的课业负担予以规范，比如限定学生在校时间、限定家庭作业量，甚至限定书包重量等，却无法将家庭、社会等校外课业负担统筹管理，因而只能是治标不治本。"校内"限制阻挡不了"校外"转移，学校"减负"带来的是社会补习"加压"，"学业负担过重"问题最多是"地下化""转移化"了。一项针对全国 20 个省（市） 180 所不同类型义务教育阶段中小学所进行的抽样调查显示：46.4% 的小学生和 38.1% 的初中生参加学习辅导班，77.6% 的小学生和 87.1% 的初中生一学期至少新增一本教辅。②

2. 政策错位：补习机构与教辅市场乱象

据不完全统计，中国各种民办培训机构已经达到 20000 多家，其中针对中小学生课外辅导的有 12000 家，这还不包括几倍于此而未登记注册的个人家庭辅导班。③ 数量庞大的补习机构存在诸多问题。据消费者协会的统计，对培训教育的投诉近年来持续增加，从 2011 年占投诉总量的 0.5%；上升到 2013 年上半年占投诉总量的 1%。投诉焦点集中于夸大虚假宣传、乱收费、办班质量差等方面。④ 由于补课通常能带来至少有"五倍工资的课外收入"，以致经常发生"课上内容课外讲，个别老师把育人的义务当作敛财的权力，

① 朱永新：《是谁让孩子这么累？》，http://blog.sina.com.cn/s/blog_4aeb7d930102v8uj.html？tj=edu。
② 宋乃庆、杨欣：《中小学生课业负担过重的定量分析》，《教育研究》2014 年第 3 期。
③ 新京报：《有地方培训机构比学校还多，家长为啥把孩子都送去了培训班?》，http:baijiahao.baidu.com/s?id+=1604611247502856287&wfr=spider&for=pc。
④ 杨东平、黄胜利、邓峰：《中国教育发展报告 2014》，社会科学文献出版社 2014 年版，第 218 页。

一年课外收入 23 万"，"有老师变相威胁家长，暗示学生参加自己办的课外班，不参加就给脸色看，给'小鞋'穿"。[①]

教辅市场同样发展迅速，但也问题颇多。据《中国教育报》2009 年的统计，全国中小学教辅读物的市场产值至少有 200 个亿。[②] 2011 年全国出版物销售总额近 1500 亿元，其中中小学教材教辅为 878.7 亿元，约占销售总额的六成。[③] 在高额利润的驱动下，部分出版商、分销商为了利益链而走险，一些不具备出版资质的出版商也纷纷加入其中，扰乱了教辅市场秩序。由于总量大、主体多、利润高，教辅市场的内外部关系相当复杂，而在高额利润的驱动下，部分出版商、分销商为了利益链而走险，一些不具备出版资质的出版商也纷纷加入其中，更加扰乱了教辅市场秩序，也极大损害了学生和家长利益。在一些地方，从教育官员到学校校长再到老师，每个人都贪婪无比，无论权力大小，哪怕只有一丁点权力，都不遗余力地将权力变现，把学生当作"唐僧肉"，把学生家长当成挖掘不尽的"聚宝盆"，以至教辅变成"教腐"[④]。

可见，"减负"不能只靠学校教育内部，更需要以补习机构、教辅为代表的社会力量的联动协作。但在现有的政策体系下，补习机构和教辅市场却难以纳入监管，在一定程度上反而加重了学生负担。

问题便在于，在政策定位上，补习机构存在着明显的错位。教育培训机构诞生于市场经济改革与民办教育政策松动的背景之下，是回应民众教育需求而产生的一种市场供给。这种需求是以"培优"、升学、应试及其他培养兴趣为目的的家庭或个人教育投资。在此意义上，提供市场服务产品的教育培训机构事实上是营利性的。

---

① 王剑：《疯狂的课后班》，《南方周末》2015 年 6 月 4 日。

② 符丹：《破解教辅图书的乱象》，《编辑之友》2010 年第 4 期。

③ 《"三天编一本"不仅仅是教辅书的题》，http://review.qianlong.com/20060/2012/03/05/2540@7750670.htm。

④ 《中小学教辅书市场每年 300 多亿八成为统一采购》，http://edu.ifeng.com/news/detail_2014_04/09/35589219_0.shtml。

但我国《教育法》规定任何单位和个人不得在境内举办营利性教育机构，因此，营利性教育机构在我国没有合法存在的依据。那么，实质上是营利性机构的补习机构显然不能定位为营利性教育机构，否则违反了国家相应法律规定。同时，依据现行《民办教育促进法》《民办教育促进法实施条例》，民办非学历教育包含两类补习机构：一类是要求或不要求合理回报的民办学校；一类是在工商行政管理部门登记注册的经营性的民办培训机构。在教育行政部门注册的"不要求合理回报"的所谓非营利性教育补习机构，实际打着非营利性的旗号，全面开拓生源市场，大张旗鼓地进行营利性经营活动，追逐利润无所不用其极。而名义上"要求合理回报"的民办学校，对于取得合理回报的具体规定又尚未予以明确。在工商部门注册成立的教育咨询类公司等经营性民办培训机构实则是营利性机构，虽有权从事营业执照范围内的营利性活动，但未获教育行政部门颁发的许可证，从事教学活动显然也不符合相关法律规定，但实际上也在公开进行着各种教育教学活动。

《教育法》《民办教育促进法》都未能给实际从事教育教学的补习机构一个合法的身份定位，这使得补习机构不得不转而挂靠为"教育咨询"一类的服务业公司，成为了"姓商"的"教育机构"。但在管理企业公司的工商部门那里，补习机构又只能被归类为一般的经营性机构。诸如《公司法》《工商企业登记法》一类的民商法无法对补习机构的教学内容、进度、从业人员资质等方面做出相应的监管。与此同时，教育部门又没有权力管理社会力量办学的补习机构的日常经营。在这种政策的错位中，补习机构成了"非商非教"却又"亦商亦教"的"四不像"，诸多问题产生的根源也正在于此。以至中共中央国务院继 1960 年发布《关于保证学生、教师身体健康和劳逸结合的指示》之后半个世纪，于 2010 年在《教育规划纲要（2010—2020）》中再次强调："各级政府要把减负作为教育工作的重要任务，统筹规划，整体推进"，要"规范各种社会补习机构和教辅市场"。

（二）不协调："减负"和"规范社会补习机构"政策支持问题的症结

"减负"政策失效的根源在于未能统筹教育内外的配套政策，规范补习机构政策的错位则是因为教育、工商、税务等相关领域的政策缺乏有效衔接，一言以蔽之，即为相关政策不协调。

1. 重教育政策，轻社会政策

"减负"倚重教育内部的政策，缺少教育外部社会政策的配套支持，导致"校内减负校外增负"这一事与愿违的后果。

不难发现，上述"减负令"主要是针对学校和学校里的教师尤其是公立学校的教师提出来的，其政策的立足点在于学校教育内部，对外部的制约作用明显不足。名目繁多的"减负令"绝大多数出自教育部基础教育司、教师工作司，政策传达到省教育厅、市教育局之后再由基教处、中学、初等教育处制订配套的实施条例，随后各公立中小学具体落实与执行政策要求。在"基础教育（教师工作）司—基础教育处—学校"的政策传达与执行的过程中，由于归口管理的部门职责所限，所谓的"减轻中小学课业负担"实质就变成了"减轻公立中小学校内课业负担"。"减负令"的政策发布主体为教育主管部门，因而各类"禁补令"只能从规范办学、整顿教师作风等层面部分地缓解学生课业负担过重的情况。如2015年发布的《严禁中小学校和在职中小学教师有偿补课的规定》，所针对的便是"教师有偿补课等乱收费行为"。

对于学生课业负担重要来源的补习教育，"减负令""禁补令"的效力其实极为有限。现行的政策体系中，社会力量办学没有专门的管理机构，多挂靠在地方教育部门的成人教育、继续教育、职业教育等处室；也缺乏明确、有效的管理政策，多实行"谁审批、谁管理"的管理模式，形成了政策监管的盲区。大量补习机构或打着民办学校的旗号，或身披"教育咨询公司"的外衣，更有众多"地下作坊"式的补习机构，游离在教育部门的监管之外。监管补习机构运营的工商、税务等部门又只能规范其市场、宣传、纳税等商业行为，对教学组织形式、授课内容、授课人员资质等教学活动既缺乏管理能力，也没有管理权限。

在减负和规范补习机构的问题上，教育内部政策与教育外部的社会政策彼此割裂，无法形成完整有效的监管和治理。如此便导致了学校和教师为减负"殚精竭力"，而家长对减负"反抗到底"；学校减负道高一尺，校外增负魔高一丈的情况。"减负令"未能得到学校、社会和家长的合力支持，反而由于学校外部的不配合而导致减负令效果被抵消。更甚，不少学校为了追求升学率，为了学校自身的利益，一边高喊"减负"口号一边却在暗地里给学生补习，补习机构与学校之间也不乏各式各样的"共谋"。教师为了"钱"加学生为了"分"才是补习屡禁不止的原因所在。[①]

2.政策不衔接，难以见成效

"减负"与规范社会补习机构和教辅市场的相关各类政策不能协调运行，甚至相互冲突或扯皮推诿，导致"减负"与"规范社会补习机构"成为难题。

例如，《教育法》第25、27条分别规定：任何组织和个人不得以营利为目的举办学校及其他教育机构；学校及其他教育机构的设立、变更、终止，应当按照国家有关规定办理审核、批准、注册或备案手续。据前者，补习机构的存在不具有合法性；但据后者，补习机构却能从工商部门得到认可与相关资格批准。《民办教育法》第66条亦规定："在工商行政管理部门登记注册的经营性民办培训机构的管理办法，由国务院另行规定。"这二法之间的冲突，导致现实中补习机构按公司形式注册，却在经营以营利为目的的教育活动，开展课程辅导和培训。又如，2006年教育部《关于贯彻〈义务教育法〉进一步规范义务教育办学行为的若干意见》、2012年教育部、国务院纠正行业不正之风办公室、监察部、国家发改委、财政部、审计署、新闻出版总署等联合颁发的《教育部等七部门关于2012年治理教育乱收费规范教育收费工作的实施意见》都明确规定，严禁公办中小学举办或与校外机构合作举办有偿补习班，严禁公办中小学教职工组织或参与有偿补课；但早在1994年的《劳动法》就规定：劳动者有权根据自己的意愿、自身的素质、能力、志趣和爱好，以及市场信息等选择适合自己才能、爱好的职业。教师作为劳动者，似乎同样拥有自有选择职业的权利。1993年通过，2009年、2013年修正的《消费者权益保护法》第9条也规定：消费者享有自主选择商品或者

[①] 张雷：《在职教师有偿补课为何屡禁难止?》，http://china.cnr.cn/yxw/20151009/t20151009_520094979.html。

服务的权利，自主决定购买或者不购买任何一种商品、接受或者不接受任何一项服务。由此来看，禁止教师补习在一定意义上也可以说是与作为消费者的家长与学生自由选择权有一定的冲突，造成了间接的侵犯。也正因为各类政策之间的相抵或某些政策的缺失，导致了各部门之间的权责不明，相互抵触或者推诿扯皮，对补习教育的禁止和教师的限制效果不佳，诸多禁令成了一纸空文。

第三节 衔接·配套·协调：改进政策支持的建议

基于上文三个例证式分析，可以提炼出我国教育改革政策支持问题的病症：即"无法可依"（法律滞后，政策法规不健全）与"有法不依"（政策法规操作性不强，或者不衔接、不协调而难以遵循）并存，"有法难依"（政策法规不配套甚至相互抵触而无所适从）与"违法不究"（政策法规大而化之，责任主体模糊不清因而无法问责）同在。而其病根则在于教育改革相关政策"上下不衔接""内外不配套""左右不协调"。基于这三个例证并从这三个例证推展开来[①]——也就是从个别说到普遍，从特殊上升为一般，我们提出教育改革的政策支持的要领是："上下衔接、内外配套、左右协调"[②]。

一、教育改革各级政策的衔接

在影响教育改革的"社会支持"要素中，政策支持属于政府的职能。由于我国教育改革的政府支持主体有中央、省（直辖市）、市、县、乡镇等五

---

① 按照研究设计，本章的任务并非对三个例证中的"校园安全""减负""去行政化"这三个具体的问题本身，而是要对作为本章研究对象的"政策支持"提出对策建议。鉴于此，本章拟基于例证但不囿于例证，从三个"例证"说开去，由点带面地提炼、概括、类推出加强和完善教育改革和发展"政策支持"的对策建议。

② 参见程天君：《衔接·配套·协调——教育改革和发展的政策支持要领》，《教育学报》2014 年第 4 期。

级，前文呈现的例证，其政策支持的症结之一便在于政策缺位、衔接不够、成效低下。"校园安全"政策支持问题的症结便在于政策层级断代、基准缺失，以致政策低效。"减负"与规范社会补习机构政策支持问题的症结之一便是相关上下位政策不衔接。

针对这类问题及其症结，要从纵向上把握教育改革各级政策支持的要领，这便是："上下衔接"，即教育改革的各级政策要上下一体而确保教育改革政策法力的"一统"，即形成一个有机系统；各级政策衔接运行，不能搞"一刀切""朝令夕改"，也不能搞"上有政策、下有对策"。这就是说，教育改革既要"有法必依""违法必究"，确保教改政策的畅通执行和令行禁止，并避免执行过程中的走样、变味；同时也要因地制宜、因情制宜，避免"一刀切""一阵风"，形成教育改革之政策支持的"有机"系统。为此，建议从政策制定、执行及问责等三方面方面着手，优化政策的上下衔接，为教育改革发展提供坚实可靠的政策支持。

其一，在政策制定上，推动教育立法与法律修订，明确界定各级政府在教育改革发展中的职责、权限与义务边界。

在教育改革与发展过程中，要正确处理好"中央—地方""省—市""地—县"之间的关系，必须走法治化的道路。为此，需要加快推进多个重点、热点教育领域的立法进程，这又分为如下几种情况：

诸如《学前教育法》《学校法》《校园安全法》等法律的立法进度要加速，以弥补现有体系中该领域的政策缺位，为各级政府的施政与管理提供具备基准效力的制度依据。

诸如《高等教育法》《民办教育促进法》《职业教育法》等部分内容要求不符合教育实际的法律条文，要及时启动相关程序，进行修订和完善，确保作为政策基石的法律能符合教育发展实际状况与基本规律，避免对教育发展形成法律滞后乃至阻碍。

对于各教育专门法而言，应通过授权性立法明确界定中央、省级政府、地市一级政府，及至县、乡镇各级政府的职责，并划分各级政府在具体教育问题上的管理范围和权限，并依照"事权匹配，职能适应"的原则，合理配置资金、人事等核心资源。要克服以往政策文本中诸如"县级以上人民政府""各级人民政府""国家"等笼统含混的表述方式，避免政令指代不明造成的管理盲区，从而建立起顺畅、有效的衔接机制。

其二，在政策执行上，完善监督评估机制，保障教育政策在各级政府间有效落实。

从以往历次重大教育改革的过程来看，我国教育政策的执行和落实程度往往并不高，诸如1995年《教育法》提出的"三个增长"[①]、国家领导人提出的"三个优先"[②]、财政性教育经费支出达到GDP 4%[③]等核心要求长期不达标，历经数年的迁延后仍不能兑现或者勉强得以实现[④]。"有法不依、执法不严"的情况在政策的上传下达中时有发生。为此，要构建完备的过程执行监督和效果评估机制，为政策的执行、落地提供支持保障：

首先，建立一套科学合理的绩效评估指标体系，充分体现教育活动分

[①] "各级人民政府教育财政拨款的增长应当高于财政经常性收入的增长，并使按在校学生人数平均的教育费用逐步增长，保证教师工资和学生人均公用经费逐步增长。"

[②] 2007年，国家主席胡锦涛在全国优秀教师代表座谈会上的讲话中提出了"三个优先"的思想，要求"以更大的决心、更多的财力支持教育事业，经济社会发展规划要优先安排教育发展，财政资金要优先保障教育投入，公共资源要优先满足教育和人力资源开发需要"。

[③] 从"93纲要"提出到2000年实现财政性教育经费占国民生产总值（GNP）的比例达到4%的目标这一承诺，到2006年《中华人民共和国国民经济和社会发展第十一个五年（2006—2010年）规划纲要》和《中共中央关于构建社会主义和谐社会若干重大问题的决定》的再三声明，再到2010年《教育规划纲要》、2011年和2012年全国"两会"《政府工作报告》的反复重申。

[④] "三个优先"、"三个增长"和"4%承诺"均未得到及时、完全落实，乃至根本未能兑现。虽然1995年就立法要求"三个增长"，但即便在立法十多年后的2005—2008年，还分别有11个、12个、2个、4个省份没有做到预算内教育拨款增长速度高于财政经常性收入增长速度，分别有23个、18个、6个、15个省份预算内教育经费支出占财政总支出的比例下降了。（参见郝克明、杨银付《改革开放以来我国教育改革发展的若干启示》，《教育研究》2010年第3期）至于"4%目标"，提出20年来一直未能兑现，直到国务院"动了真格"，决心在2012年也即温家宝总理任期的最后一年实现这一目标，以免再次"言而无信"，国家教育体制改革领导小组为此还专门成立了"落实4%工作办公室"，掀起了轰轰烈烈的"4%运动"（参见田磊《教育投入：总量不足与分配不公》，《南风窗》2012年第4期）。

层、分项、分级的基本属性：分层要突出系统性，能将各级政府的责任和工作按照不同的层面（宏观、中观和微观）来考核；分项要突出针对性，能够根据工作的内在属性，将某一教育政策分为不同的内在关联的子项来执行，并在协作分工的基础上有效推进；分级要突出合理性，政策中涉及的诸多行政主体，应从顶层设计的视角对其进行分级管理和考核，以此确保各级之间各司其职，相互衔接。

其次，在此架构下，应当多方并举，采取行政监督（评估）和司法监督（评估）两种方式：一方面，要通过立法、修订法律建立完善的执行监督或评估机制。在此基础上要求与各级政府、地方教育主管部门有关的统计、监察、审计等部门定期核查财政专项资金、税务、人事配给等的执行和落实情况，从内部加强对政策执行情况的监督检查；另一方面，要积极发挥法院和检察院的外部监督机制的作用，以避免各级政府内部、地方教育部门监督可能存在的系统内庇护行为，全面推进政策的有效落实。

其三，在问责上，完善责任约束机制，将政策执行纳入到常态化、长效化的轨道。

"违法不究"也是教育政策执行中常遇到的问题。为此，要着力完善责任约束机制，解决教育政策执行中重权利、轻义务，后果处置环节薄弱乏力的问题。完备的责任约束机制应当包含两层意涵：一是对作为管理部门的政府部门、教育主管部门权力的限制和行为后果的问责惩处，二是问责惩处后对其义务范围相应的弥补与救济。

具体而言，一方面，应当细致严格地问责和惩处各级政策执行部门、人员的失职、渎职行为，在此基础上，逐步建立起完善的问责机制，确保政策执行主体在权、责统一对等的前提下勤勉地履行职责。另一方面，要在问责和惩处之后启动相应的权利救济、事后处置通道，为教育政策执行不到位的区域、人群提供本应享有的权益，如就近入学、免费义务教育、素质教育、合理的课业负担等法律明文规定的受教育权。透过这样的救济、处置渠道，不仅能使受教育者的权利得到保障，而且还能将不科学的教育政策以及政策执行者的机会主义倾向以最低的成本识别出来，为有关政策的修改完善和有效落实奠定基础。在惩处、问责与救济、处置正反两面的责任约束机制下，确保政策的上下传递、响应过程中切实得以执行，政策的效力实现常态化与长效化。

二、教育改革内外政策的配套

正如前文所述，我国 70 年来的教育改革多为作为"政治—经济改革的教育改革"，要么使教育沦为政治的工具，要么用于经济的筹码，或者受二者钳夹，效果堪忧。这就提出了一个十分要害性的问题：即如何处理教育改革的内部政策（教育政策）和外部政策（社会政策）的关系？上文所呈例证均在一定程度上存在这类政策困境。在"校园安全"问题上，如何做到交通、卫生、司法、工信、住建等部门与学校及教育行政部门之间的政策配套，是一个很关键的问题。"规范社会补习机构"问题也需要《义务教育法》《教师法》《公司法》《消费者权益保护法》与教育部"减负令""禁补令"之间的有机配套方能奏效。

因此，如果要进行有效的教育改革，应当特别关注政策之间的内外配套问题。尊重教育自身发展规律，也重视外部政策的协同作用。要解决教育改革中内外政策不配套问题——诸如或是内外政策多头分管、交叉重复反而形成政策盲区；或是内外政策力量悬殊、完全以一方为主，丧失了教育的自主性，违背教育发展规律之类的问题（如在高校自主办学与"创新人才培养"问题上，这两类问题就同时突出存在）——建议从建立部门联动机制、尊重教育规律和相对独立性及健全决策与反馈机制三方面着手。

其一，构建多方联动机制，优化现行政策体系。

针对现行政策体系所存在的多头管理、职能交叉和效率低下等现象，可着重从以下两个方面加以完善：一是在政策设计时要建立跨部门联动机制，尝试组建由教育、财政、人事等核心部门牵头，其他部门协同参与的联动机制，群策群力齐心应对，改变以往部门割裂、碎片化的管理模式，向统筹全局、兼顾内外的教育综合治理方式转变。如在应对校园安全问题上，应当构建教育、公安、卫生、质监、住建等多部门参与的联席工作机制，并形成制度化的工作模式，整合多方力量，以解决日益复杂的校园安全问题。二是要构建资源统筹机制，对相关政策执行中需要使用的资源进行预估，并根据预估进一步优化改进政策内容，给予承担主体责任的教育部门较为充分的自主裁量权，有能力使用和调度政策执行所需的财力、人事等重要资源。资源联动机制的实质是向教育部门开放的资源共享平台，通过这一平台，教育主管部门可以实现跨区域、跨部门的信息交换、人员调配、财物使用，从而提高资源利用率，确保有关政策的落实。

其二，以公益性为根基建立新的公共教育治理结构，摆脱教育政治属性与经济属性的双重束缚，着力避免教育改革发展政策偏离教育自身发展规律。

较之政治、经济等其他领域，教育活动有其自身独特的发展规律和价值诉求。而前述例证表明，是教育外部的人事制度、干部任免制度、官员调动和升迁制度等社会政策与社会逻辑，易导致凌驾乃至取代了大学的逻辑。加之市场经济大潮的冲击和量化管理考核，高校被政治、经济等社会政策与逻辑所裹挟，造成了大学的两大突出问题："行政化"和"商业化"，而"创新人才培养"自然也就难以提上日程。为此，教育改革发展中要特别关注教育的公平、公正、公益属性，并以此作为政策设计与执行的基础目标。

具体可从以下两个方面推进：一方面要提升教育在政府治理中的自主权，清理教育改革发展中诸多行政管理模式形成的制度性障碍，避免教育的泛政治化取向和部门主义钳制，改变以往垄断、封闭、单一的教育管理模式。须知，教育并非政府的延伸机构，教育的属性也不能简单等同为政治属性，教育和政府之间也并非单一的隶属关系。要适当放开教育的所有权、办学权、管理权，提升教育自身的办学活力与自主权。另一方面，要坚持教育自身的公益属性，避免教育的泛市场化、产业化倾向。在教育资源特别是优质教育资源短缺的现实背景下，在教育中引入市场机制可以提高教育资源利用率，为更多的受教育者提供更好的教育服务。但要加强对市场的规范和引导，理顺市场、政府、学校等内外多部门之间的协作关系，规避商业力量、市场需求一家独大，造成教育部门违法乱纪、贪腐堕落，以至学校为追求经济利益不择手段的不良局面。为此，需要构建一种新型的公共教育政策体制，协调教育的公益性和市场资本的逐利性：政府需要下放权力，但不能转移或者下放全部的主导责任，市场调控失灵时政府必须积极介入，采取行政、司法手段进行管理；涉及教育活动的市场行为不能只靠市场管理部门调控，而应由教育部门主导，多部门协调并进，从整体上有效推进教育事业的健康发展。

其三，要广泛听取各方意见，形成科学民主的决策与反馈机制。

教育事业点多面广、头绪复杂，不但涉及不同政府部门、多元社会力量，其实际也因地区、人群的不同而千差万别。如何根据各地区、各部门间资源状况和治理环境，选择恰当的政策工具来支持教育改革发展，需要在充分调查研究并广泛听取各方意见的基础上才能做出选择。对于政府部门而言，这不仅要坚持政策层面的协调并进，从整体上有效推进教育事业的健康发展，而且还要从制度上避免不科学的产业政策以及决策者的单向度思维，而这往往需要建立民主决策制度。可以说，民主决策制度是推进教育改革发展顺利进行的重要一环，具有程序约束性。这意味着决策者在拟定政策草案以及在做出对教育发展有重大影响的决定时，必须与相关政府部门和社会组织保持沟通协调，最大范围地组织相关专家、各界代表和利益相关者进行科学论证、听证和审议。只有对政策经过慎重论证和集思广益，才能在制度层面上最大限度地提高决策理性，防止政策偏离教育发展的规律。

总之，针对这类问题及其症结，要确保教育改革的内部政策（教育政策）和外部政策（社会政策）相互匹配而形成教育改革政策推力的"二合"，即形成一股强劲合力；不能以政治、经济等社会政策扭曲、取代、牺牲甚或折腾教育及教育改革，要发挥社会政策对教育改革的良性支持与促进作用。这就要求政策设计在理念上要摒弃以往部门划分、单一僵化的思路，转而构建多方合作、综合统筹、联动协作的治理模式，为教育改革与发展提供整体、全面的支持。以便实现教育改革的内部政策（教育政策）和外部政策（社会政策）配套的双重目标：一是内外政策的职能应当完整覆盖具体教育问题的多个方面，确保该类问题的解决能够在教育政策和外部社会政策中找到明确依据；二是政策之间地位对等，效力相辅相成，避免强势的外部社会政策抵消教育政策效力，反之亦然。因此，在有关教育改革与发展的政策设计中，应当树立这样一种基本思想：教育和社会都能做的事，应当以教育部门为主去做，以保证教育改革的公共性、公正性；教育不能做的事，由政府、市场去做，以保证教育改革的顺利推进。如此，教育政策与社会政策内外配套，形成合力，才能最大限度地落实政策目标，发挥政策应有的效力。

三、教育改革各类政策的协调

教育改革不仅要注重各级政策的衔接，也要注重内外政策的配套。但教育改革的复杂性与艰巨性在于，教育改革特别是一些重大改革和疑难问题的解决往往涉及各级政策、内外政策等各种各样的政策，这就要求协调各类政策。现实中，往往是各类政策不能协调运行，甚至相互冲突或扯皮推诿，导致教改政策在不同类型、不同地区、不同层次、不同人群的教育之间支持失衡、失当、失调，造成一些疑难问题难以解决。上文所述"减负""校园安全"等例证，均不同程度、不同侧面地遭遇相关各类政策不协调的问题。

"校园安全"问题的解决所需教育、公安、卫生、交通、人事各类政策之间的整合，高校"去行政化"过程中所需《高等教育法》与组织、人事、党委工作制度之间的对接，以及"规范补习机构"时所需教育、工商、税务各部门间政策的统筹，其实都是为了协调各类政策，为教育改革与发展提供可靠、可行的政策支持。

但现有政策的协调并不顺畅，各类政策之间往往各行其是，大大抵消了政策效力。如在"规范社会补习机构"问题上，教师在自己本身工作时间之外是否能够从事其他劳动如"补习"，教育部的"禁补令"和《劳动法》《公司法》《消费者权益保护法》等相关规定多有龃龉。教育部为"减负"和克服补习产生的"腐败"而禁止教师有偿补习；但据《劳动法》，这似乎侵犯了教师作为劳动者"有权自由选择职业"的权利，特别是业余时间补习的权利；在一定意义上这也与《消费者权益保护法》中关于作为消费者的家长与学生的自由购买补习服务的选择权有一定的冲突。鉴于此，当教育部"禁补令"遇上《劳动法》，根据"上位法优于下位法"的法律适用原则，应当以全国人大常委会通过的《劳动法》《公司法》而不是教育部制定的规章为优先。但若根据"特别法优于一般法"的法律适用原则，则似乎又应当以教育部制定的规章而不是全国人大常委会通过的《劳动法》《公司法》为优先，这就是说，此时"特别法优于一般法"的原则优于"上位法优于下位法"的原则。但《立法法》第83条就"特别法优于一般法""后法优于旧法"这两个法律适用原则有着明确的规定："同一机关制定的法律、行政法规、地方性法规、自治条例和单行条例、规章，特别规定与一般规定不一致的，适用特别规定；新的规定与旧的规定不一致的，适用新的规定。"显然，"特别法优于一般法"并不适用于调整"全国人大常委会"和"教育部"这两个"不同机关"（且不说"机关"与"机构"的区别）制定的法律和规定。在司法实践中，"上位法优于下位法"与"特别法优于一般法"原则存在着大量冲突；法与法之间也存在"不一致"而难以解决的问题①。譬如，《义务教育法》与《民办教育法》关于是否收费等问题，即是如此。

其实，以"减负"和"规范社会补习机构"为代表的这类问题在教育改革发展中普遍存在。由于政策之间缺乏有效协调，各部门、各领域之间制订的监管政策在责任认定、结果处置、执法形式等关键问题上存在分歧，这就使得该类问题的解决流于纸面，"多方分管"容易导致"无人管理"。为此，政策的设计与运行应当从问题实际出发，既保证上位政策、基准法规的合法性和权威性，也要考虑执行中可能牵涉的多方部门、政策之间的协同配合与通力合作，保证政策的科学性与可操作性。为此，可从三方面加强各级、各类政策之间的综合协调。

首先，理顺各领域法律条文之间的关系，明确各自的适用条件和范围，

---

① 关于此点，可参见王双石：《上位法优于下位法与特别法优于一般法的冲突》，《新学术》2007年第5期；顾建亚：《"特别法优于一般法"规则适用难题探析》，《学术论坛》2007年第12期。

规避可能的冲突和抵触，必要时启动立法程序修正相关条例。法律在整个政策体系中居于上位，为其他政策规章的运行提供法理依据，因而最为基本。如前文对补习教育的政策分析中所述，现有的法律往往由于归属不同领域、不同部门而造成实践中的冲突，导致效力低下。对此，有必要进一步厘定、明确各法律的适用范围，针对具体教育问题提供清晰的法律解释，如在梳理《教育法》《民办教育法》《义务教育法》《公司法》《劳动法》之关系的基础上，可针对补习教师的身份、资质认定、管理等方面出台相应的司法解释，以便切实将政策落到实处。

其次，科学规划，在制定部门规章、地方法规等事关教育的政策时，充分了解已有政策特别是上位相关的内容和效力，确保政策的有效、可执行。中央一级主管部门在制定教育政策时应确保政策的合法性，不抵触、不违背《教育法》《教师法》《义务教育法》等教育内部法律，也要检验其是否与相关的民商法、刑事法、宪法存在冲突。类似地，地方教育主管部门在制定政策时要充分考量已有的上级政策和效力更高的基准法规，确保政策不违法、不违规。比如，就补习教育而言，教育部、地方政府在"减负令""禁补令"中所规定的内容有些是同《公司法》《劳动法》的内容相违背的，其针对部分教师补课行为的限制也颇有侵权的嫌疑，这就使得该类政策的效力产生问题，实际执行中就容易出现难为之处。事实上，如能在政策制定过程中结合《教师法》《民办教育法》中的有关规定，是可以在很大程度上规避这类问题的。

最后，确立"有法可依""有法必依""执法必严"的政策理念。这首先需要弥补政策缺位、解决法律滞后问题，建立起完备的教育政策体系；该体系应包含可作为司法依据的基本法和配套的规章条例，并围绕特定事项从法律到规章、从中央到地方、从判定到执行、从实体到程序形成一个相对完整的系统。在此系统中，必须存在一个居于主导地位的核心规范，其他政策才能以此为基准进行派生、从属，规定更多事项，从而形成一个层次分明，位阶有序的规范体系。这个核心规范需要有较高的效力层级，多采用法律的形式。在政策设计中，应通过科学的统筹规划，规避基准缺失、层级断代导致的政出多门、交叉重复等问题，形成上传下达、衔接畅通的政策支持体系。进而，为落实政策执行，要明确相关责任主体的权限与义务，力争权力与责任的相对统一，事权与职能的相对匹配。在政策表述上应清晰明确，对各级政府、各个部门的职责做出精细划分，避免使用模糊不明、大而化之的宣示性条款。在政策内容上应实事求是，注重可操作性，对财政分担、人事配给、信息公开、责任认定、事后处置、工作流程等关键问题予以明确确认，考虑政策实现的可能和各级政府、各部门之间的现实诉求。注重政策运行的监测与反馈，在规定权限、义务的同时确立相应的责任后果，以法律、规章等制度化形式对违反、扭曲、不落实政策的组织和个人予以相应处罚，从而确保政策的上下响应过程规范有序，合乎法度。与此同时，在政策协调中遭遇冲突或抵触时，不可推诿扯皮、悬置不决，而应寻求仲裁、论证，确保有关政策的执行。为此，有必要在政策制定时将督导、问责机制纳入其中，从而确保政策自身的权威和效力。

第三章　教育改革的体制支持[①]

　　当前，我国教育改革已经进入"深水区"，体制问题成为制约教育改革能否取得重大突破的关键因素。既往对于教育体制问题的研究更多是就教育内部体制问题展开，探讨如何因应外部社会体制的变化进行教育体制自身的改革。本研究则力求将视野进一步放宽，从外部社会体制应如何为教育改革提供有效支持的角度探讨教育改革的社会体制支持问题。

　　本研究将首先明确当今中国社会语境中"体制"问题的基本含义，分析制约我国当今教育改革的体制问题的基本层面。然后依次探讨每一体制层面的历史成因、现实问题与改革路向。这些体制问题都是深深地扎根于中国社会之中的，带有鲜明的当代中国历史发展的印痕，在一定意义上可以说是中国社会所特有的问题，也是当今改革所要着力突破的重点领域所在。因为中国幅员辽阔，区域社会发展差异极大，地方的改革创新往往会引领体制改革的方向，本研究关于改革路向的探讨将主要通过一些典型性的地方改革案例展开。在最后部分，本研究将针对这些层面的体制问题探讨并提出一些对策建议。

第一节　制约教育改革的体制问题

　　制约当今我国教育改革的体制问题既包括教育内部体制问题，如各级各

[①]　本章部分研究内容以论文形式已见刊，详见王有升：《中国教育改革的社会治理体制支持》，《教育学报》2014 年第 4 期；王有升：《中国教育治理体制的历史演变、现实问题与改革动力探析》，《华中师范大学学报》（人文社会科学版）2016 年第 6 期。

类学校制度体系、招生制度、考试制度等，更包括在更大范围内起到决定性制约作用的教育外部的体制问题，如行政管理体制（或者称为"教育治理体制"）、干部人事制度以及在更为宽泛层面起作用的基础性社会管理制度（如户籍制度、单位制度）。本研究将着力于对后者的关注。这些对教育改革起着决定性制约作用的外部体制问题单凭教育内部的变革力量无法解决，需要积极寻求建立体制层面的联动机制。

这里首先需要从对体制问题的分析着手。

一、社会转型过程中体制问题的突显

在当今中国，不管是在官方还是民间，"体制"都是一个被反复提及的词汇①。我们感到，每个人的日常工作与生活都深受体制的影响，带有体制的深刻烙印。"体制改革"也已成为当今官方政策的主流话语。但若想对这样一个概念下一个非常确切的定义似乎并非易事，就像近年来在我国社会生活中所曾产生并流行过的一些核心词汇（如"素质教育"）一样。

在宏观领域，我们提到的比较多的有"经济体制"、"政治体制"、"社会体制"以及"教育体制"等概念，主要是指国家对社会生活不同领域的整体架构。在日常生活领域，当我们说"在现有体制中生存"、"游离于体制之外"或"受到现有体制制约"则主要是就与现实生活密切相关的组织制度而言的。在我们当下的语境中，"体制"从根本上来说是与国家的政治制度

---

① "体制"一词成为中国人社会生活中的一个核心词汇，只是近些年来的事情。对此，作家张承志曾有过这样的描述："大约是在一九八四年，记得是一个文学杂志召开的会上。我发言时不知为什么几次提到了'反体制'这个词。散会后大家坐在一辆面包车里，我听见后排两位老前辈在低声交谈：'他说的是什么？反……旗帜？什么叫反体制？'那一刻的记忆一直未被我忘。虽然今天若说给人听，怕已没有几人会相信。那时在中国'体制'一词尚听着拗口，我也不过是因为听多了冈林信康吼叫的歌，心里哼着'我乃睁开了眼的反体制派'，发着言它顺口溜了出来。是的，哪怕经过全面战争的'文革'，知识分子的体验，大都也只是体制内的悲欢离合。如今不同了。无论手机电脑，只要敲击 tizhi，第一个蹦出来的就是它。如今，简直国民已被划分为体制内与体制外两大族群，从出租车司机到打工农民，对这个词的体会都入木三分。"（张承志《体制外的意味》，《读书》2012 年第 4 期）

密切相关的，更多地来自于国家自上而下的制度设计，并且由国家权力赋予其合理合法依据。

《现代汉语词典》中对"体制"一词的解释是"国家机关、企业、事业单位等的组织制度"。①

在英文中，似乎很难找到一个词汇与"体制"概念完全对应。一般将"体制"一词翻译为"system"，但"system"的本义是"系统""体系"，其内涵要更为宽泛得多，并不能与"体制"一词完全对应。有时，"体制"一词会被翻译为"structure"，但"structure"的本义是"结构"，其所表达的意义似乎比"体制"一词更为客观，也缺乏一种相对动态的含义。"体制"含有一种更强的权力运行的意味，而"结构"概念则没有。另外，英语中的"institution"有"制度""建制"之义，在一定意义上有汉语中"体制"之义，但其内涵显然比"体制"更为具体。

"体制"是一个在当下中国语境中被赋予了丰富含义的较为独特的词汇。当今的中国正经历着一场必将具有根本意义的社会转型，这场社会转型在一定意义上可以说是人为设计的结果，来自于一场自上而下发起的持续的改革。改革的推进充满了理念与体制之间的张力，当改革的理想遇到了原有体制的重重阻力时，当经过了新思想洗礼的个人遭遇了既有体制的重重束缚时，体制问题便成为社会关注的一个核心问题。

二、教育改革诉求的体制屏障

教育领域似乎从来都是新思想的冲锋陷阵之地。一方面，新思想很容易最先在教育领域被接受；另一方面，教育领域中的体制束缚似乎也尤其顽固。观念上的"进步性"与体制上的"保守性"在教育领域往往形成鲜明的反差，也使新思想倡导下的教育改革时常陷入进退维谷之境。

近年来主导我国教育改革的价值诉求大致包括素质教育、教育公平、民

---

① 中国社会科学院语言研究所词典编辑室《现代汉语词典（修订本）》，商务印书馆2001年版，第1241页。

主参与、提升教育领域的专业性（如对"教师专业发展""教育家办学""学校去行政化"等的强调）等方面，这些价值诉求的有效实现并不仅仅取决于教育内部的体制状况，而是需要整个社会的体制状况作出相应的改变。

应当说，迄今为止，中国社会已就教育体制改革的重要性与紧迫性形成了广泛的共识，社会普遍期待通过教育体制的变革实现教育事业的质的飞跃。但教育体制层面的变革往往步履缓慢，"雷声大，雨点小"往往成为近年来相关改革的常态。究其原因，我们会发现，在教育领域自身内部，进行体制改革的可能空间相当有限，体制问题盘根错节，更多地来自于教育领域之外，从根本上来说，取决于整个社会的体制状况，包括经济体制、政治体制以及特定意义上的社会体制[①]。

三、社会治理体制与教育改革

中国社会自 20 世纪 80 年代以来的改革是以经济体制改革为核心的，经济体制改革赋予中国社会以前所未有的活力，也为教育事业的发展带来挑战与机遇。以经济体制改革的方式来变革教育体制一度被教育改革所追捧，典型如 20 世纪 90 年代中后期的"教育产业化"风潮。另外，教育财政体制改革与经济体制改革也具有较大的关联。

但从根本上来说，教育体制更多的是国家政治体制的一部分[②]，因此，教育体制改革需要在政治体制改革的整体框架内展开，制约教育改革的体制问题其根源往往都需要追溯到政治体制本身。这里所说的"政治体制"可大致区分为"国家政权体制"与"社会治理体制"两个方面。"政权体制"关系到国家政治的根本性质，轻易不能改变，当今语境中的政治体制改革一般

---

① 所谓"特定意义上的社会体制"是指，在宏观社会体制中，不能被划归到经济体制或政治体制之中，主要是相对独立于经济或政治力量的一种民间社会力量的运作。如一些公益性社会组织的发育与运作等。本研究所说的"社会体制"主要是就宏观整体意义而言的。

② 荣长海：《论政治体制视域下的教育体制改革》，2010 年 11 月 12 日，人民网—理论频道，http://theory.people.com.cn/GB/13197739.html。

都是就"治理体制"而言的。

中国语境下的政治改革……侧重是改革那些最受关注的领域，这些领域与公共部门的改革有关。如果暂不考虑一个特定国家经济体制的性质或政治改革重点的性质的话，那么如下的公共服务就是重要的：它应该是有能力的、专业的、诚实的，以及对公众的需要能更快地做出反应的。如果改革能够产生这样的公共服务，在广义上它就可以被认定为是政治改革，它更有助于在全中国推动更深入和更广泛的改革努力。[①]

推进国家治理体系和治理能力现代化是当今我国政治体制改革的核心，党的十八届三中全会将此作为全面深化改革的总目标提出，所要着力解决的正是治理体制层面的问题。推进教育治理体系和治理能力现代化也被看作是推进教育改革的关键所在。

直接影响当今我国教育改革的治理体制因素，首先是行政管理体制，其次是与行政管理体制密切相关的干部人事制度，另外还有在更为宽泛层面起作用的基础性社会管理制度（主要包括户籍制度与单位制度）。这些构成了制约当今我国教育改革的整体体制环境。对于这些方面与教育改革之间的关联及其成因、现状与改革路向需要进行深入具体的分析。

第二节　教育治理体制与教育改革

教育治理体制即惯常所说的教育行政管理体制，随着近年来国家行政领域所强调的由"管理"向"治理"的转变，"教育治理"的概念被越来越多地使用。由"教育行政管理体制"向"教育治理体制"称谓的转变体现着国家治理方式的变革。当然，行政管理体制依然是治理体制的核心构成。教育治理体制在纵向上主要表现为从中央到地方各级政府之间的职能划分与关系

---

① 郑永年：《中国的"行为联邦制"——中央—地方关系的变革与动力》，东方出版社 2013 年版，第 85 页。

状况，以及政府与基层社会单位及相关社会力量之间的关系状况，在横向方面则主要表现为不同政府部门之间或基层行政部门之间的分工与关联状况。

一、教育治理体制的缘起与变革探索

新中国成立后，伴随着建立高度集中的计划经济体制，逐渐形成了一种整体主义的社会，国家控制、管理社会生活和个人生活的所有方面，社会和私人的空间基本不复存在。在教育领域，经过 50 年代初对旧教育的接管、改造后，所有各级各类教育均由国家举办，中国历史上源远流长的民间办学的传统至此中断，曾经十分活跃、数量众多的民间教育机构、教育组织基本取消，民间教育空间不复存在。社会化、多样化的教育格局被大一统的、高度集权的国家教育体制所取代。以大量培养各类专门人才，迅速实现国家的工业化为目标，新中国按照苏联模式重建教育制度之后，进入了制度化、正规化建设的新阶段。"'一边倒'、'以俄为师'的制度建设，在比较短的时间里建成了一个适用的高度集权的管理体制。"[1]

由于中国庞大的规模和庞杂的政治体系，高度集权制度往往会限制基层社会的活力，并且未必能保证权力运行的切实有效，反而容易滋生官僚主义。之后逐渐批判盲目照搬外国，强调要走自己的路。1958 年的教育革命带来了教育管理体制剧烈改变，除了强调政治挂帅，着力加强党对教育的领导外，中央决定下放教育事业管理权力，改变以条条为主的管理体制，中小学及中等专业学校等由地方管理，号召"全党办学""全民办学"。这场较大规模的由中央向地方的放权过程，其目的是克服中央官僚体制，赋予地方更大的活力与自主空间。然而，由于这些改革主要是基于领袖的个人意志，而缺乏完善的制度设计，并且与持续的政治运动及革命的意识形态相裹挟，与之相伴随的往往是社会持续的动荡。整个教育行政体制也始终处于起伏跌宕之中。而十年"文化大革命"几乎将这样一种制度体系彻底摧毁。

"文化大革命"结束后，教育事业的计划管理体制全面恢复，在短时期

---

[1]　杨东平：《艰难的日出——中国现代教育的 20 世纪》，文汇出版社 2003 年版，第 122 页。

内带来了秩序和效率，整个社会"人心向学"，教育事业蓬勃发展。但随着教育事业的进一步发展，计划管理体制的弊端又一次逐渐显露出来。

1985年颁布的《中共中央关于教育体制改革的决定》拉开了全面改革教育体制的序幕，核心旨在解决两个方面的体制问题，即中央与地方的关系，以及政府与学校的关系。强调中央向地方放权，政府向学校放权。在中央与地方对于发展教育事业的职能划分上，实行基础教育由地方负责、分级管理的原则，提出"基础教育管理权属于地方。除大政方针和宏观政策规划由中央决定外，具体政策、制度、计划的制定和实施，以及对学校的领导、管理和检查，责任和权力都交给地方"。在政府与学校的关系方面，《决定》指出，政府有关部门对学校"统得过死，使学校缺乏应有的活力；而政府应该管理的事情，又没有很好地管起来"。随着改革的推进，中央与地方在发展教育事业的职能划分逐步明确与完善，但政府与学校的关系问题却在此后的很多年里并没有得到根本的解决，甚至呈现出愈演愈烈之势。

中央向地方的教育放权，一方面是为了调动地方发展教育事业的主动性，另一方面也是由于中央财政的吃紧，不可能负担得了全国的教育事业发展费用。随着新教育秩序的建立，教育行政效率和学校管理效率大大提高，地方办学和学校办学的自主性与积极性充分发挥，教育资源总量得到大大扩充，"普九"工作在政府投入不足的情况下仍进展很快。但与此同时，也出现了新的问题，如地方各级政府义务教育权限问题、学校乱收费问题、农民教育费负担过重问题，以及因区域经济发展不平衡而带来的区域间教育发展严重不均衡问题等。

1993年中共中央和国务院下发的《中国教育改革和发展纲要》以及1994年颁布的《关于"中国教育改革和发展纲要"的实施意见》在"地方负责、分级管理"体制的基础上进一步提出了"以县为主"的管理体制。至2001年，国务院在《关于基础教育改革的决定》中，确立了农村义务教育"实行在国务院领导下，由地方政府负责、分级管理、以县为主"的体制。此后随着农村税费改革的推进，逐步撤销了乡级以下政府机构的义务教育的管理权限和财政责任。由此形成了我国当前的基础教育行政管理体制。

曾主管全国基础教育十余年的前国家教委副主任柳斌曾这样谈到中国义务教育在 20 世纪八九十年代发展所面临的艰难："就是没钱，财政没钱。我国财政在很长时期内是企业投资的主体，财政作为社会公用事业投资主体的角色长期未能到位。""重要的是财政体制。我们的财政体制一直不是公共财政体制，政府是投资主体而不是公共财政主体。因此，地方政府就要把钱用在能生钱的地方，这种进程是没完没了的，所以一直也'腾'不出资金给教育，当时的口头禅是'一工交，二财贸，马马虎虎抓文教'，直到 2000 年才开始了建设公共财政的话题。"①

随着国家经济实力的整体提升以及 90 年代中后期税制改革的实施，政府尤其是中央政府的财力日益雄厚。中国政府逐渐被认为是世界上"最有钱"的政府，中央及一些地方政府已经拥有较为雄厚的财力，但真正合理有效的教育财政体制却尚未真正形成。进入新世纪后，随着对教育公平与质量的吁求日趋强烈，社会对于政府在教育事业中的职能定位有了更高的期待。

2006 年 10 月，党的十六届六中全会通过了《关于构建社会主义和谐社会若干重大问题的决定》，在建设和谐社会的重点任务中强调"完善公共财政制度，逐步实现基本公共服务均等化"，"坚持教育优先发展，促进教育公平"。政府进一步加大了教育投入力度，建立了义务教育经费保障新机制。政府教育责任缺位问题在较大程度上得到解决，政府不再"以政策代投入"，不再推卸自身的教育投入责任，不再把自身的责任推向学校、社会和市场。②

二、教育治理体制所面临的突出问题

就整体社会治理方式而言，自改革开放以来，中国社会经历了从"总体

---

① 马昌博等：《义务教育，这 20 年为何这么难？——对话全国人大常委会委员、原国家教委副主任柳斌》，《南方周末》2006 年 10 月 12 日 A3 版。
② 褚宏启：《我国基础教育行政管理体制改革 30 年简评》，《中小学管理》2008 年第 11 期。

性支配"到"技术治理"的转变。① 随着市场经济的逐步建立与发展，基层社会逐渐释放出更大的活力，与此同时，政府作为推动经济发展的直接责任主体，直接参与到经济事务中，逐渐成为一种经营性的政府。自 2004 年以来，中央政府致力于将经营性的政府行为转变为以公共服务为本的治理体系，并将法制化、规范化、技术化和标准化作为行政建设和监督的核心议题。但行政机构臃肿问题依然严重，由于政府的行政范围过大，职能范围过宽，技术治理进而"派生出更大规模的行政结构及其经营场域"②。这也就使作为基层社会单位的学校处于政府的重重控制之下。当前社会对体制改革的强烈吁求，国家对教育体制改革的宏伟蓝图，与教育行政管理体制改革所面临的现实困境之间还存在着较为强烈的反差。

就当今教育治理体系的现状来看，存在以下几方面较为突出的问题。

（一）政府"超强管理"与学校办学自主权的缺失

在学校教育的日常现实中，政府部门对于学校的"超强管理"，学校教育的"趋向行政化"，已成为我国教育改革的瓶颈。"政府部门常常将教育改革的设计者、指导者、管理者、监督者、调控者及评价者等多种角色集于一身，导致学校难以真正成为教育改革的主体，不受限制的权力，是政府部门得以对学校超强控制的主要原因。"③

诚如有学者对此所做分析，"教育体制改革自 1985 年以来不断推进，确实有很大的进展，特别是明晰了中央和地方权责，但并没有彻底改变行政独大的局面。公办学校办学基本听命于政府，各级教育督导机构绝大部分附属于教育行政部门，大多数评价活动都是政府自己进行或委托直属事业单位开展。这样政府既是办学的主体，又是管理的主体，还是评价的主体，决策、

---

① 渠敬东、周飞舟、应星：《从总体支配到技术治理——基于中国 30 年改革经验的社会学分析》，《中国社会科学》2009 年第 6 期。
② 渠敬东、周飞舟、应星：《从总体支配到技术治理——基于中国 30 年改革经验的社会学分析》，《中国社会科学》2009 年第 6 期。
③ 吴康宁：《政府部门超强控制：制约教育改革深入推进的一个要害性问题》，《南京师大学报》（社会科学版）2012 年第 5 期。

执行、监督一体化，相当于既当裁判员，又当运动员，还是解说员。这种现状带来的结果必然是自说自话，缺乏公信力，缺乏说服力，缺乏相互监督和相互制约，无论哪个环节出了问题都难以问责和及时改进，长此以往就陷入僵化固化的泥潭，教育发展失去动力和活力。"①一方面，因为中国之大，人口之多，教育之复杂，非强有力的政府难以维持运转和持续发展；另一方面，过于强大的缺乏有效约束的政府也使教育陷入僵化固化的泥潭，并且现有体制会呈现出不断自我强化的趋势。

对于这样一种状况，基层学校及地方教育管理者的感受会更为强烈，"从 1985 年至今，党中央、国务院先后召开了三次全国教育工作会议，一直在试图突破教育的计划经济色彩，还教育的本来面目，但是我们看到的结果却依然是管得过死、学校活力不足、社会参与程度不高，创新型人才培养机制基本没有形成。《教育规划纲要（2010—2020）》再次发力，提出要重点突破的也是'促进管办评分离'，快 3 年了，应该说没有取得实质性进展。市场的主体是企业，教育的主体是学校，办学是学校的事情，但是长期以来，学校需要的教师要由人事部门招聘，教师工资要由财政部门发放，教师职称评聘，也要由主管部门来管，学校成了局外人。更有甚者，一些地区连各个学校的学习进度也要按照主管部门统一要求来进行，长期以来，大一统的管理体制让校长无法施展抱负，学校千校一面，学生没有选择的余地，个性化培养无从谈起，这也是长期以来教育备受指责的根本症结所在。"②

（二）政府机构庞大、"利益部门化"与教育权力的"名放实收"

由于利益部门化较严重，政府机构臃肿问题长期得不到解决，甚至愈演愈烈，行政机构日益臃肿需引起重视，并要不断改进，精简机构。就连基层

---

① 《中国教育报》记者对曾天山的访谈，俞水、易鑫：《聚焦：如何推进教育治理体系和治理能力现代化》，《中国教育报》2013 年 12 月 5 日，http://www.jyb.cn/china/gnxw/201312/t20131205_562275.html。

② 《中国教育报》记者对李希贵的访谈，俞水、易鑫：《聚焦：如何推进教育治理体系和治理能力现代化》，《中国教育报》2013 年 12 月 5 日，http://www.jyb.cn/china/gnxw/201312/t20131205_562275.html。

教育行政部门自身也都感受到问题的严重性，有从地方教育行政部门退休下来的老同志在接受访谈时这样说，"就管理体制来说，学校自主权力有限。政府机构太大，上级教育行政机关的每个处室为了有政绩都要安排学校做事，学校只能疲于应付。"①

有基层学校的校长这样描述学校办学的处境，"学校所受到的行政命令太多，各种检查过多，学校一项重要的工作便是迎检，自主发展的空间少之又少。校长的权限不大，尤其是在诸多'条杠'中充分发挥其课程领导力，在实践中有很大难度。"②

由政府主导的"自上而下"的改革，尤其是在各级机关"利益部门化"普遍存在的情况下，简政放权，转变政府职能，势必会面临重重阻力，甚至会出现在一些在"利益攸关"的方面有进一步权力收拢的趋势，致使国家的"顶层设计"难以被有效地贯彻实施，甚至在某些方面仅停留于政策文本与言辞之中，而很少付诸落实。在这方面一个典型的例子就是近年来各级政策文本中对扩大学校办学自主权的强调，但事实上却是学校办学的自主空间越来越小，在涉及办学自主权的一些关键方面的权力，如人、财、物等基本方面，近年来被日益集中到更上一级政府手中。如随着人事制度的改革，教师的招聘及职称评定已不在基层学校，甚至不属于教育行政部门，而由人事部门统管，校长的考核与任命也往往由组织部门统管；随着财物审计制度的加强，尽管近年来的教育经费日益增多，但学校对经费的自主控制权却日渐减少，需要经过一级级政府的审批。即便是在一些涉及教育教学的专业事务方面，学校所受到的各种限制与制约并未真正减少，行政权力对学校事务的干预仍有增无减。学校仍然是各相关权力部门争相延伸其现实影响力的一个场所。体制内"自上而下"变革的难度由此可见一斑，在很多情况下，除非借助一些强有力的领导人的个人影响力，一些政策才可能得到有效推进，但这却不能从根本上解决问题。

---

① 研究者对某市教育局一老同志（已退休）的访谈记录。
② 研究者对某城市小学校长的访谈记录。

有分析者指出，"改革者在切割自身利益方面，难以下决心、出狠手，多放事权，少放人事财物权，多放虚权，少放实权。这种状况导致了有的政府管理'不放权不行，放权也不行'的尴尬局面，长期在放权和收权之间纠结，而事权不匹配，权责不统一，学校和社会也不愿接，给人的感觉是教育发展多改革少，简政放权喊得多做得少。因此，改革面临的最大困难不是改别人，而是改革自己，卸下利益的包袱才能轻装前进。"①

（三）教育事务的多头管理与行政低效

我国教育行政权力配置存在教育、人事、财政等部门管理权限相互交叉、边界模糊的严重现象，一些原本由教育行政部门掌握的权限却分散在其他政府部门。中小学教师招聘、职务（职称）评审以及教师培训在很多地方往往由人事部门直接负责，教育行政部门反而缺乏应有的权力，导致教育部门的"人权"与"事权"的分割。大中小学校长及地方教育行政领导的任命与管理往往由组织部门负责，组织、人事、教育等部门之间的职能边界模糊，导致大中小学校长队伍建设专业化存在严重问题，在教育领域中"外行领导内行"成为一种较为普遍的现象，严重影响了教育质量。在教育财政权力配置方面，财政、发展改革与教育行政部门之间边界不清、多头管理，导致无法直接监管和考核教育资金的使用效益。

即便教育行政部门看似非常强大，但在整个政府的行政体系架构往往处于较为边缘化的位置，甚至对于很多教育事务也缺乏足够的自主权。一位曾经担任多年地方教育行政领导职务的教育专家曾这样说，"我想特别强调的是，现在的情况已经与 1990 年以前完全不同了。那个时候的放权，是指教育行政部门放权给学校，而现在，在许多本来学校应该拥有的权力上，不仅学校没有了决定权，连教育行政部门也没有多少发言权，大都被人事、财政、发改等部门收去了，所以，在许多方面，教育部门已经无权可放，必须从政府层面认真排查梳理，把真正应该还给学校的权力交

---

① 《中国教育报》记者对曾天山的访谈，俞水、易鑫：《聚焦：如何推进教育治理体系和治理能力现代化》，《中国教育报》2013 年 12 月 5 日，http://www.jyb.cn/china/gnxw/201312/t20131205_562275.html。

出来。"①

(四)"全能型政府"与社会力量参与缺失

当前教育改革"顶层设计"的核心是重新确立政府、学校与社会的关系。在既往的体制架构中,所突显的是一种"全能型政府"的运作逻辑,政府几乎包揽一切社会事务,社会力量的作用空间受到较为严格的限制,或者被纳入到政府的运行架构之中,或者处于一种边缘化的状态。随着市场经济的发育与完善,社会结构正在发生着深刻的变化,经济体制改革释放出了越来越大的社会自主空间,社会力量日益崛起,"社会力量"成为政府、市场之外能发挥重要影响力的"第三种力量",在这种情况下"全能型政府"日益显得捉襟见肘,"大政府、小社会"的体制架构已很难适应时代的要求,主要依靠政府及市场的力量在社会公共事业发展方面所可能面临的问题已日益显露,当今我国学校教育事业发展所面临的问题已清楚地表明这一点。在全球化进程日渐加快的今天,"小政府、大社会"已经成为世界多数国家政治改革的主流趋势,从"统治、管理(government)"到"治理(governance)"的转变是当今世界多数国家正在经历着的政治体制方面的一次深层变革。"治理"与"统治(或管理)"的不同在于,后者是通过政府的科层制架构运作的,是趋向于自我封闭的,而"治理"则是向各种社会力量开放的,与此相适应的是一种更为扁平化的网状的权力运行方式。当今我国对"社会治理"的重视以及"实现社会治理体系与治理能力的现代化"体制改革目标的确立,正体现出这样一种即将在中国发生的深刻变革。

"民间社会组织"近年来在我国的形成与发育委实有破土萌生之势,其发展趋势已不可阻挡。"民间社会组织"是由民间力量自主自觉发起并维护的或建立于特定传统之上的一种社会组织形式,它是自主运作的,而非由政府所主导。民间社会与政府的互补方可带来整个社会的良性发展。中国社会组织的发育与完善,势必要经历一个相对漫长的过程。一些教育类的民间社

---

① 《中国教育报》记者对李希贵的访谈,俞水、易鑫:《聚焦:如何推进教育治理体系和治理能力现代化》,《中国教育报》2013 年 12 月 5 日,http://www.jyb.cn/china/gnxw/201312/t20131205_562275.html。

会组织往往都不同程度地带有官办色彩。在中国，国家既是社会转型的主导者，也是社会转型期国家、市场与社会关系最强有力的塑造者，中国社会能转型成什么样，自始至终首先取决于国家的表现，这与西方国家在实现现代化的转型过程中市场作为主导性力量不同。[①]

此外，家长群体作为学校教育最为密切的"利益相关者"同样是影响教育改革的潜在的重要社会力量。在既有的体制架构之下，家长对学校教育的参与往往受到很大制约，择校受到严格的限制，家长参与学校治理尚缺乏有效的制度支撑。

在当前，相对独立的教育专业服务机构及行业协会尚待充分发育与转型。绝大多数教育专业服务机构都直接附属或依附于政府教育行政机构，真正作为"第三方"的教育专业服务机构的生存与发展尚受到多重体制制约。作为教育行业协会的教师工会在当前情况下只是作为行政的附属组织，难以发挥独立专业协会的作用。

为此，适时改变政府部门集权管理教育的局面，向社会组织、人民群众适当分解教育行政权力，充分调动其参与教育管理、学校管理的积极性。

三、教育治理体制改革路向探析

推进教育治理体系和治理能力现代化被看作是当今教育体制改革的核心任务，教育部部长袁贵仁在 2014 年全国教育工作会议上的讲话中说：

"推进教育治理体系和治理能力现代化，就是要适应国家治理体系和治理能力建设，根据教育发展的自身规律和教育现代化的基本要求，以构建政府、学校、社会新型关系为核心，以推进管办评分离为基本要求，以转变政府职能为突破口，建立系统完备、科学规范、运行有效的制度体系，形成政府宏观管理、学校自主办学、社会广泛参与的格局，更好地调动中央和地方两个积极性，更好地激发每个学校的活力，更好地发挥全社会的作用。"

---

① 何珊云：《社会转型与民间教育公益团体的兴起》，《北京大学教育评论》2012 年第 4 期。

  这是迄今关于"教育治理体系和治理能力现代化"在政府文件及官员讲话中的较具标准性与代表性的表述。以重构政府、学校、社会之间的关系为整体架构，以推进管办评分离为具体着力点，旨在"形成政府宏观管理、学校自主办学、社会广泛参与的格局"。关于这种改革愿景的具体内涵，袁贵仁部长此次讲话中也有进一步的表述：

  "政府宏观管理，就是要转变职能、简政放权、创新方式，把该放的放掉，把该管的管好，做到不缺位、不越位、不错位。学校自主办学，就是要落实学校办学主体地位，明确权利责任，自我管理、自我约束、自我发展。社会广泛参与，就是教育质量要接受社会评价、教育成果要接受社会检验、教育决策要接受社会监督，最大限度吸引社会资源进入教育领域。政府、学校、社会，管、办、评三者之间，权责边界既应当是清晰的，又一定是相对的，既相互制约又相互支持，由此形成现代教育治理体系，不断提升现代教育治理能力。"[1]

  这不能不说是对于体制层面教育改革愿景的非常理想化的表述，与制约教育改革的体制现实恰恰形成强烈的反差。而对于究竟应如何达成此改革的愿景，尚缺乏较为清晰可行的路线图。

  由于中国国情复杂，区域差异极大，并且正处于快速发展与剧烈社会转型时期，在政策的制订与实施方面，尽管中央能够掌握总体的改革方向，但具体制度层面的变革，则需要地方进行因地制宜的大胆革新与探索。正如有学者所指出，"如果我们回顾一下历史，不难发现，在中国的政治环境中，无论是改革的发动还是改革的可持续，地方的动力都非常重要。从中央—地方关系寻找改革的动力，早已成为中国改革的定律。改革开放以来，中国社会经济的快速发展更是高度依赖于地方层面的制度创新。"[2]

  对于当今教育行政管理体制层面的变革，同样需要从地方层面的制度创

---

[1] 袁贵仁：《加快推进教育治理体系和治理能力现代化——在2014年全国教育工作会议上的讲话》，2014年1月15日，http://www.gov.cn/gzdt/2014-02/16/content_2605760.htm 。

[2] 郑永年：《中国的"行为联邦制"——中央—地方关系的变革与动力》，东方出版社2013年版，中文版序，第1页。

新中寻求突破。通过对具有制度创新意义的地方改革案例的分析，可以明确制度变革的方向与可能空间。以下呈现的是广东顺德的教育行政管理体制改革案例及简要分析。

案例及分析

广东佛山顺德：简政放权推进教育治理体系改革[①]

广东佛山顺德区自 20 世纪 90 年代以来成为中国县域经济发展排头兵。随着经济不断发展和社会日渐多元，政府承担的公共事务日益繁重，但政府职能和管理方式没有根本性转变，管制型、全能型特征还很明显，制约着市场、社会的活力和创造力，公共治理模式亟待创新。

自 2009 年起，顺德相继启动大部制和"简政强镇"事权改革，初步构建起公共服务型政府组织架构和运作机制。最近两年来，沿着"大部制、小政府、大社会、好市场"的路径，以大部制改革为切入点，以行政审批制度改革为龙头，以社会综合体制改革为重点，以基层治理体制改革为基础，逐步建立适应社会主义市场经济要求的行政体制和社会治理模式。2011 年，启动教育放权改革，着力理顺教育治理体系，旨在构建一个学校自主办学、师生自主发展、与社会交融互通的自主开放体系。具体举措如下：

1. 简政：按照决策、监督、服务分离的原则，调整教育局机构设置

顺德教育局的原有机构设置和其他区县的一样，都是对应上级教育部门的架构而设立的，这种机构强化的是自上而下的条块管理，为了"管"而设"庙"，不拆掉这些"庙"，权力根本放不下去。因此，按照决策、监督、服务分离的原则，顺德教育局对内设科室进行了调整：撤并职业教育科和基础教育科，成立学校管理科，服务学校；成立审批服务科，服务基层与社会；计划、财务、统计等职能分散到办公室及相关科室。强化督导和督查。同时，局机关人员轮岗交流，换位思考，转变思路。调整后的 6 个科室是：办

---

① 此为 2014 年"第四届地方教育制度创新奖"（由 21 世纪教育研究院和搜狐教育联合主办）的入围案例之一，主要参考 http://www.ouredu.org/3462.html。

公室、审批服务科、人事科、学校管理科、招生考试科、教育督导室。以学校管理科为例，现在与过去的最大区别就是科室只有业务指导权，行政审批权划入了专门科室。

2. 放权与还权：把属于学校的权力还给学校

对于区教育局来说，放权是要厘清区教育局和镇（街道）的权力边界。将区一级的审批权将下移，扩大镇（街）的管理权限，形成区、镇两级权责明确、统分耦合的教育管理体制。还权意味着尊重校长的办学自主权，力促实现"管办评分离"。在行政管理方面，充分保障学校的办学自主权。区教育局请来第三方专业评价机构，设计出适合本地特色的学校自主评价体系。2011年至2012年，34项审批权被取消，占全部教育审批事项的58%；2012年，撤销区级教育考核检查评比项目12项，合并11项，保留8项，减少对学校教育教学秩序的行政干预。

3. 赋权：社会组织承担政府部分事权

在顺德事权改革中应运而生的各种非营利性组织承接了政府下放的部分事权。2011年，区教育局成立了教育决策咨询委员会，通过公开招募，聘请了26位智囊人员，他们来自学界、企事业单位、社会组织和学校，这个智囊团直接参与顺德重大公共教育政策的制定。上行下效，现在，半数以上的镇街教育局也成立了类似的机构。同年，顺德还面向社会公开招聘"社会兼职督学"赋予其督查权。2012年，顺德民办教育协会成立，区教育局赋予这个协会"民办教育行业自主管理、水平评估、荣誉评定和质量监督"等管理职能和权力。2012年，顺德职业教育发展指导委员会成立，这个由15名顾问、19名委员组成的委员会，带有行业指导委员会的职能，对全区职业教育发展进行研究、咨询、协调、服务与指导。由此，顺德初步形成了由政府指导性管理、学校自主管理、行业自律性管理，社会、社区、社会贤达、企业、家长、校友多元参与、协同共治的开放型教育治理体系。在新的教育治理体系下，顺德教育局的权力明显小了，致力于把握方向、制定规划和办学标准、提供保障、设计管理流程、加强督导督查，确保学校自主办学、依法办学。

顺德的探索具有多个方面的启示意义：第一，教育行政管理体系改革应与区域社会管理改革同步推进，顺德区政府力推社会管理改革，教育放权得其天时与地利。第二，教育行政机构的精简与理顺是教育治理体系改革的核心一环，是实现政府职能转变的关键所在，否则利益部门化难以打破，原有体制架构的惯性也难以有效克服。顺德的经验表明，只有在机构精简、重组之后的放权与还权才能更为彻底。第三，教育治理体系改革需要借助社会力量的广泛参与，主动向行业协会、专业社会组织以及利益相关者赋权，形成多元参与、协同共治的开放型教育治理体系。在此过程中，尽管政府依然处于主导性的位置，但不再扮演一种"全能型"的角色。顺德的改革为在政府主导下社会力量参与教育治理提供了成功的范例。

第三节　干部人事制度与教育改革

干部人事制度在很大程度上决定着教育事业发展的水平与质量，当今教育事业发展所面临的一些突出问题在一定程度上与当前的干部人事制度密切相关。教育作为一项重要的国家事业，教育领域中的干部人事制度直接取决于国家整体干部人事制度状况。要真正理解今日中国干部人事制度的现状与问题，就要从了解其形成发展过程入手。

一、干部人事制度的确立与历史沿革

我国新中国成立后的干部人事制度是在革命年代的干部制度基础上形成和发展起来的，在党中央的领导下，确立了干部人事管理的体制制度，建立了从中央到基层、各级各部门党和行政系统的干部人事机构。与高度集中的计划经济和集权体制相适应，建立了党委领导下的高度统一的干部人事管理制度，所有干部都按照党政机关干部的单一模式进行集中管理。适应经济社会发展需要，干部队伍迅速发展。此后的十多年时间里，注重提升干部的技术水平与整体素质，通过调整精简下放机关干部，重新教育干部，培养和提

拔新生力量，实现党的干部队伍"又红又专"。① 这样一种干部人事制度至
"文化大革命"期间曾被彻底破坏，"文化大革命"结束后又得以重新落实。
1978 年以后，中央决定逐步恢复各级人事工作机构，充实加强干部人事管
理队伍。

党的十一届三中全会以后，干部队伍的"革命化、年轻化、知识化、专
业化"受到高度强调，改变权力过分集中的管理体制也成为改革的关注重点
之一。

长期以来，我国一直实行与计划经济相适应的高度集中的干部管理体制
和单一的管理模式，中央和省区市党委下管二级干部，企事业单位基本上没
有干部管理权。这种体制已经影响到企业经营生产自主权的落实，阻碍了经
济社会的发展。为了适应经济体制改革及现代化建设事业的需要，改变权力
过于集中的现象成为当务之急。为此，中央组织部先后提出《关于干部制度
改革的意见》等文件，进行试点。在此基础上，党中央于 1983 年决定，改
革干部管理体制，改变权力过于集中的现象。一是下放干部管理权限，实行
下管一级、分层管理，层层负责的管理体制。二是调整和改进干部管理办
法，改变条块分工不合理、层次头绪过多、任免手续烦琐、职责不清、互相
扯皮的现象，提高干部管理效率。三是改革干部管理体制，确立了干部分类
管理的思想。四是提出了干部队伍"革命化、年轻化、知识化、专业化"的
方针，开始建立后备干部制度，进一步促进新老干部交替。"干部分类管理"
及干部队伍的"知识化、专业化"思想的提出标示着对不同领域干部"专业
性"注重的开始，干部管理权力下放则赋予基层社会更大的自主与活力。

到 1987 年党的十三大，进一步确立了全面改革干部人事制度的指导思
想、具体内容和重点。即，改变集中统一管理的现状，建立科学分类管理
体制；改变用党政干部的单一模式管理所有人员的现状，形成各具特色的人
事管理制度；改变缺乏民主法制的现状，实现干部人事的依法管理和公开监
督。并且强调当前干部人事制度改革的重点，是建立国家公务员制度。分类

① 徐颂陶、王鼎、陈二伟：《中国干部人事制度改革 30 年》，《中国人才》2007 年第 12 期。

管理继续受到强调，这意味着不同领域干部的"专业"特点应予以更多的考虑。与此同时，"民主"与"法制"受到空前的重视。这确立了此后干部人事制度改革的基调与方向。

2000 年中央颁发的《深化干部人事制度改革纲要》以及 2010 年颁发的《2010—2020 年深化干部人事制度改革规划纲要》，进一步强调了"坚持民主、公开、竞争、择优方针"，"坚持科学化、民主化、制度化方向"。

教育领域的干部人事制度问题只是在近年来随着学校教育的"趋向行政化"问题的日益凸显才受到关注，80 年代的干部人事制度改革关注的重点是经济领域的干部人事制度问题，90 年代的干部人事制度才开始更多地关注事业单位的干部人事制度问题，学校只是被作为众多事业单位之一被考虑。

二、教育领域干部人事制度所面临的突出问题

当前制约我国教育事业发展的一个很重要的问题是，教育管理干部队伍专业性的欠缺。教育事业需要懂得教育的人来领导，这是一个基本的常识，但在当前的干部人事制度之下，这一点似乎经常很难达到。自改革开放以来，经过 30 多年的改革和发展，我国教育事业已经取得了长足的进步，教育事业的健康发展迫切需要一支专业化、高水平的管理队伍和实施队伍。但在现有的干部人事制度之下，这往往面临着许多问题。

（一）教育行政系统"外行领导内行"现象普遍存在

据有关调查，我国市、县教育局长中没有教育教学实践经历的、来自外行的比例达到了 60%。[1]2008 年国家行政学院曾对全国 122 个县教育局局长任前身份做过调查，结果显示，有 41%的教育局长都来自政府其他管理部门，有 19.7%来自乡镇干部，只有 18.9%来自学校校长。[2]

有亲历者曾做如此描述："2011 年春，笔者曾参加国家教育行政学院举

---

① 张志勇：《教育家办学制度建设思考》，《教育发展研究》2009 年第 8 期。

② 佘宗明：《不是什么人都能当教育局长》，《新京报》2014 年 8 月 27 日。

办的县市教育局长培训班，当时班里有近两百位局长。据了解，这些局长中有半数以上没有师范学历，也没有从教经历。还有两成多虽有师范学历和从教经历，但已多年离开教育。这些局长任前多在乡镇党委任职，或在其他局（如房管局、卫生局、劳动局、人事局等）任局长（在培训过程中，因听不懂课而睡觉甚至逃课外出会友的也多是这两类局长）。只有不足两成的局长或者从参加工作起就在教学第一线，由一位普通的教师逐渐成长为骨干教师、优秀校长，又调任教育局长。"①

在我国，公务员（即干部）系统尚未真正实现分类管理，也没有职业化门槛和专业化管理的要求。公务员还不是种专门职业，而是种行政符号；它不讲求横向的"职业界别"划分，而侧重脱离具体职业和岗位的行政级别划分。公务员的职业发展通道，在纵向上就是体制内阶梯式向上晋升的；在横向上，则可以跨行业、跨类别、大范围地流动。正因如此，"外行领导内行"的现象普遍存在。

在中国目前的人事制度里，特别是教育行政官员的任用，还没有在教育管理、教育研究、教育实践等方面专业性的任职标准，更多的是强调党员身份、从政经历、行政级别等，有的甚至是专门为某个人安排个位置。教育局长的专业化、职业化问题一直得不到重视，这也是近年来教育问题层出不穷、难以解决的一个重要原因。

外行的局长在实际工作中，由于他们缺乏教育实践经历与教育专业知识，往往会沿用管理经济或政府机关的方法管教育，而忽视教育教学的自身规律。"政绩意识强者更是善于做形象工程，盖大楼，搞活动，博得上级欣赏，以图升迁；升迁无望者做得更多的是'维持会长'的角色，不求有功，但求无过，任内别出事，平安退休足矣；权欲过重者，利用手中权力，在教师招聘、职称评定、校长任用、投资建设等方面暗中操作，贪腐受贿；还有的因长期在党政机关工作，官本位思想严重，从不愿深入基层调查研究，在

---

① 石绪军：《教育局长职业化忧思录》，http://blog.sina.com.cn/s/blog_5edb87990101f3zj.html。

办公室里拍脑袋，定决策，许多不切实际的想法造成无穷后患，本该清澈的教育之流于形式主义泛滥。"[1]行政官僚管理教育往往更多地借助于外显化的评量指标，而无从关注到教育的内在品质。这种对外显化的评量的强调，往往诉诸"科学化管理"的修辞，而却与教育内在的专业性相背离。

（二）对学校领导的任命与管理"重行政而轻专业"

在我国，学校领导（包括学校的校长和书记）往往都具有某种行政级别。不仅高等学校如此，中小学学校亦然。就高等学校来说，不同学校之间的行政级别往往差异悬殊，有正部级、副部级、正厅级、副厅级不等。就中小学而言，大凡重点中小学学校领导一般有正处级、副处级、科级、副科级等级别，部分普通中小学则可能无级别。

"1985 年，国家在对机关事业单位实行工资制度改革中，提出了中小学事业单位管理人员工资待遇与行政级别挂靠，即市重点中学、区县重点中学、初级中学和中心小学（完小）的校长分别挂靠行政机关的正处级、副处级、科级和副科级。目前全国中小学基本上都是先确定学校行政级别，然后中小学校长职务级别与学校行政级别挂钩，套用机关行政级别，并享受相应干部级别待遇。"[2]

很多学校领导的任命往往并非产生于学校内部，乃至并非来自教育系统内部，学校领导岗位的设置甚至被作为解决官员行政级别的一个踏板，政府官员也可以较为便捷地流动到学校领导岗位上，致使学校成为"官场味道十足"的机构。外加在现有的干部制度之下，基层学校校长的权力来自上级权力的赋予，而非来自一线的教师及学生，这样任命的领导首先要为赋予其权力的人负责，即对上级负责，而作为下属的教职员工乃至学生则往往处于被漠视的地位，上级领导所注重的与其说是教与学的内在品质及师生的切身利益，不如说是能被外化为"政绩"的东西，校长的首要任务便是应对这些来

---

① 石绪军：《教育局长职业化忧思录》，http://blog.sina.com.cn/s/blog_5edb87990101f3zj.html。

② 搜狐教育频道：《校长职级制度改革："官帽"难摘的现实困境》，http://learning.sohu.com/s2014/schoolmaster/。

自上面的对政绩的考评，而教师往往需要为此疲于奔命，应付形形色色形式主义的东西，甚至无暇更好地投身于自己的教学。由此致使学校的趋向行政化愈演愈烈，行政的逻辑凌驾于教育规律之上。

对于基层学校而言，学校与行政级别挂钩，给校长队伍建设和学校管理带来了一系列矛盾和问题。[①]

第一，校长套用行政级别缺少专业力量参与，很难保证适合担任校长的人脱颖而出。一些不热爱、也不懂教育的人员为解决行政级别而进入学校担任领导职务。这种现象在副县级、正科级学校尤其突出。与此体制相适应，甚至还造成了一些地区的重点学校校长级别高于县教育局长，出现了校长不服从教育局管理，我行我素的现象。

第二，不能保证校长的专业成长和按教育规律办学。中小学校具有行政级别，党政部门用管理行政单位的办法管理学校。学校需要应对来自党、政系统名目繁多，但又与教育教学不相关的各类检查评比。校长也需按级别参加各种与学校无关的会议、活动。校长的时间被大量挤占，不能聚精会神地投身到学校管理工作中，学校也就难以保证教育教学的中心地位，不少校长"身在学校，心在官场"。此外，当校长行政职务达到一定级别后，会出现升职的"天花板"效应，容易使其失去内在发展动力，产生职业倦怠，从而阻碍其课程领导力和专业发展能力的提升。

第三，校长级别、管辖权不同，不同级别校长之间难以做到及时调整和定期流动，对教育管理造成了较大限制。在目前的行政化管理体制中，校长有多个"婆家"。由于实行按行政级别管理，出现了同是学校的校长，其选拔任用管理权限分别归属组织、人社和教育等不同部门，选拔侧重点、选拔标准不尽相同。校长的有序流动也遇到多重"门槛"。

另外，由于实际存在的行政级别，校长到一定年龄要"退二线"，有的区市校长刚过 50 岁，就要提前离开工作岗位"离岗待退"，而这个年龄段

---

① 中国教育学会调研组：《中小学校长职级制改革的重大突破——山东省潍坊市中小学校长管理制度改革调研报告》，《中国教育学刊》2015 年第 7 期。

往往是一个校长事业出彩的"黄金时期"，过早离岗，显然与教育型校长的培养不相适应。①

三、教育领域干部人事制度改革路向探析

教育领域的干部人事制度改革主要包括两个方面，一是教育行政领导的任命与管理问题，二是各级学校领导的任命与管理问题。

对于教育行政领导的任命与管理问题，尽管已有关于制定"教育行政领导任职资格"的呼吁，但尚未产生较大范围内的影响。只有个别地方率先制定出台了相关政策，如山东潍坊在近年来的教育体制改革中明确了教育局长任职的资格条件。规定担任教育局长，除具备党政干部任用的基本条件外，还应具备三个条件：一般为师范类院校（专业）毕业或具有从事教育工作的经历；熟悉人才工作政策，尊重教育规律；具有一定的学术研究水平。同时规定，教育行政部门领导班子成员中有教育工作经历的应不少于2/3，并有担任过校长职务的人员。

关于各级学校领导的任命与管理问题，尤其是中小学校长的职级制问题，近年来已经成为教育领域干部人事制度改革的热点问题。

20世纪90年代中期，上海在全国率先试点实行校长职级制，开启了校长管理制度新一轮的改革热潮。1999年颁布的《中共中央国务院关于深化教育改革全面推进素质教育的决定》中正式提出要"试行校长职级制"，2001年颁布的《国务院关于基础教育改革与发展的规定》中明确提出"积极推进校长职级制"。《教育规划纲要（2010—2020)》中明确规定，"推行校长职级制"。2010年10月，国务院办公厅印发了《关于开展国家教育体制改革试点的通知》，确定潍坊市为全国"探索中小学校长职级制，深化中小学教师职称制度改革"试点市。此后，北京、广州、中山等地先后进行了校长职级制改革探索。

---

① 搜狐教育频道：《校长职级制度改革："官帽"难摘的现实困境》，http://learning.sohu.com/s2014/schoolmaster/。

　　实施校长职级制，关键是去除用行政化管理的办法管理学校，让真正懂教育的人按教育规律管理学校，最终实现教育专家或教育家办学。实现这样的设计意图，必须打破现行行政管理体制的坚冰，从核心制度层面进行突破。

　　这样一种改革需要整体推进。区域性实施校长职级制改革，由于缺少国家层面的政策支持和法律效力，很容易造成基层矛盾的交叉性冲突和隐性累积。政府部门的审批管理权限、组织部门的人事任命权限、人社部门的教师资源配置和职称管理、财政部门的经费分配和保障能力、教育行政部门的自主裁量权限、学校的自主办学权限等，都应当进行统筹设计、系统调整，否则，校长职级制改革就会流于形式。而要破解这些体制性问题，单靠基层地方的力量往往很难把握。

　　以下是山东潍坊的校长职级制改革的案例及分析。

案例及分析

山东潍坊的校长职级制改革①

　　自 2004 年 9 月起，山东潍坊取消全市所有中小学的行政级别，全面推行中小学校长职级制。经过近十年的探索，逐步建立了保障校长职级制的一系列配套制度，成为全国推进校长职级制改革的典范。

　　首先，取消校长行政级别，并为实现专业化管理扫清体制障碍。革除了沿袭几十年的校长行政级别，中小学校长全部摘掉科处级"官帽"，教育干部的人事关系由组织、人事部门移交教育行政部门，由教育局统一进行归口管理。同时要求，政府部门的党政干部不再向学校派遣任职，校长必须从教育专家、学校教职工中选拔聘任，确保学校专业化管理。为稳妥起见，实行

---

① 　此案例在课题组实地调研的基础上主要参考：1. 中国教育学会调研组《中小学校长职级制改革的重大突破——山东省潍坊市中小学校长管理制度改革调研报告》，《中国教育学刊》2015 年第 7 期；2. 孙世杰《中小学校长职级制改革的实践与思考》，《当代教育科学》2014 年第 8 期；3. 王树兵的博客：《校长职级制改革》，http://blog.sina.com.cn/erjiuwuzhu。

"老人老办法、新人新办法"。有行政级别的校长的"级别"装入档案，如因工作调动离开校长岗位，仍参照原行政级别使用，而新任校长则全部纳入职级管理。

其次，建立校长后备人才和校长公开遴选制度。若担任中小学校长，必须首先参加校长后备人才考选，具备相应的任职资格，校长后备人才需参加为期两年的培训。由教育专家和学校教师代表共同组成的"校长选聘委员会"，一旦校长岗位出现空缺，就面向社会发布信息，公开选聘。符合条件者可以毛遂自荐，也可以由学校推荐。具体步骤是：先由校长选聘委员会进行资格审查，然后进行考试和现场答辩，再将考察结果公示，最后由主管部门聘任。由此打破了校长任命制，避免了校长任命的任意性。

三是建立校长职级评定、绩效考核、满意度调查、任期、交流、退出等制度，并实施校长职级绩效工资。评审职级等级根据校长的工作业绩、自身能力素质、教职工评议、校长选聘委员会评议、社会满意度等来评价认定。校长职级分为特级校长（一档）、高级校长（一、二、三档）、中级校长（一、二、三档）、初级校长（一、二档）等四级九档，实行每年考核晋档。校长一个任期为四年，在一所学校可连续任职两个聘期。校长职级工资全额纳入同级财政预算，由教育行政部门统一发放。

四是赋予校长用人权，校长有权对副校长任用提名，有权聘任中层干部，有权对教师实行全员合同制聘任管理。与此同时，进一步扩大校长的办学自主权。

潍坊的校长职级制改革旨在为实现"教育家办学"的理想扫清体制上的障碍，并探索建立相应的制度体制，其改革具有如下启示意义：第一，校长队伍的去行政化与专业化需要政府机构相关职能部门教育权力的调整，即教育干部的人事关系由组织、人事部门移交教育行政部门，由教育局统一进行归口管理。这不仅仅是教育行政系统内部所能解决的问题，而是需要地方政府参与解决。第二，必须建立确保校长专业化发展的制度保障。潍坊相继出台了校长遴选、任期管理、职级评定、绩效薪酬和校长后备人才选拔等一系列制度，才使改革渐渐顺畅。第三，区域性的体制改革需要更大范围内的上级行政管理体制的相应变革。

第四节　基础性社会管理制度与教育改革

对人口及基层社会单位的有效管控是新中国成立后建立社会秩序，实现社会资源有效配置的基本手段。在相当长的一段时间里，户籍制度与单位制度是我国社会管理中的两项基础性的社会制度，其影响一直持续到当今时代。在当前时期，已成为制约教育改革的重要外部体制因素。

一、户籍制度与教育改革

户籍制度作为我国社会管理中的一项基础性的社会制度，是资源短缺年代实现资源有效配置的工具，在急剧的利益分化时代，也被用来作为实现社会区隔的一种基本工具。随着国家整体经济实力的日益壮大以及社会财富的涌流，改革与发展的红利如何普惠到每一个人是我国当前的社会政策所面临的紧迫问题。然而既有的利益格局一旦形成便一时难以打破，甚至会不断地自我强化，借助既有的户籍制度等手段加深社会的等级壁垒。

（一）户籍制度的历史成因

中国城乡二元的户籍制度是20世纪50年代中后期在国家工业化进程曲折发展的情况下逐步确立起来的。它是根据中国工业化赶超战略需要而建立起来的行政体制，是计划经济体制在社会生活领域的一个核心制度，起着让农村支撑城市、农业为工业化提供积累的功能，是在短缺经济情况下制度安排。用行政手段把全体公民划分为城市人和农村人两个不平等的社会群体，城镇居民享有福利待遇和劳动就业机会，而农民则被束缚在土地上，形成了两种不同的身份等级制度。[①]

---

① 王海光：《2000年以来户籍制度改革的基本评估与政策分析——21世纪以来中国城镇化进程中的户籍制度改革问题研究之一》，《理论学刊》2009年第5期。

近年来，随着城市化进程的加快，城乡二元的户籍制度逐渐被打破，但因社会两极分化的加剧以及区域发展差距的拉大，户籍制度依然成为中国社会等级区隔的一种重要屏障。由于户口类别定义了一个人的国民地位，因此户口也被视为"中国第一证件"。[①] 在公共产品短缺的时代，户籍制度除了被用于居住登记之外，还被地方政府用于界定公共服务对象，成为有选择性地配置公共资源的简单、直接的筛选机制，助力地方政府实现地方利益。近年来的地方户籍制度改革，更多地呈现出户口门槛化、货币化、利益化等倾向。地方的落户政策往往基于地区发展、吸引人才和提升城市竞争力的考量，主要向少数"有才"或"有钱"者开放。

（二）户籍制度成为导致教育不公的直接壁垒

教育是地方社会一种最重要的公共资源之一，而中国当前公共教育资源的配置往往呈现出明显的等级差异特征，户口成为能否享有优质教育资源的基本凭证。当今我国教育领域所呈现出的备受关注的教育不公平问题，基本都直接与户籍制度有关。这种教育资源配置的差异不仅仅存在于城乡之间，而且存在于同一个城市内部以及不同城市或地区之间。自20世纪90年代以来愈演愈烈的择校问题其核心在于"就近入学"政策背后所隐藏的公共教育资源配置巨大的不公平性以及这种差异配置与户口的捆绑，致使户口不在优质教育学区的学生家长不得不不惜代价择校。农民工子女入学及异地高考问题也使优质教育资源配置的巨大不公平性尖锐暴露出来。当前以户籍为指标的高等教育招生模式，使大量部属重点大学严重地方化，招生名额过度向大城市尤其是所在城市倾斜，导致一些人口密集但高等教育资源相对贫乏的省份及边远地区大量优秀孩子考不上好大学，而大城市的孩子却能轻易上重点。[②] 造成这些问题的根本症结显然不在教育领域自身之内。而是与我国当前的户籍制度存在千丝万缕的联系，诚如有人所说"教育有公平则户籍无意义"。诚然，我们也应该看到，我国绝对人口数太大，尤其像一线中心城

---

① 田炳信：《中国第一证件：中国户籍制度调查手稿》，广东人民出版社2003年版。
② 童大焕：《若教育有公平则户籍无意义》，《中国青年报》2009年2月26日。

市人口基数太大，通过户籍管理控制人口进一步增长是目前较为现实可行的办法，这导致教育公平与户籍管理很难平衡，这是一个急需探索研究的现实问题。

（三）教育公平的深入推进与户籍制度的弱化

基于户籍制度的教育资源配置显然是有失公平的，这是造成当今我国教育公平问题的一项根本性的原因，但在当今中国社会，以户籍制度为基本手段所造成的利益固化及社会分化一时又难以真正打破。我们期待，由户籍制度在社会资源配置方面的作用随着社会的发展与进步逐渐淡化，而非被进一步强化，就如城乡二元户籍制度在近年来逐渐退出历史一样。从社会公正的角度来说，户籍制度应被作为政府救助处境不利地区人群的一个参照依据，而非作为为优质社会资源设置社会区隔藩篱的一个参照依据。就教育公平的实现来说，唯有不再将优质教育资源的配置与户籍相关联，才真正有可能。这在中国当下情况而言，似乎还有很长的路要走。以下以近年来北京市推进教育公平的相关举措为案例并进行分析。

案例及分析

北京义务教育改革新地图：破解择校热困局①

2014年可以视作是北京的"教育综合改革元年"。北京市教委的口径是，"破解了多年以来困扰广大家长和社会各界的义务教育'择校热'老大难问题"。

2014年秋季入学，北京基础教育阶段实施了严格的划片招生制度，电脑派位成为招生主流，此前的择校生、条子生、共建生比例大幅下降。据官方披露数据显示，2014年9月，北京小学就近入学比例达93.7%，初中就近入学比例达到76.82%，一直以来被视作北京基础教育痼疾的"择校热"

---

① 本案例主要参考《北京义务教育改革新地图：破解择校热困局》，《21世纪经济报道》2014年10月13日，http://news.sina.com.cn/c/p/2014-10-13/013730979014.shtml；《北京教育改革破解择校难不住学区房也能进名校》，《法制晚报》2014年8月16日，http://news.sina.com.cn/c/2014-08-16/140130695506.shtml。

初步得到缓解。据本报（《21世纪经济报道》）记者了解，北京市教委内部有完整的改革路线图，治理择校热仅为其推进义务教育均衡化的首步。其后，决策层还将在"学区联盟、大校年级组制""教育集团、教育集群制""推进优质校一体化办学、学区制和九年一贯制对口招生""调整教师职级、完善校长教师交流机制"等领域发力，集中推出若干改革举措。北京市教委负责人内部会议上亦表示，下一步，将集中在"做大优质教育资源"上大做文章。北京的做法希望能对全国其他地区产生示范作用。

北京教育新地图通过横向扩大优质教育资源做大"蛋糕"，同时通过九年一贯制、对口直升等纵向方式解决择校难、推进资源均衡配置。不仅进行数量上的增长，更细化了构架。16区县根据各自的功能定位以不同的方式将优质教育资源连贯布局、均衡发展。

北京市推动教育均衡发展，破解择校困局的举措可谓前所未有的"大手笔"与"组合拳"，对全国产生了示范与带动作用。这种举措的核心策略的是做大优质教育资源的"蛋糕"，发挥现有优质教育资源的辐射带动作用，同时杜绝"择校生""条子生""共建生"，以严格落实"就近入学"。其核心依然是将教育资源与户籍制度严格绑定，显示了与户籍相捆绑的既得利益的不可撼动性。做大优质教育资源的"蛋糕"，在教育事业的整体发展过程中解决教育公平问题，以联盟化、学区制的方式整体推进教育质量的提升，这无疑值得充分肯定，但其中突显的一个政策价值导向也值得进一步反思。

二、单位制度与教育改革

（一）单位制度的历史成因与基本特点[①]

"单位制度"是新中国建立以来所确立的另外一种基础性社会管控与资源配置制度。

在新中国成立以后相当长一段时期里，中国社会都是一个由极其独特的

---

① 本部分关于"单位制度"的分析主要参考李汉林：《中国单位社会：议论思考与研究》，世纪出版集团、上海人民出版社2004年版。

两级结构所组成的社会：一级是权力高度集中的国家和政府，另一级则是大量相对分散和相对封闭的一个一个的单位组织。在城市社区中，社会成员总是隶属于一定的单位，在学校属于学校单位，参加工作则属于工作单位，退休以后不仅属于原工作单位，同时也属于街道单位。单位社会的生活在很长一段时期里成为了人们社会生活的常态，人们社会行为的常态。

国家与单位、单位与个人的关系总是存在这样的一种状况：国家全面占有和控制各种社会资源，处于一种绝对的优势地位，进而形成对单位的绝对领导和支配；单位全面占有和控制单位成员发展的机会以及他们在社会、政治、经济及文化生活中所必需的资源，处于一种绝对的优势地位，进而形成对单位成员的绝对领导和支配。通过单位办社会，单位功能多样化，极大程度上强化了单位成员对其单位的全面依赖与服从。个人与单位的关系由于资源主要由单位垄断分配的机制而变得异常紧密。

直到 20 世纪末，随着市场经济的深入推进及相关制度的逐渐完善，对于多数中国人来说，才逐步实现了从"单位人"到"社会人"的转变。但即便在今天，一些维系人们基本的政治、经济和社会生活的主要资源以及获得事业发展的机会仍然只有通过单位的分配才能够得到。资源及机会的单位所有与个人所求两者之间供不应求的状况，仍然是目前中国单位社会一个普遍的典型特征，也是单位作为一种制度的政治、经济和社会基础。

在中国，单位总是有级别的。不论是行政单位、事业单位，乃至企业单位（后来出现的私营企业除外），都被一一赋予了不同的行政级别。单位的级别从一个角度反映了单位间的社会分层状况。在一般的情况下，单位的级别愈高，权力就愈大，在社会上行为的政治与社会地位就愈高，其占有的各种资源、利益和机会就愈多。同时，由于在中国一些重要的社会、政治、文化和经济信息的传递主要是依赖于单位的行政级别用逐级传递、逐级递减的方式来实现的，一些发至省部级或司局级的红头文件自然使那些省部级或司局级的单位首先捷足先登，获得信息资源，从而掌握了在社会上行为的主动权。

国家和政府对各个单位的领导具有至高无上的任免和管辖的权力，使得单位在自身的行为过程中不敢不，也不得不服从、逢迎和执行上级单位的行为或指令。由于单位的领导权力来自上级的赋予而非下级基层员工的推选，从而也助长了"对上负责对下不负责"的官僚主义作风。

（二）单位制度导致学校成为政府的附属机构

学校（公办学校）同样是这样一种社会体制中的基本单位，具备一般社会单位的共同特点。自新中国成立以后，学校教育体系的建立主要被看作是一项国家事业，被作为国家建设的重要组成部分。由此，确立了我国学校制度的基本形态：（1）所有的学校都是而且只能是由国家举办；（2）所有学校均被赋予了单位身份，这种身份是学校获得办学资源的必要条件；（3）学校属于政府的附属机构，而学校教师也获得了国家干部的身份，学校被划分为不同的行政等级，很多校长被赋予了不同的行政级别；（4）学校不仅提供教育服务，同时还承担着一定的政治与社会职能。[①] 学校所曾经被赋予的政治职能在改革开放之后逐渐淡化，其长期所担负的社会职能（即所谓"学校办社会"问题）也随着相关制度改革的推进逐步实现了"社会化"（即由外部社会承担），但这并没有改变学校作为政府的附属机构的单位身份。

学校的"单位身份"，是学校获得办学资源，在由政府掌控的资源配置体制中获得一席之地的必备前提，同时也意味着学校成为政府的直接附属机构，在这种情况下，行政的力量往往会凌驾于教育的专业自主性之上，学校领导唯上级命令是瞻，汲汲于资源、利益与机会的追逐，社会参与教育的职能也往往被排斥在学校教育体系之外，教师由一种近似"自由职业者"变为受到严格约束并被捆缚于自身工作单位的"国家工作人员"，校长作为基层单位资源的全面掌控者，其作用如同学校的"一家之长"，而在专业引领方面的职能则往往被淡化。此外，不同学校单位等级的划分标定着学校所可能获得的资源、利益及机会的差异，是造成学校之间差异，即教育不公平的最重要原因。而民办学校则由于没有这种"单位身份"而很难享有由政府所掌控的各种资源，除非设法建立与政府部门之间的种种"关系"，而发展往往

---

① 杨挺、龚波：《论教育管理体制改革背景下的学校法人身份问题》，《教育研究》2012 年第 5 期。

处于不利的位置。

（三）教育领域专业自主及教育公平的推进与单位制度的弱化

在当前时期，对教育公平的呼声日益强烈，学校办学的专业自主也已成为教育改革的一个重要取向，教师的"自由流动"已成为大势所趋。长期以来所形成的公办学校单位体制必定需要逐步打破。

诚如有学者所说，"中国自古以来就有重教兴学的巨大热情和深厚传统。我们需要改革教育治理方式，简政放权，促进教育的下放、开放和解放，恢复学校的自主性和办学活力，形成教育家辈出的环境和土壤，使教育回归社会共同参与的伟大事业，重新焕发文明古国的教育之光。"①

案例及分析

单位人变系统人——沈阳市实施区域内教师交流制度②

《教育规划纲要（2010—2020）》明确提出"合理配置教育资源""实行县（区）域内教师和校长交流制度"。近年来，全国各地在干部教师流动方面进行了不少有益探索，取得积极进展。在这方面较早迈出较大步伐的当数辽宁省沈阳市。

早在 2003 年，为缩小校际差距，促进区域内教育均衡发展，沈阳市试行了教师流动制。但大规模的教师交流始于 2006 年，交流工作在市内五区全面启动，最大特点是"人走关系动"。按照规定，每年教师交流人数要达到专任教师编制数的 15%，每所学校起始年级要配备 50% 的交流教师。沈阳市还打破区域内原有学校界限，将教师由"学校人"变成"学区人"。市内五区共成立 53 个学区，区内教师资源共享，统一组织备课、

---

① 杨东平：《人本主义教育宣言》，LIFE 教育创新首届峰会，2015 年 4 月，北京。

② 此案例在课题组调研的基础上主要参考：1. 墨野：《单位人变系统人——干部教师交流制度让师资政策逐渐转型》，《师资建设》（电子版）2013 年第 6 期；2.《沈阳中小学教师依法交流——教师将由"学校人"变为"系统人"》，《中国教育报》2012 年 2 月 3 日；3.《辽宁省沈阳市全面实施中小学干部教师流动制度》，搜狐教育，2014-08-28，http://learning.sohu.com/20140828/n403865097.shtml；4. 佘宇：《加快推进教师流动制度建设》，《中国经济时报》2012 年 7 月 24 日。

教学、质量检测、校本研训。当年，沈阳市共交流中小学教师、校长 2055名，占城区专任教师总量的 16.2%。2006 年，沈阳市持续多年的"择校热"明显降温。

2007 年，沈阳市进一步加大教师交流力度，调整交流教师的结构，要求非综合改革试点学校参与交流的教师，1/3 以上要具有高级教师职称。参与交流的教师要调转人事关系，实现真正意义上的"人走关系动"。

据悉，连续两年的交流，沈阳市中小学有 31.6% 的专任教师参与其中，刚性交流开始面临一定难度。因此，从 2008 年起，沈阳市积极调整交流政策，更多地采取柔性交流措施，鼓励名校兼并、集团化、规模化等办学模式，以此更好地实现优质资源扩张，满足老百姓上好学校的愿望。截至2011 年 9 月，沈阳市共组成 15 个优质教育集团，有 56 所学校被优质中小学兼并，区内教育资源配置更加均衡。从 2012 年 1 月 1 日起施行的《沈阳市义务教育条例》明确规定："区、县（市）人民政府应当组织校长、教师交流，均衡配置本行政区域内的校长、教师资源。"从此，沈阳市教师交流将从刚性交流、柔性交流步入依法交流的新阶段。

此后，很多地方探索实施义务教育阶段中小学教师的"无校籍管理模式"，实行"县管校聘"：从一系列包括评先进、晋级等方面享受优惠政策，到采取"走教"形式统一调配，变"单位人"为"系统人"；更有地区采取全部统一聘任，统一管理人员、工资，统一配师资，构建起教师在城乡之间、区域之间流动机制。最大限度调动教师积极性，缩小城乡教育差距。

区域内教师流动制度对于打破教师人事关系的单位壁垒，促进校际教育公平无疑具有积极的意义。但这样一种教师人事关系的"县管校聘"以及强制性的教师流动并没有实质上突破"单位制度"的局限，只不过是将区县教育行政系统看作是一个大的单位，教师的专业自主权与选择自由权并没有真正关注到。更为理想的措施当为，将教师从单位制的束缚中解脱出来，制定恰当的政策吸引教师自由地流动。

第五节　冲出重围：推动体制支持的对策建议

教育改革的深入推进期待着体制层面问题的化解与突破。行政管理体制、干部人事制度以及包括户籍制度与单位制度在内的我国基础性社会管理制度构成制约我国教育改革的直接的体制环境，需要做出相应的变革。具体建议分别如下：

一、加强教育治理整合，赋予教育行政部门更大的统筹整合能力

我国教育行政权力配置存在教育、人事、组织、财政乃至发改等部门管理权限相互交叉、边界模糊的严重现象，极大地影响了教育行政效能。教育行政部门往往缺乏教师招聘、教师专业发展、干部任免、财务乃至招生等方面的自主权，导致教育改革难以有效统筹，教育部门"人权"、"事权"及"财权"彼此分割，教育的专业自主受到严重制约。

建议优化配置教育行政权力，将教育行政权力适当集中于教育行政部门，厘清权力边界，形成权责明确、相互配合、相互制约、相互协同的权力配置格局。首先，将教育人事权力还给教育行政部门，包括教师招聘、专业职称晋级以及相关教师专业发展事务，人事部门只负责审核编制；其次，将学校干部的任命与管理还给教育部门，组织部门不再负责；最后，赋予教育部门更大的财务自主权，财政部门只负责预算的审核、拨款及对经费使用效益的监管。

二、厉行机构改革，推进教育行政简政放权

当今绝大多数教育行政部门，由于机构臃肿，内部部门庞杂，所设职能处室太多，导致不同部门之间职能相互叠加，令出多门，工作开展相互掣肘与扯皮，也给基层学校带来更多的负担。

为此，需要合并或撤销职能相互交叉重合的部门，减少行政官员职位，提高行政效率。进一步明确政府对于发展教育事业所承担的责任，厘清教育

行政权力的边界。政府对于发展教育事业所承担的责任主要在于，教育事业发展规划的制定与实施，资源的提供与公平配置，行政事务的审批，以及对基层学校相关政策落实情况的监督与考核。所谓厘清教育行政权力的边界就是尽量减少对基层学校日常事务的干预，防止权力的不断滋长与滥用，明确各部门的责任与权力清单，并接受监督，以此实现政府职能从管理型到服务型的转变。

三、以建立现代学校制度为契机，推进基层学校专业自主

学校教育的趋向行政化已成为我国当前各类学校的"不可承受之重"。为此，需要取消学校的行政级别，推进基层学校的专业自主，在此基础之上，完善现代学校制度。

要重新设立基层学校的权力运行体系，将学校建成真正的基层民主机构。真正发挥教职工代表大会的作用，使教代会成为真正的议事、决策与监督机构，完善学校决策、执行及监督的基本程序与规范。确保代表的民意基础，及其对民意的真正代表性。建立并完善学生代表大会制度，让学生参与到针对自身事务的决策中来，培养学生的民主参与意识。建立并完善家长委员会制度，充分吸收家长参与到学校决策过程，有效利用家长中的潜在教育资源，形成家校互动的良性机制。积极吸纳当地社区及外部社会支持力量参与学校事务协商与决策，鼓励学校与各种专业机构、企业单位、非政府组织建立密切合作关系，凝聚促进学校发展的积极力量。

四、大力推进社会力量参与教育治理

当今社会正在发生着深刻的结构性变革，教育发展需要紧紧跟上时代发展的步伐，传统的集权式管理是计划经济时代的产物，如今其在教育管理中的捉襟见肘已充分暴露出来，从集权式管理走向参与式治理是当今世界教育改革的普遍趋势。从强调"管理"走向强调"治理"意味着对教育事业的领导需要统筹考虑更多的相关影响力量，意味着教育所处内外社会结构性脉络日趋多元与复杂，意味着对长官意志的抛弃以及对民意及各种影响力量的重

视，意味着成功的教育治理需要更多的责任主体的参与与分担。适时改变政府部门集权管理教育的局面，向民间社会组织、专业机构、利益相关群体适当分解教育行政权力，充分调动其参与教育事业发展、学校管理的积极性。

五、建立校长及教育行政领导任职资格制度

教育治理应当体现一种专业治理的理念。就教育行政治理的专业性而言，需要尽量避免"外行领导内行"现象的发生，即需要校长及教育行政领导至少应具备较长时间的教育工作经验，具备基本的教育理论素养，能够真正理解并尊重教育的内在规律。这意味着校长及教育行政领导至少应从教育系统内部产生。

建议建立教育行政领导任职资格制度，规定其在教育管理、教育研究、教育实践等方面的专业性任职标准。可以首先着手制定地方教育局长岗位任职资格条例，要求具备教育教学及教育管理实践经验，并具备良好的教育专业素养，应作为教育局长资格的基本条件。若这样一种任职资格一时难以全面实施，至少应制定相关政策，规定教育行政部门的领导班子成员达到这种任职资格的基本比例。唯有如此，真正的教育内涵式发展与质量提升才有可能。

就中小学校长队伍来说，深入推进中小学校长的专业化建设与管理，以实施校长职级制为契机，实现校长职务的去行政化，出台中小学校长任职资格专业标准，基本的学校教育教学工作经历，教育理论素养以及相应的学校管理经验，应是其基本条件。各地应根据校长任职资格专业标准确立校长后备人选，校长的选拔与任命应以此为基础，在民主竞选的基础上产生。

六、转变政府资源配置方式，扩大教育选择与教师的自由流动

我国当前教育公平问题的真正解决需要从根本上解除优质教育资源配置与户籍制度的捆绑，就政府的教育资源配置而言，可允许的差异化配置是对特殊群体的倾斜，政府的扶贫济弱针对特定的户籍人群尚有积极的意义，但若将优质教育资源的配置集中于特定的户籍人群，则明显有失公允与正当。

　　实现优质教育资源配置与特定户籍制度的剥离，应允许家长及学生对学校的选择，以及学校在招生方面的公平公开竞争。"择校"是学生及家长的受教育权的一部分，并且对于学校教育发展也会有积极意义，应予以正面的引导，使之公开、透明，发挥出积极的作用。至于高考招生对于不同户籍所在地学生的区别对待，除非是特意向少数特殊群体倾斜，否则，必须从国家公正的角度予以强力纠正。

　　实现优质教育资源配置与学校单位制度的剥离，意味着对教育资源的配置的真正着眼立足点应是每一个学生及教师，而非作为单位的学校，只有具体直接面向每一位学生及教师配置资源，才能确保教育资源配置的真正公平，而以学校为单位的差异化资源配置策略恰恰是造成教育不公平的最主要推动力。当前被各地普遍采用的通过做大做强名校并以联盟化发展的方式发挥名校的辐射带动作用的教育改革策略无疑具有积极的意义，但这仍然是一种扩大了的资源配置的"单位制"。随着学校单位制的逐步淡化，教师将具有更为自由的专业人身份，将具有更大的自由流动的空间。

　　教育改革的深入推进呼唤着逐步解除优质教育资源配置与户籍及单位制度的捆绑，最终冲破计划经济体制的藩篱，赋予基层社会以平等、自由及自主的权力与空间。

第四章　教育改革的财政投入支持

2012 年，我国财政性教育经费占 GDP 的比例达到 4.28%。自 20 世纪 80 年代初，教育经济学者提出财政性教育投入应占国内生产总值 4% 的政策建议，到 1993 年中共中央、国务院印发的《中国教育改革和发展纲要》首次以重要政策性文件提出这一目标，再到 2012 年最终实现这一目标，期间历经 30 余年，过程可谓艰难曲折。这一政策目标的实现，不仅体现了国家支持教育事业发展的力度和决心，也标志着我国的教育财政正式进入了"后 4% 时代"。如果说，这一目标的实现，为我国的教育发展提供了基本的保障，那么在其后，如何进一步提高公共财政对教育发展的保障力度，实现对教育发展充足、公平与高效的保障，则是公共教育财政改革的主要任务。

第一节　财政性教育投入的总量与结构分析

公共财政投入多少经费才能为教育的发展提供恰当而有效的保障，这是理论界和政策制定者共同关注的重要问题。自 20 世纪 80 年代中期起，我国研究者即对此展开了系统的研究，其结论已成为我国教育财政投入的重要决策参考。时至今日，无论国际还是国内形势，较之当时均发生了较大变化。为提高教育财政保障的科学性与合理性，我们有必要对"投入多少"与"投到哪里"这样的问题进行重新审视与计算。

一、财政性教育投入总量分析

尽管存在争论，但到目前为止，通过国际比较的方法探讨财政性教育投入总量与结构仍是学术研究与政策决策的重要方法之一。通过研究世界各国在财政保证教育发展过程中的一般做法与基本规律，根据不同的社会经济发展阶段，确定我国相对合理的财政保障教育改革的力度、结构和方式，无疑仍是一个重要的思路。

（一）财政性教育投入总量的国际比较思路

严格地说，合理的教育投入水平应在准确估算教育经费需求和供给能力的基础上确定，但由于教育经费的供需受到诸多因素的影响，所需数据的种类繁多且难以获得，因此用经费供需法进行测算的难度过大而难以实施。既有研究主要采用国际比较法来解决这一问题。这一方法的基本假设是，可用公共教育支出占GNP或GDP的比例来衡量一个国家的教育投入水平，而一国的教育投入水平往往和其经济发展水平（常以人均GNP或GDP表示）紧密相关。通过分析其中的数量关系，即可大致分析出一国在一定经济发展水平上，教育投入的合理水平。

基于这一思路，厉以宁等人在20世纪80年代中期，建立如下计量模型：

$$Y_i = \alpha + \beta \ln X_i + \varepsilon$$

其中，Y_i为不同年份教育投资占GDP（或GNP）的比例，X_i为人均GDP（或GNP）。通过回归分析，研究者讨论了1961—1979年间38个人口千万以上国家公共教育支出与经济发展水平的一般关系，并在此基础上，得到人均GDP达1000美元时，我国公共教育支出应占GDP总量为4.24%的结论。[1] 其后，陈良焜、[2] 岳昌君、丁小浩、[3] 刘泽云、袁连生[4] 等研究者，采用相同方法，运

---

[1]　陈良焜:《教育经费在国民生产总值中所占比例的国际比较》，析自厉以宁:《教育经济学研究》，上海人民出版社1988年版，第3—22页。

[2]　陈良焜:《教育投资比例的国际比较研究》，析自秦宛顺:《教育投资决策研究》，北京大学出版社1992年版，第23—37页。

[3]　岳昌君、丁小浩:《教育投资比例的国际比较》，《教育研究》2003年第5期。

[4]　刘泽云、袁连生:《我国公共教育投资比例研究》，《高等教育研究》2006年第2期。

用不同时期、不同国家数据，对公共教育支出水平进行了讨论，得出了大体一致的结论。此类研究对我国确定合理的教育投入水平具有重要的参考价值，"4%目标"逐步进入决策者视线并被接受。1993年中共中央、国务院印发《中国教育改革和发展纲要》，提出"逐步提高国家财政性教育经费支出占国民生产总值的比例，本世纪末达到百分之四"，首次以重要政策文件的形式确定了"4%目标"。

王善迈认为，这类研究克服了算术平均法的弊端，较为科学地解决了一定经济发展水平下，合理公共教育财政投入水平的问题。"4%目标"作为衡量我国教育投入是否合理的标准，不仅只是一个行政政策指标，而且在理论与科学层面，也是合理的。[①]

（二）财政性教育投入总量的实证分析

"4%目标"实现后，人们对"后4%时代"财政如何更好地保障教育发展进行了广泛的讨论。一般性的看法是，"4%目标"的实现仅是一个开端而非结束，它意味着财政保证力度达到基本要求的基础上，今后的教育财政应向着更加合理与高效的方向改进。有观点指出，在"4%目标"实现后，教育财政改革的思路应及时由增量改革转为存量改革。2014年全国财政收入增长8.6%，财政支出增长8.2%，但教育支出仅增长4.1%，增速放缓且远低于财政收支增幅。正是在这一背景下，有研究者认为，财政教育投入4%的成果仍有进一步巩固的必要。[②]

就当前财政教育投入的总量而言，尽管"4%"作为我国公共教育投入水平的政策目标，已产生了深远影响与实际效果，但无论是在理论上还是在实践上，它都不能简单地等同于公共财政教育投入充足的标准。尤其是，当前财政保障教育发展的要求与形势，相比提出"4%目标"的时代已有较大差别，因而有必要结合当前国际教育投入的一般趋势及我国社会经济发展的

---

① 王善迈：《优先发展亟须投入保障——关于财政性教育经费占GDP4%目标的若干思考》，《中国教育报》2009年1月13日。

② 钟秉林：《财政教育投入4%的成果仍需巩固》，人民网，《人民政协报》2015年7月23日，http://cppcc.people.com.cn/n/2015/0723/c34948-27346562.html。

要求，对其进行重新审视。

如前所述，在回答"4%够不够用"这个问题的过程中，国际比较法仍是一个重要的研究方法。但需指出的是，目前国际比较研究的思路，主要考虑的是经济发展或财政收入水平对教育投入水平的影响，是一种"以收定支"的财政思路。这虽可确保教育投入的比例处于财政能力许可的范围之内，但从逻辑上却未必能实现财政对教育发展的充足保障。这是因为，以收定支的财政思路并不能充分考虑教育需求的要素，以此定出的支出水平难免与教育需求之间形成偏差。从逻辑上讲，"4%"到底够不够用，主要应看其是否充分地满足了教育发展及人们受教育的需求。因此，缺少需求角度的教育经费总量标准是难以令人信服的。

近些年，有研究者着眼于此，开始尝试从需求角度对经费总量进行测算。而用什么变量来表示教育需求则是这类研究的难点。岳昌君在测算我国"十一五"期间教育经费供给与需求时，用人均受教育年限表示教育需求。其理由是，一国教育发展的目标影响其公共教育投资的水平和比例，人均受教育年限的增长不但体现了各国发展教育的努力程度和成效，也会对教育经费投入提出更高要求。[①]

一国教育经费的投入水平与结构是社会经济发展的结果，因此，通过分析国际教育经费投入的一般规律，将对我国确定合理的财政保障教育发展的标准具有重要参考价值。相比于既有研究，我们应用更新的国际教育财政数据，综合考虑经济发展水平、财政能力及教育需求等因素，对教育财政投入比例的国际平均水平进行讨论。基于此，建立如下基本计量模型：

$$edugdp_i = \alpha + \beta_1 \ln gdppc_i + \beta_2 revgdp_i + \beta_3 schyear_i + \varepsilon$$

其中，$edugdp_i$ 为不同年份教育投资占 GDP 的比例，$gdppc_i$ 为人均 GDP，$revgdp_i$ 表示政府财政收入占 GDP 的比例，$schyear_i$ 为人均受教育年限。这几个变量中，人均 GDP 代表一国的经济发展水平，从供给角度而言，经济发展水平越高，国家公共教育投资的水平也应越高。但由于即便是经济发

---

① 岳昌君：《我国公共教育经费的供给与需求预测》，《北京大学教育评价》2008 年第 2 期。

展水平（人均 GDP）相似的国家，在经济结构、财政制度等方面也可能存在很大不同，从而导致财政供给能力存在较大差异。因此，我们在模型中引入政府财政收入占 GDP 比例这一表示政府财政能力的变量，以更好地描述财政的供给能力。变量 Schyear 表示对公共教育投入的需求情况。一般而言，一国的适龄人口越多，教育普及程度越高，对教育经费的需求也就越大。但由于各国学制不尽相同且适龄人口数据难以获得，因此，我们这里仅用平均受教育年限代表教育经费的需求。

由于大国的情况更为全面且与我国更有可比性，因此我们选取人口在三千万以上的国家进行分析，样本时间跨度为 2010 年至今。由于数据缺失，样本无法形成面板数据（panel data），故用 OLS 方法回归。在引入时间虚拟变量后，其系数在统计上不显著，因此模型中没有加入时间虚拟变量。计量所用数据主要来自联合国教科文组织的世界教育指标（World Education Indicators），世界银行的发展指标数据库（World Development Indicators Database），中国的数据主要来自《中国统计年鉴》《中国财政统计年鉴》《中国教育经费统计年鉴》。

表 4-1　回归结果（被解释变量：edugdp）

变量	模型 1		模型 2		模型 3		模型 4	
	系数	t 值	系数	t 值	系数	t 值	系数	t 值
截距项	1.813**	1.838	2.817***	6.610	1.797*	1.967	2.465**	2.685
lngdppc	0.321***	2.903			0.145	1.261		
revgdp			0.087***	4.901	0.075***	3.739		
schyear							0.249**	2.715
样本数	68		47		47		23	
Adj R2	0.100		0.334		0.342		0.225	
F	8.425		24.023		12.963		7.373	

注：*p<0.1，**p<0.05，***p<0.01。

以上计算结果，为比较我国当前教育财政投入水平与国际平均水平的差距提供了依据。在三个回归模型中，代入中国数据，即可得到相同经济发展与教育需求水平下，国际教育投资占 GDP 比例的平均水平。

表 4-2 我国公共教育投资比例的国际比较（2010—2014 年）

年份	2010	2011	2012	2013
实际比例（%）	3.65	3.93	4.28	4.30
模型 1 测算比例（%）	4.52	4.58	4.62	4.65
模型 2 测算比例（%）	4.59	4.68	4.73	4.73
模型 3 测算比例（%）	4.54	4.65	4.71	4.73
模型 4 测算比例（%）	4.28	4.30	4.32	4.35

注：在用模型 4 进行测算时，需要代入我国的平均受教育年限。由于我国一般用 6 岁以上人口作为基数计算平均年限，这和世界银行用一国全部人口做基数进行计算有所不同。为统一口径，这里利用历年人口统计年鉴的人口数据，以全部人口作为基数对我国的平均受教育年限进行了估算。

表 4-2 的计算结果表明，无论是从财政供给能力还是从需求而言，我国财政性教育经费占 GDP 的比例即使超过了 4%，仍然和国际平均水平之间存在明显差距。对于这一问题，有观点认为，我国财政收入占 GDP 的比例相对较低，因此，单纯用财政性教育经费占 GDP 的比例来衡量我国的教育经费投入力度，容易低估财政在保障教育方面的努力程度。但模型 3 的计算结果表明，即便是单纯从财政收入占 GDP 这一指标考察，我国财政对教育的保障水平也要低于国际平均水平。

另外，模型 4 测算出来的比例明显低于其他模型的测算值。我们认为，这一计算结果并未真正反映教育发展对财政经费的需求。其理由在于，由于数据的缺乏，我们这里仅用平均受教育年限来表示教育需求。但这一指标仅能反应人力资本存量情况，一般情况下，由于一国的教育普及程度是逐步提高的，因此，这一指标往往会低估当前的教育需求。《教育规划纲要（2010—2020)》提出，到 2020 年我国"主要劳动年龄人口平均受教育年限从 9.5 年提高到 11.2 年，其中接受高等教育的比例达到 20% 以上，具有高等教育文化程度的人数比 2009 年翻一番"。按这一目标，经估算，我国 2020 年以全部人口作为基数的平均受教育年限约为 9.24 年。这意味着，从需求的角度而言，我国的财政性教育经费的投入占 GDP 的比例至少要达到 4.77% 才能满足需求。

不仅如此，由于我国教育经费统计的口径要宽于国际通行的一般标准，这样使得在计算教育经费投入比例时，分子被放大。因此，即便是在相同比例的情况下，我国财政对教育的投入力度也要低于国际平均水平。[①]

因此，"4%目标"的实现对于中国教育财政而言的确是一件具有里程碑意义的事件，但随着国家经济实力的提升和教育需求的快速增长，这一指标已无法充分满足教育的发展需求。在新形势下，有必要参考国际经验，对我国财政保障教育发展的标准进行重新的审视与调整。基于本文的计算，这一指标至少应当提高到 4.5%以上才能基本达到国际平均水平。

二、财政性教育投入结构分析

在总量充足的基础上，教育经费亦需在各级各类教育之间进行合理分配，以满足各级各类教育协调发展的需要。除教育经费投入总量问题外，教育经费在各级各类教育中的配置问题，同样是我国学术界长期关注的一个重要问题。

（一）财政性教育投入结构的国际比较思路

20 世纪 80 年代，厉以宁、王善迈、杨葆焜等学者均对此问题进行了研究。其中，王善迈、崔玉萍运用时间序列与截面分组相结合的方法，研究了50 个国家 1960—1984 年间初等、中等、高等教育经费的比例，归纳出世界各国三级教育投资分配结构变动的一般规律。[②] 王善迈进一步认为，由于各级教育规模不同，因此不能简单地用总量比例判断教育经费分配结构的合理性，更为科学的衡量指标是三级教育生均经费比。[③] 顾清扬通过建立回归模型，对 44 个国家 1965—1985 年间教育经费分配结构的分析，发现经济发展水平和教育经费配置结构之间不存在明显的相关关系，但高等教育经费占国民生产总值的比例与教育经费占国民生产总值的比例有很强的正相关关系。

---

① 王善迈:《优先发展亟须投入保障——关于财政性教育经费占 GDP4%目标的若干思考》,《中国教育报》2009 年 1 月 13 日第 1 版。

② 王善迈、孙玉萍:《50 个国家三级教育投资结构变动分析》,《北京师范大学学报（社会科学版）》1988 年第 6 期。

③ 王善迈:《中国教育经费面临的问题与对策》,《教育与经济》1989 年第 1 期。

基于回归分析的结果，顾清扬对我国教育经费分配结构进行了评价。[①]

　　以上研究，无论在研究思路、指标选择还是模型设定方面，均为其后的研究奠定了基础。从 20 世纪 80 年代至今，研究者们在这一领域得到了一系列较有价值的结论，为我国教育经费的配置结构调整提供了重要的参考。杜晓利、沈百福通过分析我国 1993—2006 年教育经费在三级教育中的分配比例，认为目前财政预算内高等教育经费的分配比例基本是合理的；中等教育的经费分配比例偏低，随着中等教育规模的不断增长，迫切需要提高财政投入力度；初等教育经费的比例较合理，且显示了政府在保证义务教育公平方面所做的努力。[②] 陈晓宇通过对我国教育经费结构变化历程的回顾与比较他国数据，认为短期内初等教育经费占全国教育经费的比例会因为政策支持而有所提升，但从长远来看，中等教育和高等教育将由于规模的扩大而在总经费中占据更大比重；在生均经费方而，以绝对货币单位表示的三级教育生均成本将会继续提高，但以生均成本指数（生均成本占人均 GDP 的比例）来看，未来我国初等教育生均成本指数会继续提高，高等教育则有可能继续下降。[③]

　　尽管运用了不同的指标，但以上研究大多数仍然采用了国际比较的思路来讨论我国合理的教育经费投入比例。在这一过程中，问题的核心主要聚焦于高等教育经费与基础教育经费的合理比例方面，而这同样是本研究所关注的问题。

　　（二）财政性教育投入结构的实证分析

　　正如教育经济学理论所认为的那样，教育规模的扩张和结构变迁同样和一个国家的社会经济发展水平紧密相关。因此，我们亦可将经济发展水平、财政能力与教育普及程度等因素作为教育投入结构的解释变量。而教育经费结构问题究其本质，是财政重点保障哪一级教育优先发展的问题。为了更为合理地度量财政对各级教育发展的保障力度，我们采用各级教育生均经费与

---

①　顾清扬：《关于我国教育经费分配结构的比较研究》，《教育与经济》1990 年第 1 期。

②　杜晓利、沈百福：《我国公共教育资源配置研究》，《教育理论与实践》2010 年第 5 期。

③　陈晓宇：《我国教育经费结构：回顾与展望》，《教育与经济》2012 年第 1 期。

人均 GDP 的比值，即各级教育的生均经费指数为被解释变量。既往的研究表明，这一指标不但能较好地表达教育经费的结构，且能比较好地控制教育规模和经济发展水平的影响。[①]

另外，由于上述解释变量在影响不同级别教育生均经费指数时的机制并不完全相同，因此，我们在兼顾理论合理性与统计显著性原则下，采用分步回归的方式，确定不同教育级别的适宜计量模型。其中，高等教育的模型为：

$$tergdppc_i = \alpha + \beta_1 \ln gdppc_i + \beta_2 \frac{1}{pop\_ter_i} + \varepsilon_i$$

中等教育的模型为：

$$\sec gdppc_i = \alpha + \beta_1 \ln gdppc_i + \beta_2 revgdp_i + \varepsilon_i$$

初等教育的模型为：

$$\frac{1}{prigdppc_i} = \alpha + \beta_1 \ln gdppc_i + \beta_2 \ln revgdp_i + \varepsilon_i$$

其中，$tergdppc$ 为高等教育生均成本指数，$secgdppc$ 为中等教育生均经费成本指数，$prigdppc$ 为初等教育生均经费成本指数，$gdppc$ 为人均 GDP，pop_ter 为高等教育学生占总学生数的比例，代表高等教育普及程度。$revgdp$ 为财政收入占 GDP 的比例。数据来源与样本范围与上文相同。对各模型进行线性转换后得到回归结果如下：

表 4-3　回归结果（被解释变量：各级教育生均经费成本指数）

高等教育 （被解释变量：tergdppc)			中等教育 （被解释变量：secgdppc)			初等教育 （被解释变量：1/prigdppc)		
变量	系数	T 值	变量	系数	T 值	变量	系数	T 值
截距	-130.468	-1.649	截距	2.673	0.573	截距	0.318***	5.941
lngdppc	14.244*	1.720	lngdppc	1.257**	2.227	lngdppc	-0.018***	-3.930
1/pop_ter	3.884***	7.315	revgdp	0.375***	4.022	lnrevgdp	-0.029*	-1.789
样本数	37		44			39		
Ajd R2	0.638		0.431			0.394		
F	32.782		17.310			13.341		

注：*p<0.1，**p<0.05，***p<0.01。

[①] Jee-Peng Tan and Alain Mingat. Education in Asia：A Comparative of Cost and Financing. The World Bank,1990.

得到以上回归结果后，只需在相应的模型中代入中国的数据，就可得到基于国际比较的相同经济、教育发展水平下三级财政性生均经费成本指数。为直观地比较结果，令初等教育生均经费成本指数为1，按比例计算中等教育和高等教育生均成本指数与初等教育生均经费成本指数的比值。计算结果如下：

表4-4　三级财政性教育生均经费成本指数的国际比较

国家	初等教育	中等教育	高等教育
同条件国家平均值	1	1.527	1.661
中国（2013）	1	1.336	2.619
美国（2011）	1	1.146	0.961
韩国（2009）	1	1.023	0.565
日本（2012）	1	1.082	1.072
英国（2011）	1	1.194	1.214
法国（2011）	1	1.517	1.973
印度（2011）	1	1.723	6.465

注：我国的统计资料中，没有中等教育的生均经费数据。本文根据初中、高中和职业中学的生均经费，以学生数加权平均估算中等教育生均经费。

从表4-4可以看出，我国目前财政性高等教育的生均经费投入力度远大于经济、教育发展水平相当的国家。此类国家的高等教育生均经费成本指数一般为初等教育的1.661倍，但我国的指标高达2.619倍。尽管进入21世纪以来，我国高等教育的成本指数一直处于下降之中，但正如大多数研究所指出的那样，重高等教育轻基础教育的财政投入结构并未得到彻底扭转。表4-4当中，美国与韩国的高等教育生均成本指数明显低于基础教育生均成本指数，日本、英国、法国虽然大于初等教育生均经费成本指数，但并不如我国明显。唯有印度的高等教育财政保障力度，远大于初等教育，其程度远超中国。而这种情况，在发展中国家中十分普遍。考虑到我国的社会经济与高等教育的快速发展，高等教育生均经费成本指数持续下降应是一个大概率事件。同时，高等教育有别于基础教育，有着更多的私人产品属性，应更多地由个人来承担其成本。因此，在未来一段时间中，逐步扩展高等教育经费来源，有步骤地将公共财政保障的重点由高等教育转向公共性更强的基础教育，是理顺财政性教育投入结构的重要任务。

那么，在基础教育中，哪一部分应是未来财政保障的重点呢？由于目前可获得的中等教育国际比较数据一般都未区分初中和高中的经费，而我国目前对义务学段和高中学段的财政保障措施并不相同，因此用国际比较法难以分析初中和高中段的财政保障问题。基于此，我们注意到了另一种考察教育经费结构的思路，即通过考察人力资本积累对经济增长的贡献来确定优先保障的教育层级，即将投入的重点放到经济增长急需的、经济增长贡献率较大的教育层次，以取得更高的财政经费使用效率。

目前，此类研究，很多都是基于 C-D 模型转换的教育生产函数，估算各个教育程度的人力资本积累对经济的贡献率。宋光辉通过考察不同文化程度人口对我国 1981—2000 年间经济增长的贡献，发现小学、初中人口存量对经济增长的促进作用明显大于高中、大学的人口存量；[1] 但叶茂林等人却发现，这一时期内大学教育程度及以上的劳动力对经济增长的贡献率要远高于中等和初等教育程度的劳动力，且大学教育程度的劳动力产出弹性最高，说明其边际生产力较高，对生产发展贡献较大。[2] 而姚继军的计算结果与叶茂林等人更为接近，在引入简单劳动系数后，姚继军计算了 1981—2006 年各类人力资本对经济增长的贡献率，结果见表 4—5。在不同教育程度的人力资本存量中，大学对经济增长贡献最大，其次是高中和初中，最低的是小学。[3]

---

① 宋光辉：《不同文化程度人口对我国经济增长的贡献——我国经济增长与教育关系的一种实证分析》，《财经科学》2003 年第 1 期。

② 叶茂林、郑晓齐、王斌：《教育对经济增长的计量分析》，《数量经济技术经济研究》2003 年第 1 期。

③ 姚继军：《中国经济发展战略的转型与教育的均衡发展：制度变迁的视角》，北京师范大学出版社 2012 年版，第 163 页。

表4-5　1981—2006年各类人力资本对经济增长的贡献率（%）

	小学教育程度	初中教育程度	高中教育程度	大学教育程度
平均增长率	1.20	4.27	3.62	11.00
经济增长贡献率	3.61	7.60	11.49	31.91

数据来源：姚继军：《中国经济发展战略的转型与教育的均衡发展：制度变迁的视角》。

以上研究结论为确定我国合理的教育经费结构提供了依据。这些研究表明，高等教育的人力资本积累对经济的发展，具有更大的推动作用。但考虑到高等教育在近些年高速扩张，且具有更多私人产品属性，因此，在财政保障方面，今后高等教育发展的主要重点应是适当地控制规模扩张速度，调整不合理的专业设置结构，以进一步地提高教育质量，鼓励社会力量举办高等教育，实现高等教育经费来源的多样化。而在基础教育层面，无论是从国际比较角度还是提高资源配置效率的角度而言，高中阶段的教育都应是今后财政经费投入的重点所在。

第二节　财政支持教育改革的绩效评价：制度变迁的视角

分税制改革以来，财政保障教育发展的方式与制度发生了重大的变化。尤其是本世纪以来所实施的"以县为主"和"新机制"等政策，更是教育财政责任、保障方式等方面的重大改革措施。这些改革措施，一方面，解决了既有财政保障教育改革过程中的一些紧迫的问题，但与此同时，也带来了一些新的问题。对这些改革措施及其实施绩效进行系统梳理，有助于我们更好地认识公共教育财政制度改革过程中的关键问题与主要矛盾，有利于推进改革的不断深化与前行。

一、分税制改革以来我国教育财政制度的演变及其影响

始于1994年的分税制改革是我国财政制度变迁的重要节点。尽管"分

税制"改革主要针对的是"分灶吃饭"财政体制下，中央政府经济调控与行政管理能力大幅下降的问题，[1] 但在改革过程中，分税制对既有的财权与事权关系形成了较大冲击，这其中也包括对教育财政保障方式的改变。分税制改革后，教育财政制度的变迁大多都是因应这一变化而来。

（一）分税制改革及其对教育财政的影响

我国于 1980 年后实施了"分灶吃饭"的财政体制。分权化财政制度改革带来的直接后果就是中央财政能力的不断下降。1979 年，我国财政收入占 GDP 比重为 28.4%，中央财政收入占总财政收入的 46.8%，到了 1993 年，这两个比例分别下降到 12.6% 和 31.6%。为改变这种状况，中央启动了分税制改革，这使得中央财政比例迅速上升，扭转了中央财力羸弱的状况。与此同时，分税制在机制设计上，还通过税收返还和转移支付途径，维持了发达地区的税收积极性并力图实现地区间的财力均衡，这进一步提升了中央财政的收入支配权。[2] 这一改革具有明显的集权化倾向，在迅速提高中央的财政收支统筹协调能力的同时，也对中央和地方在事权的分配与协调方面提出新的变革要求。

分税制改革后，政策变化所导致的财政收入的上收效应，使地方政府，尤其是县乡一级的基层政府面临了更多的资金困难。图 4-1 表明，分税制改革后，地方财政收入占比由此前的将近 80% 迅速下落到 45% 左右，此后虽略有反弹，但基本仍维持在 50% 的水平。这意味着，有 20%—30% 原属于地方的财政收入在改革之后，被上收到了中央。

表 4-6 则更为清晰地展示了分税制改革前后，县乡财政收支变化情况。到 1994 年，县乡地方财政收入大幅下降。但另一方面，县乡财政支出非但没有减少，反而由 1993 年的 1458.7 亿元增加到 1994 年的 1703.2 亿元。这表明，分税制改革尽管通过税制设计，实现了收入上收的目的，但在地方公共管理的事权方面，却并没有相应地做出调整。而在分税制的制度设计中，

---

[1]　王绍光：《分权的底线》，中国计划出版社 1997 年版，第 45 页。

[2]　周飞舟：《分税制十年：制度及其影响》，《中国社会科学》2006 年第 6 期。

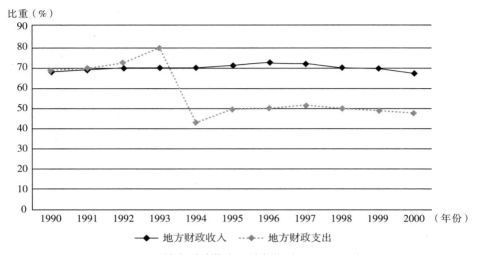

图 4-1　地方财政收支比重变化（1990—2000）

数据来源：财政部：《中国财政统计年鉴》（历年）。

上级政府还有权决定与下一级政府间的财政划分方法。在财政收入上收的情况下，上级政府一个自然的反应就是将自身所面临的财政支出压力，通过下放事权的方式层层下移，从而使层级越低的地方财政面临的财政压力越大。

表 4-6　分税制前后县乡财政收支变化

（单位：亿元）

年　　份	1993	1994
县乡地方收入合计	1372.3	967.3
县乡地方支出合计	1458.7	1703.2

数据来源：财政部：《全国地市县财政统计资料》（历年）。

与分税制改革过程中所表现的集权化倾向不同，20 世纪 80 年代以后中国在公共管理方面的改革却更多地表现出分权的思路。以教育管理为例，1986 年颁布的《义务教育法》确立了地方负责，分级管理的体制。地方政府，尤其是县乡一级的地方政府成为发展基础教育的主要责任主体。与之相配套，在 1985 年颁布的《中共中央关于教育体制改革的决定》提出"多条腿走路，多渠道筹资"的教育经费筹措机制，给予地方政府一定的自主权力，使之可在政策许可的范围内，通过征收教育费附加、筹集社会资金和向个人分担教育成本等方式，筹集教育经费。这就逐步形成了政府与个人共同办教育的格局，地方政府在教育经费供给的过程中，扮演着越来越重要的角色。以 1988 年为例，在当时的中小学预算内教育经费来源中，中央占比仅为 9.15%，地方占比高达 90.85%。[①]

但在分税制改革后，由于地方财政收入呈现出断崖式下降，地方政府相对有限的财政保障能力与教育事业发展需求之间的矛盾陡然突显。尤其是农村税费改革后，国家取消了农村教育费附加、教育集资等行政事业性收费和政府性基金。这些措施虽减轻了农民负担，但由于进一步削减了基层政府的收入来源，因此也加剧了分税制后基层政府教育经费的紧张程度。在此期间，大面积的教师工资拖欠与危房问题成为基层教育财政窘境的写照。

（二）"以县为主"与"新机制"的实施

面对着分税制改革后日益扩大的教育经费缺口，提高财政统筹层级，加大上级财政转移支付力度以弥补地方财政教育支出缺口，成为教育财政制度演变的主要思路。2001 年国务院《关于基础教育改革和发展的决定》和 2003 年国务院《关于进一步加强农村教育的决定》等文件确立了"以县为主"的财政投入体制，规定县级人民政府对农村义务教育的发展负主要责任，省、市、乡等各级人民政府各自承担相应责任，中央政府给予必要支持。原来主要由乡一级政府负责的农村义务教育财政投入责任，被逐步上移到了县级人民政府。

这样的政策调整，在上移财政教育投入责任的同时，也对各级政府的教育事权也进行了进一步的规定与调整。为了解决教师工资发放问题，除加大上级财政支持外，从 2001 年起，国家还将原来由乡镇政府负责的农村中小学教师工资管理权限上收到县，县级政府按照教职工编制和国家统一规定的工资项目和标准，通过"工资资金专户"将教师工资直接拨入其银行账户中。在农村学校的危房改造方面，县级财政将辖区学校的校舍建设经费统一列入基础设施建设进行预算，经省级政府审批后，由省以下人民政府筹资解

---

① 长景州：《教育投资经济分析》，中国人民大学出版社 1996 年第 1 版，第 18 页。

决。县域内中小学的教学仪器和图书资料费用，亦由县级财政安排解决。

"以县为主"体制实施以后，农村中小学经费短缺且差异巨大的情况得到了一定的改善。但分税制改革后，由于县级财政自身的财政能力十分有限，尤其是在一些原本自身财力就不足的县，更是难以发挥统筹与补足中小学经费的作用。为此，许多基层财政对部分学校擅自提高学杂费的做法，往往采取宽容甚至纵容的态度。这就造成了农村税费改革后，学生家庭（尤其是农村学生家庭）教育支出急剧上升。这不但使中小学辍学率大幅上升，也引发了公众的不满。为此，中央政府于2004年后全面实施义务教育学校收费"一费制"政策。这虽在减轻农民负担、降低农村学校辍学率等方面取得了显著成效，但也带来了学校收入减少、影响学校运转等问题。基层财政教育投入不足的问题仍未得到有效解决[1]。

2005年，国务院颁布《关于深化农村义务教育经费保障机制改革的通知》，实施中央和地方分项目、按比例分担农村义务教育经费保障的"新机制"，大幅提高了公共财政对农村义务教育的保障力度；2010年公布的《教育规划纲要（2010—2020年)》进一步提出，将义务教育全面纳入财政保障范围，实施国务院和地方各级政府根据职责共同负担，省、自治区、直辖市人民政府负责统筹落实的投入体制。在这一过程中，为解决基层教育财政能力不足的问题，中央政府进一步划分了各级政府的教育投入责任。第一，中央和地方分别按西部地区8：2、中部地区6：4、东部地区除直辖市外按各省财力分担教育经费的方式，划分中央与地方财政在免除学杂费和提高公用经费保障过程中的责任份额；第二，在校舍维修改造方面，"新机制"规定中央和地方财政按1：1的比例共同分担中西部地区所需经费，东部地区则由地方财政自行解决；第三，在教师工资方面，中央财政进一步加大对中西部地区和东部部分地区农村教师工资经费的保障力度，强调省级政府在扶助财力薄弱地区的财政统筹责任。

由此可见，分税制改革和其后的教育财政制度改革实际上是一个存在因

---

① 任春荣：《"一费制"政策实行状况与对策》，《教育研究》2004年第8期。

果关系的整体过程。面对着分税制改革后基层财政教育投入能力下降的困境，国家采取了逐步提高财政集权度、强化上级财政统筹的方式予以应对，使主要由乡级政府负责的农村教育财政投入责任上移到县级政府，并强化了省级财政的统筹协调职责。县级政府成为发展基础教育的主要责任主体。由表4-7可看出，在"以县为主"和"新机制"实施后，县级财政教育事业费支出比例逐年上升，到2006年已达50.67%，地方教育事业费支出有一半以上是通过县级财政支出。

表4-7　各级政府教育事业费支出的比例①

单位：%

年份	乡镇	县	地级市	省	中央
2002	21.17	38.66	17.49	14.73	7.95
2003	17.45	42.24	17.45	14.69	8.18
2004	14.96	45.80	17.76	14.96	6.53
2005	12.20	47.86	17.83	15.95	6.16
2006	10.32	50.67	17.83	15.01	6.18

数据来源：财政部：《中国财政年鉴》（历年）。

周飞舟的研究表明，实施"以县为主"体制以后，县乡两级财政并没有通过压缩自身财力来实现教育经费的充足保障，改革所需增加的教育经费支出主要来自于中央财政转移支付及税改之后的农业税增量。② 而2006年1月1日后，国家全面取消了农业税。这样，"以县为主"体制下的县级教育经费支出，便主要依靠上级财政转移支付来保障，这使得基层财政对上的依赖性更强，财政集权程度进一步上升。

二、新世纪教育财政投入的绩效评价

经过"以县为主""新机制"改革，基层财政逐步摆脱了分税制改革以

---

① 由于在《中国财政年鉴》中，只有2002—2006年给出了按行政级别分级统计的教育事业费开支。因此本表无法算出此前与此后的各级政府教育事业费支出比例。

② 周飞舟：《谁为农村教育买单？——税费改革和"以县为主"的教育体制改革》，《北京大学教育评论》2004年第3期。

来教育经费投入能力严重不足的窘境，教育经费投入的公共性亦得以进一步突显，教育的发展模式逐步由政府和民众共办真正走向了政府办学。2012年，中国首次实现了教育经费投入的"4%目标"。在这一背景下，系统地梳理与分析现行教育财政投入的成效与存在问题，对进一步深化"后4%时代"教育财政制度的改革无疑具有重要意义。

（一）新世纪教育财政投入的成效

2005年实施"新机制"以来，我国进一步加大了财政的投入力度，通过强化纵向的财政转移支付，调整了中央与地方的教育财政保障责任，有力地推进了教育的发展。

第一，地方义务教育生均经费支出水平迅速提高。分税制改革后，如何提高义务教育，尤其是农村义务教育的保障水平便一直是政策制定与调整的主要目标。表4-8表明，2002—2011年无论是地方初中生均经费支出还是小学生均经费支出均快速增长。尤其是在"新机制"实施后，地方义务教育生均经费支出的增速明显增快，2007年的地方小学和初中生均经费支出的增幅均达30%左右，其后虽有所回落，但2008年、2009年、2011年的增幅仍达20%以上。伴随着财政投入力度的加大，地方义务教育经费短缺的状况得以部分缓解。

表4-8　地方义务教育生均经费增长情况（2002—2011）

年份	地方初中生均教育经费支出（元）	增速（%）	地方小学生均教育经费支出（元）	增速（%）
2002	1533.48	——	1154.94	——
2003	1667.95	8.77	1295.39	12.16
2004	1925.43	15.44	1561.42	20.54
2005	2277.32	18.28	1822.76	16.74
2006	2668.63	17.18	2121.18	16.37
2007	3485.09	30.59	2751.43	29.71
2008	4531.83	30.03	3410.09	23.94
2009	5564.66	22.79	4171.45	22.33
2010	6526.73	17.29	4931.58	18.22
2011	8179.04	25.32	6117.49	24.05

数据来源：教育部、财政部：《中国教育经费统计年鉴》（历年）。

第二，财政预算经费支出比重提高，公共财政保障水平不断提高。实行"新机制"后，农村义务教育全面纳入公共财政的保障范围。为弥补县级及以下财政的经费缺口，中央及省级政府还将"两免一补"、公用经费及校舍维修等费用等也通过财政渠道予以解决。这带来的一个直接后果就是，地方财政性教育经费支出比重大幅提升。2005年以后，公共财政预算内义务教育经费比重快速上升，到2011年，地方小学、初中经费支出中，超过80%的部分均由公共财政预算经费支出（见图4-2），义务教育经费支出的公共性特征愈发凸显。在"穷国办大教育"的背景下，让受教育者分担义务教育成本曾经引起广泛的争论。而在"新机制"实施后，政府保障教育方式实现了重大转型，公共财政经费在教育支出中的比例不断提升，义务教育的发展逐步地回到了政府办教育的途径之上。

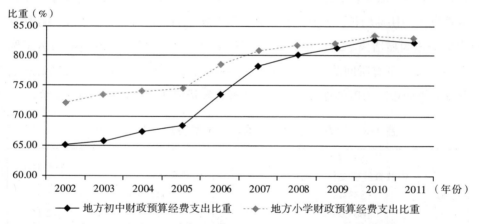

图4-2　地方义务教育财政预算经费支出占义务教育总经费支出的比重（2002—2011）

数据来源：教育部、财政部：《中国教育经费统计年鉴》（历年）。

第三，城乡义务教育经费差距大幅缩小。图4-3计算了地方农村义务教育生均经费与地方义务教育生均经费的比值，这一比值越接近于1，表明城乡间义务教育经费保障水平的差距越小。计算结果表明，在加大了农村义务教育投入后，城乡义务教育经费投入的差距正在稳步缩小，到2011年，无论小学还是初中的城乡生均经费比值均已超过了90%。不仅如此，新近的一些研究还发现，在一些经济发达的省份，由于农村教育经费增长速度远远快于城市，这使得这些地区的农村中小学生均经费甚至超过了城市。[①] 由此可见，"新机制"在均等城乡教育经费方面的效果十分明显。

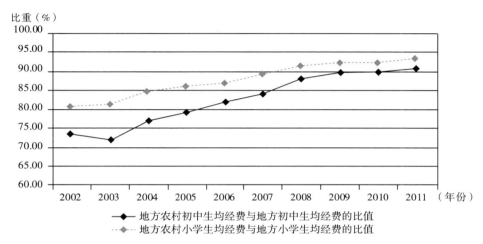

图4-3　地方农村义务教育生均经费与地方义务教育生均经费的比值（2002—2011）

数据来源：历年《中国教育经费统计年鉴》。

第四，解决了一些长期困扰教育改革的问题。"新机制"实施后，伴随着转移支付力度的加大与"两免一补"等政策的落实到位，地方办学过程中的教育乱收费得以有效遏制，弱势群体受教育权利的保障水平不断提高。与此同时，由于确立了中央与地方分项目、按比例分担的转移支付模式，这使得不同级别政府间的教育财政转移支付，开始逐步步入规范化管理轨道。[②]2008年以后，国家逐步落实义务教育教师绩效工资制度改革，加大对中西部地区义务教师工资的转移支付力度，确保教师工资的落实到位与按时发放，这一举措让长期困扰义务教育发展的教师工资拖欠问题亦得以解决。

① 姚继军：《江苏省基础教育优质均衡发展的现状、问题及改进》，《江苏教育研究》2013年第11期（A版）。

② 王善迈等：《公共财政框架下公共教育财政制度研究》，经济科学出版社2012年第1版，第59、82页。

（二）当前财政保障教育改革面临的挑战

尽管取得了以上成效，但由于建立符合我国国情的公共教育财政制度是一个长期的过程，因此当前教育财政制度在保障教育发展方面，仍存在一些有待改进的问题。

第一，教育经费仍然存在较大缺口，教育经费的充足程度有待进一步提高。崔盛在对县级财政教育供给能力进行测算的基础上，估算出县级单位如仅靠本级财政进行教育投入，2004年、2005年我国1700多个人口10万以上的县级单位教育经费缺口将达到903亿元和1021亿元左右，这个缺口水平远大于当年中央对地方教育财政转移支付规模。[1] 卜紫洲等人应用Evidence-based方法，对我国县级教育财政充足度进行考察，计算结果表明，2002—2006年间我国县级教育财政充足度仅能达到最低支出标准的80%左右。[2] 本章第一节的计算也表明，除义务教育经费以外，我国教育经费的总盘子即便达到了"4%目标"，但和社会经济发展水平发展相当的国家相比，教育经费投入的整体水平仍然偏低。

而在经费结构方面，前面的分析表明，我国目前生均高等教育经费的比例仍然偏大，这意味着，更多的经费被投入到了高等教育，我国财政对基础教育发展的保障力度与国际平均水平相比，仍需进一步提高。

第二，财政保障教育公平，缩小差距方面的作用仍需进一步加强。在地区差异方面，我们利用《全国地市县财政统计资料》，计算了2000—2007年全国基础教育生均经费县际差异的泰尔系数。[3] 同时，为更加清楚地分析差异来源，我们用各省学生数进行加权，计算了县际教育经费差异的省际和省内贡献率。结果表明，全国基础教育生均经费的县际差异在2000—2007

---

[1] 崔盛：《县级财政中教育所占比例的估计》，《教育与经济》2007年第3期。

[2] 卜紫洲、侯一麟、王有强：《中国县级教育财政充足度考察——基于Evidence-based方法的实证研究》，《清华大学教育研究》2011年第5期。

[3] 由于2007年以后，《全国地市县财政统计资料》中的统计项目发生了变化，不再单独列出教育经费的收支项，因此本计算只截至2007年。这一结算结果虽然无法全面展示新世纪县际生均经费差异变化的全貌，但已经可以描述"以县为主"和"新机制"对于县际生均经费差异变化的影响。

年间呈逐步下降趋势。而就差异的来源而言，2005 年省际差异贡献率出现了快速地下降，由 2004 年的 55.250 下降到 48.458；与之相对应，省内差异贡献率快速上升，由 44.750 到 51.542。其后，两者基本维持在 48%—52% 的区间波动。这一现象表明，"新机制"虽然在缩小省际生均经费差异方面，具有一定果，但在缩小省内差异方面，却未取得显著效果。表 4-9 同时显示，在这一期间，东、中、西内部差异并无显著变化，东部 2007 年的泰尔系数甚至比 2000 年还要高一些。这表明，"新机制"后按东、中、西划分中央地方教育财政分担比例的举措，对缩小东、中、西三区内部差异并无明显影响。不仅如此，黄斌在重点分析了"以县为主"和"新机制"改革对县际教育财政支出差异的影响后，还发现虽然两次改革对缩小县际生均教育事业费差异有一定的效果，但同时也造成了教育经费支出水平处于中上和中下水平县级单位的分化，而县际财力差异的不断扩大，又抵消了改革在教育支出均等化方面所取得的成效。[1] 这表明，各级财政在均等县乡政府财力，缩小教育经费投入地区差异方面仍有较大改进空间。

表 4-9　2000—2007 年全国基础教育县际生均经费泰尔系数及其分解

年份	泰尔系数				差异分解	
	全国	东部	中部	西部	省内贡献率（%）	省际贡献率（%）
2000	0.146	0.131	0.101	0.153	48.130	51.870
2001	0.156	0.138	0.103	0.163	49.364	50.636
2002	0.142	0.146	0.096	0.142	46.978	53.022
2003	0.141	0.141	0.098	0.137	46.315	53.685
2004	0.145	0.145	0.096	0.147	44.750	55.250
2005	0.136	0.136	0.099	0.128	51.542	48.458
2006	0.124	0.124	0.089	0.109	51.191	48.809
2007	0.130	0.132	0.090	0.135	48.874	51.126

数据来源：财政部：《全国地市县财政统计资料》（历年）。

---

[1]　黄斌、郝秀宁、董云霞：《"以县为主"和"新机制"改革是否改善了县域间教育财政支出差异》，《教育与经济》2013 年第 6 期。

　　在校际差距方面，由于各类公开的统计资料中均无校级层面的数据，因此我们只能通过实地调查的方式收集数据。为此，我们在东部（江苏）、中部（湖北、湖南）、西部（陕西、内蒙古）分别收集了 16 所小学（8 所重点、8 所非重点）、16 所初中（8 所重点、8 所非重点）和 20 所高中（10 所重点、10 所非重点）的数据。由于目前我国校际差距主要体现在重点学校和非重点学校的差距，因此我们度量校际差距的计算方法是：用调查所得的 2000—2012 年间重点学校的生均经费除以非重点学校的生均经费，用以比较两者间的差距。这个值越接近于 1，表明校际差距越小。在这一过程中，我们用东、中、西部普通中小学在校生数为权数，通过加权平均分别计算重点学校和非重点学校的生均经费，进而得到小学、初中、高中校际生均经费的差距。[①] 计算结果（见图 4-4）表明，自 2000 年后，虽各地中小学校际差距都有所下降，但截至 2012 年，重点学校与非重点学校间的生均经费差距仍十分明显，小学、初中的重点校和非重点校的差距达 1.5 倍左右，而高中重点校则达非重点校的近两倍。与此同时，图 4-4 还显示 2006 年后，校际差距又有所抬头。这表明，尽管近年来各级政府在缩小校际差距方面付出了不

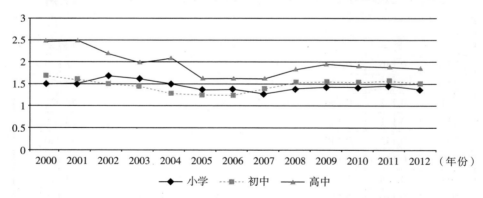

图 4-4　重点学校与非重点学校生均经费差异（2000—2012）

数据来源：课题组调研数据。

[①]　相对于全国的中小学数量而言，这里的学校样本数略少。但由于我们主要是观察校际差距在考察期内的变化趋势，同时由于我们所考察的学校在当地均具有一定的代表性，因此所得到的计算结果，对于了解校际差距的一般情况，仍具有参考价值。

懈努力，但至少在我们所调查的范围内，这种努力的效果有限。

第三，转移支付不够规范，经费使用效率有待进一步提高。就总量而言，目前的教育财政转移支付总量规模已十分庞大，但由于在标准计算、过程管理、责任监督等方面均存在缺陷，大量上级转移支付往往沉淀在中间环节，难以到达财政困难最大的地方。2007 年国家审计署在对全国 54 个县的农村义务教育经费专项审计中发现，有 8 个县未按规定落实应承担资金，总计少承担资金 1350 万元，占应承担资金的 72%；有 29 个县的财政、教育部门滞留应拨付到中小学的农村义务教育资金 1.1 亿元，占同类经费总额的 45%。[①] 另一方面，由于我国直到现在，也未建立起基于县级数据的教育财政充足标准与缺口计算方法，仍使用十分粗放的按东、中、西部确定经费分担比例的方式来均等区域间财力差异，这就使得财政在促进区域教育均衡发展方面，难以达到预期效果。而在一些专项经费的划拨过程中，同样存在着随意性过大的问题，那些具有更强谈判能力的重点学校、发达地区往往具有更大优势，更易获得经费支持，这就使有限的经费无法到达最需要加强投入的学校，影响了公共财政促进教育均衡发展功能的充分发挥。

第三节　影响财政教育投入绩效的原因分析

面对着当前教育财政制度改革过程中所出现的各种问题，既有研究很多都将问题的根源归结于教育财政制度本身的不合理与执行不到位。而我们前面的分析已经表明，具体的教育财政制度或仅是导致问题的一个方面。当我们认真考察分税制改革后教育财政制度的变化后，我们就会发现，包括教育财政制度本身，也是对更为上位的分税制改革的一种回应与调整。不仅如此，越来越多的研究发现，中国独特的分权制度设计同样是造成地方政府在

---

① 国务院：《关于 2007 年度中央预算执行和其他财政收支的审计工作报告》，中国人大网，http://www.npc.gov.cn/wxzl/gongbao/2008-12/25/content_1467414.htm。

包括教育这样的公共服务上出现支出偏好扭曲的重要原因。因此，全面分析影响财政教育投入绩效的原因，亦当教育财政制度本身及更为宏观的制度框架中予以展开。

一、教育财政制度设计不当

人们一般性地认为，中国教育经费的短缺与不均衡是财权与事权匹配不当的结果，因此，需要通过提高财政的集中度与加大转移支付力度来解决这一问题。分税制改革后，教育财政制度的变迁也基本上是沿着这样的一种思路在推进。在强化中央与省的教育投入责任的同时，两级财政对下的教育财政转移支付力度也在大幅加大。但正如前文所分析的那样，相对于大幅增长的教育经费投入，其绩效却并不能令人完全满意，对这一问题的探究仍需进一步深化。

由于我国教育转移支付主要通过纵向财政拨付实现，因此对省以下教育经费保障情况进行分析，需同时考察中央与省级两级政府的财政转移支付，这样我们才能判断，在财政转移支付链条上到底是哪个环节出了问题。[1] 表4-10计算了中央财政在对地方进行转移支付后，中央、省级财政收支占全国财政总收支的比例。结果表明，在接收了中央转移支付后，地方财政并未出现严重失衡，其收入占比还高于支出占比。这表明，中央对省一级的转移支付基本补足了地方收支缺口，它并不是省以下地方政府财权与事权不匹配的主因，前文所述问题更多的还是由省级以下地方政府，在使用和管理中央转移支付经费过程中存在着不当所致。

表4-10 中央转移支付后中央、
地方财政收支占全国财政总收支的比例 (2008—2012)

单位：%

年份	2008	2009	2010	2011	2012
中央收入占比	17.09	11.38	12.32	13.88	11.27

---

[1] 印月：《中国财政支出的教育层次结构问题及改进》，《财政研究》2013年第2期，第60—63页。

（续表）

年份	2008	2009	2010	2011	2012
中央支出占比	20.42	19.99	17.79	15.12	14.90
地方收入占比	82.91	88.62	87.68	86.12	88.73
地方支出占比	79.58	80.01	82.21	84.88	85.10

数据来源：财政部：中国财政年鉴。

现有的研究，比较一致的看法是，教育财政制度本身的缺陷是造成以上问题的重要原因。

第一，教育财政保障缺乏必要的独立性。新中国成立后，我国公共财政对教育的投入长期秉持"先经济、后教育"的原则，这使得一旦经济运行出现问题，教育经费往往成为公共财政中首先被调整的部分。改革开放后，伴随着建立市场经济公共财政制度的努力，教育财政制度建设进程虽不断加快，但却未在根本上解决教育财政的自主性与独立性问题，诸多制度仍只能停留在纸面上而难有实际效果。一个最为明显的例证便是，"4%目标"自提出起，各级政府虽出台各种政策法规对此予以强调，但这一目标仍到2012年才实现。曾晓东等人认为，今天"4%目标"虽已达成，但这一过程更多是依赖了政府行政动员机制，而非取决于规范化的公共财政制度。在"后4%时代"，如继续依赖这种机制来确保教育的充足有效投入，不但长期困扰教育财政工作的"软预算"问题无法得到有效解决，而且这种机制的运行成本也会越来越高，造成更为严重的要素配置扭曲。

第二，政府间教育财政责任不明确。"新机制"实施后，国家对教育支出责任做了进一步的明确规定。相关的政策法规，虽明确规定义务教育须全面纳入公共财政保障，但在保障责任的划分方面，却只是确定了中央和地方按分项目、按比例进行责任分担，对于纵向的政府间财政责任并未做出更为具体的规定。尤其是在中央向省级财政进行转移支付后，省级政府如何具体落实其应承担的统筹协调责任，相关的政策亦无具体规定。由于存在着这种纵向的政府间责任模糊，所以在具体的教育经费保障过程中，地方政府往往更愿意等待中央给予明确的政策，而中央则希望地方政府主动承担责任。这种政府间的博弈，不但影响了教育经费的使用绩效，而且也给政府间的问责与监督带来了困难，从而为政府逃避教育投入责任的机会主义行为留下了较大空间。①

第三，转移支付的比例与额度核定方法不科学。目前，我国基本上是按项目和地区来配置教育经费的。其中，在地区划分方面，我国主要按东、中、西三个区作为确定经费划拨比例的依据。就一般的社会经济发展水平而言，我国的确存在着东高西低的地理空间分布差异。但问题在于，我国是一个内部差异极大的大国，即便是在东、中、西三个地区的内部，社会经济发展的差异也十分显著。表4-11汇总了东、中、西部2014年人均GDP最大的省份和最小的省份。以西部的内蒙古为例，其人均GDP远高于全国大多数省份。但在划拨教育经费时，内蒙古按西部地区划拨，中央和省的比例为8：2，中部的湖北和安徽仅按6：4划拨。这意味着，地方经济实力更强的内蒙古却得到了更多的上级财政补贴。这种粗放的确定教育经费核拨比例的方式，不但起不到均等不同地区财力的作用，反而使省际教育财政差距更为显著。

表4-11 2014年各地区人均GDP比较表

单位：元

地区	人均GDP			
	省份	最大值	省份	最小值
东部	天津	103641.90	海南	38767.66
中部	湖北	47054.75	安徽	34273.80
西部	内蒙古	70936.17	贵州	26371.18

数据来源：国家统计局网站：http://data.stats.gov.cn/easyquery.htm?cn=E0103。

解决以上问题，有赖于建立一套科学合理、切实可行的教育经费投入标准。但到目前为止，无论中央还是地方均缺少这样一个标准。尽管在划拨教育经费时，各级财政部门亦会根据地区教师数、学生数等因素制定生均经费划拨标准，但这样一个标准很多时候仅是教育行政及财政部门根据经验制定

---

① 王强：《我国义务教育财政转移支付的问题及对策》，《教育与经济》2011年第1期，第37—40页。

的一个行政指令，缺少必要的科学论证。另一方面，近年来大量的教育经费以项目经费的形式划拨，但在项目经费划拨方面同样缺少科学的标准与核定方法。那些具有更强谈判能力的地区或学校，往往能在经费方面占据更大优势。由于教育经费划拨标准的制定存在较重的行政色彩，且受到各种主观因素影响，这不但使教育经费的使用效率低下，且容易造成经费分配与使用过程中的不公平。

第四，经费划拨与使用过程监管不力，缺乏必要的问责机制。客观地说，我国对教育事业的发展不可谓不重视，为了给受教育者提供充足且优质的教育服务，国家出台了一系列确保教育发展及充足投入的政策法规。但无论是从学术研究还是人们的经验而言，这些政策法规的执行似乎并没有表现出应有的"刚性"。在教育经费的投入方面，傅勇、张晏通过往计量模型中加入科教兴国战略的虚拟变量，考察这样的政策努力是否会有效提高地方政府的科教文卫支出比重，结果表明，地方政府的支出偏好并未因这一政策而发生显著变化。[1] 而易翠枝、刘峰的实证研究则表明，即便是《义务教育法》这样的国家法律，由于缺乏强有力的制约机制，也无法保证地方政府对教育的充分投入。[2] 王善迈等人认为，尽管《教育法》等相关法律法规明确规定了各级财政的教育支出责任和标准，但自该法颁布以来诸多年份教育经费投入均未达标，造成这一结果的主要原因是由于缺少对相关政府官员的问责机制，地方政府缺乏增加教育经费投入的压力，从而导致教育投入水平长期低于各级政府财政能力可达到的支出水平。[3] 这种"软约束"的存在，一方面导致地方政府在教育投入的过程中，表现出更多的逃避教育经费投入的机会主义行为；另一方面，即便是地方政府在总量上履行了教育经费的投入责

---

① 傅勇、张晏：《中国式分权与财政支出结构偏向：为增长而竞争的代价》，《管理世界》2007 年第 3 期。
② 易翠枝、刘峰：《基础教育入学率、收入与〈义务教育法〉》，《湖南社会科学》2006 年第 2 期。
③ 王善迈等：《公共财政框架下公共教育财政制度研究》，经济科学出版社 2012 年版，第 411 页。

任，但由于"软预算"及监管不力问题的存在，地方政府也难以产生足够的主观能动性，去提高经费使用的效率。

二、地方政府财政支出偏好扭曲

姚继军认为，在中国式分权的制度框架下，地方政府官员出于追求政绩与职位晋升的需要，往往在教育投入问题上具有较强的机会主义行为动机，这同样是造成以上问题的重要原因。[1] 改革开放后，中央政府通过建立以经济增长指标为核心的政绩考核体系及以此为基础的官员晋升机制，在经济与社会管理方面进行分权化改革的同时，实现了对地方官员的有效约束与激励。[2] 这同时也使中国的地方政府面对着独特的激励结构。中国的政府间竞争更多地表现出一种"对上负责"的特征，其行为动力很大程度上来源于政治晋升激励而非地方居民提高福利水平的需要。[3] 教育投资和立刻能彰显"政绩"的经济建设投资相比，外部性强，见效缓慢，因此往往不能充分激发起地方政府的投入积极性。[4]

第一，这种激励扭曲造成了地方政府财政支出偏离本应承担的公共服务责任。李祥玉等人在财政分权的视角之下，对中国县级义务教育财政支出不足的原因进行了分析，他们发现由于缺少足够的教育投入激励，县级政府在财政投入保障的次序上，往往首先考虑的是财政供养人口和社会稳定，然后是服务于地方经济增长的基础建设，诸如教育这样的公共服务开支往往会被这两类开支挤占。在引入了地区虚拟变量后的回归分析表明，这种挤占教育

---

① 姚继军：《中国式分权与教育均衡发展问题的治理》，《南京社会科学》2008 年第 8 期，第 119—125 页。

② Li, Hongbin and Li-An Zhou, Political Turnover and Economic Performance : The Incentive Role of Personnel Control in China , Journal of Public Economics,2005, vol.89, pp.1743-1762.

③ 周黎安：《晋升博弈中政府官员的激励与合作：兼论我国地方保护主义和重复建设问题长期存在的原因》，《经济研究》2004 年第 6 期。

④ 张军、傅勇、高远、张弘：《中国为什么拥有了良好的基础设施?》，《经济研究》2004 年第 10 期。

经费的现象还存在着地区差异，即中西部的县级义务教育支出主要被财政供养人口支出挤占，而东部地区则被基础建设支出挤占。①

　　第二，提高了经费监管难度。北京大学刘明兴等人则通过对西部某贫困县的个案研究发现，即便采取了专款账户管理这样相对严格的监管措施，基层政府为缓解自身的财政支出压力，逃避公共服务支出责任，仍会通过增加人员和办公开支的方式来挪用教育、农业的专项转移支付。该县为了利用快速增长的义务教育转移支付，在 2002—2004 年间，将 60% 的新职工安排进了并不缺人的学校，其中有相当部分根本就不是教师，而是各类管理人员。而那些偏远山区的学校，尽管缺少教师，却无法得到有效的补充。② 这种"隐性"挤占教育转移支付经费的做法，不但大幅增加了监管的难度，也使得大量教育专项转移经费处于增钱不增效的低效运行状态。

　　第三，现有研究还发现，在没有解决基层政府教育投入激励不足问题的前提下，简单地增加教育转移支付反而可能进一步降低地方基层政府利用自身财力提高教育保障水平的积极性。张欢等人通过分析 109 个农业县在农村税费改革前后教育经费支出的变化情况发现，在上级转移支付力度大幅增加后，县级财政教育支出的努力程度反而下降了，教育经费支出占县级财政支出比例不升反降。③ 刘亮等人基于河北省 36 个县的数据，重点分析了教育专项转移支付对县级教育投入的影响，计算表明，上级政府教育转移支付每增加 1 万元，县级教育投入会减少 1.563760 万元，教育专项转移支付的挤出效应十分明显。④

---

① 李祥云、陈建伟：《财政分权视角下中国县级义务教育财政支出不足的原因分析》，《教育与经济》2010 年第 2 期。

② Liu, M., & Tao, R. The Political Economy of Earmarked Transfers in A State-Designated Poor Country in Western China：Central Policies and Local Responses. The China Quarterly, 2009（1）：pp.973-994.

③ 张欢、张强、朱琴：《农村义务教育经费"基础效应"研究》，《清华大学教育研究》2004 年第 5 期。

④ 刘亮、胡德仁：《教育专项转移支付挤出效应的实证评估——基于面板数据模型的实证分析》，《经济与管理研究》2009 年第 10 期。

第四，经费管理行政色彩浓郁，影响经费分配的公平性。周飞舟基于对某省县级义务教育专项资金使用情况的分析，发现由于项目经费的分配并未纳入制度化管理，对其合理性、公平性及使用效率缺少可信的评估机制，基层政府往往会利用自身与上级财政管理部门间的信息不对称，通过诸如虚报需求或夸大本级财政的困难等非制度手段，来获得更多的义务教育专项资金。而在"跑"项目的过程中，拥有经费分配权力的部门与个人的寻租行为，不但为违规与腐败提供了滋生的土壤，还使得本已有限的教育经费分配更加不均，无法用于真正需要的地方。[①]

三、基层政权"悬浮"导致教育经费使用低效

根据西方主流的分权理论与公共品供给理论，由于地方政府在了解地方资源禀赋和居民福利需求方面，比中央政府具备更大的信息优势。因此财政分权有利于提高资源的配置效率，促进地方经济发展和居民福利水平的提高。[②] 哈耶克（Hayek）、蒂博特（Tibeout）等人在激励机制方面解释了分权是如何促进地方政府改进工作的。他们认为，地方居民可通过"用手投票"或"用脚投票"的方式，来选择能够提供合意公共品服务的地方政府。[③] 这就使得不同的地方政府为获取更多政治和经济利益而展开"标尺竞争"（yardstick competition），从而给地方居民带来包括教育在内的更好的公共品服务。[④]

但中国自1993年以后的财政制度演变显然与以上理论描述不同，是一个逐渐集权的过程。本文前面已经论述，进入本世纪后，无论是"以县为

---

① 周飞舟：《财政资金的专项化及其问题：兼论"项目治国"》，《社会》2012年第1期。

② Oates, W.E., A Essay on Fiscal Federalism, Journal of Economic Literature,1993, vol.4, pp.37-42.

③ See Friedrich A. Hayek, The Usage of Knowledge in Society , America Economic Review,1945, vol.35, pp.519-530；Tiebout, Charles, A Pure Theory of Local Expenditures, Journal of Political Economy,1956, vol.64, pp.416-424.

④ Besley, T. and A. Case, Incumbent Behavior：Vote-seeking, Tax-Setting and Yardstick Competition, American Economic Review,1995, vol.85, pp.25-45.

主"还是"新机制",都是财政教育投入应对分税制后,因财政收入上收效应所导致的基层财政教育投入能力下降的政策改进。通过上移乡镇一级教育投入责任到县级财政,并加大上级财政转移支付力度,这一集权化的教育财政制度改革到目前为止的确取得了显著成效。赵立涛认为,中国 2001 年以后的教育财政制度改革,已不再是分权化改革的延续和完善,而是代表了一个新的方向,即由低重心、多渠道的经费收支机制过渡到政府负责、各级政府分担的机制。这样的改革路径,既促成了教育经费的快速增长,也提高了教育经费的公平程度。[①]

但另一方面,也有研究者注意到,财政集权化改革在减轻基层财政支出压力的同时,也对原有治理模式形成了冲击。基层政权上移财权后,本身的治理能力亦受到了削弱。尤其是,原来在农村治理中承担主要责任的乡镇政权,在逐步丧失财权后,已难以履行真正的治理职能,相反,由于县级及以上政权掌握了更大的资源配置权力,反而发挥了更大的基层治理作用。周飞舟认为,在经过财政集权化改革后,中国的基层政权已由"汲取型"政权过渡到"悬浮型"政权。[②]

我们在调研的过程中,发现类似的情况同样存在于基层教育财政管理的过程中。尤其在实施"以县为主"和农村税费改革后,乡级政权对教育发展的保障责任几乎被完全消解,县级财政往往直接取代乡财政的财政投入与管理角色,在"校财局管"机制下,将经费归口县教育局并按规定予以使用。这样的做法,虽有效地保障了教育经费的专款专用,杜绝了乡政府挤占挪用教育经费的现象,使教育经费的使用和管理更为规范。但正如主流分权理论所主张的那样,层级更低的政府由于比上级政府更具信息优势,因此分权有利于提高资源的配置效率。[③] 而地方政府间为争取政治和经济竞争优

---

① 赵立涛:《中国义务教育经费体制改革:变化与效果》,《中国社会科学》2009 年第 4 期。

② 周飞舟:《从"汲取型"政权到"悬浮型"政权:税费改革对于国家和农民关系之影响》,《社会学研究》2006 年第 3 期。

③ Oates, W.E., A Essay on Fiscal Federalism , Journal of Economic Literature,1993, vol.4, pp.37-42.

势而展开的"标尺竞争",又使公共品的供给能够得到优化,从而更好地满足地方居民的需求。[1] 丁维莉等人认为,尽管存在一些问题,教育财政的分权体制仍不失为当前条件下,激励地方政府提高教育供给质量和效率的有效机制。[2] 因此,在具体的基层教育管理过程中,分权给层级更低的政府往往更容易实现更高的资源配置和使用效率。而在"以县为主"体制下,因财政集权形成的政权"悬浮"则会对教育经费使用效率带来不利影响。

第一,教育经费使用手续烦琐,信息沟通不畅。在我们的调研过程中,无论是财政部门及教育行政主管部门的工作人员还是中小学校长,均对当前烦琐的经费使用流程颇有微词。根据相关的财务管理规定,中小学的所有日常开支都要向教育局申请,经教育局和财政局批复后才能购置或报销。这一过程,比原先有乡政府负责学校开支时,要烦琐许多。这不但极大地增加了相关工作人员的工作量,而且也常常在购置学校急需的教学设备时,无法保障设备及时到位。同时,由于县级行政主管部门,对学校情况远不如乡级政府了解,这样在经费使用的过程中往往存在着信息沟通不畅的情况。学校在申报预算时,往往会利用双方的信息不对称刻意做大预算开支或夸大经费困难,以争取更多的经费;另一方面,作为管理方的县级行政主管部门,也由于不了解学校的具体情况,而导致资源配置不当。

第二,经费浪费严重。与第一点相关,我们的调研还表明,尽管在"以县为主"体制下,县乡学校的经费保障状况得到了一定的改善。但与经费增加相伴随的,往往是更为严重的浪费。调研过程中,我们曾就政府采购问题向全国各地区 31 所中小学校长、教育行政及财政管理部门的工作人员了解情况。绝大多数的中小学校长反馈的情况都是经政府采购的物品,不但可选择余地小,而且在很多时候价格都要略高于市场同类商品价格。不但如此,在有些时候,由于各校情况不尽相同,政府部门按一般标准为学校配置

---

[1] Besley, T. and A. Case, Incumbent Behavior：Vote-seeking, Tax-Setting and Yardstick Competition, American Economic Review,1995, vol.85, pp.25-45.

[2] 丁维莉、陆铭:《教育的公平和效率是鱼和熊掌吗? ——基础教育财政的一般均衡分析》,《中国社会科学》2005 年第 6 期。

设施设备时，往往无法顾及这种校际差别，从而造成浪费。我们在调研过程中曾了解到，江苏某县教育局为解决农村学校冬季教室取暖问题，通过政府采购为区内农村学校配置了大功率取暖器。但当设备运到学校才发现，有些学校的电路由于建设标准较低，根本无法荷载这些取暖器，新买的设备只好闲置。

第三，易导致政校关系扭曲。一方面，如前所述，在"以县为主"体制下，很多经费都是以专项的形式下拨。但在项目审批过程中，很多时候缺少客观科学的审核标准，一个学校是否能够得到这样的专项，往往取决于学校的谈判和沟通能力。另一方面，在财权上移的过程中，学校自身的管理自主权也受到了部分限制。比如，大多数受访的校长反映，由于现在教师工资都是由县里直管，学校虽在名义上实行了绩效工资，但工资真正的管理权其实仍在上级主管部门，学校可以用来激励教职工的经费寥寥无几。类似的情况，使得学校在办学过程中，更加依赖于政府，难以真正做到自主办学。以上两方面的问题都表明，经过教育财政制度集权化改革，上级政府对学校的资源配置拥有了更大话语权，在这种情况下，尽管国家力图通过更为严格和规范的规章制度，确保经费分配过程中的公平公正，但在实际实行的过程中，各种权力寻租现象仍然屡见不鲜，学校自主管理的权限也受到了一定的影响。

第四节 "后4%时代"公共教育财政制度的改革建议

长期以来，教育的财政保障问题一直是人们关注的一个热点问题，教育财政体制改革在公众关注与现实需求的双重推动下不断前行。前面的研究表明，这样的一种改革虽然成效显著，但问题与困难同样不容回避。在我国的教育财政业已步入"后4%时代"之际，通过大力推进确保教育优先发展的公共财政体制改革，更好实现财政对教育改革的保障功能，已成为政府与公众的共同话题。这一过程中，既包括"财"的问题，即通过制度化的措施，保障教育经费的充足投入与结构合理，使教育经费能够得以高效率的使用；也包括"政"的问题，即将教育财政保障问题纳入到政府职能转变与公共治理变革的整体制度框架当中去理解与改进，以整体化、系统性的制度设计，构建"后4%时代"的公共教育财政管理体制。

一、进一步理顺教育财政与公共财政之间的关系

教育财政作为公共财政的重要组成部分，无法脱离公共财政的整体制度框架而独立存在。对教育改革的财政保障问题进行讨论，不应仅仅局限于教育财政的范畴之内，还必须从更为宽广的政策调整与制度变迁的视野来认识与分析当前教育财政运行中所存在的问题。

一方面，要进一步强化教育财政在公共财政中的自主性与独立性，使之在"分蛋糕"的过程中拥有更大的话语权，能够充分依据教育的客观需求来确定教育财政投入的力度，避免因其他因素而导致教育财政的无序波动。尤其是，"后4%时代"的教育财政必须逐步摆脱对行政体系的过度依赖，通过公共财政体制的改革与完善推进教育事业的持续发展。[①]

要实现这种转变，首先要在公共经费的分配与使用过程中，赋予教育财政相对独立与充裕的收入来源。在这方面，教育经济与财政的相关研究已经做了大量的讨论，也提出了一些建议。概括而言，一是通过税制的改革，进一步拓展税收渠道，建立独立的教育税系，来保证足够的社会财富通过财税渠道转化为教育投入；二是实行教育经费单列，从而使教育经费的投入与使用，尽量避免其他因素的干扰；三是通过学费制度的改革，通过制定合理的收费标准，对非义务教育阶段的教育成本予以补偿，同时建立有效且合理的学生资助体系，确保贫困学生不会因提高非义务教育阶段学费而丧失受教育机会；四是创新金融制度，拓展教育融资渠道，可通过建立教育发展银行、发行教育彩票或教育债券等方式，为教育的改革与发展筹集更为充裕的

---

① 曾晓东、龙怡：《后4%时代，路该怎么走——对各省区市 2012 年财政性教育经费使用情况的调研与思考》，《光明日报》2013 年 3 月 19 日第 015 版。

资金。① 这些建议虽着眼点各有不同，但究其整体思路而言，都是通过赋予教育财政更为独立与充裕的经费来源来实现对教育改革的有力保障。这样的思路同样有助于教育财政摆脱对行政体系的过度依赖，增强教育财政在公共财政中的独立性。就以上建议的可行性而言，由于税收手段牵扯面较多，且新开教育税种与国家简化税制的改革趋势不符，因此较难实现。而教育经费单列、提高非义务教育阶段学费和创新教育融资制度则有较大的实施空间，可积极开展相关方面的改革尝试。

另一方面，也是更为重要的方面，是要进一步转变政府职能，弱化政府经济建设功能，强调其在公共服务过程中的主导责任，建立与完善教育财政充足投入的决策、执行与监管体系，强化对政府财政保障责任的问责与追责，使政府保障教育发展的财政责任落实到位。如前所述，除投入总量问题外，在中国式分权的制度框架下，地方政府教育供给积极性不足同样是造成教育经费短缺的重要原因。因此，为确保教育财政在地方财政配置过程中的地位，在一般性的财政政策调整外，还应当考虑包括组织人事制度在内的更为广泛的制度改革。第一，应健全并完善全面合理、科学高效的地方政府官员政绩考核体系，提高教育在地方官员政绩考核与职务晋升考察中的权重，充分调动地方政府发展教育事业的积极性。② 第二，强化对基层政府的问责，杜绝截留、占用、挪用教育转移支付；对经费使用过程中的违规行为，要及时追责，提高地方政府机会主义行为的成本。第三，推进地方政府政务公开和强化公众监督，增加义务教育财政转移支付经费使用的透明度，适当扩大地方民众参与政府教育管理的机会。由于地方民众对自身教育福利状况有着有更直观、更深切的感受，民众参与度与话语权的提升，无疑将使地方政府在义务教育经费保障方面，更加关注民众的需求。

① 李永贤：《新中国成立后解决教育经费不足问题的探讨》，《国家教育行政学院学报》2005 年第 4 期。

② 姚继军：《中国式分权与教育均衡发展问题的治理》，《南京社会科学》2008 年第 6 期。

二、明确与合理划分政府的教育财政保障责任

这方面，包括两个维度的改革。一是在横向关系上，要进一步明确公共财政对教育改革的保障范围与投入重点，厘清政府、市场和社会的关系。近些年，通过强化政府教育财政投入责任和提高教育财政支出责任主体结构重心，"4%目标"最终得以实现。但在这一过程中，教育财政保障"缺位"和"越位"的问题依然存在。

对于教育财政的"缺位"问题，即保障不足问题，应通过加大保障力度，调整保障结构予以解决。首先，本文的计算表明，即便是实现了"4%目标"，我国的财政性教育经费投入比例依然偏低，在综合考虑了经济发展水平、政府财政能力与教育需求等因素后，财政性教育支出占 GDP 的比例至少应提高到 4.5%以上，才能达国际平均水平。这意味着，进一步增加教育经费的投入仍是公共财政今后的重要任务。其次，本文的计算还表明，相对于高等教育而言，中国的基础教育生均成本指数仍低于国际平均水平，教育经费总量不足的问题主要出在对基础教育的保障没有充分到位。在各级教育中，进一步加大对高中阶段学校的投入、提高高中的普及率应成为"后4%时代"财政保障的重要任务。最后，现实中依然存在的各种教育不均衡现象也表明，公共财政在促进教育公平、公正方面，仍有大量的工作需要去做。尤其是，在"普九"等"托底"任务已基本完成的情况下，"后4%时代"的公共教育财政应更好地完成为受教育者平等而充足地提供优质教育资源的任务。

而对于教育财政的"越位"问题，是指在教育保障的过程中，公共财政管了不该管的事务或对某些事务管得过多过细。这一问题的本质是政府与社会、市场关系的扭曲。而要解决这一问题，首先，要通过财税制度的调整，理顺政府、学校与市场的关系，积极引导社会力量办学，通过管理机制的改革与制度建设，鼓励政府外的机构管理经营公办学校；尤其是，应使公共财政对教育的保障更多地从学校人事管理、设备采购、设施建设与维修等微观管理当中脱离出来，建立和完善学校法人治理制度，增加学校办学自主权。

二是在纵向关系上，要合理划分各级政府间的教育财政保障责任。在公共财政的分权化改革过程中，尤其在分税制改革后，基层政府教育发展责任与财政能力之间矛盾逐步凸显，进而带来了诸如基础教育投入不足和发展不均衡等诸多问题。在"后4%时代"，通过不断上移财政支出责任主体的方式，虽改善了基层教育经费短缺的情况，但也带来基层政权悬浮和经费使用效率低下等新问题。因此，进一步调整各级政府的教育财政保障责任仍是今后教育财政制度改革的努力方向。一方面，考虑到我国是个内部差异巨大的大国且县级财政能力有限，应进一步强化省级财政的教育经费统筹协调功能，以更好地满足基层财政的经费需求并实现教育经费的均衡配置；另一方面，鉴于基层政府在应对地方教育需求方面，具有更大的信息优势，因此，应在教育发展事权方面进一步强化基层政府的责任，在科学核定经费核拨标准的基础上，考虑采取经费包干的形式，在教育事业费、教育公用经费等基本经费的使用方面给予基层财政及学校以更多的自由裁量权，以解决基层政权悬浮而带来的教育经费使用低效问题。这样的思路，是对各级政府的教育经费供给与管理责任的进一步的明确，即中高级财政主要解决"钱从哪来"的问题，通过充分发挥中高层财政的税收与财力优势，加大对教育经费的供给力度，改善经费供给的均衡程度；而基层财政则主要解决"钱怎么花"的问题，通过信息优势发挥，更好地满足地方教育改革的需求，提高经费使用效率。

三、提高公共财政保障教育改革的能力

首先，应进一步推进教育财政管理手段创新，加强相关法规建设，推进财政保证教育发展的法治化进程，实现由主要依赖行政手段向注重经济与法律手段的转变，提高教育财政管理的科学化、现代化水平。第一，应进一步推进教育财政的法治化。公共教育财政是法治财政，这既是防止政府财政随意性的需要，也是提高财政效益的需要。这部分改革应重点关注如何优化财政投入的决策、实施及监督机制建设问题，尤其是，如何硬化教育财政预算，强化预算审批的程序管理，在此基础上，探讨全面促进包括教育财政投

入在内的公共财政管理的公开、公平和公正，最终形成"阳光财政""民生财政""科学财政""公正财政"。事实上，自20世纪80年代起，我国就启动了完善教育立法的工作。目前，我国已出台了《教育法》《义务教育法》《教师法》《高等教育法》《民办教育促进法》等教育专门法规，但"教育经费法"的立法工作却一直没有启动。在"后4%时代"，我国迫切需要一部专门的教育经费法律，在法律层面上，对教育经费的来源与筹措、分配与使用、管理与审计、违法责任追究等问题予以明确。第二，应进一步提高教育财政管理的专业化程度，强化教育财政信息的收集、管理与分析，充分听取专家学者和技术官员的意见建议，以更为科学、先进的工作手段开展预算编制、经费测算和绩效评价等工作。

其次，完善教育财政转移支付制度，进一步促进教育均衡发展。在当前的教育管理体制下，提高基层政府的教育财政保障能力，是推进教育改革的关键所在。而本文前面的分析已表明，教育财政转移支付是我国匹配教育财权与事权的主要方式。因此，进一步完善教育财政转移支付，尤其是省以下的教育财政转移支付，便是提高公共财政教育保障能力的重要任务。第一，应进一步减少转移支付中间环节，积极推进省直管县改革。本文前面的分析表明，省以下的转移支付是发生经费截留、挪用的主要环节，减少中间环节将有效避免这一问题。而既有经验表明，在一些实行了教育财政省直管县体制的地方，由于政府间的财政转移支付更向县乡政府倾斜，从而使得县级财政获得了更多的上级教育财政转移支付，进而能够更为从容地安排县域内的教育支出。[①] 第二，以县为对象，在综合考虑财政能力、教育需求、地区特征等因素的基础上，构建科学规范的转移支付模型，定量计算转移支付额度，避免这一过程中的主观性和随意化。就模型的功能而言，既要补偿基层政府因财力不足而导致的教育经费缺口，同时也要发挥激励基层政府利用自有财力进行教育投入的作用。只有这样才能避免基层政府有力不出，通过讨

---

① 张光：《转移支付对县乡财政教育支出的影响——以浙江、湖北、陕西为例》，《教育与经济》2006年第2期。

价还价索取更多上级转移支付的机会主义行为，有效提高基层财政教育投入的努力程度。① 第三，加强对义务教育转移支付的监管，大力推进相关政策法规的制定。目前我国对数额庞大的转移支付进行规范管理的，仅有 1995 年国家财政部门制定的《过渡期财政转移支付办法》这一部部门规章。该办法行政色彩浓厚，缺少刚性约束，已严重滞后于现今的转移支付管理形势。如何通过法律、法规的完善来规范义务教育转移支付的监管，使之步入制度化、法治化的轨道，已成为当务之急。第四，还可以考虑建立地方政府间的横向教育援助与财政转移支付制度，即在系统调查劳动力流动的情况下，采取劳动力流入地向劳动力流出地补贴的办法，补偿劳动力净流出地的教育成本，保护当地政府发展教育事业的积极性。

四、制定适合我国国情的地方政府教育财政充足保障的标准与办法

在"4%目标"已经实现，财政保证教育发展的水平不断提高的背景下，继续以该指标衡量教育财政的保障水平，其科学性与合理性已不能满足形势需要。及时调整财政保障教育发展的思路，实现公共财政对教育发展由"基本保障"到"充足保障"的转变，已成为当下教育财政改革过程中亟待解决的问题。

所谓教育财政的"充足"（adequacy）标准，不仅指继续提高教育经费的投入总量，更重要的是，它是一种以结果作为导向的经费投入原则与方法。美国在 20 世纪 80 年代以后，基础教育财政保障的思路已由重点关注"公平"转向更为重视"充足"，在教育经费投入过程中，公共财政将投入"足够的"的教育资源，为所有学生提供同等学习机会和实现学生各种发展可能（包括有特殊需求的学生）为目标，确保每位学生都能获得作为个体和社会成员所必需的、达到一定质量标准的教育。② 基于此，美国从联邦政府到各州政府均出台了一系列政策法案，强调了教育投入与教育结果之间的关

---

① 董新良、肖军虎：《义务教育经费财政转移支付量化研究》，《教育与经济》2007 年第 1 期。

② Michael F. Addonizio. From Fiscal Equity to Educational Adequacy：Lesson from Michigan. Journal of Education Finance, Spring 2003, Vol.28：pp.457-484.

联，建立了结果导向的基础教育财政成本核算与经费投入模式，在相关的教育财政诉讼案中，确立了以"充足性"取代资源分配公平性的司法干预原则。① 尽管我国的国情与美国有较大差别，但在科学核算教育成本、合理评价教育教学成果、推进教育高水平公平、提高教育质量等方面，美国的经验仍对我国具有重要参考价值。基于此，确立以"充足"为标准的教育财政保障目标，应是我国公共教育财政改革今后一段时间内的努力目标。

第一，在教育财政保障思路方面，需要实现由"达标"到"充足"的转变。就我国义务教育经费的支出结构而言，无论是学校的经常性支出还是中央的教育财政转移支付，其中大部分的经费均用于保普及、保工资、保运转、保安全等基本办学需求，用于提高教育教学质量的经费比例明显偏低。② 这样的一种财政保障方式，在教育普及任务基本完成的今天，已无法满足公众对优质教育资源的强烈渴求。进一步提高教育财政保障水平，使每一位受教育者都能在"有学上"的基础上"上好学"，是教育改革对教育财政保障提出的迫切要求。

第二，应通过教育财政的充足保障实现教育的高水平公平。人们往往认为，财政在推进教育公平的过程中，应更多地发挥"托底"功能，在"公平"与"充足"的次序上，后者的实现应以前者为基础。而美国基础财政政策演变的过程，则提供了看待这一问题的另外一个视角。以 1989 年肯塔基州罗斯诉讼案（Rose v. Council for Better Education）为开端，美国在教育财政诉讼案中，更多地将"充足性"作为教育财政的首要目标。其理由在于，在兼顾财政中立、水平公平与垂直公平的条件下，"充足"本身就是"公平"的题中应有之义，因为，只有为每一个孩子提供实现更高成就的充足保障条件，才能在教育的过程与结果上保障公平。从这个角度而言，"公平"与

① 李祥云：《美国基础教育财政政策演变及启示》，《比较教育研究》2009 年第 2 期。
② 王强：《我国义务教育财政转移支付问题及对策》，《教育与经济》2011 年第 2 期。

"充足"并无本质区别。[①] 也正因如此，教育财政对于教育公平的保障就不应仅局限于资源配置的均等化，在将教育投入与产出紧密联系之后，基于充足性基础之上的基础教育财政应兼顾公平与效率，通过"填谷造峰"推动不同学校共同发展，追求更高水平的教育公平。

第三，确立科学合理的"充足"保障标准及相应的保障模式。如前所述，尽管近些年来，教育经费投入增加较快，但由于缺少科学的标准核算和监督管理手段，人们对到底投入多少经费才算"够"以及如何保障这些经费用到该用的地方等问题，并未找出规范化、制度化的解决方案。而就美国充足性教育财政改革的经验来看，通过建立指向教育结果的制度化的经费核算、使用与绩效评价体系，在提高经费的预算刚性、使用效率及地方政府投入积极性方面均取得了积极的成效。这样的经验显然对推进中国公共教育财政的改革仍然具有参考借鉴价值。

---

① Robert Berne, Leanna Stiefel. Concepts of School Finance Equity：1970 to the Present .See Helen F. Ladd, Rosemary Chalk, and Janet S. Hansen. Equity and Adequacy in Education Finance：Issues and Perspectives, Washington D.C：National Academy Press,1999：pp.21-26.

第五章　教育改革的人才市场支持

在教育改革的诸多社会影响因素中，人才市场属于一个特别的重要因素。总体来说，人才市场通过人才这个中介对整个教育改革发挥着一种倒逼性影响。人才市场作为整个教育系统所培养出的各级各类人才的质量检测站和数量评估所，直接关系着教育改革特别是高等教育和中等职业教育改革的成败得失评价。因此，教育改革需要人才市场的支持。

第一节　教育改革与人才市场的关系

《教育规划纲要（2010—2020）》明确将提高质量作为教育改革发展的核心任务，将促进人的全面发展、适应社会需要作为衡量教育质量的根本标准。什么样的人才市场才能更有利于提高教育质量、促进人的全面发展？人才市场怎样才能最有利于促进以高质量人才培养为根本目标的教育改革？回答这些问题就要先弄清楚人才市场与教育改革的关系及其影响。

一、教育改革与人才市场关系的性质

（一）人才市场的含义和特征

人才作为一般意义上的高级劳动力，指的是具有一定专业知识或专门技能，进行创造性劳动并对社会作出贡献的人，是人力资源中能力和素质较高的劳动者。[①] 从当下的社会共识来看，主要是指受过高等教育或中等职业教

[①]　这是《国家中长期人才发展规划纲要（2010—2020）》中的定义，具有较为广泛的共识。

育的人，作为具备一定专业知识或专门技能的大中专毕业生不同于一般劳动力，属于高级劳动力。相应地，所谓人才市场就是高级劳动力市场。狭义的人才市场主要指的是人才流动的交易场所或从事人才流动、开发、配置服务的一类组织机构。[①] 从教育改革的角度来说，人才市场就是包括教育主要是高等教育和中等职业教育毕业生（以下简称大中专毕业生）构成的人才供给方和用人单位构成的人才需求方为主体形成的人才交易场所及其制度安排。[②]

教育视角的人才市场属于初级人才市场，其主体成分是大中专毕业生就业市场[③]，主要是将教育所培养的合格毕业生作为人才（潜在的人才）推向市场，以满足用人单位人才招聘需求的市场交易活动。这种由社会用人单位专门面向大中专毕业生开展人才招聘、进行市场交易活动的专业人才市场，既有人才市场的一般特征，也有其特殊性。

从市场组织主体及功能看，主要是由隶属于当地教育行政主管部门的专门机构（一般为"大中专毕业生就业指导中心"这一事业单位）、教育举办机构（一般为毕业生所属学校）或双方联合举办的，邀请用人单位面向本地应届大中专毕业生开展专门的人才交易活动；活动具有季节性和集中性特征，一般每年上半年集中举行一两场大型人才交流活动。在市场功能上主要是将人才从生产环节推向流通和分配环节，实现人才的初次配置。

从市场构成要素看，主要包括作为商品的人才、作为商品卖方的大中专毕业生及其培养和输出单位、作为商品买方的人才招聘单位等三大主体。大中专毕业生作为人才进入到市场中具有两重性，成为一种特殊的商品，即作为形式上的交易对象（实质对象是劳动力）属于商品，作为人才供给方则又属于市场交易主体。

---

① 唐志敏：《人才配置与人才市场》，党建读物出版社 2008 年版，第 64 页。
② 赖德胜：《2012 中国劳动力市场报告——高等教育扩展背景下的劳动力市场变革》，北京师范大学出版社 2012 年版，第 140 页。
③ 各地教育行政主管部门下属事业单位"大中专毕业生就业指导中心"有一项工作职责就是负责审批和指导各市、大中专院校举办毕业生就业市场活动。

从交易过程中市场要素间关系看，在人才被视为纯粹商品的意义上，作为人才供给方的教育机构和作为人才需求方的用人单位之间构成了卖方和买方的市场关系。但事实上，作为人才培养和输出单位的教育机构仅属于形式上的人才供给方，毕业生和用人单位才是真正的市场交易双方，在双向选择的市场交易活动中，具体交易行为是由毕业生自主决定和自行完成的。基于毕业生作为商品的特殊性，在其作为纯粹商品时，毕业生和用人单位之间构成了卖方与买方的关系，在其作为交易主体时，毕业生和用人单位之间又形成了买方与卖方的关系。

从市场交易特征看，人才交易活动是按照自主选择、自由协商、公开竞争的市场原则进行的，双方一般不会形成固定的供求关系，具有多种可选择性，每笔交易的完成都可看成是偶然的；人才交易活动可在固定的时间和地点进行，也可在任何时间和场所进行，一般是在专门举行的人才招聘会上达成交易意向的。

从毕业生就业角度看，作为人才生产者（培养主体）的学校和作为人才经营者（交易主体）的毕业生所面对的买方市场，其构成主要包括作为潜在用人单位的企事业单位、人才需求满足能力、人才需求欲望等三要素，人才交易价格主要是由人才需求方依据市场供求状况及人才质量自行确定的，交易过程中用人单位具有更大主动权和更多选择权。

从教育主体角度看，学校既是人才培养和输出单位，也是人才交易中介组织，还是社会用人单位，拥有人才需求的学校也是人才市场交易主体，能否获得所需人才关系到学校师资队伍建设质量和可持续发展问题，对教育教学质量提高和教育改革都有重要影响。因而，在学校作为人才培养和输出单位与人才需求方两重意义上，人才市场都会直接影响到教育改革。

（二）人才市场与教育改革关联的中介机制

从教育改革的角度说，无论是教育系统内部要素改良和结构优化、教育运作体制改善和运行机制改进，还是学校内部管理体制改革、教育教学方法改革，都是为了提升教育发展水平和学校办学水平，最终都是要具体落实在所培养的人才上，提高人才培养质量始终是教育改革的根本目标所指，人才质量也就成为衡量教育改革的最终标尺。《教育规划纲要（2010—2020）》提出：提高质量是高等教育发展的核心任务。中等和高等职业教育要把提高质量作为重点，以服务为宗旨，以就业为导向，推进教育教学改革，以满足经济社会对高素质劳动者和技能型人才的需要。2011 年 2 月 8 日，国务院办公厅印发《关于开展国家教育体制改革试点的通知》，明确要提高高校人才培养质量，继续推动新一轮以社会需求为导向的高等教育改革。教育所培养的人才最终要走进国家经济建设和社会发展的主战场，进入到各行各业劳动岗位中。这就出现了如何将学校教育所培养出数以百万计的不同专业类别、不同学历层次、不同就业需求的毕业生分别合理、按需配置的问题，反过来说，就是在人才的专业类型、数量规模、质量规格等方面存在不同需求的行业部门和用人单位如何才能经济、高效、按需获得所需大中专毕业生的问题。解决这种大中专毕业生就业与用人单位人才需求之间的人才配置问题，当下最合适、最现实的方式就是人才市场。正是在人才市场中，大中专毕业生接受着用人单位的考核评价和比较选择，这种人才质量的市场评价本身又直接关涉到教育教学质量评价，进而关联着教育改革的成败得失评价。

　　总体来说，人才作为人才市场核心要素，直接关联着作为人才需求主体的人才使用方即用人单位及其所属社会系统；人才作为教育改革的根本目标所指，直接关联着作为人才供给主体的人才培养方即大中专学校及其所属教育系统。从而，人才构成了人才市场与教育改革之间连接的中介，成为作为人才培养单位的学校及其所属的教育系统与作为人才聘用单位的行业部门及其所属的经济社会之间连接的中介。从人才作为商品的角度来说，作为教育与人才市场之连通中介的人才分别于这两大实践领域中实施并完成了自身的生产、流通、分配和消费等基本环节的全过程。其中，人才生产是由教育实施和完成的，人才流通和分配是在人才市场中实施和完成的。基于"需求决定供给"的市场逻辑，人才消费状况逆向影响着人才生产活动，其中主要涉及的是人才作为商品的数量规模、结构层次、质量规格以及需求偏好等方面内容。这种逆向性影响机制之一就是人才流通和分配过程中对于人才的选择与评价。具体来说，就是用人单位在人才招聘过程中对于大中专毕业生的选择和评价本身，直接反馈性地影响到教育教学质量评价，进而关联着教育改革的成败得失评价。与此相关的是人才交易活动的效率和效果受到人才市场体制和机制等因素影响，而人才交易活动的效率和效果本身最直接的表现之一就是大中专毕业生就业状况，包括个体性的就业速率、就业满意度和整体上的就业率、就业质量等，显然这又直接关系到作为人才培养主体的教育之改革和发展的成败得失评价。

综上可见，人才市场对于教育改革的关联和影响，在于通过人才（大中专毕业生）这一中介因素、用人单位的人才（大中专毕业生）选择与评价这一核心机制、人才（大中专毕业生）就业状况这一实践表征而具体实施并最终实现的。当然，人才市场与不同性质类型的教育之间关联性质并不相同，如人才市场与作为人才直接输出单位的高等教育和中等职业教育之间是直接关联，而与普通中等教育和初等教育之间是间接关联。人才市场与不同性质领域的教育改革之间的关联强度也有区别，如人才市场与人才培养模式改革、教育教学方法改革等存在着直接的强关联，而与学校内部分配制度改革、人事制度改革、后勤体制改革等存在着间接的弱关联。但整体上来说，人才市场总是基于人才培养这个中介机制与教育改革密切关联着。

（三）人才市场对教育改革影响的性质

党的十八大报告指出："要推动实现更高质量的就业。就业是民生之本。"就业是国家政治与经济景气的最重要指标。[①] 在理论和政策上越来越强调教育特别是高等教育和中等职业教育服务于经济社会发展实际需要的宏观背景下，在实践中政府部门和社会大众越来越重视大中专毕业生就业的微观情境中，教育所培养的人才对于人才市场需求的适应状况和满足程度，客观上已成为检验人才培养质量、评判教育教学和学校办学水平，乃至于衡量教育改革成败得失的实践标准和最终标尺。正如教育部高校学生司前司长瞿振元所言：

---

① 麦可思研究院：《2012中国大学生就业报告》，社会科学文献出版社2012年版，第1页。

1985 年的《中共中央关于教育体制改革的决定》，把招生和就业作为教育体制改革的突破口对待。当时提出的指导思想是"教育为现代化建设服务，现代化建设必须依靠教育"。这其实是教育发展中非常重要的思想，是对教育和发展的关系、教育和经济社会的关系的很重要的表述。在这一思想下，把就业制度作为教育改革的突破口，从就业状况回过头来看招生是否适合，看教学内容是否适合社会需要。因为学校教的内容对不对，课程的组织行不行，都要以就业是否满足社会需要来衡量。①

在具体的政策实践中，大中专毕业生对于人才市场需求的适应状况和满足程度主要体现为就业率和就业质量两大指标。就业率包括总体性就业率和结构性就业率，前者既可以是以学校为单位的总体性就业率，也可以是以地区或国家为单位的总体性就业率，后者主要指的是不同专业类别、不同学历层次、不同教育类型的就业率等。就业率反映的是教育所培养的人才在数量上适应和满足人才市场需求的状况。就业质量主要包括就业满意度、职业期待吻合度、薪资水平、工作与专业相关度、离职率等指标内容②，反映的是教育所培养的不同专业类别、学历层次、教育类型、素质水平、就业需求偏好的人才与人才市场需求及其工作环境之间的匹配状况。无论是就业率的高低还是就业质量的好差，都与人才市场存在着密切关系，既取决于整个经济社会发展所决定的人才需求状况，也受到人才市场本身在人才流通和分配等交易活动过程中客观条件的影响和制约，包括人才需求信息服务机制、人才流动配置机制、人才选拔任用机制、人才评价发现机制、人才激励保障机制等。人才市场正是通过这些因素对于大中专毕业生就业状况产生着总体性影响。

实际上，毕业生就业状况已成为当下高等教育教育质量检测的重要

---

① 中国高等教育学会：《改革开放 30 年中国高等教育改革亲历者口述纪实》，教育科学出版社 2008 年版，第 100—101 页。

② 麦可思研究院：《2012 中国大学生就业报告》，社会科学文献出版社 2012 年版，第 77 页。

标准。"高等教育质量高低的一个重要体现就是毕业生就业状况，事实说明，如果一所学校的毕业生多数难以就业，就不能说这所学校的教育质量是高的。"[1] 从现实情况来看，大学毕业生是否符合社会需要、培养质量是否能够满足招聘和录用单位的要求，已经成为中国高校普遍面临的一个重要课题。[2] 毕业生就业状况对教育改革影响的内容领域相当广阔，影响的实践后果也相当严重。从人才培养角度看，人才的数量规模和结构类型就涉及不同类型学校的比例设置，涉及不同类型学校、不同层次教育、不同专业类型招生的规模计划，涉及人才培养目标定位、人才培养模式选择、人才培养条件配置、人才培养质量管理等方面的制度安排和实践保障，涉及毕业生就业观念培养、就业技能培训、就业计划指导、就业条件创设、就业过程服务、就业质量评估等方面的就业支持体系和工作机制。这些都属于教育教学工作的基本内容和学校办学工作的核心任务，也是教育改革的基本内容和根本指向，直接或间接关系到教育改革的方方面面。可以说，毕业生就业对于教育改革（首要是高等教育和中等职业教育）的影响范围之广、影响程度之深、影响性质之重都是不言而喻的，影响效果也越来越明显。

在当前大中专毕业生就业形势愈益严峻、就业难问题愈益突出的总体背景和巨大压力下，大中专毕业生就业状况对于教育改革（首要是高等教育和中等职业教育）已经产生了一种倒逼作用。毕业生就业状况如同一个后置的风向标和指挥棒，对以人才培养为核心任务和根本指向的教育改革形成了一种倒逼效应，客观上直接倒逼着高等教育和中等职业教育的改革和发展，特别是在招生数量规模、培养质量规格和就业服务规程等三大环节上的制度安排和实践保障方面，要求做到最有利于毕业生就业状况的不断改善。由于在很大程度上毕业生就业状况受制于人才市场，属于人才市场总体状况的一种反映，因而也可以说，人才市场对于教育改革产生了一种倒逼作用并进而形

---

① 袁贵仁：《深入学习实践科学发展观不松懈不动摇全力以赴做好 2010 年高校毕业生就业工作——在 2010 年全国普通高等学校毕业生就业工作网络视频会议上的讲话》，《中国教育报》2009 年 11 月 23 日。

② 麦可思研究院：《2012 中国大学生就业报告》，社会科学文献出版社 2012 年版，第 1 页。

成了一种倒逼效应。在"逼"的层面上意味着毕业生就业和人才市场相对于教育改革来说是实践中的本位所在，教育改革要适应和满足毕业生就业和人才市场的需求，服务于毕业生就业和服从于人才市场需求，而不是相反。在此意义上，这种倒逼性影响具有"后发制人"的后致性特征。在"倒"的层面上意味着毕业生就业和人才市场相对于教育改革来说是实践中的逻辑在后，先有教育改革及其所属的人才培养，后有毕业生就业及其所在的人才市场。在此意义上，这种倒逼性影响具有因程序上的后置性而导致的时间上的后至性特征。人才市场正是通过在毕业生就业状况上表现出来的后置性效果而反馈作用于教育改革，迫使教育改革围绕人才培养这个核心任务进行调整和改进。

二、改革开放以来教育改革与人才市场关系的历史演变

新中国成立以来，我国人才市场经历了一个从无到有、从萌芽到成形的过程。其发展历程总体上大致可分为四个阶段：萌芽阶段（1978—1983）、活跃阶段（1983—1988）、平稳发展阶段（1988—1992）、培育和发展阶段（1992—　）①。伴随着人才市场的出现和发展，作为正规教育链条末端和人才输出口的高等教育及中等职业教育与人才市场发生关联也是必然的。随着我国经济社会发展在人才需求上对教育改革提出了越来越高的要求，以及人才市场的建立与不断发展，教育改革（主要是高等教育和中等职业教育的改革）与人才市场的关系也越来越密切，人才市场对于教育改革的影响也越来越大。

（一）计划经济时期的"双轨分离、相互独立"

新中国成立后的计划经济时代，教育改革与人才市场完全是双轨运行，相互分离，呈现着各自独立发展的状态。一方面，教育改革在计划条件下进行，教育各环节由国家统揽到底，包括学校办学体制、学科设置、学校属性

---

① 蓝劲松：《高等教育与人才市场——理论探讨与实证分析》，清华大学出版社1999年版，第37—38页。

等都是由国家运用自上而下的行政手段来进行相应的调整与改革。即便就最贴近人才市场的高等教育来说，由于高校缺乏办学自主权，不存在高校人才培养模式、办学模式等配置的市场问题，人才市场与高校间的"供求关系"没有直接联系，高等教育高居庙堂之上，不受人才市场因素影响与制约。另一方面，长期的计划经济体制导致不存在实质性的人才市场。即便是作为人才市场一种最初级形式的人才流动，也是在1978—1983年间才初现端倪[1]。当时人才流动仍是通过行政手段来解决计划体制下的人才配置问题与不合理现象的。同时，由于当时高等教育处于拨乱反正阶段，高教领域改革旨在整顿提高教育质量。尽管出台了一些文件与措施，高等教育与人才市场之间实际上并无瓜葛，双方都是按照各自的特点和规律运行，在国家计划控制下并没有实质性交集。这种局面直到国家开始对经济体制进行改革时才被打破。

（二）有计划的商品经济时期的"相互试探、并行发展"

随着国家开始实行经济体制改革，在从高度集中的计划经济向自由竞争的市场经济发展的过渡阶段即有计划的商品经济（1983—1992年）时期，高等和中等职业教育与人才市场之间开始发生了直接联系，高等和中等职业教育的改革和发展开始受到政府宏观调控下的人才市场的影响，人才市场对高等和中等职业教育也开始具有了某些市场调节的属性。随着国家开始逐步放宽高校办学自主权，高等教育开始逐渐根据人才市场的需求来做出一系列调整。但由于商品经济发展不完善，人才市场发展滞后，使得人才市场的需求信息不能被及时准确了解，这种信息滞后性[2]使高校根据人才市场需求来调节高校人才培养往往失真，导致高等教育与人才市场需求脱节。在不完善的市场机制下，政府干预实际上发挥着主要作用，人才市场需求信息并非直接作用于高等教育，而是通过政府这个媒介发挥间接影响。政府根据人才市场信息进行筛选和决策，确定高校人才培养规格和数量。由于这个过程需要一段时间，信息发出与回馈的时间差较大，导致高等教育培养的人才脱节于

---

① 邓艳葵：《适应人才市场规律的高等教育改革》，《广西高教研究》2001年第3期。

② 管弦：《我国高等教育科类结构与劳动力市场的关系研究》，《教育与考试》2008年第3期。

市场需求。因此，高等教育改革并非随着人才市场需求变化亦步亦趋，而是采取政府主导型的人才培养与配置模式。即使在后期，随着人才市场发展并开始逐渐渗透进高等教育领域，高等教育也在试图与人才市场积极联合来调整自身发展方向与人才培养模式，但计划经济模式仍残存于高等教育，高等教育与人才市场关系总体上仍然是政府主导与宏观调控下的干预模式。

（三）中国特色社会主义市场经济时期的"开放对接、深化融合"

1992 年我国开始大力推进经济体制改革，社会主义市场经济理论取得重要发展，作为市场经济一部分的人才市场也获得很大发展，适应社会主义市场经济体制的人才市场得以正式确定和运行。随着市场机制在经济社会发展中发挥的作用越来越大，政府开始逐渐减少对市场的干预，此时的人才市场作为资源调节的手段开始发挥基础性的作用[1]，即促进人才流动、合理配置人力资源，并通过直接或间接的方式开始切入高等教育的领域，影响并制约着其发展。其中标志性的政策是国家教委在第四届全国高等教育工作会议上提出了包括《关于加快改革和积极发展普通高等教育的意见》在内的六个文件，对高等教育进行改革。随后中共中央、国务院在《中国教育改革和发展纲要》中提出推进各类学校改革、缴费上学、自主择业等相关意见，促使我国高等教育开始逐渐进入市场，逐渐让市场进行调节和配置，许多高校开始瞄准人才市场需求来促进自身发展。作为人才交流中介场所的人才市场，开始通过接受高等院校培养出来的人才，对高等教育提出人才数量、质量、规格等方面的要求，并向高等院校提供其他形式的支持与服务，刺激和引导高等教育的发展。这一时期高等教育与人才市场的互动相对活跃，进入一种开放对接状态。中等职业教育同样也在积极主动地适应人才市场，在很多方面可能比高等教育起步更早、适应得更好。如注重实施对口的订单式培养模式、校企合作的人才培养机制、双师或双证型教师队伍建设等。总体来看，为进一步适应和满足人才市场需求，高等教育和中等职业教育都越来越注意

---

[1]　蓝劲松：《高等教育与人才市场——理论探讨与实证分析》，清华大学出版社 1999 年版，第 39 页。

从更加广泛的角度建立人才培养与人才市场之间的结合或对接机制，注重学生适应能力的培养①。教育改革更加聚焦于建立一种多样化、多层次、开放灵活的人才培养体制，保持与人才市场需求之间的良性互动，降低互动成本，提高互动效率和效益，以便进一步促进毕业生就业，优化人才配置。

三、人才市场对教育改革影响方式的变迁

教育和人才市场是"两个相对独立的系统，有各自的发展演变规律。但二者又是相互引领和适应的，关系密切"。② 从改革开放以来教育改革与人才市场关系的历史演变中可以看出，随着二者关系越来越密切，人才市场对教育改革的影响也越来越显著。这种影响在内容和方式上呈现出多样化趋势，在机制上内嵌着大中专毕业生就业制度变迁的因素。总体上看，我国大中专毕业生就业制度的改革和发展主要经历了三个阶段③。一是新中国成立初到20世纪80年代中期属于指令计划分配阶段，大中专毕业生就业总体上由国家统包统配。二是20世纪80年代中期至20世纪90年代中期属于计划分配向市场导向的过渡阶段，大中专毕业生就业实行的是双轨制。三是从20世纪90年代中期至今属于市场导向就业阶段，大中专毕业生开始自主择业，进入人才市场与用人单位双向选择。伴随着就业制度的变迁，人才市场对于教育改革影响的方式表现为三个阶段的三种类型。

（一）单因素调节：人才流动与配置

改革开放后，经济社会发展需要大批人才，由于人才流动受到严格限制，国家开始对高等教育体制进行改革。最早是1983年教育部决定以清华

---

① 谢维和：《对口与适应——高校人才培养与劳动力市场的两种关系模式》，《北京大学教育评论》2004年第4期。

② 赖德胜：《2012中国劳动力市场报告——高等教育扩展背景下的劳动力市场变革》，北京师范大学出版社2012年版，第1页。

③ 在此问题上，虽有不同说法，但总体看法基本一致。具体参见：中国高等教育学会《改革开放30年中国高等教育发展经验专题研究》，教育科学出版社2008年版；杨泉明等《中国高等教育改革发展研究》，中国人民大学出版社2009年版；应望江等《中国高等教育改革与发展30年（1978—2008）》，上海财经大学出版社2008年版。

大学、上海交通大学等四所高校为试点进行"供需见面、双向选择"的高校毕业生分配制度改革的探索，标志着统包统分制度开始被打破，高校人才培养与人才市场之间开始建立直接联系。同时，政府开始运用行政手段引进市场调节手段来调整计划经济体制下人才配置与使用不合理的状态。主要是通过法律形式肯定人才流动工作，如国务院先后颁布了《国务院关于科技人员合理流动的若干规定》和《国务院关于促进科技人员合理流动的通知》等政策，同时放宽政策，允许教师下海、学生经商等人才流动形式。总体来看，为适应高等教育改革方向，刚刚开始起步的人才市场只能借助政府相关政策举措对高校毕业生的流向调节与人员配置发挥一定的影响和作用。但这种单纯的调节活动不足以应付高等教育改革的变化。

（二）间接参与：人才需求信息渗透

随着 1985 年《中共中央关于教育体制改革的决定》颁布和 1986 年 3 月国务院发布《高等教育管理职责的暂行规定》，高校招生和分配制度改革全面展开，高等教育产品开始走向市场化阶段，让市场参与调节分配。许多高校开始以人才市场需求信息为导向，对人才培养的规模、结构和规格进行改革。标志着人才市场开始以信息提供者身份进入高等教育领域，影响着高等教育的改革和发展，其地位和作用主要在于信息引导。如人才市场通过提供产业结构调整与升级信息，特别是人才就业信息来影响高等教育调整各类人才培养的规模与结构，高等院校根据人才市场所需求的人才规格来调整专业设置、课程体系完善和教学内容改革等，以期建立多层次、多样化的人才培养结构。[1] 实际上，人才市场信息和数据并非被全盘接受，仅仅为政府的宏观调控提供参考依据，经由政府选择采纳后，才可能真正影响到高等教育改革。人才市场对于高等教育的信息支持是间接实施的，主要是通过政府的政策传导而实现的。[2]

---

[1]　马佳宏、周会娟：《调整与适应：高等教育结构与劳动力市场的关系探寻》，《广西师范大学学报（哲学社会科学版）》2004 年第 2 期。

[2]　蓝劲松：《高等教育与人才市场：简要的理论分析》，《高等师范教育研究》1998 年第 5 期。

（三）主动融入：多渠道介入

随着 20 世纪 90 年代中期进入市场导向就业阶段，大中专毕业生开始与用人单位进行双向选择[①]，人才市场与高等教育关系进一步深化发展。人才市场对于教育改革的影响拓展到多领域、多渠道，其融入的主动性开始提高，其在介入过程中的主体地位开始逐渐显现。从高等教育系统整体来看，适应高等教育办学多元化的发展趋势，人才市场开始以办学主体的身份进入高等教育领域，原本国家独立办学的高等教育体制开始被打破，出现了各种校企合作办学、民办高校、企业办学等办学模式，政府、社会、企事业单位等多样化的投资方式也渐渐取代了原本单一的政府投资方式。从高等教育内部来看，人才市场参与到高校人才培养过程中来，从过去仅仅通过后期的信息反馈影响高校人才培养，发展到全领域介入，如参与人才培养模式制订，人才培养经费和实践场所、设备设施、师资等支持，参与课程资源开发，以及毕业生就业服务和人才市场信息反馈等。

第二节　人才市场对于教育改革的消极影响

教育改革与人才市场关系的历史进程和实践逻辑表明，人才市场基于其自身性质和特点，以人才选择和评价为中介机制对教育改革产生了一种倒逼性影响。从实践来说，一方面，这意味着教育改革与人才市场的关系必须获得足够重视，另一方面，教育改革需要得到来自人才市场的积极支持，至少避免受到人才市场的消极影响。然而，从目前情况来看，这两个方面都没有

---

① 2002 年《国务院办公厅转发教育部等部门关于进一步深化普通高等学校毕业生就业制度改革有关问题意见的通知》（国办发〔2002〕19 号）文件中总结提出的大学生就业模式是："市场导向、政府调控、学校推荐、学生和用人单位双向选择"，准确表述了市场、政府、学校和学生以及用人单位的相互关系，各自的权利和责任。参见：中国高等教育学会《改革开放 30 年中国高等教育改革亲历者口述纪实》，教育科学出版社 2008 年版，第 101 页。

达到理想状况，尤其是在提高人才培养质量、实现毕业生充分就业和高质量就业方面，人才市场存在着一些不足。

"教育改革的人才市场支持"子课题组综合运用实证研究和规范分析方法进行了研究。实证研究主要体现在研究资料收集和分析方面，除采用一些具有较高可靠性和合理性的已有相关研究数据资料外，其余实证资料都是来自子课题组的调研访谈。其中，在考察以大中专毕业生就业市场为主体的人才市场通过人才中介、人才选择与评价机制、人才就业状况表征对教育改革产生倒逼性影响，围绕人才市场在毕业生就业服务、人才市场信息反馈、人才培养参与等领域所存在的问题等方面，从2012年6月到2014年12月期间，主要对三类相关实践领域的主体人员进行了大量访谈。一是高等教育领域相关主体，主要是高等院校及其教学管理部门和毕业生就业部门主要负责人以及地方教育主管部门有关负责人，实际访谈了18人次。二是人才市场领域相关主体，主要是用人单位方面以及人才市场方面有关负责人，实际访谈了11人次。三是学生方面相关主体，主要是即将进入人才市场的高校在校生、已进入人才市场或已就业的高校毕业生，实际访谈了27人次。被访谈人员主要分布于浙江、江苏、上海、安徽、江西、河南、辽宁、四川等省市。在具体访谈方式上，对于学生以小群体访谈为主，其他人以个别访谈为主。以事先研制的访谈提纲为依据开展半结构式访谈，并在征得访谈对象同意的情况下，对部分访谈进行了录音，其他访谈则进行笔记。通过对实地访谈资料整理和分析并综合已有相关研究成果来看，人才市场对于教育改革的消极影响主要体现在三大方面。

一、毕业生就业服务上的阻抗性

毕业生就业过程中受到人才市场影响主要有三方面因素，即用人单位招聘信息服务、就业环境支持服务、与招聘单位完成人才交易的市场服务。它们分别影响到毕业生在就业过程中招聘信息的掌握、用人单位的选择和交易活动的完成。

（一）就业信息服务上的不到位

当下毕业生就业越来越依赖于人才市场网络服务。有研究表明，在人才市场服务形式的调查中，69.2%的人最喜欢的是"网上信息"服务，56.4%的毕业生愿意选择信息网络媒体寻找工作。[①] 不可否认，近年来随着我国人才市场的改革和发展，人才市场为毕业生就业服务的领域在不断拓展，服务的功能在不断扩大，服务的水平也在不断提高，发挥了人才信息在市场交易中的积极作用。但是，相对于毕业生所需要的市场信息服务来说，仍然不能充分满足。毕业生在就业实践中对此常常感到不满而又无可奈何，如有毕业生所言：

> 找工作中常常感到信息不够，而且信息很零散，有的是从辅导员和老师那里发布的，有的是从校园网上看到的，有时候是从同学和老乡那里听来的，要不就是上网到处浏览碰到的，反正没有相对稳定的、完整的招聘信息来源渠道。所以，很头疼的就是要花费大量的时间精力去打听用人信息，还要想办法去求证信息的真实性和准确性。（受访者MHL，2012）

总体上看，人才市场的公共服务信息化建设还难以适应毕业生的就业需求。其中主要问题是没能为供需双方提供足够的信息服务支持，包括人才供需信息的统一发布平台、分类分层发布、及时动态更新等。反映在人才市场建设上的问题就是网络体系化和制度规范化程度总体上较低，缺乏系统性。[②] 主要表现为三个方面。

一是人才市场的局域性分布，表现为人才供需信息的地方分割、局部分散、个别传播等特点。如信息发布的单位化现象所体现出来的用户自购模

---

① 陈力：《我国人才就业公共服务存在的问题及原因浅析》，中国人事科学研究网，http://www.rky.org.cn/c/cn/news/2008-03/10/news_4734.html，2008年3月10日。
② 苏国斌：《我国政府人才市场信息化现状问题与对策研究》，天津大学硕士学位论文，2006年，第29页。

式，人才市场活动主办的学校化甚至学院化、学科化现象所体现出来的人才零售模式。由于各地人才市场信息系统分散建设，各服务网络独立运营而未联网贯通，导致人才供需信息不能实现充分共享，难以发挥信息服务上的整体规模效应。

从更大范围来看，早在 2005 年全国各类劳动力市场服务机构已达 6107家，形成覆盖各地、各行业以及服务于各类劳动力的市场网络。[①] 然而，各地区内同时并存的人才市场、劳动力市场、高校毕业生就业市场等三类市场各自为阵状况严重，由于分别隶属于人事、劳动、教育行政部门，"三类就业市场从组织管理、隶属关系、政策法规等方面均自成体系，但是各自的服务对象又有交叉，因此，必然会在很多业务上出现无法规范、无法贯通的现象"。"各类就业市场未能贯通，也致使各个市场的政策、供求、培训等信息不能共享。"[②]

此外，由于人才网站"数据库规模小，难以满足当地人才需求，且基本上都是当地信息，更无法满足跨区域人才需求"，彼此分割而限制了人才网站影响力。这一点从"代表国家最高级别的政府人才市场人才网、经济最发达地区的大城市政府所属人才网站和世界水平"（即全球最大招聘网站，monster 网站）相比差距甚大上可以明显看出来（见下表）。[③]

表 5-1　国家人才网、南方人才网每百万人口覆盖数与 monster 对比表

网站名称	4 月 21 日覆盖数	本周平均覆盖数	三个月平均覆盖数
monster	3000	3200	3700
南方人才网	265	280	275
国家人才网	65	62	66

二是人才市场的综合性，体现为供需信息的混杂性，招聘需求信息没有

---

① 中国人事科学研究院：《2005 中国人才报告》，人民出版社 2005 年版，第 159 页。

② 李时宇：《呼和浩特市人才市场服务业务存在的问题及对策研究》，中国政法大学硕士学位论文，2009 年，第 15—16 页。

③ 苏国斌：《我国政府人才市场信息化现状问题与对策研究》，天津大学硕士学位论文，2006 年，第 27—28 页。

进行集中梳理、分类发布，使得就业信息传播不通畅，毕业生不能快捷地获得总体信息。如很多地区是以区域或学校为单位组织的人才供需见面会或招聘会，包括了诸多不同性质类型的用人单位、不同专业类型和学历层次的毕业生参加的综合型人才市场活动，由于缺乏按行业领域或专业领域设置的专门的人才交易市场活动，使得毕业生在及时、全面获取招聘信息方面存在着不便和困难。供需信息收集和整理不足，信息提供不完整、不准确，难以起到很好的分流和导向作用。

三是综合型人才市场信息网络中供需信息管理不到位，造成信息不能及时动态更新，过期信息没有及时删除，最新信息不能及时发布，常常导致一些信息失真或失效，增加了毕业生就业信息选择成本。特别是由于各地大中专毕业生就业专场活动频次低，一般一年只有一两次集中见面交易，招聘活动整体进展情况信息难以动态把握，不利于毕业生根据市场交易变化而及时把握机会。信息服务意识不到位、基础设施建设不充分、管理手段跟不上等市场自身的种种原因，导致人才市场服务的信息化水平较低，难以提供方便、快捷的优质服务。

从大量的毕业生就业实践来看，人才市场需求信息服务上的种种不足，特别是招聘信息获得上的不及时、不准确、不全面，增加甚至直接导致了一些毕业生不能及时就业、便捷就业、合理就业。

（二）就业机制上的不健全

毕业生就业不仅受制于人才需求信息服务，还受到人才市场机制的影响。调查表明，毕业生就业过程中所遇到的就业机制上的问题主要有以下几方面：

一是不完善的人才招聘制度的阻碍。几年前有记者调查发现一种现象，即"凡进必考"招聘制度成为师范生就业的"拦路虎"。师范生必须通过当地事业单位统考所导致的一种结果是：用人单位看中的往往通不过考试，通过考试的却不一定胜任工作。既带来了用人单位的困扰，也对毕业生造成了消极影响。一方面，"一些原本通过层层竞争已被学校录取的学生，最后因为没有通过事业单位考试，失去了工作机会，造成很大的心理压力"。另一方面，由于"这种考试是每个区县各自为政，考试时间不一样，复习资料也不一样，让学生应接不暇，花费也不小"。① 这种人才招聘制度本身似乎既是合理的，也是必要的。但不能否认，这种不完善的制度大大增加了毕业生就业的成本和难度。

二是不公平的人才招聘机制的影响。典型的是近年来网络上曝光的"萝卜招聘"现象，有些单位进行"定向式招聘"或"定点式招聘"，在招聘条件和招聘过程中或明或暗地设置了一些不合理的条件限制，或是在招聘信息发布平台、发布时间上采取一些不合理的方式，有意缩小招聘对象范围。更有甚者，有些单位则在招聘过程中采取双重标准，实施暗箱操作，策略性规避国家政策法规和单位招聘原则，实施不公平公正的招聘。不仅导致人才供需交易在专业类型、学历层次或素质结构上的错配，而且向毕业生传递出错误的人才市场信号，导致人才培养导向的错乱、学习动力机制上的迷失或学业价值取向上的困惑。

三是不健全的人才聘用制度的制约。主要表现为部分用人单位特别是中小型私营企业在具体用人制度方面的不规范行为，或不及时办理合法的就业手续，或不签订合理的劳动合同，或不缴纳必要的社会保险。毕业生劳动权益得不到保障，使毕业生就业存在着种种顾虑，面临着种种潜在就业风险，降低了就业吸引力。从而影响了就业速度，降低了就业质量，或缩小了就业选择范围。很多毕业生明确表示，找工作不愿考虑那些工作没保障的中小型私营企业和单位，即便走投无路进去了，也是临时过渡一下。

（三）就业环境上的不完善

就业环境对于毕业生就业的影响，主要涉及人才市场需求的总体规模和结构、人才市场的区域政策和工作环境等方面。调查表明，毕业生就业过程中所遇到的就业机制上的问题主要有以下几方面：

一是人才需求上的市场限制。这种人才供需上的结构性矛盾主要表现在两大方面。首先是人才市场需求总体规模上的限制，相对于一定时期内稳定不变的毕业生规模来说，构成了人才供需上的客观矛盾，导致了一种"总体

---

① 张红梅、郑瑶：《就业三道"槛"》，《重庆日报》2009 年 3 月 9 日。

性失业"。正如某人才市场负责人所言：

> 每年毕业的大学毕业生和中专毕业生加起来上千万，而市场上所需
> 要的用人数量根本就达不到这么多，结果就必然是供大于求，总是会有
> 那么一些毕业生在人才市场上找不到工作。（受访者 ZJN，2013）

更为常见的则是"结构性失业"，即由于学科专业、学历层次、学籍区位等方面与人才市场需求结构间匹配的不一致性，导致了部分毕业生因执守于"专业对口""学历对等""学籍对位"原则而不能及时就业或满意就业的现象。"从毕业生就业流向看，就业区域分布严重失衡，大量毕业生过分集中在市区，镇和广大农村人才匮乏，且吸引力不足。从学科专业看，工科和应用性学科就业形势良好，供不应求，而文科专业毕业生就业较难。"[①]正如某师范类高校毕业生就业部门负责人所言：

> 现在师范类专业毕业生就业形势，一年比一年严峻。虽然每年的师
> 范生招生总量得到控制，很多专业实际上已经在下降，但是相对社会需
> 求来说，总体上还是供大于求。就拿我们省今年的情况来说吧，今年我
> 们省实际上公开招聘的教师名额只有几千，而我们师范类专业的毕业生
> 却有上万人。显然，竞争是非常残酷的。哪怕是到省内的一些私立学校
> 去，也还是存在竞争的。（受访者 MFP，2013）

有研究者就 2008 年重庆市本科专业结构与就业结构对比研究发现，相对于就业人数或社会实际需求，文学和工学两大学科专业培养结构与规模略显不足，理学、经济学、法学和教育学四大学科专业培养结构与规模略高，管理学专业设置与就业人数则严重不匹配，供大于求。重庆市 2008 届

---

① 贾红阳、张振勇：《毕业生就业和人才市场建设工作中存在的主要问题和对策》，中国国家人才网，http://www.newjobs.com.cn/news/index_dy/104335.html，2007 年 7 月 5 日。

本科毕业生毕业半年后失业量最多的 5 个专业分别为计算机科学与技术、法学、英语、工商管理和国际经济与贸易，失业率分别为 7.6%、5.8%、4.9%、4.0%、3.6%，失业人数占本科总失业量的 25.9%（见下表）。①

表 5-2　2008 年重庆市本科专业结构与就业结构对比表

学科门类	专业结构	就业结构	专业结构与就业结构差
文　学	24.9	25.1	-0.2
农　学	2.6	2.6	0
工　学	25.6	26.4	-0.8
理　学	10.1	9.7	0.4
经济学	5.6	5.2	0.4
法　学	7.4	7.1	0.3
教育学	3.1	2.4	0.7
管理学	17.2	1.7	15.5

　　二是不合理的人才消费取向。由于部分用人单位存在着偏重"高层次人才""高素质人才"的需求取向和招聘定位，在具体招聘中不恰当地简化为学历层次上"就高不就低"原则、毕业学校等级上"就高不就低"原则、性

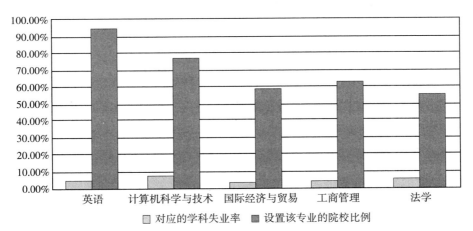

图 5-1　2008 年重庆市普通高校专业供求关系对照

---

① 李曼、刘颖：《普通高校本科专业设置与产业经济发展适切性研究——以重庆市为例》，《重庆交通大学学报（社会科学版）》2011 年第 4 期。

别上"男士优先"原则，造成了不尽合理、有歧视性的"人才高消费"现象。这种现象普遍化、强烈化地体现在招聘中明确提高用人门槛、直接规定差异性招聘程序，如"本科生无编、研究生入编""本科生考试、研究生考核"[①]的规则。不仅导致了人力资源浪费，而且阻滞了毕业生就业。

三是人才招聘上的区域性限制。部分地区出台差异化毕业生就业政策，对于非本地区毕业生就业实行名额限制和资格要求，导致很多毕业生在就业过程中常常被"非本省（市）户口不能报考"等拒之门外。[②] 对此，某师范类高校毕业生就业部门负责人也深有同感：

> 有些发达地区就业存在地方保护主义色彩。比如上海好多年前就开始实行打分制，对于非上海户口的毕业生来说，达不到最低要求的还进不去。当然，这里面也有毕业生就业观念上的问题。（受访者ZJY，2013）

这种差异化就业政策突出体现在大城市特别是"北上广"地区[③]。2014年上海市明确规定：非上海生源高校毕业生进沪就业落户的标准分为72分，低于标准分的，可按照相关规定申请办理《上海市居住证》并获得相应的积分。[④] 北京市则以引进北京地区院校非北京生源毕业生为主，市区内单位原则上严格控制外地院校外地生源的"双外生"的引进。[⑤] 这种差异性就业规则依据的是国家政策，《国务院办公厅关于积极稳妥推进户籍管理制度改

---

① 张红梅、郑瑶：《就业三道"槛"》，《重庆日报》2009年3月9日。

② 张红梅、郑瑶：《就业三道"槛"》，《重庆日报》2009年3月9日。

③ 一些地方已开始逐步取消差异化就业政策。如，2013年山东省公安厅通知要求，全省范围内明确取消高校毕业生到城市落户限制。参见：《山东：各市高校毕业生报到、落户政策》，http://www.cjob.gov.cn/information/8a81f0aa3c64dc59013c6b6087940009.html，2013年1月24日。

④ 李若楠：《非上海生源应届生落户评分办法公布标准分72分》，中国新闻网 http://www.chinanews.com/edu/2014/07-02/6341695.shtml，2014年7月2日。

⑤ 《北京：高校毕业生报到落户须知》，中国公共招聘网，http://www.cjob.gov.cn/information/8a81f0aa3c64dc59013c6b4927f00003.html，2013年1月24日。

革的通知》（国办发〔2011〕9号）明确指出：继续合理控制直辖市、副省级市和其他大城市人口规模。这种人才准入门槛的地域性限制实际上暗含着地方保护主义的现实考虑——减轻本地高校毕业生就业率考核压力、缓解本地劳动力就业压力。然而，无论其出于何种考虑、拥有何种合理性，客观上却是限制了毕业生就业范围。

二、人才市场信息反馈的被动性

人才市场信息服务的功能既体现在毕业生就业上，也体现在人才市场供需状况信息对于教育改革的方向引导意义和决策参考价值。其中，最直接的就是学科专业设置和专业招生计划等决策上离不开人才市场需求信息的反馈性支持。然而，现实中人才市场信息反馈性支持的有力性和有效性方面存在明显缺陷。

（一）人才市场信息反馈过于滞后

尽管人才市场供需状况信息滞后于人才培养和择业信息需求存在现实必然性，但从具体的需求信息、特别是人才交易活动状况信息反馈的时效性来看，总体上不仅是被动地反馈，而且显得过于滞后，造成消极后果。

其一，人才市场中供需关系和人才交易进程的即时性状况信息没有及时收集整理和发布反馈，处于信息失散的状态。有调查表明，超过半数以上被调查对象认为人才供求信息不能满足需求[1]，大多数认为信息发布的及时性、完备性、准确性等方面需要进一步改进[2]。毕业生不能从公开的正规渠道及时获得权威的信息反馈，难以及时作出针对性反应或就业计划调整，不利于实现高效就业和高质量就业。正如有很多毕业生所反映的那样：很多供需信息都是事后获得的，要么是招聘结束后知道的，此时已失去了应聘机会；要

---

① 陈力、杨刚基：《我国转型期的人才流动与人才市场》，研究出版社2006年版，第167—168页。

② 把冉：《我国人才就业公共服务问卷调查统计报告》，转引自陈力：《我国人才就业公共服务存在的问题及原因浅析》，中国人事科学研究网，http://www.rky.org.cn/c/cn/news/2008-03/10/news_4734.html，2008年3月10日。

么是签订就业协议后知道的，于是又陷入毁约与不毁约的矛盾纠结中。

其二，人才市场中年度性总体供需状况和阶段性总体就业状况没有及时收集整理和发布反馈。毕业生就业工作指导部门和学校常常只能根据往年经验和个别情况进行粗略判断，诸如"总体就业形势严峻""就业情况不容乐观"等大而化之的概括，不能及时、精确掌握人才市场供需状况和毕业生就业动态信息，所开展的就业指导和服务工作只能是按部就班，难以具有针对性和实效性。正如某省大中专毕业生就业指导中心负责人说：

> 社会用人需求情况每年是在不断变化着的，而毕业生早在三四年前就通过招生进入到学校了，所以毕业生数量和当年的社会用人需求量之间总是难以一致的。这不仅仅是表现在总体规模上，关键是表现在不同专业毕业生数量与社会相关行业的用人数量之间的不一致，就是所谓的专业结构规模上的问题。由此导致的毕业生在人才市场上难以找到对口工作的情况，被称为结构性失业，不同于那种总体性失业。（受访者 LLM，2013）

（二）人才市场信息反馈过于粗略

相对于学科专业设置和专业招生计划等决策服务需求而言，人才市场信息反馈在宏观层面的实用性上显得过于粗略。导致招生时的"热门专业"变成了就业时的"冷门专业"。"热门"专业成了用人需求"冷门"的原因在于"高校专业设置结构欠完善"。[1] 其中反映出专业设置特别是招生计划本身存在的问题。据重庆市教委 2008 年 7 月编制的《重庆普通高等学校专业设置与培养规模》显示，在渝高校共开设的 196 个本科专业中，在校生规模居前十位的专业在校生数就占到了在校生总数的 43.8%。未设置的 313 个本科专业中不乏农业水利工程、森林资源保护等重庆市经济建设当时急需的专业。[2]

---

[1]　张红梅、郑瑶：《就业三道"槛"》，《重庆日报》2009 年 3 月 9 日。
[2]　张红梅、郑瑶：《就业三道"槛"》，《重庆日报》2009 年 3 月 9 日。

　　此外，人才供求信息统计方法不正确和数据不准确对于教育决策参考则有误导之嫌。有研究者发现某地人才供求信息统计数据中，在"岗位数量"指标处理上过于简单，产生"一个用人单位几次参加招聘会，招聘同一个岗位，就会被几次重复统计"的现象，于是出现了与实际情况有较大反差的"招聘岗位数与求职者大致相当的情况"（见下表）。[①]

表 5-3　呼和浩特市人才市场 2005—2007 年招聘岗位、应聘人数对比表

年度	2005	2006	2007
招聘岗位数	68160	80605	100109
应聘人数	57105	86701	106696

　　就目前高校专业设置和招生计划制订的机制来看，总体上是在教育系统内部完成一个"自上而下又自下而上"或"自下而上又自上而下"的"人为的或行政干预下的生成过程"[②]。按照教育部《普通高等学校本科专业设置规定》(1998)规定，"申请设置专业目录外专业必须经专家论证"，其中第一条就是"对拟设专业人才需求的分析"。但实践中往往未受到应有重视，正如某高校新专业设置论证会中所表现出来的那样：

　　　　申报新增专业的二级学院从申报新增本科专业的定位与规划、培养目标、师资队伍、就业领域和专业特色与优势等方面进行了汇报。与会专业建设委员会委员就申报专业与学校目标定位的契合度、如何运用学校办学条件以及区域经济发展需求把新增专业办好、人才培养方案及课程设置如何符合职业岗位能力的需求、师资力量的分配和加强等方面对申报专业提出质询，申报新增专业的负责人一一做出了解答，尤其是校外专家结合专业实践和铜陵经济社会发展需求，从专业的应用型定位、

---

① 李时宇：《呼和浩特市人才市场服务业务存在的问题及对策研究》，中国政法大学硕士学位论文，2009 年，第 19 页。

② 张宝蓉：《台湾高等学校专业设置与调整研究：劳动力市场的视角》，厦门大学出版社2011 年版，第 269 页。

专业方向、学生能力的培养、课程设置等方面提出了很多宝贵的意见和建议。最后专家在充分讨论的基础上进行了投票，推荐出学校2015年拟申报的新专业。①

专业设置论证重点在于"学校办学条件"而非"经济社会发展需求"，在专业设置论证中即便包含有人才需求考虑，依据则是《安徽普通高校本科专业布局情况分析报告》中有关"省控专业"和"急需专业"信息，其中又主要是根据往年毕业生就业率情况统计分析得出的结论。这一点实际上成为了各高校招生计划制订的主要依据。但从多年来就业率统计情况看，主要源于各高校上报汇总而成的全省本科生就业率的"含金量"可能并不高。年度性"初次就业率"或跨年度"平均就业率"反映的仅仅是就业与否的问题，不关涉就业质量，属于"纸面上的就业率"。因为高校统计上报的就业率主要是以毕业生提供的就业协议书或就业证明材料为依据的，其中存在着"临时就业"或"虚假就业"的情况：

> 学校重视我们学生的就业，更重视学校的就业率，催促我们尽快签订就业协议，或者要求我们上交就业证明。为了应付学校要求，我们不少人就凑合着找个单位，先临时找个事做再说，也算是给学校、给家里人有个交代。实际上，往往干不了多久就不干了，或跳槽，或去考研，也有的自己去创业。有的人更省事，随便找个单位，开个就业证明盖个章，交上去了事，算是交差了。（受访者WCC，2013）

即便这种情况并非普遍现象，但其存在本身表明"初次就业率"虚实难辨，使其真实可靠性和指导有效性存疑。若与那种科学调研结论作对比，就能发现存在着值得重视和思考的差异。

---

① 铜陵学院教务处：《铜陵学院召开2015年新专业设置论证会》，安徽教育网，2015年8月4日。

表 5-4　近年来大学毕业生就业情况调查统计结果对照表

报告发布单位	年份	就业率较低的 10 个本科专业 / 就业红牌警告本科专业（前十位）
安徽省教育厅高教处	2007	法医学、蚕学、音乐学、心理学（师范）、社会体育、信息与计算科学、绘画、教育学（初等教育）、贸易经济、生物技术
	2010—2011	运动训练、摄影、贸易经济、广播电视新闻学、绘画、应用心理学、金融工程、图书馆学、地球化学、国际政治
	2009—2012	摄影、贸易经济、广播电视新闻学、绘画、应用心理学、融工程、图书馆学、地球化学、国际政治
	2013	港口航道与海岸工程、信息工程、水利水电工程、管理科学、作曲与作曲技术理论、园艺教育、图书馆学、保险、工程管理、农林经济管理
	2014	民族传统体育、图书馆学、轻化工程、服装设计与工程、哲学、大气科学、德语、统计学、汉语言、复合材料与工程
麦可思研究院	2007	法学、计算机科学与技术、英语、国际经济与贸易、工商管理、汉语言文学、电子信息工程、会计学
	2008	法学、计算机科学与技术、英语、国际经济与贸易、工商管理、汉语言文学、电子信息工程、会计学
	2009	法学、计算机科学与技术、英语、国际经济与贸易、工商管理、汉语言文学、电子信息工程、会计学
	2011	动画、法学、生物技术、生物科学与工程、数学与应用数学、体育教育、生物工程、计算机科学与技术、英语、国际经济与贸易
	2012	动画、法学、生物技术、生物科学与工程、数学与应用数学、体育教育、生物工程、英语、国际经济与贸易
	2013	动画、法学、生物技术、生物科学与工程、数学与应用数学、体育教育、生物工程、英语、美术学

资料来源：根据下列文献综合整理而成。麦可思中国大学生就业研究课题组《2009 年中国大学生就业报告》，社会科学文献出版社 2009 年版。麦可思研究院《2011 中国大学生就业报告》，社会科学文献出版社 2011 年版。麦可思研究院《2012 中国大学生就业报告》，社会科学文献出版社 2012 年版。麦可思研究院《2013 中国大学生就业报告》，社会科学文献出版社 2013 年版。安徽省教育厅高教处《安徽普通高校本科专业布局情况研究报告》，http://www.ahgj.gov.cn/104/view/158，2008 年 7 月 14 日。安徽省教育厅高教处《安徽普通高校本科专业布局情况分析报告》，http://www.ahgj.gov.cn/104/view/1630，2012 年 12 月 18 日。安徽省教育厅高教处《安徽普通高校本科专业布局情况分析报告（2013）》，http://www.ahgj.gov.cn/72/view/2058，2013 年 7 月 1 日。安徽省教育厅高教处《安徽普通高校本科专业布局情况分析报告》，http://www.ahgj.gov.cn/72/view/2748，2014 年 7 月 17 日。安徽省教育厅《2015 安徽普通高校本科专业布局情况分析报告》，http://gaokao.xdf.cn/201507/10310910.html，2015 年 7 月 22 日。

从国内较早发布大学生就业年度报告的教育主管部门安徽省教育厅和专

业研究机构麦可思研究院关于大学生就业率情况比较中，可以发现同年度低就业率专业上存在显著差异。当然，基于统计口径及对象范围等不同，二者间不宜简单对比，也不能据此简单互否。但差异存在本身可以说明的一个问题就是需要获得真实、全面的毕业生就业状况信息。单就统计方法及结果看，"纸面上的就业率"仅仅反映各专业初次就业比率这个单纯指标，在实践内涵上具体而单调，难以说明或挖掘更多内容。作为专业研究团队的麦可思研究院"深层面的就业率"背后依托的是毕业生就业状况指标体系，包括就业数量（就业率、非失业率）和就业质量两方面，就业质量由就业满意度、职业期待吻合度、薪资水平、工作与专业相关度、离职率及离职类型——就业稳定性等相关指标构成的。[①] 其实践内涵显然比较丰富而全面。相对于学科专业设置和专业招生计划等决策服务的实践需求而言，诸如"就业红牌警告专业"和"就业绿牌发展专业"这种精细且精确的就业状况统计信息具有更加科学的决策咨询价值。

总体看，人才市场信息反馈的滞后性和粗略性都属于被动性的信息反馈，是基于教育改革客观需求或教育主体或第三方组织机构主动调查研究而获得的，并非人才市场本身自觉行动的结果。由于人才市场本身缺乏积极性和参与性行动，更加剧了毕业生就业及其指导、专业设置及招生计划制订等工作的被动性，以至于"劳动力市场的供求信息不能被人们准确和及时的了解，高等学校专业更是难以得到相应的调整，即使所设置的某些专业反映了劳动力市场的需求，这种反映也是处于相当被动的状态。"[②] 这种被动状况又反过来影响到毕业生就业，"高校自身专业设置供求关系被动，学校对社会需求以及专业发展趋势把握不到位，申办专业从主观意志出发，脱离市场，

---

① 麦可思研究院：《2012 中国大学生就业报告》，社会科学文献出版社 2012 年版，第 45、77 页。

② 张宝蓉：《台湾高等学校专业设置与调整研究：劳动力市场的视角》，厦门大学出版社 2011 年版，第 272 页。

造成专业设置的同质化，致使不少专业的毕业生供大于求。"[1]

三、人才培养参与上的消极性

毕业生充分就业和高质量就业关键是人才市场就业服务和支持，前提是合理设置专业和招生，根本在于提高人才质量。提高人才培养质量重在解决好培养什么人和怎么培养的问题。对于以社会需求为导向的教育改革来说，回答培养什么人的问题就要准确把握人才质量规格上的市场需求，怎么培养出这种质量规格人才也需要人才市场的有机参与和有力支持——协同制订人才培养目标和人才培养模式，协助确立课程体系和教学内容，协作实施和完成人才培养的具体活动。从实践看，人才市场参与人才培养方面存在着动力缺乏、成效不佳的问题。

（一）人才培养参与的动力缺乏

调查表明，社会用人单位对毕业生素质能力方面的实用性诉求越来越高，对学校人才培养上的"理论脱离实践"问题反映强烈，有招聘人员直言不讳："干我们这一行所必需的他（学校）不教，他（学校）教的我们又往往用不上。"[2] 这意味着学校要尽可能提高人才培养目标与市场需求的相关度、人才素质规格类型与职业岗位工作需要的契合度，在专业设置和专业素质培养上不断强化"职业针对性"[3]，在课程设置和教学内容设计上密切跟踪行业发展变化、充分适应职业岗位需求，在培养模式和教学方法上能够最大限度地满足这种人才培养目标特别是素质结构的需要。尤其是要加强实践性教学环节，"将实践性学习有机地融入现有专业教育体制之中，在学科取向和实践取向中达到一种具有活力的平衡状态，而不是一种'死亡的平衡态'"。[4]

---

① 李曼、刘颖：《普通高校本科专业设置与产业经济发展适切性研究——以重庆市为例》，《重庆交通大学学报（社会科学版）》2011年第4期。

② 张红梅、郑瑶：《就业三道"槛"》，《重庆日报》2009年3月9日。

③ ⑤李曼、刘颖：《普通高校本科专业设置与产业经济发展适切性研究——以重庆市为例》，《重庆交通大学学报（社会科学版）》2011年第4期。

④ 朱红、凯伦·阿诺德、陈永利：《制度的基石、保障与功能——中美大学生实习比较及对就业的启示》，《北京大学教育评论》2012年第1期。

实现这种平衡态的最有力、有效方式就是引入人才市场要素，吸收用人单位有机参与人才培养。特别是专业实习、实训和社会实践环节，更是离不开相关行业部门和用人单位的支持和协助。

然而，实际情况不容乐观，多数用人单位对大学生实习缺乏认同感、积极性不高。中央电视台曾经调查访谈了 106 家用人单位，结果表明不太愿意接受大学生实习的占 52%。[①] 从本课题组对近 28 位用人单位负责人的访谈情况看，在关于接受学生实习的态度和行为上，总体上属于消极参与型。主要原因是缺乏动力，认为费时费力，无利可图，还干扰正常工作。既没因此而获得现实的经济利益，也没能选到所需的优秀人才。某单位人事部门负责人的一番话就很有代表性：

> 接收大学生来实习，要给他们提供场所、实习岗位，还要负责指导他们，甚至还要负责他们的生活安全什么的，费时费力不说，有时候还打乱了我们正常的工作。有的领导则是从单位利益角度考虑的，劳民伤财是小事，关键是对于我们来说没有什么实质性的好处。学校给的那点实习管理费什么的，说实话，真是看不上。（受访者 LHY，2013）

按照现行的大学生实习活动机制，高校所支付的实习管理费非常有限。如中部地区某省属师大师范生实习管理费，多年来一直是每生 50 元，最近开始上调到 100 元。实习单位所享受到的只有实习管理费和"免费劳动力"的好处。即便作为人才培养直接利益相关者的企事业单位应承担其"共同但有差别"的培养责任[②]，但这种接收学生实习的社会责任实际上属于软约束，既没有政策法规要求，也没有社会压力。

从用人单位参与的积极性和实践看，在实习性环节上如此，在人才培养其他环节上更是如此，总体上呈现出一种应付型参与状况。与发达国家相

---

① 赵彩瑞：《就业工作是一门科学，更是一项事业——访中国政法大学就业指导中心主任解延民》，《中国大学生就业》2008 年第 10 期。

② 徐银香：《高校应用型创新人才培养中企业的功能探究》，《教育理论与实践》2012 年第 9 期。

比，我国企事业单位在人才培养上的参与形式、参与规模、参与程度等总体处于浅层次阶段。一项对某大型招聘会参展单位调查研究表明，有 18.94% 的用人单位从未与高校有过合作，其他单位与高校合作的方式分散单一，主要是提供实习实践机会，占 33.75%，参与人才培养方案设计与实施的企业仅占 7.57%。①

（二）人才培养参与的成效不佳

研究表明，社会用人单位在具体参与学校的招生计划拟订、人才培养方案研制、培养模式改进、课程体系设计、教学活动开展等人才培养活动上，不仅主观上缺乏动力，而且客观上缺乏机会，学校在相对封闭的系统中运行，独自实施和完成了这些需要社会用人单位有机参与的人才培养活动。即便在专业实习和社会实践这种相对开放的活动中，也由于社会用人单位的被动参与、消极应付而成效不佳。麦可思中国大学生就业研究课题组在全国范围内对毕业半年后和三年后的大学（本科和高职高专）毕业生分别进行了一项大型问卷调查，关于"您认为母校专业教学最需要改进的地方 / 最不满意之处"问题的回答结果表明，毕业三年后的 2007 届、2008 届、2009 届三届毕业生和毕业半年后的 2009 届、2010 届、2011 届、2012 届四届毕业生一致认为，最需改进或者说最不满意的就是"实习和实践环节不够"。突出表明实习和实践环节成效之差。

表 5-5　大学毕业生对于母校专业教学问题评价情况调查结果

调查时间	届别	母校专业教学最需要改进之处 / 最不满意之处（前四位）			
		1	2	3	4
大学毕业三年后	2007	实习和实践环节不够	培养主动学习能力不够	课程内容不实用或陈旧	培养批判性思维能力不够
	2008	实习和实践环节不够	课程内容不实用或陈旧	无法调动学生学习兴趣	
	2009	实习和实践环节不够	课程内容不实用或陈旧	无法调动学生学习兴趣	

① 胡国英：《企业参与高校人才培养的现状调研与对策分析》，《东华大学学报（社会科学版）》2013 年第 2 期。

（续表）

| 调查时间 | 届别 | 母校专业教学最需要改进之处／最不满意之处（前四位） | | | |
		1	2	3	4
大学毕业半年后	2008	课堂师生互动	课程设置	课程内容	教学方式
	2009	实习实践不够	课程内容不实用或陈旧	培养主动学习能力不够	
	2010	实习和实践环节不够	课程内容不实用或陈旧		
	2011	实习和实践环节不够	课程内容不实用或陈旧	无法调动学生学习兴趣	
	2012	实习和实践环节不够	课程内容不实用或陈旧	无法调动学生学习兴趣	

资料来源：根据下列文献综合整理而成。麦可思中国大学生就业研究课题组《2009 年中国大学生就业报告》，社会科学文献出版社 2009 年版。麦可思研究院《2010 中国大学生就业报告》，社会科学文献出版社 2010 年版。麦可思研究院《2011 中国大学生就业报告》，社会科学文献出版社 2011 年版。麦可思研究院《2012 中国大学生就业报告》，社会科学文献出版社 2012 年版。麦可思研究院《2013 中国大学生就业报告》，社会科学文献出版社 2013 年版。

实习和实践环节薄弱的原因固然是多方面的。如学生方面，从本课题组对 69 名大学生访谈看，虽然大部分学生认为实习意义很大，但由于准备考研、考公务员和找工作等种种原因而实际上应付过去。又如学校方面，从本课题组对 38 名高校教师访谈看，普遍反映学校是"口头上重视、实践中轻视"，表现为实习时间短，实践机会少，"放任式"自主实习，"放羊式"管理等，致使实习变成了"见习"。实习单位则是重要原因，由于动力缺乏以及实际困难，既没强化实习管理，也没针对性的有效指导，更有出于安全或工作质量顾虑而不敢、不愿放手实习生实践，普遍存在"多让学生看、少让学生干""只让学生看、不让学生干"的现象。成效不佳也就理所当然。

第三节　走向合作：人才市场支持教育改革的对策建议①

鉴于教育改革与人才市场的密切关联，适应于以社会需求为导向的高等

_____

① 本节内容主要参考本子课题组的两份研究报告："加强人才市场支持高等教育促进高校毕业生就业的建议"（2014 年 12 月，未发表），"我国高等教育改革和发展的人才市场支持"研究报告（2015 年 7 月，未发表）。

教育改革的实践要求，围绕科学规划专业设置和招生规模、全面提高人才培养质量、大力促进毕业生充分和高质量就业等三大问题领域，以及实现人才按需培养、联合培养、就业服务协同优化等三大目标任务，需要加强人才市场在信息化、规范化、与学校合作深度化等方面的建设，全面提高人才市场支持教育改革的力度和质量，实现二者互利合作，并逐步走向双向性的深度融合。

一、加强人才市场信息化建设，提高信息服务水平和质量

（一）基本目标

加强有助于提高学校人才培养决策服务水平和质量、提高毕业生就业服务水平和质量的人才市场信息化建设，建立健全人才需求预测和人才供求信息服务制度，为实现学校按需招生、按需培养、毕业生充分和高质量就业等提供高质量、全方位服务信息支持。一是提高人才需求预测信息服务水平，促进高等教育和中等职业教育做到按需招生，科学合理地制订专业招生计划，使招生规模总量特别是专业、层次、区域等结构总体上契合于三到五年后人才市场实际需求。二是提高人才培养改进决策信息支持力度，促进高等教育和中等职业教育做到按需培养，科学合理地制订人才培养方案，在课程体系设计和课程内容选择、教学模式优化和教学方法改进等各环节上围绕人才素质结构类型和质量规格要求不断实践探索。三是提高毕业生就业信息服务质量，促进学校科学合理地开展就业指导和服务工作，使毕业生能够根据人才市场需求状况和个人情况进行动态评估，做到合情择业、合理就业。

（二）具体措施

一是建立人才需求和供求信息研究制度，指定专门机构负责和组织，采取面向社会专业机构公开招标、或专项委托第三方评估、或多方协作等方式具体实施。研发人才需求预测模型和方法等调查研究工具，制订科学合理的指标体系，包括经济和社会发展所密切关涉的产业和行业人才需求结构、毕业生就业数量和质量结构状况等（就业数量包括全国、地方、学校、学院／系、学科／专业等不同层面就业率，就业质量包括就业满意度、职业期待吻

合度、薪资水平、工作与专业相关度、离职率等指标内容），实施全国性和区域性的人才市场需求调查和评估，提供未来五年关于人才需求的总体规模和结构规模、行业结构和专业结构、素质结构和规格类型等方面的信息预测。

二是建立国家、地方和学校三个层面专业化和系统化的专业招生—就业预警机制，完善国家、地方和学校三个层面的毕业生就业状况年度报告制度。基于专业性人才市场需求预测信息和年度性毕业生就业状况信息（包括就业数量和质量以及地域分布、行业分布、就业时间等就业指标），研制全国性或区域性专业招生指导性计划建议，为政府和高校合理规划专业招生的结构规模和区域布局提供决策咨询和信息服务。完善人才培养结构与经济社会发展需求相适应的动态调控机制，优化学科专业、类型、层次结构和区域布局。积极有效引导行业企业和社会用人单位联合高等院校和中等职业学校开展定向式、定型式、订单式等对口式培养。

三是建立人才市场供求状况信息定期发布制度，指定人才市场相关机构负责管理和具体实施，实现及时、全面公开发布。建设全国性和区域性的供求信息发布平台，建立健全政府人才服务机构所属人才信息网站，实现国家级人才市场公共信息网与各地区、各类型人才市场网站联网贯通，建成由各级政府人才市场管理部门为主导、各级政府人才市场管理部门所属网站为主体的人才市场网络服务系统以及相应的管理体制、运行机制、监督办法，实现人才市场信息服务网络的体系化。改进和完善人才市场服务网络功能，实施信息共享和公共服务，为毕业生和用人单位提供"一点登录、全国共享"等一站式服务。实现统计分析和网上协同，便于整合全国人才市场信息资源，进行全国人才市场供求状况统计分析，提供方便快捷的在线信息服务。

二、加强人才市场与院校合作机制建设，提高参与力度和效度

（一）基本目标

加强有助于改进人才培养工作、提高人才培养质量的联合培养制度建设，建立健全人才市场与高等院校和中等职业学校在人才培养方面的合作体

制和机制，提高人才市场全面深入参与院校人才培养的力度和成效，为实现人才按需培养和高质量培养提供外部支持。引导学校人才培养适度而不过度，使人才质量规格及其素质结构总体上满足用人单位的基本需求和毕业生职业发展的基本要求。

（二）具体措施

一是明确行业企业和社会用人单位的教育责任，制订并颁布行业单位参与人才培养的政策法规，建立人才市场（社会用人单位）协同高等院校和中等职业学校开展人才培养工作的基本制度，包括协同体制、合作机制、联合培养的具体路径和主要方式以及相应的保障条件、必要的激励机制。促使行业企业和用人单位有动力、也有压力，全面深入地参与人才培养工作。

二是积极探索并建立健全行业专家和企业负责人直接参与学校专业结构调整和招生计划拟订、人才培养方案研制和完善、人才培养模式改进、专业课程体系设计和优化等工作机制和激励机制，行业企业专家或行家进课堂直接参与课程教学或专业活动的协作指导机制和激励机制。健全行业企业特别是用人单位与学校联合共建教育实习、专业实训、社会实践等校内外实践基地的体制机制，建立实践基地指导教师指导责任制、质量目标管理制及岗位津贴制。拟订行业企业专家参与人才培养工作实施方案。

三是重点围绕人才培养实践性环节，联合行业企业和用人单位开展基于就业取向的实践对接机制探索。拓展实践基地功能，变"实践基地"为"实践—就业基地"，以实践基地建设带动就业基地拓展。创新协同指导方式，健全师徒结对实施"顶岗实习"式的单独指导、师师结对实施"驻点实习"式的团队指导等多种有效合作机制。探索建立基于招聘考察取向的毕业生就业见习和实习制度，引导改善毕业生就业取向，培训提高毕业生就业能力。

四是大力营造行业企业和用人单位及个人积极回馈学校的社会氛围，积极引导全社会为学校捐款捐物支持人才培养。实施捐资助学公益行动工程，促进学校积极作为来吸引社会捐资助学。建立健全引导激励机制，可采取给予助学项目命名、授予学校荣誉称号、开展政府捐资助学先进分子奖评、物质奖励等措施。

三、加强人才市场规范化建设，提高毕业生就业服务水平和质量

（一）基本目标

加强有助于全面提高就业服务质量、实现毕业生充分和高质量就业的人才市场规范化建设，改进和完善人才市场就业服务体制和机制，协同学校优化就业服务工作体系，全面提高就业服务的水平和质量，为引导毕业生合理择业和合情就业、帮助毕业生便捷就业和安全就业、促成毕业生充分就业和高质量就业提供有效指导和咨询服务以及有力的制度保障和条件支持。

（二）具体措施

一是建立人才市场与学校毕业生就业工作部门的沟通和协作机制，协助学校加强毕业生就业取向引导、就业能力培训、就业信息服务、就业平台支持，使毕业生在及时获得充分有效就业信息基础上，基于自身情况和就业竞争力，通过公开应聘和公平竞争，合理选择就业岗位，做到合情就业、充分就业。

二是组建人力资源市场管理委员会等有关人力资源市场组织管理机构，实现政府宏观调控与市场自由配置的协调统一。对各类人才交流信息网站进行统筹运作，实现现场招聘和网络招聘、有形市场和网络市场的统一。实施人才招聘、毕业生就业、人才职业中介及综合档案管理等多功能一体化，实现就业指导与就业服务的统一，促进毕业生便捷就业。

三是建立健全层次化的人才供需交易活动机制，形成各级政府人才市场管理部门统一指导和管理的、以人才市场管理部门单独或联合举办的各级各类人才招聘会为主体、各校单独或联合举办的各类人才招聘会为辅助、各类用人单位单独或联合举行的人才招聘活动为补充的人才市场交易服务活动体系。

四是加强全国性、公益性、开放性的人才市场建设，建立健全各地区、各行业统一开放的以养老保险和医疗保险为重点的社会保障制度和公平合理的以政策性工资津贴为重点的收入分配制度，形成国家、社会和单位相结合的人才保障体系，打破人才市场的地区、城乡、行业分割。建立健全相关政

策法规，严禁不合理的人才招聘规定，特别是性别、户籍、院校等歧视性条款；明令国有企事业单位招聘除涉密等特殊岗位外，一律实行公开招聘、公平竞争、公正录用。开展市场督查工作，建立举报投诉制度，成立投诉受理机构，创建公开自由、公平规范、公正法制的就业环境，保障就业竞争的自由和公平。

四、履行政府职能，建立健全社会主义人才市场制度保障体系

（一）基本目标

针对人才市场结构失衡、秩序失范、机制扭曲、功能失灵或作用低效等弊端，政府充分利用政策法规、财政金融等手段引导、激励、规范、约束、督促人才市场发展，有理、有利、有节地加强宏观调控，建设协调运行、健康发展的社会主义人才市场，为建立健全人才市场支持高等教育改革、促进高校毕业生充分和高质量就业的体制机制提供必要的动力机制和保障条件。

（二）具体措施

一是在财政政策方面，为行业企业在提供人才市场信息、参与高校人才培养、完善人才市场服务等方面行为提供专项支持或定向经费资助，可采用政府购买公共服务、减免优惠相关税费、专项奖励等方式来进行引导和激励。

二是在政策法规方面，完善劳动合同、人事争议仲裁、人才竞业避止等劳动人事制度和社会保险关系转移接续办法等社会保障制度，建立健全监督机构和执法机制，全面监督，严格执法。修订完善促进和规范就业行为的《劳动法》《就业促进法》《劳动合同法》《人才市场管理规定》《人才中介机构管理暂行规定》等法律法规，建立健全促进和规范就业行为的《人才流动管理条例》及实施细则、《流动人员人事档案管理规定》等人才流动政策法规以及《失业保险条例》《工伤保险条例》《社会保险费征缴条例》等保险政策法规和《住房公积金管理条例》等住房政策法规。

第六章 教育改革的社会投入支持

教育经费收入来源多样化是世界各国教育发展的共同经验。我国教育经费来源统计口径，一般分成政府财政性投入和社会非财政性投入两大部分。其中社会非财政性投入包括学杂费、社会捐赠、民办学校举办者投入和高校自筹资金等。如 2013 年我国教育经费总投入 3.04 万亿元，其中财政性教育经费占 80.6%，非财政性教育经费占 19.4%①。《教育规划纲要（2010—2020)》中明确提出要"完善体制和政策，不断扩大社会资源对教育的投入"。事实上，社会投入是确保教育改革取得成效所必需资源的重要来源之一，也是确保教育质量和教育公平的重要约束因素。因此，科学提高社会投入是增加我国当前教育改革进程中资金来源的有效方法，也是推进教育改革的必然选择。本章从对教育改革支持状况角度，主要对基础教育阶段家庭教育投入、社会捐赠和民办教育举办者投入三大社会投入做些分析。

第一节 家庭教育投入现状与问题②

家庭教育投入是教育改革支持系统的重要组成部分。《规划纲要》当中提出"优先发展、育人为本、改革创新、促进公平、提高质量"的工作方针，明确了今后教育改革的方向，也为分析家庭教育投入对教育改革的支持

---

① 教育部、国家统计局：《中国教育经费统计年鉴 2014》，中国统计出版社 2014 年版。

② 本节部分研究内容以论文形式已见刊，详见叶忠、陈辉：《家庭教育投入对教育改革与发展支持的调查研究》，《教育与经济》2014 年第 4 期。

状况提供了评判标准。本节就家庭教育投入支持旨向的现状及问题进行调查分析，以期为完善教育改革的支持系统找到家庭教育投入因素的契合点与契合机制。

一、家庭教育投入支持教育改革的几个思考维度

（一）家庭教育投入与教育质量提高

家庭教育投入涉及投入的数量、结构和动机以及影响因素。研究和实践显示，有教育投入的家庭要比不对教育进行投入的家庭更加关注教育问题和子女的学习状况，更加重视教育本身对家庭的价值和功能[①]。而这种重视和关注正是家庭教育投入所带来的积极影响，是推动和督促教育质量提高的重要动力。因此，家长对教育的关注将家庭教育投入的目的与教育改革的目标相契合。家庭教育投入的结构能从质量的角度影响教育改革。家庭教育投入中的必需投入是家庭为子女接受教育支付的最低成本，主要包括学杂费、书费、文具费、因上学而产生的交通费、食宿费、校服费等；扩展投入是家庭为使子女享受额外的教育或优质教育，促进其特色发展或全面发展而特别支付的费用，主要包括家教费、课外辅导费、择校费、创新能力和动手能力培养等费用。所谓合理的家庭教育投入结构主要是指有利于素质教育推行和全面发展的家庭教育投入分配结构。在两个指标中，必需投入占家庭教育总投入的比例主要衡量家庭教育投入的压力大小；第二个指标主要是指在扩展投入中，一部分是用来提高学生的知识获得与成绩提高，最为典型的是家教和知识学习的课外补习班的费用；一部分是用于促进其全面发展，如学习舞蹈、书法、钢琴和参加兴趣小组等的费用。第二个指标值越高，意味着对于子女全面发展和综合素质提高越有利。因此，家庭教育投入结构能够影响教育质量，构成教育改革的支持因素。与此同时，与公共教育投入相比，家庭教育投入具有优先满足个体差异性需求的特殊作用，有利于因材施教，照顾

---

① 马克·贝磊等：《教育补习与私人教育成本》，杨慧娟等译，北京师范大学出版社2008年版，第9页。

到学习者的个体差异和不同需要。因此，家庭教育投入的这种特殊作用，能够对教育质量产生积极影响。

（二）家庭教育投入与教育改革的目标实现

家庭教育投入的目的取向，如果与教育改革目标一致起来，无疑是对教育改革的巨大支持。当前，家庭教育投入的目的取向上，大致可以分为两种倾向，一为功利主义或功利倾向，是指当前家长在进行教育投入时，目的在于使子女取得优异的学习成绩，缺乏对子女身心健康的全面投入或均衡投入；二为科学主义或理性倾向，是指家长对于子女的培养和教育投入，不过分重视知识学习的成绩，而是注重子女的全面发展和创新精神、动手能力的培养。理性倾向与功利倾向是家庭教育投入目的的两个相互对立的方面，一般来讲，家庭教育投入的理性倾向更强，那么家庭教育投入的功利主义程度就应该较弱。从教育改革的目标上来看，推进素质教育，提高教育质量，促进人的全面发展是与理性倾向的家庭教育投入目的取向相一致的。

（三）家庭教育投入与教育资源使用效率

家庭教育投入对教育资源的使用效率的影响可以分解为三个指标，即对教育资源的需要程度、利用程度和家庭对教育资源使用的满意程度。家庭教育投入在资源选择上首先要按照子女对资源的需求程度进行投入，也就是说子女对该资源越是需要，家庭教育投入的资源使用效率就越高。子女对教育资源的需要取决于子女主观认识和客观情况，如果是父母强加的教育资源，其使用效率被认定为是低的；如果是子女主动要求获得使用的教育资源，其使用效率则被认定为是较高的。利用程度，是影响教育资源使用效率的核心指标。如果子女在使用该资源时，自始至终坚持使用，且在利用的过程中表现出如兴奋的、积极的、高兴的、奋进的等较好的精神状态，可以认为子女对教育资源使用充分，使用效率较高。家庭对教育资源使用的满意程度是教育资源使用效率的侧面反映，如果家庭对教育资源的质量不满意，则可以认定教育资源的使用效率不高。家庭是教育资源选择的主体，倘若能引导家庭进行科学合理的教育投资和资源选择，必定是对教育改革的莫大支持。

二、家庭教育投入支持现状的调查

通过上述分析，家庭教育投入在提高教育质量和促进全面发展、影响目标实现和教育资源使用效率等方面，构成了教育改革的重要支持因素。本研究以此为思路，通过建立模型和数据分析的方式，采用问卷调查方法，从实证的角度探究家庭教育投入对教育改革的支持现状。

（一）问卷结构与样本构成

质量支持，是指家庭教育投入对教育质量的促进作用。这种作用主要从家庭教育投入引发的家庭对教育的关注（A）家庭教育投入的结构（B）家庭教育投入满足个体差异化需求（C）等三个方面进行考量。家庭教育投入的结构，主要包括必需性投入在家庭教育总支出中所占的比例，以及知识学习投入在扩展性投入中所占的比例两部分。资源使用支持，主要是探讨家庭对教育投入所获得的教育资源的使用程度，主要包括家长对子女资源使用效果的满意度（D）子女对所接受教育的需要程度（E）和子女对已获得资源的利用程度（F）等三个方面。目的支持，家庭教育投入的目的和教育改革的目的越是吻合，越是对教育改革的支持。《规划纲要》指出要树立科学的质量观，把促进人的全面发展、适应社会需要作为衡量教育质量的根本标准。从教育改革的目标上说，家庭教育投入的目的应该注重道德修养、健康体质和创新精神的培养，减少功利主义目的。因此，家庭教育投入对教育改革的目的支持主要包括理性倾向（G）和功利主义（H）两个方面。

按照上述思路，本研究自编制问卷，并通过对问卷的信度和效度检验，最终确认该问卷信度效度合格。对问卷中旨在表现潜变量水平的各指标采用李克特5点尺度来测量。即从"完全同意"（5分）到"完全不同意"（1分），中间另外3个选项，分别为：比较同意（4分）、不确定（3分）、较不同意（2分）。

调查问卷发放对象为全国2000个家庭，总共收回问卷1879份，回收率为94.0%，其中有效问卷1673份，有效率为89.0%。有效问卷的具体构成见表6-1。

表 6-1　样本有效问卷的构成（份）

		城市	农村	合计
家庭地域	1. 西部地区	944	85	1029
	2. 中部地区	123	55	178
	3. 东部地区	335	131	466
	合计	1402	271	1673
学校类型	1. 重点学校	675	0	675
	2. 一般学校	679	96	775
	3. 薄弱学校	48	175	223
	合计	1402	271	1673

（二）描述性统计分析

本研究运用 SPSS 19.0 统计分析软件，对问卷中各个二级指标进行描述性统计分析。表 6-2 是对质量影响、资源使用效率影响和目的支持三个维度的描述性统计情况的汇总表，其中包括均值和标准差。

表 6-2　量表各维度描述性统计情况表

	Mean	Std. Deviation
质量影响	3.49	.557
A	3.53	.623
B	3.37	.906
C	3.57	.844
资源使用效率影响	3.13	.662
D	3.07	.814
E	3.28	1.259
F	3.04	.861
目的支持		
G	3.81	.871
H	3.73	.721

从表 6-2 中可以看出，家庭教育投入对于教育改革的质量支持的影响是正向的，且有一定力度（M=3.49），这说明家庭教育投入比较而言，在满足个体差异化教育需求、优化家庭教育投入结构、引起家长对子女教育的关注

度方面起到了一定的作用。从资源使用效率的影响维度来看，家庭教育投入对资源使用的效率在三个维度中得分最低（M=3.13），而且从二级指标来看，不同家庭对教育资源的利用程度表现出较大的离散性，但是具体是哪个方面导致的差异过大，还需要继续进行推断性数据分析加以验证。

总体来看，家庭教育投入对教育改革的影响中，资源使用效率的支持是最差的，也就是说家庭教育投入在教育资源的选择和使用上存在较高的浪费程度；质量支持是正向的，且有一定力度，正向主要表现为家长通过教育投入表现出的对子女的关注度和满足子女差异化教育需求的二级指标上，教育投入的结构状况并不乐观。

（三）推断性统计分析

如果不同类别的家庭教育投入在某一维度上存在差异，说明不同的家庭教育投入对教育改革的影响差异。

1. 独立样本 T 检验

本研究中的独立样本 T 检验是以城乡和性别作为分组变量对量表各维度的影响进行比较，若 p 值小于显著性水平 0.05，则表明以分组变量分成的两个组对某一维度的支持具有差异性。反之，则说明没有差异。

由表 6-3 可以看出，以城乡为分组变量，城市家庭教育投入和农村的家庭教育投入对教育改革的影响不存在显著差异（p=0.098>0.05），但是具体到一级指标和二级指标上，城乡之间在质量影响这个一级指标上存在显著差异（p=0.00<0.01）。分别观测其均值可以发现，在质量影响维度上，城镇居民得分为 3.52，农村居民得分为 3.32，城镇居民显著高于农村居民，具体表现为城镇居民家庭对子女教育的关注度高，家庭教育投入的结构上更加科学，家庭教育投入对子女教育资源个体差异化满足度更高（在 A、B、C 三个二级指标上城乡之间均存在显著差异，且城镇居民的平均值均高于农村居民）；在功利主义维度上，城镇居民与农村居民也存在显著差异（p=0.001<0.01），其中农村居民的功利主义均值为 3.88，城镇居民的功力主义均值为 3.71，这说明农村居民在对子女的家庭教育投入上更功利。

表 6-3　城乡对教育改革影响的差异比较

	Independent Samples Test	
	F	Sig.
质量影响	.650	0.000**
A	.003	0.005**
B	.331	0.001**
C	5.575	0.000**
资源使用效率影响	.010	0.623
D	.000	0.963
E	.773	0.595
F	.037	0.690
目的支持		
G	2.125	0.119
H	0.138	0.001**
总支持度	.055	.098

　　由表 6-4 可以看出，以性别为分组变量，家庭针对男女的教育投入对教育改革影响存在显著差异（p=0.000<0.01），其中男生的均值为 3.48，女生的均值 3.55。这说明家庭对女孩的教育投入比对男孩的教育投入更加支持教育改革。具体是从家长对子女教育的关注度和资源使用效率两个方面体现出来。家长对女孩子的教育关注度的均值为 3.57，对男生的教育关注度均值为 3.49，女生略高于男生。针对家庭教育投入的资源使用效率，女生要远高于男生，女生的均值为 3.23，男生的均值为 3.02。这说明利用家庭教育投入所获得的教育资源中，女生对资源的利用效率远高于男生。

表 6-4　性别对教育改革的影响差异比较

	Independent Samples Test	
	F	Sig.
质量影响	.380	0.581
A	.431	0.003**
B	.476	0.875
C	.194	0.366
资源使用效率影响	.115	0.000**

（续表）

	Independent Samples Test	
	F	Sig.
D	10.033	0.001**
E	.242	0.000**
F	1.671	0.000**
目的支持		
G	.695	0.928
H	1.722	0.851
总支持度	.947	0.000**

2. 单因素方差分析

（1）不同地域的家庭教育投入对教育改革影响的差异比较

由于量表的维度较多，为了方便起见，表6-5只列出了具有差异性的维度，标 * 的表示在显著性水平为 0.05 的条件下，具有差异性；标 ** 表示在显著水平为 0.01 的条件下具有差异性。

表6-5　地域对教育改革影响的差异比较

	地域	均值	F	Sig.
投入结构	西部	3.3193	6.167	.002**
	中部	3.5580		
	东部	3.4197		
资源使用效率	西部	3.1455	8.637	.000**
	中部	2.9474		
	东部	3.1841		
需求度	西部	3.2654	19.049	.000**
	中部	2.8315		
	东部	3.5030		
理性倾向	西部	4.0689	3.723	.024*
	中部	4.1856		
	东部	4.1892		
总支持度	西部	3.5148	4.251	.014*
	中部	3.4496		
	东部	3.5478		

注：限于篇幅，省去了不同地域、不同水平和学段差异的家庭教育投入对教育改革支持的 Logistic 回归分析。

以地域为分类标准，西部地区家庭教育投入对教育改革的影响与中部地区家庭教育投入对教育改革的影响在资源使用效率维度存在差异，同中部地区（均值为 2.95）相比，西部地区（均值为 3.15）对教育改革的支持在资源使用效率维度要略高；东部地区同样与中部地区存在差异，且东部地区的教育资源使用效率（均值为 3.18）要显著高于中部地区（均值为 2.95）。也就是说在资源使用效率的维度上，中部地区的教育资源使用效率最低。在理性倾向维度方面，西部地区（均值为 4.07）低于东部地区（均值为 4.19）。

（2）不同水平的家庭教育投入对教育改革的影响差异比较

家庭教育投入分为低投入、一般投入、较高投入和高投入四类。这四种分类是对问卷具体数值的转化。进行经过一元方差分析，发现不同水平的家庭教育投入对教育改革的影响存在差异，接着进行事后比较检验，进行两两比较。由于量表的维度较多，表 6-6 只列出了具有差异性的维度，标 * 的表示在显著性水平为 0.05 的条件下，具有差异性；标 ** 表示在显著水平为 0.01 的条件下具有差异性。

表 6-6　不同水平的家庭教育投入对教育改革影响的差异比较

	投入水平	Mean	F	Sig.
投入结构	低投入	3.3292	4.987	.002**
	一般投入	3.4811		
	较高投入	3.2503		
	高投入	3.3287		
资源使用效率	低投入	3.0706	4.970	.002**
	一般投入	3.2069		
	较高投入	3.1255		
	高投入	3.1909		
需求度	低投入	3.1983	4.592	.003**
	一般投入	3.4371		
	较高投入	3.2140		
	高投入	3.1825		
利用度	低投入	2.9898	2.972	.031*
	一般投入	3.0681		
	较高投入	3.1006		
	高投入	3.2209		

（续表）

	投入水平	Mean	F	Sig.
功利主义	低投入	3.7987	4.842	.002**
	一般投入	3.6966		
	较高投入	3.6883		
	高投入	3.5634		
总支持度	低投入	3.4906	2.965	.031*
	一般投入	3.5519		
	较高投入	3.5026		
	高投入	3.5325		

以投入水平为分类标准，资源使用效率、功利主义、总支持度等三个方面存在差异。一般水平的家庭教育投入对教育改革的影响与低水平的家庭教育投入对教育改革的影响在资源使用效率维度存在差异，同一般水平的家庭教育投入相比（均值为3.21）相比，低投入水平的家庭教育投入（均值为3.07）在资源使用效率维度要低；但是其他水平的家庭教育投入对资源使用效率支持的差异并不显著。从均值来看，一般水平的家庭教育投入对资源使用效率的支持是最高的，过低或过高的家庭教育投入对教育资源的使用效率都会降低。低水平的家庭教育投入与高水平的家庭教育投入在教育改革影响的功利主义维度存在差异，低水平的投入家庭（均值为3.80）的功利程度却远高于高水平教育投入的家庭（均值为3.56）。在功利主义维度上，投入水平与功利程度是恰好相反对应的。即低投入的家庭功利性最强，高投入的家庭功利性最小。在总支持度上来看，低水平的家庭教育投入（均值为3.49）与一般水平的家庭教育投入（均值为3.55）的差异是显著的，一般投入水平的家庭对教育改革的支持高于低投入水平的家庭。结合上述分析可以发现，总支持度的差异是与资源使用效率支持的差异一致的。

（3）学段差异对教育改革的影响的差异

学段分为小学、初中和高中三类。进行经过一元方差分析，发现不同学段的家庭教育投入对教育改革的影响存在差异，接着进行事后比较检验，进行两两比较。由于量表的维度较多，表6—7只列出了具有差异性的维度，标 * 的表示在显著性水平为 0.05 的条件下，具有差异性；标 ** 表示在显著水平为 0.01 的条件下具有差异性。

以学段为分类标准，质量支持、资源使用效率、功利主义和总支持度等四个方面存在差异。小学学段、初中学段和高中学段的家庭教育投入对教育改革的影响差异均两两显著。其中小学阶段的家庭教育投入对教育改革的支持度最高（均值为3.70），初中阶段次之（均值为3.38），高中阶段最差（均值为3.25）。在资源使用效率支持维度上，小学学段与初中和高中学段的影响差异显著，且小学阶段的资源使用效率（均值为3.19）高于初中（均值为3.10）和高中（均值为3.07）学段。小学与初中在教育改革影响的功利主义维度存在差异，小学学段（均值为3.67）的功利程度低于初中学段（均值为3.86）。高中学段的功利程度（均值为3.61）也低于初中学段（均值为3.86）。在功利主义维度上，呈现出两边显著低于中间的山峰状态。在总支持度上来看，同样呈现出与质量支持相一致的状态。

表6-7　年级差异对教育改革的影响的差异

	学段	Mean	F	Sig.
质量支持	小学	3.7031	105.728	.000**
	初中	3.3821		
	高中	3.2477		
投入结构	小学	3.5679	32.503	.000**
	初中	3.2755		
	高中	3.1323		
差异性	小学	3.8202	61.988	.000**
	初中	3.4479		
	高中	3.2713		
资源使用效率	小学	3.1939	5.127	.006**
	初中	3.1022		
	高中	3.0706		
满意度	小学	3.1352	5.258	.005**
	初中	2.9930		
	高中	3.0883		

（续表）

	学段	Mean	F	Sig.
需求度	小学	3.3217	6.016	.002**
	初中	3.3528		
	高中	3.0671		
利用度	小学	3.1247	6.171	.002**
	初中	2.9609		
	高中	3.0563		
理性倾向	小学	4.1392	3.545	.029*
	初中	4.0481		
	高中	4.1958		
功利主义	小学	3.6693	16.900	.000**
	初中	3.8569		
	高中	3.6142		
量表总分	小学	3.6004	33.861	.000**
	初中	3.4789		
	高中	3.4077		

三、家庭教育投入对教育改革支持的不足

（一）纠结的投入心态，目的支持不足

从上述调查结果来看，家庭教育投入的功利主义明显，体现在投资教育主要是为了子女就业，多数家长认为学历是子女未来发展的关键因素，决定着子女未来发展的层次，甚至部分家长认为只要子女能取得好成绩即使现在牺牲休息的时间也是值得的。家长的功利主义倾向并没有因为城市学校或农村学校有所减弱，样本数据表明农村家长在功利主义的维度上还略高于城市家长。

值得关注的是，在探究家庭对教育改革的目的支持上，功利主义和理性倾向对于家长们而言，应该是此消彼长的关系。但是，在理性倾向维度上家长的得分同样很高，表现出现在家长在教育投入上的矛盾与纠结的心态。这种统计意义上揭示的现象和我们在调研走访期间所反映的问题基本吻合。一方面家长迫于当前考试制度的压力，希望自己的子女能够在选拔性考试中脱

颖而出，成功步入优质学校的大门，为此而努力投入；另一方面，他们又看到了子女在历经磨难与痛苦不堪中虽学到了一些知识，但在完善的人格培养、动手操作能力、创新意识与能力等方面还存在很大不足，所以意欲在这些方面投入也有所倾斜。显然，这种纠结的投资心态与教育改革的价值旨向是不吻合的。但是值得庆幸的是，毕竟家庭教育投入的目的取向还存在较大程度的理性倾向成分。

（二）资源使用效率不高，效率支持不足

上述调查结果显示，家庭教育投入对教育改革的资源使用效率的支持度比较而言是最低的，而且呈现出不同性别之间、地域之间和城乡之间的较大的离散性。这说明家庭对教育资源的浪费程度较大，而且不同家庭的使用效率差别较大。体现在家长对教育资源使用效果的满意度不高，子女是教育资源的被动使用者，且家长感知的教育资源使用程度偏低。

家庭对教育资源的利用效率偏低导致家庭教育投入对教育改革的资源使用支持不足，这是当前教育改革面临的重要问题之一。部分家长盲目追求额外的教育资源和优质资源，一方面导致家庭教育投入的压力过大，另一方面导致家长对教育资源的效果具有较高的期待。子女在教育资源的选择中往往处于被动状态，家长意志比较明显。此外，孩子的时间和精力是有限的，也使得部分已选择的资源不能得到充分使用。

（三）投资结构不合理，质量支持不足

调查显示，家庭教育投入对于教育改革的质量支持的影响是正向的，且有一定力度。这在一定程度上肯定了家庭教育投入在整个教育改革中的作用，意味着家庭教育投入作为教育经费的重要来源之一，对教育改革的顺利进行起到了必要的支持作用。

从质量支持的差异来看，城镇居民的质量支持显著高于农村居民，具体表现为城镇居民家庭对子女教育的关注度高，家庭教育投入的结构上更加科学，家庭教育投入对子女教育资源个体差异化满足度更高；小学学段、初中学段和高中学段的家庭教育投入对教育改革的质量支持差异均两两显著。其中小学阶段的家庭教育投入对教育改革的支持度最高，初中阶段次之，高中阶段最差。

在质量支持的二级指标上，家长通过教育投入对教育表现出的关注尤为明显。关注度体现在父母对子女本身的陪伴和教育上，也体现在家长对教育自身的关注上。家庭教育投入的结构主要体现在校内投入和校外投入的比例上。数据结果表明城市和农村家庭均承受着一定的家庭教育投入压力，但是城镇居民的投入结构优于农村居民。此外，城镇居民的家庭教育投入在满足子女个体差异需求方面也比农村居民具有显著差异优势。

第二节 社会捐赠现状与问题[①]

社会捐赠是教育投入的重要来源之一，也是教育改革社会支持系统的重要组成部分。除弥补教育资源之外，社会捐赠可以通过向薄弱地区、特殊人群和三级教育最需要的地方进行倾斜投放，保障教育均衡发展和促进公平；获取社会捐赠也是学校改进的重要动力之一，从而社会捐赠对学校教育质量提升具有一定激励作用。本节针对当前基础教育捐赠的三种类型，就上述社会捐赠对教育改革支持的可能性及问题进行分析。

一、基础教育捐赠的三种类型及特征

我国目前基础教育捐赠者虽然很多是出于多种混合动机，其捐赠行为接近其中某一种纯粹类型或者多种类型的混合，但通过把握捐赠者多种动机中发挥主导作用的因素，依据以上两种理论和我国基础教育捐赠的具体实情，我们可以总结出三种不同类型。

（一）交易型捐赠：慈善性质模糊且稳定性差

基础教育捐赠是社会捐赠的一个分支，从理论上讲，具备无偿性、非交

---

① 本节部分研究内容以论文形式已见刊，详见叶忠：《基础教育捐赠三种类型及其对教育改革发展的支持》，《教育学报》2014 年第 4 期。

易性、非行政性、自主决策性、社会受益性、社会目的性等捐赠的一般特征。但在实际的基础教育捐赠中，部分捐赠已逐渐演变成以捐赠者和受益者之间的互惠互利为前提，通过交换各自的资源，以期达到各自目的的一种交易手段，具有较强功利主义色彩，我们称之为交易型基础教育捐赠。一部分企事业单位和学生家长的基础教育捐赠中包含有偿性和交易性特征。如企业通过采取与学校合作的策略，赞助学校举办活动，进行间接捐赠以及通过赠送企业产品的形式，与学校达成某项销售协议；一些公共部门直接赠与资金或物品，以达成给予雇员学校入学机会等方面优待等。以家长为主体的交易型捐赠形式包括赠与学校一笔资金用于学校的发展，捐赠给学校相应物资，以及提供给学校其他方面的便利等，但同时也期待学校给予其子女入学机会、教育环境等方面的优待。

由于交易型捐赠者把捐赠行动视为"手段"，把自己主观特定利益视为"目的"。因此，这种类型的捐赠由目的理性因素决定，具有慈善性质模糊和稳定性差的特征。首先，交易型捐赠者的行为选择取决于学校的社会声誉。部分捐赠者通过借助对声誉较高的学校进行捐赠这一事件所带来的社会影响力，实现其自身的利益诉求，如有些企业的捐赠并非慈善性质，其对教育事业的支持程度主要受商业动机的影响，捐赠是在积极互惠行为模式引导下的以利己为目的的营销策略，它像一种有收益的投资一样最终使捐赠企业获益。同时，学生家长对学校有条件的捐赠是普遍存在于基础教育阶段的另一种交易型捐赠。一部分学生家长为了使自己的子女能够获得入学机会，主动了解学校需要，或明或暗地与学校达成一致，通过捐赠的名义，给予特定优质学校一定资助。因此，在交易型捐赠方面，一些薄弱学校甚至一些名气不大的普通学校，在社会上没有形成一定的影响力，在争取社会捐赠方面缺乏先天优势。其次，交易型捐赠受益对象主要是与捐赠者有密切联系的利益相关者，这些利益相关者不仅包括学校所在的周边社区、学生家长，也包括学校附近的企事业单位等。以企事业单位为例，其利益相关者主要是作为企事业单位雇员的学生家长、作为学校交易伙伴的企事业单位自身等。前者是学校通过家长与企事业单位产生间接的联系，后者则是采用直接合作的方式与企事业单位建立起关系。这两种关系在正常情况下持续时间十分短暂，双方意向相应的捐赠行为不会持续不断重现，而是断断续续，不定期不定量，随机性大。

（二）同情型捐赠：号召力强但自发随意性大

有研究者指出捐赠者对捐赠需求的意识越强烈，捐赠的可能性越大[①]。在基础教育领域中，一批具有爱心的人士与组织在面对与自身无利益关系的对象陷入受教育困境时，产生怜悯之心，自发以改变其受教育处境为指向的无偿捐赠，即同情型教育捐赠。这种类型的捐赠具有爱心捐赠和慈善捐赠的性质，它号召力强，但也有随机性大和用途单一的特征。面对我国基础教育资源配置不均衡现状，对部分经济不发达的偏远地区、农村薄弱学校办学条件差、教师队伍素质不高、经费投入不足等现状有认知时，社会上具有爱心的人士和组织更愿意将捐赠投入到基础教育薄弱领域。这类捐助者来自社会不同阶层，包括经济条件一般的普通群众、企业家、慈善机构、社会非营利组织等。通过情感渲染和大力宣传，旨在改善基础教育薄弱领域的落后局面，容易激发社会各界的捐赠热情，具有强烈的号召力，能够调动全社会力量对基础教育薄弱领域进行无偿的同情性捐赠。但与此同时，同情型捐赠供给也具有自发随机性和用途单一的特点。西部欠发达地区一些薄弱学校需要捐赠的观念和意识早已深入人心，大量社会上心系教育的捐赠者自发进行全方位捐赠，包括对学校发展和贫困学生资助等多方面的支持，如向学校捐赠电子教学设备、图书、体育器材、校车等硬件设备和物品，以改善学校办学条件或学生寄宿条件；向贫困学生捐赠学习用品、生活用品以及助学金，出资对教师和校长分别进行教学和学校管理的培训等。在基础教育捐赠比较少的地区，同情型捐赠是学校获得社会捐赠的主要类型，此种捐赠具有纯粹利他性质。但相对而言，由于贫困学生的获赠需求比较迫切，容易被捐赠者察觉和感知到，因此对贫困生进行捐赠的热情更高，这样捐赠者通常会规定捐

---

① Lee B A,Farrell C R.Buddy, can you spare a dime？ Homelessness, panhandling, and the public, Urban Affairs Review, 38, pp.299-324.

赠的具体用途，即主要用于对学校贫困生补助方面。

（三）回报型捐赠：方向性明显且有持续性与扩散性

一些捐赠者出于寄托对受捐赠对象的深厚感情，对曾经受过特定对象恩惠的报答心理，以及让捐赠者较为熟悉和认可的对象受益等目的而进行捐赠，即回报型捐赠。此种类型捐赠者一般具有一定社会地位和经济能力的成功人士，出于一种补偿心理，认为进行捐赠是自身一项义务，加上对母校更为熟悉，对其进行捐赠也会较为放心。此外，一部分来自学生家长对学校无偿提供的捐赠，也属于回报型捐赠。由于受其子女在该所学校学习的影响，对该学校具有更强的熟悉度和亲切感，如果有机会提供捐赠更愿意让子女就读的学校受益。因为子女是在校就读的校友，此类捐赠间接属于在校校友即时回报型捐赠。

回报型捐赠者情感自然，超越功利，具有特殊的价值，它带有明显的方向性和价值理性的特征。首先，校友是学校的一笔宝贵财富，他们对母校通常怀有一种浓厚感情，通过捐赠方式来对母校表示一种报答和对母校办学理念的认可和支持。此种为表示感激或感谢而捐赠的类型，蕴含着捐赠者和受捐赠方的"个人决定因素"，捐赠对象是相对固定的，都是对曾经培养过自己的母校进行捐赠，这种捐赠是无偿的，但并非是无条件的[①]。在调研过程中，也发现大多数建校历史短、名气不大的普通学校，几乎不可能获取来自校友的捐赠，一般只有少数历史悠久的名校，并且与校友之间建立起亲密关系、透明使用捐赠资金以及能够在办学宗旨和成效方面得到校友认可的学校，才能持续获得校友的捐赠。其次，回报型捐赠行为由价值理性因素所决定。部分回报型捐赠行为是捐赠者在自身信念和信仰的指引下，自觉和纯粹地以回报母校作为参与捐赠的固有绝对价值，而不考虑其能否取得更大成效。捐赠者由于校友与母校之间存在特殊情感关系而形成的价值观，使其捐赠动机相对于其他社会捐赠具有一定的独特性，其中可持续性、传承性和扩

---

① 颜语：《行为经济学视角下的教育捐赠研究》，《经济论坛》2011 年第 3 期。

散性的特点非常明显[①]。一方面，校友把对母校进行捐赠作为回报母校的一种方式，一旦与学校建立起长久的联系，就会持续不断地关注母校发展动向并向母校无偿提供发展所需资金。另一方面，校友资源是一种无形资源，他们作为一个信息丰富、知识密集的群体，除了直接向母校捐款捐物，还将校友情结扩散开来，如校友利用自己的社会关系和社会影响，为母校筹资和发展牵线搭桥，成为母校募集捐赠的重要中介。此外，还有部分回报型的捐赠者会基于熟人社会和最需要原则的价值观念，将捐赠投入到自己家乡所在地区的学校或者传统观念上贫穷落后地区的学校。

二、基础教育捐赠对教育改革支持的功能不足

三种类型的社会捐赠虽然对基础教育改革发挥了一定的支持作用，但目前存在规模小、数量少、在地域和各级各类学校之间配置不均衡等问题。这与上述三种类型捐赠各有其特点，且都是捐赠者以自我满足为中心在基础教育捐赠中"独舞"的格局是分不开的。社会捐赠所具备的较强凝聚社会物质资本的能力、使教育资源开放生成以及在教育中畅通流动等优势，在目前情况下并不能对保障教育投入、实现教育均衡发展、保证教育质量等体现出支持作用，甚至会有负面的影响。

（一）总量偏低，不利于形成教育经费的有效补充

根据中国教育经费统计年鉴（2006—2014）的数据，2005—2013年我国社会捐赠占总教育经费的比重呈不断下降趋势。其中，在由国家财政性经费、事业收入、其他教育经费、社会捐赠经费和民办学校举办者投入经费组成的基础教育经费中，社会捐赠占基础教育总经费的比例很小，份额远不足1%，目前基础教育经费主要依赖于政府财政性教育拨款。从近几年的变化趋势来看，基础教育社会捐赠绝对量呈波动趋势，从其占基础教育总经费比重的趋势来看，逐年下降。与国外发达国家基础教育经费分担相比[②]，我

---

① 邹晓东、吕旭锋：《校友情结：美国高校捐赠的主要动因》，《比较教育研究》2010年第7期。
② 马国贤、马志远：《教育支出占GDP的比重：国际比较与政策建议》，《教育发展研究》2009年第3期。

国基础教育社会捐赠尚处于初级阶段，捐赠规模小，数量少，对政府财政性教育投入的分担比例有待提高。在教育内部捐赠呈现出由基础教育向高等教育转移的趋势。历年的教育经费统计年鉴数据显示，基础教育获得的社会捐赠逐年减少，在总教育捐赠中的比重由 1995 年的 94.07% 下降到 2008 年的 43.53%，而高等教育社会捐赠在教育总社会捐赠中的比重由 1995 年的 2.71% 快速增至 2014 年的 48.35%[①]。在 2006 年至 2014 年期间，虽然从总量上看，基础教育总获赠金额远高于高等教育，但从生均获赠额方面来看，高等教育生均获赠平均值为 111.8 元，而基础教育生均获赠平均值为 24.7 元，高等教育生均获赠额大约是基础教育的 4.5 倍[②]。从某一时间点的社会捐赠在教育领域的分布来看，2009 年上半年社会捐赠向行业领域中分配，高等教育捐赠占总捐赠数量的 32.8%，而其他教育只占 14.2%[③]。

　　基础教育社会捐赠不足状况与基础教育社会捐赠三种类型的特征是分不开的。交易型捐赠者以满足自身的需要为出发点，以与自身利益相关者为捐赠对象，而并非基于教育发展全局观来做出捐赠决策。一方面，在教育领域的捐赠中，企业与学校签订相关合作协议，并以无偿捐赠形式给予学校经费支持。显然，选择与高校之间保持这种合作伙伴关系，更有利于获得更高效益，因此更多企业捐赠会流向高等教育领域。而在基础教育阶段部分学校，企业也会以项目合作形式进行捐赠，但它通常会从自身利益角度出发对学校提出较多要求，干预学校教育教学的正常进行。另一方面，学生家长为主体的交易型捐赠者以解决子女入学问题作为条件，捐赠范围集中在少数名校，解决子女入学问题之后就不会再给予学校捐赠。由于此种捐赠属于不规范的捐资助学行为，它会影响教育公平和教育机会均等。在这种背景下，教育行政部门往往为了防止学校违规操作，对捐赠资金采取严格统一管理，要求捐

---

① 教育部、国家统计局：《中国教育经费统计年鉴 2015》，中国统计出版社 2015 年版。

② 中华人民共和国国家统计局：《中国统计年鉴》，http://www.stats.gov.cn/tjsj/ndsj/2015/indexch.htm。

③ 中民慈善捐助信息中心：《2009 年上半年全国慈善捐赠情况分析报告》，http://gongyi.sina.com.cn/2009-07-31/143611651.html。

赠者根据捐赠协议，将捐赠资金归口划入教育行政部门指定账户，然后再由教育行政部门拨付到接受捐赠单位。这种繁杂的捐赠手续和过程使得学校无法自由支配捐赠收入，也给学校捐赠资金使用带来了一定的迟滞，从而大大影响了学校募集社会捐赠的积极性，在一定程度上又影响到基础教育捐赠接收的总体规模。

回报型捐赠并不根据实际捐赠需求而做出捐赠行为，这表现为校友和非校友回报型捐赠决策具有较大的主观臆断性，在方向上也具有明显的定向性，捐赠范围较为狭窄。只有少数历史悠久的基础教育阶段名校才能获得回报型捐赠。在与高等教育争夺社会捐赠时，基础教育阶段学校明显处于劣势。这是因为有相当一部分有意向捐赠的校友，由于与中小学阶段的母校无论在地理还是心理距离上都较远，对中小学阶段的母校捐赠需求了解不深，对母校存在的困境不能感同身受，回报型捐赠更多地投入到高等教育阶段的母校。此外，中小学校与校友等回报型捐赠者的联系和交往程度，也会影响回报型捐赠功能的发挥。事实上，大部分中小学校处于被动接受校友捐赠阶段，只有少部分中小学校才能获得回报型捐赠，能够持久地稳定地获得来自社会的经费来源。

（二）U形特征，不利于促进基础教育均衡发展

根据 2010 年教育经费统计年鉴上社会捐赠的数据显示，东部地区基础教育获得的社会捐赠数量最多，占基础教育总捐赠量的 60%，其次是西部地区，占总份额的 29%，但与东部地区相比获赠差距较大，然后依次是中部地区和东北部地区，分别占 10% 和 1%[①]。而中部地区和西部地区每十万人口基础教育在校生人数高于全国平均值[②]。基础教育阶段捐赠收入在少数

[①] 根据 2006—2011 年中国教育经费统计年鉴数据计算所得。

[②] 根据 2008 年《中国教育统计年鉴》中"每十万人口各级学校平均在校生数"的统计结果显示，东部地区每十万人口基础教育平均在校生数为 15627 人，中部地区每十万人口基础教育平均在校生数为 18899 人，西部地区每十万人口基础教育平均在校生数为 19179 人，东北部地区每十万人口基础教育平均在校生数为 13092 人。而全国每十万人口基础教育平均在校生数为 17359 人。

名校集中度高以及一些落后地区的薄弱学校获得的捐赠收入更多。在调研过程中，课题组发现名校在社会捐赠方面具有较强优势和竞争力，不少名校还会成立专门的基金会等机构来管理相关捐赠。而处于中间阶段的学校的一些普通学校名气不大，在社会上没有形成一定的影响力，在争取社会捐赠方面没有先天优势和号召力，几乎没有捐赠来源。而绝大多数学生集中于普通学校，只有少数名校的学生才能从中获益，这无疑加剧了学生教育过程的不平等，不利于推动教育公平。

根据 2010 年来的《中国教育经费统计年鉴》提供的数据，农村基础教育捐赠占基础教育总捐赠的比重大约在 30%—40% 之间，绝大部分基础教育捐赠集中在城市。其中，小学社会捐赠在城市和农村之间的分布相对均衡，大约各占 50%，而历年来中等职业学校社会捐赠的 80%—90% 集中在城市，中学的社会捐赠 60%—70% 集中在城市，由此呈现出农村基础教育中间阶段社会捐赠较少的现象。这扩大了农村和城镇基础教育经费之间的差距，不利于基础教育城乡均衡发展。由于获得捐赠的数量不同，农村和城镇基础教育的质量也会随之产生不一样的变化，从而农村学生和城市学生接受到的基础教育质量也会产生差距，进一步加剧了城乡基础教育不公平，最终会导致城乡基础教育两极分化现象的出现。

以"合作—捐赠"为模式的企业交易型捐赠更偏向于高等教育领域，以学生家长为主体的交易型捐赠则更多地集中到社会声誉较高的优质名校。这种功利性改变了社会捐助慈善的性质，使其具有基础教育有限资金对薄弱或急需地区、人群和学校进行逆向投放的特征，不利于修正和改变区域之间、城乡之间基础教育投入不均衡的倾向和格局，不利于促进基础教育资源均衡配置，不利于促进教育公平。

（三）同情型捐赠偏高，不利于促进基础教育捐助资源的有效利用

基础教育捐赠本身具有"扶弱"的特点和"雪中送炭"的性质，同情型捐赠者不同程度和不同意向地自觉保持这种习惯，但捐赠者不是根据受赠方迫切和长远需要进行有针对性的捐赠，对于捐赠的具体范围和方向并不明确，存在盲目捐赠的行为。在地域上，向西部贫困山区中小学校的捐赠最为普遍和频繁，而忽视了中部地区和东部部分欠发达地区中小学校的捐赠需求。因此，同情型捐赠容易导致基础教育捐赠在流向和使用方面存在重复性和盲目性，捐赠资源得不到很好整合，捐赠效益低下。

由于向基础教育薄弱领域进行捐赠具备较强的社会舆论基础和价值功能，可以使捐赠者获得较强的社会认同感和更高的社会声望，因此部分捐赠者为了满足当时奉献被关注的欲望，会选择对基础教育进行同情型捐赠；另有部分捐赠者在社会道德约束及由此产生的社会压力信号作用下，也会积极响应政府宣传和引导，对基础教育实施同情型捐赠。但是，由感情因素决定的捐赠行为是以一时的感情刺激为基础，其捐赠的持续关注度只能维持很短时间，捐赠者后期跟踪和继续捐赠明显做得不够。而且捐赠者为了在短期内获得明显成就感和较强烈情感体验，只关注捐赠即时成效，反映在捐赠用途上即重学校新建，轻学校教育质量提高。如在东部地区，保证中小学校能基本运转的情况下，最常见的捐赠用途就是企业和社会爱心人士为贫困生提供生活补助和助学金，而很少有促进学校发展的捐赠；在西部地区，将捐赠资金大部分集中投入到学校基础项目建设和资助贫困儿童方面，此种教育捐赠配置使得已建成的新学校或农村落后学校的真实需求得不到满足，师资、教学仪器设备、图书、体育场地等还远未达标，筹集到的社会捐赠没有集中配置到基础教育发展的关键领域和薄弱环节。

第三节　民办教育投入现状与问题

《教育规划纲要（2010—2020）》明确强调："民办教育是教育事业发展的重要增长点和促进教育改革的重要力量。"民办教育发展不仅在提高教育质量、促进公平、满足多样化需求等方面发挥了积极作用，而且在探索办学体制、管理方式和人才培养模式等方面改革上起到了助推作用。首先，民办教育与公办教育最大的区别在于其提供多样化的、可供选择的教育资源，学生和家长可以根据自己的需要选择适合学生自身发展的教育，使更多的人能接受自身所需的教育，可以看作是对"教育公平"的一种促进。其次，民办教育从一开始就代表着一种不同于学公办教育的办学体制、管理方式和人才培养模式。可以说，民办教育投入促进了民办学校的发展，打破了政府对教育资源的垄断，将竞争机制引入到教育领域，为公办学校的办学体制、管理方式和人才培养模式提供了参照物，促使公办学校不断反省自身，主动或被动地以提高质量来迎接民办学校的挑战。正是在这个意义上，民办教育对于增强办学活力、提高教育质量是有着重大意义的。但从举办者对资金安全与收益追求的根本属性来说，结合实地调研，本研究认为民办教育投入面临各种风险是最为重要的影响因素。

一、民办教育投入面临的风险

（一）政策性风险

政策性风险既指国家层面的教育法律、政策和地方政府相关政策制定中的不公平、不合理和模糊规定，也指各级政府在执行过程中的执行不力和"区别对待"等问题给投资者带来潜在损失的可能性。当前民办教育投入的政策性风险主要表现在其法律地位、教育产权归属和合理回报三个方面的不确定性上。

我国《民办教育促进法》强调民办教育是我国教育事业的重要组成部分，并赋予了民办学校和公办学校平等的法律地位，但是在实施过程中一些地方政府将民办学校、民办学校教师和民办学校学生"区别对待"。比如，根据民办教育促进法关于"民办学校与公办学校具有同等的法律地位"的精神，民办学校应享受政府下拨的生均公用经费补贴，但据媒体报道，不少地方生均公用经费的财政补贴与民办学校无缘，并且多名民办学校的校长为此事上访未果[1]。本课题组在调研中也发现各地均有类似情况。同时，民办学校教师在技术职务认定、专业发展、研修培训机会等方面，仍然无法跨越体制内外的鸿沟，造成师资成为民办学校办学过程中的不稳定因素，举办者的

---

① 赵红旗：《开封民办学校的公用经费之惑》，《法治周末》2013 年 6 月 26 日。

投入面临潜在的投资损失风险。

民办学校产权归属问题也是政策性风险的表现之一。就目前我国颁布的有关民办教育的法律法规来看，民办教育举办者拥有的只是不完整的财产使用权，处置权与收益权受到很大限制。虽然《民办教育促进法》明确指出了民办学校的投资者可以取得"合理回报"，但有关投资者是否愿意取得合理回报的调查显示，大部分投资者并不愿取得合理回报①。事实上并不是举办者不想取得合理回报，而是因为取得合理回报需要付出更多的代价，承担更多的风险。

除了上述政策性风险之外，一些地方政府在发展民办教育事业过程中，民办教育投入门槛先低后高、前后不一，这种"过河拆桥"的发展策略，导致民办教育投入面临不可预期的风险。

(二) 市场性风险

市场性风险主要指教育供求发生变化和竞争对手调整经营策略，致使民办学校发展困难，增加举办者投入潜在损失的可能性。学费收入是民办学校收入来源的最重要组成部分，因此生源无疑是民办教育机构能否生存与发展的重要依托。课题组调研中发现，基础教育阶段的民办学校大致可以分为三类，一是以质量取胜的民办学校，二是以特色取胜的民办学校，三是以低廉取胜的民办学校。第一种民办学校通常教育质量较高，收费也远高于公办学校。随着我国基础教育公共财政投入体制的建立与完善，公办学校在办学质量、办学条件、师资队伍建设等方面都获得了较大的发展，对以质量取胜的民办教育投入构成了竞争上的威胁，逐渐挤占了民办教育投入的空间。② 同时，在国家一度"名校办民校"发展思路影响下，产生了一大批"假民办学校"，这些假民办学校有的利用公办学校的品牌效应进行招生，有的利用公办学校优质的教师资源吸引生源，还有的利用政府财政支持通过降低学费吸

---

① 浙江省教育厅民办教育立法调研组：《浙江省民办教育立法调研报告》，《教育发展研究》2006 年第 18 期。
② 吴宇川：《民间教育经费变动情况及其相关影响因素研究》，《教育发展研究》2011 年第 3 期。

引生源，使得以质量取胜的真民办学校逐渐陷入生源危机。

第二种民办学校通常在满足差异化教育需求方面有自身的优势。但从整体来看，大部分的民办教育投入并未形成优质的民办教育资源，反倒出现基础教育阶段的民办学校与公办学校同质化的现象，而能办出特色又有质量的相当少，与社会对优质多样的教育资源的需求不符，这一局面必然会增加民办教育举办者投入的风险。

第三种学校由于收费低，主要针对包括留守儿童与流动儿童在内的农村生源，对规模效益的追求是这种类型民办学校生存和发展的初始动力，其对生源的依赖性更高。同时，随着我国农村人口出生率的下降和农村地区城市化的快速推进，家长的教育观念发生了根本性变化，从以前的"我要上学"转变为"我要上好学"，农民及其子女对优质教育的需求日益迫切。这种低端民办学校也面临生源危机。

（三）经营性风险

基础教育阶段民办学校的经营风险主要是指学校管理者在学校资金管理、人才管理等方面经营不善，以及投资者与管理者之间的矛盾，可能给学校发展造成的潜在损失。从已经披露出来的材料信息来看，当年盛极一时的南洋教育集团、江苏金山桥教育集团和山东双月园集团学校三大民办教育机构接连倒闭[1]，基本均与经营管理不善有关，可见民办教育投入的经营性风险是确实存在的。

举办学校的先期投入大是投资办教育的一大特点，而且后期投入必须是连续的，投入周期也较长，所以民办学校举办者的投入资金都存在不同程度的银行借贷[2]，使民办学校投资者面临着还款付息的压力，一旦投资者不能按规定的时间还款付息，学校就可能面临倒闭，举办者也会因为之前的投入而承担巨大的"沉没成本"。此外，在办学过程中如果遇到教师工资上涨、人员劳动保障等相关费用增加、通货膨胀等因素，则民办教育投入的资金成

---

[1] 郑丽君：《我国民办教育风险保障金制度解读》，《教育发展研究》2008年第18期。

[2] 刘道兴：《教育投入的革命》，社会科学文献出版社2011年版，第116页。

本风险就会变大。

一般来说，举办者、政府、民办学校教师和学生构成了民办学校的利益相关者群体，且几方的利益预期与利益诉求是不一致的。如果民办学校内部治理结构不健全不完善，就会出现另一种经营性风险。课题组在调研中发现，一些民办学校举办方与当地政府、学校校长及教师之间发生矛盾，有的出资人认为投入收益小，半途就从学校撤资；一些民办学校董事会和校长、教师之间利益诉求不同致使在办学理念上不一致，董事会为了经济利益最大化直接插足民办学校管理，与校长在权利和责任上纠缠不清，办学资金使用缺乏规划和监督。

二、民办教育投入风险的案例分析——无锡育才中学的"维稳劝退"风波[1]

课题组先后对江苏省宿迁市和湖北省黄石市的基础教育阶段若干所民办教育机构及当地教育主管部门进行了实地调研，并对有关无锡市的育才中学办学困局事件的报道进行了长期关注。各地虽经济社会发展程度不同，民办教育投入面临的市场环境及当地政府发展民办教育的路径选择不同，但民办教育投入遭遇的风险既有差异性也有着其共性，且共性要大于个性。课题组这里选择被媒体报道为"遭遇办学困局"的无锡育才中学为个案，展现民办教育投入面临的风险。

（一）案例描述："深陷困局"的民办学校

无锡育才中学原是公有民办学校。2008 年无锡市深化中小学办学体制改革，荣氏后裔荣智丰通过竞标出资举办新的民办无锡育才中学。接管育才中学后，学校先后出现了校舍难题、罢课事件和办学僵局等一系列问题。

一是校舍难题。育才中学改制后不久，校区被市政道路一分为三，造成师生上课十分不便。在多方协调下，无锡市学校校管理中心（以下简称"校

---

[1]　根据 2013 年新民周刊等多家媒体报道综合。参见杨江：《荣氏后裔办学深陷困局》，《新民周刊》2013 年 5 月 2 日。

管中心")将原无锡第三高级中学的校舍整体租赁给育才中学。但校董事会与其签订租赁合同时产生了分歧，校董事会期望能签订长期合同，但校管中心坚持一年一签，并提出要在校内安置公办湖滨中学的两个班。结果校舍租赁随后演变成为每一年都会提升租金；原第三中学的校舍出现了一个校区两所学校的现象。二是学校治理的分歧。办学之初校管中心提议由其推荐人员担任育才中学的法人代表，荣智丰担任名誉董事长即可，并承诺进一步给民办育才中学配置教育界的优质资源。校董会认为这与无锡市中小学办学体制改革的精神相悖，也不利于民办学校的发展，因此断然拒绝。育才中学董事会请来上海育才中学原校长和华东师范大学教育学专家等组成教育专家团队。

三是教师流失与招生限制问题。近年来公办教师的待遇在逐年显著提高，与民办教师的待遇差距在缩小。以育才中学为例，教师工资比公办教师高出不过15%左右，加剧了民办教师的不公平感与失落感。"2010年后，优质师资开始向公办学校回流。"育才中学累计流失了约30名骨干教师。董事会认为主要问题出在民办教育并没有真正被纳入无锡教育一盘棋中统筹规划，而是当作包袱一样被甩了出去，让民办学校自生自灭。此外招生指标被钳制，生源遭遇不公平竞争。

四是罢课事件。2011年董事会发现育才中学组织了学生进行有偿补课，收费比学费还要高。这让董事会意识到问题的严重性，决定介入和加强学校的管理。董事会的决定触动了团体利益。2012年10月一些教师编写并散发《无锡育才中学十问》的材料，向当地政府提出诉求，并持续罢课了两天，举牌要求"董事会滚开"，并组织部分学生走向社会散发传单。国际英语特色班的两名新加坡外教坚持上课，遭到围攻。

五是育才僵局。针对部分教师散发的"育才十问"，校董会一直要求教育主管部门及市进驻学校的工作组给予一个明确的调查结论。但审计结论却迟迟未宣布。相反，荣智丰以及董事会全体成员却被"赶出"了学校，学校的公章等被收缴，董事会的权力被停止。校管中心成立了排斥董事会及出资人的"临时管委会"接管育才中学，并任命原本就与校董会有冲突的老校长为新校长，国际英语特色班被取消，新加坡国际交流项目被否定。而另一方面，这个临时"管委会"却与校管中心签订了原本存有争议的巨额校舍租赁合同。"这与改革的初衷背道而驰，是假改革！"

（二）原因分析：遭遇办学风险

荣智丰女士在无锡办学的遭遇说明民办教育投入存在风险，包括学校外部风险和学校内部经营管理风险。其中外部风险主要是因为当地政府在民办学校管理上的错位、越位和缺位引起的。当地政府没能为民办教育投入营造公平的法律和制度环境，在政策执行中不平等做法。首先政府对民办学校地位和重要性的认识的错位。在无锡市政府看来民办学校是政府要想尽办法甩掉的"包袱"，民办学校要给公办学校发展让道。其次在具体行动中，校管中心以"解决编制"为由挖走育才中学的教师骨干；逐年提高校舍租金；学校招生指标被政府钳制；生源上遭遇不公平竞争，严重"排挤"民办学校等等政府管理上的错位行为。政府政策上认识和执行中对民办学校的歧视，挤占了育才中学在发展的空间，加大了民办学校办学风险。政府在民办学校校长人选上也试图"插一脚"；校管中心成立"管委会"直接管理育才中学，返聘原来被解聘的校长，给罢课教师涨工资等政府越位行为，造成育才中学的管理上自主权丧失，增加了民办学校办学风险。政府职能的缺位主要表现为在育才中学罢课事件之后，无锡市政府对学校的进行账目审计，未能将调查结果公布于众，还原事实真相；对民办教师的身份问题依然悬而未决；没用依法维护民办学校的合法权利等。这些政府越位的行为增加了举办者的政策性风险、人才流动风险、投资经营风险等。

举办者的内部风险主要是董事会和与校长之间因为办学理念的不一致导致的各种矛盾。校长的角色在民办学校经营管理中至关重要，是董事会和教职工之间沟通的桥梁。如果校长和董事会在办学中各行其是，势必会使学校发展陷入困境，给投资者带来损失。育才中学的校长和董事会之间的矛盾，导致董事会的和教师之间的相互不理解。董事会在管理过程中也缺乏与教师之间的沟通。育才中学董事会每年从办学结余中拨出一部分资金作为教师退休后保障基金，也曾和保险公司协议开发一个险种，解决教师退休待遇问题，但是董事会的努力却被教师忽视了，最终引发了学校教师罢课事件。

（三）深度解读：政府的"逐利思维"

荣氏后代举办民办学校遭遇困境，固然有不为人知的因素和一些体制的原因，如目前民办学校的教师，没有公办学校教师拥有的事业编制，在职称评审、福利保障上，不能和公办教师相比。但如果地方政府抛开利益思维，当地的民办学校也许不会遭遇如此困境。正如研究者熊丙奇指出的那样，这个案例凸显了地方政府发展民办教育的利益思维，具体表现在四方面[①]。其一，在经费困难时，把一些学校作为"包袱"通过转制转给民间机构；其二，在民办学校办学过程中，不但不给民办学校一定的扶持，还想方设法从民办学校收取好处；其三，地方相关教育部门在回应社会舆论对民办学校的质疑时，首先会搬出这是民办学校的理由；其四，当地方的教育经费、教育资源不再短缺时，一些官员便认为民办学校已经完成使命，尤其对于一些办学质量不错的民办学校，想尽办法进行收编，即所谓"过河拆桥"。

具体就上述案例来说，学校校舍建设存在问题，地方政府没有努力协调解决，而是让学校一年一租办学场地，且租金年年上涨。就更不要说，在师资建设、学校办学设施方面，能给予学校适当支持了。而在学校遇到问题时，地方政府部门不是按照《民办教育促进法》所规定的民办学校实行董事会领导下的校长负责制，尊重董事会的处理意见，而是将董事会边缘化。

降低民办教育投入风险，就要完全按"管评办"分离的模式举办民办教育。政府负责管理（和一定的投入），具体办学由学校自主进行，评价实行专业评价和社会评价。由于政府的角色定位清晰、明确，因此，不会认为办好民办教育不是自己的事，而其实和举办公办教育一样重要。因此，有必要修订我国的有关教育法律法规，界定政府在教育发展中的权力边界，落实所有学校的办学自主权，确保民办教育和公办教育有平等地位。

---

① 熊丙奇：《发展民办教育须弃利益思维》，《东方早报》2013 年 5 月 13 日。

三、民办教育投入风险对基础教育改革的不利影响

在投入风险的影响下民办基础教育投资者在投入数量、投入目的和投入结构等方面，呈现出民办教育投入占教育总投入比例偏低、民办教育投入强调回报性的多而非营利性的少、民办教育投入"重高轻低"等问题，这些问题不利于基础教育改革中"二十字方针"的实现。

（一）对提高教育质量和增加优质教育资源供给的不利影响

现阶段民办基础教育投资者受到政策性风险、教育市场风险、投资经营风险和社会舆论风险的影响，理性的投资者在面对较大而又较多的风险时，会减少投入，降低风险的不利影响。投入的多少必然影响规模的大小，目前我国民办教育投入所占教育总投入的比例低，使得我国民办教育整体规模偏小。作为我国教育事业重要组成部分的民办教育规模偏小，将不利于满足人民群众多样化的教育需求，不利于缓解政府教育财政压力，使得政府推动公办学校在促进均衡、均等、优质等方面无法集中精力。投入规模偏小还不利于提高教育质量和增加优质的教育资源供给。这是因为民办教育投入规模偏小造成民办教育与公办教育竞争时处于弱势地位，虽打破了公办教育一统天下的局面，但并没有出现因竞争而促进公办教育质量提高的局面。此外，民办教育投入所占比例偏低，影响高质量有特色的民办教育供给，从而无法满足广大人民群众的多样化教育需求，影响了《教育规划纲要（2010—2020）》中提出的"加快解决人民群众期盼良好教育与资源相对短缺的矛盾"目标的实现。

（二）对确保"育人为本"的不利影响

民办教育的投资者在投资过程中付出了较大的风险，必然要求获得额外的投资回报，以弥补承担风险的损失，因此投资者要求取得最大的投资收益。根据全国人大教科文卫委员会的调查，仅有10%投资教育的机构属于非营利性，公益性目的，而90%是谋求营利回报的投资[①]。调研中也发现投资者虽然在注册学校时明确不要所谓的"合理回报"，但私底下的"算盘"

---

① 　高毅哲：《政协委员呼吁：出台民办教育分类管理政策》，《中国教育报》2015年3月16日。

仍然是以营利为目的。当然，有的是直接的经济回报，有的是间接的经济回报。

民办教育投入多强调回报性，首先将严重削弱学生主体地位。一方面民办学校强调回报性的多而非营利性的少，会抑制学生主动的、生动活泼的发展和创新人才的培养。因为这类学校为了获得更多的"合理回报"，在教育投入有限的情况下，除了通过提高各种资源的利用效率和管理效率减少办学成本之外，学校还会在培养学生上进行"标准化生产"节省办学成本，会无视学生个体的需要和人的全面发展，学生只能被动地接受学校的安排，难以获得主动的、生动活泼的发展，创新精神和创新能力更难以得到培养。另一方面为获得高回报引发的对高质量的追求强化了"应试教育"。为在竞争中争取更多的生源，从而获得较多的回报，民办学校常采用高的升学率、合格率等指标来显示教育质量。显然这些优胜指标强化了应试教育。其次，在风险环境下，民办教育投入强调回报性的多而非营利性的少，容易导致学费上涨，阻碍经济条件差的学生选择民办教育。在投资风险压力下，民办基础教育投资者在追求回报性时，所采用的上述做法，与《教育规划纲要（2010—2020）》提出的关心每一个学生，促进每一个学生主动地、生动活泼地发展，为每个学生提供合适的教育，努力培养造就专门人才和创新人才的要求背道而驰，违背了《教育规划纲要（2010—2020）》提出的"育人为本"的根本要求。

（三）对促进教育公平和教育资源合理配置的不利影响

政策性风险驱使民办基础教育投资者选择政策环境相对较好的地区投入，一般情况下经济发展水平高的地区，民办教育政策环境较经济欠发达地区好，所以民办基础教育投资者更愿意在经济发达的地区投入；教育市场风险促使民办基础教育投资者选择公办教育力量弱的农村地区投资，不愿在竞争激烈的城镇投资；投资者为了降低资金成本和资金收益风险，增加资金收益，将投资的重点放在资金成本低、收益高的民办幼儿园。正是因为民办教育投入多种风险的影响，使得民办教育投入加大了不同地区教育发展的不平衡性，扩大了城乡之间的教育差距，造成教育资源不能在各级各类教育之间合理配置。

　　在投入风险的影响下地区之间的民办教育投入容易形成"马太效应"，即经济发达地区的民办教育投入越来越多，加剧地区之间受教育者教育机会的不公。大部分质量好的民办学校都分布在城镇地区，农村和边远贫困地区的民办教育大多教育质量差，从这点来看，民办教育投入在教育市场风险的影响下，将教育市场分割为城镇和农村教育市场，造成城乡受教育者教育过程的不公平，而且在农村教育市场的民办教育投入容易出现低效率低质量的重复投入。投资者为了获得更多的投资利润，大量的投入涌向民办幼儿园，使得民办幼儿园遍地开花，规模参差不齐，质量也良莠不齐。这种现象对教育资源在各级各类教育中合理有效配置也会产生不利影响。

第四节　公益、信任、共享：促进社会投入支持的对策建议①

　　前面三节的分析表明，社会投入对当前教育改革存在支持缺位与错位并存的现象。从社会投入总量上来说，与经济合作与发展组织（OECD）国家相比，我国教育改革过程中社会捐赠与民办教育投入的比例过低，而家庭教育投入的比例过高。从社会投入内部的取向来说，家庭教育投入存在结构失调、集体无理性、差异过大等现象；社会捐赠投入存在"重两头轻中间"的现象，即投入偏向发达地区优质学校或中西部贫困地区学校，而大量处于中间层次的学校获得社会捐赠稀少；民办教育投入存在"重高轻低"的特点，即民办学校的举办者在办校时倾向于把学校办成高端的民办学校，而不愿举办面向低收入人群、收费标准低且办学条件一般甚至偏差的学校。这种支持缺位与错位并存的现象对教育公平发展与教育质量提高构成了不利影响，有些直接背离了教育改革的目标。从前文研究结论来看，"过于功利"是当前

―――――――――

① 本节部分研究内容以论文形式已见刊。详见叶忠《基础教育捐赠三种类型及其对教育改革发展的支持》，《教育学报》2014 年第 4 期，叶忠、陈辉：《家庭教育投入对教育改革与发展支持的调查研究》，《教育与经济》2014 年第 4 期。

我国教育改革中社会投入支持状况的重要原因。当然，这种"过于功利"的原因也是有着深刻的社会背景与制度背景的，如社会收入的地区差距和行业差距在一定程度上将长期存在。但从引导社会投入关注和支持教育改革的当下情景来说说，当前最为重要的是如何建立起基于"公益、信任和共享"的社会投入机制。

一、完善以"公益"为基石的社会投入保障新机制

（一）进一步优化教育资源配置

教育资源的差异影响着家庭教育投入、社会捐赠投入与民办教育投入的方向及对教育资源的选择的信心，也影响着社会投入对教育改革的资源使用效率支持。如家庭教育投入对教育改革的支持不仅在区域之间表现出差异，而且在同一区域内由于优质教育资源的相对不足和政策约束，使得不同家庭对优质教育资源的追逐呈现出不同的状态。经济条件优越的家庭过分追求优质资源，占有大量额外资源，造成了部分资源的浪费；而政策的倾斜和监管的不利，又使得社会资本拥有了较大的运行空间，给权力寻租提供了条件，造成了一定程度的不公平。这就要求，教育资源不仅要提高质量达到优质的水平，而且还要在分配上做到均衡。

推动区域内优质教育资源的均衡配置，首先要强调政府责任。政府在政策制定和执行过程中，要选择科学合理的获取优质教育资源的资格条件，并且保证在资源获取过程中进行切实有效的监管，明确相关部门职责和监督义务；政府作为教育均衡发展的全职责任主体，统筹配置教育资源，优化学校布局，逐步使均衡化的基本公共教育服务覆盖城乡全体居民，使公平运行的基础教育事业满足人民群众的需求[①]。政府还要推动区域内优质教育资源的流转，使各学校和地区之间教师的素质和教学水平基本保持相对均衡，以实现学生在任何地区的任何学校，都可以受到几乎同等质量的教育。其次要强调社会资源在投入教育时的社会责任。社会力量有责任提供优质均衡的教育

---

① 赵昌木：《义务教育资源均衡配置的政府责任》，《山东师范大学学报》2012 年第 3 期。

资源，引导社会捐赠向着亟须发展和提升的薄弱学校流入，并且确保民办教育资源在一定的经济支付能力内获得，切不可将教育做成纯功利化交易的"商品"，使得优质教育资源成为富人的专享。再次要强调引导社会投入保持理性思维。通过改进教育发展的舆论氛围与制度规范，引导正确对待接受教育的短期利益与长期利益，理性认识教育价值与获取教育资源，选择和提供适合学生学习情况、切合家庭收入状况、符合教育发展需要的教育资源。

（二）建立社会投入的分类管理机制

民办学校法人性质、学校产权、"合理回报"等方面存在诸多争议与实践中的问题，分类管理不明确是民办教育大部分问题的根源[①]。从此论断出发，目前我国各地对教育社会投入的分类管理也远远不够。

首先要明确分类标准。确定社会投入的分类标准，既要符合划分的逻辑规则，又要具有实际可操作性，更要有利于调动教育社会投入的积极性。要通过调查研究、改进会计制度等，明确家庭教育投入中的必需性投入与扩展性投入，社会捐赠中的交易型与同情型、回报型，民办教育投入中的营利型与非营利型的。其次要明确分类管理政策。对于家庭教育投入中的必需性投入，公共财政应有资助与保障等相关政策，并规定其用途；社会捐赠投入中的交易型捐赠则不应享受免税政策；民办教育投入中的非营利型则应可以获得各级政府购买服务，助学贷款，奖、助学金和出租、转让、闲置国有资产的扶持等。这就需要从法规、税收、财政和财会制度上进行明确的分类管理。第三要改革分类管理配套政策。在完善教育社会投入分类管理之后，需要引导社会投入流向公益性质的学校，从根本上解决社会投入多强调营利性的问题。如社会投入中的社会捐赠，我国现行税收制度对企业或个人捐赠的免税法规还不健全，操作流程上也很烦琐。中央政府和地方政府需要通过制定各种优惠性的政策，法律法规保护社会投入支持教育改革的积极性，降低社会投入的风险。

---

① 对民办学校进行分类管理改革是《国家中长期教育改革和发展规划纲要》提出来的任务，已经纳入中央全面深化改革的总体部署。目前广东省与浙江省的部分地区正在试点改革。参见王善迈：《民办教育分类管理探讨》，《教育研究》2011 年第 12 期。

（三）改革教育评价机制

课题组调查数据显示，现在家长、教育捐赠者的教育观念具有较大程度的理性成分，但同时又存在较高的功利性。这种矛盾的主要外力就是当前的教育评价机制。教育以何种方式评价一个人的水平和素质，以此选出进入下一个环节深造的人选，家长就会选择与其相对应的培养方式，让子女更加适合这个选拔体系，以期从这个体系中脱颖而出。教育评价机制对人们的教育理念和教育行为具有引导作用，因此改革教育评价机制，对于增强教育社会投入的公益性意义重大。

首先要坚持"管办评分离"的改革方向。把学生考试成绩之外的、不那么"客观"和"标准"的学生表现、社会评价等都纳入学生发展评价内容，把家长、学生及其他教育相关者都纳入评价主体，建立基于针对不同学校层次与特点、以学生综合素质发展的促进为核心的学校综合评价体系，这在基础教育课程改革过程中均被提出，现今看来仍然必要。但我们需要反思的是为什么这样地呼吁在近20年的基础教育改革中仍然还是呼吁？因此，《教育规划纲要（2010—2020）》中提出"管办评分离"的改革方向，厘清政府、学校、社会之间的权责关系，形成政府依法管理、学校依法自主办学、社会广泛参与的格局，实行分类评价和开放评价，是推进教育治理体系和治理现代化的应有之义，也是引导基础教育社会投入选择的必然措施。其次要建立专业的教育评价人才队伍和组织体系。教育评价的技术性与权威性，决定着教育评价的主体必须是专业人员。要通过培养、培训和宣传等多种手段，建立起教育评价政府督导队伍和教育专家队伍。同时，要依托专业评价队伍建立起独立的专业教育评价机构，通过建章立制，规范教育评价机构的运行，充分发挥社会力量参与教育决策和管理的作用，辅助政府进行宏观管理，保障教育评价结果的公正、客观和准确。

二、建立以"信任"为保障的社会投入支持新机制

（一）施行教育社会投入使用公开制度

"信任"实际是一种潜在的行为能力，当人们共享诚实和互惠标准而能

与他人合作时，信任就产生了。在教育社会投入的集体行动中，投入主体对使用对象的信任及后续工作的信任，决定了投入的方向和持续性。这反映在学校办学质量和社会投入使用管理两方面，是影响社会投入主体后续能否继续投入的重要因素。

首先要增加教育社会投入使用的透明度。比如在募集社会捐赠的过程中，如果中小学校能够摆正募集社会捐赠的心态和动机，促进社会捐赠行为的规范化、制度化，增加捐赠资金使用的透明度，捐赠者就会改变对学校社会捐赠活动开展的风险评估。其次要提高捐赠资金的使用效益。比如办学质量提升和学校竞争力增强，就会减少社会投入的风险感知程度，家长、捐赠者和民办教育投入者对增加投入产生更多的认同感。因此学校就需要主动改进，增强自身竞争力，突出学校办学优势，为社会投入者提供可以信赖的基础，降低监督成本，增进彼此之间的信任，从而促进社会投入行为集体行动产生。

（二）营造公平的社会投入环境

营造公平的社会投入环境，将有利于降低教育社会投入的风险，有利于发挥社会投入对基础教育改革的促进作用。首先要从法制建设上保证各类社会投入主体公平的地位和平等竞争的环境。无论家庭教育投入、社会捐赠投入还是民办教育投入，当遭遇到不确定的政策风险时，都会产生不信任，其对教育改革也均会产生不利影响。如税收政策法规上的不明确与不平等容易引发社会投入的政策风险。比如现阶段对教育实行减免的税法有 13 种，就有 12 个税法是不适用民办学校的[①]。其次要简化相关政策执行的手续。比如社会捐赠在相关税收减免实践中由于规定文本的不明确之处，造成现实操作中的手续烦琐。又如在教育用地和学校基建上，民办学校投资者因为征地等手续繁杂，给投入带来不确定性。

---

① 张铁明、何志均：《论民办学校平等法律地位的三个支撑点》，《民办教育研究》2007 年第 6 期。

（三）明确政府职责权限

政府、社会投入主体、社会投入使用主体之间需要建立起新型信任关系，其中最为重要的是政府需要明确其中的职责权限。首先要减少政府对社会投入募集与使用相关具体事务的干预。目前各地政府相关管理存在明显的错位现象，一方面强行规定学校社会捐赠统筹管理、限制民办学校吸纳优秀生源等，另一方面对各种教育辅导机构又重在审批而疏于管理。政府应明确主要从宏观层面制定政策法规对教育社会投入进行管理指导，着重抓社会投入使用规范和财务安全，不应该干预社会投入主体及使用主体之间关系的确立与发展。其次要积极发挥市场和中介组织的监督作用。利用市场和第三方中介组织的作用，对社会投入使用进行监督和评估，及时发现社会投入支持教育改革的问题并提出对策，减少教育社会投入的不确定性因素。

三、明确以"共享"为动力的社会投入激励新机制

（一）形成共享的价值体系

虽然社会投入是多渠道筹集教育经费的重要途径之一，正确对待募集社会投入的集体行动意义重大。在群体成员中形成共享的价值体系和规范是促进教育社会投入供给方和需求方集体行动的前提。首先要形成学校、教育行政部门和社会投入主体共同参与机制。可以通过在群体成员中构建一种积极投入、主动引导投入流向的思维模式，营造浓厚的教育社会投入氛围，使主动募集社会投入、引导社会投入按照教育改革需要的方向进行配置，成为社会投入需求方群体成员共同的规范。如基础教育阶段学校要转变对社会捐赠可有可无的思想观念，将募集社会捐赠视为学校未来发展的基础，教育行政部门也要把募集社会捐赠摆在重要的位置，将支持学校募集社会捐赠看作是自身的责任和义务。其次要积极宣传教育社会投入对基础教育改革的重要性。在优先完善基础教育发展财政保障的前提下，使各方充分认识到社会投入对于促进教育改革的重要价值，增强学校和教育行政部门对激励教育社会投入集体行动的认同感，从而增加群体成员共同参与激励社会投入和准确流向的可能性。

（二）创新共享的服务机制

共享机制是激励教育社会投入长期稳定持续的保障。首先要建立起社会投入主体教育诉求表达机制。从人的行为目的性出发，作为社会投入供给方的家庭、社会捐赠者和民办教育投入者，对教育改革有着各自不同的诉求，要保证他们诉求表达渠道的畅通，保证他们都能以公平、平等的地位参与教育改革的协商。其次要实现社会投入募集的规范化和制度化。如通过设立校董会、校友会等筹资和管理机构，使社会捐赠具备清晰的账目、明确的来源及合理的用途，使得教育社会投入工作流程有章程和更加规范。政府和学校也应当在募集社会投入之前规划好资金用途，将教育发展规划工作和引导、募集社会投入工作结合起来，做到有计划、有条理地募集和引导社会投入，使社会投入募集和引导工作更有说服力，比如潜在的捐赠者对教育捐赠的诉求可预见性更强，就会更愿意为中小学校捐赠。第三要构建和维持学校外部良好社会关系网络。应该充分积累和获取外在社会资本，可以基于博取同情、互惠互利等观念，在不违背筹资合法化、规范性前提下，通过关注和满足潜在教育社会投入者的心理和物质需求，开发和拓展与利益相关群体的关系，不仅可以开辟更多社会资源渠道，还可以带动更多社会力量关心和促进学校发展。如学校校友、学生家长、社区群众和相关组织，维系和拉近这些社会资源与学校的关系，找出学校和这些社会关系的共同利益点，鼓励他们为学校多做贡献，适当给予激励，再充分利用好社会网络关系所提供的人、财、物等，为学校发展提供财力、智力支持。

（三）构建共享的补偿机制

教育社会投入供给方虽都有一定的诉求，但其也都面临一定的不确定性风险。因此需要建立制度化的补偿机制，才能改变当前补偿教育社会投入时多时少、时高时低的现象，进一步激发教育社会投入主体的共享动机。最为重要的是应该加大政府对教育社会投入的激励力度。如在局部范围内，针对基础教育阶段普通学校获取社会捐赠处于不利地位的事实，政府应该以配套资金的方式对这部分学校社会捐赠实行额外的激励措施，通过额外附加的奖赏和区别于两头学校的优厚待遇，提高社会捐赠的退出成本。又如，相比国外，我国政府财政对民办教育投入扶持不够，民办教育投入中来自财政资助所占比例较小。在生源减少、学费来源受限的情况下，为降低民办教育投入的资金风险，政府应该加大对民办教育的财政支持力度。

第七章　教育改革的社区支持

社区是区别于国家、一般社会组织和社会群体的地域性社会生活共同体，作为社会微观结构的基本单元和人社会化的基本场域，其在教育改革的社会支持系统中具有独特的社会支持功能。在我国，社区兼具基层行政管理和社会服务的双重属性，具有最为广泛的地域覆盖性和社会阶层覆盖性，它可以利用自身拥有的人文、经济、自然等资源，在推进素质教育、教育公平和全民终身教育等方面，为国家实现教育改革的战略目标提供来自基层社会最广泛的功能性支持。

在现有体制和社会环境中，社区作为功能主体，对教育改革发挥了一定的支持作用，但总体上还是意识不强，功能有限。要更好地发挥社区对教育改革的社会支持作用，必须进一步创新社区治理与社区服务机制，拓展社区在教育改革中的参与空间，通过增强意识、整合资源、优化服务，使社区成为实现教育改革中长期目标任务的强有力的支持载体。

第一节　社区对教育改革支持的地位及方式

一、教育改革目标的实现需要社区的广泛支持

教育改革所需要的社会支持系统是全方位、多层次的。社区与其他子系统相比，它不具有行政管理部门的主导性，企业和市场的利导性，文化和舆论媒体的引导性，也不具有专家系统的指导性，但社区有着最基层社会生活

实体的行政管理、社会服务、资源整合、舆论影响的综合性，这种综合性又以其基层社会生活的形态承载着对教育改革的支持功能。社区对教育改革的支持，主要是指发生在社区场域中对教育改革目标的认可，以及为实现目标所做的资源投入和行动介入①。

鉴于社区影响的综合性和功能的非直接性，社区对教育改革的支持有着自己独特的地位和作用。主要体现在以下几个方面：

（一）社区的广泛覆盖可以为教育改革提供社会地域基础

作为地域性的居民生活共同体，社区具有最广泛的全覆盖性，一是全员性，从人口结构特征上说，无论居民年龄大小，职业差异，都必然生存在一定的社区中；二是全域性，从地域上看，不管某地区地形地貌如何，经济发展程度如何，文化有多少种差异，都被一个个社区所覆盖。在我国，单个社区的地域范围一般以基层群众自治组织，居民委员会或村民委员会的辖区为界。

学校是直接承担教育功能的机构，社区也是推动教育改革可以依托的分布最为广泛的基层组织架构。通过全域覆盖的社区网络，可开展多种形式的直接互动，把教育改革战略目标和战略主题的宣传深入到各个地区和各个社会群体，以获得广泛认可，《教育规划纲要（2010—2020）》提出的到2020年必须实现的各项指标，也需要社区的广泛参与才能真正落实。社区还是分布最广的信息通道，可以把基层在教育改革中的各种信息与问题，以及社会各阶层的诉求直接、有效地反馈给有关部门。此外，社区可充分挖掘本土资源，在依托国家主渠道的同时，发挥区域优势，对克服区域性教育资源失衡起到一定的调节和补充作用。

（二）社区的基本社会化方式可以为教育改革提供社会生态基础

家庭、学校和社区都是人类实现基本社会化的重要场所，社区的社会化不同之处在于它具有"非制度化、非中心化、民主化和地方化"的特征。家

---

① 黄晓珊、吴亦明：《教育改革与发展的社区支持探析》，《教育科学》2013年第6期，第7—11页。

庭教育和学校教育如果不与社区教育相结合，就无法让居民成为真正的社会人。家庭中人的社会化主要方式是血缘和情感。学校中人的社会化则强调对于外在规章制度的服从。它们都无法取代社区社会化对人的影响。社区中的社会化强调人与人之间是因为彼此需要而聚居在一起。社区对于人来说，不仅仅意味着和他人共同居住在一起，更是一种互相依存的需要。社区满足成员需要的手段不同于血缘纽带的家庭和制度规范的学校，它强调在社区中，"每个人是手段同时又是目的，而且只有成为手段才能达到自己的目的，只有把自己当作自我目的才能成为手段，也就是说，这个人只有为自己而存在才能把自己变成这个人而存在——这种相互关联是一个必然的事实。"① 人们在社区中需要学会平等地与他人共处，但是人们在社区的社会化过程并不是完全被动的，人们的学习、生产劳动和社会实践会对社区经济的发展及社区文化的繁荣产生不可或缺的影响。

教育通过培养人才支持经济和社会的发展，社区则可以近距离为人才培养提供实践的平台和环境。好的社区不断帮助社区居民接受公民教育，学会通过民主参与的方式解决实际问题，与他人形成互惠互利的相处原则，为支持教育改革提供良好的基层社会生态环境。

（三）社区的资源丰富性可以为教育改革提供社会资源基础

社区是由众多成员的社会需要形成的一个社会支持网络，也是一个资源网络，既包括物质资源，也包括文化资源和人力资源。教育改革不仅仅是政策的改变、人的改变，还应包括新资源的开发、旧资源利用以及管理方式的变化。教育改革的社区物质资源不但包括社区可投入的资金和可利用的教育文化设施，更包括驻区企业、田野及社会服务机构等可供学生参加实习的场所。文化资源包括社区自身发展的人文历史、文化遗迹、历史名人和扶贫帮困、诚信互助、敬老爱幼等乡风民俗。社区拥有的人力资源包括社区的志愿力量、公益团队及有影响力的社区精英和能人等。这些资源之间过去由于单位之间的壁垒，开放程度有限，缺少足够的引导和共建。在教育改革中，经

---

① 《马克思恩格斯全集》第46卷，人民出版社2016年版，第196页。

济资源被过度重视，文化资源本身的价值被忽视，如果对社区资源重新进行优化组合、合理配置，可望能在一定程度上支持教育改革的资源优化配置。

（四）社区作为基层群众自治组织，本身承担着提供教育服务的职能

在我国，城乡社区居民委员会是居民（村民）自我管理、自我教育、自我服务的基层群众性自治组织。社区提供教育服务既是社区自我教育的应有之义，也是社区自我服务的内在要求。社区教育具有全程性、灵活性和适应性的特点，在构建终身教育体系中具有不可低估的重要作用。社区能够围绕居民人生发展不同阶段，提供无间断的连续性终身教育服务，如婴幼儿教育、青少年教育、青壮年教育、老年教育、临终关怀教育等，显示了社区教育时限上的全程性。随着社区建设的发展，社区教育的开放教学模式、远程教学模式、数字化学习模式，正在成为社区教育发挥影响力的重要载体和手段，呈现灵活多样的特征。此外，社区教育服务面向居民大众且门槛低，社区可以根据自身的人员结构、教育需求和文化环境提供相应的服务，体现出社区教育的社会适应性。

二、社区对教育改革支持的主要作用与方式

社区在教育改革社会支持系统中的独特地位决定了它可以发挥的支持作用是多方面的，但"社区支持"的主要作用应是《教育规划纲要（2010—2020）》所确定的战略目标和战略主题。教育改革是一项系统工程，作为社会子系统之一的社区，其对于教育改革的支持不可能面面俱到，根据我国实际情况，分析社区支持功能的发挥应聚焦于素质教育、教育公平、终身教育三个方面，原因在于：第一，素质教育、教育公平、终身教育是《纲要》中确定的三项核心要素。其中，素质教育是教育改革的战略主题，教育公平是国家基本教育政策、社会公平的重要基础，终身教育是建设人才强国与全民学习型社会的基础和条件，这些核心要素应当被聚焦。第二，社区支持教育改革战略目标的实现，需要立足社区可以发挥的作用。社区可以为素质教育提供社会课堂，可以协助政府开展贫困助学与服务，挖掘社区资源促进教育公平，可以成为终身教育的直接承担者。因此，社区不仅仅是教育改革的落

实场所，更是功能的承担者。第三，我国的教育发展历史和新中国成立以后的教育实践证明，社区能够在这三个方面发挥很好的支持作用。我国古代就有乡村自辟学田、开办义学帮助寒门子弟就学的传统。新中国成立以后，社区在人的社会化、品格、素质、劳动技能、人际交往等方面的教育中一直扮演具体的作用。因而，通过调查了解社区在素质教育、教育公平、终身教育所发挥功能的现状，有助于通过改革的深化夯实教育发展与改革的方向，避免社区对教育改革与发展的支持泛化、空洞化、形式化。

（一）社区支持素质教育的主要作用与方式

《教育规划纲要（2010—2020）》把"坚持以人为本、全面实施素质教育"作为我国教育改革的战略主题，而实现素质教育的核心问题，是解决"培养什么样的人，怎样培养人"的问题，这也涉及全体公民的素质问题。素质教育的"重点是面向全体学生、促进学生全面发展，着力提高学生服务国家服务人民的社会责任感、勇于探索的创新精神和善于解决问题的实践能力"。而对于如何推进素质教育，《教育规划纲要（2010—2020）》提出三个方面，一是德育为先，二是能力为重，三是全面发展。

在我国现阶段，"唯分数是举"的教育的评价标准扩散于整个社会，这显然与《教育规划纲要（2010—2020）》提出的任务目标不相符合。学校作为素质教育最主要的主体，应通过更新教育观念、创新人才培养模式、改革评价制度、改革教育教学内容和方法来全面提高学生的综合素质。而作为社会最基层的城乡社区，可以利用自身丰富的人力、物力和文化资源，近距离为学生培养提供教育、实践的平台和环境。主要表现在：

第一，社区能够为学生提供道德教育、爱国主义教育和传统文化教育。在素质教育中，德育占先导地位。社区可通过开设社区道德讲堂，弘扬敬老爱幼、扶贫帮弱、自强自立及诚实守信等优秀道德品质。革命老区和历史文化名区，可利用红色旅游资源或名人故居，组织中小学生实践参观，强化爱国主义教育。

第二，社区能够为学生提供社会实践的平台和机会。社区通过引导学生参与社区志愿服务及社区公益、文化艺术、体育锻炼、自然科学活动，在城乡社会实践中获得直接经验，提高文化素养。社区可以为学习农、林、牧及社区管理与服务、物业管理等等应用性专业的大中专学生提供实习基地。

第三，社区能够为未成年人的家庭教育提供支持。通过开展家长课堂、亲子教育、青少年社会服务等活动，增进家长与未成年人的良性交流与互动，在提高家长教育素质、改善家长教育行为的同时，促进未成年人身心健康成长。

（二）社区支持教育公平的主要作用与方式

《教育规划纲要（2010—2020）》指出："把促进公平作为国家基本教育政策"，"教育公平的基本要求是保障公民依法享有受教育的权利"。实现教育公平，要"坚持教育的公益性和普惠性，保障公民依法享有接受良好教育的机会。建成覆盖城乡的基本公共教育服务体系，逐步实现基本公共教育服务均等化，缩小区域差距。努力办好每一所学校，教好每一个学生，不让一个学生因家庭经济困难而失学"。

教育公平是社会公平的基础。中国改革开放三十年来，公民在接受教育方面并没有完全获得公平的机会。从人群的角度来看，户籍制和身份制为不同人群贴上了标签，在优质教育资源面前，那些在社会中处于弱势的人群更是望洋兴叹。从区域的角度来看，经济社会发展落后的中西部地区、农村地区的教育资源明显稀缺于发达的东部地区、城市地区。教育资源配置的不公平必然导致社会成员之间教育利益分配的不公平，进而对弱势人群的社会流动、社会分工和社会分层产生实质性的不利影响，使得他们的社会劣势地位进一步加强。

为了改善上述现象，实现教育公平，全国数十万个社区的支持必不可少，具体来说，社区最了解基层居民的生活状况，可以通过汇聚政策资源、社会资源、邻里资源对社区里的困难家庭和孩子进行教育救助；还可以通过社区资源力所能及的投入，改善本土的教育环境和条件，促进教育机会与教育资源的区域性平衡，在一定程度上实现区域内公共教育服务均等化和不让学生因家庭经济困难而失学的目标。社区为教育公平提供支持，主要通过以下方式：

第一，为贫困家庭学生提供救助与帮扶。社区协助政府部门出具证明材料、配合学校等单位盖章认定反映学生的困难情况。经济条件较好的社区可主动联系贫困生，利用集体经济资助、征求企业赞助等方式对贫困学生进行经济救助，维护学生受教育权利。部分地区的社区除直接给予贫困家庭金钱帮助外，还可通过开展邻里互助服务、零就业家庭的扶持、重病与重残家庭的照顾等形式对贫困学生给予间接的帮助。

第二，整合内外部资源，为流动、留守等特殊困难家庭儿童开展帮扶。近年来各地出现了许多专门为流动儿童、留守儿童提供课业辅导、家庭支持的社会服务机构，利用当地大学生、社区退休教师、热心居民等志愿者资源，开展"放学来吧""四点半学堂"等服务，为流动儿童和留守儿童等特殊困难家庭的儿童提供生活上的关爱和学业上的辅导。

第三，通过平衡教育资源，一定程度上实现教育相对公平与资源合理配置。教育不公平的一个重要表现就是教育资源配置不均衡，在城市主要表现为优质教育资源分配不均衡；在农村主要为撤点并校后，教育点设置不尽合理，教育质量参差不齐，部分学生上学交通不便；在边远地区和贫困山区则是教育资源的稀缺与教学条件的落后。

（三）社区支持终身教育的主要作用与方式

《教育规划纲要（2010—2020）》强调，构建终身教育体系要实现"学历教育和非学历教育协调发展，职业教育和普通教育相互沟通，职前教育和职后教育有效衔接。继续教育参与率大幅提升，从业人员继续教育年参与率达到50%。现代国民教育体系更加完善，终身教育体系基本形成，促进全体人民学有所教、学有所成、学有所用"。

现代社会无论是婴儿、幼少年、青年人、中年人、老年人，都存在多样化的学习需求。而目前我国居民的教育需求远远无法得到满足。据统计，我国现有0—6岁幼儿人口达1.3亿，然而我国幼儿毛入学率仅为40.75%，远远低于发达国家75%的标准。成年劳动力因为自身文化程度不高所导致就业机会少、工作待遇差等现象仍然比较常见，他们从社会中获得的受教育和培训机会非常少。面对这一现状，迫切需要学校、企业和全社会共同投入，推动各类教育资源的相互衔接与整合，保障不同群体的受教育权利。

第一，为学龄前儿童提供学前教育。目前，我国学前教育资源不足，公办幼儿园发展缓慢，比例偏低，民办幼儿园师资水平参差不齐。许多农村社区虽有民办幼儿园，但其覆盖面小，办学设施简陋。城市民办幼儿园太贵，公办幼儿园一位难求。鼓励城乡社区作为举办主体，负责幼儿园的日常新建、运营、管理，是一新的举措。

第二，为成年人提供扫盲教育。我国老少边穷地区依旧是文盲高发地，而少数劳动力流入的主要城市，则由于出现流动人口新文盲导致城市文盲率有所上升，这些地区在扫盲教育方面依然有较大的压力。为此，社区可以针对不同人群的教育需求，开展相应扫盲工作。

第三，配合劳动部门开展职业技能培训。特别是为社区外来务工人员和下岗失业人员提供技能培训，引领居民正确树立新形势下的就业观念，结合市场需求变化和当前用工单位的要求，安排课程科学、内容丰富的培训内容，使理论知识与实际操作紧密衔接，从而促进充分就业。

第四，为老年人提供各类教育服务。当前，城市老年人的学习愿望强烈，老年大学一额难求，发展社区老年教育成为保障全体老年人受教育权利的必然要求。可针对老年人继续学习的需求，社区举办各种老年兴趣班，丰富老年人精神文化生活。针对老人年身体健康的需要，社区开展养生知识、疾病预防知识和护理保健知识讲座，提高老年人的生活质量。

三、社区支持教育改革作用的评估及其主要指标

为实现"社区支持教育改革"的可量化、可建构、可落地、可评估，在综合借鉴国内外多套指标体系的基础上，课题组拟定了一套评估指标体系。力图通过指标体系的应用，客观真实地反映各地社区对教育改革的支持状况与存在问题；通过评估工作的实施，引导社区进一步明确自身在教育体系及教育改革中的功能定位；通过评估结果的监测，更好地促进和发挥社区对参与教育改革工作的支持作用。

（一）指标体系构建的原则

1.科学合理原则。只有制定科学的考核办法和考核内容，设定合理的考核指标和分值，才能准确反映现状与问题，也才能更好地指导实践。

2.简便易行原则。在评价社区所发挥的实际作用时，所设置的指标体系必须简便易行，指标应易于采集数据且具有可操作性，减轻基层社区的迎评负担，提高评估效率。

3.普遍适用原则。综合社区的共性来设计一套具有普遍适用性的指标体系，具体使用时再根据评估对象自身的特点进行适度调整和修正，这样才既能保证评估结果的准确性，又能保证评估对象之间的可比性。

4.精简全面原则。指标体系应尽量做到指标简明、涉及面广，避免过简过少、信息遗漏，以此确保评估数据能够有效反映实际情况，同时反映各指标之间的真实关系。

（二）指标体系架构

根据上文对社区支持教育改革主要作用与若干方式的分析，课题组确定以"素质教育与社区支持、教育公平与社区支持、终身教育与社区支持、社区参与教育管理体制改革"为一级指标，四个一级指标下共设置十二个二级指标，二级指标再细化为四十八个可量化的三级指标，从而构成了完整的评价体系。（见表7-1）

表 7-1　教育改革的社区支持评估指标体系

一级指标	二级指标	三级指标	
素质教育与社区支持	A1 思想品德和爱国主义教育	A1.1 社区自身开展的思想品德和爱国主义活动	A1.1.1 活动次数
			A1.1.2 参与人次数
			A1.1.3 社区投入的人力（人次）
			A1.1.4 场地设施使用次数
			A1.1.5 物资投入（元）
			A1.1.6 文化传统资源利用次数

一级指标	二级指标	三级指标	
		A1.2 社区配合学校等教育机构，开展思想品德和爱国主义活动	A1.2.1 活动次数
			A1.2.2 参与人次数
			A1.2.3 社区投入的人力（人次）
			A1.2.4 场地设施使用次数
			A1.2.5 物资投入（元／年）
			A1.2.6 文化传统资源利用次数
	A2 社会实践和生产实习活动	A2.1 社区为各级各类学生提供社会实践活动	A2.1.1 社会实践活动次数
			A2.1.2 实际参加实践的人次数
			A2.1.3 参与者人均社会实践日（时）数
			A2.1.4 为学生开具社会实践证明的次数
			A2.1.5 社区投入的人力（人次）
			A2.1.6 场地设施使用次数
			A2.1.7 物资投入（元）
			A2.1.8 文化传统资源利用次数
		A2.2 社区为各级各类学生提供专业性生产实习活动	A2.2.1 生产实习的次数
			A2.2.2 实际参加生产实习的人次数
			A2.2.3 参与者人均生产实习日（时）数
			A2.2.4 为学生开具生产实习证明数
			A2.2.5 社区投入的人力（人次）
			A2.2.6 场地设施使用次数
			A2.2.7 物资投入（元）
			A2.2.8 文化传统资源利用次数

（续表）

一级指标	二级指标	三级指标	
	A3 法治、科普、文艺、卫生、健身等教育活动	A3.1 社区自身开展法治、科普、文艺、卫生、健身等教育活动	A3.1.1 活动次数
			A3.1.2 参与人次数
			A3.1.3 社区投入的人力（人次）
			A3.1.4 场地设施使用次数
			A3.1.5 物资投入（元）
			A3.1.6 文化传统资源利用次数
		A3.2 社区配合学校等教育机构，开展的法治、科普、文艺、卫生、健身等教育活动	A3.2.1 活动次数
			A3.2.2 参与人次数
			A3.2.3 社区投入的人力（人次）
			A3.2.4 场地设施使用次数
			A3.2.5 物资投入（元）
			A3.2.6 文化传统资源利用次数
教育公平与社区支持	B1 对困难家庭和学生的帮助与支持	B1.1 社区通过诉求表达、经济援助、服务提供的方式帮助和支持困难家庭学生接受教育的受益人数占全部困难学生的比重（%）	
		B1.2 社区为困难学生向有关部门和学校反映情况、申请帮助的受益人数占全部困难学生的比重（%）	
		B1.3 社区为困难学生提供资金、物质帮助总额（元）	

一级指标	二级指标	三级指标	
	B2 改善社区的教育和学习环境	B2.1 社区内举办放学来吧、学生小饭桌等课后（寒暑假）托管和生活服务的受益人数占全部学生比重（%）	
		B2.2 社区公共图书馆每年读者人次数	
		B2.3 社区开展家长学校、亲子辅导等教育活动的受益人次数	
		B2.4 社区为问题家庭的孩子和问题青少年健康成长提供帮助和服务受益的人次数	
	B3 促进教育资源的合理配置	B3.1 社区为居民能更好地公平享受教育资源，对学区划分、学校布点、师资调配等出现的不合理配置情况，向有关部门提出建议和要求的次数	
		B3.2 社区为改变教育资源配置不均衡、不合理的状况而投入的资金（元）	
		B3.3 社区为改变教育资源配置不均衡、不合理的状况而投入的人力（人次）	
		B3.3 社区为改变教育资源配置不均衡、不合理的状况而投入的场地设施使用次数	
		B3.4 区为改变教育资源配置不均衡、不合理的状况而投入的文化传统资源利用次数	

一级指标	二级指标	三级指标	
终身教育与社区支持	C1 幼儿教育	C1.1 社区进入幼儿园接受学前教育的儿童数占全部3—6岁儿童的比例（%）	
		C1.2 社区幼儿园数量	C1.2.1 社区自办幼儿园数量
			C1.2.2 社区合作开办幼儿园数量
			C1.2.3 社区扶持开办幼儿园数量
		C1.3 社区开展学龄前儿童教育服务的直接受益人次数	
		C1.4 社区为举办幼儿教育和开展服务投入的人力（人次）	
		C1.5 社区为举办幼儿教育和开展服务投入的场地设施使用次数	
		C1.6 社区为举办幼儿教育和开展服务投入的资金（元）	
		C1.7 社区为举办幼儿教育和开展服务投入文化传统资源利用次数	
	C2 扫盲	C2.1 社区因举办扫盲教育活动而产生的脱盲人数	
		C2.2 社区举办扫盲教育活动的直接受益人数占文盲总数比重（%）	
		C2.3 社区为开展扫盲教育投入的人力（人次）	

一级指标	二级指标	三级指标	
		C2.4 社区为开展扫盲教育投入的场地设施使用次数	
		C2.5 社区为开展扫盲教育投入的资金（元）	
		C2.6 场地设施使用次数	
		C2.7 文化传统资源利用次数	
	C3 成年劳动力培训	C3.1 社区为成年劳动力举办和组织参加的就业、技能培训覆盖服务人次数	
		C3.2 社区成年劳动力参加就业、技能培训人数占应培训的成年劳动力的比重（%）	
		C3.3 社区为开展成年劳动力培训投入的人力（人次）	
		C3.4 社区为开展成年劳动力培训投入的场地设施使用次数	
		C3.5 社区为开展成年劳动力培训投入的资金（元）	
		C3.6 社区为开展成年劳动力培训投入的文化传统资源利用次数	
	C4 老年教育	C4.1 社区为老年人举办教育和学习活动（老年学校、讲座等）覆盖人次数	
		C4.2 社区内参加老年教育学习活动的人数占全部老年人比重（%）	

一级指标	二级指标	三级指标	
		C4.3 社区为开展老年教育投入的人力（人次）	
		C4.4 社区为开展老年教育投入的场地设施使用次数	
		C4.5 社区为开展老年教育投入的资金（元）	
		C4.6 社区为开展老年教育投入的文化传统资源利用次数	
社区参与教育管理体制改革	D1 社区参与驻区学校的教育管理活动	D1.1 社区作为管理机构成员参与驻区幼儿园、小学、中学或其他教育机构的教育管理活动次数	
		D1.2 社区作为社会协作和意见提供者参与驻区幼儿园、小学、中学或其他教育机构的教育管理活动次数	
	D2 社区参与社区教育管理活动	D2.1 社区获得的社区教育专项资金（元）	
		D2.2 社区户籍人口的人均社区教育经费（元）	

（三）评估的方法

1. 评估指标的赋权

各级指标与不同指标之间按"指标权重"进行计算，相关权重均应采用专家法（即德尔菲方法）予以确定。专家法是在实证调查的基础上征求有关专家的意见，对专家的意见进行统计分析和归纳总结，综合多名专家的主观判断，对大量难以采用技术方法进行定量分析的因素做出合理估算，经过如此往返的多轮意见征询、反馈和调整而对被评估者进行合理评估的一种方法。通过专家法为不同指标赋权，可体现各个指标在评价中的作用，使得评价结果更为客观。

专家赋权法过程简便，结果直观易懂，分值越高代表指标越重要，越能体现社区支持功能发挥的实效。值得注意的是，该评估指标体系虽然具有普遍适用性，但是针对各地社区的差异性，评估时要综合考虑其性质和特点对本指标体系进行适当的修正，以避免评估结果产生偏差或失真。

2. 指标计算方法

实际运用该指标体系时，每个三级指标后应分别设置"基础值"与"目标值"栏，为保证指标体系的科学性、实用性，"基础值"应于每年末根据当年实测值进行填写，"目标值"应根据各地的经济、社会发展水平按区域制定统一标准。所有指标数值均按"年"为单位填写。

三级指标计算方法：三级指标数值 = 基础值 / 目标值 × 100，若结果大于 100（即已超额完成目标值），则以 100 计入，避免出现无意义的指标数值。

二级指标计算方法：二级指标计算要依托于三级指标的结果和相应权重，即二级指标数值为该二级指标的权重乘以其下属各个三级指标数值乘上各自权重的求和。

一级指标计算方法：一级指标数值由下属二级指标数值汇总而来，即二级指标数值相加乘以对应权重，即可以得到对应的一级指标数值。

教育改革与发展的社区支持评估总分值由四个一级指标数值汇总而来，即一级指标数值相加求和，即可以得到评估对象的最终得分，得分越高则表示社区发挥的支持作用越大。

3. 评估的一般程序

指标体系作为评估的工具，其使用必须要遵循一定的程序才能发挥应有的效果。评估方要严格按照规定的程序对被评估方进行评估，确保评估的公平公正。同时被评估方也要积极配合评估方的工作，提供真实有效的相关材料，避免弄虚作假。本课题中，评估方一般为专家和相关利益群体组成的评估小组，被评估方为各地城乡社区。通常，评估程序包括以下几个步骤：

（1）准备阶段。成立评估小组，评估小组公布评估指标和准则，可以在网站上公布，也可以将纸质版发放给社区，让社区充分了解评估的指标，以便做好被评估的准备。

（2）自我评估阶段。由社区根据评估指标与要求撰写自我评估报告，提交相关材料。

（3）数据采集阶段。上交评估材料，由评估小组进行审核。如有不完整或不清楚的地方，与社区进行沟通与补充，放在公共平台接受大众监督，例如公告栏、网络等。

（4）评估小组评议阶段。评估小组进行较为客观、公正的评估，可组织督察小组进行监督，确保评估结果公平公正。

（5）公布评估结果。对评估结果进行公示，评估结果至少公示三天。

（6）结果确认阶段。如有投诉或申诉，评估小组应及时进行复核；如无投诉或申诉，则由上级主管部门颁发相应的荣誉证书或给予其他奖励。

（7）评估结果反馈。评估的目的是肯定社区在支持教育改革与发展过程中的成绩和努力，发现存在的问题和缺陷，从而有针对性地发挥优势，改进劣势因素，最终促进社区支持功能的全面发挥。

第二节　社区支持教育改革的现状及问题

为了能较深入全面地把握社区支持教育改革的现状，课题组根据《国家中长期教育改革与发展规划纲要》提出的战略目标和发展任务，以调查问卷、专家访谈、焦点小组访谈等方式在全国东、中、西部的 38 个市、县开展了专题调研。调查的内容主要包括社区支持教育改革的意识意愿、素质教育与社区支持、教育公平与社区支持、终身教育与社区支持、社区参与教育管理体制改革的状况、社区对实现《国家中长期教育改革与发展规划纲要》目标的建议等方面的内容。

问卷调查数据收集和分析的基本单位是社区（村、居委会），调查对象一般是社区书记、主任或者相关负责人。调查采取配额抽样的方法，共发放社区问卷 350 份，回收 320 份，有效问卷率 91.4%。并在重点地区进行深度访谈 52 人次；开展焦点小组座谈会 26 场次。调查样本的基本情况如下（见表 7-2）：

表 7-2　样本基本情况（N=324）

变量		区数	百分比（%）
社区类型	农村社区	158	49.4
	城市社区	162	50.6

一、社区支持教育改革的总体情况

（一）社区对《教育规划纲要（2010—2020）》的知晓度

《教育规划纲要（2010—2020）》是我国全面深化教育体制改革，建设现代化人才强国的纲领性文件。社区对《教育规划纲要（2010—2020）》的知晓度应是评价社区支持教育和改革的一项先行指标。调查发现，有 26.05% 的被访者表示"知道纲要并了解其主要内容"，有 47.91% 的被调查者表示"知道但还不了解主要内容"，还有 26.05% 的被调查者表示"没听说过也不了解"（见图 7-1）可见，有四分之一的社区根本就没有听说过这一重要的教育政策，更谈不上去支持和执行政策；另有近一半的社区虽然知道纲要，但是对具体内容没有深入学习，也很难有得力的举措来支持纲要目标的实

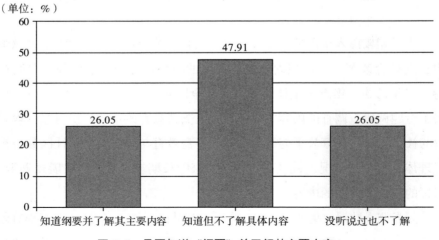

图 7-1　是否知道《纲要》并了解其主要内容

现。进一步分析发现，农村社区和城市社区对纲要知晓度不存在显著差异（见表7-3），这与课题组事先设定的研究假设不同。原来我们预想的是：城市社区可能由于宣传媒体相对比较多元、居民文化程度较高等原因，对纲要的知晓度更高，但是研究发现，虽然确实城市社区对纲要的知晓度要比农村社区略高，但却不存在统计学上的显著差异。

表7-3　社区类型与纲要知晓度的交互分布

	知道纲要并了解其主要内容	知道但不了解具体内容	没听说过也不了解	总计
城市社区	27.5%	47.7%	24.8%	100.0%
农村社区	24.7%	48.1%	27.2%	100.0%
总计	26.05%	47.91%	26.05%	100.0%
$x^2=0.400$；$df=2$；$P=0.819>0.05$				

（二）社区参与教育管理体制改革的情况

教育管理体制改革是一项涉及政府教育部门、学校、社区、家庭等多部门联动参与的系统工程。社区对于教育管理活动的参与主要包括两个部分，一是社区参与驻区学校的教育管理活动，二是社区参与社区教育管理活动。

1.社区参与驻区学校的教育管理活动

在问卷中，当问及"社区认为参与驻区学校教育管理活动的必要性"（多选）时，有53.7%的被调查社区认为"有利于加强学校与社区、家庭的联系"，有42.6%的认为"有利于校社合作开展素质教育"，有38.7%的认为"有利于促进教育公平"，有30.6%的认为"有利于改革闭门办学的管理体制，提高学校的教育管理水平"，另也有30.4%的认为"社区参与教育管理只能流于形式，并无必要"。可见，在社区参与驻区学校的教育管理活动的认识上，有三成左右的社区在思想认识上就不够，因此也不会有参与行动。

调查中也发现，有将近一半社区会不同程度地参与驻区学校的教育管理活动，有的社区会作为管理机构成员参与驻区（幼儿园、小学、中学或其他教育机构）教育管理活动，有的会作为社会协作和意见提供者参与。在这方面有个比较典型的个案事件：2015 年 8 月开学初，南京市 HY 幼儿园准备将小区的地下车库的两个房间改建作为大班的午休教室，得到了家长们的强烈反对，社区很快作为管理机构介入，组织幼儿园家委会多次与幼儿园主办方协商谈判，最终维护正常的教学管理秩序和幼儿的正当权益。

2. 社区参与社区教育管理活动情况

社区应是社区教育管理活动的主体。调查发现，近三年内，有 43.2% 的社区"按规定参与了本地区社区教育委员会等组织机构的管理工作"，56.3% 的社区"在本社区独立开展了社区教育的管理活动"，但仍有 33.5% 的社区没有参与社区教育管理活动。同时发现，有近 80% 的社区都按规定获得了来自区县的社区教育专项资金拨付，但是专项资金的数量有很大差异，有的经济较好的区县除了社区教育专项资金，还会获得社区教育课题研究专项经费、培训经费、扶持奖励经费等，而有些则数量非常少。对于社区教育专项经费的使用，绝大多数社区都表示都会根据下达的《社区教育专项经费使用办法》，进行专款专用，但是也有极少一些社区将社区教育经费挪作他用。

二、社区支持素质教育的现状和问题

随着公众对素质教育认识的提高，作为青少年社会化的主要场所的社区，在开展素质教育方面有着不同于学校教育和家庭教育的独特优势，主要通过优化育人环境、协调教育力量和直接参与素质教育等方面为社区居民尤其是青少年开展素质教育。

（一）现状

1. 社区开展或配合教育机构开展育人为本的思想品德教育活动情况

调查发现，各地社区基本上都能利用本地的文化资源优势，在社区道德教育讲坛或村委会为在校学生和居民进行道德教育、爱国主义教育。例如一些革命老区建有多处爱国主义教育基地，利用红色旅游资源或名人故居等等，组织中小学生实践参观，少的一年有三四次，多的一年可达到三十次以上；社区的关工委、老协会也会定期组织科普、摄影讲座等多种活动，帮助青少年成长发展。一些社区也会通过经常的、大量的文化教育方面的公共文化活动和社会环境对青少年进行道德教育，如举办"社会主义核心价值观"知识竞赛、近期举行的"抗战胜利70周年"庆祝活动等。

对于一些有高等教育机构驻区的社区，一般也会利用这些资源对社区青少年开展素质教育，如2015年暑期，南京市有数十个社区引入高校大学生志愿者，开展了"平安夏日"暑期安全教育巡讲、小领袖夏令营等活动，得到了社区青少年和家长的认可。此外，社区还通过各种形式的活动，比如社区公益一日捐等，调动家长的积极性，促使青少年参与到教育活动中来，通过营造文明友善的社区环境、积极向上的教育活动，潜移默化地开展育人为本的思想品德教育活动。

2. 社区为各级各类学生提供社会实践和生产实习活动方面的支持情况

社区是一个"社会大课堂"，可以为城乡学生提供社会实践与专业实习的机会，协助学生走出课堂、接受社会教育。调查发现，有75%的社区曾为各级各类学生提供社会实践活动方面的支持，学生在社区参加的社会实践形式主要有：为社区居民开展文化、体育、宣传活动（48.6%），助老帮困等专项爱心服务（45.2%），协助社区组织完成相关工作（38.5%），参加维护社区治安（23.7%），参加维护社区环境、道路、水系等活动（18.6%）等，实践后也会为有需求的学生开具社会实践证明。

同时，有56.2%的社区曾为各级各类学生提供专业性生产实习方面的支持，学生在社区参加的专业性生产实习主要有：服务类生产实习（38.2%）、经营管理类生产实习（32.6%）、加工类生产实习（21.4%）、种植类生产实习（17.5%）、养殖类生产实习（10.1%）等，实践后也会为有需求的学生开具生产实习证明。并且，有一些农村社区（比如江苏苏北地区）比较重视大学生到农村社区开展生产性实习，还专门划拨经费用于大学生创业实践，取得了较好的效果，产生了诸如草莓种植基地、新型蘑菇种植园等大学生开拓的生产领域。这些社区一方面支持大学生素质教育的拓展，另一方面也推动了社区经济、社会、文化等方面的整体发展。

3. 社区开展或配合学校等教育机构开展法治、科普、文艺、卫生、健身等教育活动的情况

调查发现，大多数社区都会利用社区设施和资源，开展法治、科普、文艺、卫生、健身等教育活动。一般而言在城市社区，由于设施相对齐全，科普、文艺、体育健身等教育活动非常频繁，而在农村社区，文艺、卫生教育活动比较多，而法治、健身教育相对少一些。尤其需要提及的是，在 2014年十八届四中全会提出"依法治国"的执政治国理念后，许多社区通过法律知识竞赛、"普法进社区"等活动增加了对社区居民的法治教育。

在调查中发现，南京市某街道充分利用高校资源丰富的优势，联合高校法学院建设"法治社区"，在每个小区建设"居民之家"，调动社区居民共同制定小区公约，引导居民自我管理社区；每个小区都有与高校对接的"法律援助小站"，由高校法学教授作为法律顾问，大学生作为志愿者开展法律援助服务。这可以说是社区联合高校开展法治教育活动的创新举措，拓展了素质教育的覆盖面，一方面给居民提供了法治教育，并且进一步引导居民依法自治；另一方面给青少年提供了社会实践的机会和平台。

（二）问题

1. 社区对素质教育的支持意识仍显不足：有四成社区认为"素质教育跟社区没有关系"

意识和理念是行为的先导，考察社区对教育改革的支持，首先需要考察社区对各项教育改革目标的认识度和理解度。对于社区对素质教育的支持意识，我们设计了两个问题来测量。当问及社区负责人"社区在促进学生的素质教育方面可以发挥作用吗"时，回答"可以"的占 15.4%，回答"应该但很难发挥作用"的占 40.6%，回答"学生的素质教育是学校的事，与社区没有什么关系"的占 44.0%（见表 7-4）。同时，对于"社区在提高全民的综合素质方面可以发挥作用吗"问题的回答得到了类似的结论，表示"可以"的占 14.4%，回答"应该但很难发挥作用"的占 45.2%，回答"提高全民的综合素质是国家和居民自己的事，与社区没有什么关系"的占 40.4%（见表 7-5）。可以看出，有四成左右的社区认为不管是学生的素质教育还是全面的综

合教育，都跟社区没有什么关系；同时，也有四成左右的社区认为虽然应该但是很难发挥作用。对于这两个问题的看法，城市社区认为"可以发挥作用"的比例略高于农村社区，但是仍然没有发现存在统计学上的显著差异。

表7-4 社区在促进学生的素质教育方面可以发挥作用吗

变量	频数	百分比（%）
可以	36	15.4
应该但很难发挥作用	95	40.6
学生的素质教育是学校的事，与社区没有什么关系	103	44.0
合计	234	100

表7-5 社区在提高全民的综合素质方面可以发挥作用吗

变量	频数	百分比（%）
可以	42	14.4
应该但很难发挥作用	132	45.2
提高全民的综合素质是国家和居民自己的事，与社区没有什么关系	118	40.4
合计	292	100

2.社区素质教育存在形式主义，且缺乏制度设计

调查发现，在社区开展的素质教育活动中，一般将思想品德教育放在了首位，而社区实践、社区服务等实践教育较为缺乏，且形式主义严重。农村社区具有丰富的社区资源，可以为学习农、林、牧、医等应用性专业的学生提供实习，城市社区也可以提供社区服务的实践基地。但是，调查发现，社区的实习资源并没有得到充分利用，社区配合实习的积极性不高，有些专业实习成了社区事务的协助，甚至还有开具社区实践假证明等现象。由于目前这样的社会实践和社会教育课堂的设置缺乏制度设计，表现出很强的随意性和临时性，只是与学校教育形式配合，并没有纳入学生素质教育或者升学考试的指标，导致教育效果不明显。

3.社区素质教育的主体单一，资源不足，能力有限

社区在开展素质教育的过程中，主体性作用的发挥还远远不够，表现在支持素质教育的意识不足，资源的投入不足，缺乏能够有效开展素质教育的社区工作人员以及未与其他相关机构合作和联系等方面。由于社区缺少专业

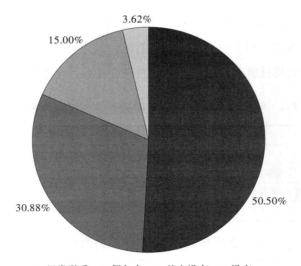

图 7-2 "平时社区与学校和教育培训机构的合作和联系"情况

的人员，对于儿童、青少年的综合素质、内在发展、人格健全等方面考虑得较少，特别是在知识、能力、道德系统提高方面尤为缺失，而且服务水准不够，对人格教育开始有认识，但缺乏系统性的干预。并且调查显示，总体来看，仍有46.9%的社区未能积极与学校等教育培训机构经常性地保持合作与联系（见图7-2）。但是，在与学校等教育培训机构合作和联系方面，城市社区要比农村社区频繁，存在显著差异（见表7-6）。

表 7-6 "社区类型"与"和学校等教育培训机构合作和联系"的交互分析

	经常联系	偶尔有	基本没有	总计
城市社区	73.8%	16.2%	10.0%	100.0%
农村社区	31.6%	48.1%	20.3%	100.0%
总计	52.8%	32.1%	15.1%	100.0%
x^2=57.357；df=2；P=0.000<0.05				

另外，还有近43.6%的社区尚没有建立诸如社区教育委员会、关心下一代工作委员会等社区教育组织机构并开展活动。相比之下，农村社区的社区教育组织机构比城市社区要更薄弱一些，且开展的活动形式比较单一，缺乏实效。

三、社区对教育公平支持的现状和问题

教育公平的内涵是应确保"每个人都有平等的教育机会，每个人都能平等地享受公共教育资源，每个人在不同的阶段都能得到适切的教育"。如前所述，社区在促进和支持教育公平方面应该能够发挥独特的作用和功能，发挥"发展性"和"补偿性"的功能，协同社会上所有的教育力量，为社区所有成员提供所需的技术性知识和技能等教育服务。根据我们的调查，近些年来，社区在支持教育公平方面发挥了一定的作用，但还有待于进一步强化。

(一) 现状

1. 社区对困难家庭和学生的帮助与支持情况

教育公平除要求公平分配以外，应特别强调相应的救济或制度保障[①]。因此，社区对困难家庭和学生能够提供救助是考察的一项重要指标。调查中，几乎所有的社区近三年内都出现有若干名因贫困、残疾、无人照料等陷入困境或者因家庭特殊困难而辍学的困境家庭和学生，社区基本上都会对这些困难家庭和学生提供帮助和支持，只不过支持的方式上存在一些差异。主要体现在：有些社区能够配合学校等部门盖章、出证明材料，反映学生的困难，申请相关的学费减免；还有些社区对贫困家庭除了直接给予金钱的帮助外，能够进行家庭间的互助，通过开展邻里帮扶，零就业家庭的扶持、重病、重残家庭的照顾帮助等形式进行间接的帮助；有些社区能够主动联系贫困生，利用集体经济资助、征求企业赞助或者链接社会组织等其他资源对贫困学生进行物质方面的救助、精神上的鼓励和支持。

在调研中发现一个典型案例。在南京市 GC 区，存在许多涉农社区，在这些社区中发现有近 30 位散居孤儿和许多留守儿童。当社区发现存在特殊困难家庭和学生时，会为其提供经济和物质上的帮助，通过低保等政策给予援助，但是当这些都不能解决经济上的困难时，也会联络当地社会组织给予帮助，该区有一家网络注册的社会组织"GCLJ 杂坛"，可以为符合条件的

---

① 　胡劲松：《论教育公平的内在规定性及其特征》，《教育研究》2001 年第 8 期。

困难家庭的孩子提供从小学至高中每年 4000 元的经济援助。当前已经资助了有近 50 位学生，并且还为这些学生中考上大学的提供一次性 5000 元的"圆梦基金"。这些行动能够给予这些困难家庭和学生继续接受教育的机会，也是社区支持教育公平的重要体现。

2. 社区通过改善社区环境来促进教育公平的情况

社区是否拥有为社区居民提供均等可及的公共教育资源（如社区学院、社区图书馆等），是衡量社区支持教育公平的一项重要指标。据我们的调查，城市社区中有 18.0% 的社区设有社区学院，有近 76.6% 的社区拥有社区图书馆或简单的社区阅览室，可供居民休憩时阅读；而农村社区，没有发现有社区学院之说，并且只有不到 10% 的可供村民阅读的空间，即使有，也只是比较简单地摆放了几个报纸架和一些政策宣传单，鲜有村民过来阅读。

调查中发现，一些社区还开展了各种以促进家庭和谐为目标的亲子教育活动，成立了家长学校；还有一些社区也考虑不同的人群需要，为其提供教育公平机会。针对青少年，近三年来，有些社区举办或者委托社会组织来开办诸如放学来吧、希望来吧、"四五点钟学校"等活动为青少年提供课后和寒暑假的托管和生活服务，通过优化社区教育环境来促进青少年的健康成长。针对外来务工子女，有的社区还开展了诸如"我是小市民""阳光夏日"等促进其适应和融入城市的融合教育。但是，这种服务在城市社区目前比较普遍，在农村社区几乎没有，青少年从学校放学后，基本上无人过问，其原因一方面是认识不足，认为教育是学校和家庭的任务，另一方面社区也没有能力和资源来开展这样的服务。总体而言，一般经济状况较好的社区会在改善社区教育设施方面有较多的投入，并开展相应的活动。

3. 社区促进教育资源的合理配置情况

教育不公平的一个重要表现就是教育资源配置不均衡。在城市主要表现为优质教育资源分配不均衡，在农村主要是撤点并校后，学生上学远等问题。为了让社区居民能更好地公平享受教育资源，有些社区会针对学区划分、学校布点、师资调配等出现的不合理配置情况，向有关部门提出建议和要求。同时，有些社区也会采取一些措施来改变教育资源配置不均衡、不合理的状况，主要措施有：帮助改善学校教学设施（64.1%），为上学较远的学生提供交通、住宿等条件和服务（54.3%），帮助和改善教师的收入或教学生活条件（45.7%），改善交通、道路、供水等学校教学条件与环境（42.1%），自办或支持社会力量办学（39.7%）。但是，对于大多数农村社区而言，对于教育资源配置的问题由于缺少专项资金和人员的支持而无能为力。

（二）问题

1. 社区支持教育公平的主体意识不强

在调查中发现，对于教育公平这一话题，虽然许多社区都作了不少支持教育公平的举措，但是在认识上，很多社区负责人仍然认为"这是国家和政府的责任，社区只能做一些补漏性的工作"。问卷调查显示，当问及"社区在帮助困难家庭和学生公平接受教育方面可以发挥作用吗？"时，回答"可以"的占15.5%，回答"应该但很难发挥作用"的占42.4%，回答"社区与这项活动没有关系"的占42.1%（见表7-7）。同样，对于"社区在促进学校布点和教育资源合理配置方面可以发挥作用吗？"的回答，表示"可以"的占18.2%，回答"应该但很难发挥作用"的占44.3%，回答"提高全民的综合素质是国家和居民自己的事，与社区没有什么关系"的占37.4%（见表7-8）。城市社区和农村社区在这两个问题的回答方面仍然没有存在显著差异。

表 7-7　社区在帮助困难家庭和学生公平接受教育方面可以发挥作用吗

变量	频数	百分比（%）
可以	46	15.5
应该但很难发挥作用	126	42.4
社区与这项活动没有关系	125	42.1
合计	297	100

表 7-8　社区在促进学校布点和教育资源合理配置方面可以发挥作用吗

变量	频数	百分比（%）
可以	52	18.2
应该但很难发挥作用	127	44.4
社区与这项活动没有关系	107	37.4
合计	297	100

在座谈会上，曾有一位农村社区的负责人表示："你看看城里的那些学校，再看看我们这儿的学校，谈何教育公平？我们能做什么?! 国家要花大力气来投入到农村的教育中来！"固然，要促进教育公平，政府应是首要责任主体，但是社区还没有认识到国家、政府、社区、社会组织、企业等各个主体都应是促进教育公平的主体，而社区在支持教育公平方面有着不可或缺的主体作用。

2. 社区支持教育公平缺乏制度保障

调查发现，社区在支持教育公平的行动中，一个很大的问题就是缺乏规范性的制度保障。针对困难家庭和学生的救助，具有很强的随意性，导致一方面没有实现"应保尽保"，即应该获得社区支持却没有得到，另一方面也存在"搭便车"的现象，在部分农村，困难保障与困难问题救济不实，为学校提供的材料有虚假，因为人情关系、熟人关系等获得了一些额外的经济资助或者费用减免。同时，社区在通过改善环境来促进教育公正的过程中，很大程度上取决于社区工作者的思想认识，一些社区宁愿花钱做很多花架子、形象工程，却不愿意投入资金和场地来为社区居民提供教育支持。在促进教育资源的合理配置方面，一些地方也缺乏制度化的政策措施来推动，目前更多的还只是停留在汇报情况阶段，缺乏主动作为的积极性。

3. 社区支持教育公平重经济轻服务

从实际支持的方式来看，社区支持教育公平重经济而轻服务。如前所述，针对许多社区存在的困难家庭和孩子，有些社区也会直接给予或者链接一些资源给予经济上的帮助。但是往往这些家庭和孩子只是给予贫困救助还远远不能满足学生的就学需求，因为除了经济上的贫困，这些家庭和孩子往往还存在很多心理和情感上的支持和需求，即所谓"精神上的贫困"，而这些需求的满足需要由专业人员提供专业服务。另外，针对不同人群的教育支持，目前很多社区提供的服务支持还相当欠缺，社区并不能针对性地开展适切的服务，远远不能满足社区不同人群的基本需求。比如针对留守儿童和流动儿童，无法针对家庭的情感支持需要、儿童自身成长的需要等提供细微的服务。这一方面是因为许多社区本身没有能力来开展这类服务项目，另一方面也缺乏资金来购买专业社会组织来开展服务，当然也许在大部分农村地区，能够提供专业服务的社会组织本来就非常匮乏。

四、社区对终身教育支持的现状和问题

社区是终身教育的落实之地，可为学前教育、青少年教育、成年人扫盲教育和社区劳动力培训以及老年人的"老有所学"提供支持和帮助。社区可以对每一个有自主学习欲望的居民，提供合适的机会，承担起教育的功能，社区可以分类研究不同人群的教育需要，运用社区内外的教育资源，根据社区应承担的终身教育责任，开展社区教育活动。近年来，在"终身教育"理念的倡导下，社区在针对终身教育方面的支持力度相对较大，但也存在一些问题。

（一）现状

1.社区开展学龄前教育的情况

随着社会的发展，人们越来越认识到0—6岁是每个人生命周期中最为关键的成长阶段。因而学龄前教育（包括0—3岁的早期教育和3—6岁的幼儿教育）是终身教育体系中的最早期阶段。调查发现，社区在学龄前教育的支持力度方面呈现非常大的反差。在一些发达地区的城市社区，社区对学龄前教育的支持力度比较大。以南京为例，针对0—3岁的婴幼儿，南京市于2014年出台文件《南京市0—3岁婴幼儿早期发展行动计划（2014—2015）》，要求有条件的社区开设0—3岁早期教育机构，并给予每个创办此机构的社区3万—5万元资金的支持，在政策的推动下，一些社区自办或者合作开设了设备齐全的早教机构；南京市近两年更是将26所民办幼儿园升级为"惠民幼儿园"，几乎所有的3—6岁的幼儿能够实现百分之百地接受到学前教育，外来务工人员的孩子也能就近接受幼儿园教育。但是在中西部的农村地区，学龄前教育状况非常堪忧，许多地区公办幼儿园远远不能满足幼儿的需求，即使有幼儿园，师资力量也非常薄弱，根本就不存在早期教育机构。所以，对于偏远农村地区的幼儿来说，他们根本不会有机会去上幼儿园，而是等到了入小学的年龄，克服路途远的困难，直接入小学读书。

2. 社区支持扫盲教育的情况

根据第六次人口普查的数据，2010 年我国文盲率为 4.08%，比 2000 年第五次全国人口普查时的 6.72% 下降了 2.64 个百分点[①]。但是，由于我国人口基数大，文盲人口的绝对数量还较大。2011 年开始，我国实行"两基"（基本普及九年义务教育和基本扫除青壮年文盲）攻坚计划，并且教育部印发《扫盲教育课程设置及教学材料编写指导纲要》，目标是使更多人脱盲。五年来，我国文盲数减少了近 1000 万。在此过程中，除了政府、教育系统的努力外，社区也发挥了非常重要的作用。

据调查，在农村地区，特别是民族地区、边境地区和集中连片贫困地区，社区一般会主动将本地的青壮年文盲和妇女文盲的信息报告给相关部门，并联系当地文化站、教育机构等通过集中短期培训、分散包教包学的方式开展扫盲教育，教育的内容更多侧重于读书、识字等传统扫盲教育，这使得当地的留守青壮年和留守妇女的文盲率大大降低。一些社区还会配合每年9 月的"国际扫盲日"开展宣传活动，倡导村民自觉进行扫盲教育。而在城市社区，扫盲教育的内容有了新变化，教育内容除了读书识字外，还更多侧重于识别现代社会符号（如地图等）、使用现代电器、计算机等方面。

3. 社区开展职业培训的情况

职业培训是劳动者提升就业能力的必要手段，也是公民实现继续教育的基本途径。社区在开展职业培训方面应当发挥天然的优势。在我们的调查中，一些农村社区会组织当地务农的劳动力，进行适应当地本土区域特点的生产技能或劳动技能培训，比如在茶叶产地针对种茶农民进行培训、提高生猪饲养质量的培训等；培训的方式相对也比较灵活，不是传统意义上的大班培训，有的会采用一对一或一对多的传帮教培训，比如一位有技术有经验的农民手把手地对当地其他农民进行培训，带动了其他人脱贫致富。尤其需要提及的是，在 2008 年国家实行"一村一大学生村官"计划以来，出现了不少大学生创业带领农民致富的典型案例，这离不开社区对农民的职业技能培

---

① 董洪亮：《青壮年文盲成扫盲重点》，《人民日报》2011 年 5 月 27 日第 003 版。

训。当然，也存在不少农村偏远地区，一些贫困劳动力根本无法接受到任何职业技能培训，一直无法脱贫的情况。

在城市地区，对劳动力开展技能培训相对比较多，培训内容也比较丰富，有些是社区配合或者委托相关的劳动培训部门来进行，有些则是由社区直接来举办的。北京海淀区中关村学院被誉为中国规模最大的社区学院，它除了为社区居民提供书法绘画、插画厨艺等社区教育外，还为不同类型的劳动力提供系统的职业培训，比如建筑工人培训、家政培训、月嫂培训等，满足了不同人群的就业技能的需求。调查中，不少社区也会定期为外来务工人员、社区失业人员提供就业技能培训，并介绍和引导其实现就业。针对一些有劳动能力的残疾人，一些社区也会开展一些让残疾人力所能及的劳动技能培训。在农村社区，有些社区也会组织留守妇女参加一些手工技能培训。

4.社区开展老年教育的情况

随着社会的发展，老年群体对老年教育的需求越来越强烈。相关的政府部门相对而言也比较重视老年教育工作，基本上每个省市都建立起了市、区、街道（镇）三级老年教育办学网络，设有老年大学。虽然各级老年大学的办学条件不断改善，老年人的入学率不断提高，但仍不能满足老年人的需要。而老年人聚居生活在社区，是社区服务对象中服务需求最大的群体，因此社区应当是开展老年教育的前沿阵地。

调查发现，不少地区已经将老年教育进一步延伸到了社区层面，在社区设老年大学分校或者办学点。许多社区的设施日趋完善，设有诸如老年活动室、居家养老服务中心等活动场所和教室，并且有相对稳定的兼职志愿者队伍来开展老年教育。比如南京 BC 社区，社区有舞蹈培训室，开展广场舞或现代舞的培训，并定期举行学员自编、自导、自演的文艺演出；社区电子阅览室有近 20 台电脑，每周 2 次由专业老师为老年人开展电脑培训；此外社区还定期开展老年人书法、绘画、摄影作品展示活动，交流创作心得等。负责老年教育的培训老师，有些是由区或者街道老年大学的专职教师，有的则是在某方面有专长的社区老年人志愿者。还有一些社区建有"心灵茶吧"室，为老年人开展养生知识讲座、健康养生操、心理辅导等教育活动。但与此同时，我国社区老年教育发展很不平衡，地域化明显。东部、中部若干大中城市社区老年教育迅速起步、蓬勃发展，西部的一些省份，有的乡镇、街道还没有老年学校，社区老年教育尚在空白状态。

（二）问题

1.社区支持终身教育的意识有所提升，但能力和资源有限

在调查中发现，社区在支持终身教育方面的意识较强，认为"社区应该承担开展居民终身教育的责任"的比例为31.6%，认为"应该但很难"的占41.1%，仅有近25.5%的社区认为"社区与这项活动没有关系"（见表7-9）。这一结果与社区支持素质教育和教育公平方面的意识有了很大的提升。这可能是因为近几年来，公民对于"终身教育"的理念有了较深的认识，再加上"学习型社区"建设的推进，使得社区工作人员认识到社区教育是社区工作的一项重要而基础的工作。对于这个问题的回答，城市社区认为"应该"的比例比农村社区略高，但不存在显著差异。

表7-9　社区应该承担开展居民终身教育的责任吗

变量	频数	百分比（%）
应该	101	31.6
应该但很难发挥作用	124	41.1
社区与这项活动没有关系	77	25.5
合计	302	100

但是，同时也发现，尽管对这方面的意识有了很大提升，社区在开展终身教育的过程中能力欠缺、资源不足，地区发展不平衡。社区教育工作很大程度上取决于社区资源，包括教育师资力量、教育场地、教育技术等，但是一些西部地区、民族地区，政府没有投入、未设专项资金来开展社区教育活动，资源非常欠缺，导致很多工作处于空白状态。

2.社区支持终身教育缺乏科学的制度设计

虽然许多社区已经在学前教育、老年教育、扫盲教育、劳动力职能培训方面做出了一些贡献，但是整体而言，缺乏制度上的设计和安排，社区对教育的支持既无专门人员，经费使用难以监管，更加缺少制度保障，过程中还

有很多不规范的操作，并且由于未能纳入当地社区建设的考核指标，所以开展的程度不一。比如，有些地区将每年参加职业培训的数量作为考核指标，并且给予职业培训补贴，这样效果就很好；而有些地区，根本没有任何考核机制，所以这项工作几乎没有进展。

3.社区支持终身教育的内容还有待完善

在以上所分析的社区支持终身教育的四项内容来看，都存在着一些问题。比如学前教育方面，农村幼儿园资源不足、设施简陋、幼儿入学率偏低；而城市有些地区的幼儿园是民办幼儿园，由于过于强调追求利润导致收费较高，教育质量不尽如人意。扫盲教育方面，为了实现脱盲率的指标，许多社区开展的扫盲教育大多采取集中短期培训的速成脱盲形式，这导致复盲现象十分严重，而且教育内容也未与当地的个体生产、生活中所缺乏的实用技术相结合，未能实现真正的脱盲，更没有促使个体形成终身学习的理念。职业培训方面，一些社区开展的培训流于形式，培训项目与劳动者的需求脱节，不能有效提升劳动者的就业能力，且培训覆盖人群还不够宽。在老年教育方面，社区开展的教育内容还是比较单一，吹拉弹唱的娱乐类的内容较多，而对于支持精神类的教育服务相对欠缺。

总体而言，《国家中长期教育改革和发展纲要（2010—2020年)》颁布以来，社区对教育改革的参与和支持有了很大的进展，但是无论是在素质教育，还是教育公平还是终身教育方面，支持意识还有待于强化、支持能力还有待于提升、支持的形式和途径还有待于拓展。

第三节 进一步完善社区对教育改革支持功能的对策及建议

为了更好地发挥社区对教育改革的支持功能，拓展社区在教育改革中的参与空间，教育部门、地方政府和基层社区都应增强社区功能意识，创新"社教合作"推进教育改革的机制，通过深化改革、整合资源、优化服务，使社区真正成为实现教育改革中长期目标任务的强有力的支持载体。针对目前社区支持中存在的体制和机制问题，课题组提出进一步完善社区支持功能的对策与建议如下：

一、加快法治建设，强化支持教育改革的社区主体

（一）加快社区教育立法，明确社区教育的法定地位

我国现有的教育立法中，对社区作为基层自治性的社会生活共同体，如何发挥支持教育改革的作用，承担社区教育的责能还缺乏系统的规范和专项的立法。社区教育立法属于保障和实现公民社会权利的社会法，十一届全国人大三次会议期间有 30 位人大代表联名提出关于制定社区教育法的议案。根据人大代表的提议，教育部也开展了社区教育的立法调研，但社区教育的立法过程至今没有完成。

因此，有必要在已有实践的基础上，加强社区教育的法治建设，根据中国的社会实际，借鉴国际社区教育立法的经验，加快推进社区教育立法，使社区教育和社区参与教育改革都有法可依，明确社区参与教育改革、开展社区教育的法定地位和责能，理顺地方政府、教育部门和社区的关系，确定不同主体间的法定权利、法定义务，规范社区开展社区教育和参与教育改革的行为，以法治思维和法治方式，发挥社区支持教育改革的社会功能。在全国立法出台之前，各级地方人大，可以依据本地实际先行出台相应的地方法规，逐渐完善社区教育的法制建设。

（二）强化主体意识，在社区建设中发挥社区对教育改革的支持功能

在现实生活中，社区作为承担着综合社会管理和服务责能的基层组织，往往对参与和支持教育改革缺乏主动性和积极性，认为教育改革是教育部门内部的事，社区的参与和支持是可有可无的。这种主体意识和责任意识的薄弱，削弱了社区在支持教育改革的过程中所能发挥的应有作用。2000 年 11 月，经中央政治局常委会讨论，中共中央办公厅、国务院办公厅下发了《关于转发〈民政部关于在全国推进城市社区建设的意见〉的通知》，两办文件对社区建设的主要内容、组织体系等提出了明确的要求，随着城乡一体化的发展，社区建设的基本要求和主要内容，同样也适用于农村社区。在社区建

设的主要内容中，文化建设是社区建设的一项基本任务，两办文件要求，社区要"组织开展丰富多彩、健康有益的文化、体育、科普、教育、娱乐等活动；利用社区内的各种专栏、板报宣传社会主义精神文明，倡导科学文明健康的生活方式；加强对社区成员的社会主义教育、政治思想教育和科学文化教育，形成健康向上、文明和谐的社区文化氛围"。可见，承担社区教育责任，参与和支持教育改革是社区建设的题中应有之义，是社区不可推卸的社会责任之一。

强化社区参与教育改革的主体意识和责任意识，教育部门可会同民政部门，加强对社区建设的指导和考核。可与县、区等地方政府协调，将对教育改革的社区支持作为社区文化建设的任务列入考核体系。同时，对社区干部进行宣传和培训，在提高认识的基础上，提升其社区教育和社区文化建设的能力，从根本上增强其开展社区教育、参与和支持教育改革的主体功能。

（三）改革现行社区教育体制，激发社区教育活力

社区的特殊属性决定其能够发挥学校、家庭、社会教育一体化的平台作用，社区教育的实质是教育社会化和社会教育化的统一，其重要性正逐渐被政府与社会所认可。但从总体上看，除少数发达地区之外，当前我国中西部和广大农村地区社区教育发展的脚步仍十分缓慢。为推动实现《纲要》提出的"广泛开展城乡社区教育"目标，必须加快完善社区支持教育的管理体制，释放其活力。

现行的社区教育管理体制基本上沿袭了计划经济时期形成的管理模式，由于国家并未出台关于社区教育管理体制相应法规，因此，各地的管理体制并不相同，有些地区将社区教育归口到教育部门管理，有些地区归口到社会发展局、文明办，有些地区将党政领导协调管理的组织称为"社区教育委员会"，有些地区则将其称为"社区教育推进委员会""学习型社区推进领导小组"等，因地而异[1]。具体做法上，多数地区教育部门在街镇设置教育专干岗位，负责本街镇范围的社区教育事务，经费一般按照人均一定标准拨

---

[1] 李佳萍：《我国社区教育管理的问题与对策研究》，东北师范大学博士学位论文，2014年。

付，由街镇集中使用，有些地区实际经费难以落实，区层面成立的社区学院（校）实际作用有限。这种状况既不能适应社区教育现代化的需要，也限制了社区在支持教育改革过程中功能的发挥。

因此，必须改革现有的社区教育管理体制，社区教育应由教育部门统一实行业务主管，要推行管办分离，在街镇设立的社区教育干事只履行行政管理职责，建立或引入专业的社区教育机构，在基层社区开展实体化的社区教育业务，成为社区教育的实施主体。实现社区教育资源联动，社区教育资金必须列入各级财政，并且根据经济的发展和社区教育的需要逐步加大财政资金的投入，把人员和资金的使用下沉到社区，加强资金使用的监管，社区教育经费不得挪用，提高资金的使用效率。通过改革形成"政府主导，社区参与，社会运作，全民受益"的新型社区教育管理体制。

二、创新多元载体，形成素质教育的社区场域

（一）试点建设"百千万"社区素质教育基地项目

社区是完成人的基本社会化最重要的场所之一，特别是对人的品格，道德修养和社会适应能力的形成，社区的生活场域有着特殊的影响力和重要意义。社区是学生感知社会，增强社会适应能力，提高自身综合素质最重要的社会生活场域之一。

本研究建议教育部门可在调查研究的基础上，选取全国东、中、西部若干有条件的地区，开展建立"百千万"社区素质教育基地的项目试点：即由教育部门和社区合作试点建立三类社区综合素质教育基地，其中的"百"是指，依照 2015 年 7 月，国务院办公厅在《关于进一步促进旅游投资和消费的若干意见》中提出的"把研学旅行纳入学生综合素质教育范畴，支持建设一批研学旅行基地"的精神，选择有特色有资源的社区，建立 100 个研学旅行基地，在一些历史文化名镇和街区，红色景区，有特色的美丽乡村社区等建立研学旅行基地，实施素质教育。其中的"千"是指，选择有条件的城乡社区，建立 1000 个涵盖文理农工医各个学科的专业实习和扶持大学生创业的社区基地，在开展素质教育的同时，推动大众创业、万众创新。其中的

"万"是指，在已有德育基地的基础上，扩大和强化建设 10000 个社区德育基地（课堂），运用社区的社会和文化资源，支持配合学校开展学生的思想道德品质和爱国主义教育，同时在社区遴选和培训一批综合素质教育社区辅导员，作为在社区支持和参与素质教育的骨干。

通过基地建设，探索"社教合作"开展学生素质教育的有效路径，取得经验后逐步推广。"百千万"工程要坚持政府主导和社会参与相结合，学校、家庭和社区相结合，当前需要和长远规划相结合，从而营造更加有效和健全的推进素质教育的社区场域和社会环境。

（二）建立在校学生社区志愿服务考核评价制度

早在 2010 年，教育部出台的《基础教育课程改革纲要》提出，从小学至高中设置综合实践活动并作为必修课程，社区服务即是其中一项主要内容。鼓励学生在教师的指导下，走出教室，参与社区服务活动，以获得直接经验，发展实践能力，增强社会责任感。2014 年，教育部出台高考改革配套措施，规定今后学生升入高校需"两依据一参考"，"一参考"即学生在高中阶段的综合素质评价，其中包括参与志愿服务的情况。在 2015 年教育部印发的《学生志愿服务管理暂行办法》中，明确规定建立学生志愿服务记录档案，并将学生在本学段的志愿服务记录如实完整归入学生综合素质档案。

教育改革的过程中，应继续探索并落实社区志愿服务评价考核制度，建立适龄学生参与社区服务的规范的实施办法和考核标准，纠正社区志愿服务中记录不实，流于形式等不良现象，切实提高学生社区志愿服务的实效，并且把一定时数社区志愿服务作为综合素质教育和评价的重要内容，列入教学计划和考核体系。具体做法可以参考发达国家的经验，例如，美国对于中学生做义工采取换算学分制度，每服务 20 个小时算一个学分，大学招生时特别看重是否有为他人提供服务的经历。我国城乡各地应该根据自身实际情况，在学校开设学生社区志愿服务辅导课，在社区开发更多的公益岗位，让学生可以根据自身的时间、兴趣及居民的需要参加合适的志愿服务，将学生参加社区服务所评定的成绩，作为毕业和升学的基本依据之一。

三、运用本土资源，实现教育公平的社区支持

（一）规范助学行为，开展助学帮困服务

美国学者哈灵顿（M.Harrington）曾提出"贫困具有代际传递的规律"①。实现教育公平对于打破贫困代际传递意义重大。在我国现行体制下，社区直接承担着协同政府实施社会贫困救助、助学帮困的社会服务功能。正如前文所述，社区在协同政府开展助学救助中提供不实信息，在贫困助学金发放，贫困助学服务等方面优亲厚友或不按规范程序运作等。这些不规范行为，会直接影响政府的公信力、教育公平政策的社会效应和社会的稳定。教育部门应当会同民政部门对社区依法执行贫困助学政策，公开规范运作程序加强监督和指导，对严重违纪违规的应当问责和查处；并充分发挥社区居民参与社区贫困助学的主动性和积极性，社区居民既要为贫困助学贡献自己的力量，还应该参与对社区执行贫困助学政策的民主监督，使教育公平的政策和措施，能在社区民主自治中落到实处并深入人心。

在规范社区贫困助学行为的同时，要大力开展社区助学帮困服务，贫困学生家庭、农村留守儿童、城市流动儿童等都是社区服务的重点对象。根据中央提出的加强社区社会化服务体系建设，特别是农村社区留守儿童服务体系建设的要求，应当对城乡社区助学帮困的社区服务，包括对流动儿童和留守儿童的服务体系建设，加强顶层设计，建章立制，运用政府购买服务的方式，加大投入力度；引进专业的社会工作机构与社区自治组织、社区居民志愿服务组织协同，通过社会工作者、社区组织，专业社会组织的"三社联动"，开展因地制宜的、以需求为导向的、形式多样的服务项目，建立覆盖广大城乡社区的专业化助学帮困服务体系，更好地促进教育公平的实现。

（二）多方筹集资源，探索建立社区助学帮困基金

目前国家虽然已经建立了普遍覆盖的贫困助学政策体系，但助学资金不足仍然是最大的困难。需要创新和规范社区扶贫助学机制，鼓励社区运用自

---

① 郑杭生主编：《社会学概论新修》（第三版），中国人民大学出版社 2005 年版，第 384 页。

身资源或募集社会资源，通过建立社区助学帮困基金的方式，形成一定规模的专项资金，对贫困、残疾、失依等困难家庭和学生提供帮困助学。社区助学帮困基金的建设在一定程度上可以为困难家庭提供一种新的保障来源和规避风险的手段，构筑起帮扶困难家庭和学生的有效防护网络，同时也有利于倡导社区互助精神，提升社区影响力并打造共融社区。

在具体操作上，首先，在基金筹措方面，需要社区积极动员企业、慈善机构、社会组织、社区居民等各种社会力量来筹资，并且争取政府相关部门的扶持和培育，给予政策支持或者小额的财政投入；其次，在社区基金的运作方面，必须形成一套适合当地社区实际情况的，比较规范、操作简便和全体社区成员都能够接受的资金管理制度和有效办法，保证社区助学基金运作过程及结果的高透明性，做到专款专用，保障资金安全和效用最大化；第三，在社区基金的评估和监督方面，需要建立起能够让社区全体居民参与的评估监督制度，也鼓励引入第三方专业机构对资金使用、项目成效等进行评估，以确保资金的运行更加透明，增强居民的信任度，更好地服务于社区居民，达到扶贫助学的效果。有条件的社区也可以探索建立社区基金会，按照国家基金会登记管理条例，在民政部门正式登记注册，发挥基金会这类社会组织在促进社区建设和发展中的特殊功能。

（三）挖掘社区潜力，改善薄弱地区教育设施条件

目前就全国而言，教育资源配置在东西、城乡、校际存在着很大的差距。撤点并校的本意是"优化教育资源配置，方便教育管理，提高教育质量，实现教育均衡发展"，但是在实施过程中却出现了教育财政经费所占比重持续降低、教育资金被其他部门挤占、部分地区辍学率反弹、学生上学更难等问题。2014年，国家多部委联合发布《关于全面改善贫困地区义务教育薄弱学校基本办学条件的意见》，要求坚持"满足基本需要""聚焦薄弱学校"等原则，力争全面改善贫困地区薄弱学校基本办学条件，推进城乡义务教育均衡发展。

为此，各级政府要努力做到教育资金专款专用，杜绝教育经费在地方财政运转过程中被挤占，尤其对经济薄弱地区要加大投入，并且提高教育资源

配置效率。同时，要大力鼓励和倡导社区挖掘潜力，利用自身资源，改善当地的教育条件，平衡和优化教育资源的配置。特别是薄弱地区，社区应当力所能及地改善教师生活条件，切实帮助解决教师在住房、社会保障、工资待遇等方面的利益问题，保证偏远、贫困地区的师资不会流失；有条件的社区可以协助相关部门修缮校舍，改善教学设施设备，保证学生基本的教学条件并尽可能提升办学水平；社区应当尽可能改善学校周围的道路交通和社区环境，保障偏远地区的孩子能够上学。同时，对于为促进教育资源公平配置、积极改善困难地区教学设施、解决偏低的教师待遇等作出贡献的社区，要大力地宣传表彰，并给予相应的奖励。

四、发展终身教育，建设复合功能的社区学院

（一）搭建终身教育立交桥，加大社区协同完成规划指标的力度

《教育规划纲要（2010—2020）》提出：要"搭建终身学习立交桥。促进各级各类教育纵向衔接、横向沟通，提供多次选择机会，满足个人多样化的学习和发展需要"。"到2020年，努力形成人人皆学、处处可学、时时能学的学习型社会。"

建立终身教育体系，形成学习型社会既是实现国家教育改革规划目标的需要，更是全面建成小康社会的需要，作为终身教育体系的重要组成部分和学习型社会基本阵地的社区，是适应社会发展需要为社区所有成员提供的教育服务，搭建终身教育立交桥的重要枢纽。2001年11月，在首次召开的全国社区教育实验工作经验交流会上，教育部明确提出学校教育没有或较少覆盖到的下岗职工培训、0—3岁儿童早期教育、老年人教育等是社区教育的新任务。

可见，社区的教育纵向可以覆盖各个年龄段的社会成员，横向可以包括各种教育，特别是要完成《教育规划纲要（2010—2020）》确定的，基本普及学前教育，努力提高农村学前教育普及程度，着力保证留守儿童入园，扫除青壮年文盲，提高新增劳动力的受教育年限，大力推进各类继续教育等具体的规划指标，都离不开城乡社区这个基础平台。在城乡社区倡导全民阅

读、全民学习，大力推进各类社区教育，把社区真正建设成终身教育立交桥的支持性枢纽。

（二）推广社区学院建设，提升终身教育能力

要大力推进社区教育，搭建终身教育立交桥就需要社区自身具备承担终身教育功能的能力，然而目前绝大多数社区教育的能力和教育机构的设置，却难以适应社区终身教育的需要。按照纲要"加强城乡社区教育机构和网络建设，开发社区教育资源"的要求，创新社区教育机构的设置和完善社区教育的阵地势在必行。根据国内外社区教育的实践，普遍建立和完善社区学院，应当是一个较好的路径选择。

社区学院兴起于欧美，我国1994年上海创办了第一所经市府批准试办的社区学院（上海市金山社区学院）。1996年，北京、天津等地也都开始试办社区学院，推行社区教育。社区学院作为实体化的社区教育机构，以实施终身教育为根本任务，可以将正规教育和非正规教育相结合，与网络教育、远程教育、企业职业培训等教学形式建立联通机制，通过规范化的建设，社区学院可以较好地承担社区各类教育的复合功能，提升社区教育的能力。

目前，试办社区学院只是少数发达地区的探索，全国绝大多数社区并没有实体化的教育机构来承担相应的社区教育功能。在全面建成小康社会，实现全社会终身教育目标的新要求，新环境下，总结先进地区建设社区学院的经验，探索建立实体化的社区教育机构，并因地制宜地加以推广，使具有复合社区教育功能的社区学院逐步成为全国社区教育的主要载体和阵地。

社区学院需要政府有必要的投入和扶持，应当有场地、人员、经费，可将社区学院设置在街道社区，对社区现有的文化活动中心、社区学校可以进行资源整合，多点布局，合理覆盖，根据社区成员的需要和社区教育的目标任务，设置有广泛适应性和多样性的教育内容，教学的形式应当灵活多样，适应社区特点和居民的需要，真正在基层社区发挥社区教育的实体功能。

第八章　教育改革的专家支持①

　　专家支持，是教育改革成功的重要前提。小至学校内部的单项改革，大至国家层面的全局性的、大规模的教育综合改革，无一不需要专家支持。也正是教育改革，培育了专家、发展了关于教育改革的研究；教育改革越重要，专家及专家的专业意见便越受重视。正如美国学者威廉·邓恩所说："现代政策分析的发展主要源于美国政府的巨大发展，而不是社会科学知识的发展。整个 20 世纪政府活动的重大扩展要求更多的政策相关信息。政府发展了，政策分析的市场也就发展了。"② 换言之，专家作用日益重要，源自教育改革的日益复杂以及政府对于教育改革的日益关注。现在，越来越多的教育政策和改革决策依赖于大学或研究机构的专门研究，专家已经成为教育改革支持系统中必不可少的要素。

　　为把握教育改革过程中专家支持现状与问题，探讨专家支持改进的路径与方式，本研究以改革开放以来最有影响、最具代表性的三次大的教育改革行动中的专家支持情形为核心研究对象，访谈了 35 位③ 各界人士。包括参与政策制定的专家、与专家有直接关系的教育行政机构的决策层代表、教育改革的实施者——中小学校长，以及对教育改革全过程有过观察、记录和报

---

① 本章部分研究内容以论文形式已见刊，详见郭华：《专家如何能支持教育改革——基于深度访谈的实证研究报告》，《教育研究与实验》2014 年第 2 期；郭华：《保障教改专家客观研究的工作机制——基于深度访谈的研究报告》，《教育学报》2015 年第 2 期。

② [美]威廉·N. 邓恩：《公共政策分析导论》，谢明等译，中国人民大学出版社 2002 年版，第 54 页。

③ 文中楷体字部分的内容，皆来源于本课题的访谈资料。为尊重访谈者，大部分做了匿名处理。同意实名的，则标注实名。

道的媒体记者；根据方便原则，访谈了几位境外教育学者以了解国外教育改革中的专家支持并做比较研究；访谈了民间教育研究机构负责人、教育咨询公司的项目负责人，以了解民间专家力量对教育改革的支持与支持的方式；此外，为了解"专家"内涵以及其他领域改革和发展的"专家支持"状况，我们还访谈了相应领域的学者，力图将教育改革的专家及专家支持置于更广阔的共同背景下来定位、分析。访谈之外，还结合文献研究、现场参与观察等方式进行研究，努力揭示我国新时期以来专家对教育改革的支持状况，着力探讨专家支持作用发挥的方式与机制。

第一节　专家渐成教育改革的支持要素

研究专家支持，首先要明确界定"专家"。

日常语境中，"专家"通常指某一领域里具有极高造诣的高级人才，带有极强的尊敬意味，"专家"这个词，既是对某人专业造诣的肯定，也是对其身份的一种承认。

为明确"专家"在教育改革中的作用，便不能停留于日常概念而需对"专家"进行明确界定。朱旭峰认为，"专家（experts）是运用专业知识（expertise）去影响决策的特殊的政策参与者。"[①] 这一定义突出了专家之所以为专家的两个维度：一是"专业知识"的背景，一是"参与者"的角色。

"参与者"，将"专家"与那些虽有高深专业知识但并未参与、影响决策的学者区分开来，同时，也将"专家"与改革者区分开来。也就是说，专家是影响改革的"局外人"。专家不是改革的主体，既不决策、也不实施，而且与改革没有直接的利益相关，只是运用自己的专业知识来提供咨询（在一些国际项目中，"专家"被称为"consultant"）、帮助或指导。在这个意义上，某个"专家"的专业水准与同领域其他学者相比可能并不高，但因拥有

---

① 朱旭峰：《政策变迁中的专家参与》，中国人民大学出版社 2012 年版，第 1 页。

"这项"改革所需的专业知识（改革主体不完全具备），而成为"这项"改革所需咨询和帮助的提供者，即"专家"。"专业知识"，则将"专家"与那些利用权力、金钱、地位等其他手段来影响教育改革决策与运行的人员区分开来。

基于以上理解，我们将教育改革的专家定义为：运用专业知识，在改革决策期影响改革思路和走向、在改革实施过程中影响改革进程的非利益相关人。也就是说，首先要强调专家是非利益相关人，既非发动者也非实施者，且无直接利益相关，超然于改革过程与改革利益之外，有较强的独立性和中立性；专家通过"支持（影响)"，与教育改革建立关系，这是专家之于教育改革的功能，之所以能有这样的功能发挥，必有专家之为专家的前提性条件——"专业知识"。

在我国，专家支持之于教育改革的作用，是伴随着教育改革的正常化而被逐渐认识到的。

20 世纪 80 年代以前，依据客观的学术研究而进行的教育改革并不多。这种状况，一方面与教育学术研究本身不能独立有关，教育学研究大多局限于对政策的解释或对领导人语录的解读，无法为教育改革提供独立、中立的理论基础；另一方面，教育事业及教育改革本身也不独立，很大程度上受国家政治活动的影响，难以依教育规律展开，并不需要学术研究的支持。改革开放以前相对正常而独立的"17 年"，事实上也是先学苏联，后有 1958 年的"教育大革命"，更遑论教育体系及教育秩序受到彻底摧毁的"文革"十年，因而，真正基于学术研究和专家支持的教育改革几近于无。因此，可以说，20 世纪 80 年代前，没有真正意义上的依循教育规律、为教育事业发展而展开的教育改革，自然也无须学术研究做基础、无须专家支持。

一、专家支持的初现

1978 年底，十一届三中全会召开。解放思想、实事求是、拨乱反正，教育事业也迎来了改革和发展的春天。大大小小的改革不计其数，从学校、到地区、到全国，真正开始了以探索规律、促进发展为目的的教育改革。而这些改革中的成功范例，都离不开专家学者的鼎力支持。例如，南京市琅琊路小学开展的"三个小主人实验"，就有南京师范大学教育系做理论支持；北京师范大学附属实验中学开展的课程改革的成功，同样与改革者主动寻求专家支持密切相关。

北师大附属实验中学前校长提到[①]：

> 1983 年我们设计了实验中学的第一轮课程改革，比我们早一年的是南师大附中。……当时讨论最大的问题有两个，第一个是"打破必修课一统天下"，把自主权还给学生，空间和时间从哪里来？……增加了好多选修课、活动，……学生选修了，时间会有冲突，影响考试成绩，这怎么办。这些问题就需要全体讨论，……第二个大的问题是，这些选修课谁开、谁来设计、谁讲、怎么评、难度怎样？……那时候，（我们的）方案定得很细，请了专家解读，主要是江山野。我们也做了些比较研究，同时找了各个学科的专家，请了北大化学系主任、请了当时清华大学教导处主任，等等，都找过，我们要找专家做论证。

可以说，正是由于专家的支持，才使得新时期以来的学校及区域层面的改革得以积极、健康、科学、有序地开展起来；而蒸蒸日上的 20 世纪 80 年代，则被看作是我国 20 世纪继二三十年代之后的又一个教育实验与改革的高潮期。

国家层面的、关涉全局的大规模教育改革，更需要专家支持。但大规模教育改革中的专家支持，并不如学校层面那样简单，作用及形式也相对复杂。总体来看，我国的教育改革，越来越重视专家支持，专家支持的意义与价值也在改革实践中得以显现。1985 年《中共中央关于教育体制改革的决定》的制订、2001 年启动的基础教育课程改革，具体见证了专家支持在我国大型教育改革中的状况。

---

① 访谈时间：2013 年 11 月 9 日；地点：北京。

（一）1985 年：专业意见被征询

1985 年出台的《中共中央关于教育体制改革的决定》，被视作开启教育改革新局面的重要文件，是决定我国教育体制改革的全局性的规划文件，相当于教育体制改革的顶层设计。这样一份文件的起草，国家领导人的宏观意见起了决定性的作用，专家的作用并不突出。负责 1985 年《决定》起草工作的胡启立在一篇回忆文章中说道："11 月 14 日（1984 年），中央书记处专门听取讨论了教育部关于教改问题的汇报提纲。此前的 11 月 6 日，万里同志和我找教育部同志就教育改革的一些重要问题一起商议，请他们认真准备一个提纲，向书记处汇报。……耀邦同志说，……关于教育改革，这次要写出一个纲领性文件，要抓住教育上的主要问题，主要矛盾，旗帜鲜明地做出回答。"①

当然，1985 年的这个文件起草，较改革开放之前的"长官意志"、依领导语录而进行的改革相比，有了巨大的进步，因为它对教育界做了大量的调研。郝怀明在一篇回忆文章中说道："从 11 月 20 日（1984 年）起，胡启立亲自率领教育部、中央办公厅和文件起草班子的同志，先后到安徽、江苏、广东进行了为期半月的调查，同各级教育行政部门，大、中、小学的领导和教师座谈，掌握了大量的第一手材料，对教育问题严重性，以及教育改革的紧迫性有了深切的感受。"②

胡启立的回忆更为细致全面：

> 我首先阅读了一些有关教育方面的文献资料，并对当时苏联、美国等国家的教育制度，特别是战后德国、日本高度重视教育尤其是基础教育、职业教育的经验做了些考察了解，然后，我决定自己到第一线去调查研究。11 月 20 日，我带着教育部、中央办公厅和文件起草班子的同

---

① 胡启立：《〈中共中央关于教育体制改革的决定〉出台前后》，《炎黄春秋》2008 年第 12 期，第 1—6 页。

② 郝怀明：《我参与起草〈关于教育体制改革的决定〉》，《炎黄春秋》2013 年第 10 期，第 25—32 页。

志乘火车南下，第一站到了安徽，在合肥、芜湖，先后同省市各级教育行政部门，大、中、小学的领导和教师们座谈。……　11 月 24 日，我们从安徽到达江苏，先后在南京、苏州、无锡，进行调研考察。……11 月 27 日，我们从江苏转赴江西。……　12 月 2 日，我们又从江西南下广东。……这一次调研，历时半个多月，辗转四个省，前后到过几十所学校，大大小小开了近百个座谈会，与逾千人座谈、交流、讨论。……经过这样一个相对比较集中、系统深入的调查研究之后，对整个教育领域的基本状况、基本矛盾、基本问题就有了较为清楚的了解。……为了借鉴吸取外部经验，增强改革的国际视野，教育部派了一个调研小组带着第八稿，专程赴美国征求美籍华人专家、学者对教育改革的意见和建议。调研小组在美国先后访问了几十位专家学者，其中杨振宁、李政道、林家翘、聂华桐等一批世界知名的专家学者都发表了许多中肯切实的意见。文件起草小组吸纳了他们的意见……

从当事人的回忆文章中可以看出，1985 年的"教育体制改革决定"的起草，具备专业背景、专业知识的学者虽然没有介入到改革决策过程，但学者的专业意见通过访问、座谈会等形式上达决策者，成为教育改革的支撑性材料，专家作为专业意见的持有者开始受到初步的关注。

1986 年教育部教育发展研究中心成立。中心的成立可视作专家及专家意见被关注的标志性事件。中心虽是官方背景的专门研究机构，但历任的中心主任却都是有专业知识背景的学者，例如郝克明、谈松华、张力，等等。1993 年颁布的《中国教育改革和发展纲要》，便是教育发展研究中心的代表性成果。1993 年《纲要》的起草，虽然没有成立正式的专家组，但专家发挥了支持的作用。顾明远先生在访谈时提到："郝克明做发展中心主任时有一个措施，请了几十个兼职研究员，那也可以算是专家组了，有我、刘佛年、吕型伟、潘懋元、汪永铨等。兼职研究员每年开一次会，这个就是专家会了。主要任务就是每一年研究一个专题，另一个就是帮领导提一些政治性的建议。比如教育经费 4%，就是 1993 年《纲要》里提出来的。"① 可以说，20 世纪 80 年代末期至 90 年代的教育改革决策，已经开始重视专家对改革的专业支持，并初步尝试以制度化的形式来聘请专家，聚拢专业意见。当然，此时的专家支持在工作机制、工作内容及工作形式等方面，都还缺乏成熟的制度安排。

（二）2001 年："课改专家"开始成为专有名词

在 2001 年启动的基础教育课程改革中，专家承担着大量的、复杂的任务，成为课程改革的一支重要力量。正是从这时起，专有名词"课改专家"开始出现并带来巨大影响，以至有专家在介绍自己时，要特别强调"教育部课程改革专家组核心成员"的身份。所谓的课改专家，是相对于改革发动者（政府官员）和一线实施课改的校长、教师、教研员而言的另一种角色，主要指以学术研究来支持课程改革的研究者。他们不是教育改革的直接主体，却影响着改革的决策，从而影响着改革的方向、内容与进程。

相比于 1985 年《中共中央关于教育体制改革的决定》的起草，16 年之后的基础教育课程改革的改革决策，有了专家的实质性支持。从课改理念的提出，到改革纲要、课程方案的制定，各学科课程标准的编制，再到课程实施等等各个环节，都有专家的实质性介入和支持。新课程改革的亲历者刘坚在一篇回顾性文章② 中，特别提到了新课改中专家力量发挥的作用及发挥作用的方式。例如，"为了每个学生的发展，为了中华民族的复兴"，"是影响新世纪课程改革 10 年的一句标志性口号，是 1999 年初春在江苏南京一次小型专家研讨会上，与会者在南京师范大学吴康宁教授不断追问下反复斟酌后提出的"。③ 刘坚在这篇文章中详细介绍了专家对新课改的全程支持：

首先，成立基础教育课程改革专家工作组。"1999 年 1 月，教育部成立了'基础教育课程改革专家工作组'，由来自高等院校、科研院所、地方行政和教研系统的课程、教学、心理、评价等方面的专家及校长代表 41 人组成。专家组就基础教育课程目标……专题，先后召开上百次各种形态的研讨

---

① 访谈时间：2013 年 10 月 29 日；访谈地点：北京。

② 刘坚：《新世纪课程变革：亲历者的视角》，《北京大学教育评论》2013 年第 4 期。

③ 刘坚：《新世纪课程变革：亲历者的视角》，《北京大学教育评论》2013 年第 4 期。

会，逐步形成了《国家基础教育课程改革纲要（征求意见稿）》和《义务教育阶段课程设置方案（征求意见稿）》。"①

其次，专家参与了若干个项目的研究。"2000 年 6 月，通过课题申报、评审与答辩、签署项目协议等程序，教育部确立了十一大类 37 个国家基础教育课程改革重大项目，其中包括从幼儿园、小学、初中到高中各门课程的国家标准的制定，以及地方课程管理与开发指南、学校课程管理与开发指南、综合实践活动指导纲要、发展性评价与综合素质评价、中考制度改革与新课程命题研究、新课程教师研修与公众理解和传播等综合类研究项目。"②

再次，为了进一步发展专业力量，"2001 年，……教育部在 16 所师范大学和中央教科所成立了'基础教育课程研究中心'，承担国家或地方教育行政部门委托的课程改革任务。"③

此外，成立了"教学专业支持工作组"。"针对新课程实施教学改革过程出现的普遍性问题，2002 年教育部成立了涉及 17 所大学近百位专业人员参加的'教学专业支持工作组'。专家们……及时发现并提出国家级实验区在教学改革工作上存在的阶段性问题，并与一线教师深入课堂，共同研究、探讨解决方案，建立实验区经验交流与问题研讨工作机制，推动课程改革有效实施。"④

2001 年的基础教育课程改革中的专家支持，与 1985 年相比，工作相对明确、任务更为清晰，专家工作方式也相对成形。专家开始作为重要力量支持改革，专业意见对于改革与发展的重要性开始被重视。

二、专家支持的初步制度化

制度性地起用专家，大体上是从研制《国家中长期教育改革和发展规划纲要（2010—2020 年)》开始的。《纲要》研制启动初期，成立了 11 个战略

---

① 刘坚：《新世纪课程变革：亲历者的视角》，《北京大学教育评论》2013 年第 4 期。
② 刘坚：《新世纪课程变革：亲历者的视角》，《北京大学教育评论》2013 年第 4 期。
③ 刘坚：《新世纪课程变革：亲历者的视角》，《北京大学教育评论》2013 年第 4 期。
④ 刘坚：《新世纪课程变革：亲历者的视角》，《北京大学教育评论》2013 年第 4 期。

专题组，以小组为单位开展调研。这 11 个组分别由六大教育学会的会长以及部分退下来的教育部原副部长任组长，"同时有教育部及有关部委的司局长、高校领导参加。……除了组织 11 个战略专题组以外，工作小组还邀请各民主党派、六大学会、驻外教育处进行调研，还委托世界银行和欧盟总部等国际组织进行国际调研。"① 顾明远先生担任第二战略专题组即"推进素质教育研究"组的组长。按照调研工作方案，第二组又分成 4 个子课题。"经过半年多的调研最后形成了 3 万字的调研报告和 8 千字的摘要，报送教育规划纲要工作小组。"② 《纲要》的制定工作，历时一年零十一个月。顾明远先生认为："这次纲要的制定持续时间之长，参加人员之多，征集意见之广是前所未有的，是一次民主决策、科学决策的典范。"③

《纲要》颁布后，"为了深入基层调研、跟踪改革试点、宣传先进理念，国家科教领导小组又成立了国家教育咨询委员会。"④ 首届教育咨询委员会委员刘海峰在一篇文章里阐释咨询委员会成立的意义时说道："这是中国教育史上首次设立的专门对于教育重大改革发展政策进行调研、论证和评估的国家级咨询机构。……是根据《教育规划纲要》第 47 条成立的，目的在于提高政府决策的科学性和管理的有效性，是中国教育决策走向科学化民主化的一个重要举措。"⑤ "刘延东指出，根据《教育规划纲要》的要求，成立国家教育咨询委员会，是贯彻中央关于科学民主决策精神的重要举措，是遵循教育决策规律的必然选择，是制定《教育规划纲要》的经验总结，同时也是在借鉴国际经验基础上的一种制度创新；咨询委员具有高层次、多领域、跨部

---

① 顾明远口述，李敏谊、滕珺整理：《顾明远教育口述史》，北京师范大学出版社 2012 年版，第 168 页。

② 顾明远口述，李敏谊、滕珺整理：《顾明远教育口述史》，北京师范大学出版社 2012 年版，第 169 页。

③ 顾明远口述，李敏谊、滕珺整理：《顾明远教育口述史》，北京师范大学出版社 2012 年版，第 171 页。

④ 顾明远口述，李敏谊、滕珺整理：《顾明远教育口述史》，北京师范大学出版社 2012 年版，第 172 页。

⑤ 刘海峰：《"国家教育咨询委员会成立小记"》，《科学时报》2010 年 12 月 7 日 B1 版。

门的特点，不仅会对保障和推动教育改革发展发挥重要智囊作用，也将对健全中国特色教育决策咨询体系作出有益探索。"①

可以说，国家教育咨询委员会的成立，开启了教育决策的科学化、民主化进程。专家支持开始有了制度保障。

一位教育咨询委员在接受访谈时，对国家教育咨询委员会的成立也给予了高度的评价。

> 国家教育咨询委员会，就是专门的专家体系。……咨询委员会可以用多种方式，如个人的或自己组织一个小组，就改革的某一项目或自己想要了解的省一级的、市县一级的、民间自发的改革项目，去调研、吸取经验，提交报告。……发现问题可直接给领导小组写信。我觉得国家教育咨询委员会的定位是借鉴国外的智库系统，但和智库还不一样。这个功能更大，不仅要听取专家意见，还要做评估。②

且不论教育咨询委员会的功能是否真如这位委员所说，比国外智库"功能更大"，但从我国教育改革的实践来看，国家教育咨询委员会的成立确是专家支持拥有制度保障的体现。这无疑是一个突破性的进步。在这样的机制下，教育咨询委员与教育部官员之间的关系有可能发生变化：研究内容及方式不再由官员主导，而是由咨询委员主导，官员则成了联络员，等等，这在以前几乎是不可能的；此外，在需要的情况下，咨询委员可以自主约请相关专业人员一起成立研究小组。一位教育咨询委员提到：

> 研究期间政府不介入，但派联络员。咨询委员可以向联络员了解过去政府有什么政策、做过哪些改革，相当于政府调研。制定方案的是这个小组。……我因为要负责学业水平考试，除了配一个写文件、整理文

---

① 刘海峰：《"国家教育咨询委员会成立小记"》，《科学时报》2010 年 12 月 7 日 B1 版。

② 访谈时间：2013 年 11 月 9 日，访谈地点：北京。

件的秘书，又允许我们成立一个专家组，聘请相关学者展开研究。①

为进一步加强基础教育课程教材管理和制度建设，教育部于 2010 年 4 月成立了"基础教育课程教材工作领导小组"、"国家基础教育课程教材专家咨询委员会"和"国家基础教育课程教材专家工作委员会"。其中，"国家基础教育课程教材专家工作委员会是组织专家配合、协助教育行政部门围绕国家基础教育课程教材建设开展专业工作的机构，由基础教育相关学科以及教育、课程、心理等领域的专家和教育教学一线专家 116 人组成。主要职责是，组织研究制订基础教育国家课程方案和各学科课程标准，组织审议并提出审议意见；组织审核教材编写人员资格并提出审核意见，组织审查教材，协调处理教材审查中的重大问题；组织开展对课程教材重大问题的研究和监测评价；对地方和中小学课程改革工作进行专业指导和服务；接受教育部和国家基础教育课程教材工作领导小组交办的专题研究工作。"② 基础教育课程教材工作委员会的成立，是专家支持教育改革的典型体现，某种意义上，甚至比国家教育咨询委员会的成立更具实质意义。工作委员会的成立，保证了一大批有较高水平的专业人员能够持续关注基础教育课程教材的研究工作，使教育部的专题研究能够得以深化，也使得专家工作的内容与形式都常规化、制度化了。

可以说，进入 21 世纪以来，国家层面的教育改革与发展，自觉寻求专家支持的意识越来越强，专家的支持热情与能力也不断高涨。专家支持教育改革的制度初步建立起来了。

三、专家支持的初级多元化

如上，各级各类专家委员会的成立，体现了教育改革决策者（发动者）对于专业力量的重视。但是，官方的专家委员会依然无法满足急速变动社会

---

① 访谈时间：2013 年 11 月 9 日，访谈地点：北京。
② "国家基础教育课程教材专家咨询和工作委员会成立"，http://www.gov.cn/jrzg/2010-04/15/content_1581191.html。

中复杂而多样的教育改革对专业研究力量和专家意见的需求，因此，如何调动更大范围、更多样、更独立的专业研究力量来为教育改革做决策服务，这本身成为教育改革的内在要义。目前来看，专家支持呈现出多元化的态势，主要表现在以下几个方面：

民间专业研究机构的出现。现有的民间教育研究机构中，影响较大的有北京的"21世纪教育研究院"。它脱胎于2002年苏州市分管教育的副市长朱永新创建的21世纪教育发展研究院。后者成立时的初衷是"倡导'以理想教育为核心的新教育'，开展教育改革实验，当时注册的是民办非企业单位。……到2008年下半年，在北京的部分正式与苏州的部分分离。……北京部分独立，更名为21世纪教育研究院，杨东平任院长。"①21世纪教育研究院通过教育沙龙、研讨会、教育蓝皮书的出版、媒体宣传等方式，发表研究院对重大教育政策和教育热点问题的观点，一定程度上影响着教育决策者的思维方式、影响着决策的过程和决策结果。

专业智库的出现。2010年4月，中国民主促进会中央委员会与北京师范大学共建的中国教育政策研究院正式成立。这个研究院的成立，意图应对急剧变化的社会背景下教育改革与发展不断出现的新矛盾、新问题、新挑战，力图通过系统、深入、科学、多层次的研究为教育政策的设计提供支持，提高我国教育决策科学化和民主化水平。

中国特色决策支撑体系的健全。2015年1月，中共中央办公厅、国务院办公厅印发了《关于加强中国特色新型智库建设的意见》（以下简称《意见》）。《意见》指出："中国特色新型智库是党和政府科学民主依法决策的重要支撑。……当前，全面建成小康社会进入决定性阶段，破解改革发展稳定难题和应对全球性问题的复杂性、艰巨性前所未有，迫切需要健全中国特色决策支撑体系，大力加强智库建设，以科学咨询支撑科学决策，以科学决策

---

① 熊庆年、张珊珊：《一个教育NGO的组织生态——21世纪教育研究院观察》，《现代大学教育》2011年第4期。

引领科学发展。"①《意见》的出台，预示着教育改革的科学决策和科学发展将更依赖于专家支持，而作为决策支撑体系的重要组成部分的专业力量，其独立的存在价值也会越来越突显。

当然，这样的多元化专业力量，还在发展中，目前还是自然、平列、呆板的初级多元化，尚未实现自觉、立体、灵活的次级多元化。

第二节　专家支持教育改革的现状与问题

教育改革需要专业研究做支撑，需要专家支持，但现实中教育改革是否都有专业研究的有力支撑？专家是否有足够力量去支持教育改革走向科学健康？

总体而言，在我国，专家对教育改革的影响仍然比较有限，对教育改革决策的影响力度并不大。

造成这种状况的原因复杂且多样。既有改革者的，也有专家的，还有双方沟通以及制度方面的。例如，专家并不比政府官员（决策者）拥有更多的、利于决策的信息，在全局性、大规模的教育改革那里，尤其如此。因此，当我们谈到专家支持现状、分析现状成因时，并不在于分析具体的教育改革过程中专家的支持方式与力度，而是将"专家支持"作为教育改革的不可或缺的要素，着力呈现它在"支持"过程的种种现状及成因。

一、专家角色及作用不明

与改革的发动者（决策者）与实施者相比，专家是"局外人"，主要起支持的作用。但是，专家支持与其他支持——如政策支持、社区支持等——有所不同。专家的主观意愿或客观力量只有经由改革决策者（或实施者）的

---

① 　中共中央办公厅、国务院办公厅印发：《关于加强中国特色新型智库建设的意见》，http://news.xinhuanet.com/zgjx/2015-01/20/content2807126.html。

选择与转化才能真正成为"支持"。因此，专家对教育改革的支持更为间接也更为被动。总体来看，有什么样的专家，专家以什么样的方式来支持改革，相当程度上有赖于改革的决策（发动）者和实施者的意愿和期待。

在改革发动者和实施者那里，究竟需要什么样的专家和专家支持呢？端看改革者的意图。例如，有的改革之所以需要专家，只是需要专家来论证改革的合法性从而获得改革所需的更多支持。对这类改革而言，与其说需要的是基于专业研究的、严谨的专业支持，不如说更需要吹鼓手或者材料提供者。在我国，多有愿做鼓动者、领路人的人，却少有踏踏实实研究如何解决具体问题的人。这些鼓动者口气大、观点奇，很能吸引眼球，也颇能搅动媒体，蛊惑人心，很"红"、很有影响力，却缺乏最基本的专业知识和学术素养。如果教育界的"专家"多是这样的，那么，对于教育改革往纵深发展、向精细化、科学化发展则有害而无利。

一位教育财政专家说：

> 4%（指教育投入占 GDP 总量 4%）是个极度有争议的事情。4% 其实是一个特别纯粹的公共教育财政领域的研究问题，可是你可以看到这是过去几十年忽悠得最成功的一个案例，它被高度政治化了，县里、乡里的老百姓都能给你说说 4%。还有一些学者发表文章连 4% 的口径是什么都没搞清楚就拿它来批评政府。[1]

也许会有人说，1977 年的恢复高考，并非源于专家的专业研究而只是缘起于温元凯在"科学与教育工作座谈会"上向邓小平提出的一个建议，因此说明专业研究似乎并不必须。但是，恢复高考是在特殊历史时期的一件人心所向的好事，作为宏观政策出台自然可以如此这般；同样，在经历"文革"十年的非正常状况之后，1985 年的《中共中央关于教育体制改革的决定》，也是众心所向、众望所归。但是，当宏观规划走向具体改革时，就不

---

[1]　访谈时间：2013 年 11 月 21 日下午，北京。

能根据经验和推论做决定，而必须以缜密的研究作支撑来审慎地做出决策，因而必须有专家支持。教育改革越是走向纵深、精细，就越是需要专家而非"鼓动家"。

那么，支持教育改革的"专业意见"究竟多大程度上来自于专家的独立研究？总体来看，在我国各级各类教育改革中，不仅改革的方向与终极诉求是由发动者确定的，甚至大多数改革的方式、过程、具体操作流程等，也都是由发动者主观决定的。很多情况下，专家所做的，仅仅是为发动者的意图提供充足的材料、论据，论证改革的合理性、正当性、科学性，或者把改革者的主观意图用专业术语重新包装，使它看起来像是科学研究的结论。在日常闲聊及正式的访谈中，大多数人都反映过相同的状况："如果和领导的意见不一样，你下次也不用来了"，也就是说，专家的作用多在说出"领导想要说出的话，但由专家说出来就不一样了"；"专家要为官员的想法找依据"。

即使在重视专家作用的当下，专家在教育改革中的角色也并不明晰，专家支持并未受到应有的尊重和重视。某种程度上，专家只起着装饰的作用，装饰着某项改革，使它看起来更科学、更具专业权威性。

如果专家只是被看作装饰，相信大多数追求"自由之思想、独立之人格"的学者不会甘于被轻视，但这里并不排除有些人因看重"专家"的身份而无视这种"轻视"。这样，就出现了所谓的"逆淘汰"：真正有能力的专家并没有参与，有价值的思想和方案未能进入到改革中。

既然在改革者那里，专家有装饰的作用，改革者便倾向于去找"有社会影响力的""有代表性的"人，如两院院士、各部委退休的副部长、各重点大学的校长等，即所谓"地球人都知道"的"名人"，却没有将能否对改革做出切实贡献放在首位考虑。访谈中，当提及国家教育咨询委员会的人员（第一届）组成时，虽然大家一致赞扬这个名单的权威性和跨界的代表性，但对它的实际功能产生怀疑。一是大多数委员年龄偏大（年富力强的专家只占极少数）、二是大多数委员离教育太远，并没有给他们分派既符合他们专长、又与教育相关的、明确的研究任务。访谈中我们了解到，很多跨界的咨询委员确实因为健康或其他原因，而很少参与所在小组的调研任务。在这个意义上，这些"有名"的名专家，也变成了一种装饰。

当专家的价值在"装饰"时，那么，专家之成为专家的专业知识和专业能力，就不再成为必要的前提。

北京大学的一项研究表明，虽然坚实的研究必不可少，但是，当大家都具备这样的研究基础时，谁能成为专家就与专家所在机构及专家个人的影响力有关了。"北京大学教育学院在教育政策制定方面的影响力，可能与所属的'北京大学'的影响力有关，在'建设一流大学政策建议'案例中可以明显地看出这种影响；也可能与学者们的个人学术地位和影响力有关，如在'高等教育结构研究'和'4%政策'研究中可能看到郝克明、厉以宁等人个人因素的影响。"[1]

二、专家的依附性强

一位研究科学史的学者受访时谈到的一个观点，与教育界受访人提到的观点高度一致。他说：

　　往往特别好的专家不一定在那个（专家）团体里起作用，而是一些做行政或者其他的一些人在团体里起作用。这就使"专家"这个词变味了，专家的身份就让人质疑。……我们的专家不够独立，很多专家都是依附于权力、依附于机构，甚至有的是依附于某人都是有可能的。这样，专家的决策就往往不是他个人意志的体现。比如管理学的、公共政策方面的研究往往是依附性的研究。……

　　只要是比较硬的科学和技术之外的东西都特别意识形态化，动不动就会被上升为政治态度、立场问题。所以专家在很多时候都是些依附性的专家，没有独立的立场。[2]

---

[1]　闵维方、文东茅等：《学术的力量：教育研究与政策制定》，北京大学出版社2010年版，第264页。

[2]　访谈时间：2013年8月20日，北京。

　　理论上讲，全国性的教育改革，应该从全局出发，组建出最高水平、最合理的专家队伍，以保障改革决策的科学性和客观性。但是，由于承担教育改革决策的某个个体 [大多是教育部某个司（局）甚至处（室）的官员]，因而这个个体本身的素养、水平、立场、态度、倾向，极大地决定着哪一种学术观点或研究成果能够转化为改革的支撑理论，决定着哪些人能够用自己的专业知识去支持教育改革，因此，通常情况下，那些与改革者相熟的专家会优先被考虑。教育部一位课改专家在访谈中提到：

　　　　东方也好，西方也好，肯定是启用熟悉的人，因为知道他在这个领域有研究，知道他有能力，他（改革者）是熟悉他（专家）才有可能启用，可能这一点西方比我们更加严重，他们组阁的时候他肯定找他的同学啊、朋友啊、同事等，这样可能对推进一个改革的效益更高。但是不一样的地方就是我们东方可能会缺乏推进改革的一个系统设计。把权力关在笼子里这一点可能西方做得会更好的。①

　　同样，专家个人与政府的关系，也是其成为专家并发挥专家作用的重要因素之一。国外智库强调"旋转门"，即学者与政府官员之间有身份互换的人员，更能够做出影响决策的专业咨询报告。但国外智库和国内的情形稍有不同。国外智库往往由于熟悉政府的决策运作过程而利用各种手段去影响决策，而我们的专家却可能因为熟悉政府的决策喜好而改变自己的专业意见。当然，在我国，与政府部门的良好关系，确实是参与政策制定的非常重要的因素。"作为政策研究者，学者需要通过与政府部门的沟通获得研究问题和研究支持，而作为政策建议者，为了使研究成果更好地发挥建议作用，也同样需要与政府部门有良好的沟通。这种沟通可能是建立在学者个人与政府部门的关系基础上，郝克明、厉以宁、闵维方等都与教育部甚至更高决策部门的领导有着密切的联系，他们有着绝大多数学者所不具备的直接向国家教育

---

① 访谈时间，2013 年 5 月 3 日上午，北京。

政策决策者表达自己政策建议的机会。而在更多的场合下，这种沟通是在一种制度化的环境中进行的，北大教育学院的学者有更多的机会参与政府召开的政策调研、政策咨询会，甚至直接参与政策文本的起草，这些机会使学者在学术研究与政策制定之间起到了非常重要的'桥梁作用'。"①

在这样的情况下，为了保证自己的专业知识能够成为改革的支持力量，有些专家就会有一定的妥协，出让部分的独立性和客观性，从而保证专业意见的价值取向与改革者一致。因此，能否成为专家，很大程度上取决于专家参与改革的积极性、主动性以及与决策者的关系。一位参与教育部多项改革的专家在访谈中提到：

> 专家要有很好的情商。他要对上面的依托，下面的需求，能够做到深入的对接，他在其中能够把依托和需求很好地嫁接起来，这样的人更容易推动改革。……其他都是一些偶然的因素了，因为一些机遇，因为一些缘分，因为你走到某些层面，参与到某些组织，这也是一些重要原因。②

一项研究指出："与许多通常自视为政府的批判者的学者不同，北大教育学院的学者们始终与政府保持着密切的联系和亲近的关系。这种关系的建立是以工作中的相互依赖、相互交流以及相互尊重为基础的。在与政府部门的合作中，北大的学者们更深刻地认识到了政府工作的复杂性、艰巨性，不断地体会到政府官员们的实践智慧，也不断地反省着自己作为'书生'的弱点。他们深知，政策制定绝非是简单的数学计算，而涉及价值与利益的分配，政策既是一门科学，也是一种政治甚至是一种艺术。因而，他们很少对政府部门提供'专家指导'，而是将自己定位为'专家建议'。在此过程，既要使自己成为一个有研究能力、能提供高水平研究成果的'专家'，又不

---

① 闵维方、文东茅等：《学术的力量：教育研究与政策制定》，北京大学出版社 2010 年版，第 266 页。

② 访谈时间，2013 年 5 月 3 日上午，北京。

忘记自己的'建议者'身份。这种身份要求学者既不把自己视为决策者，也不成为决策者的附庸。"①

专家的学术追求、改革的价值取向是否与改革者一致是非常重要的。以2001年的新课改为例，参与课改的专家便与改革者有着共同的愿景和追求。"不是因为制度安排，而是出于共同的愿景和学术追求。"②"1996年6月至1997年，在联合国儿童基金会项目资金的支持下，教育部基础教育司的有关人员组织北京师范大学、华东师范大学等6所大学及中央教科所的课程专家，对全国九年义务教育课程的实施情况展开调查。"③ 通过对当时参与调查的相关人员的访谈，大致可以判定，参与调查的这些专家，确实是由于共同的愿景和学术追求走到一起来的。

但最初参与的许多专家后来却退出了，为什么？"道不同不相为谋，真是这样的。……当然也有一些其他原因，但最主要的还是由于观点不一致。"其他受访者也提到："共同的价值追求很重要"，有些学者在中途退出不参加了。为什么呢？"观点不同。坐在那里会很难受。""这一方不愿意参加，另一方也不是从心底里希望他参加，慢慢地当然也就不来了。"这里的价值追求，主要是指与讨论会的主持人即改革者保持一致。

在这种情形下，有不同取向、持不同观点的专家，或有两条路可选：或者不作专家，或者稍作妥协以实现自己的支持功能。例如，有的专家说，"你不要先提反对意见（指反对政府官员的意见），等你进入专家组以后，再把自己的想法慢慢渗透进去嘛"，④ 这种策略即中国人所讲的"曲线救国"。当然，为了使专业研究被决策者采纳，把握时机也是非常重要的："学者的敏锐同样可以表现在对一纵即逝的影响政策制定的机会的把握上。一项学术研究，即使研究完美，现实意义重大，也必须能够传达给决策者并被欣

① 闵维方、文东茅等：《学术的力量：教育研究与政策制定》，北京大学出版社2010年版，第265—266页。
② 刘坚：《新世纪课程变革：亲历者的视角》，《北京大学教育评论》2013年第4期。
③ 刘坚：《新世纪课程变革：亲历者的视角》，《北京大学教育评论》2013年第4期。
④ 访谈时间：2013年8月22日，北京。

赏，而要真正被政策所采纳，则需要等待那扇'政策之窗'在合适的时机打开。……研究只有在恰当的时间出现，才能引起决策者的注意并最终得到应用。最典型的案例便是'建设世界一流大学议案'……"[1]

从我们的访谈来看，改革决策者青睐的专家大致有两类。其中一类，大致可称为技术专家，他们可以做深入细致的技术论证但并不特别关心教育改革的价值追求；另一类则是"唯马首是瞻"者，他们努力与教育行政部门的观点、立场保持一致。显然，若专家与改革决策者是这样的关系，会出现两种情况：或者提不出不同的意见，或者难以坚持专家独立自主的研究。那些持不同观点又真正愿意致力于教育改革的专家，要么妥协，要么远离。无论是"局内"的妥协，还是"局外"的逃离，都可能使教育改革的健康开展受到影响。

有的专家因为对教育改革抱有超越个人专业得失的大期望，不得不在专业意见与决策者意向之间妥协；一位被访者被问到当时参加改革时的想法，说到："中国教育的重大变革，必须依靠政府才能做到……当时参加（改革），就是想能够借助（他们的）力量来改变现状"；[2] 一位长期与教育部有良好合作的专家这样说："有什么曲曲拐拐的我就不会那么在意了。""政府有难处，有些我是能够理解的。"[3]

有的则因极为重视个人专业意见的实践转化，因而为保证核心观点能够被采纳而不得不在其他方面做出让步。一位既是学者又是某教育局的前领导对专家说道：

> 他们（专家）希望自己的意见被领导人采纳，感觉自己可以"齐家治国平天下"了。"正己修身"是自己的事，"齐家"就开始管别人了，一层层往上走要"平天下"。他（专家）希望自己的意见被采纳，就可

---

① 闵维方、文东茅等：《学术的力量：教育研究与政策制定》，北京大学出版社 2010 年版，第 267—268 页。

② 访谈时间：2013 年 11 月 13 日，北京。

③ 访谈时间：2013 年 4 月 26 日，北京。

能有妥协、有阿谀奉承，忍辱负重，……不奇怪。……专家有他的软肋，他要评职称、招学生、拿课题，希望自己意见被接受，所以（把）他的身家性命的意见看得很紧，其他问题就可能妥协；妥协了，核心意见就可能会接受；如果每次都顶着，意见就不会被接受。①

显然，专家的妥协，多多少少使得专家的独立意见受到影响。当然，一般来说，即使妥协，专家对于研究的独立性也有相当的追求。一位受访者称，从积极的角度来看，这种妥协，是"专家"对实践逻辑的敏感与认同：

（有的学者可能会说）这个实践经验进来就破坏逻辑的完整性。但是，它在实践上就是有合理性、有推广下去的通道。……现实在那里，现实推进的东西也永远不会是完美的，但在这个过程当中，它可能带来一些变化。在我们的有生之年，也许你根本看不到最终目标的实现，但通过努力你能看到可能的变化生成了、出现了，而且大方向不错。②

在这个意义上，专家的实践精神以及改造中国教育的实践情怀，从来都是令人感动的。但是，也正是在这个意义上，专家变成了介入改革的实践者，而非支持改革的旁观者，专家的作用及价值受到了相当程度的消解，难有真的创见。

专家的妥协、依附，对应着改革发动者决策者的强势、主观、随意。这种情形的存在，与我国缺乏严格的专家选聘程序及制度不无关系。在国际组织中，专家的选聘程序非常严格，而且客观、合理。

剑桥教育的项目主管说道：

我们要做项目和专家管理。如果是一个项目给我，那么，质量控制

---

① 访谈时间：2013 年 12 月 10 日，北京。
② 访谈时间：2013 年 4 月 26 日，北京。

从审专家就开始了。什么项目选什么人，调研项目选什么专家，实践性项目选什么专家，都不一样，我们在选择的时候都会非常慎重。①

专家选聘也有极为严格的程序，保证专家选聘公正而有效。上述受访者谈了国际组织选聘专家的步骤：

> 招聘专家分几个步骤。一开始只是表达兴趣，所有人都可以表达兴趣。表达兴趣的时候不用说得很具体，只是说你有什么资质就可以，比如你在这方面做过什么类似的项目。这一步做完之后，大约会缩减到五到六家或者五到六个人，这五到六个人（家）进入到下一轮。下一轮会给你个非常详细的计划书，他们叫RSP，这时候就要写详细的计划。之后便是评审技术标，在这个阶段不看经费预算，只看技术够不够格，比如要求是1000分，你必须在750分以上，这样就又把好几家淘汰出去。只有在满足最低分数线的情况下才把预算打开，预算都是封闭的、单独的，然后有个公式，会提前告诉你公式的，比如技术分占80%，财务分占20%，一算就能算出来谁家中标。②

三、专家团队同质化严重

我国纵向垂直的教育管理体制决定了：一方面，可以发起影响广泛的全局性教育改革，教育改革政策能够自上而下迅速而全面地得到贯彻执行；另一方面，全面的、影响广泛的教育改革也只能由官方发起，个人或非政府组织的改革意见，必须得到教育行政部门的官方认可，才能成为教育改革的决策依据。在这样的背景下，专家组的多元构成尤其必要。因为，只有在专家组中有代表（代言人），某个人（或某个群体）的意见才能被"听到"；而政

---

① 访谈时间：2013年10月31日，北京。
② 访谈时间：2013年10月31日，北京。

府在进行改革决策时，也需要最大限度地反映各个群体的利益诉求，因而也必须找到能够代表各个群体"发声"的代言专家来组成专家组。

目前来看，当专家组由决策层来组建时，同质化倾向尤为突出。这是因为，如果改革决策者强调共同理想和共同的价值追求，持不同意见者就很难表达自己的意见；同时，在缺乏严格的专家选聘制度和程序的背景下，专家往往由改革决策者主观选聘，异质多元的专家团队难以形成，专家团队同质化严重。当然，异见者难以合作也是造成专家团队同质化的另一重要因素。无论同质化是何种缘由造成的，最终的结果，都使教育改革所需要的最基本的公正客观以及创新创见难以实现。

一位受访者说：

> 政府要注意选择不同的专家。不一定要选择第三方，但不能都选择支持你的，要找些反对派。至少给（反对派）一个发言渠道，让他提出建议。假如他说得完全不对，一定会有人和他争论，这才是一个正常的专家系统。
>
> 决策的过程本来就是要把不同的意见集中起来，越是有不同意见（的人）越是要参加。想决策一件有争议的事，却又听不进有争议的不同意见，那就没办法做。如果不知道利益群体的代表是谁，就茫茫然决策，那不是等着他们在下面跳脚吗？……①

那么，专家团队应该由哪些人组成呢？他接着说：

> 他是一个领域的代表，就可以找（成为专家团队的一员）。……如果社会有十大阶层，那肯定就有十个代表。一天到晚讲民办教育的人，整天鼓吹民办教育，要打破银行垄断什么的，得找。……总之，是要找

---

① 访谈时间：2013 年 12 月 10 日，北京。

各方力量的专家。①

异质、多元的专家组，本身是民主决策的一个象征。上引的这位被访者说：

> 冯友兰有一句话很精辟，他说："科学是一种思想方法，民主是一种生活态度。"为什么说民主是一种生活态度？因为是民主，不是君主，是大家讨论，利益博弈。民多了就主了，少了就主不了。民主就是这样，你现在要民主决策，把不同意见都轰出去，就不会是民主的。……越统一就越要注意保护多元，毛泽东讲的"保护少数"，就是要给（少数人）发言权，进行发言调查的条件，你不让他说还说民主决策，这是不行的。……现在就是多元社会、利益纷争、莫衷一是，而且短期内不可能统一，所以就需要注意，首先，主流的东西要做引导，要有充分的专家论证；第二，主流的东西必须是专家支持下的完善——这是肯定需要的。同样的，基层那么多意见也需要有人帮他（说出来）。②

新课程改革中的"数学家提案停止数学新课程实验"事件，或许可以看作是专家团队同质化的结果。"2005 年，全国人大、政协两会期间，4 份由近百位数学家联合署名的提案呼吁要'立即停止数学新课程的实验'。"③ 2005 年两会期间，《光明日报》刊登了与院士姜伯驹的对话：《姜伯驹：新课标让数学课失去了什么》④，课标组虽然对姜伯驹的批评多有回应，但院士们的批评还是直接导致了数学课标早于其他学科启动了修订工作。那么，为什么在新课标实施了 4 年之后才提出批评意见，课标出台前为什么不提？事实上，在课标征求意见阶段，院士们就曾有过不同意见，但未被吸纳。发

---

① 访谈时间：2013 年 12 月 10 日，北京。
② 访谈时间：2013 年 12 月 10 日，北京。
③ 刘坚：《新世纪课程变革：亲历者的视角》，《北京大学教育评论》2013 年第 4 期。
④ 见《光明日报》2005 年 3 月 16 日。

表于《数学通报》2000 年第 11 期的"中国数学会中小学数学教育改革研讨会记录"① 一文，记录了 2000 年 8 月 27 日在北京师范大学召开的中国数学会中小学数学教育改革研讨会的情况。一位参与数学课标修订的学者在访谈时提到最初的征求意见阶段，"去了一堆院士，马志明、姜伯驹、项武义、李忠等，与课标组激烈地辩论。但院士们提的意见没有反映到课标中，一点用都没有，就是这样。"②"义务教育数学课程标准研制组利用 10 多年有关'大众数学的理论与实践'课题的研究成果，用近一年的时间率先形成了《国家义务教育数学课程标准（征求意见稿)》。"③ 显然，国家数学课程标准主要基于某个课题组的研究成果而甚少吸纳其他观点，换言之，数学学科国家标准研制组成员大都同意或赞同这个课题组的观点，学术观点同质化高。

专家团队同质化的另一个例证，是《历史与社会》的两套课程标准。2001 年基础教育课程改革启动之时，义务教育阶段各学科都制定并颁布了一套课程标准，而《历史与社会》却有两套标准，即《历史与社会（一）》与《历史与社会（二）》。在我国，课程标准是国家颁布的正式文件，是教材编写、教学活动以及教学评价的重要依据。若有两套标准，势必带来一系列问题，例如，既然是"标准"，为什么不是一套而是两套？如果两套差距很大，如何评价学生的发展？如果差异不大，又何必有两套？教材编写及教学活动的展开究竟依据哪一套？……在我们这里，要讨论的是由官方出台同一课程的两套标准这件事情本身。一方面，也许暴露了决策层的决断力不够强劲；另一方面，更反映出不同观点的专家难以合作的事实。换言之，每套课标的研制是在同质的专家团队中独自进行的，而不同团队的观点难以通过有效的沟通来实现相互启发、相互确认、相互融通，因而就出现了一门课程、两套标准的奇事。

专家团队难以体现多元观点进行客观研究的另一个表现，即所谓的"站

① 张丹记录并整理：《中国数学会中小学数学教育改革研讨会记录》，《数学通报》2000 年第 11 期，第 2—11 页。
② 访谈时间：2013 年 11 月 12 日，北京。
③ 刘坚：《新世纪课程变革：亲历者的视角》，《北京大学教育评论》2013 年第 4 期。

队"问题，这也是导致专家团队同质化的一个重要原因。一位被访者说道：

> 教育财政研究，这个学科和其他学科不是特别一样。第一，它是比较偏基础性的；第二，它不见得要做那种，具有很强的社会动员、影响力，有点偏社会公共分子的角色。我们是更下位的，比如政府……要去解决某种问题，……我们就是要解决"怎么办"的事，例如怎么花钱……，我们做的大多是这个层次的研究。（当然）不是说更高层次的（问题）我们不去参与。4%（教育投入占 GDP 的 4%）是一个很纯粹的教育财政问题，（结果）我们被看成替财政部说话，到处挨骂。……①

这位被访者还提到：

> 教育财政……总要研究资金使用的效率和效益，这就特别容易得罪人。（关于）中职免费（的问题），我觉得不应该免费，免费没起到效果，而且我们有大量的数据证明花钱没有起到效果。……如果扮演学者的角色（要客观的话），会受到很严重的打压。我觉得这也很能理解，是一个很有意思的社会现象。②

专家团队的同质化还表现在研究领域的同一。专家团队几乎都是教育专家而鲜有来自不同专业领域的其他专家；再进一步，还表现为更具体的二级学科专家的同一。例如，学校管理改革，只由教育管理专业的专家组成；教育技术的改革和发展，只由教育技术专家支持；教育经济问题的改革，只由教育经济学专家来支持，等等。视域相同，思维一致，难有创造性的成果。

专家组成员同质化，相当大程度上制造了专家团队内部的学术依附、学术妥协。具体表现为：专家组成员的工作水平往往低于专家组组长的水平，

---

① 访谈时间：2013 年 11 月 21 日，北京。
② 访谈时间：2013 年 11 月 21 日，北京。

专家组内没有能够与组长相匹配、相匹敌、能争论的同水平专家，研究成果的创造性及高水平受到极大影响。

目前，我国的教育改革，尚缺乏使每个人相对独立而又能相互间互补合作的专家团队的意识与能力。剑桥教育（Cambridge Education）公司的一位项目官员提及一个亚行项目的专家团队组成，具有启发意义。

亚行的职业教育的校企合作研究是我们与教育部合作的项目。这个项目的专家组成设计得很好。亚行的这个设计已经跳出了以往教育部研究课题的框框了，它设计的职位：一个组长，研究校企合作执照的专家；一个外国专家，是对校企合作进行国际经验的研究；国内的专家有：一个财务专家，研究校企合作的成本分析；一个法律专家，研究校企合作的立法保证问题以及校企合作实践中合同的样本；一个工伤保险专家，研究的是校企合作当中学生实习发生工伤保险怎么办；一个性别专家，研究怎么样促进性别平等。这六个人在做政策时有不同的侧重，他们在一起时，在组长的领导下合作，共同给教育部甚至通过教育部往上送一个政策建议。专家之间是互补的，但每个人又相对独立，每个人的工作任务非常清楚。①

国家教育咨询委员会的各个小组的分工，也基本是以这种思路来进行的。以考试招生制度改革小组为例：组长是教育政策专家，总体负责；一位著名中学校长，负责高中学业水平考试、综合素质评价及其与高考的相关性；一位考试中心官员，负责分类考试；一位高等教育专家，负责考试制度、考试内容改革，比如怎么提高命题的质量，怎么由知识取向逐步到能力取向；一位考试理论专家，负责理论研究，研究整个改革的方向，比较各国考试制度、中国科举制、考试的社会功能、选拔育人功能，等等。当然，与亚行的校企合作项目相比，这个小组的分工还局限于教育内部，只研究与考试

---

① 访谈时间：2013 年 10 月 31 日，北京。

招生有关的问题，还没有考虑到更广阔复杂社会背景中的其他问题，如财政、法律、性别、传播等等，专家也都来自教育界内部。大致共同的专业背景，看待问题的视野也会大致相同，因而他们之间的争论与分歧，很可能集中于对某项措施的赞同或反对上，而不能从不同视角提供不同的思路。

一位被访者从利益群体的角度出发，特别提到了不同领域专家共同合作的重要性：

> 我们都是从教育者角度看教育……能不能从家长角度看教育、看决策？得承认有不同的利益群体，不仅仅是教育者，教育的对象、服务者都是利益群体。我讲的多元不仅是观点不同，还有出发点不同。现在所有的咨询专家都是教育系统内部的，有几个不是教育系统的，也只是有时能跳出教育看教育。如果你承认教育是社会性的大事情，涉及社会方方面面的长远利益，教育决策就要广泛接受不同群体的意见，比如妇联、农村、工业局，工业局可以看现在工人的素质是不是提升了还是没变化。现在你自己说课改取得伟大胜利，但用户没说。所以还是要真正建立一个多元的教育决策和决策后完善的支持系统、专家机构，支持方方面面的人观察教育的问题，解决教育的社会影响，才可能是一个完善的社会决策系统，才能保证取得社会多数人认可的结果。[1]

四、专家工作机制缺损

教育改革是一件严肃、严谨的事情，需要细致、科学的研究和决策，同样，教育改革中的专家工作也需要细致规划。但是，我们对于专家工作以及专家工作的组织、管理及其程序等问题还没有自觉关注过，更缺乏深入的专门研究。改革的发动者、专家的组织者，或者凭经验，或寄希望于专家个人的理想、责任与自律，凭与专家个人之间的感情联系来展开工作，尚未建立

---

[1] 访谈时间：2013 年 12 月 10 日，北京。

一套有利于专家支持的工作机制。在实践中，表现为工作的随意性大，缺乏制度约束。

首先，专家工作的组织随意性强，缺乏计划性。

表现为对于专家组工作的内容特点、工作性质及所需要的工作时间等，没有专业认识，同时缺乏相应的任务机制和评价机制的制约，工作效率低下、研究质量难以达到预期。

一般来说，专家工作既有分工又有合作。分工的部分大多由专家独立完成，主要与专家个人能力与责任有关，但也与专家组的整体部署、筹划有关；合作的部分则更有赖于整体的协作、协调，需要相应的工作机制。就我国此前的大型教育改革而言，专家组的合作，主要通过短暂的集体会议来实现。有的专家在会议之前，甚至不知道自己要做什么。一位受访者说：

> 去年来开会前不知道要做什么，只说各科课标要修订，我以为很简单，很快会做完，不就是修订嘛，没想到越做越复杂，现在还没做完。[1]

由于没有充分的计划，因而专家工作往往随意、匆忙，很少能够遵循研究工作的特性，而未能考虑专业工作的研究特性，更不能充分发挥专家的研究作用。一位受访者说：

> 课标修订时间紧，要求很多。课程组有一套要求，各学科都要照着做，这里边没有考虑到各学科间的差异，比如理科和文科不同……做起来挺难的。要求我们下次开会就要交出修改版来，时间这么紧怎么可能呢，不知道怎么做。怎么办？只能先改改文字表述。[2]

---

[1] 访谈时间：2015年9月17日，北京。

[2] 访谈时间：2015年5月15日，北京。

相较而言，一些国际教育项目，则有比较成熟的工作机制。例如，"中英甘肃基础教育项目"① 被认为是做得最精致、最成功的一个项目，也是专家作用发挥最充分的一个项目，国内一大批有影响的学者都参与、支持了这个项目。参与过这个项目的专家在接受访谈时，都不约而同地提到了中英甘肃项目，而且特别热情地再推荐其他参与过的专家。其中一位甘肃项目专家在接受访谈时，谈到了甘肃项目的运作模式。正是由于这样的工作机制，专家的作用得到最大的发挥。

中英甘肃基础教育项目是我经历过的最精雕细琢的一个项目，只有四个县，中外专家加起来有三四十人。……它细到什么程度呢？比如说助学金的发放。我们来来回回地开会，用参与式的管理方法，一个点一个点的摸索，把村里所有人都召集起来，开社区大会，让妇女也参加。……我们咨询专家起到了很大作用，使得整个项目的管理、设计、执行流程化、精细化、科学化。我觉得这一点是政府的项目——不论中央项目还是地方项目里从来没有见过的。……我觉得中国教育领域很多方面很落后不在于顶层设计的问题，而在于管理和执行的细节化和科学化不到位。

在甘肃项目里，我们是直接和县里打交道的。比如我负责学校布点，有一批学校要建，既有新建的也有改建的学校。……我得决定什么样的学校符合改建，我就要跟着县里的人一个一个地跑着去看这些学校，大家一起商量：根据本地的条件，什么样的房子符合改建。只有中央政府的（文件要求）还不行。……要用特别具体的方式去鉴定这个房子是否符合改建的标准。虽然我是咨询专家，但每天都和校长、乡里的人、县里的人在一起，最后确定了一批要扩建的学校。……在那个项目

---

① 该项目是中国政府与英国政府之间签订的双边合作项目，由英国政府提供援助资金1120万英镑（折合人民币约1.5亿元），1999年12月启动，项目执行期5年。该项目旨在通过支持甘肃省临夏回族自治州最贫困的4个县提高义务教育阶段入学率和扶持甘肃省师范教育体系，帮助甘肃实现2005年普及初等义务教育、2010年普及九年义务教育。

里，我们是在非常具体的层面上做咨询专家。……这个项目的性质更多的是怎么做，它就希望把我们精细化、科学化的能力建设搞上去。①

当然，不同的改革项目对专家的期望不一样，专家所扮演的角色也不一样。但无论何种改革，都要引导专家形成一套有利于支持改革的工作模式，至少要使专家明晰他所要做的工作，尽最大可能发挥专家应发挥的作用。

一位曾经参与中英项目的专家，对中英项目管理给予了高度评价，认为这个项目的工作体现了项目管理团队的"敬业、理性、讲究时效"，尤其特别强调对于时间和空间的管理。

> 第一，任何一个专家下去都有任务书。负责专家管理的是非常负责的人，敬业、理性、时效，实事求是。每一次下去的任务做完了之后都要写个报告。走的时候下发任务书，回来要对照任务书写报告。第二，下到项目区，一定要和当地的伙伴碰头。第三，走以前要有多方面的准备，开方方面面的会。这个项目的管理人员特别尊重专家。②

其次，对于专家研究成果的发表，没有明确的界限，主观性强。

一般而言，对于涉及国家安全、行业机密的专业研究成果，公开发表当然应有明确的界限，而其他宜于发表的成果则应"百花齐放、百家争鸣"，促进专业研究深化。但是，困扰专家的，常常是正常的学术成果难以发表或发表后会"被谈话"。这种人做法，也许目的是为了统一观点，推进工作，却压抑了专家的正常研究。访谈中，众多受访者谈到若干类似的现象，言辞间多有无奈、怨怼。例如：

一位受访者说，请不同意见者参加座谈会，征求不同意见，但用意更在于使这个学者"参加这个决策过程，了解这个过程以后，发言更加谨慎，考

---

① 访谈时间：2013 年 11 月 21 日，北京。
② 访谈时间：2013 年 4 月 26 日，北京。

虑更加周全。没有参加过就不知道决策难点在什么地方，问题在什么地方，参与进来就知道关心的问题或者政策设计为什么是这样的，就会觉得事情不那么简单。"① 义务教育某学科课程标准修订稿发布时，请了著名的科学家们，"给他们发特大、特漂亮的红请帖，到一个特高级的饭店，吃饭、开会。当时对他们说，特别尊重你们这些专家，（这些科学家）准备要发言的时候，就散会了，根本没他们的事。……根本就没准备让他们说。（这些科学家）多认真的人啊，他一条一条地看（课标），一条一条地写意见……"②

一位受访者感慨道：

> 有没有考虑过，教育口的很多专家为什么都那么沉默呢？我那天还和一位老师说，张千帆在讨论高考问题，郑也夫也出了本《中国教育病理》。……有的学者甚至带着一点轻蔑的口吻说搞高教的学者都不说话，他们不想一想我们周围教育领域德高望重的人怎么不比他们知道的多，像高考改革的复杂性、各种方面的担心等，但大家都很缄默。难道不明白为什么吗？③

于是，某些项目的研究报告，就只能"以'内部报告'的形式呈交给教育主管部门或者是课题的委托方，这大大影响了研究成果的传播范围"④。许多专家认为："调查数据和研究成果更公开、透明，可能正是对学术自由的尊重。"⑤

第三，缺乏处理专家意见与决策间关系的常规程序。

不同的专家（专家组）有不同的意见很正常，但教育决策则必须清晰、明确。如果决策者没有较强的决策力，多样的专家意见反而会阻碍决策。

---

① 访谈时间：2013 年 11 月 12 日晚，北京。
② 访谈时间：2013 年 11 月 12 日下午，北京。
③ 访谈时间：2013 年 11 月 21 日，北京。
④ 闵维方、文东茅等：《学术的力量：教育研究与政策制定》，北京大学出版社 2010 年版，第 264 页。
⑤ 闵维方、文东茅等：《学术的力量：教育研究与政策制定》，北京大学出版社 2010 年版，第 264 页。

一位受访者将类似的改革决策理解为"综合平衡":

> 几个专家团队做出了不同的政策建议时,政府就要在这其中综合平衡。政府可能在每个专家团队中都吸收一部分,……合起来的时候就会出现冲突和矛盾,造成顶层设计本身有内在矛盾——起码是不充分自洽的,(最后)执行时(当然)就会出问题。

当然,这种境况既与专家的研究不到位、不深刻有关,更与教育发展中决策的随意性有关。一位被访者谈道:

> 主流价值观也罢,我们的政治追求也罢,如果这个声音没有说服力,没有充分的论证说明,各种其他的声音就会大行其道,造成混乱。比如像"教育家办学"(这个提法)。以民办学校为例,校长办学但不是出资人,那么校长到底是管理者还是出资者?民办学校的办学者和公办学校的校长如果都是办学者,(那这两者之间)有什么差异?再如,义务教育学校是受限法人,因为是政府办学。但《学校法》《教育法》里又讲学校是独立法人。在综合改革方案中讲到教育均衡,教师和校长要流动,后面又讲办学自主权。(那么,)如果有办学自主权那凭什么校长和教师都要流动轮岗?事实上,只要讲自主办学就不可能均衡,这是一个最基本的事实。如果我发展时还得想着你们,不能超过你们,那我还有什么自主?所谓自主发展一定是发展主体从自己的利益出发,在不违反国家法律法规的前提下争取最好的发展,它的结果一定是不均衡的。像这些就属于核心问题没有讲清楚。

之所以出现类似的决策困难的情形,就工作程序而言,很大程度上是因为决策与研究混杂在一起,甚至专家的研究也由决策者主导,即没能在程序上对专业研究与政策决策进行区分,也未能关注研究表述与决策表达的不同,缺少由专业研究向政策决策的转化。

第四，缺乏就改革全进程进行研究的工作机制。

如果把改革看作一个长历程的活动，那么，决策前需做预测、打基础，决策后也要根据改革实际需要不时加以调整。目前，专家的作用通常是为决策雏形进行论证，而非为决策提供基础支持，即专家常出现在决策后而非决策前。官方通常是根据决策去找专家，而不是根据专家的研究去形成决策。同样，决策后便是具体实施，实施的效果如何，应如何评价、由谁来评价、依据什么来评价等问题，也都缺乏专门的研究，更没有制度约束。"没有改革是不成功的"成了集体无意识，似乎只要改革就是好的，改革只要发动就会有好的效果，客观而科学的评价甚为缺乏。

改革决策前缺乏专家的预测研究，也缺乏广泛的民众参与。一位受访者谈道：

> 教育改革、教育决策要科学化、民主化。我们认为专家进来了就已经科学化了。其实，没有广泛的公众参与，就还不能称作是科学化、民主化。……规划纲要制定已经做了两个开放，……但规划纲要的开放是象征性的，开放了一个礼拜，收集了一些意见，只是做了这些事。……这样的民意表达真正能对决策产生重要影响是很难的。按道理一个决策之前要做很多的民意调查，知道公众的诉求，意见所在，做出一个解决方案，看看公众的认可程度……①

决策之后也缺乏多元意见来校正。一位受访者谈道：

> 虽然做了决策，也不能排除在执行中还是有不完善、内在冲突和矛盾。专家的作用就是不断发现问题，修正决策中的问题，完善决策，纠正偏差。（专家）不是来证明你的决策是千真万确的真理，这没有意义。我们现在要的就是证明决策正确，所有的专家论证都是对政府说好话，

---

① 访谈时间：2013 年 10 月 15 日，北京。

而不是帮助政府去发现问题，那你这专家有什么用？你不是支持政策的科学走向。……假定已经决策了，这种情况下你还要请不同的专家，从不同角度例如社会学、传播学等不同角度分析你的决策效果、执行、改革的发展路径、改革取得的直接或间接的效应，然后提出建议。你要支持这个多元。……实际上决策的执行过程，（就是将决策）转化为实践的过程，是一个（不断）完善的过程，是调整和变化的过程。这样来看，政府需要不同的专家从不同角度给你提出问题，肯定或否定你的某个侧面，（只有这样）这个决策才能相对完善的执行，下一轮决策才有好的基础。……①

第五，忽视独立的民间专业机构在教育改革中的力量。近年来，我国民间专业机构有了较大发展，但数量依然有限，有影响的民间专业机构更是屈指可数，能够不受官方影响做独立研究的民间机构少之又少。这种情况的存在自然有诸多原因，但不同于官方的民间声音被忽视，应该是其中的重要原因。中国教育学会、教育部课程教材发展中心，虽然并不是教育部行政机构，却有着官方背景，由它们所组织的研究不缺乏权威性，但缺少不同甚至反对的声音。这并不是说民间机构只有与官方意见截然相反才是独立，但至少要从研究的视角、出发点、研究方式、思考方式上有不同于官方的特点。

独立的民间专业机构作为研究力量，可作为的空间极大，一位被访者认为第三方机构是推动教育改革健康发展的重要力量。

我们国家教育改革中的专家作用的发挥，大致可以分为几步：第一步，政府官员找专家，你不同意我的意见我就不找你当专家，你论证我的观点你就是专家。现在走到了第二步，即相对独立的咨询委员会，话语权比原来大多了，但是最后还得经过国家通过，可以说咨询委员

---

① 访谈时间：2013 年 12 月 10 日，北京。

会依然是半官方的性质。第三步，建立民间机构。民间机构的定位既不代表政府，当然也不反对政府。事实上，整个社会发展应该有三大块，第一块：政府，提供公共服务；第二块：企业，创造物质财富和精神财富，它要赚钱；第三块，社会组织，包括各种协会（不过，咱们现在的协会都是半官方的），……即相对独立的第三方，起协调作用。很简单一个例子，信息化公司开发的产品，像电子书包等产品，如果政府直接管就麻烦了。但是通过一个民间研究机构，组织一批专家论证，论证之后推广，这个鉴定就不是政府部门的鉴定了，对它的推广就有意义了。①

另一位被访者强调，对于各种民间的非政府组织，应该给予更充分的关注，他说：

政府和学界以前对它的了解和关注比较少，近几年意识到它是一个比较重要的社会力量。先进国家 NGO 非常发达，数量多、能量大，所有峰会都包括政府论坛和非政府论坛，政府和非政府是并驾齐驱的，非政府组织不可或缺。在中国，非政府组织刚开始生长。就教育研究来讲，存在三类主体。一类是政府；一类是学者研究，例如大学里的学者，主要是在学科规范上进行研究；第三类是社会组织，目前来看，总体数量还是少，比较有影响的是 21 世纪教育研究院和周洪宇在武汉成立的长江教育研究院。民间的社会组织做研究的目标以及工作的机制同政府和学院的是很不同的。社会组织研究的目标不是为了教育建设或者发表核心论文、评职称，而是要求解决问题，改变现实。也就是说，和政府、学院相比，民间组织有自己的项目目标，有较强的独立性。

---

① 访谈时间：2013 年 8 月 26 日，北京。

　　NGO 的研究最大的问题是专业性不够，很容易停留在群众性调查研究的水平上。我们现在也强调专业化、国际化，但我们不可能和大学的研究相提并论，或者说我们各自承担的功能不一样。我们不追求学院派的标准，我们主要倡导的，是要有真知灼见，要有开阔的视野，背后有一些理论支撑。我们正在慢慢形成一种工作机制。我们有一批专兼职结合的研究队伍，有一批合作伙伴，包括学者和学术顾问，借用大学的一些研究资源。此外，我们有一个优势，就是和地方、和学校有特殊的联系，逐渐形成调查网络……有志愿者、合作者，逐渐形成互相支持的网络，我们在调查和获得信息上，是优势的，而这正是政府研究和学院派的弱项。[1]

　　在专家的选聘上，民间组织也起着重要的作用。供职于剑桥教育的项目主管介绍了国际组织选聘专家的经验。

　　　　无论是英国国际发展部、欧盟、世界银行、亚洲开发银行、大的多边组织和单边组织这样的国际机构，如果要做一个教育发展项目，它的专家服务都是到社会上购买的。这个市场是一个公开透明的市场。谁都可以来竞标，当然这也是有门槛的，需要有资质才能竞标。在竞标过程中，专家服务的提供方，就是像我们这样的机构（教育咨询公司）以及大学、NGO、智库等。我觉得国内未来的发展趋势也会是这样，即政府购买第三方服务。[2]

第三节　完善制度：关于专家支持的可行性建议

　　就专家支持而言，当前最急切的问题，并不在于讨论作为个人的专家是否有高质量的研究、积极的支持态度、足够的支持力度，也不在于建构一个

---

[1]　访谈时间：2013 年 11 月 12 日下午，北京。
[2]　访谈时间：2013 年 10 月 31 日，北京。

工具模型，给出不同类型、不同规模的改革决策所需专家的类型、数量；而在于建立一套能够保障专家支持作用正常发挥的制度，使一切工作都能依据而行，使得改革决策者能够"降解"主观意志和随意性，使得专家能够更客观、独立，保证教育改革能够依规律开展。

一、严格选聘专家，组建异质多元的专家团队

为保证改革决策的公正不私、科学、客观，必须首先做好专家的选择及专家团队的组建工作。

（一）基本目标

严格专家的选聘程序，保证教育改革与发展的专家能够满足高质量专业研究的需要，避免决策者的"长官意志"及任人唯"亲"的随意性，根除专家的"依附性"，确保研究的独立性，确保专家是真正用专业知识和专业研究来支持教育改革的专家；组建异质多元的专家团队，保证专家团队的代表性、专业性、客观性，保证专家既能独立工作，又能在分工基础上有机合作，形成了一个真正有密切关联的团队。

（二）具体措施

一方面，建立严格的专家选聘制度。一要制定明确的选聘标准，确保专家是因专业研究水准入选的，杜绝专家选聘过程中的主观性、随意性、熟人效应，尤其要将直接利益相关人屏蔽在外，保证专家的独立性、客观性和专业性；二要公开选聘程序，使意向申报者明了申报条件、申报流程，以便申报者做好前期的准备工作，帮助申报者判断自身与即将开展的专业研究工作之间的契合度，保证入选专家能够提前做好相应的专业准备，迅速投入研究工作；三要充分利用第三方机构选聘专家，由第三方专业机构根据委托方的要求对申报材料进行判断和选择，缓解委托方（改革决策者）与专家之间的刚性关联，以中介的方式承担起保障专家选聘质量的责任，避免改革发动者尤其是政府官员对专家人选的干预，保证入选专家的客观、专业，使得专家选聘工作本身成为一项由专家支持的专业评审活动。

另一方面，制定专家团队的构成原则，保证专家团队是一个多元异质群

体。一是认真分析教育改革可能触及的各个利益群体，使专家团队的成员尽可能广泛代表各个利益群体发表意见，以课程改革专家团队为例，至少要包括教师、教研员、校长、教育行政官员、课程与教学论学者、出版机构等的代表。二是要保证专家团队的成员来自多个不同的专业领域，尽可能覆盖教育改革与发展所涉及的各个问题所需要的专业领域，使得专家团队自身有全面的信息途径又有讨论张力。

二、建立基本的专家工作机制

建立相应的工作机制，明确时间、空间、任务与人员之间的合理安排与配合，保证专家能够快速进入工作状态，最大限度地发挥每个专家的专业特长，使每位专家都能贡献出有价值的研究成果。

（一）基本目标

建立一套有利于充分发挥专家支持作用的工作机制，将专家工作开始前、工作过程中、工作完成后的各个阶段，纳入到统一的工作流程中，配套形成既相对独立又相互协调配合的一整套工作制度，向专家提出明晰的工作任务、工作目标，为专家工作提供全面、便捷的服务，客观地评价专家的工作成果，使团体合作式的专家工作能够流畅地进行，进而凝聚广泛的有专业水准、有意愿为教育改革提供专业支持的真正的专家。

（二）具体措施

一是要明确定位专家在教育改革中的角色与作用，将专家定位为教育改革的外部支持者，是为决策者决策提供专业意见、为教育改革寻求理论依据、将理论进行实践转化的专业人员。归根结底，专家只是决策参考的提供者而非决策者本身。专家的意见是否能被采用需要由决策者来决定，专家工作是教育改革的重要部分但不是唯一部分。

二是建立研究教育改革全过程的工作制度，使决策前的预测研究、为决策提供依据的核心研究、决策后的完善研究与追踪研究，形成由不同人群参与研究的相对独立又相互协调支持的、有张力的、完整的研究过程。

三是建立工作任务制度，明确每位专家在规定时间完成规定的任务，有序规划专家、时间、任务，制定工作进程时间表、工作任务分解表、专家间的任务结合表以及定期交流讨论表。为专家有序、有效地展开独立研究及合作研究提供便利。

四是建立评价制度，包括过程中的形成性评价及工作完成后的终结评价，使专家个人或专家团队能够对照工作任务，评价各自的工作目标达成情况。过程性评价及终结性评价都要有专家的自评、互评及来自第三方机构的评价。过程中的形成性评价以利于督促，更利于及时调整与强化；结束后的终结性评价，则既是对已有工作做出的专业评判，又是为以后的研究所做的基础数据分析。

三、充分发挥民间专业机构的作用

（一）基本目标

建立民间有利于专业机构参与教育改革与发展的准入机制、审核与评定机制，逐步使真正独立而非官方背景的民间机构能够成为推动教育改革与发展的另一方重要力量，使得政府、民间专业机构、专家三方力量能够相互联系又相互制衡，使专家工作的组织、协调、评价等工作也成为一项专业活动而非行政活动，最大可能地保护专家的专业支持的积极性、增大其支持的力度，而不是相反。

（二）具体措施

一是建立教育改革与发展三方力量的协同机制，保证每一次大的改革决策都有三方力量参与，保证专家的选聘、组织、评价与专家研究工作本身都是高质量的专业活动，从而最终保障改革决策的客观性和科学性。

二是建立民间机构的准入机制，制订民间专业机构的资质标准、建立民间专业机构信誉指标体系，使真正有水平、有社会责任感、独立的民间机构能够参与到教育改革与发展中。

三是建立重大项目的竞标制度，建立一套竞标评标的指标体系及工作程序，使真正有能力有水平的专业机构能够中标，同时在这样的过程中培育更多高水平的专业机构。

　　教育改革需要专家的支持，但专家支持改革需要制度保障，专家的选聘、专家团队的组织、专家意见的采纳与发表、第三方民间机构的作用发挥等，都需要有更透明、更合理的制度。一位受访者在谈及如何充分发挥专家的作用时，说道："制度！制度！还是制度！"

第九章　教育改革的家长支持

　　教育改革的家长支持，是指家长对于教育改革的认同、协助、建言或者批评等参与行为，从这个意义上讲，家长支持即家长参与（Parent involvement，又称"父母卷入"。方便起见，以下均称为"家长支持"），是指家长参与孩子的教育过程。

　　关于家长支持，国内外学者从不同视角和理论有过诸多研究成果，例如关于家长支持的结构，艾伯斯坦（Epstein，1992）按照角色行为的复杂程度划分为教养、沟通、志愿者活动、家庭学习和决策五种行为序列；郑燕祥等人（1996）按照参与场所和形式归纳为校内参与和校外参与两大类；格拉尼克（Grolnick，1997）等人则将家长参与划分为行为参与、情感参与和认知参与三个维度；范特仕（Fantuzzo，2000）等在艾伯斯坦的基础上，将家长参与划分为以学校为中心的参与、以家庭为中心的参与和家校交流三个维度。[①] 本文根据我国家长支持的实情，同时结合互联网时代家长支持的形式和途径的变化，按照支持的场所和内容，将家长支持划分为以家庭为中心的教育过程支持、以学校为中心的教育工作支持以及以校外政府为中心的教育决策支持三类。

---

① 张建卫：《家长参与：家校协同的心理学研究》，首都师范大学出版社 2012 年版，第 8—9 页。

第一节　家庭中的教育支持

时至今日，家庭依然是一个人从幼年至老年必然经历的、不可缺少的生活基本单位，依然发挥着教育的功能。从广义上讲，家庭对一个人的教育影响不只局限于儿童时期，它涵盖人的一生。

在当今中国社会，家长支持的家庭教育过程可以从直接参与和间接参与两个维度进行分析。

一、家长直接参与孩子的教育过程

就我国目前家长直接参与教育过程的内容看，主要体现在道德教育、知识教育方面。

（一）家长参与道德教育的现状

从道德的养成看，从古至今，无论贫富，虽然在教育形式上存在或耳提面命或身先垂范的差异，但家长始终是儿童道德养成的第一启蒙者，道德教育始终应该是家庭教育的主要内容之一。有研究者曾于 2014 年对我国北京、广东、黑龙江、陕西、河南 5 个省市 4000 个有孩子在接受义务教育的家庭做过问卷调查，数据显示，71.5% 的家长非常认同"父母是孩子第一任老师""子不教，父（母）之过"等观点，并表示能尽力做好；17.6% 的家长虽然对此表示非常认同，但感觉落实得不太好。这表明家长的道德教育的主体意识总体较高，明确认识自己与孩子道德素质之间的关系。[1] 但同时该调查数据亦反映出家庭的道德教育过程中，教育的行为能力明显低于教育的认知。一些小样本的调查也表明此现象并非罕见，如有研究者对一所高中生家长的问卷调查中，发现家长均重视参与教育子女，其中 51.3% 家长认为家庭教育的主要任务是"培养子女良好的道德品质和社会适应能力"，但真正落

---

[1] 洪明：《我国家庭德育的基本状况与特点分析——基于 4000 份调查问卷》，《青少年研究》（山东省团校学报）2014 年第 5 期。

实到教育目标方面，76.3%的家长认为是"上好大学，成为有学问的人，找份好工作"，而认为是"学会做人"仅占38.3%。[1]

不过，2011年针对河北、山东、江苏、河南、甘肃、四川6省32所中学5167名中学生（初二年级和高二年级）的问卷调查显示，父母对孩子最关心的问题首先是学习成绩（占46.3%），其次是人品（占27.3%），再次为是否愉快（占15.7%），最后是衣食住行（占10.6%）。调查结果说明，中学生父母对孩子学习成绩的关心远远超过了对孩子品德和心理健康等的关心。[2] 其他研究者的调查也有相似结果：2012年7—10月，有研究者在南京市主城区、城郊结合区和郊县中分别选择玄武区、浦口区和溧水县作为调查点。每个调查点使用系统抽样法分别随机抽取330户家庭作为调查对象，采取入户发放、填写调查问卷的发放，共计调查990户家庭。结果显示，42.0%的家庭把重心放在孩子的学习与智力开发，而只有27.5%的家庭注重孩子的思想品德教育培养。[3] 不过，在其他研究者进行的相关调查中，则呈现出低幼年级家长对于孩子品德形成的关注，尤其是在一些较为发达的城市。这种情形的出现，其实是与年级的递升而带来的升学压力愈来愈大，故家长对于学业成绩的关心逐渐成为主位有关。

（二）家长参与学业指导的事实

家长直接参与学生学业指导，最常见的形式便是参与孩子家庭作业的辅导或"陪读"，这是当下家长尤其是义务教育阶段家长在家庭教育中扮演的主要角色。国内外一些研究成果表明，家长有效地参与孩子家庭作业的辅导，能够有利于学生学业成绩的提升。[4] 不过，中国家长参与辅导作业的行为动机较为复杂，其中既有因为独生子女政策所带来的家长对子女教育的极

[1]　高原、张占友、王泉：《关于家庭教育现状的调研报告》，《全国教育科研"十五"成果论文集（第三卷）》，新华出版社2006年版，第2626页。
[2]　曹瑞、孟四清、麦清：《中学生德育环境状况的基本判断与建议——基于2011年全国中学生德育环境状况的调查与分析》，《思想理论教育》2012年第11期下。
[3]　舒星宇、周建芳：《家庭变迁背景下家庭功能的现况与问题——以南京市为例》，《社会工作》2013年第5期。
[4]　李涛：《家庭作业与学业成绩的关系》，《心理科学》2011年第3期。

度关注，以及深信教育能改变个人前途所引发的主动参与，但同时亦有基于新课改的新理念要求，家长越来越多地"被要求"参与到教育学生的过程中来，促进家校合作，支持学校的教学改革等，甚至不排除有部分学校教师将学校教育的责任不恰当地转移给家长，"参与"变成了一种强迫行为的情形。

关于家长参与孩子学习过程的形式国外有诸多的研究成果，其中塔姆（Tam）和陈（Chan）考察了香港地区家长参与学生家庭作业的情况。该研究将家长参与行为划分为三个维度：自主支持、直接参与、提供结构。自主支持是家长"鼓励孩子自己完成作业"；直接参与是指家长积极参与完成孩子的作业，如"检查孩子的家庭作业"；提供结构指家长引导学生专心完成作业，如"建立、巩固家庭作业的规则"，跟踪作业过程发生的意外事情等。①

从中国大陆情况看，家长参与孩子家庭作业的方式，随家长学历、经济状况、期望、生活区域等不同而有所区别，总体看主要有包办、辅导、检查、督促、放任等"支持"形式。

"包办"是指家长或因不懂辅导孩子学业的方法，或"可怜"孩子的辛苦，或不耐烦辅导孩子，或期望孩子能在班级群体中有个好"名次"，而直接将家庭作业答案告知甚至代替孩子完成的"参与"方式。下面是个较为典型的例子：

时下，公司职员李先生最大的苦恼是：孩子上小学三年级了，还不能独立完成作业。据了解，李先生的孩子刚上小学一年级时，李先生的工作比较清闲。因此，他把大量的时间花在了孩子的身上。有一次，孩子忘了写作业，时间又太晚，李先生担心影响孩子睡觉，干脆"越俎代庖"，替孩子完成了作业。几次下来，小家伙"忘写"作业的次数越来越多。李先生不得不和孩子的老师及孩子同学的家长保持热线联系，以便监督孩子完成作业。孩子上小学二年级后，由于李先生工作繁忙，他自然顾不上孩子了。此后，李

---

① Tam V C,Chan R M. Parental involvement in primary children's homework in HongKong[J]. The School Community Journal, 2009, 19（2）.

先生的孩子变成了班上的"作业老大难"，不按时完成作业的情况时有发生。

李先生的孩子得了"家长依赖症"，病因在于孩子上小学一年级时，李先生爱子心切，辅导孩子做作业时犯了"越俎代庖"的禁忌。[1]

"辅导"是指家长针对孩子做作业过程中出现的困难、疑惑进行有耐心的鼓励、讲解、回答；"检查"是指家长查看、批改孩子作业完成的质量等；"督促"是指家长仅仅作为监督者督促或全程"陪同"孩子完成家庭作业，但对于孩子作业完成的质量并没有实质性辅导或介入。一位班中学生家长多半为下岗工人的普通中学班主任曾向调查者反映：

就督促而言，班上有一半家长能做到。父母每天至少有一个人专门负责孩子，谈谈孩子学习。当孩子写作业时，她在一旁打打毛线，或者是过一会儿来看看，提醒提醒他，督促他。至于一起看书、研究研究呀，还没有这样的家长。家长没有这个心情，他没有这个能力看这个书。他自己看不懂，数学也不会做，他哪里会有兴趣呢？像这样的人，让他看一些文艺性的书籍就头疼。[2]

"放任"是指家长出于多种原因并不实质参与孩子家庭作业，孩子作业做与不做从不关心，或虽然有时过问，也仅仅是教训一顿，过后便忘。南京市某重点中学班主任曾对前去调研的人员反映：

班上有位学生，不在籍，花钱进来的。家里条件很好，家长也有文化知识，但家长不管也不愿意辅导学生。他认为把小孩送到学校，学习上的事情就应当由学校全部包下来。学生进入好学校，就像进入保险箱，学校好，学生肯定是好的。实际不是这回事。家长不闻不问，肯定不行。家长对孩子的教育还是起了很大作用的。[3]

家长参与孩子作业形式及其效果受多种因素影响，其中如家长的教育理念、文化水平、教育期望、经济收入、工作时间以及孩子学业成绩的优劣等是重要变量。早在1995年曾有研究者走访、调查江苏苏北某县40多所小学、

[1] 张建生：《家长辅导家庭作业的四大误区》，《家长》2008年第Z1期。
[2] 蒋逸民：《教育机会与家庭资本》，社会科学文献出版社2008年版，第208—209页。
[3] 蒋逸民：《教育机会与家庭资本》，社会科学文献出版社2008年版，第191页。

近 2000 名小学生和家长，发现采取包办代替方式的家长占 4.55%，且孩子学业成绩普遍较差；能够精心辅导的家长占 13.1%，从身份看，这些家长绝大多数是教师、知识分子和国家干部，他们有能力辅导孩子的功课，且正确率较高；督促或"陪学"式的家长占 21.5%，且绝大多数为母亲，自己没有能力辅导孩子，但对于孩子的学习较为关心，孩子成绩多为中游水平；放任形式的"参与"家长占到 36%，身份绝大多数为文盲、个体工商户和双职工，有的无能力辅导，有的无时间和精力辅导，也有的因为对孩子的学习漠不关心、不抱过高要求等。[1]

根据对 1982 年到 2010 年几次全国人口普查统计数据分析，发现在我国家庭户代际结构呈现的一个趋势是"隔代家庭"（即由祖父母与孙子女组成的家庭户）户数明显上升，在 1982 年此类户比重仅为 0.7%。到 2000 年和 2010 年，则分别上升到 1.89%、2.26%，且主要集中在农村地区，2010 年农村占到此类家庭户的 51.2%，建制镇为 32.1%，城市仅为 16.6%，"说明当前农村中中青年夫妇二人一同外出务工并将子女留给家乡的父母照看的情形非常普遍"，[2] 根据我国农村实情和隔代教养的弊端，"隔代家庭"户的上升，不仅意味着留守儿童的大量出现，同时也表明这部分家庭的家长基本无法承担起直接教育孩子的责任。

二、家庭内部的文化教育投入所带来的直接影响

对于中国式家长而言，家庭中的教育投入比例较能直接反映家长对于支持家庭教育的态度。在当下中国的家庭中，教育投入除诸如学杂费、校服费、文具费、餐费等必要性投入外，形成家庭教育投入更大差异的是拓展性投入，其中包括为获取外部教育资源诸如优质学校的选择、参加各种培训班以及为孩子接受良好教育所进行的迁徙之外的投入。就丰富家庭内部的教育支持而言，主要指各种教育图书的购置、用于学习需要道德电脑的购买和网

① 吕从坤：《家长辅导孩子作业的调查》，《现代家教》1995 年第 10 期。
② 胡湛、彭希哲：《中国当代家庭户变动的趋势分析——基于人口普查数据的考察》，《社会学研究》2014 年第 3 期。

络的开通、家教的聘请等各种教育资源的支持。

家长为孩子教育购买教辅图书、音像资料、教育研究类图书、百科全书、练习册以及各种儿童读物等，在当下中国家庭的教育投入中占有相当比例，就其动机而言，有被动（学校教师要求）也有主动（家长为孩子学习进行规划）。一些研究发现，作为重要的家庭文化资本投入的藏书量与孩子的学业成绩之间存在显著关联。早在 2005 年，北京市教委组织人员抽取了 8 个区（县）90 所小学的 3500 名五年级学生和 90 所中学的 3500 名初中二年级学生进行测试调查，调查显示：五年级学生的思想品德、数学、语文、科学等学科成绩，八年级学生的思想政治、数学、语文、生物等学科成绩都随家庭藏书量的增加而上升，且差异非常显著。[1] 尽管这个调研结论还较为粗糙，但家庭藏书量的规模确实有助于为学生提供一个良好的学习氛围，同时适当购买一些教辅材料对于学生尤其是中学生提高学习成绩确有一定的正面作用。该结论也被其他样本的调查所验证，如薛海平对甘肃农村 1674 名初中生的调研显示，虽然家庭藏书量与学业成绩（语文、数学）之间并非呈现简单的线性对应关系，但总体而言，在初一至初三年级，来自较高文化资本家庭（拥有较多藏书量）的学生语文和数学成绩会更好，"因为书本不仅可以开拓学生的视野，同时又为学生提供了大量的学习辅助工具，这些都有助于学生取得好成绩。"[2]

教育资料购买的数量与质量，毫无疑问首先受制于家庭经济资本状况。如有研究者调研了内蒙古赤峰市 100 户被官方认定的贫困户家庭的教育投资情况，发现在为孩子提供课外学习用的书籍、音像制品方面，71.1% 的城市贫困家庭少于 10 册，而 70% 的城市非贫困家庭为儿童提供的书籍在 20 册

---

[1] 《市教委发布〈北京市 2004 年义务教育教学质量报告〉家庭藏书量与学生成绩成正比》，《京华时报》2005 年 11 月 29 日。

[2] 薛海平：《学生成绩提高的原理与策略——义务教育生产函数分析》，北京大学出版社 2011 年版，第 107 页。

以上，二者有着显著差异。① 一项对农民工家庭文化资本的调查发现，绝大多数农民工家庭均无藏书，约20%的家庭只有一些供成人消遣娱乐的小说或杂志，约7%的家庭存有一定数量的专业或技术类书籍，只有不到6%的家庭藏书较为丰富。② 在拥有藏书量的家庭中，况且尚有一些与儿童教育无关的适合成年人阅读的书籍。在甘肃农村初中生家庭中，9.4%的家庭没有一本藏书，超过一半以上的家庭藏书量不到10本。③

　　已有的研究都说明了家庭的教育投入除受制于家庭经济收入外，家长尤其是父亲的受教育程度和职业一类非经济因素也影响着家庭的教育选择。然而，这并不意味着所有弱势群体家庭参与教育的意识就弱，孩子便没有成为学业成绩优秀者的可能性，换言之，教育期望也是影响家庭教育投资的重要因素之一。事实上，在中国相当一部分处于社会下层的家长（尤其是城市中的贫困家庭的家长），由于恐惧孩子"长大后你就成了我"，而有着强烈的改变现状的抱负，故他们对于参与孩子教育怀有极高的热情，也抱有极大的期望：

　　每天放学后上篮球课，周六上午学奥数、周六下午学新概念英语，这是贺小红给儿子排的课外课程表……贺小红和丈夫来自农村，她在一家事业单位的食堂工作，丈夫在一个餐馆做厨师，因此，他们还会时常为一家人的生计发愁。

　　三重压力叠加在一起，贺小红过得很辛苦。收入本就不高，还要拿出其中大部分送儿子上课外培训班，可贺小红觉得这一切都值得，因为她内心有着一个强大的信念：不能让孩子输在城乡这条分界线上。④

　　特别值得一提的是，近来诸多教育行政主管部门和中小学校在着力推进

---

① 邹广万：《赤峰市贫困家庭教育资源现状调查》，东北师范大学硕士学位论文，2008年，第89页。
② 周序：《文化资本与学业成绩——农民工家庭文化资本对子女学业成绩的影响》，《国家教育行政学院学报》2007年第2期。
③ 薛海平：《学生成绩提高的原理与策略——义务教育生产函数分析》，北京大学出版社2011年版，第107页。
④ 樊未晨：《教育焦虑城乡大蔓延》，《中国青年报》2012年3月16日第6版。

教育现代化、信息化的进程中，一方面政府加大对学校的投入，教学设备更新换代加速，另一方面为使现代化教学手段成为更新教学模式的手段，要求家长投资购买电脑、连接网络，甚至购置 iPad 等，这些新的投资对于家庭而言不再是拓展性投入，而成为了必要性投入，事实加重了家庭教育投资的负担。

三、家长主观化行为间接参与教育过程

如果说家长直接参与对孩子学业等的辅导，以及根据需要尽力提供教育物资方面的投入，是家长对家庭教育的直接支持，家长的教育期望以及教养方式等则属于家长的主观化的行为，它也是一种"无声"的家长支持教育的行为。

家长的教育期望，大致可以包括家庭的教育目标、对儿童的职业期望以及对儿童的学业期望。家长的教育期望不仅直接影响着家长对孩子的教育投入，还间接地影响着孩子学习的内驱力、自信心和学业成绩。有研究者通过对乌鲁木齐市和长春市部分中小学生和家长的问卷调查表明，当下为父母者均对自己孩子的教育抱有极大期望（尤其是拥有高学历的父母），其中期待孩子大学学历的父亲和母亲的比率分别是 33.0% 和 32.8%，期待研究生学历的父亲和母亲的比例分别是 60.1% 和 60.9%。可见，对孩子的教育父母均存在追求高学历的意向。而且父母已经不满足于大学学历，想让孩子获取研究生学历的想法非常普遍，而且对男孩和女孩的学历期望是一样的。[1] 这个定量统计的结果，也得到了部分访谈资料的验证：

班上有个学生，是全班第一，也是全年级第一名。父母 40 多岁才生下这个孩子。父母现在都下岗了，一个下岗后看大门，另一个在家做家务。父母文化水平不高，但知道如何把小孩培养好，从小学一年级至三年级一直是父亲辅导她，后来辅导不了，就到其他学校要卷子，或买卷子回来给孩子

---

① 杨春华：《教育期望中的社会阶层差异：父母的社会地位和子女教育期望的关系》，《清华大学教育研究》2006 年第 4 期。

做。现在小孩基本上形成了一个好习惯。虽然父母辅导不了，但孩子习惯很好，到时候知道做什么。家里父母叫她不要看书了，睡觉吧，她说她还要看。她对学习有很大的兴趣。①

影响家长教育期望的因素很多，虽然许多研究说明农村与城市家庭的家长存在显著差异，但在城市谋生的外来务工人员身份的家长的教育期望并不低，如有研究者在北京京城六区，以及周边昌平、通州、大兴等靠近北京中心市区的进城务工人员聚居区，每个区域调查样本 5 个左右，共计调查 40 个区域中 1760 个有效样本调查发现，选择初中后继续升入高一级学校就读的家庭比例达到 79.9%，20.06%的家长选择让孩子去工作。②

有研究者通过田野调查发现：大学扩招后，教育领域和劳动力市场发生了变化，如大学毕业生就业难，农民工就业机会多，大学教育成本上升等，这对于部分农村家庭和城市家庭教育选择产生了不同的影响。其中部分农村家庭子女感觉升学无望，在初中毕业后（少部分在初中学习期间）放弃继续升学机会，进入劳动力市场；面对大学毕业就业难，城市家庭的就业决策没有负面影响，中上阶层家庭加大了对子女教育投入，以便帮助子女进入更好的学校，从而获得更具竞争力的文凭。③ 这个研究结论，并不意味着农村家庭的家长天然就与城市家长对于孩子的教育期望存在显著差异，更多是因为大多数农村学校教育质量低下，尤其是 2001 年后的"撤点并校"政策导致乡、村学校教师和学生教学积极性大为降低，感觉升学基本无望，导致教育期望值下降。

家长的教养理念和教养方式，虽然不属家长直接参与家庭教育的范畴，但它与孩子的性格、自尊、冒险精神和教育获得存在密切关系，也是家长支持方式的一种。关于家庭教养方式的类型，国内外社会学、心理学家均有一

---

① 蒋逸民：《教育机会与家庭资本》，社会科学文献出版社 2008 年版，第 190 页。
② 张绘：《流动儿童初中后家庭教育投资决策的实证分析——基于北京的调研数据》，《教育学报》2015 年第 3 期。
③ 李春玲：《教育不平等的年代变化趋势（1940—2010）——对城乡教育机会不平等的再考察》，《社会学研究》2014 年第 2 期。

定的研究成果。如鲍姆里德提出权威型、专制型和消极型的三类，马科布和马丁提出的权威型、专制型、溺爱型和忽视型四类。我国的研究者一般将家庭教育方式划分为民主式、专制式、溺爱式和放任式 4 类。在西方对于家庭教养方式的社会学和心理学研究方面，更多的是关注其与社会阶层的关联性。但一些中国研究者则通过实证研究认为，西方的研究结论并不适合当下中国的家庭教育现实，阶层因素尚不是影响教育理念和教养方式的重要变量，因为我国阶层固化的程度远不足以影响社会流动，因此，就教养理念和方式而言，"中国城市居民没有呈现出西方那样的中产阶层以权威型教养为主，底层以专制型或放任型教养为主的分化模式"[1]。

第二节　家长支持与学校素质教育的实施

自 1985 年颁布教育体制改革文件之后，素质教育便成为一个全民熟知的名词，虽然无论是家长还是从事教育的专业工作者和教育行政官员，均认可素质和素质教育对于学生发展的重要性，但实施情况并不尽如人意。就家长而言，对素质教育既有迫于外界现实压力而在素质教育的行为和认知之间进行非理性选择，从而影响学校素质教育的推进；也有因自身理念的落伍而对学校素质教育不以为然，甚至反感、反对。家长的价值取向和态度行为，直接影响着学校实施素质教育。

一、家长加压现象阻碍学校推进素质教育

"应试教育"是社会各界人士批评当下中国基础教育的常用词汇。毫无疑问，这种现象的出现固然有学校领导和教育工作者的责任，但同时亦有被相当多家长过于功利化的教育期望和取向"绑架"的元素。2013 年 3 月 5 日，

---

[1]　洪岩璧、赵延东：《从资本到惯习：中国城市家庭教育模式的阶层分化》，《社会学研究》2014 年第 4 期。

新华网发表了记者对山东济南部分家长对于孩子教育"支持"的调查，颇具代表性：

王媛是济南一所初级中学的历史老师，她的女儿今年4岁半，在幼儿园上小班，目前在上一个舞蹈班。王媛说："准备给她再报美术和英语班，报美术班是想培养她安静的气质，英语必须要尽早接触。再大一点，就让她去接触一下音乐和击剑。"

王媛说，平时自己在教学的过程中，也都坚持素质教育的理念，让学生在轻松的氛围中学习成长。不过谈到自己的孩子，王媛还是觉得报一些班很有必要，她说："与我们小时候不同，现在孩子在幼儿园和小学基本都是玩儿，要给她适当加压，让她接触不同的课程，看看她的兴趣点在哪里。"

王媛并不只是个例，记者还采访了另外两位在高校和在中小学任教的老师，他们的孩子无一例外地都上了补习班。在他们看来，"艺多不压身""别让孩子输在起跑线""别人孩子都报班我们也得报"是导致很多家长给孩子报班的主要原因。①

上述例子并非个案。在各级政府的推动下，绝大多数学校领导和教育工作者在观念上和实践中均能关注学生核心素养的养成，减轻学生负担，但同时带来的是家长负担增加、孩子负担不减。2012年上半年，山东省教育厅曾委托第三方专业调查机构——山东省社情民意调查中心就普通中小学生课业负担等情况，对义务教育阶段四年级、八年级和非义务教育的高中二年级学生或学生家长进行了抽样调查。结果显示，除个别地市存在办学不规范行为外，绝大多数中小学生在学校的课业负担明显减轻。然而，随之而来的是家长的不满，家庭教育中为孩子参加各种培训班实际支出的增加，学生负担不减还增。一如教育部关心下一代工作委员会在一份研究报告提出的：一些家长其实是应试教育的主要推手。例如学校为学生"减负"，家长则给孩子"加负"；学校要求学生全面发展，家长则只关注孩子的分数；等等。"实践

---

① 《学校减负家长加压——素质教育新课题待解》，http://www.edu.cn/zhong_guo_jiao_yu/yiwujiaoyu/201303/t20130306_911924.shtml。

证明，推进素质教育，家庭教育的作用是非常重要的。只有学校教育和家庭教育以及社会教育形成合力，学校素质教育才能取得实质性的效果。"①

不过，一味指责中国家长功利、观念落后，并不能真正解决问题。毫无疑问，家长的教育理念需要更新，但平心而论，家长的选择其实都是基于作为利益相关者的利益最大化原则。当我国各类选拔考试和评价模式、方法等不彻底改变，教育资源配置没有公平合理，以及各级教育部门没有真正从内心深处认可素质教育的价值，那么家长"上有政策，下有对策"便是合理选择，家长们为孩子"拼"时间、金钱、权力、关系等现象终难真正改变。

二、家长"过度"介入直接影响学校素质教育的推进

尽管对于家长参与教育、家校加强沟通的意义，家长与学校双方并不存在过多的异议，然而家长参与权力的保障、话语权的掌控，双方沟通的主旨与沟通的指导思想，以及家长参与和沟通的具体方法、途径等方面，家长、教师、学校管理者等教育工作参与者的认识并不一致。尤其是诸多家长对于参与学校管理的权利与义务并不十分清晰，导致在家校合作的现实中出现"过度"介入的越界现象。

为了自己的孩子有一个好的未来，每个家长都千方百计关心子女的学习，以此促进孩子的发展，并为此对学校的教育教学活动持有强烈的参与和干预意识。这种干预学校的意识往往仅限于学校教育教学行为是否有利于自己孩子的个人发展，而不会站在帮助公共服务机构提高服务质量、更好地为公众服务的现代公民立场来思考问题。过于关注个体利益的思维方式，带来的后果有二：一是当孩子利益在学校"受损"时，家长习惯"兴师问罪"，对学校行为不依不饶，而不顾学校整体利益和发展大局；二是习惯于单方面问责，得理不饶人，而一旦需要其承担应尽的义务时，却消极懈怠、百般推诿。

---

① 教育部关心下一代工作委员会、《新时期家庭教育的特点、理念、方法研究》课题组：《我国家庭教育的现状、问题和政策建议》，《人民教育》2012 年第 1 期。

事实上，家长强势参与、干涉教师具体教学的极端情形并非个案：

据《舜网—都市女报》2009年3月26日报道，部分家长热衷于干预幼儿园制度，或给幼儿园教师"传授"幼教知识，主张改变幼儿园现有的作息时间；或从自己的需求出发，要求幼儿园能开设珠心算、奥数、双语课程等。

家长的强势介入，不仅表现在对于学校课程的过分"关注"，甚至涉足班级内部的管理：

在某重点中学的初一班级，由于诸多原因，班主任任命了一位小学时表现不佳的学生王冰（化名）为班长。虽然王冰进入初一后除学习差外，各方面工作表现不错，班长工作尤其卖力，但却遭到了一些学习成绩较好学生的反对，一致要求更换班长。不仅如此，部分家长也陆续给年轻的班主任施加压力，他们责问班主任："为什么让一个受过处分的、学习差的孩子当班长？"他们告诉班主任，自己的孩子学习好，但在班里心情很压抑。他们强烈要求换班长，他们不愿让这样的"坏孩子"管理自己的孩子。班主任的做法虽然得到教育研究者的认可和支持，但迫于家长的压力，不得不撤换了班长。[①]

2010年1月22日上海《新闻晚报》记者报道：随着网络的普及，越来越多的家长针对校长、教师在学校管理和课堂教学中的行为，常常通过网络表达自己的诉求和意愿，内容甚至涉及"一堂课该怎么教""为什么我家孩子不能当班长？""课表这样排不合理""凭什么给我孩子处分"等微观性的教学和管理问题，有的家长甚至选择去论坛发匿名帖"声讨"老师。

这些过度热心参与者，多为受过高等教育、享有一定社会地位的初中段以下学生家长，他们更多的是以"消费者"心态看待学校和教师，从一己的立场出发直接或间接地表达自身种种合理或不合理诉求，甚至以自己所拥有的文化资本和社会地位为傲，对学校实施素质教育进行批评指责，根本不屑

---

① 《家长干预班主任工作的典型案例》，http://bbs.eduol.cn/forum.php?mod=viewthread&tid=280749。

于学校教师的专业知识。"家长干预学校工作现象的日益增多，首先反映了整个社会在近 20 余年来尤其是近 10 年来呈现出的生存性焦虑和信任缺失等社会现实。家长干预的行为恰是嵌入于浮躁、急功近利的社会关系的直接写照。"[1] 同时，另一方面反映了在激烈的社会转型时期，尤其是经济主义为主要导向的时代，教师的地位远远低于那些拥有公权力或财富者的现实。

家校联系应是在平等对话基础上的一种沟通，任何一方的过度强势，终将导致家长参与陷入误区。相互尊重各自的权利与义务，平等对话沟通，方是家长支持、家校有效联系的应有理念。

三、家长委员会支持学校素质教育

由于家长与学校在教育目标、教育期望、教育理念、教育内容以及教育方式等方面均存在一定差异，如何发挥学校在家校合作中的引领作用，以一种新的模式凝聚合力推进学校包括素质教育在内的教育教学改革，使广大家长成为学校素质教育改革的支持者，成为当下刻不容缓的举措。家长委员会作为家长群体的代表组织，他们支持学校素质教育的态度，对连接广大家长助推学校素质教育无疑有着积极的引领作用。

（一）家长委员会应有的职能

家长委员会是由本校学生家长代表组成，代表全体家长参与学校民主管理、支持和监督学校做好教育工作的群众性自治组织，是学校联系广大学生家长的桥梁和纽带。

美国是世界上最早推动家长参与学校管理工作的国家之一，1897 年在华盛顿召开了首届"全国家长和教师代表大会"（National Congress of Parents and teachers），标志着美国全国性的家校合作系统成立起来，并在 1924 年更名全国家长教师协会（Parent-Teacher Asoicaiton, PTA）。他们一般由家长推选若干名热心委员来负责协会工作。协会在学校与家长之间起着

---

[1]　胡金平：《家长干预学校教育行为的现象分析——一种嵌入的视角》，《湖南师范大学教育科学学报》2012 年第 2 期。

一种桥梁和沟通的作用，家长对学校有什么意见和建议，往往通过协会向学校反映。反之学校对家长有什么要求，以及学校在作出一些重大决策时，也要通过协会征求家长意见。

20 世纪 80 年代，西方"家长委员会"的理论与实践开始传入我国，并逐渐在一些中小学进行自主性实验。从国家层面号召在中小学设立家长委员会的文件，最早见之于在 1996 年颁发的《小学管理规程》，其中第 55 条规定："小学可成立家长委员会，使其了解学校工作，帮助学校解决办学中遇到的困难，集中反映学生家长的意见、建议。"1998 年《中小学德育工作规程》第 39 条规定："中小学校要通过建立家长委员会、开办家长学校、家长接待日、家长会、家庭访问等方式帮助家长树立正确的教育思想，改进教育方法，提高家庭教育水平。"2010 年颁布的《教育规划纲要（2010—2020)》，首次从建立和完善现代学校制度的视角论述了建立家长委员会工作的价值。2015 年 10 月，教育部印发了《教育部关于加强家庭教育工作指导意见》，对于如何发挥好家长委员会作用提出了具体意见。

我国家长委员会成立的初衷便是实行民主管理。作为利益相关者的家长除个人对学校教育有知情权、参与权、监督权外，还可以通过家长委员会这个平台组织起来，行使集体教育参与权，促进学校民主管理、支持学校素质教育，提升家庭教育水平。大致而言，家长委员会主要具有沟通、参与、监督、评价、咨询几方面职能。

所谓沟通的职能，一方面是指作为家长代表的组织，家长委员会有责任和义务将广大家长对学校教育和管理的改革意愿集中向学校反映，包括对于学校实施素质教育方面的意见和建议等，并争取校方能关注、汲取其中的合理要求；另一方面家长委员会作为家校合作的中介组织，亦有责任将学校在推进素质教育改革方面的意图、做法等及时向家长汇报、传递，保障家长对学校教育改革的重要决策有知情权，同时争取家长对于学校实施素质教育的理解和支持。此外，还有义务搭建各种沟通平台，使家长与家长、家长与教师之间有机会进行素质教育经验的交流。

所谓参与职能，一方面是指家长委员会有权代表家长参与学校涉及广大学生利益的重大教育的决策，并使学校教育决策更加民主化、科学化；另一方面是指家长委员会有义务联合、协助学校组织开展形式多样的家庭教育指导服务和实践活动，共同办好家长学校，尤其是将素质教育的理念和价值通过各种方式使其真正沁入广大家长的心中。此外，家长委员会还具有联络部分家长，担任学校推行素质教育的志愿者，直接参与学校素质教育的课堂教学和实践活动。

所谓监督职能，主要是指家长委员会有权监督学校对于国家素质教育政策的执行情况，有权监督学校对于广大家长合理诉求的落实情况等。

所谓评价职能，主要是指家长委员会有权代表广大家长对学校教育教学工作进行评价，尤其是对学校素质教育工作好坏优劣做出评价。毫无疑问，家长们的价值取向千差万别，对于教育目标的追求并不一致，但家长委员会主要是顺应主流"民意"和现代教育理念，对于学校素质教育的实施状况做出实事求是评价。

所谓咨询职能，主要是指家长委员会联络广大家长，充分运用部分家长的文化资本、社会资本等为学校素质教育的推进出谋划策，提供咨询。

（二）家长委员会助推学校素质教育

2015 年 10 月，教育部印发了《教育部关于加强家庭教育工作指导意见》，其中特别提出要"发挥好家长委员会作用"，要求各地教育部门采取有效措施加快推进中小学幼儿园家长委员会建设。中小学幼儿园要将家长委员会纳入学校日常管理，制订家长委员会章程，将家庭教育指导服务作为重要任务。[1] 其实，在此之前一些省市已经做了有益探索。例如 2009 年 12 月，山东省教育厅在全国较早地制定了《普通中小学家长委员会设置与管理办法（试行）》，要求省辖区内中小学均应设置学校家长委员会，并提出："中小学家长委员会是由本校学生家长代表组成，代表全体家长参与学校民主管理，支持和监督学校做好教育工作的群众性自治组织，是学校联系广大学生家长

---

[1] 《〈教育部关于加强家庭教育工作指导意见〉答记者问》，http://learning.sohu.com/20151021/n423829801.shtml。

的桥梁和纽带。"

在成立家长委员会的全国中小学幼儿园中，确有许多学校能够发挥家长委员会的各项职能，推动学校实施素质教育。这些学校的共同举措，首先是在对于家长委员会地位、价值、职能等认识到位前提下，通过民主选举办法建立真正意义上的家校合作的"民间"组织。2012年3月教育部在出台的《教育部关于建立中小学幼儿园家长委员会的指导意见》中，特别要求按照一定的民主程序，在自愿的基础上，选举出能代表全体家长意愿的在校学生家长，组成家长委员会。之前，山东省教育厅制定的"家长委员会设置和管理办法"中，更是对家长委员会组成程序、组织架构以及规模等均做出了详细规定，一些学校按照规定进行了有益探索。

其次，学校支持家长委员会聘请部分有专长的家长担任"家长教师"，直接参与学校部分教学工作，或为学校发展建言献策，共同推动学校素质教育发展。如湖北恩施市教育局倡导各学校设立"百家讲坛"，聘任"家长义工"，筛选在民俗、书画、手工艺、生产工艺、文学、法律等方面有特长的家长到校授课，以此进一步丰富学校素质教育内涵，促进孩子健康成长和全面发展。该市一所学校领导感慨道："好家长胜过好老师。他们为学校的教育教学工作提供了很多好的思路，比如有的家长建议学校增加学生到图书馆借书的时间和次数，多开展一些读书比赛、演讲比赛以及督促学生参加各种公益性活动等。"①

此外，学校主动邀请家长或家长委员会成员介入学校管理、监督。像恩施市施州民族小学每学期都举行教学开放月活动，召集家长委员会进校办公、集中议事，面对面征求家长委员会成员对学校教育教学工作的意见和建议。参加"走进学校评管理，走进校园评校貌，走进班级评教学，走进食堂评服务"的活动，实现对学校教育的知情权、参与权、监督权。②

---

① 湖北恩施：《家委会活动丰富学校素质教育内涵》，http://hb.people.com.cn/n/2015/0405/c194063-24393128.html。

② 湖北恩施：《家委会活动丰富学校素质教育内涵》，http://hb.people.com.cn/n/2015/0405/c194063-24393128.html。

（三）部分家长委员会支持职能的缺位

家长委员会虽然在我国大多数中小学建立起来了，但总体看依然存在诸多不尽如人意之处，首先是表现为许多教师或校长在家校合作的认识上存在偏差。有研究者通过对北京、中山、青岛6所学校的调研发现，教师们对家长参与学校管理态度微妙，一方面持欢迎态度，认为有助于促进学生成长；但另一方面对家长参与教师评价、校长监督、教学管理等则有排斥心理。有校长也表示家长不应该参与学校管理，其理由是家长不是专业教育人员，他们不能有效地参与学校管理。家长也不能站在学校的角度考虑问题，家长提出的建议更多的是维护自家孩子的利益。[①]

对于家长或家长委员会参与学校管理合法性、必要性认识的模糊、偏差，势必影响实践中家长委员会职能的真正发挥。有研究者对一所由校方帮助建立起来的三级家长委员会的运行调研便发现，家长委员会委员对学校的知情权、监督权、建议性、评价权、决策权等参与学校管理权利并未获得有效的保障：

近几年，家长委员会也提出了一些建议：如"学校大门口旁边那所小房子，就是有时家长来得晚，冬天孩子站着比较冷，所以家长提议建造的。""学校食堂的问题，每年都会提，比如参观学校午餐的时候，提到了不要在孩子还没有来的时候就把饭盛好导致冷掉；一、二年级的孩子在长牙齿，不要老吃大排、排骨那些硬的东西，家长委员会也提过。""校园安全的问题也有关注。"但是，几年来提来提去，都只是几个关于学校食堂、安全及卫生方面的意见。G主任说道："关系到自己孩子切身利益的，就都提到了。学校宏观方面这个就比较少了，关于学校发展的，家长委员可能还是不太敢提，不是发自内心地向学校提一些意见，这一点是比较欠缺的。"[②]

在相当多的学校，家长委员会只是一个咨询机构，难以保障家长参与管理的权力，家长的意见对于学校来讲可采纳可不采纳。

---

① 赵福江：《中小学家校合作的现状及其对策》，《教育理论与实践》2008年第6期。

② 徐小兰：《小学家长委员会有效运行的探究——以嘉定区A小学为例》，华东师范大学学位论文，2013年，第23—33页。

其次，家长委员会组成方式存在不足，主要表现在家长委员会人员构成凸显官员化、富人化，并丧失了对话、监督、批评的意识，而沦为歌功颂德的工具。家长委员会本质上属于自愿结成的联系家校的民间团体，但事实上，一部分学校成立的家长委员会均是由学校越俎代庖帮助组建，何人能够进入这种"伪民间"性质的家委会当然亦基本由学校决定，而非民主选举产生。可见，在家长委员会组成之初，它便存在着丧失监督功能的危险。

更有甚者，家长委员会都不代表家长利益，而沦为学校行事"违纪"的帮凶。例如 2010 年 3 月 15 日的《羊城晚报》就登出：学生出于尊师重道而自愿缴纳的"教师慰问金"竟然被学校"一催再催"。一笔笔莫名其妙的收费竟然又与学生学业"挂钩"。该校老师多次以家长委员会的名义向高三学生乱收费，称"如果拒不交纳，就不允许上晚自修……"目前的家长委员会已经成了代替学校乱收费的组织。

在推动教育改革的过程中，维护学校管理者和教师的专业主义精神是必要的。无论是对于教师地位的提升、教师权威的树立，还是提高教育教学质量、强化教师职业的自主权利，必须承认教师专业主义立场的合理性，但并不能由此剥夺家长主动性参与的权利。家长是孩子发展的重要利益相关者，任何一种教育教学改革都必须关照其诉求。同时，家长虽然对于整个孩子的教育规律的认识不如专业教师，但家长是孩子的第一任教师，家长对于自己孩子的了解可能远远超过老师，何况在孩子思想品格的形成方面，家长的影响也远大于教师。

第三节　家长支持与政府教育政策的变革

我国教育政策的决策过程，尤其是一些关乎千家万户利益的教育政策的决策，虽然各级政府已能有意识地多方征求意见，尤其是专家意见，以使政策出台更具科学性和民主性，但总体看依然被认为是较为封闭的精英（政治精英、学术精英）决策。近些年来，包括新闻媒体、NGO 组织、普通民众等社会行动者开始对教育决策过程产生一定的影响，但时至今日，作为直接利益相关者的家长却鲜有成为征询的对象，家长的诉求难以上达。众所周知，任何一项教育改革政策的落地实施需要得到家长支持，而且网络的发达、自媒体的流行，使得绝大多数家长事实上已成为意见表达者、教育改革政策的建议者。"异地高考""教育资源配置""学区划分"等的政策的出台和改革均与家、政互动和家长支持有着密切的关系。

一、"倒逼"模式下"异地高考"政策的出台

美国学者赫伯特·布鲁默（Herbert Blumer）曾将社会政策形成过程划分为五个阶段：社会问题的出现、问题取得合法性、动员各种活动研讨该问题、形成官方行动、将官方计划付诸实施。[①] 对照布鲁默的阶段划分理论，我国"异地高考"政策的出台过程与此颇为契合。

（一）政策断裂引发的"异地高考"问题

自 20 世纪 90 年代以来，"教育公平"成为上自决策高层下至普通民众极为关注的教育热点问题，亦成为人们评价教育改革状况的重要依据，这意味着自 1949 年以来我国教育发展战略中实际存在的精英取向开始让位于公平取向。而实现教育公平的基本措施之一便是推动"教育均衡发展"政策，缩小区域之间、城乡之间、薄弱学校与重点学校之间的教育差距，使人人均公平地享有优质教育资源的权利。在此背景下，流动人口子女在流入地受教育权问题便与"教育公平"问题紧密联系在一起，成为全社会关注的话题。从社会宏观意义上讲，流动人口子女受教育权问题不仅是关乎教育自身的问题，而且日益成为影响社会稳定和社会发展的问题。

2001 年，国务院发布《关于基础教育改革与发展的决定》，提出"要重视解决流动人口子女接受义务教育问题，以流入地政府管理为主，以全日制公办中小学为主，采取多种形式，依法保障流动人口子女接受义务教育

---

① 罗刚：《基础教育均衡发展政策的制定与价值选择》，载范国睿主编《教育政策观察》第 2 辑，华东师范大学出版社 2010 年版，第 114 页。

的权利"。2003年，国务院办公厅转发了由教育部、中央编办、公安部、发改委、财政部、劳动保障部联合起草的《关于进一步做好进城务工就业农民子女义务教育工作的意见》，要求流入地政府制定有关行政规章，保障农民工子女接受义务教育的权利，要求"进城务工就业农民子女接受义务教育工作，以全日制公办中小学为主"。2006年6月，修订后公布的《义务教育法》第12条明确规定："父母或者其他监护人在非户籍所在地工作或者居住的适龄儿童、少年，在其父母或者其他法定监护人工作或者居住地接受义务教育的，当地人民政府应当为其提供平等接受义务教育的条件。"2006年10月，中共第十六届六中全会通过了《中共中央关于构建社会主义和谐社会若干重大问题的决定》，将"保障农民工子女接受义务教育"作为坚持教育优先发展、促进教育公平的重要举措。

在党和政府推出一系列保障农民工子女平等接受义务教育政策后，各省市政府或教育主管部门及时进行转发，许多地区还结合本地教育发展的目标制定了具体的实施意见。例如2004年9月，江苏省教育厅等部门联合颁发了《关于进一步做好流动人口子女义务教育工作的意见》，要求各地按照国家政策规定，"坚持流入地政府负责、全日制公办中小学接纳为主的原则，流动人口子女义务教育工作由流入地政府全面负责"。此外，如安徽省教育厅、辽宁省教育厅等均有相关政策文件出台。

各级政府颁发的流动人口子女平等接受义务教育政策规定，虽然对于初步解决流动人口子女进入小学和初中接受教育发挥了重要作用，但由于此类政策更多属于"就事论事"、被动对付式"断裂"政策。如教育部等起草的《关于进一步做好进城务工就业农民子女义务教育工作的意见》中，提及做好流动人口子女义务教育工作的意义的表述是："是实践'三个代表'重要思想的具体体现，是贯彻落实《中华人民共和国义务教育法》、推动城市建设和发展、推进农村富余劳动力转移以及维护社会稳定的需要，是各级政府的共同责任。各级政府要以强烈的政治责任感，认真扎实地做好这项工作。"这些都是极为"现实"的应对式政治性政策，而不是进行顶层设计的教育政策。

由于各级政府对于流动人口子女接受义务教育工作更多的是作为政治任

务，关注的只是该时段的教育"过程"，而对于两个可能涉及本地人口利益的重要出口（中考和高考）则有意无意忽视其改革。然而，这种现象带来的直接后果是：一方面由于"出口"不畅，势必影响在读学生的学习积极性，流动人口子女辍学情形时常发生且在所难免；另一方面政府"给予"了义务教育过程，却堵死了义务教育后的"出口"，则意味着"前功尽弃"，更累积成社会稳定问题。可见，解决"异地中考""异地高考"的政策问题，是实现流动人口子女平等接受义务教育后的必然举措。

所谓"异地高考"，按照官方解释："其实是一个专有名词，指的是不在这个地方上学却在这里参加高考。而我们需解决的是进城务工子女的高考问题，指的是父母在这里务工，达到一定年限，孩子是在这里上学能够就地高考"，以免与"高考移民"相混淆。[①]

按照我国长期以来实施的高考政策规定，参加高考的身份资格是与户籍制度捆绑在一起的，这种政策的制定，既与维护城乡二元化社会管理格局有关，同时又考虑到各省市人口、经济和高等教育发展不均衡现实，此外，也受到教育经费的划拨主要依赖地方财政的制度影响。

实行了数十年高考户籍限制政策之所以在最近 10 年来遭到诸多家长和学者的集中反对和抨击，且日渐成为一个社会热点问题，与两个背景的变化有着密切的关系：一是人口迁徙的数量和结构变化巨大。根据第六次人口普查结果显示，中国有 2.21 亿人离开户籍地迁居异地工作和生活。又据统计，2010 年，进城务工人员随迁子女在流入地小学和初中就学的人数达到 997.1 万。其中，在公办小学和初中就读的分别占 77% 和 80%。尤其值得关注的，是在迁徙队伍人群中，不仅有早期的"农民工"，而且还有大批拥有较多经济资本、文化资本的高学历、有技术的经商者或其他白领人士，他们具有较强的维权意识。二是高考分省自主命题制度以及新课改以来实行的"一纲多本"的改革举措，现实地凸显出"异地高考"问题亟待解决的迫切性。到

---

① 周逸梅：《教育部部长：各地必须出台随迁子女就地高考政策》，http://news.sciencenet. cn/2012/3/260769.shtm。

2006年全国一半以上的省市（16个）均采用自主命题的方式。更棘手的问题是各省所使用的教材全国并不统一，客观造成随打工父母外出的子女，虽然其公平接受义务教育阶段教育的问题在各级政府和学者们呼吁和支持下，基本获得了解决，但若毕业的出口问题（主要是指中考和高考）受制于户籍管理制度，前面的改革努力将付诸东流。

外来工子女在流入地高考无门的尴尬与无奈，政府相关部门并非不知，长期以来之所以此项改革难以向纵深发展，牵涉的主要是教育资源分配不公之类的老话题。一些重点大学出于经济原因而实行"省部共建"，致使其招生越来越地方化，在办学所在地的招生比例居高不下，甚至出现教育割据的现象。而这些局面的形成又固化了所在地维护现有利益的心态，不难理解高等教育资源丰富的省市有着担心外来人口挤占本地考生利益的隐忧。正因此缘故，相当时间内国家层面高招政策并无改革之举，地方政府更无改革的动力，而恰是作为高考利益相关者的家长的"发难"，"倒逼"各级政府加快了异地高考政策的出台。

（二）借力专家、"两会"代表有组织地表达诉求

作为没有取得流入地户籍的"利益受损"家长，对于自己子女在流入地被剥夺参加中考、高考的资格，不仅意味着靠自身努力实现社会流动的希望破灭，而且表明"外地人"身份的公民权利差异依然存在，其愤怒、失望之情可以想见。基于普通百姓表达意愿管道狭窄的现实，为了表达自己的诉求，"利益受损"家长们采取了"抱团取暖""借力施压"等行动方式，希望借此影响政府相关教育政策的制定。

根据相关统计资料显示，2008—2009学年度，30073名非北京市户籍小学毕业生中，只有24685名学生在北京继续读初中，约为82.08%；12599名非本市户籍初中毕业生中，只有5484名在北京继续读普通高中，约占43.53%。[①]大量孩子在北京读完一部分课程后，不得不忍痛离开北京、离开

---

① 新京报社论：《解决异地高考绕不开京沪两市》，http://news.sina.com.cn/pl/2011-03-08/071022072013.shtml。

家人，回原籍读书。造成这种结果的原因，就是非本地学生在北京难以升学，尤其是难以参加高考。

作为"利益受损"家长为了表达对"异地高考"政策的诉求，最初是以个体性或较为松散的群体性方式提出诉求意愿。例如在北京，2002年有部分家长因随迁子女参加高考的问题，向所在区的教育部门提出异地高考的诉求，但未得到回应。2005年，来北京经商多年且积累下千万家产的安徽籍家长张××，因为自己的孩子在北京参加高考面临资格受阻的情形，心急火燎地开始联络在京随迁子女家长，走上街头，发放传单，向北京市民征集签名，寻求对"随迁子女就地高考"的支持。为了进一步扩大影响，到2009年，有相同诉求的家长们建立了"我要高考"网站，作为交流信息和意见的平台，以便采取集体性的社会行动。部分家长为了更好地维护其子在京高考的权利，还成立了以"教育公平"为诉求目标的社会组织，家长群体开始逐渐由原子化、松散化变得相对有组织化。[1] 如在2011年初"两会"召开前夕，上百名志愿者有组织地到教育部门前要求面见部长，希望其能与随迁子女家长代表座谈。除了每个月最后一个周四的教育部呈情，志愿者家长们还时刻不忘到地铁、商场等地进行签名行动，以争取更多的支持。到3月13日中午，签名支持随迁子女就读地高考的人数已经达到95021人。

为使诉求更具合法性和正义性，随迁子女家长特别注意将争取自己子女的"异地高考"权利与实现"教育公平"的诉求紧密结合在一起，这样不仅可以使问题合法化，而且可以获得更多人的支持。同时，在推动"教育公平"的旗帜下，随迁子女家长们注意联合部分专家学者、"两会"代表，借助他们的力量对政府制定异地高考政策施加影响。

2011年3月，全国人大代表、中山市中山纪念中学校长贺优琳向媒体记者表示，他到北京参加两会之前，收到一封1.5万人签名的联名信，反映在北京上学却不能在北京参加高考的事情。这种情况在广东同样存在。10

---

① 周秀平：《异地高考期待的群体差异》，《高等教育研究》2015年第4期。

月，张××等安徽籍家长共同倡议举办了一场"民间方案研讨会"，近百名家长和10多名知名专家学者出席。在这次研讨会上，家长们共同起草的《随迁子女输入地高考方案》建议"取消高考户籍限制""高考报名资格，依据学籍和父母经常居住地等标准认定"。这个被媒体称为"异地高考民间方案"的发布会，也得到了来自北京大学法学院部分教授和中国教育科学研究院多名专家学者的支持。与此同时，北京大学张千帆等15位学者联名提请国务院和教育部，呼吁取消高考和招生工作中的考生户籍限制，再次将随迁子女异地高考的问题推向了舆论的焦点，成为全社会关注的焦点之一。

（三）"既得利益"家长表达不同诉求

不过，对于异地高考政策，不同利益团体的家长立场观点当然也不一样。拥有流入地户籍的家长们一方面在网络上以各种形式表达其反对意见，另一方面采取集体化的行动方式，在街头、广场等公共场所集会或到教育行政管理部门提出反诉求。例如在北京，反对异地高考政策的京籍家长们采取污名化策略，在互联网上称要求放开异地高考限制的随迁子女家长为"异闹"，并明确表示，北京包括教育资源在内的公共资源本来十分充裕，正是因为不断涌入的外地人口，严重影响了本地居民的正当权益，而开放异地高考则会使情况更加糟糕。

（京籍家长）王波坦言，异地高考给自己家庭带来的是压力。作为一名土生土长的北京人，他按部就班地上学、毕业、工作、结婚、生子，在孩子上学前，他还没有太多顾虑，但现在他无时无刻不感到压力，时常有种喘不过气的感觉。

具体到教育层面，当外地孩子还只是面对中考和高考压力的时候，北京的孩子面对的是入托压力、幼升小压力、小升初压力，中考和高考相对来说已经是重压后的缓冲了。这些压力，对家长而言，就是能力、时间和财力。对孩子而言，就是耐力和体力。

"异地高考牵一发动全身，现有教育资源已不能满足现有人口的需求。我们的孩子上小学要考试，所以从幼儿园就开始学英语、学奥数、学围棋、学跳舞。进初中更是拼爹，拼孩子的毅力。除了交钱，还要看孩子有什么证书。有需求，就有市场，随之而来的是民间办学机构如雨后春笋般地涌现，教师到处走穴。据我所知，小学生大部分都在上课外班，甚至个别孩子仅奥数班每周就报了 4—5 个，孩子家长更是生活在疲于奔命之中。"①

　　政策改革便是利益的重新划分，而"正义""公平"应成为政策制定的基本出发点。异地高考之所以成为问题，既有诸如教材、考题不一的技术原因，更有全国高等教育资源配置（尤其是重点大学）极不平衡的问题，以 2005 年为例，清华大学、北京大学分配给北京的指标就有 851 个，分配给河南省的指标只有 171 个，如果以当年人口的占比而言，北京和河南考生被北大清华录取的机会相差 30 倍。正是因为北京、上海等地属于"录取率高，教育水平高"的高考"洼地"，而这两个地区正是目前要求解决随迁子女高考呼声最高的地方。如张 ×× 的儿子在北京一所重点中学读高二，"他在整个年级都是前五名，在北京是可以考上北大或清华的"。然而，若回安徽老家参加高考，他儿子至多只能考上普通一本。这可能是他要求异地高考合法化的原初动机。

　　（四）政府应对与"异地高考"政策出台

　　由于"异地高考"政策不仅涉及随迁子女教育机会均等问题，而且还涉及"本地人"既得利益"被瓜分"问题，同时还关涉如何把握异地高考与高考移民之间的界限。为此，面对流动人口子女家长们的诉求，教育部对于此项政策的出台最初采取了极为谨慎的态度，仅在 2010 年 12 月选择了山东、湖南、重庆三个异地高考现象极不突出地区作为异地高考政策试点。同时，又从 2011 年 1 月起，教育部在各省市展开方案调研、对接和征求意见的工作。

　　然而，教育部异地高考政策酝酿的"慢"动作，显然难以满足"利益受损"家长们迫切要求解决异地高考政策问题的期待，同时"本地人"对于异地高考方案的出台也极为焦虑。面对下层普通利益关切者家长们的

---

① 张璐晶：《两个北京家庭的异地高考"战争"》，《中国经济周刊》2013 年第 1 期。

呼吁，特别是北京、上海等地随迁子女家长与本地家长的公开"约辩"以及现实中双方面对面冲突而可能酿成社会问题，加之专家学者和人大或政协代表们的呼吁和关切，无疑推动了异地高考政策出台的步伐，其实这些要素的"支持"也为政府出台异地高考政策提供了"自下而上"的民意基础，就像参与表达异地高考诉求的 W 先生所言，"政府会利用我们的诉求去批驳本地家长的抗议，当然也会利用本地人口的抗议来批驳我们的诉求。"①

针对社会各界对于异地高考政策的关注，2011 年 3 月 3 日，教育部长袁贵仁在列席十一届全国人大四次会议时透露，教育部正在和上海、北京研究，逐步推进异地高考。2012 年 3 月 3 日，列席全国政协十一届五次会议的教育部长袁贵仁接受媒体采访时透露，异地高考改革方案已进入"最后冲刺阶段"。并表示，用不了 10 个月方案就将出台。这被认为是对一年前关于方案出台时间表的回应。2012 年 8 月 31 日，中国政府网刊发了国务院办公厅转发教育部、国家发展和改革委员会、人力资源和社会保障部以及公安部的《关于做好进城务工人员随迁子女接受义务教育后在当地参加升学考试工作意见》的通知。根据文件，在因地制宜的方针指导下，各省、自治区、直辖市有关随迁子女升学考试的方案原则上应在 2012 年年底前出台。根据"中国教育在线"发布的《2013 年高招调查报告》显示，异地高考自 2012 年年底出台以来，到 2013 年年底，除了西藏外，其他 30 个省（区、市）均不同程度上制定了具体实施方案。

然而，教育部出台的异地高考政策仅仅只是一个宏观指导性意见，它将具体政策和实施办法交由各省（市）根据情形自行制定。虽然开放"异地高考"占据法理和道德的高地，但由于异地高考政策的制定受多种因素影响，尤其是要平衡流动人口子女家长利益和本地家长利益之间的冲突，故各省（市）制定的政策存在较大差异，其中被人特别关注或具有改革方向标的"北上广"三地的政策方案便很不相同。

---

① 周秀平：《异地高考期待的群体差异》，《高等教育研究》2015 年第 4 期。

　　2012 年广东省政府办公厅公布《广东省人民政府办公厅转发省教育厅等部门关于做好进城务工人员随迁子女接受义务教育后在我省参加升学考试工作意见的通知》，规定在广东省具有合法稳定职业、合法稳定住所并连续 3 年以上持有广东省居住证、按规定在广东省参加社会保险累计 3 年以上的进城务工人员，其随迁子女 2014 年在广东省中等职业学校（含中专、职中、技校）毕业，并有 3 年完整学籍的，可报名参加"3+ 专业技能课程证书"考试，报考高职院校。同时，提出分三步走的放开方案。有家长表示，虽然对北上广三个城市的政策的出台做了一些思想准备，觉得它们在现实的基础上会有一个比较高的门槛，"我个人觉得能够看到广东政府解决问题的诚意，它只是说把时间推迟了三年，2016 年才开放。它是在用这 3 年时间做一些积极的筹备。"①

　　2012 年公布的上海方案，主要是将户籍资格调换为居住证资格，且规定有 10 类非上海户籍考生可以在上海市参加全国高考。对此，有专家指出：上海的异地高考，只是把"户籍 + 学籍"高考报名制度，放宽为"户籍（或居住证）+ 学籍"的高考报名制度，改革的力度有限。

　　北京市教委在 2012 年 12 月 30 日公布的《北京随迁子女升学考试办法》中，对于随迁子女参加北京中高考，设置了两个政策落地的时间点：首先，自 2013 年起凡进城务工人员持有北京市有效居住证明，有合法稳定的住所，合法稳定职业已满 3 年，在京连续缴纳社会保险已满 3 年，其随迁子女具有北京市学籍且已在京连续就读初中 3 年学习年限的，可以参加北京市中等职业学校的考试录取。而真正地涉及高考的政策，则要从 2014 年开始启动。其次，2014 年开放异地高考首先从高职院校开始。门槛方面，参照了上海居住证制度的一些做法。

　　尽管各地异地高考政策存在不同，有令人满意的，有给人希望的，当然还有使人失望的，但由下而上"倒逼"各级政府出台异地高考政策本身，便

---

① 《非京籍家长致信北京市教委抗议异地高考方案》，http://news.sohu.com/20130105/n362400925.shtml。

体现出在涉及多方利益的公共政策制定过程中，需要多渠道征询利益相关者各方意见，同时，事件本身预示着政策制定民主化时代的到来。

二、家长"隐忍性参与"与义务教育均衡发展政策的催生

（一）"重点学校"政策的确立

"集中力量办大事"曾被作为我国社会主义优越性之一。正是在这种思想指导下，自 1949 年以来我国在经济建设方面，全面移植苏联经济发展模式，在国家财政极度困难的情况下，依靠集中全国人力、财力、物力开展实施部分国家性的大工程，在较短的时间内取得了不俗的成就。同样，在这种思路之下，教育方面亦采取了在城乡之间以城市学校发展为重点，在相同区域又有重点学校、重点班级的"重点发展"制度。

基于经济和发展落后的焦虑，改革开放之初，被"文革"中断多年的重点学校政策制度便被要求重新恢复，如 1977 年 5 月 12 日，邓小平便提出："现在看来，同发达国家相比，我们的科学技术和教育整整落后了二十年。……办教育要两条腿走路，既注意普及，又注意提高。要办重点小学、重点中学、重点大学。要经过严格考试，把最优秀的人集中在重点中学和重点大学。"1978 年，教育部制定《关于办好一批重点中小学的试行方案》，提出全国重点中小学形成"小金字塔"结构，并在经费投入、办学条件、师资队伍、学生来源等方面向重点学校倾斜，由此形成国家级、省级、地级、县级的重点学校"层层重点"的格局。

重点学校政策制定的出发点是"效率优先""精英主义"，落实重点学校制度的具体措施，便是政府加大对这些学校的人、财、物方面的投入。发展重点学校政策在特殊背景下作为迅速提升教育发展的"效率"，虽然有其合理的一面。然而，作为提供整个民族素质的教育事业尤其是义务教育，它还应是社会公平正义原则的直接体现。重点学校政策的最大弊端是加剧了我国教育资源配置的不合理，拉大了城乡之间、区域之间的差距。因为事实上，重点学校主要分布在城市，1982 年对 13 个省、自治区、直辖市的 348 所重点中学的调查显示，城市 243 所，占 70%；县镇 98 所，占 28%；农村

7 所，占 2%。其中 7 个省、直辖市的农村没有一所重点中学。①

重点学校政策实施不久，负面影响就日渐显现，家长们对于此项决策的"支持"便是充分利用所拥有的一切权、钱资本，纷纷卷入"择校热""应试教育"之中，在抬高重点校附近住房的房价同时，亦成为滋生腐败的温床，教育问题已经演变为社会不公问题。有鉴于此，这时国家虽没有正式文件取消重点学校制度，但是推行小学初中就近入学，在客观上是改革重点学校制度的尝试。然而，教育部门并未终止集中扶持重点、制造重点，扩大学校之间差距的行为。1995 年 7 月，国家教委下达《国家教育委员会关于评估验收 1000 所左右示范性普通高级中学的通知》，决定在 2000 年以前分批建设并评估验收示范性高中，其思路依然是建设重点中学的思路。

事实上，政府以正式文件形式规定停办重点学校（班）政策是在 2006 年 9 月 1 日开始实施的新《义务教育法》，第 22 条规定："县级以上人民政府及其教育行政部门应当促进学校均衡发展，缩小学校之间办学条件的差距，不得将学校分为重点学校和非重点学校。"

（二）"就近入学"政策的出台

1986 年，国家教委下发《关于在普及初中的地方改革初中招生办法的通知》，首次规定："积极而稳妥地取消初中招生考试，并按学籍管理规定，凡准予毕业的小学生就近直接升入初中学习。"1986 年，我国颁布了《义务教育法》，规定："地方各级人民政府应当合理设置小学、初级中等学校，使儿童、少年就近入学"，义务教育阶段"就近入学"政策有了法律保障。教育部 2014 年曾数次印发通知，要求 19 个重点大城市尽快制定完善义务教育免试就近入学（下称"就近入学"）工作方案，宣称到 2015 年，19 个大城市所有县（市、区）实行划片就近入学政策，100% 的小学划片就近入学；90% 以上的初中实现划片入学；每所划片入学的初中 90% 以上生源由就近入学方式确定。

义务教育阶段对口就近入学，涉及小学和初中，它包括两个重要的环

① 袁振国：《论中国教育政策的转变——对我国重点中学平等与效益的个案研究》，广东教育出版社 1999 年版，第 38 页。

节，一是小学划片就近入学，二是小学毕业时对口进入就近的初中完成初中阶段的教育。从《义务教育法》提出"就近入学"至今已近 30 年，但比照基于促进教育公平和减轻学生负担的政策出台初衷，无论是小学和初中阶段的入学情况，其效果不佳已是公认的事实。有人抽样调查发现，"就近入学"并不比按成绩入学更公正、更有助于实现教育机会均等，尤其是"就近入学"并不能改善薄弱学校现状，与教育公平之间并不存在必然联系。[①]

2009 年 11 月 9 日至 10 日，《中国青年报》社会调查中心对全国 31 个省（区、市） 14081 名公众进行的一项调查显示，多达 98.5% 的公众表示身边存在择校现象，从幼儿园到高中，择校几乎无处不在。对关于择校造成了什么后果的调查显示，63.6% 的人认为"教育公平被架空"，72.4% 的人认为"给普通家庭带来沉重负担"。

"就近入学"政策制定的初衷是为了减少入学时的竞争性和学校对生源的选择性，全面推行素质教育，促进教育公平，但政策执行的效果却微乎其微，其原因固然复杂，但作为促进教育公平的"就近入学"并没有打破原有区域内重点校和非重点校的学校布局，即引发家长"择校"的动力源并没有根除是其重要原因之一。同时，本应成为该项政策落实的义务主体的政府，变成了学生成为义务的主体，而失去了作为权利主体的地位，即家长失去了选择学校的权利。此外，由于我国优质学校附近的房价奇高，"就近入学"政策存在着固化中上阶层的危险。简而言之，当教育均衡没有真正落实之前，"就近入学"政策反而有可能成为一种"恶政"。

（三）"撤点并校"政策的推行

自 1949 年以来，我国在农村教育布局和发展方向的政策一贯执行的是"村村有小学，乡乡有初中"的政策。2001 年，国务院出台了《国务院关于基础教育改革与发展的决定》的文件，标志着原教育政策取向发生了转变。文件第 13 条要求地方政府"因地制宜调整农村义务教育学校布局"。同时

---

① 徐玉斌：《关于义务教育阶段初中就近入学的反思》，《河南社会科学》1999 年第 5 期；严仍昱：《"就近入学"教育政策公平性考问》，《安庆师范学院学报》（社会科学版）2010 年第 6 期。

规定：按照小学就近入学、初中相对集中、优化教育资源配置的原则，合理规划和调整学校布局。农村小学和教学点要在方便学生就近入学的前提下适当合并，在交通不便的地区仍需保留必要的教学点，防止因布局调整造成学生辍学。该项政策制定的基本理由：一方面是基于计划生育政策在我国的全面开展而导致农村学龄人口减少，且城镇化的推进也使得部分农村人口向城镇转移，加剧了学校生源的减少速度。另一方面布点分散的村小师资力量普遍较弱，教育经费短缺，财政投入效益难以发挥出来。

客观上讲，"撤点并校"政策虽在一定程度上有利于教育资源发挥规模效益，改善教学设施，但政策执行的总体效果却与政策制定者的意愿相差甚远，且事实带来了更大的教育投资的浪费、更重的家庭教育投入的负担，以及更多的农村学生的辍学或流失等，造成了农村文化的荒漠化和农村学校的空心化。例如借助"希望工程"等各种资金来源兴建不久的农村小学很快便处于闲置状态，相反农村学龄儿童在向城镇小学转移后，加大了城镇学校的教育资源短缺的压力，出现了许多违背教育发展规律的大额班级和巨型学校，给教育管理带来了大问题。同时，在西部农村、边疆地区和山区，使得学生花费在上学路上的时间更多，而农村寄宿制学校不仅卫生等条件堪忧，而且也加大了家庭负担，远离了家庭教育影响。此外，如同一些学者所言，由于城乡家庭经济资本、社会资本、文化资本的差距日益加大，农民子女在与城市学生的应试竞争中处于越来越不利的地位。

面对该项政策所带来农村偏远地区孩子上学困难，家长的"参与"便是远离学校。就初中毕业生升入高中的比率而言，中国青少年基金会秘书长涂猛在 2006 年曾透露，据青基会调查，60% 以上的农村学生在接受完义务教育后，不能接受高中和大学教育而回乡务农或外出打工。这大大地减少了农村地区的优质生源，使很多优秀的农村学子在初中毕业后就与名校无缘。如何让他们回到课堂上，是中国教育学界亟待研究的课题。[①]2011 年年新华网

---

① 田方萌：《提升重点大学农村生比例须对症下药》，http://view.news.qq.com/a/20110823/000015.htm。

刊载了记者刘丹采写的一篇报道《教师流失生源差：当阳一所农村高中的典型衰落》：

暑假已过半，当阳市河溶高中老师赵前进还没实现他去重庆的出行计划。"没心思。"42 岁的他坐在沙发上，心事重重。今年高考后，市里另一所农村学校清溪高中送走最后一届毕业生，正式宣布停办。赵前进担心，自己所在的河溶高中在未来几年，也会重复这种命运。

初中毕业生数量锐减，上当阳一中要交高额费用，考上名校的比例逐年下降，大多数学生选择去南方打工。最近几年，河溶高中能招到的学生数量，只有高峰时的三分之一，市区学校网罗走了全市中考成绩在前两千名的考生。近两年来，河溶高中考上一本院校的学生数量一直为零。而在最风光的时候，河溶高中每年能有数十人考上一本院校，其中不少人考上北大、北师大、武大、华科、南开、西安交大等名校。……

2009 年，学校还有一名文科生考上了一所一本院校，但从去年开始，这个数字变为零。

"随着城市化进程的加剧，这几年，城乡中学的办学条件差距越来越大。"赵前进说，优质教育资源基本集中在城镇，"我们这里当然无法比。教育资源的不均衡导致生源质量、效益方面的差异在逐步增大。"

"更要命的是，孩子们都不想读书了。"读书无用论在这个县城的大多数农村蔓延。上当阳一中，在当地是大多数农家孩子的梦想，这个在村民看来才有点城里模样的学校，一般只招尖子生，大多数农村学生去不了当阳一中。再加上这几年河溶高中考上名校的比例在逐年下降。大多数学生想，去了一个差的学校，毕业后又不好找工作，他们宁愿在家长撺掇下，选择去南方打工。[①]

"撤点并校"政策的副作用已经引起学者和高层领导者的关注，如 2009 年刘延东便提出农村搞"撤点并校"要"注意从实际出发，防止'一刀切'或'一哄而起'"。到 2010 年，"撤点并校"政策被教育部转入"暂缓"状态，

---

① 《一所典型农村高中的典型衰落》，http://news.qq.com/a/201109027/001637.htm。

但对于能够减轻财政压力的地方政府对此政策的热情迄今未见消退。

　　"公平"与"效率"或"普及"与"提高"之间的艰难抉择，长期以来导致我国教育政策取向始终处于摇摆之中，"重点学校"政策、"就近入学"政策以及农村地区的"撤点并校"政策之所以遭到许多家长"隐忍性"反对，成为社会问题，更深层原因乃是整个教育政策的取向时常呈现出效率主义倾向。

第四节　平等参与：对策与建议

一、警惕家长支持成为教育不公平的源头

　　家庭中的父母是孩子的第一任教师，孩子的身心发展和学校改革均离不开家长的参与和家庭的支持，家校合作的价值和意义便是在这个层面上被国内外学者和教育工作者、家长们所认可。但就中国当下国情而论，家庭收入贫富差距较大（按官方公布数据，2012年基尼系数为0.474)，且由于我国仍是一个法制不健全的人情社会，当我们着力推进学校教育公平，却将许多原本由学校完成的教育任务而以家长支持的名义转移到家庭教育之后，则可能使教育成为阶层"再生产"的工具，阻碍底层民众上升的机会。为此，我们建议：

（一）明确家校合作本质

　　家庭教育应接受学校教育的指导和引领，学校教育则应争取家庭教育的协助和辅助，家校形成一股合力，共同发挥在教育孩子中的作用，这是家校合作的本质所在。

　　家庭与学校在教育问题上二者之间是平等的教育主体，家校合作并不意味着只是家长对学校所布置任务的监督和协助。故家校合作首先应是正确教育理念上的协调一致，使家庭教育和学校教育目标一致，而不应将因家庭文化资本、经济资本、社会资本多少而影响学业成绩差异的"作业"和要求作

为学校给家长经常布置的"合作"内容。学校不要预设每位学生家长都是教育专家，都有指导孩子学习的时间和能力，都有一位全职母亲或父亲在家指导孩子学习。因此在推进素质教育、课程与教学改革的过程中，学校和教育主管部门一方面应注意我国城市家庭（包括外来务工人员家庭）中的孩子双亲多为双职工，农村越来越多隔代户家庭的现实，不要让学校为了减负采取让孩子下午早早放学之类"改革"举措，其实它是以给家庭增加负担为代价来"支持"学校改革的。另一方面更应关切不同阶层家庭的教育资源存在巨大差异，不是所有家庭都拥有丰富的藏书和发达的网络资源，尤其是在西部农村和边远山区。

（二）建立家庭教育援助机制

追求教育公平和教育均衡，不可能采取"杀富济贫"方式使大家的家庭资本达到完全平等，既无必要，也不可能。但作为社会公平基础的教育，搭建更多的支持平台，为底层民众子女争取更多上升机会应是社会公平正义的应有之义。

扶助弱势群体家庭的教育支持，目前最切实的举措有三：一是各级教育主管机构和学校牵头，整合各种教育资源，如成立家庭教育援助志愿者对弱势家庭的孩子进行学业辅导，或延长学生在校时间，将因家庭教育资本缺乏所可能造成的学业成绩差异降低到最低点。二是由政府拨付专门资金或加大财政投入力度，为公立或私立（主要是民工子弟学校）购置丰富的学校藏书，允许贫困学生将图书借阅回家，以此弥补家庭文化资本的不足。三是建设学校的手机短信教育平台，通过"校讯通"一类平台向家长定时发送如何对孩子进行教育之类的教育信息，以提升家长的教育素养。

二、引导家长参与学校管理

在我国家长参与学校管理的具体实践中，目前存在着两个极端：一个极端是作为利益相关者的家长，完全没有参与学校教育管理的权利意识，他们都认为"在学校如何教育孩子，那是学校自己的事，自己既无权力也无必要进行干涉"。这种情形多出现在城市贫困家庭（包括外来务工子女家庭）和农村地区家庭的家长意识中，当然，这部分看似漠视自己参与学校教育管理权利的群体，一旦孩子在校受到身体方面的伤害时，仍有着较强的维权意识。另一个极端是极度关注学校教育，常常从自己的认知和个体目标出发，越界干涉学校具体的教育教学或管理工作，影响着学校素质教育的推行。有鉴于此，我们建议：

（一）明确家校合作界限

学生是教育领域改革的承受者，他们成为学校利益相关者是应有之义。同时，作为学生监护人的家长，也会站在学生立场表达诉求，同样是利益相关者，"改革会对学生产生什么样的影响？利大于弊还是弊大于利？基于对这些问题的考虑，学生和家长成为天然的利益集团"[①]。不过，从与学校关联的时间上看，他们都是"匆匆过客"，行事更关注自身，更关心当下，也更容易成为某些教育教学改革的阻力源。故对于家长而言，对学校教育的支持既有其应当表达的诉求，但另一方面亦有其应遵循的界限，对于学校管理者而言，应该认识到教育民主是社会民主的重要组成部分，在民主化的视野下，家长参与教育是其应该履行的义务，更是其应有的权利，"改革在字面上的意义是要提升人民对于制度生活各个层面的决策之参与。"[②] 不能将参与狭窄地变为技术性、效能性考量，将家长排斥在宏观和微观的教育改革的决策之外。家长与教育者的关系，应该成为一种民主的伙伴关系。

（二）建立定期家校对话机制

尊重家长意见，而不应将家长视为对手关系。受经济中心主义的影响，在相当一段时期内，学校管理者奉行管理主义。在教育教学管理方面，将作为手段的管理绝对化为教育的目的，其核心是效率至上，价值中立。学校工作的一切均是为了提高学校的升学率，故在教育管理举措，包括对于家长参与教育的问题上，几乎均是要求家长责无旁贷地"配合"其工作计划和进程，其背后的支撑假设是"缺陷模式"，即所有的学生、家庭教育都存在缺

---

①　胡赤弟：《高等教育中的利益相关者分析》，《教育研究》2005 年第 3 期。

②　Thomas S.Popkewitz：《教育改革的政治社会学：教学、师资培育及研究的权力／知识》，薛晓华译，巨流图书股份有限公司 2007 年版，第 346 页。

陷，故需要"配合"学校进行改正。

基于家长参与学校教育管理，不是校方的施舍，而是其权利与义务的理念，应通过政策制度的设计，要求学校开放相关教改信息，建立线上、线下的家校之间的对话交流平台，学校有义务定期向家长汇报学校教育改革进展情况，接受家长的质询。同时，学校管理者也有责任将先进的教育理念和教育方法、改革趋势向家长传递。

三、树立"公平"优先原则

教育是影响社会公平的重要因素，《教育规划纲要（2010—2020）》提出："把促进公平作为国家基本就政策。教育公平是社会公平的重要基础。"因而，在平衡公平与效率之时，"公平"首先应成为我们制定所有教育政策（尤其是义务教育政策）的前提和基础，也是我们吸纳家长支持教育改革的目的所在。为此，我们建议：

（一）平等吸纳各层次家长参与学校管理

应当承认，在现实社会中，各个家长群体的社会地位高低不同，所拥有的文化资本、社会资本存在差异，参与教育的意识、能力也不一致，尤其是处于社会弱势群体的家长，文化水平普遍较低，他们不仅因经济困难而整日忙于生计，既无力完成学校指定的参与指导孩子学业的任务，也难有参与教育的时间保障，而且随着其日益的社会边缘化，已经逐渐失去了社会话语权（包括教育改革的话语权），对社会现实的影响力也越来越小。然而，真正需要关注的恰恰是这些处于弱势群体的家长们，他们更需要改善家庭环境和教养方式，更需要提升参与的兴趣、意识、能力，更需要有表达诉求的机会和代言人。可对于这部分家长，教师常常采用的联系方式是电话联系进行交流，而不同于对待其他家长的做法。或让家长即刻来校的方式进行"沟通"。学业成绩困难的家长已经感到自己在参与自己孩子教育方面花费了大量时间，但教师给出的意见常常就一条：还要多花上时间加强教育。

为体现家长参与学校教育的公平性，需要建立健全家长委员会和家长学校运作制度，在选举家长代表的时，需要考虑不同阶层和不同学业成绩学生家长的代表，应规定一定比例的弱势学生群体的家长参与学校管理，避免家委会变成"富人俱乐部"，沦为学校所有举措的"帮凶"。同时，采取多种方法，例如利用手机或网络信息方式进行交流、参与。

（二）依法赋予家长参与教育决策的权利

中小学尤其是处于义务教育阶段的小学和初中由于其公共产品的性质，决定了公共利益应是改革政策首要考虑的问题，不过在防止公共产品私有化的同时，也必须顾及作为学校主要利益相关者之一的学生及其家长的诉求，根据与学校之间利益相关的程度进行选择，在理想与现实、社会与个人、公事与私事之间寻找到一个最大的张力点，而吸收各方利益相关者参与学校管理不失为一个较好的减少阻力、推进教育改革的方法。

然而，长期以来我国的教育决策，即使是涉及学生和其监护人家长利益的政策制定（例如高考录取政策）时，从来奉行的"精英主义"路线，虽有对专家学者、学校教育管理者和教育者以及各级教育行政官员的广泛咨询，但其决策过程从未向广大家长开放。然而在互联网极为发达，全民有着充分表达诉求渠道的时代，当官方在涉及广大家长利益的改革政策时若无视或忽视部分家长群体利益时，势必受到受损家长群体的反对、抗议，甚至引发社会问题。故放开言路，吸纳不同利益群体家长代表参与教育决策或协商，既是教育决策民主化、科学化的要求，同时也是建立公平正义社会的体现。

第十章　教育改革的社会舆论支持

社会舆论是公众意见的公开表达，公众对教育的愿望、期待和感受，通过各类媒体表达出来就是舆论。在教育改革的社会支持系统中，社会舆论既直接对教育发展产生作用，同时也通过其他子系统间接地对教育产生作用。社会心理决定社会表达，社会表达影响社会行为。教育部门需要尊重公众的表达权、尊重社会舆论，通过各种媒体营造有利于教育发展的舆论环境，形成全党全社会重视、关心、支持教育发展的良好舆论氛围。本章的目的是通过探讨社会舆论对教育改革的支持现状及存在问题，深入分析造成社会舆论对教育改革支持力不足的原因，并在此基础上提出加强社会舆论对教育改革支持力的策略和方法。本章采用案例分析、文本分析、比较分析等手段，努力抓住当前教育改革中的现实问题，试图让研究内容能够帮助教育部门更好地利用社会舆论，推动教育改革的历史进程，改进教育改革的内涵和质量。

第一节　社会舆论对教育改革的支持现状及存在问题

舆论曾经是教育改革的宣传者、推动者，教育发展的每一步都曾凝聚着舆论支持的功劳。然而，随着网络技术的发展，舆论表达渠道逐步多元化，舆论对教育发展的支持作用出现了分化：积极的舆论仍然是教育发展的正能量，消极的舆论则对教育发展起干扰和阻碍作用。因此，教育部门把握社会舆论的特征和规律，有效规避社会舆论的负面影响，是教育改革的一项基础性工作。

一、社会舆论对教育改革的支持现状

狭义的社会舆论主要指的是公共舆论或舆论，它是公众在特定的时间或空间内，对特定的公共事务所持的基本一致的看法。广义的社会舆论是一个复杂的概念，它包括公众舆论、组织舆论、公共舆论（舆论）、媒体舆论等二级类别。因为媒体是社会舆论传播的主要渠道，所以当下人们提到的舆论主要指的是媒体舆论，通常所说的舆论引导也主要指的是对媒体舆论进行调控与引导。当社交媒体出现后，社交媒体的声音与公共舆论的重合度比较大，因此，很多情况下人们对舆论的认识更多表现为对网络舆论的感知。下面从主流媒体、都市媒体、社交媒体三个层面对社会舆论进行剖析，分析社会舆论对教育改革的支持现状。

（一）主流媒体对教育改革的宣传与鼓动作用

主流媒体是各级党委、政府和政府部门创办的媒体，主流媒体承担着政策宣传和舆论引导的作用。自延安时期以来，我国主流媒体就已经形成了一整套的管理思路，宣传管理部门不断向主流媒体下达宣传任务，主流媒体必须配合党和政府的中心工作，"以科学的理论武装人，以正确的舆论引导人，以高尚的精神塑造人，以优秀的作品鼓舞人"。教育是党和政府中心工作之一，在教育改革过程中，主流媒体始终坚持正确的导向，通过宣传教育政策、激励教育行动、宣传教育典型等方式促进教育的发展。

1.通过组织舆论，支持重大教育决策

传媒是社会改革的一个重要推动力量。宋林飞将媒体对社会改革的作用概括为三个方面，即启动、导向和调适。[①] 具体地说，媒体可以激发人们的改革热情，可以通过"权威传播"纵向统一口径，进而统一受众的行为规范和价值观念。教育是国家的大政方针，教育发展的每个里程碑上，都曾有主流媒体巨大的舆论支持作用。1977 年 10 月邓小平倡导恢复高考制度，这是中国改革开放的先声，也是教育改革的开始。《人民日报》在恢复高考的决

---

① 　宋林飞：《社会舆论学》，上海人民出版社 1994 年版，第 235 页。

定做出之前，就刊登了《做好大学招生工作是全国人民的愿望》一文，给高考制度的恢复提前准备了"舆论环境"。1983年10月1日，邓小平为北京景山学校题词："教育要面向现代化，面向世界，面向未来。"随后，全国媒体以《人民日报》为主，掀起了宣传"三个面向"的高潮。同样，教育改革历程中的纲领性文件，如1985年出台的《中共中央关于教育体制改革的决定》，1993年中共中央颁布的《中国教育改革和发展纲要》，1999年中共中央、国务院发布的《关于深化教育改革全面推进素质教育的决定》，2004年国务院颁布的《2003—2007年教育振兴行动计划》，以及2010年颁布的《国家中长期教育改革和发展规划纲要（2010—2020年)》等，都是各级媒体宣传的重点任务和工作对象。

2. 通过节日宣传，展示教育工作成绩

主流媒体是宣传党的路线、方针、政策的重要工具，主流媒体的这种功能定位必然带来一些独特的效果：一是主流媒体关于重大新闻的报道，实际上记录了中国社会的历史进程；二是主流媒体关于不同部门、不同行业的报道，往往对相关部门、相关行业的业绩认定产生一定的甚至有时是重要的影响。教育是国家发展的基石，国家成就的展示离不开教育成果的报道，教育主管部门更需要通过主流媒体展示自己的工作业绩。因此，在一些重大的历史节点（如全国党代会之前）、重要的节日（如教师节、国庆节）期间，以《人民日报》和中央电视台为代表的主流媒体常会策划教育专题报道。2012年在中共十八大之前，《人民日报》推出了大型报道："迎接党的十八大特刊"，各省、各部门、各行业先后在《人民日报》上，以"特刊"的形式展示十年的建设和发展成果。2012年10月18日，《人民日报》出版了"教育特刊"，用8个版面全面介绍全国教育十年的发展成就。

3. 通过日常报道，诠释教育政策内涵

目前我国正处在社会快速转型阶段，物质生活不断走向"高度现代化"，然而国民的精神面貌和经济大国的位置不相称，还需要通过各种途径的教育，提高国民的精神面貌和道德水准。无论从国家、社会，还是个人角度来看，教育不言而喻地成为社会舆论关注的焦点，显然也是主流媒体日常报道的重要题材。我们随机跟踪了 2013 年 9 月 24—30 日的《人民日报》，8 天内没有重大的教育事件，但教育报道仍然在报纸版面中占有相当重要的分量。通过对 8 天教育报道的内容分析我们发现：(1) 配合教育部门的行政工作，宣传教育部门的方针、政策，是《人民日报》的常规性的报道工作。(2) 教育报道注重对政策文件的解读，对基层教育工作具有相当的指导性。(3) 在突发新闻、热点新闻的报道中，侧重报道党委政府、教育部门、学校等相关单位所做的工作。(4) 教育报道不仅在文化、教育、社会等版面报道，体育、国际等版面同样有报道，这些报道往往能够促进各部门对相关教育工作的齐抓共管。

4. 通过典型报道，激发教育改革热情

典型报道是主流媒体经常使用的一种报道模式，它在社会主义建设过程中曾经发挥着重要的作用。对于教育而言，主流媒体经常通过典型报道、典型人物宣传教育政策，塑造先进形象，提供学习榜样，激发全社会的教育改革的热情。在 2014 年 3、4 月份，中央电视台《新闻联播》就播报了不少教育领域的先进典型，如十一中学课程改革、谢家湾小学课改、魏继中解救被拐儿童、湖南解决幼儿入园难等新闻，都是反映教育改革过程中出现的先进典型、先进人物，它们对教育的改革和发展起到了组织和动员作用。

（二）都市媒体对教育改革的宣传与监督作用

自 20 世纪 90 年代以来，我国逐渐出现了一些面向市场的媒体。这些市场化媒体以都市人群为主要对象，通过满足城市市民的需要实现社会效益与经济效益的双丰收。都市媒体主要结构包括：全国各地创办的晚报、都市报、周末报等面向市场销售的报刊（几乎全部是主流媒体创办的子报子刊），各级广播电台、电视台创办的面向市场的栏目、节目，各种以刊载新闻为主的商业网站等。都市媒体既要承担舆论宣传任务，同时都市媒体也要在市场中求生存，因此，都市媒体的教育报道注重宣传与营销的平衡。

1. 都市媒体注重宣传本地教育成绩

从 20 世纪 90 年代建立市场经济体制开始，传统媒体逐步走向市场接受广大受众的检验，但都市化媒体一般都是传统主流媒体在体制内的延伸。因为都市媒体是传统主流媒体的延伸，因此他们可以被称为"准主流媒体"。在传统媒体管理结构没有根本变革的情况下，都市化媒体的话语权力仍然是党政权力的重要组成部分。"两会"是国内媒体新闻竞争的一个舞台，各地报纸都要花大量精力进行两会报道。以《南方都市报》为例，从 2013 年 3 月 1—31 日，《南方都市报》共发表了 118 篇教育类稿件，其中刊发本地教育新闻 48 篇、外地教育新闻 40 篇、全国教育新闻 16 篇、境外教育新闻 7 篇和教育评论 7 篇（结构比例如下图）。因为《南方都市报》是省级党报的子报，因此关于本省的教育新闻报道的内容主要是本省教育信息的发布、教育政策的解读、教育典型的宣传，关于突发事件报道、批评性报道比例较小。而关于外地的教育报道，负面消息占主要内容。

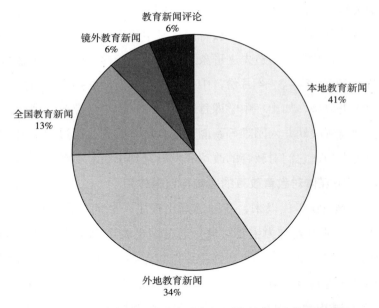

图 10-1　2013 年 3 月《南方都市报》刊发的教育新闻的比例图

2. 都市媒体注重传播教育信息和新闻

在激烈的国内竞争和国际竞争中，都市媒体需要不断强化职业素养，强调新闻敏感，需要通过客观准确的信息传递，获得广大受众的认同。"新闻媒介要为市场经济和广大受众提供良好服务，必须下大力提高新闻时效，变终了式报道为进行式报道。"①都市媒体的发展也促进了媒体文风的变化，媒体报道的可读性、可视性明显提高。都市媒体的报道更加注重发挥媒体的信息传递功能，借助话题、冲突、悬念、故事和背景等手段，增强受众对信息的记忆、回顾和检索能力。

以《南方都市报》为例，2013年3月发表的118篇教育报道和评论，没有一篇是宏大的叙事。有的报道是探讨教育改革中的重要议题，如"异地高考应由国家调解制定方案"，有的是报道、诠释教育部门出台的重要政策，如"北京市属博士后子女可在京高考"，有的是重要信息的传递，如"广东今年高考人数创历史新高"，有的是突发事件报道，如"昆明一中学校长开公车与妻身亡"……从标题上来看，这些报道非常注重新闻性、注重能够被读者所接受。

3.都市媒体成为监督教育部门的重要力量

只有得到公众认可的都市媒体在市场中才有竞争力，因此，都市媒体舆论跟社会舆论的重合度加大，都市媒体成为监督教育改革的重要力量。都市媒体关于教育信息的报道，已经对教育领域公共权力的使用形成强大的监督作用。现在媒体每年年终或下一年年头都会做一些报道关键词梳理，这些关键词在某种程度上就是社会舆论的反映。这些年教育体制、教育公平、教育收费、农村教育等热点词汇，不断出现在各种不同的都市媒体中，都市媒体成为反映社会舆论、催发社会舆论、引导社会舆论的重要工具。在当前舆论环境下，"都市类媒体成为社交媒体声音'合法化''公共化'的良好平台。"②各类新闻网站中传递的绝大部分内容，都是各地都市媒体上刊登的内容的集纳。近年都市媒体对教育的质疑和监督逐渐加强，媒体舆论虽然不能直接作用于教育政策的制订，但是却能够发现教育领域存在的问题，对教育改革具有一定程度的预警作用。

① 宋林飞：《社会舆论学》，上海人民出版社1994年版，第267页。
② 曾繁旭、戴佳、席悦：《社交媒体与非盈利组织的危机传播》，《现代传播》2013年第4期。

4.跨地区监督是都市媒体监督的重要方式

都市媒体的崛起打破了主流媒体的舆论垄断地位，形成了一个多层次、多种类的媒介结构。在媒介体制和政治体制没有大的调整情况下，"行政管媒体"的总体框架也不会有太大变化。虽然市场竞争和行政管理会产生博弈，但因为各级媒体都处在党政权力管理之下，所以媒体的行为都在可控的范围内。我国媒体都有各自的行政级别，在现有的管理体制下，各级媒体只会监督比自己级别低的地方的问题，即向下监督；或者是监督本辖区之外的问题，即异地监督。下面通过对比《南方都市报》本地教育新闻与外地教育新闻，分析都市媒体的舆论监督情况。

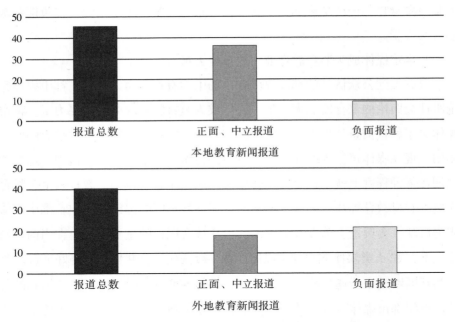

图 10-2 《南方都市报》本地教育新闻与外地教育新闻报道比较

从上面的图表可以看出，2013 年 3 月《南方都市报》的本省教育新闻的报道 45 篇，正面和中立的报道有 36 篇，负面报道仅有 9 篇，负面报道占报道总数的 20%；外地教育新闻报道有 40 篇，其中正面和中立的报道有 18 篇，负面报道有 22 篇，负面报道占报道总数的 55%。作为省级党报的子报，《南方都市报》的批评报道主要针对的是地方，如湛江男教师自杀、茂名女生坠楼、深圳校车追尾等，只有一篇涉及省级教育主管部门的批评报道。

（三）社交媒体对教育改革的监督与规范作用

在社交媒体中，网民是教育信息传播、教育话题讨论的直接参加者，他们表达的观点相当程度上能够代表公众的真实想法；同时，网络既能够融合传统媒体和新兴媒体舆论，也能够及时收集普通网民的意见，因此，社交媒体中的"媒体舆论"与现实生活中的"公共舆论"有相当大的重合度，网络舆情也最能够反映整个社会舆情。就教育改革来说，社交媒体是舆论监督和规范改革的重要力量。

1.社交媒体帮助教育部门接触真实的舆情

因为社交媒体使民意表达的渠道更加畅通，所以社交媒体是公众批评监督、参政议政的重要工具。教育发展的根本目的是提高国民素质，使广大人民对教育拥有更多的发言权，教育改革怎么改、如何改，都应该有他们的声音和智慧。社交媒体是人际关系网络的虚拟化，它的每个节点上都是活生生的"人"，教育部门重视社交媒体可以推动教育信息的透明化，可以让教育教学单位能够直接与人民"对话"，可以让教育部门直接感受到群众的呼声和要求，可以提高教育政策制定的水平、降低和分散教育决策的风险等。面对社交媒体的发展，各级教育行政部门、教育教学单位必须要重视网络舆情的研判，"及时了解发生在教育系统的网络舆情事件，能更好地为教育系统提供尽可能客观、科学的舆情参考数据和舆论引导建议，帮助教育系统各级管理部门准确把握民意，因势利导，以新的理念和思维处置网络舆论事件，从而构建和谐的网络舆论环境，促进社会的和谐健康发展。"[①] 当然，经过网络讨论、网络辩论的教育政策或决策，将会更加符合民意、更有生命力。

2.社交媒体能够为教育发展提供民间智慧

社交媒体的发展使公众能够直接参与公共事务的讨论，同时也让舆论监督走向了群众监督主导的时代。群众监督"具有随机性、全程性、日常性的特点，它能够让政府官员习惯于在监督下工作，进而养成清正廉洁的行政

---

① 唐亚阳：《中国教育网络舆情发展报告》，湖南大学出版社 2012 年版，第 4 页。

作风"。① 目前，社交媒体变得更加立体、精密，教育领域出现的一些问题，能够迅速在社交媒体中形成舆论热点，如校车安全问题、西安绿领巾事件、打工子弟学校被关停等。群众是睿智的，群众对教育事务的监督、发言，能够监督公共权力的使用，也能够为教育改革提供更多的民间智慧。

3.舆论领袖成为教育舆论形成的重要推手

舆论领袖具有较高的知识素养或社会地位，拥有相对丰富的信息来源。在很多教育事件刚刚发生的时候，公众并没有意识到事件的社会意义，但是经过舆论领袖的提炼、加工、传播或鼓动，公众的思想逐渐被启迪。社会舆论是一定范围内公众的集体意见，孤立的、局部的、分散的意见不构成舆论，只有经过舆论领袖的引导，分散的意见才能聚合成强大的舆论场。传统媒体环境下，舆论领袖都具有体制性身份，他们能够根据主流意识形态进行自我把关。然而，社交媒体是一个全新的知识空间，它彰显了人类的群体智慧，很多出自草根的舆论领袖登上了舆论舞台。社交媒体提供的技术保障，传统媒体在突发新闻中的缺位，让更多的"网络大 V"成为具有相当影响力的舆论领袖，导致微博主流媒体化，主流媒体边缘化。网络时代媒体的主流和边缘正在与行政级别和名号拉开距离，只有那些能够给公众提供有价值的信息，能够得到公众普遍认同的媒体才能真正形成影响力。社交媒体中的舆论领袖不是委派或自封的，他们是在信息传播活动中由公众创造的。网络中的舆论领袖一方面可以监督教育改革部门的教育行为，另一方面也可以引导教育舆论，帮助公众形成正确的教育观。

二、社会舆论支持教育改革过程中的困惑和问题

教育舆论用好了是教育改革的巨大动力，如果教育部门不能很好地引导教育舆论，教育舆论也会给教育改革带来很多麻烦，甚至是给教育发展增添阻力或障碍。当前，因为公众意见表达的渠道不断拓宽，社会舆论对教育的影响力持续加大。然而，一些教育单位对媒体环境、社会舆论认识不足，社

---

① 骆正林：《媒介素养与政治传播》，中国广播电视出版社 2012 年版，第 74 页。

会舆论在支持教育发展过程中依然存在很多困惑和问题。

（一）教育封闭决策频受公众的质疑

改革开放之初的教育改革是行政主导的改革，政府和精英掌握着教育改革的主导权。这种"关门模式"的改革曾在拨乱反正方面做出过巨大贡献，奠定了新时期教育改革的坚实基础。然而，关门改革也导致了公共权力对教育资源的控制，教育主管部门的权力不断在改革中自我膨胀，每一次改革都成了对教育部门权利的维护和强化。在"良好愿望"的前提下，管理部门剥夺了公众的教育参与权，也干预了教学机构的日常工作，让教育改革缺少了动力和活力。在市场经济环境下教育改革牵涉政府、学校和社会，但"在政府与学校和社会的关系上，一种情况是政府主导比较明显，学校和社会参与比较薄弱。在比较重大的教育改革问题上，基本上是由政府来组织推进的，学校和社会处于被动地位。"[①] 如基础教育分级办学、高校合并扩招等等。"另一种情况是在学校和社会主导的情况下，政府支持有时比较及时和有力，而有的却不是十分及时和到位。"[②] 如在私人办学方面政府支持的力度一直不够。社会公众是教育权力的监督者，也是教育成绩的检验者。"目前公开透明正成为各级执政者的基本理念。这是权力观的悄然革命，是国家治理能力不断走向现代化的标志。"[③] 在热点事件、焦点事件中，社会舆论普遍质疑现有的教育管理模式，期望教育改革从"关门模式"向"开放模式"转变。

教育信息的透明与公开既是民主政治的需要，也是取信于民的手段。客观地说，改革开放以来教育的改革取得了丰硕的成绩，但是因为教育信息的不透明，教育决策的封闭化，教育部门必须独自承担教育发展中的问题，公众对教育的信任度明显不够。2014 年，"高考改革"是社会舆论热议的一大焦点，媒体报道中国教育学会原会长顾明远表示"2017 年起英语退出统一高考"，结果引起社会舆论的哗然，最后顾明远出面指出报道"误

①　孙锦涛：《改革开放以来中国教育改革的规律问题研究》，人民出版社 2012 年版，第 9 页。
②　孙锦涛：《改革开放以来中国教育改革的规律问题研究》，人民出版社 2012 年版，第 9 页。
③　张铁：《新闻发布，推开现代化的一扇门》，《人民日报》2013 年 11 月 14 日第 5 版。

读"了他的意思，教育部也出面澄清"高考改革方案仍在制定完善中"。2014年六一儿童节前夕，"来自广东、山西等5省的6位妈妈，向全国32省、市的教育厅、公安厅递交了60多份申请书，要求公开各省市过去5年内发生的校园性侵案数量以及各案例处理结果。"① 在这些事件中社会舆论有情绪化一面，但是教育部门信息传递和教育决策不够公开也是引起舆论质疑的重要原因。近年，每到高考招生季节，关于高考加分、高校点招等质疑就蜂拥而至，这同样与教育信息不够透明有很大的关系。因为信息不公开导致少数地方教育权力的滥用，这就更加深了社会舆论对一些地方教育部门的不信任。因此，如何提高教育部门的公信力和权威性成为教育改革的当务之急。

（二）主流话语弱化降低了教育宣传效果

主流媒体是教育宣传的重要载体，也是营造积极舆论氛围的重要工具。然而，随着媒体格局的变化，主流媒体的表达方式和题材选择越来越不符合时代的要求，教育宣传的到达率正在降低，教育部门通过主流媒体影响舆论的做法越来越不奏效。目前的媒体管理制度较为严格，管理部门规定了报道中的"禁止区域"和"鼓励区域"，媒体"自治区域""自治空间"相对较少。但是，随着中国社会的不断发展，"中国政府愿意以一个开放的姿态面向世界，增强自身的影响力，塑造自己的正面国际形象。另一方面，世界也越来越关注中国，加上新媒体的发展，中国已日益暴露在汤普森所谓的'全球监督'（global scrutiny）之下。"② 时代要求传统媒体的舆论宣传要顺应时代发展的大势，要尊重公众的社会心理，要面对新媒体崛起的现实，不断改变新闻报道的方式和语言表达的风格。然而，目前主流媒体基本上还是以宣传与鼓动为主，很多党报的教育新闻报道基本上成了教育系统的工作总结，与公众的阅读习惯与接受心理相去甚远。

《人民日报》《中国教育报》等媒体关于教育的报道采用最多的是典型报

---

① 易承志：《教育信息公开须与百姓诉求对接》，中国教育新闻网，2014-5-26［2014-7-8］，http://www.jyb.cn/opinion/gnjy/201405/t20140526_583018.html。

② 王海燕：《自治与他治：中国新闻场域的三个空间》，《国际新闻界》2012年第5期。

道和工作通讯，即使是一些重要的新闻事件，报道的模式并不接近于"消息"题材，而是接近于典型报道或工作通讯。因为消息侧重于信息告知，工作通讯和典型报道则更注重于揭示事件的意义。从文风的角度来看，《人民日报》教育报道的风格类似于新华体。如 2013 年 9 月 29 日刊登的《复旦坚持"改革进行时"》一文，报道的是复旦大学在"凝聚改革共识、对接国家战略、寻找学术突破"方面取得的先进经验；9 月 31 日国际版刊登的《求学，为了民族复兴》专版，报道的是留学生工作取得的成就。专版中有 4 篇通讯："中国奋斗不迷失""人人都代表中国""用自信促进理解""铭记祖国的召唤"，分别报道了加拿大、俄罗斯、南非、日本四国中国留学生的事迹，为国庆节的到来营造了和谐的氛围。这些都是过去式、完成式、总结式、印证式的报道，报道没有特别强的时间概念，基本上通过"观点 + 例子""观点 + 观点"的方式来引导社会舆论。教育报道如果没有足够的到达率，不能深入公众的内心，教育宣传就要大打折扣。

（三）社交媒体讨论夹杂过多非理性情绪

报纸、广播、电视等传统媒体的所有权是属于政府的，党委宣传部门、政府媒体管理部门能够直接对媒体内容进行管理。然而社交媒体的应用是分散化的，每个用户既是受众也是传播者，传统的信息把关模式对社交媒体不大适用。在社交媒体中，网民是教育信息传播、教育话题讨论的直接参加者，他们表达的观点能够代表他们的真实想法，因此社交媒体中的"媒体舆论"与现实生活中的"公共舆论"有相当大的重合度。党政部门、教育教学单位难以直接干预网民的发言，相关部门只能通过技术手段、法律手段对相关内容进行事后把关。如通过关键词封锁删除相关网帖、微信、微博，或者通过法律手段惩罚造谣、传谣者。所以，在社交媒体环境下，媒体议程、政策议程、公众议程形成图 10-3 所示的关系。

社交媒体的言论表达具有原始性、自发性、非理性和情绪化等特征，因此社交媒体中的舆情结构是复杂的。"中国的网民结构是一个'三低结构'，主流人群是'年龄低、收入低、学历低'，约占 75%。换句话，在互联网上主宰舆论的核心阶层比我们想象得要幼稚一些，冲动一些，同时也比较

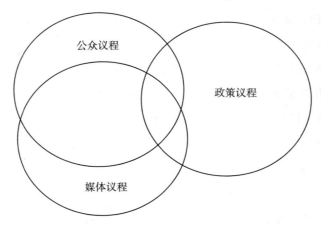

图 10-3　参与与监督模式下不同议程之间的关系

'愤怒'。"①转型期人们普遍有相对剥夺感，如果这种剥夺感得不到正确的引导，就可能让一些人在公共事务中丧失必要的同情、理解、宽容和合作。社交媒体给人们表达意见提供了最方便的渠道，如果"非理性"占据了舆论的主导，舆论就会对教育改革一味地指责、责难，怀疑点招指标被权贵集团占有，质疑高校招生实名推荐严重掺水等。其次，话语风格绝对、偏执，践踏公民的个人隐私。"互联网传播规律中，极端的语言容易形成螺旋形效应，语言越极端越容易占上风，声音最高的那些观点有时是偏离真理和公正性、客观性的。"②在海南校长开房事件中，一些网民将偶然事件任意放大，通过人肉搜索侵犯未成年人的隐私权，既伤害了公民正当的权益，也严重损害了学校和教师的形象。第三，借口伦理道德绑架他人意志，推动民意表达导向民粹主义。在社交媒体中一些人借口伦理、道德、法制，以自我陶醉的方式对他人进行道德评判，却用违法的方式侮辱、谩骂别人。一些人利用网络维权，引导公众向"我要"的方向发言，甚至不惜制造谣言以达到舆论审判的目的。教师受过系统的知识训练、职业训练，他们的责任心和使命感高于一

---

① 　杜骏飞：《如何运用新媒体做好教育新闻宣传及教育舆情监测》，《江苏教育宣传》2012年第 4 期。
② 　杜骏飞：《如何运用新媒体做好教育新闻宣传及教育舆情监测》，《江苏教育宣传》2012年第 4 期。

般职业人群，因此，教师群体一直被社会宣传为榜样、楷模、园丁和蜡烛。然而，转型期教育、教师逐渐走下了神坛，甚至出现了教育、教师被妖魔化的现象。改革开放以来，教育虽然与公众的期待有一定的距离，但教育改革的成果是有目共睹的。然而，社交媒体中关于教育的讨论，有时语言显得过于尖酸刻薄，人们不仅通过批评教育发泄内心的苦闷和烦躁，而且也将转型期的代价转移、发泄到教育上。

（四）教育公关不力损害了教育部门形象

全球化时代人流、物流、信息流的流动速度加快，社会在快速流动中必然积累很多矛盾，这些矛盾一旦失控就会导致危机事件的发生。在快速流动的社会出现危机是正常现象，但是社会机构和政府部门要学会控制危机的破坏力，学会通过积极的危机应对化解危机。在教育领域，每年都要出现相当数量的突发事件、热点事件，如校舍倒塌、校园安全、食物中毒、校车翻车、招生腐败、作风腐败、考试泄题等。然而，教育系统的很多领导依然坚持传统的宣传思维，采取欺上瞒下的鸵鸟政策，一味封堵主流媒体报道，采取拖延应对策略。有的地方在突发事件发生后根本不应对，不敢公布事件的真相；即使公布了也语焉不详、极不谨慎。教育系统危机应对的不足，为社交媒体腾出了舆论空间，结果导致流言谣言盛行，严重损害了教育部门的形象。

错综复杂的世界瞬息万变，人们无法判断危机事件在何时何地产生。很多危机事件的经验表明，如果一件事情可能变坏，那么它就可能一定变坏，并且会在人们最不愿意的时间、最不愿意的地点，以我们最不愿意的方式变坏。现在网络中的一段视频可以摧毁一个五百强的企业，同样网络视频也会让一个学校陷入深重的信任危机。因此，教育部门一定要加强危机的日常管理，积极做好"薄弱环节自查"和"最坏情境模拟"工作，找到单位管理的弱点和短板，通过补足短板消除危机隐患。处在转型时期的教育部门，一方面积累了很多系统性的矛盾，另一方面社会矛盾也在向教育领域聚集。"变动与混乱"是现代社会的常态，只有做好"最坏情境模拟"，将危机作为常态来管理，把教育单位的管理补丁打好，这样才能有效防范教育危机的发生，才能在危机事件中随机应变、得心应手、化险为夷。

（五）媒体炒作教育热点形成舆论审判

热点事件、突发事件是公众关注的对象，因此各类媒体出于自身的定位和目标，都会将焦点对准热点事件、突发事件。突发事件的信息首发权大部分属于社交媒体，部分属于都市媒体，少数才由主流媒体发布。教育事件发生后，公众就能够在社交媒体上参与讨论，跟踪和评论事件的进展，进而形成初级舆论场。都市媒体需要服务公众、赢得市场，因此都市媒体需要跟踪事件报道，需要报道公众对事件的评价，更要积极参与教育景观的制造。主流媒体为了确立权威性和公信力，也越来越需要报道热点事件、突发事件。当三类媒体都关注热点事件、突发事件后，媒体舆论就会产生互动协同的效应，最后形成巨大的舆论风暴。

改革开放以来，教育改革取得了有目共睹的成绩，但是媒体不断放大一些所谓的教育专家和学者的言论，致使中国学校教育被妖魔化为"落后的""违背人性""压抑个性"的教育。在复杂的舆论面前，很多家长的价值观处在不中不西、半中半西的矛盾和混乱状态中，在考虑孩子教育的时候忽视了中国的国情、文化、传统和社会发展需要。司法语言是理性的、严谨的、确定的，生活语言是感性的、零碎的、多义的，但在社交媒体中生活语言往往压过了司法专业语言，道德审判、舆论审判依然成为某些人影响舆论的"一种能力"。在药家鑫案、李天一案中，很多专业人士都认为存在相当程度的"舆论审判"。因此，如何避免舆论审判，成为教育部门必须面对的课题。

第二节　社会舆论对教育改革支持不足的原因

20世纪八九十年代，社会舆论对教育改革的支持主要是正向的；进入21世纪，舆论的负面作用表现得更加明显。社会背景的转型、媒体格局的变化、教育需求的增加、公民素养的提高等因素，促进了舆论环境的复杂化，教育部门显然没有跟上时代发展的步伐，教育部门与社会舆论之间出现了很多不适应的地方。只有充分认识舆论支持不足的原因，才能更好地发掘社会舆论正向的支持作用。社会舆论支持不足的原因主要来自三个方面，即教育部门的原因、社会公众的原因和媒体环境的原因。

一、教育部门的原因

改革开放的过程也是中国不断现代化的过程。党和政府是中国现代化的发起者和组织者，但党和政府同样需要改变自身以适应中国的现代化。教育部门是党的事业的重要组成部分，教育是国家现代化的重要保证，但教育同样需要紧随国家现代化，不断调整自身以适应变化了的"现代化"。自20世纪80年代以来，中国公民的素养不断提高，他们对教育改革的期望也不断提高，然而，教育部门显然对公众的期待满足的不够，这不仅是教育问题的主要根源，也是教育舆论出现负面倾向的重要原因。

（一）"过度行政化"使教育部门的舆情敏感度降低

我国的教育体制是一个高度集中的教育体制，教育的行政化色彩很重。因为教育部门过度行政化，一些教育单位不太关注公众的看法，对社会舆情表现的极度不敏感。和我国教育"过度行政化"相比，美国的教育体制却注重社会力量参与教育的改革和发展。美国的教育不是由政府控制和管理的，联邦政府曾经长期没有教育部，教育改革的主导力量来自社会，主要包括具有公民理想的知识精英、启蒙者和教育家。美国教育政策的制订是在国会进行的，各种社会力量在国会博弈之后的合力，是教育改革的主导力量。美国教育模式是在美国社会土壤中生长的，它同样存在着一大堆难以解决的困境和问题。美国与中国的政治体制完全不同，教育制度建立的基础不一样，教育的出发点和目的也有较大的不同，中国教育不可能复制美国的模式。但美国教育小心使用"公共权力"的做法，却值得中国教育系统批判地学习和借鉴。如美国注重宪法教育、公民教育，巧妙地在历史课中完成爱国教育；尊重制度和程序，教育公民学会说理、宽容不同意见，在社会生活、家庭生活中不忘做谦谦君子等。

在社会转型期，公众对教育的期待更高，然而行政化的教育决策体制，却让教育部门对舆情的呼吁回应不多。近年高校校长屡屡成为舆论焦点，如四川大学副校长、浙江大学校长、辽宁大学校长、厦门大学校长、四川中医药大学书记校长、南昌大学校长、上海理工大学校长等。再加上高校招生腐败、考试腐败、学术腐败、院士评选腐败等种种事件，公众对高等教育的信任度严重下滑，高等教育的形象已经灰头土脸。教育面对的现实舆论环境，要求教育部门必须要加强舆情监测，重视社会舆论，回应公众的期待。

舆情监测的重要任务就是预测社会心理和社会行动的动向。"近十年是我国教育改革最为迅速，教育政策出台最为密集，教育问题进入丛林阶段的十年。由于教育被列为重大的民生议题，故教育舆情的爆发点日益增多。"[①]因此，加强舆情收集和研判已经成为教育部门重要的、急迫的工作。"校长要树立学校舆情监控管理意识，提升对舆情的警戒性和敏感度，提高自身的舆情认知能力，从而为准确把握学校舆情发展的路径和方向提供现实支撑。"[②]教育部门需要通过人大政协的提案建议、信访渠道、基层调研、组织渠道获得社情民意，更重要的是重视网络舆情的收集、研判和管理，因为网络舆情是社会舆论最快捷、最直观的反映。网络监测要对教育热点领域进行日常的、持续的跟踪、收集，通过相关数据的收集建立舆情数据库；对突发事件、危机事件要进行有针对性的研判，建立危机预警机制，力争对突发事件、危机事件早发现、早处理。

教育问题显然不仅是教育本身的问题，它和许多体制性问题交织在一起。舆论对"高校去行政化"喊了多年，但政府和高校的改革动力都不足，主管部门认为国家放权后高等教育会出问题，高校担心没有行政级别学校没法向政府争取教育资源。因此，教育改革必须要有行政改革作为支撑。任何拥有远大抱负的教改首先要思考教育的核心价值，没有价值指导的教育必将

---

① 张天雪、张冉：《教育舆情研究：从兴起到有效的路径探索》，《清华大学教育研究》2011 年第 5 期。

② 马云：《教育舆论场域中的校长舆情领导力建构探析》，《教育理论与实践》2013 年第 13 期。

成为没有灵魂的躯壳。教育的本质不是为权力意志服务，它需要培养有智慧、有道德、有意志的公民，为社会发展造就高素质的劳动者。教育管理部门、教育教学单位要依法办教育，教育系统不能居高临下、自说自话，而应该俯下身段与公众平等对话，在尊重舆情的基础上推动教育的改革与发展。

（二）教育部门对社会主导的舆论监督准备不足

因为新媒体的崛起，我国的媒体生态发生了系统性、革命性的变化，舆论监督因此正在从权力主导的监督向社会主导的监督转变。传统的舆论监督是权力主导的监督，即舆论监督主要由公共权力发起，媒体在监督中处于被动、配合的角色，因此权力主导的舆论监督具有指定监督、目标监督、事后监督、受控监督和运动式监督等特点。新媒体具有发散性、兼容性、分权性、倍增性的特点。在新媒体环境下，原先平面、可控、单向的可界定人群，逐渐向无处不在、无所不包却又无法把握的虚拟人群转变。与之相对应，新媒体背景下社会主导的舆论监督逐渐增多。所谓社会主导的舆论监督是指舆论监督主要通过民间发起，媒体在舆论监督中处于主动和积极的位置，因此社会主导的舆论监督具有日常性、随机性和全程性的特点。"群众的眼睛是雪亮的"，社会性监督让教育部门的政策发布、教育管理和教学活动，越来越暴露在社会监督之下。群众化的力量能够容易和方便地搜集"证据"，也能够从多元角度对事件进行讨论，因此，教育部门只要工作中稍有瑕疵，就会受到社会舆论的质疑和监督。因为教育部门对社会主导的舆论监督环境准备不足，因此经常会在教育改革中遭受社会舆论的质疑。近年发生的很多教育事件，在传统媒体环境下可能是"正面典型"，但在社会性舆论监督下却转变成危机事件，如"五道杠少年""绿领巾事件"等。在新媒体环境下，群众对教育的随机监督、全程监督越来越多，教育部门的领导干部、工作人员要习惯面对"挑刺的公民"，习惯在监督和质询中开展工作。

（三）教育部门在危机事件中的公关水平不够

信息不平等是造成社会失信、社会断裂的一个重要原因。在网络化时代，官方信息渠道如果不畅，将会给谣言腾出更多空间。教育是社会系统中的一个子系统，教育部门同样需要面对转型期的问题，教育突发事件呈现明显的上升趋势。在突发事件、危机事件中，真相和谣言总在博弈或赛跑，"真相与谣言的纠缠，放大了民众的非理性因素，成为冲击力最强的发酵因素。"① 因此，在突发事件发生后，教育部门一方面积极处理危机，另一方面要做好信息发布工作。只有积极主动、准确及时地通报事件信息，才能堵塞小道消息传播的渠道，确立起学校的原始信任，避免"谣言真实化"的伤害。危机事件中的信息发布必须要有新闻发布制度作保障。新闻发布制度是政府机构和社会团体为了协调组织与媒体、组织与公众关系，而建立起来的一整套新闻发布流程和新闻发布活动的制度体系。新闻发布制度包括制度设计和活动组织两大部分。制度设计包括新闻发布的组织形式、发言人选择、发布会准备、发布口径确定等内容；活动组织主要指发言人为发布新闻而组织的系列活动，如单独约见个别记者、举行新闻发布会等。

教育部门的很多领导平时喜好"报喜不报忧"，遇事则患上危机恐惧症、维稳恐惧症，竭力采取拖延隐瞒的手段虚情应对，结果反而让事件向更糟的方向发展。"虽然报喜不报忧是人之常情，但多一点忧患意识没有坏处，特别是在一些听起来特别邪乎和离谱的事件面前，我们真的不需要粉饰什么。"② 在危机事件中，新闻发言人能够直接面对媒体、面对公众，一方面显示了教育部门的勇气和坦荡，另一方面也能够统一口径，引导舆论。像广州大学、兰州大学发生的事件刚一出来，媒体报道、微信转发，文字和视频立即充满了信息空间，此时隐瞒信息是没有出路的；只有直面舆论，才能更好地赢得舆论的支持。在两起事件中，当地公安部门反应迅速，立即在官方微博上发布消息，化解舆论的猜测和讹传。相比较而言，两个高校的新闻发布明显不足、技巧不够。近年发生的一些教育事件中，因为教育单位媒体公关能力不足，导致危机公关陷入"塔西佗陷阱"，越是公关越陷入危机。

（四）教育部门缺乏一支专业的舆论宣传队伍

在当前的社会舆论环境下，教育部门需要一支专业的舆论宣传队伍，他

---

① 杨家宁：《危机传播的话语"切割"》，《当代传播》2015 年第 1 期。
② 时统宇：《我眼中的 2011 十大儿童权利事件》，《青年记者》2012 年第 1 期。

们的主要工作是从事教育部门的舆论宣传、舆情研判和媒体公关工作。信息传播是教育管理的基础，是尊重公众知情权的表现，更是舆论引导的重要手段。教育改革不是教育主管部门、教育教学单位和教育家的事情，而是全社会的共同事业。因此教育部门需要及时发布教育信息，推行开放式教改，鼓励全社会为教改把脉、建言、献策；打开群众建言之门，允许舆论质疑教育改革，吸纳民间智慧规范教改方向。当前体制外的教育事业快速发展，教育市场上各类办学主体和培训机构虽然鱼龙混杂、良莠不齐，但他们却摸准了公众的心理和需求，回应了公众对教育的期待，如疯狂英语、读经运动等。因此，教育部门的舆论宣传工作是信息传播与社会关系的投入与交换，它所获得的回报是社会关系的和谐与社会资本的兑现。即获得政府对教育的足够的资金支持，获得公众对教育改革的认可，建立教育与公众良好的、和谐的社会关系。

目前，教育主管部门有信息中心，高校有党委宣传部，普通学校有新闻宣传领导小组等。那些还没有专门机构从事信息工作的教育教学单位，应该抓紧组织相关机构，或者明确让办公室承担必要的舆论宣传功能。有阵地、有队伍，才能出业绩。要做好教育部门的信息传播工作，还应该建立一支训练有素的队伍，聘请专业人才从事信息传播工作。学校信息工作人员应具备较强的新闻宣传能力、语言表达能力、舆情分析能力和媒体应对能力等素养。同时，学校信息宣传部门应该培育自己的智库，能够在关键时刻调动社会资源为学校公关服务。2012 年，邹恒甫微博举报北大的"梦桃源事件"发生后，北大陷入深重的形象危机和舆论旋涡中。北大在事件中的危机应对显然并非完美：第一时间发表特约评论员文章，隐晦批评网友低俗、恶意跟风，被公众认为是彻底的行政做派，缺乏大学的严谨和尊严；过于强势的否定，急切的证伪冲动，一味追求"还我清白"，结果反而导致公众将信将疑，围观者拼命猎奇，痛心者无限忧虑。北大当然不缺人才，但在"梦桃源事件"处理中多了很多"官话"，却少了新闻传播、危机公关、司法诉讼等人才的帮助和指点。如果北大官方话语更柔韧一些，教授们的荣誉感、责任感更强一些，危机公关的过程更具策略性，也许事件对北大的伤害会减小很多。

二、社会公众的原因

现代化最核心的内容是人的现代化。随着社会的进步、教育的发展，公民的整体素质不断提高。公众是社会舆论的主体，公众素养的提高、公众利益的多元化，必然带来社会舆论的结构性变化。公众参政议政的期待，公众对教育部门的要求，以及公众意见的公开表达，同样是影响社会舆论对教育的支持程度的重要变量。

（一）公众不断提高的教育期待无法得到及时满足

在没有社交媒体之前，教育部门实际上存在着两种不同的文化环境和行为模式：在外部，由典型宣传建构起的教育景观，留给公众的印象是崇高、无私、廉洁、尽职，一切教育活动都是"为人民服务"；在内部，教育权力的运行是相对封闭的，教育部门有自身的利益追求和权力向往，教育权力的违规运行和权力腐败时有发生。过去教育部门的内外行为模式可以是割裂的、不联系的，甚至可以出现内外行为模式的巨大反差，即存在着"诚实沟"或"承诺／表现沟"。然而，在社交媒体发达的时代，公权力的透明化要求教育部门的内外行为保持一致性和可信性，即"诚实沟"的宽度被压缩。教育部门如果"只是提出一些空洞的承诺，而没有采取人性化和负责任的实际行动，就会冒着失去诚信、失去合法性的危险。"[1] 在普遍联系的现代社会，声誉是一种无形资产，是公共部门原始信任的来源。"声誉是一段关系历史的积淀，一种社会舆论，一种社会定位，它来自外部的总体认知和评价，反映了组织在社会上的身份地位和品牌形象。"[2] 为了能够对抽象的"声誉"进行具体的量化管理，美国学者 Harris 和 Fombrun 提出并设计了"声誉指数"。陈先红等人据此提出了政府声誉指数的概念，并为政府声誉指数设计了 7 个考核维度，即人本指数、法治指数、传播指数、服务指数、责任

---

① 陈先红、刘灿、邓思思：《公共危机管理中的政府声誉指数策略》，武汉大学出版社 2009 年版，第 315 页。

② 陈先红、刘灿、邓思思：《公共危机管理中的政府声誉指数策略》，武汉大学出版社 2009 年版，第 315 页。

指数、威信指数、学习指数等。根据这 7 个维度基本可以测量政府声誉水平和政府处理公共危机的能力。近年教育部门受到公众质疑较多，主要原因是教育透明化不够，人民对教育的满意度不高。教育部门应该不断转变工作作风，不断缩小诚信沟，兑现教育对人民的承诺，不断提高人民对教育事业的满意度，提高教育部门的声誉指数。或者说，只有把教育工作做好了，做得让人民满意了，教育部门才能经受住各种社会舆论的检验。

（二）公众日益将教育舆论、教育景观作为消费对象

20 世纪 60 年代，法国学者居伊·德波提出景观社会（spectacle society）的概念，对资本主义制造的各类景观进行了深刻的批判。景观原意是一种被展现出来的可视的客观景色、景象，也指有主题、有意识的表演或作秀。德波借"景观"一词概括了资本主义的新特质，即资本主义的主导性本质是通过一系列可感受、可观看的图景（或幻象）表现出来。景观制造出的消费社会让公众丧失了对真实生活的要求和渴望，资本家则依靠控制景观来操纵整个社会，"景观—观众"关系成为资本主义秩序的牢固底座。后现代社会景观制造权不断由"统治中心区"外移，更多的社会利益集团获得了景观制造的权利。公权力和大资本制造的集中景观是国家意志的载体，而社会资本控制的弥散景观则是不同利益集团的诉求。网络降低了景观展示的门槛，削减了景观制造的成本，提高了社会的"景观密度"，媒体景观成为公众参与制造和消费的商品。

当所有社会阶层都能进入景观制造场域，理性力量就会遭遇更多感性力量的排挤，情绪化的舆论依托景观快速传播。教育舆论的产生主要有四种诱因：一是突然发生的灾难事件的引发，如校车事故、校园安全等；二是季节性的教育活动的引发，如高考改革、考试泄题等；三是媒体放大的普通事件，如绿领巾事件、北大学生卖肉、大学生保姆等；四是舆论领袖、维权人士的策划，如微博打拐、厦大事件、辽大书记的豪华办公室等。教育事件必须获得公众足够的关注，才能在全国形成有一定影响力的舆论，因此，舆论领袖（媒体精英、社会精英、技术精英、维权人士等）在主导景观生产的过程中，会竭力挖掘教育事件中的故事性、戏剧性、残酷性，煽动起公众的各种情绪，进而通过景观实现对公众思想和行为的操控。

目前教育景观中的情绪舆论主要有这样几类：一是公众对教育政策充满质疑，对突发事件冷静分析的少，舆论讨伐的多。2014年高考加分政策遭遇舆论审判，辽宁本溪市高级中学甚至被网友戏称为"神校"。2014年本溪市高级中学有考生1000多名，获得体优生加分的有87人。新浪网友"桀骜的自由"就此评论"假得不能再假！上过学、练过体育的都知道，学习好，再把体育练成二级运动员，有点天方夜谭！"这样的评价还算是温和的，有的网民直接抨击教育制度，怀疑一切制度的正当性。如由此扩展到怀疑各类竞赛的公平性，三好学生、优秀学干的合法性，现有高考制度的合理性等。

第二，在很多热点问题、焦点问题的讨论中，"流行"用上纲上线的极端词汇攻击他人的政治立场和道德水准，不时用道德、国家、民主、民族等大帽子压人。

第三，教育舆论成为转型期社会情绪的减压阀。在很多教育景观中公众关心的不仅仅是教育问题，他们通过教育事件发泄对社会的不满，因此话题的最终去向总是"腐败、公平、法制、体制"等目标。在2013—2014年间厦门大学出现了一系列负面新闻，媒体将这些负面新闻串起来称为"厦门大学事件"，厦门大学在媒体空间内成为各种人利用和消费的景观。事件当事人、媒体、网民等各类人群，其实并不很在乎什么是真实的厦门大学，他们只在乎能否通过厦大景观达到自身的利益诉求。如举报人期望公权力介入事件调查，都市媒体努力挖掘事件中的故事资源，网民则利用特权、腐败、性、内幕等词汇构建他们对现实社会的想象。

教育景观和教育事件不是简单的对应关系，也不是简单的对立关系，它是教育事件的表象（apparences）、媒体对事件的加工和公众对事件的想象的产物。"在真实的世界变成纯粹影像之时，纯粹影像就变成真实的存在。"[①]在媒介化时代，教育景观已经侵蚀了教育生活，最终教育景观和教育现实结成联盟，形成新的"教育现实"。近年频发的校车事件、泄题事件、高考加

[①]　[法]居伊·德波：《景观社会》，王昭凤译，南京大学出版社2006年版，第6页。

分事件、考试舞弊事件、校舍倒塌事件、学术腐败案件等，显然不是中国教育改革的全部，甚至可以肯定地说是教育改革的支流，但是媒体建构的教育景观已经成为"非现实的核心"，公众将教育景观串联起来就是"教育形象"。因为教育景观上负载了很多社会舆论，当人们谈论特定的教育景观时，头脑中会浮现很多舆论关键词，这就实现了景观对公众世界观的建构和物化。今天，教育景观成为人们情绪宣泄的地方，成为转移各种社会矛盾的地方，成为供全社会消费的"精神产品"。这种消费很无奈，但又很现实。

（三）公众转型期的心理体验容易在教育舆情中体现

改革开放以来，中国社会在搞活市场经济、发展民营经济、提高经济效率等方面达成了诸多共识，但在物质利益、精神追求、道德义务、文化认同，乃至宪政民主、司法独立、公民权利等方面还存在巨大的分歧。由于上层建筑和精神领域的一些问题没有解决，我国经济虽然成为世界第二大经济体，但是整个国家"前现代性"特征还比较明显。在公众场合，一些国人容易习惯性急躁，大声说话，"见到庋人压不住火"；在日常生活中，比较心理、攀比心理盛行，一些人四仇心理（仇富、仇官、仇警、仇名人）严重；在职场竞争中，人们普遍有相对剥夺感，对未来生活有极度的恐惧和不安。经济是中国崛起最大的资本，但中国经济发展面临诸多困难。中国经济创新能力还不强，容易在市场低端形成巨大的规模，产能过剩削弱了中国经济的国际议价能力，中国经济因此面临非常艰巨的结构调整任务。经济周期性的波动，社会生活中种种不如意，让国人心理平衡能力、耐挫能力和应急能力都不高。公共舆论可以通过语言、态度、情绪、行为等方式表达出来。在现实生活中，人们容易将公共积怨迁怒于身边的人、无关的人，突发事件、群体事件一直徘徊在高位。在网络空间内，人们信奉弗洛伊德式的原欲经济学，简单粗暴的民粹意见受到追捧，煽动家在虚拟空间内影响更大；一些人对他人的痛苦缺乏感受与同情，围观心态、消费心态、集体虚无现象突出。

在媒介化时代，社会联系更加紧密，互动性更强。任何社会组织都不再是"孤岛"，而是一体化世界中的"透明单元"。新的传播生态使社会组织间血肉相连，牵一发而动全身，荣辱信誉能够像病毒一样蔓延、扩散。教育作为社会系统中的一个子系统,已经和整个社会深度勾连在一起。教育舆情已经成为社会舆情的重要组成部分,同时教育舆情也是社会舆情在教育领域中的体现。如 2010 年的李刚事件在河北大学牵扯到女生保研、校长剽窃等问题;近年发生的很多校园伤害案,并非完全是教育领域的问题,而是社会问题向校园问题的转移和渗透。

(四) 舆论领袖在网络空间内分享教育舆论的主导权

网络是一个开放的平台,不同阶层的人都可以畅所欲言,所以每个人表面上都可以成为景观的制造者。然而,景观的建构和传播需要一定数量的媒体和公众的参与,普通人传递的信息和言论因为缺乏足够的能量,难以进入社会大众的视野。很多教育事件刚发生的时候,公众并没有意识到事件的社会意义,但是经过舆论领袖的提炼、加工、传播和鼓动后,公众的思想终于被启迪,人们在热议中最终形成强大的社会舆论,如五道杠少年、绿领巾事件等。在网络环境下媒体景观纷呈迭出,但绝大多数普通公众只是景观的默默观赏者,真正掌握景观制造权的还是那些具有知识和技术优势的舆论领袖。德波指出景观是少数人对多数人的操纵和控制,"所谓的少数人,当然是指作为幕后操控者的资本家,他们制造了充斥当今全部生活的景观性演出;而多数人,指的则是那些被支配的观众,即我们身边普通的芸芸众生。"[①] 网络时代情况并未根本改变,教育景观依然是影响、控制公众的重要力量。在一些教育事件中,舆论推手能够抓住人性的弱点,发掘事件的新异性、趣味性、情色性或残酷性,通过制造震撼的故事情节唤起公众情感的共鸣。在很多突发事件、热点事件中,教育部门如果应对不力,相关事件就会被批量发掘出来,形成带有明显负面舆情的教育景观,并以超出教育系统能力范围的方式影响社会,造成教育部门权威和形象的快速流失,造成一种不可收拾的局面。如厦门大学一直没有很好地应对相继出现的突发事件,造成媒介景观向学校期望的相反方向建构。因为有一系列故事作支撑,厦大景

---

① 张一兵:《德波和他的景观社会》,代译序,见 [法] 居伊·德波:《景观社会》,王昭凤译,南京大学出版社 2006 年版,第 11 页。

观已经深入公众的头脑，"厦大事件"已经对厦大本身造成尖锐的伤害，它也将成为厦大历史上无法抹掉的伤痛。

三、媒体环境的原因

媒体是社会舆论的主要载体，媒体环境的变化也必然影响社会舆论支持作用的发挥。20世纪90年代前，媒体主要是报纸、广播、电视，它们都是国有体制，是党和政府创办的，也受党和政府的管理。然而，随着网络、手机的出现，社交媒体对社会舆论的影响明显加大，社会舆论对教育改革的支持也出现了分化，负面的支持作用不断出现并时常被放大。而且随着新媒体的不断发展，传播权的分化和平民化的趋势还在不断加深。

（一）多元传播渠道削弱了主流舆论的垄断性

传统舆论阵地主要是以报纸、广播、电视为主的大众传媒，这三大传媒是点对面的传播，因此主流社会可以通过控制把关人实现对舆论阵地的占有。然而，进入20世纪90年代后，新媒体不断出现，打破了电视和报纸为主的传统舆论格局，形成新旧媒体交融的，多元化和多样化并存的媒体格局。尤其是以网络、手机为代表的新兴媒体迅速崛起，不仅延伸了大众传播的场域，也延伸了人际传播的场域。舆论场域的扩张放大了舆论阵地，新增舆论阵地不再仅仅是"点对面"的传播，而是出现了更多的"点对点"和"面对面"的传播，因此舆论阵地的控制权分散，舆论阵地裂变成网络化的结构。新增舆论阵地改变了舆论阵地的结构，产生了"边际效应"，使原有舆论阵地的影响力受到很大的冲击。同时主流舆论传播，由于没有主动地、有意识地占领新增舆论阵地，结果放弃了对这些领域的影响。

就教育舆论来说，过去教育舆论主要由报纸、广播、电视传播；但在新媒体环境下，一方面都市媒体更加考虑公众的教育需求，另一方面公众可以通过社交媒体直接发言，因此，在教育信息传播、教育热点事件中，公众的声音越来越强，主流媒体的绝对话语权被打破。当社交媒体的声音出来后，报纸、广播、电视等传统媒体为了顺应民意，往往会对网络声音进行调查报道，从而形成更大的舆论声势。

（二）社交媒体崛起分化了教育景观的建构权

在相对静止的工业化初期，媒体的规模相对较小，传播方式主要是"点对面"的传播。报纸、广播、电视等传统媒体有"中心点"（编辑部），经济和政治力量只要控制了"点"就能影响到"面"（公众议程）。资本和权力对媒体的独裁统治，实际上就是占有了景观的制造权。现代传播模式正在向网状拓扑结构演变，媒体传播权由中心向社会离散，微博、微信、云端、大数据等新的传播方式，不断消解现实世界的疆域、距离和时差。今天，"如果你现在还只是看报纸，看《新闻联播》知晓新闻，那么你可能就脱离时代了；如果你看网络新闻只看正文，不看新闻的评论，那么可能也有一点脱离群众；如果你只看新闻的发布层面，不看互动层面，特别是国内比较著名的论坛，那可能你对舆情不是特别敏感；如果你不关注一些意见领袖的博客，那有可能你的内心深处还是'××思想'占上风，没有考虑到意见领袖在这个国家已经发挥了举足轻重的作用。"① 随着公共权力、传播权力由集权向分权转化，制造景观不再是权力和资本独享的权力，普通公众也能从景观的观赏者转变为景观制造的参与者。

教育景观是可以感受、可以观看的教育图景，教育事件、媒体报道和公众评论是构成景观的必要元素。教育事件有的是传统媒体首先报道的，有的是直接由网络爆料的，但最终网络都成为教育景观制造的主要空间。传统媒体（报纸、广播、电视等）的所有权归国家所有，因此传统媒体的内容发布权受到公共权力的控制和监督。传统媒体既有版面和时段的限制，又有传播制度和纪律的约束，因此它们的传播范围、传播效率是有限的。网络的出现分散了信息发布权，弱化了信息把关功能，降低了公众发表意见的门槛，扩大了信息和意见的传播范围。当越来越多的人通过网络传递信息、发表意见时，网络就成为很多教育舆论最原始的发源地。传统媒体报道的教育事件也需要通过网络再加温，才可能形成令全社会关注的教育景观。

---

① 杜骏飞：《如何运用新媒体做好教育新闻宣传及教育舆情监测》，《江苏教育宣传》2012年第4期。

（三）媒体频繁互动增加了教育舆论的胁迫性

目前中国教育正在进入综合景观主导的时代，整个社会都卷入到教育景观的制造活动中，教育改革显示成系列新闻故事、媒介事件和视觉影像。各种媒体参与报道和讨论，形成了舆论协同的效应，进而对教育部门形成舆论胁迫的效果。全国教育舆情信息公共服务平台公布了2013年十大舆情事件，它们是：北京高考英语改革、万宁校长带学生开房、上海"毒校服"事件、湖北钟祥高考作弊、教育部《小学生减负十条规定》、父亲反对女儿上大学事件、人大招生就业处处长被查、复旦研究生投毒事件、河南学生打砸学校事件、湖北教育厅购买盗版新华字典事件。不同网站对教育热点事件的归纳有所不同，他们对教育景观的跟踪未必全面、准确，但是他们却反映出在教育景观建构过程中，社会力量的地位正在强化，管理部门的主导权已相当弱化。尤其值得注意的是，教育舆论对教育改革具有一定程度的胁迫性。改革开放之初，恢复高考、全国科学大会、希望工程等事件，曾经是教育改革和发展中的标志景观，这类集中景观充分体现了国家教育的发展成就。然而，在集中景观、弥散景观大量并存的现代社会，集中景观有退守之势，整个教育领域缺乏吸引公众目光的璀璨景观。教育改革和发展的成果是丰硕的，但媒介化时代不能或没有展示的教育成果，往往会被公众认为不存在。人们在欣赏景观、顺从景观的时候，容易按照景观指示的方向肯定景观的意义，或者说景观中的价值观会成为公众的价值观。教育系统需要扎实做好教育改革和发展的工作，不可能将所有工作都装饰成五光十色的诱人景观；但是面对景观社会"虚假的全球化"和"全球虚假化"的现实，教育系统需要精心设计类似"希望工程"那样的集中景观，需要通过集中景观维持、强化在综合景观制造中的必要地位。

景观不是外在的强制力量，它是一种甜蜜的意识形态，景观利用人们的同情、憎恨等天然情绪，实现了对社会情绪的隐性控制。社会舆论依附景观传播，并在传播中不断提升影响力。各类媒体是景观、舆论传播的主要载体，媒体互动可以加快景观定型的时间，也可以让社会舆论在互动中获得传播能量。在霸权式的全球媒介环境下，各类新老媒体成为景观制造的主角，视觉观看被提高到优越的地位。当然，这里的"看"是哲学之看，公众观看的材料不仅是视觉影像，也包括文字、图表、图片、音频等感性材料，他们共同的特点是能够拼凑出直观的新闻故事、媒介事件。因为管理模式、产权结构和技术条件等因素的不同，主流媒体、都市媒体和社交媒体各有不同的功能定位。主流媒体作为党和政府的喉舌，需要通过积极的舆论引导传播正能量。然而，在突发事件、热点事件中，主流媒体经常和都市媒体、社交媒体一道，参与到教育景观的协同制造活动中，这种媒体互动为社会舆论传播积累了巨大的能量。

第三节　社会舆论支持教育改革的对策建议

教育改革必须得到社会舆论的持续支持，才能更好地为中国经济发展储备优秀人才。社会舆论对教育的支持是长期的，它不是急风暴雨式的宣传轰炸，而是润物细无声地慢慢浸润。从当前的舆论环境来看，教育部门应该做好以下几项工作，才能赢得社会舆论对教育改革的有力支持。

一、通过组建宣传队伍打造教育部门的软实力

增加教育投入，加强基础设施建设，一定程度上打造了教育硬实力。然而，在现代社会，教育要能够得到人民的认同，还必须打造教育软实力。教育改革不是教育主管部门、教育教学单位和教育家的事情，而是全社会的共同事业。因此教育部门需要及时发布教育信息，推行开放式教改，鼓励全社会为教改把脉、建言、献策；打开群众建言之门，允许舆论质疑教育改革，吸纳民间智慧规范教改方向。教育部门要想打造教育软实力，必须要首先建立一支教育信息宣传队伍，通过有组织的机构不断提升教育部门的话语权。

二、通过推动信息公开提高教育部门的公信力

2014年3月，中国社会科学院法学研究所发布了《法治蓝皮书：中国法

治发展报告（2014）》，其中的《政府透明度指数报告》显示：2013年在政府信息公开方面，55个国务院部门中，教育部、安监总局、发改委名列前3名。虽然教育部门的信息公开在报告中排名靠前，但教育部门的信息公开与公众的期待还有距离，公众还是根据自身的体验和感受来评判教育。教育信息公开是尊重公民知情权的重要方式，它能够为教育改革赢得更多的舆论支持，这些支持体现在：激发公众参与教育改革的热情，通过公众参与降低教育决策的风险，利用社会舆论监督教育权力的运行，吸纳民间智慧创新教育改革的思路，通过真实信息的发布挤压谣言流言的传播空间等。教育信息可以有多元渠道公开。传统信息公开主要是两个渠道，一是政府公文传递系统，如政府公报、文件、通知等；二是传统媒体的报道，如报纸、广播、电视等。在当前舆论环境下，教育系统更要通过手机、微博、微信等社交媒体及时发布信息，同时及时获得公众对教育信息的反馈数据。从长期来看，教育部门应该加快现代教育制度建设的进程，逐渐让公众参与教育决策的全过程，广泛征求社会舆论对教育改革的反馈意见。同时，还应该加强权力腐败问责、信息公开问责制度，对社会舆论反映的教育问题、教育腐败做出及时的反馈，不断满足公众对教育改革的迫切需要，这样才能真正建立起教育系统的公信力和权威性，才能确立教育系统在教育舆论传播中的主导权。

三、通过加强舆情监测提高教育部门的应变力

舆情监测是教育部门了解社情民意、把握舆情动向、应对危机事件的重要手段。舆情是各种舆论具体运动、变化所形成的舆论环境，它包括社会环境中多元舆论的结构、舆论产生和演变态势以及舆论和环境之间的互动关系等。转型期教育舆情是社会舆论的组成部分，教育领域一些体制性弊端引发的社会矛盾，是教育舆情监测的重点领域和对象。"以教育均衡发展问题为例，发达地区关注的是择校问题，重点班和教师有偿家教等议题，而在农村，特别是边远山区，公众的诉求则体现为减缓撤办村小、代课教师清退后的补偿、优秀教师流失等问题。"舆情跟踪与监测是一个长期性、持续性、稳定性的系统工程，教育系统应该利用大数据技术建设教育舆情信

息库，"对收集到的信息素材进行分类、提取关键词、数据挖掘，按照主题重新组织信息，并生成舆情信息"。教育舆情监测制度的完善包括以下几项具体措施的落实：一是舆情分析研判工作。不同层级的教育单位、主管部门要对权限范围内的舆情进行分析研判，包括预测性研判、提示性研判、即时性研判、反思性研判等，根据研判结果对舆情进行分类，撰写舆情报告。二是舆情跟踪报送工作。每个教育教学单位、教育主管部门要充分跟踪收集辖区内的舆情信息，基层教育教学单位要向教育行政部门报送舆情信息，下级教育行政部门要向上级教育行政部门报送舆情信息。三是危机事件预防应对工作。在舆情跟踪、分析、研判过程中，将突发事件、危机事件作为跟踪重点，及时发现危机事件的征兆，判断预测危机事件的规模，通知相关单位做好提前应对预案。在危机事件发生过程中，积极评估危机事件的破坏力，帮助职能部门妥善控制负面舆情的激化和扩散。四是重大事件信息发布工作。建立教育系统新闻发布制度，在重大事件、热点事件、突发事件中通过新闻发布统一部门口径，提高教育部门信息处理的透明度。根据事件发展及时公布"真实信息"，努力争取专业媒体机构的舆论支持，不断在危机事件中传播、树立教育部门的正面形象。总之，教育系统要通过舆情跟踪与监测制度的建设，提高教育教学单位在复杂舆论环境下的应变能力。

四、通过完善舆论阵地扩大教育信息的传播力

要让全社会支持教育改革，必须让全社会知道教育改革的规划、过程和成就，这样公众才能在正确认知的基础上形成正面的社会舆论。多年来，教育系统与新闻单位有良好的合作，很多记者深入基层采写过一大批感情真挚、思想深刻、文字优美、脍炙人口的名篇佳作。但是，今天的时代环境变了，人们的认知水平提高了，媒体的结构和功能也变了。为此，教育部门应该根据时代发展的需要，重新规划教育舆论传播渠道，不断扩大教育信息的传播力。首先，要调整与传统媒体的关系，继续巩固传统媒体阵地。过去教育系统与媒体机构的关系是行政主导的关系，媒体是宣传教育政策和教育业绩的工具。现在教育部门应该根据形势发展的需要，将行政性关系改为互惠

互利的平等关系。其次，要改进、提高教育媒体的传播水平。各地教育部门拥有教育电视台和大量的报刊，这些教育媒体应该跟上媒体市场化步伐，在策划上动脑筋、在采访上花力气、在创新上下功夫，提升教育传媒在社会舆论中的影响力。第三，加强网络媒体建设，创办专门的教育网站、教育频道，通过网络媒体完善教育信息的交流平台、教育政策的解释平台、教育业绩的反映平台。第四，充分发挥社交媒体的即时性、便捷性和趣味性的特点，利用博客、微博、微信、聊天室等社交工具，及时跟踪教育舆情，引导教育舆论。

五、通过改进宣传技巧增强教育传播的影响力

在网络媒体出现前，教育部门的宣传是鼓动与说服模式；但网络媒体出现后，媒体环境发生了重大变化，传统的宣传策略和方式必然要进行改革。习近平在全国思想政治工作会议上要求，正面宣传"要提高质量和水平，把握好时、度、效，增强吸引力和感染力，让群众爱听爱看、产生共鸣，充分发挥正面宣传鼓舞人、激励人的作用"。报纸的传播周期是天，电视报道的周期是小时，网络传播却分秒必争。网络时代教育部门要学会在第一时间发言，发挥首因效应，抢占舆论阵地。居高临下的说教、生硬灌输的语言、刻板陈旧的形式只会让现代受众敬而远之。教育信息传播必须要改变传统的模式和套路，教育宣传要学会接地气，增加信息传播的亲和力、贴近性，通过平等交流，科学引导社会舆论。"任何时代的任何话语，都不是个人创造和想象力的产物，也不是自然而然延续的结果，而是通过控制、选择、组织和传播等一系列复杂程序和隐蔽手段而得以最终形成的，即其是权力的产物。"在网络环境下，一些商业力量、社会力量正在通过各种方式左右社会舆论，教育部门只有把握公众的心理和需求，创造群众满意的表达方式，才能始终守住舆论的主导权和制高点。

六、通过建立联动机制提高舆论管理的协同力

教育舆情管理不是教育部门能够独立完成的，它需要多部门的协作才能

营造良好的舆论环境。如教育信息传播需要教育部门和宣传部门的合作，解决校园食品安全需要教育部门与卫生部门的合作，校园安全、校园性侵等问题牵涉到公安、妇联、共青团等很多部门……因此，教育部门应该建立起教育舆情应对的协同机制。首先教育部门相关领导要重视社会舆情工作，不能等到危机事件出现后才临时想到部门的联动。其次对教育舆情工作人员进行系统培训，培养舆情工作人员与各部门的沟通技巧。三是在各部门之间建立起信息共享制度，对网络舆情做到早发现、早报告、早处置。四是加强与周边单位、周边地区的沟通与联系，努力形成纵向到底、横向到边、覆盖广泛、渠道畅通的舆情信息网络。只有充分发挥各部门的优势，齐抓共管，才能营造一个文明健康的教育舆论氛围。

针对近年教育突发事件频发的现实，教育部门还应该努力建设一个教育危机管理平台，这个平台应该包括若干子系统，如建立危机管理和领导机制，危机事件管理强调责任分工和部门协作；建立法律和制度平台，危机发生后启动法律和政策程序，按照设定的程序解决危机中暴露出来的问题；建立危机监测、预警平台，完善教育危机信息的监控、报告、分享和披露机制；建立危机处理的社会平台，发挥教职工、社会组织、普通公众在教育危机中的不同作用等。危机事件可以分为潜伏期、爆发期、恢复期三个阶段，教育部门应该根据不同阶段采取预防、应对和善后等措施，筑起危机管理的堤坝。目前，学校危机管理的资源配置行政化色彩非常明显，今后要充分发挥各种力量在危机事件中的作用，从教育管理部门领导、学校校长、广大教师，直至单位的后勤服务人员，都应该纳入到危机管理方案中。危机事件容易产生焦点效应，它一方面会暴露教育部门的问题，另一方面也会给教育部门带来机遇。只要危机公关得法，教育部门的形象会在危机中得到重塑。

第十一章　教育改革的公众文化支持

　　教育改革是在一定的文化基础之上产生的，教育改革的运行离不开特定文化环境的支持。我国自改革开放以来，由于过度关注经济建设，在文化领域，则导致了民族传统文化淡出生活、民间地方文化资源流失、公共文化生活匮乏与文化生态恶化等一系列社会问题。这些问题不仅关乎社会整体的发展，也必然会影响教育改革。教育是传播文化的重要途径，教育改革活动本身就是一种特殊的文化活动，所以，无法抛开文化的因素去谈教育改革，在公众中所广泛流传的公众文化也便成了影响教育改革的重要社会因素之一。

　　当代开放社会中，公共领域已成为普通民众生活不可缺失的重要环节。公众文化正是能够满足普通民众这种社会性需求的重要载体，它同时也会反过来影响公众的思想和行为。中国的教育改革是面向全社会所开展的活动，公众如何看待中国教育改革？中国教育改革又将如何影响公众的行为和态度？透过对公众文化的调查和研究，我们可以对中国教育改革中的公众文化影响效果有所了解，并能找到一个合理的促进教育改革的公众文化建设路径。

第一节　公众文化的发展现状及问题调查

　　"公众文化"是一个新兴的概念，目前学界对于公众文化的内涵界定并无统一成熟的结论。社会科学中对文化的界定一向采用广义的文化概念，把文化视为人类一切精神产品和物质产品的总和，也即文化不仅仅包括一般的思想价值观念等精神性的因素，同时还包括生活方式、行为、人工物品等物质性因素。本研究将公众文化的内涵界定为：公众文化是以普通民众为行动主体，包含了普通民众的价值观、精神样态、生活行为方式以及物质文化产品等一切精神文化和物质文化总和的一种特殊文化模式。因此，本研究中的公众文化不仅仅包括公众的思想价值观念，还包括公众的行为、生活方式以及文化场馆和物质文化产品等。

一、公众文化现状调查概述

（一）调查思路与方法

本研究采用了"以点带面""点面结合"的思路来对公众文化展开研究，具体而言就是选取几个重要的研究核心"点"，也即在公众文化建设方面有特殊成效的代表性区域作为典型案例进行深入调查，然后再以这些典型案例为线索扩展到对一般公众的调查，也即从"面"上了解公众的文化心理状态和对教育改革的基本看法，以对公众文化的现状作出较为客观实际的研究。

本研究所采用的具体研究方法主要有以下三种：

1. 问卷调查法

本研究主要以一般公众作为调查对象，由于公众的身份十分复杂多样，针对"教育改革的社会支持"这一核心问题，本研究主要选取了对青少年教育活动有较多了解的公众进行调查。具体实施方法是以青少年家长（本研究中指25周岁以下青少年的父母或监护人）作为调查主体，进行大规模问卷调查，通过问卷了解当下公众文化的基本状况和存在的主要问题。

2. 访谈法

为从不同角度了解公众文化的表现状况，本研究分别选取了三类人群进行访谈：一是对青少年教育工作有丰富经验的公众；二是有特殊体验的青少年家长（25周岁以下青少年的父母或监护人）；三是有特殊成长经历的受教育者（25周岁以下的）。通过深度访谈，了解他们对于当下中国教育改革的基本看法。

3.案例研究法

本研究在江苏省全省范围内根据地域特点，在苏南、苏中和苏北不同地区分别选取 1—2 个在公众文化建设方面有特殊成效的典型社区进行深入调研，通过参与观察、集体座谈和文本资料收集等方法，了解它们的成功经验以及存在问题，将它们作为典型案例进行深入调查研究。

（二）调查实施与样本状况

本研究调查资料的收集主要以大规模的问卷调查为基础，于 2013 年 11 月至 2014 年 5 月之间，在江苏省全省范围内，采用配额抽样的方法，分别对每个城市发放 500 份调查问卷，其中兼顾到不同青少年家长的状况，分别对小学、初中、高中学生的家长和一般社区居民发放了问卷，全省共 13 个城市，总计发放 6500 份调查问卷，回收有效问卷 5432 份，有效回收率为 83.6％，样本分布情况如表 11-1 所示：

表 11-1　样本基本情况分布表

		频数	百分比（%）	样本数
性别	男	2506	46.8	5432
	女	2926	53.2	
出生年月	1980 年以后	260	4.9	5304
	1970—1979 年	3429	64.65	
	1960—1969 年	1495	28.19	
	1950—1959 年	69	1.3	
	1950 年以前	51	0.96	
教育程度	小学以下	39	0.7	5432
	小学	182	3.4	
	初中	1039	19.1	
	中专	446	8.2	
	高中	1207	22.3	
	大专	1149	21.2	
	大学	1164	21.5	
	硕士及以上	184	3.4	

（续表）

			频数	百分比（%）	样本数
政治面貌		中共党员	1264	23.8	5428
		共青团员	552	10.2	
		民主党派	68	1.3	
		群众	3404	62.7	
职业类别		国家机关工作人员	301	5.6	5365
		教师	412	7.7	
		事业单位工作人员	713	13.3	
		企业工作人员	1724	32.1	
		商业、服务业人员	916	17.1	
		务农	461	8.6	
		军人	18	0.3	
		其他	820	15.3	
单位类型		国有企业	634	12	5296
		集体企业	259	4.9	
		机关事业单位	1075	20.3	
		私营企业	1186	22.4	
		外资企业	241	4.5	
		合资企业	173	3.3	
		个体工商户	650	12.3	
		自谋职业	596	11.2	
		其他	482	9.1	
子女情况		上小学	2455	45.5	5399
		上初中	978	18.1	
		上高中	1553	28.8	
		上中专	99	1.8	
		上大学	180	3.3	
		在家待业	34	0.6	
		已参加工作	100	1.9	

　　除问卷调查之外，本研究于 2014 年 3 月至 2014 年 8 月间，还进行了典型案例的实地考察研究，分别在南京、扬州、徐州和张家港 4 个城市选取了 6 个社区作为典型案例，进行了实地调研和考察。这 6 个社区在文化建设和青少年教育方面都有各自的特色，具体包括：南京的花神庙社区打造了特有的花神民间文化品牌进行公民道德教育；扬州的荷花池社区充分发挥历史古

城老城区的传统文化进行青少年素养教育；扬州的石桥社区利用新城区的新技术文化进行青少年科普教育；徐州的民乐社区利用本土地方文化对特殊青少年进行帮扶教育；张家港市的永合社区探索了城乡一体化模式下的新文化建设途径；张家港市的南丰社区利用社会资助的力量开发了网格化的公共文化建设模式。

另外，本研究还对不同年龄和身份的公众进行了个别的深度访谈和集体访谈调查，总计访谈18人次（见表11-2）。通过案例研究和访谈研究对问卷调查的结果进行补充和扩展。

表11-2　访谈对象基本情况统计表

编号	性别	年龄	职业	受教育程度	地区
1	男	80	退休	初中	扬州
2	女	56	公务员	高中	扬州
3	男	43	教师	本科	扬州
4	女	38	服务员	高中	扬州
5	女	36	公务员	本科	扬州
6	女	35	全职太太	本科	扬州
7	女	11	小学生	小学	张家港
8	女	21	大学生	本科	张家港
9	女	32	外来务工人员公务员	初中	张家港
10	男	39		本科	张家港
11	男	10	小学生	小学	张家港
12	女	10	小学生	小学	张家港
13	男	25	外企职员	本科	南京
14	女	30	公司职员	大专	南京
15	男	45	军人	本科	南京
16	女	35	公务员	本科	南京
17	女	40	教师	研究生	南京
18	男	22	大学生	本科	南京

二、公众文化的发展现状①

当下中国社会已经进入一个多样化价值并存的时代，呈现出一种传统与现代并存，城市与农村并存，个体主义与集体主义并存的多元文化共生共存状态。公众在这样的大环境中更是面临着多重的选择和考验，公众文化因此也呈现出不同价值观之间碰撞、冲突、交融、互涉的状态。在对中国教育改革的支持上，当下公众文化的表现是复杂多样的，但总体可概括为以下几个典型特征：

（一）高压力的生存竞争文化

一切教育改革的目的都当以促进受教育者发展为核心，因此，受教育者的生存现状也成为我们可以用来考察教育改革成效的一个重要视角。如果一种文化提供的氛围是开放自由的，生活在其中的人们应当是能够感到轻松舒适的。当下的中国公众文化在面对教育改革时呈现出的是一种什么样的氛围？通过调查发现，当下中国广大青少年，也即受教育者人群的生存现状普遍堪忧，由学业负担过重所导致的巨大生存压力已成为最迫切问题之一。调查结果表明，当下学生的学业负担过重已成为较突出且普遍的问题，如表 11-3 所示：

表 11-3 "青少年面临的最大难题情况"调查统计表

问题类型	个案数	个案百分比（%）
学业压力大	2755	51.5
生活自理能力差	1516	28.4
人际交往能力差	1270	23.8
身体素质差	908	17.0
缺乏人生理想	818	15.3
辨别是非的能力差	629	11.8

① 本节部分研究内容以论文形式已见刊，详见周宗伟：《"隧道效应"理论视野下的公众文化冲突现象分析——以中国教育改革的"变态性支持"事件为例》，《江苏社会科学》2015 年第 3 期，第 246—251 页。

（续表）

问题类型	个案数	个案百分比（%）
职业技能缺乏	571	10.7
存在心理问题	427	8.0
其他	252	4.7
道德观念不健全	243	4.5
情感冷漠	233	4.4

　　调查结果显示，目前青少年面临的首要难题是学业压力大，此问题的显著性远远超过了其他的难题。调查还发现，目前绝大多数的青少年都存在休息时间不足的现象，如图 11-1 所示，该图反映了青少年课余用来娱乐放松的时间，可以看出，绝大多数的青少年每天娱乐放松的时间都不超过 2 个小时，甚至有 37.25% 的青少年每天娱乐放松的时间都不足 1 小时。

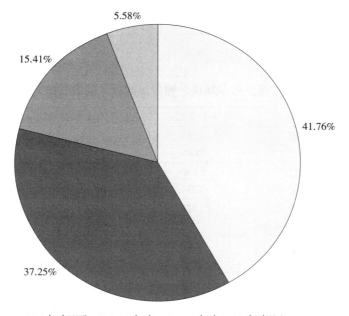

□ 1小时以下　■ 1—2小时　■ 2—3小时　□ 3小时以上

图 11-1　青少年每天课余用来放松娱乐的时间

　　以上这些调查反映了当下青少年普遍被学业压力所影响的状况，在访谈中了解到，连家长们也普遍反映现在的孩子"越来越没有时间玩了"。这种高压力的生存环境是由公众文化中紧张的竞争性氛围所致，孩子们的压力往往来自父母，不仅仅是孩子们处在高压力的生存状态中，事实上他们的父母，也即一般公众也普遍处于一种高压力、快节奏的生存状态中。教育活动本身是需要时间和过程才能显现效果的，这种高压下的文化只会成为揠苗助长式的教育，导致适得其反的结果，对教育改革也将产生相反的阻碍性作用。

（二）"成就本位"文化与"成长本位"文化之间的矛盾

我们在访谈中了解到公众对教育改革的支持态度都表现得比较积极，但吊诡的是，现实生活中却发现公众有许多阻碍教育改革的消极性行为。一个最常见的例子是，调查中大多数公众都能认识到学生学业负担过重的问题并希望改进，但政府颁布的各项减轻学业负担的教育法令实际执行起来却非常困难。大部分家长在面对自己孩子的教育时，往往不但不帮其减负，反而对社会上种种增加学生学业负担的活动推波助澜，其中，让孩子参加各类课外辅导班就是一个极典型的例子。如表 11-4 所示：

表 11-4 "青少年参加课外辅导班状况"的调查统计表

辅导班类型	个案数	个案百分比（%）
奥数学习班	1584	29.4
英语学习班	2680	49.7
语文学习班	1230	22.8
乐器或声乐类学习班	1294	24.0
美术或书法类学习班	1372	25.5
主持人或表演类学习班	263	4.9
科技航模类学习班	126	2.3
体育运动类学习班	650	12.1
围棋象棋类学习班	432	8.0
没参加过任何辅导班	867	16.1
其他	169	3.1

调查发现，目前学龄青少年在课余参加各种校外辅导班的现象非常普遍，没参加过任何课外辅导班的青少年只有 16.1% 的比例，占总体数量比例很低。绝大多数青少年都参加了各种类型的辅导班，甚至有相当数量的青少年参加了不止一个课外辅导班，而以"应试"为目的的英语、奥数和语文辅

导班参加比例都非常高。尽管政府已明确颁布了各类实施"减负"的教育法令，包括禁止专职教师在校外开展各类课业辅导活动的规定，但民间的各类课外辅导班依然大范围存在，并且家长对这些辅导班表现出明显的支持性行为。作为公众的一部分，家长的这种行为无疑在对当下的教育改革起着阻碍和对抗的消极影响作用。

这一现象反映出公众对当下教育改革活动的支持状况十分复杂难解，他们对待教育改革在理智和情感之间出现了很大的矛盾冲突。理念上他们都赞同教育改革的一系列举措，但所做的事情却实质上在抵抗并反对教育改革，这就给教育改革的进一步深化发展带来了极大的难题。德国社会学家埃利亚斯在分析中世纪德国阶层之间的区隔问题时，曾论及了两个不同阶层所代表的两种不同文化价值，认为："长期以来贵族模式及其'存在价值'的观念与市民模式及其'成就价值'的观念这两者的格格不入，决定了德国人身上所表现出来的民族精神。"[①]埃利亚斯认为，中世纪德国，在贵族阶层中流行的是一种可以用来证明其自身身份和地位优越性的"存在价值"的文化；而在市民阶层中流行的则是通过个人努力获得世俗成就来实现向上流动的"成就价值"的文化。

借鉴埃利亚斯对这两种文化的区分，笔者以为，当下的公众文化之中也存在着"成长本位"和"成就本位"两种不同的文化。所谓"成长本位"的文化是指以人的成长发展作为终极追求的生存价值观；而"成就本位"的文化是指以获得世俗的功利性成果作为终极追求的生存价值观。可以说，目前的公众文化在对教育改革问题上呈现出了明显的文化冲突现象，在公众内部，出现了两种不同文化之间的分裂对立，一种是"成长本位"的文化，另一种是"成就本位"的文化。"成长本位"文化从学生立场出发，重视教育的过程，以学生的个人幸福体验为目标；而"成就本位"文化则从家长立场出发，重视教育的结果，以追求学生的世俗成就为目标。

---

① ［德］诺贝特·埃利亚斯：《文明的进程》，王佩莉译，生活·读书·新知三联书店1998年版，第82页。

理论上看，这两种文化并非彻底水火不容，截然对立，一种理想的教育模式原本可以实现且应当实现"成长目标"和"成就目标"的兼容兼得。但客观事实上，目前的"成长本位"文化对教育改革产生了积极支持的功能；而"成就本位"文化则对教育改革产生消极不支持的功能。这两种文化在公众文化之中同时存在，共同发生着影响，使得公众在对教育改革的反应中表现出了"爱恨交织""口是心非""明知故犯""左右为难"等矛盾纠结的"变态性"支持状况。

（三）盲目与虚无的教育文化观

公众如何如何看待教育改革，并形成怎样的教育观念和意识将直接影响到教育改革的实施和推进。某种程度上，公众的教育理念和教育意识本身就会形成一种独特的文化。但调查发现，公众对教育改革活动缺乏足够的了解和认知。例如，在一项关于"您是否了解《教育规划纲要（2010—2020）》"的调查中发现，有16.3%的人从未听说过《纲要》，对《纲要》内容完全不知道；有45.5%的人仅仅听说过《纲要》名称，但不了解具体的内容；仅有30.2%的人听说过《纲要》并知道其中的一部分内容；而对《纲要》比较熟悉，了解其中许多内容的人则只占8.0%的很低的比例。大部分公众实质都不清楚教育改革的具体方式和内容，对教育改革表现出较为盲目无知的状态。

调查还发现，大部分公众对教育都有基本的认识，知道教育活动的价值和重要性所在。而现今一个普遍性的趋势是，公众已不自觉地将教育的职能全方位地转嫁给了学校，公众在对教育的理解上存在着这种狭隘的倾向，即将教育窄化到学校教育的范畴中去，形成了一种对学校教育过度依赖的"学校中心"的公众文化。不少公众身为学生家长，都有着推卸自身教育责任的问题，以为只要把孩子送进学校就万事大吉。即便是自身该履行的家庭教育活动，也大多跟着学校教育的指挥棒走，这也是前文提到出现青少年学业压力过重的原因之一。

即便是对学校教育的理解，公众也依然没有形成健全理性的教育意识。如表11-5所示：

表 11-5　家长认为学校教育最重要的作用调查表

选项内容	个案数	个案百分比（%）
学习文化知识	4216	77.9
培养基本的道德观念	3282	60.6
促进心理健康成长	2552	47.1
教授为人处世的道理	1866	34.4
培养劳动技能	1139	21.0
促进身体健康成长	982	18.1
通过读书改变命运	492	8.9
监督和管理青少年行为	321	5.9
获得文凭	228	4.2
选拔人才	178	3.3
其他	22	0.4

　　该调查结果表明，公众对学校教育的基本职能存在着一些偏差性的认识。在学校教育的各类作用中，"学习文化知识"排在第一位且远远超过其他，相比而言，对于一个人正常成长发展所需的身心健康问题却显得被忽视了，这十分典型地反映了当下中国教育以知识技能的传授为核心目标的现象。对于人的发展而言，知识并非是唯一需要的，甚至不是最重要的。教育本该培养的是身心灵整体健康发展的"人"，而非掌控大量知识信息的智能工具。对于人的这种整体性认识，在公众当中还十分匮乏。相当多的公众把学生看作简单的"学习机器"，而非全面发展的"人"。这是一种教育观念上的误识和偏见。

　　过度看重智力发展已成为当代中国教育最大的误区之一，"分数至上"成为学校教育中的一个普遍现象，"只要成绩好"也成为广大家长们的普遍共识。我们的公众文化中缺乏一种"以人为本"的精神，对人的核心价值缺乏关怀和重视。这种带有盲目性和虚无性的教育文化观广泛传播，必然会对教育改革产生负面的影响。

三、公众文化的教育职能缺失

　　理想的公众文化应当能够体现公共精神，并具有能够引领大众的社会整合的功能。而通过教育来引领大众实质是很好的途径，并且公众文化本身就应当具备教育职能。但调查却发现，当下的中国公众文化未能很好地履行这样的教育职能，在引领和教育社会大众方面还存在诸多问题。

（一）非学校教育的发展匮乏

公众文化因为是直接面向社会大众的，因而可以通过直接向社会大众传播思想来履行教育的职能，因此，公众文化可以和社会教育直接接轨。教育本身就是一个集合学校教育和一切非学校教育的全面综合性教育行动，理想的教育模式应当是一切教育形式的整体性均衡发展的结果。同时，学校教育自身的发展也急需各类非学校教育活动的配合和支持，可以说，非学校教育构成了学校教育活动的重要社会支持因素之一。

在调查中发现，当下公众在观念上对非学校教育都有正确的认识，认为虽然学校教育是目前青少年教育的最主要形式，但除了学校教育之外的其他教育形式也应当得到重视，应当综合运用多种教育形式来对青少年进行全方位教育。比如调查中有88.8%的公众都认为"家庭教育、社会教育和学校教育都同样重要，应相互补充，相互联系"。应当加强三种教育之间的配合和联系，共同发展青少年教育。

然而，调查中也发现，虽然公众对非学校教育具有正确的观念意识，但非学校教育的实际发展状况却不容乐观。首先，从教育的发展历史来看，学校教育的兴起使得家庭教育的功能被削弱。并且，当下以应试教育为特征的学校教育也将家庭教育绑上了摧残学生身心发展的战车，使家庭教育进一步成为应试教育的同盟。其次，社会教育的发展更是裹足不前。例如，社区本可成为实施社会教育的重要阵地，可以组织开展各类文化活动对公众进行教育，也可以协助学校和家庭做好青少年教育的补充工作。比如，社区可以积极调动家长的力量，对家长的培训和指导也是青少年社区教育中的重要环节。但通过调查发现，目前大多数社区都没有开设家长学校或家长培训班，仅有20.5%的社区开设有家长学校或家长培训班。但实质上有82.9%的家长希望在社区开设家长学校或家长培训班，认为在社区内开设家长学校或家长培训班是很有必要的。社区是家长生活的主要区域，理应有效地调动和利用家长的资源来实施青少年教育，然而目前的社区在这方面未能发挥有效的作用。

总体而言，目前的教育依旧是以学校教育为最核心的力量，学校教育之外的大部分非学校教育活动基本都未能良好发展，这也使得学校教育本身因难以得到非学校教育的支持和帮助，而每每成为教育领域中的一支"孤军奋战"的队伍。

（二）新媒体文化环境的反智主义倾向

媒体是公众文化诞生和发展的基础条件。但随着媒体技术的发展变化，我们也发现，今天的新媒体与早期的大众传媒已经有了很大的不同，尤其是计算机和网络技术的诞生，使得早期的大众传播逐渐向分众传播转变，网络社交媒体的发展更是导致了"自媒体"时代的来临。这些新兴的媒体也促使了大众的文化在发生着改变。自媒体时代的公众文化所起的作用已经远远不同于传统媒体时代的公众文化了。

媒体自身的发展是难以阻挡的趋势，各种各样的新型媒体早已进入青少年的生活，对青少年的成长发生了重要的影响。对新媒体的兴趣和使用已成为当代青少年文化中的一个热点现象。如表 11-6 所示，青少年在学习中使用各类新媒体已称为较普遍的现象。

表 11-6　青少年学习中使用的新媒体类别情况

	频率	有效百分比（%）
台式电脑或笔记本电脑	4132	35.9
手机	2677	23.3
学习机	1904	16.6
平板电脑	1172	10.2
网络电视或互动电视	837	7.3
电子书	654	5.7
其他	128	1.1
合计	11504	100.0

媒体只是一个技术工具，它的使用不可避免也无须避免。但媒体是一个"双刃剑"，新媒体对青少年成长的影响作用是双向的，既有积极的作用，

也有消极的作用。其积极作用主要包括能够丰富知识面、方便快捷和促进对信息技术的学习能力等方面，但消极作用更不容忽视。如图 11-2 所示，新媒体对青少年成长的消极作用则主要表现在使用过长时间后不利于青少年身心健康、过多占用正常学习时间和不良信息干扰三个方面。

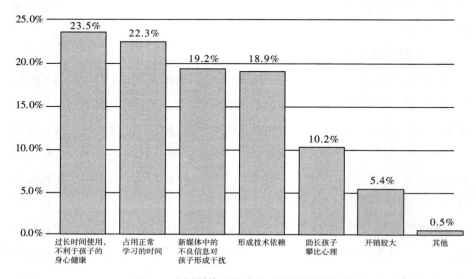

图 11-2　新媒体对青少年成长的消极作用

　　由于青少年尚不成熟，缺乏足够的判断力和自制力，因而在对新媒体的使用方面需要成人的有效引导。新媒体的出现最容易引发的问题就是会导致具有"反智主义"倾向的文化出现。调查发现，越来越多的青少年甚至成人都有对智能手机和互联网技术等新媒体高度依赖的倾向，许多家长甚至让孩子直接与媒体为伴，让媒体充当了孩子的"电子保姆"。人们生活中几乎一切信息都来自新媒体，每天花费大量时间阅读媒体信息，而对书本文字的阅读日益丧失了兴趣。媒体信息因为更新速度太快，而让人无暇停下来去做深入的思考。媒体海量的信息过于繁杂，也让人难以做出正确的选择。这些都有可能让人在媒体面前丧失独立思考的能力，而导致反智主义文化的出现，对于心智发育尚不健全的青少年尤其影响巨大。如果媒体技术没有能够被恰当地使用，将极易对青少年成长产生干扰和破坏，成为阻碍教育改革的负面力量。

（三）公共文化服务体系不健全

自 2006 年《国家"十一五"时期文化发展规划纲要》明确提出"公共文化服务体系"的概念，再到党的十七大把"建设覆盖全社会的公共文化服务体系"作为实现全面建设小康社会的重要目标之一，近年来关于国家公共文化服务职能和公民文化权利诉求的问题日益引起社会各界的广泛关注，也成为学界热衷探讨的重要问题。

在公共文化服务体系的建设中，文化服务基础设施的建设是一个重要环节，通过建设一些为社会大众所共享的文化设施，如博物馆、图书馆、科技馆、体育健身场所等，为公众提供基本的文化服务功能，满足公众的基本文化需求。同时，作为社会教育的一个基本阵地，这些文化场馆和设施也为开展社会教育活动提供了必要的物质条件保障。如果这些文化设施的建设不健全，社会教育活动的开展也将容易流于形式。青少年在学校教育之外有大量的时间和空间可以被利用来接受社会教育，但实际的状况又是怎样的呢？调查结果如表 11-7 所示：

表 11-7　青少年课余用来娱乐放松的最主要形式调查表

	个案数	个案百分比（%）
看电视和电影	2767	51.1
看课外书和报纸杂志	2627	48.5
体育运动	1765	32.6
打电脑游戏	1206	22.3
和同学或伙伴进行群体游戏	1108	20.5
上网聊天	1018	18.8
去公共文化场所	718	13.3
进行各类艺术活动	654	12.1
买零食吃	371	6.9
没有娱乐放松时间	144	2.7
去公共娱乐场所	71	1.3
其他	73	1.3

该调查中反映出青少年课余生活的总体情况，我们看到"看电视和电影"

成为他们最主要的娱乐方式，实际是电视占据了他们日常娱乐生活的大部分时间，现在的孩子基本上都是伴着电视长大的一代。而调查中也反映出他们去公共文化场所的概率非常低，这表明他们的公共文化生活十分匮乏。调查还发现，这和公共文化服务基础设施的建设不足有很大的关系。虽然目前的大多数社区都配备了一定的青少年专用活动场所和设施，但这些场所和设施的建设都还不完善，场馆的数量和质量都还有待提高。如表11-8所示：

表11-8　目前在青少年活动场馆设施建设方面最主要的问题调查表

	频数	有效百分比（%）
场馆设施数量不足	3013	56.6
场馆设施种类单一	857	16.1
其他	515	9.7
场馆硬件条件太差	301	5.7
场馆收费过高	294	5.5
场馆设施开放时间不合理	237	4.5
场馆经营管理方式不当	99	1.9
合计	5324	100.0

该调查反映出，在公共文化设施的建设中，目前"场馆设施数量不足"是最大的问题，除此之外，场馆设施类型单一也是较大问题。这表明在当下的公共文化服务体系中，基础的硬件条件都还没有保障，那么软件的建设就更是空谈了。我们通过实地调研进一步了解到，文化服务基础设施建设不足实际上与资金投入不足有很大的关联性，许多地区因为缺乏资金的保障而难以购置基本的设备和文化用品，尤其在苏北经济落后地区表现得更明显。而即便是有政府专项文化资金投入的地区，也存在着因为资金管理不当，导致文化资金被挪用到其他地方而不能落实到文化建设中去的现象。这些都阻碍了公共文化服务体系的发展。

正如学校没有建好，就不可能有正式的课堂教育活动一样，公共文化服务设施没有建好，就不可能有良好的公共文化教育活动。可见，实现公众文化的基本教育职能是需要全社会从观念到经济再到制度等各方面整体支持的结果。

四、公众文化发展的差异比较

由于公众内部存在着身份、地位等的差异分化，因而公众文化并非是铁板一块的东西，它在不同的人群之间，不同的地区之间会有不同的表现。从本研究所关注的公众文化对教育改革的支持问题来看，我们也发现，在具体的支持方式和支持效果上，公众文化的自身发展存在着地区、职业和学历等多方面的较明显的差异。

（一）地区差异比较

中国社会一直存在着地区之间的巨大差异，东西部地区经济和文化的发展水平存在着相当大的距离，公众文化的发展亦如此。限于多方面因素，本研究未进行全国范围的差异比较，而是将视线集中于江苏省内。众所周知，江苏省虽然在总体上是一个经济、文化较发达的省份，但在全省范围内，依然存在着相当明显的地区差异，以至于这些不同的地区常常被视为江苏省内的"几个不同世界"。

在江苏省内，由于经济、价值观念及生活方式等的不同，公众文化在不同的地域也有着不同的表现。我们根据传统的江苏行政区划分模式，将苏州、无锡、常州、镇江、南京五个城市划为苏南地区；将扬州、泰州、南通三个城市划为苏中地区；将盐城、淮安、宿迁、徐州、连云港五个城市划为苏北地区，分别对苏南、苏中、苏北三个地区进行了比较研究，发现三个地区的公众文化发展状况有着较为明显的差异。如表11-9所示：

表 11-9　了解国家的教育政策和教育措施的途径——地区差异比较表

			地区			合计
			苏北	苏中	苏南	
了解国家的教育政策和教育措施的途径	孩子所在学校的校方传播	计数	1067	673	1173	2913
		地区的%	22.8	23.7	24.0	23.5
	孩子的老师个人传播	计数	559	282	481	1322
		地区的%	11.9	9.9	9.9	10.7
	孩子口中传播	计数	748	361	561	1670
		地区的%	16.0	12.7	11.5	13.5

（续表）

			地区			合计
			苏北	苏中	苏南	
了解国家的教育政策和教育措施的途径	朋友传播	计数	352	195	390	937
		地区的%	7.5	6.9	8.0	7.6
	邻居传播	计数	204	79	112	395
		地区的%	4.4	2.8	2.3	3.2
	同事传播	计数	322	243	425	990
		地区的%	6.9	8.6	8.7	8.0
	和孩子同校的其他家长传播	计数	308	172	263	743
		地区的%	6.6	6.1	5.4	6.0
	社区传播	计数	183	108	126	417
		地区的%	3.9	3.8	2.6	3.4
	大众媒体传播	计数	911	708	1311	2930
		地区的%	19.4	25.0	26.9	23.6
	其他	计数	31	16	40	87
		地区的%	.7	.6	.8	.7
合计		计数	4685	2837	4882	12404
		地区的%	100.0	100.0	100.0	100.0

卡方检验：[N=5314 X^2（18）=178.993   P=0.000<0.001差异显著]。

如上表的调查所示，苏南、苏中和苏北三个不同地区的公众在了解国家教育政策和教育措施的途径方面存在着明显的差异，相比而言，苏南地区的家长与学校的交流互动最多，而苏北的家长与学校交流最少；苏南地区的家长从传媒获取信息最多，而苏北地区从传媒获取信息最少，苏北地区的家长们更依赖与教师或子女的个人互动来获取信息。这其实从某种程度上反映了苏南地区的集体性社会文化活动要比苏北地区发达，苏北地区的公共文化交流活动还相对落后，人们尚停留于传统的个体与个体之间的交往互动，对群体性的文化活动还比较冷淡。而苏中地区则处于发展的中间状态。

这个调查可以从某个侧面反映出苏南、苏中、苏北三个地区的公众文化对教育改革的不同支持状况。苏南地区的经济最发达，苏中地区次之，苏北地区的经济相对最不发达。经济的差异也必然会影响到文化的发展，公众文化的发展和建设本身就需要基本的经济条件作保障，此外人们的思想观念也是重要的影响因素。相比而言，苏南发达地区的公众文化发展更先进领先，公众对教育改革能有更充分的了解，也因此而有更积极的支持行动，苏中地区次之，苏北地区则相对落后。

（二）职业差异比较

如前文所述，公众内部存在着较大分化，其中阶层的差异是个客观的事实。由于阶层的分化受到财富、声望、权力等多重因素的影响，而在现实生活中，影响人的财富、声望和权力的最重要途径之一就是职业，故本研究以职业为基本调查因素考察了不同公众之间的职业差异与文化差异之间的关系。调查发现，不同职业的人群之间，在对教育的态度和看法上存在着较明显的差异。如表11-10所示：

表11-10 认为教育制度要改进的问题——职业差异比较表

		职业								合计
		国家机关工作人员	教师	事业单位工作人员	企业工作人员	商业、服务业人员	务农	军人	其他	
认为教育制度要改进的问题	课程内容设置不合理 计数	65	93	133	277	122	62	3	123	878
	职业的%	10.5%	11.6%	9.8%	9.1%	7.3%	7.2%	8.6%	8.7%	9.0%
	考试选拔制度不公平 计数	97	131	192	455	220	98	5	169	1367
	职业的%	15.6%	16.4%	14.2%	14.9%	13.2%	11.4%	14.3%	12.0%	14.0%
	师资力量不足 计数	43	61	84	190	114	46	1	90	629
	职业的%	6.9%	7.6%	6.2%	6.2%	6.8%	5.4%	2.9%	6.4%	6.4%
	教师专业素质不高 计数	45	31	46	118	65	55	3	54	417
	职业的%	7.3%	3.9%	3.4%	3.9%	3.9%	6.4%	8.6%	3.8%	4.3%
	学校与学校之间的差距太大 计数	135	164	334	800	394	199	5	313	2344
	职业的%	21.8%	20.5%	24.7%	26.2%	23.6%	23.2%	14.3%	22.1%	23.9%
	学校管理不规范 计数	14	21	33	78	56	44	4	37	287
	职业的%	2.3%	2.6%	2.4%	2.6%	3.4%	5.1%	11.4%	2.6%	2.9%
	学校的教育思想不正确 计数	30	31	52	92	58	26	2	38	329
	职业的%	4.8%	3.9%	3.8%	3.0%	3.5%	3.0%	5.7%	2.7%	3.4%
	班级规模过大 计数	96	151	194	523	242	81	5	209	1501
	职业的%	15.5%	18.9%	14.3%	17.1%	14.5%	9.5%	14.3%	14.8%	15.3%

			职业								合计
			国家机关工作人员	教师	事业单位工作人员	企业工作人员	商业、服务业人员	务农	军人	其他	
认为教育制度要改进的问题	学校的硬件设施不齐全	计数	31	41	115	170	126	89	1	104	677
		职业的%	5.0%	5.1%	8.5%	5.6%	7.6%	10.4%	2.9%	7.4%	6.9%
	教育费用太高	计数	28	34	91	162	145	93	3	129	685
		职业的%	4.5%	4.2%	6.7%	5.3%	8.7%	10.9%	8.6%	9.1%	7.0%
	在校待遇不公平	计数	9	9	15	33	17	19	2	24	128
		职业的%	1.5%	1.1%	1.1%	1.1%	1.0%	2.2%	5.7%	1.7%	1.3%
	教育腐败现象严重	计数	12	15	39	78	60	20	1	57	282
		职业的%	1.9%	1.9%	2.9%	2.6%	3.6%	2.3%	2.9%	4.0%	2.9%
	其他	计数	15	19	26	75	47	24	0	67	273
		职业的%	2.4%	2.4%	1.9%	2.5%	2.8%	2.8%	.0%	4.7%	2.8%
合计		计数	620	801	1354	3051	1666	856	35	1414	9797
		职业的%	100.0%	100.0%	100.0%	100.0%	100.0%	100.0%	100.0%	100.0%	100.0%

卡方检验：［N=5432　X^2（84）=309.455　P=0.000<0.001 差异显著］。

上表的数据反映出，不同职业对教育改革的看法存在较大差异，具体而言，教师作为教育活动的最直接参与者，因为身处其中，因而对学校教育内部的一些问题要有高于其他职业的认识，例如：对于"课程设置""考试选拔制度""班级规模"等问题的认识要比其他职业更深入。而对于被大家所普遍认识到的涉及教育公平的一些问题，包括"学校之间的差距过大""班级规模过大""考试选拔制度不公平"等，企业单位的工作人员却有比其他职业更高的选择比例，而务农者对这些问题的认识却远远低于其他职业。这是否反映了经济市场的竞争使人会有更强烈的公平意识，而农民在中国一直处于社会结构的底层，缺乏与上层竞争的资本，因而也导致了农民阶层根本无力去关注公平的问题。而在对"教育费用太高"这一问题上，务农者的选择比例却远远高于其他职业，这也很明显地反映了农民的经济地位偏低的现象。

此外，还有一个饶有趣味的现象是军人这个职业在许多问题的看法上都和其他职业有明显不同，例如对"师资力量不足"的问题选择远远低于其他职业；而对"教师专业素质不高"的问题选择又远远高于其他职业；对"学校之间差距太大"这样公认的问题，军人的选择比例远远低于平均值；而对"学校管理不规范"这样大多数职业都不重视的问题，军人的选择比例又远远高于平均值。这些其实都可以反映出军队生活不同于常规学校教育活动的地方。军人历来以服从为天职，因此，难以有自由平等这类意识产生，而"管理"和"规范"的意识却深入骨髓。

这些调查反映出普通公众因为不同职业的差异而导致的教育观念意识的很大不同。因而，不同职业的人群必然会在教育改革活动面前表现出不同的态度和支持方式，呈现出不同的教育文化观。

（三）学历差异比较

公众对教育活动的感受和理解不外乎来自两个最主要的渠道，一个是自己的孩子受教育的经历，另一个就是自己受教育的经历。但由于公众接受教育的方式和程度各不相同，因而对于教育的理解也会产生较大差异。本研究也据此以学历为主要因子进行调查，发现受教育程度的确明显地影响着公众的教育意识。如表 11-11 所示：

表 11-11　对现在的学校在做哪些教育改革活动的了解程度——学历差异比较表

			现在的学校在做哪些教育改革活动的了解程度				
			从不了解，完全不知道	从校方知道一些信息，但了解不多	与学校接触较多，经常知道学校所做的事情	与学校接触密切，清楚学校的一切动态	合计
学历	小学以下	计数	193	301	15	7	516
		学历的%	37.4	58.3	2.9	1.4	100.0
	小学	计数	142	1158	208	22	1530
		学历的%	9.3	75.7	13.6	1.4	100.0
	初中	计数	49	708	370	109	1236
		学历的%	4.0	57.3	29.9	8.8	100.0
	中专	计数	19	138	147	126	430
		学历的%	4.4	32.1	34.2	29.3	100.0
	高中	计数	39	231	70	24	364
		学历的%	10.7	63.5	19.2	6.6	100.0

（续表）

			现在的学校在做哪些教育改革活动的了解程度				合计
			从不了解，完全不知道	从校方知道一些信息，但了解不多	与学校接触较多，经常知道学校所做的事情	与学校接触密切，清楚学校的一切动态	
学历	大专	计数	48	349	88	30	515
		学历的%	9.3	67.8	17.1	5.8	100.0
	本科	计数	63	361	123	64	611
		学历的%	10.3	59.1	20.1	10.5	100.0
	硕士及以上	计数	9	78	17	8	112
		学历的%	8.0	69.6	15.2	7.1	100.0
合计		计数	562	3324	1038	390	5314
		学历的%	10.6	62.6	19.5	7.3	100.0

卡方检验：〔N=5314　X^2（21）=1152.185 P=0.000<0.001 差异显著〕。

以上调查数据较清晰地反映出公众的学历对其教育观念有显著的影响，总体而言，学历越高者对教育改革的了解也越充分，学历越低则了解得越匮乏。但这其中还有几个需要特别注意的细节，我们看到，对教育改革了解得最多的并不是学历最高的人群，而是具有中专学历的人群，其对教育改革的关注程度远远高于其他学历的人群。这可能也某种程度上反映了中专教育的特殊性，中专教育既不同于学历相当的高中教育，也不同于大学教育。它既没有普通高中的升学压力的负面影响，又没有大学的相对散漫，往往更注重教育的规范性和全面性，故而接受过中专教育的人群会对教育最重视和关注也就可以理解了。

此外还可发现的一个细节是，在随学历增高而对教育的了解程度增高这一总体性趋势下，在最高学历之处却出现了相反的现象，最高学历者，也即研究生以上的学历者反而不如本科学历和大专学历者更关注教育。这可能也从某种程度上反映了不同受教育经历导致的不同教育理念。生活中常见许多高学历者，尤其是博士们，往往更容易对现实的教育产生批判性的思考，他们更容易接受开放自由的教育理念，这可能也是导致他们对学校教育关注度不高的原因。总而言之，公众自身的受教育程度不同，也影响了其对教育改革的不同态度和支持效果。

第二节　公众文化的支持困境及成因分析

当下的中国公众文化发展还处于一个摸索起步的阶段，对于教育改革活动，公众文化并不必然起着积极推动的良好作用，甚至常常自觉或不自觉地阻碍着教育改革。对于当下的教育改革活动，公众文化自身存在着诸多的支持困境，我们需要对这些困境有清晰深入的认识，探索和发现背后的原因，才有可能找到一条顺畅的教育改革的支持路径。

一、赞同还是反对：教育改革事件中的文化冲突

通过前文的分析，我们已知当下的公众在面对教育改革活动时表现出的是一种矛盾的状态。大部分公众在理念上都能认同并支持教育改革，但实际的行动中又常常做着阻碍教育改革的事情。也即，当下的公众在教育改革事件中表现出的是一种既赞同又反对的文化冲突状态。文化冲突是两种不同文化或要素之间彼此相互抵触和相互排斥的现象，在公众文化对教育改革的支持状态中，公众的文化冲突集中表现在理念与行动原则的差异对立上。

（一）理念上的认同

中国的教育改革在推进教育公平、提升素质教育、深化办学体制等方面的确取得了明显的成效，但同时，伴随着教育改革的深入，也依然存在着一些多年解决不了的"老大难"问题，比如"择校"问题、"应试教育"问题、"学业负担过重"问题等。对于这些问题，在调查中也发现大多数公众都有相对清醒合理的认识，他们都认为亟须改革和治理，从理念上赞同教育改革的实施和推进。本研究也做了访谈调查，以下这位老人的想法在公众中就极具代表性：

访谈群众老人 D："我作为 80 岁老人，我觉得我们现在小朋友太辛苦了，

太受压抑了，整天的困在课堂里面，困在家庭里面追求分数。我跑了 20 多个国家，外国的小朋友不同。比如日本的小朋友，下了课之后就踢踢足球，在我们中国看不到，（他们）身体很健康。我在奥地利看到老师带学生到河里摸小鱼小虾，在中国是不允许的，（那里）孩子玩得愉快得不得了。朝鲜当然很贫困，但学生下午没得课，上午上课，下午练团体操，共青团大会，所有孩子都在操练。过去毛主席说的德智体全面发展，我们现在只重智育，体育啊、德育放弃掉。如何让我们青少年的业余活动活跃起来？我特别怀念前几年的××学堂①，××学堂不仅仅进行知识传授，文化教育，还进行革命传统教育。这个革命传统教育是非常重要的，是我们党的优良传统，要进行爱国主义教育。如果孩子没这个观念，他就容易走上邪路，哪个国家都重视爱国主义教育。我最近到柬埔寨，柬埔寨比较穷，生育率高，一家很多人，教育水平较低，识字的人少。人民币都不用，人不识得字。前几年××学堂进行的爱国主义教育，抗美援朝之类的，如何保家卫国的，我讲过抗日战争。幼小的心灵要有个爱国的观念，中宣部 100 个爱国基地我游览了 60 多个，所有全国革命红色圣地我全部跑过。我对小孩子很爱，就想给他们讲讲故事啊，从小心灵中就有爱国观念。现在没有阵地了。"

我们看到，这位老人对当下的教育问题还是有着较为清晰的认识的，他虽然没有直接呼吁教育改革，但其言辞间流露出的思想却表达出了渴望进行教育改革的心声。这样的愿望并非个别，而是大多数公众的共同想法。所以，目前的公众文化在观念层面呈现出的是较为积极的样态，公众的教育理念与当下教育改革的方针总体是一致的，对教育改革能够起到良好的支持性作用。

（二）行为上的对立

"上有政策，下有对策"一直是中国社会流行的一种"民间生存智慧"，在教育改革活动中也不例外。虽然大多数公众能够从理念上认同当下教育改

---

① 由社区所办的针对青少年的公益性讲堂，定期组织青少年开展各类文化活动。

革的核心精神和思想，但吊诡的是，在实际行为层面，以学生家长为主体的大部分公众所做的事情恰恰是违背国家的教育改革政策的，最典型的一个例子就是前文提到的"校外辅导班"现象。在访谈中我们也发现，许多家长都认为"辅导班"不利于孩子身心健康发展，但行动上却又"不得不上"，因为周围的人都上了，自己迫于群体环境的压力则不得不盲从。如以下这段访谈材料所反映的现象就很具有代表性：

　　研究者："您的孩子上辅导班吗？"

　　访谈群众 A："我的小孩，因为其他人都上了，我就盲从了一点，给他上了一门外语，其他的也没上。"

　　研究者："几年级了？"

　　访谈群众 A："二年级了。"

　　访谈群众 B："学一门都算是少的了，一般都三四门。"

　　访谈群众 C："我家孙女今年 6 岁，9 个月就上学了，早教。目前上一个英语、一个体操，本来家里要送她去画画，她不喜欢，还报了个书法。而且我从孙女身上发现她不跟人玩，跟电脑玩，从早上到晚上，她也不烦人，从早上到晚上。一篇文章从上面读到下面，作为大人，省事了，不烦人。但是这样怎么与人交往啊？"

　　访谈群众 A："前几天《扬子晚报》上还写了小时候的玩伴哪去了？这个是挺头疼的。"

　　研究者："也就是我们的社会教育要更多地关注学校教育和家庭教育中缺失的部分。"

　　访谈群众 C："我现在要建议社区要专门地拨这么一块地方，就专门是孩子玩的地方，要拨出一大块，有一定的面积，比如说 200 平方米。现在我们也办了邻里中心、活动室，晚上我们要回家，而且太小了，来不了几个人都满了。"

　　访谈群众 A："关键是这孩子的时间都被挤压了。他也没人来啊。"

　　访谈群众 C："还有一个政府没钱投啊。"

访谈群众 B：*"最终根源还在政府上面，政府太忽视小孩子的教育了，太浮躁了，所以我觉得我们以后中华民族成问题呢！大家都是宝贝，但惯得至掉了，整个从上到下都至掉了。"*

这段访谈材料能够较形象地揭示出当下普通民众的心态，他们一方面在抱怨和批判教育当中的一些不良现象，比如上辅导班；但另一方面又不得不盲从跟风，并且跟得很坦然，因为"大家都这样做"，于是个体也就有了可以推卸责任的理由。这种盲从跟风的行为导致了大量的不良教育活动被不断地模仿和重复，并因此而不断地扩大社会影响，形成了一股难以抗拒的社会潮流，这又反过来使公众失去抵抗的能力而进一步加剧了盲从跟风的现象，从而变成恶性循环。这从客观上也使得公众文化实际表现出与教育改革相对立的局面，公众的实际行动在反对并阻碍着教育改革的结果。

（三）社会结构中的"隧道效应"：公众文化冲突的一种解释[①]

文化冲突在某种程度上是人的一种心理冲突的结果。当下的公众文化在面对教育改革活动所表现出的文化冲突现象就是一种较为典型的公众心理冲突作用下的结果。这里可以借用经济学中的"隧道效应"理论来对此现象进行解释。

"隧道效应"最早由赫希曼和罗思奇尔德（Hirschman and Rothschild）于 1973 年提出，借用了隧道内开车的情景来比喻经济发展现象，具体指的是在经济发展过程中人们对不平等程度的忍耐力[②]。

试想这样的场景：当我们在一个双车道的隧道内开车，其中两部车道都往同一个方向行驶。此时，如果遇到交通堵塞会怎样？如果我们是在左边的车道上，当发现右车道上的车开始缓缓移动后，我们的感觉究竟会更好

[①] 本节部分研究内容以论文形式已见刊，详见周宗伟：《"隧道效应"理论视野下的公众文化冲突现象分析——以中国教育改革的"变态性支持"事件为例》，《江苏社会科学》2015 年第 3 期，第 246—251 页。

[②] 参见 [美] 德布拉吉·瑞：《发展经济学》，陶然等译，北京大学出版社 2002 年版，第184—186 页。

还是更坏呢？这取决于右车道上的车会移动多久。最开始，我们也许会想，前方的交通阻塞情况已经结束了，要轮到我们这边可以开始移动了，我们的心情自然也会好很多。但是，如果右车道的车一直往前走，但左车道的车一直没有要移动的迹象，那么我们很快就会变得特别沮丧，甚至会想办法插入右车道。当然，如果有很多人用这种方法的话，情况将会变得越来越糟糕。因为，我们会产生一种极大的不公平感，我们对这种不公平状况的忍耐度会随着右边车道上车的加速而不断降低。我们在社会生活中也会产生类似的感受。

　　假设在任何时点下，个人的福利不仅取决于他对现在的满意程度，还取决于他对于未来预期的满意程度（这里也可以用收入来代替满意程度）。考虑这样的状况：如果在他周围的一些人的经济或社会地位得到了显著的改善，他对于这些改善的反应将取决于他对于自己未来前景的信念。如果他相信，其他人的好运也意味着可预见自己未来的前景将更好，那么其他人的相对收入改善不会使这个人感觉更糟。实际上，即使他自己的相对收入下降，他仍然可能会感觉很好，因为他对自己未来的收入有了更好的预期。赫希曼和罗思奇尔德把这种由于其他人的经济条件改善而导致个人效用增加（以及会更大的对更高的不平等程度的容忍）称为隧道效应。

　　当然，如果其他人的福利改善持续了很长的时间，但同时你自己的福利却没有得到改善，那么，对于其他人条件的改善最开始时的接受就会很快变成愤怒和沮丧，这一点也与前面所谈到的有关隧道的例子一样。此外，如果人们认为其他人财富增加和自己的福利改善之间的联系很弱，或根本不存在任何联系时，人们将根本无法忍受不平等的增加。一个社会内部相互隔离的程度越大，这种情况发生的可能性就越高。①

---

①　[美]德布拉吉·瑞：《发展经济学》，陶然等译，北京大学出版社2002年版，第185页。

我们的社会结构运作机制和在隧道内开车有很大的相似性。当社会资源缺乏而形成激烈的竞争时，获得资源的机会就会形成不平等的差异，此时隧道效应就会产生，教育活动当然也不例外。当教育资源在学校之间的分配严重不均时，就会在入学竞争中形成强烈的隧道效应，谁也不愿意被堵在最后，愈演愈烈的"择校"现象由此就会产生。试想，当隧道效应产生时，如果有人开始带头违规变道插队加塞的话，插队加塞就会变成一种群体性跟风的普遍行为，原本的交通秩序就会打乱。而当下教育活动中所出现的种种乱象正是这样一种局面。

隧道效应的产生和个人的道德无关，它是一种群体性行为反应，是个人受群体环境影响和压迫之后的必然结果。我们可以很清楚地看到，公众从个人情感的角度都能意识到"应试教育"的种种弊端，也都不愿意接受这种教育模式，但当"应试教育"成为一种集体制度而影响到所有个体，公众则无法不屈从于群体环境的压力，明知不可为而不得不为之了，课外辅导班就是最典型的例子。中国教育改革所遭遇的难题大多是这类群体性事件，它已不仅仅是教育自身的问题，而成为影响全社会的社会问题。对于这些问题，我们几乎不可能仅仅从教育自身找到解决的办法，而必须从外部社会环境入手，寻找整体社会制度的改良和对治之策。

二、整体还是个体：公众面对教育改革的文化心理状态

社会学鼻祖涂尔干曾对"社会"有这样的描述和界定："社会不是一种简单的个人相加的总和。社会是由各个个人结合而形成的，但是由这种结合所形成的系统却表现出一种特殊的情况，具有本身特有的性质。"[1]涂尔干的这番界定很明确地告诉人们，并非人群的随意结合都能形成社会，社会大于个体之和。对于公众的形成也存在同样的问题，并非随意的个体集合都能称之为公众并发展出公众文化，个体在参与并形成公众文化的过程中究竟处于

---

[1]　[法] 埃米尔·迪尔凯姆：《社会学方法的规则》，胡伟译，华夏出版社 1998 年版，第84 页。

何种状态、扮演何种角色是一个至关重要的问题。

（一）公众作为共同集合体

公众的形成有赖于个体之间的互动和联合，只有彼此联合成一个整体才能真正发挥作为"公众"的作用，并形成相应的公众文化。因此，公众及公众文化的形成有赖于普通民众对集体精神的认识和公共意识的觉醒。但这种集体精神和公共意识的觉醒却是需要一个过程的，同时也与人们的现实生活方式密切相关。

在传统农业社会中，人们的生活基本以家庭为单位，过着自给自足式的相对封闭的生活，缺乏大范围的群体生活环境，因而公共意识就难以形成。而进入工业社会以后，社会化的大分工将人与人之间的联系和依赖变得日益紧密，城市化的进程也促使大范围的群体生活成为可能，这一切都为公众及公众文化的形成提供了条件。这其中，生活方式的改变是个不可或缺的条件。例如，在调查中我们也发现苏南地区率先开始的城乡一体化进程，对传统农村生活方式的影响是巨大的，其中，对农村的城镇化改造和建设过程中，"集体化"居住就是一个很典型的例子。如以下的访谈案例所反映的现象：

研究者：像这边的居民对集体化的居住，就你们了解，他们赞同这样的方式吗？

小区管理者 F："嗯，怎么说呢，刚开始，一开始的时候确实有反对的意见，就是我们刚开始拆过来的时候，村民家里喜欢用灶，用灶烧水。然后上厕所的时候嘛，那个水冲也不冲的，就是（习惯）以前在那个地方也不冲的。然后为了改变这个习惯呢，我们刚开始也没有强逼着他们或者硬逼着改变，只是他们做了一段时间自己发现我用灶了，我烧了这个东西，这个烟上去了把这个东西熏黑了，是吧，然后放到外面又呛到别人了，然后自己慢慢发现不适应的时候，外面再慢慢地一次性把它取缔掉。取缔的时候也有好几个老人他（们）不会烧煤气，他（们）就在想你取缔掉了，我们不会烧煤气怎么办？然后他（们）就把这个困难一反映到我们社区，我们社区刚开始就派人，派人给他们，教他们使用。教他（们）使用大概将近有一两个月吧，他（们）就自己很牛了，就不用你了，然后这个东西，大家慢慢、慢慢就不用了。刚开始的话，我们这绿化地里的绿化没这么好的，到处都是种的小葱小蒜，街上买回来又用不掉就往那边一插，反正吃不掉就往那边一插，然后长了后过两天吃起来也方便、新鲜。刚开始这种现象说实话是很多的，可能到一直慢慢地清理，只能靠我们园区长看到拔掉，看到了就拔掉，慢慢地拔、拔、拔，大家就没意思了。大家知道，我种下去了就要被拔掉，种下去就要被拔掉的。然后就现在我们小区里的话基本上看不到那个绿化带里种那个葱姜大蒜，难得种花，我们也要看花开得好，我们才让他种。有时候，一般有的人喜欢种些药草啊，我们也不让种的。这个是没有办法的，因为集体的绿化，为了整个社区的美化嘛。"

以上的案例反映出了农村拆迁改造后的"集体化"居住模式对民众的影响，我们也看到生活方式的改变将直接影响到居民的思想意识和价值观。集体化的居住模式必然造就了许多超越于个人生活视野之外的属于群体的公共性空间，民众在此过程中会逐渐意识到，他所生活的环境并不仅仅属于他个人，是属于大家的，他在其中的行为也将影响着周围的人。这个属于群体的公共空间是需要大家共同维护的，有了这样的公共意识，一种超越于个体之外的公共文化就有可能形成。因此，当社会民众有了超越个体之外的集体意识，以一种集体性的身份去参与群体活动时，就形成了特有的公众群体，并发展出影响社会的公众文化。

（二）公众作为单个原子

虽然公众文化的形成有赖于公众自身的集体化生活体验和公共意识的展现，但现实生活中，我们发现，并非所有的集体化生活环境都必然能造就公共意识。许多时候，我们虽然生活在社会中，但内心却依旧是孤独的。社会仅仅只提供了一个群体性的外在生活形式，却并未真正促成个体与个体之间的内在心理联合。人们在一个群体中像一个个孤立的原子一样存在着，彼此之间没有深入的交流与融合。心理上的孤独几乎已成为现代社会中一个普遍性的问题，例如以下的访谈案例中所反映的问题：

访谈群众 S："我有个很大的感触，小孩子的心理，我觉得现在心理有问题的小孩子不少，主要是在单亲家庭里面的，而且概率十分高。第二个是留守家庭，一是爸爸妈妈出去打工的，二是爸爸妈妈出去做生意的，就把他丢到爷爷奶奶家，这种孩子肯定是不同于常人孩子的。这种孩子要发现得迟以后肯定是要废掉的。我觉得我们国家有关部门应该加强关注，因为每家就一个嘛，其实都是我们中华民族以后的子子孙孙。还有一个我一直有个想法，我们小的时候学校里面都有个学习小组，就是住在附近一起的孩子三五个孩子并成一组，然后选一个成绩好的做组长，放学后可以在某一家写作业，作业写好了就可以回家。这个对于小孩子的成长，包括疏解心理上的困扰都是非常好的。这是我童年非常美好的回忆，这可以大力提倡的。因为现在家家都是一个，太孤单了。父母就容易溺爱，父母给的爱不是小孩子需要的。"

这种现象并非个别，当下社会中孩子心理上的孤独已经成为常态，由独生子女政策所造成的家庭中同辈伙伴缺乏的状态也加剧了孩子的这种孤独。而学校之中"学业成绩至上"的导向又影响了学生们彼此之间的亲密感情互动，大家成为学业上的竞争者，却难以成为满足情感需求的朋友，孤独也便成为必然。例如以下访谈案例中所体现的现象：

访谈群众 M："前几天我带小孩子到朋友家吃晚饭，小孩现在挺孤单的，现在小孩学习压力又大，有没有什么玩伴。老师就是分数，考不好就要批评。但是现在不仅仅是学习成绩方面的，还有是德育这方面的，你像药家鑫、马加爵之类的，为什么会犯罪？如果马加爵朋友中稍微有一个跟他沟通一点的，看得起他的，他不会去杀人。我们从小在德育方面，要有一个爱人的心来对待，还有我们家长，不光是分数来考量他。这个小孩以后会不会走弯路，桌子上的钱不能动。我所要讲的就是现在的小孩家长一贯的溺爱。

中国教育还是，为什么中国诺贝尔奖少，创造力（缺乏），小孩整天就是学习，很苦。我们小时候学校还组织洗衣服、包饺子比赛呢，现在完全给上课占用了。"

如果我们的社会仅仅只是给个体提供了一个集体生活的形式外壳，而不能给个体提供群体交流的内在机制，公众终将变成社会中的一个个孤立原子，难以形成整合性的公众文化。如果教育活动中，学校仅仅只是提供了一个学习的外在环境，而没有促成人的内在情感交流和成长，学校就会变成一个徒有其表的空壳。以学校环境为基础的学校文化也不可能健康发展并难以发挥实际有效的作用。

（三）"乌合之众"的形成：公众文化心理的一种表现

中国社会一向是以集体主义文化为核心价值的，按理应当比较有助于公共精神的形成。但调查却发现，实际的情形恰恰相反，中国普通民众的公共意识和公共精神非常缺乏。相比之下，个体主义文化盛行的西方社会中反而率先诞生了公共精神并发展出完善的公共领域。为什么会是这样？这是一个非常值得深入思考的问题。

为此，我们首先需要探讨"公共精神究竟是什么"？是不是群体环境必然就能诞生公共精神？哈贝马斯对于公共性曾有如此界定："公共性本身表现为一个独立的领域，即公共领域，它和私人领域是相对立的。有些时候，公共领域说到底就是公众舆论领域，它和公共权力机关直接相抗衡。"[①] 虽然哈贝马斯在其研究中也强调公共领域本身是一个随着社会的变迁和发展而在不断变化的东西，但我们从他的这个界定中也看到公共领域的核心精神并非只是在于和"私人领域"的相对，还在于和公共权力机关的抗衡性力量。由此，我们便可以找到公共精神的重要来源，它其实和极权的瓦解以及民主化进程息息相关。换言之，公共领域是一个真正属于"公众自身"的领域，它既不属于某一个个人，也不属于统治者，只归属于公众自身，它是国家权力

---

① ［德］哈贝马斯：《公共领域的结构转型》，曹卫东等译，学林出版社1999年版，第2页。

和个体之间的一个中介性力量。

由哈贝马斯的解释，我们也就不难理解为什么中国社会中难有西方意义上的真正的公共精神诞生。我们知道，西方社会是一个"弱政府、强社会"的格局，而中国社会是一个"强政府、弱社会"的格局，这两者之间最大的差别在于国家权力的力量不同。西方社会中真正意义上的公共领域能够对社会的改良和进步起到积极推动作用，因为能够与权力机关相抗衡，所以对权力部门的错误决策能起到监督和修正的作用。而中国社会的公共领域并未真正形成，所形成的群体化环境就未必能造就西方意义上具有公共精神的公众，相反，中国社会中的公众却极有可能变为勒庞所描述的"乌合之众"。对于这种缺乏真正积极意义的"乌合之众"，勒庞曾有很辛辣的批判："群体一般只有很普通的品质，这一事实解释了它为何不能完成需要很高智力的工作。……群体中累加在一起的只有愚蠢而不是天生的智慧。如果'整个世界'指的是群体，那就根本不像人们常说的那样，整个世界要比伏尔泰更聪明，倒不妨说伏尔泰比整个世界更聪明。"[1]

从当下中国公众对教育改革事件的反应和行为表现中，我们可以很清楚地看到，当下中国公众所呈现出的心理状态正是勒庞所述的近似这种"乌合之众"的状态，他们对教育改革没有清醒独立的认识和思考，在社会大潮流的驱动下盲目跟风，导致了社会整体教育大环境的混乱和崩塌，这不得不看做是整个公众文化对教育改革的破坏性影响结果。

三、失衡还是平衡：教育改革中的文化生态结构

正如不同的物种相互搭配组合构成了自然界的生态结构一样，不同的价值观和生活方式在同一个社会中共存，多元的文化相互交融共生，也形成了一种文化的生态结构。一个理想的自然生态结构是不同物种之间均衡发展的结果，一个健康和谐的文化生态结构也应当是不同群体和价值观形成有效支

---

[1]　[法] 古斯塔夫·勒庞：《乌合之众：大众心理研究》，冯克利译，中央编译出版社2000年版，第20页。

持协调发展的结果。而在教育改革过程中，公众文化呈现出的面貌却是失衡性结构和均衡性结构并存的状态。

（一）失衡性结构

从生物学的角度，每当有旧的物种消亡和新的物种诞生时，都必然会引起整个生态系统的变动，影响到生态系统的平衡，文化生态结构的变化亦然。中国社会目前正处于一个大变动的转型期，中国教育改革活动三十余年来，我们能够很明显地看到其中发生的巨大变化，尤其是新世纪以来的十多年，变化的速度快得惊人。对此公众也普遍有所体会，形成了一些基本的共识。如以下的访谈材料中所反映的：

研究者："现在小孩的家长跟以前比你们有没有感觉有什么变化？他们教育孩子方面有没有什么问题？"

某社区工作人员 W："分数、名校、不要输在起跑线。都是这句话，所以目前我们两个社区合并，我们××社区是归到××小学，他们是××新村，所以我们这边成天的上访，你要给我解决这个问题，就是要上名校。以为所有的孩子上了名校前途就一片光明，实际上还要看各个孩子呢。但是通过我们这么多年的接触下来，大学生的这种组织能力、语言表达能力、文字的书写，真的真的，好的就好得不得了，大部分都不行，有时候打电话沟通，都说不完整。我说不要着急，慢慢说，所以就是社会活动少了，还是要参加社会活动。"

教育领域的这些变化很明显地反映出当下教育文化的生态结构失衡现象。一方面，从教育目标的整体规划来看，基础教育阶段的学业压力太大，要求过严；而高等教育阶段的学业任务又太过轻松，基本处于放任的状态。在教育过程中，孩子们（中小学生）承受着比成人还重的负担，而成人（大学生）又被像孩子一样骄纵对待。这是在不同阶段，教育任务的分配出现了严重的失衡现象。另一方面，从不同教育类别的分配设置来看，以高考为目的的学术教育占据了教育领域最中心的主导位置；而以就业为目的的职业教育却大幅度萎缩，完全被排斥于边缘地带。此外还看到，公办教育基本垄断了整个教育市场，民办教育则基本处于边缘化的状态。所有这些现象都反映出当下教育结构中所出现的严重一边倒现象，无论是教育资源的配置还是教育格局的设计都表现出明显的不均衡状态。

人类社会是一个精神文明和物质文明合一的整体。文化制度结构的失衡会引发公众心态的失衡，公众心态的失衡又会进一步推动文化制度的不平衡发展。当下愈演愈烈的"择校"现象成为人人都痛恨，但人人都参与的病态社会现象就是一个例证。而以下的访谈材料也反映出了同样的问题：

研究者："你们从社会教育的角度怎么看待并且应对现在教育中出现的一些新问题，比如像'择校'啊，还有现在家长的心态啊等？"

某社区工作人员 W："中国的教育体制太注重分数，一考定终身，如果让孩子参加社会实践势必会和学习相互冲突，没有办法去改变教育体制，家长也只能以分数为重、去适应它。现在家长普遍认为目前的学生很累，学生最缺的也是休息。关键是分数太重要，考入好大学，未来就业前景更好。因为目前就业门槛高，孩子必须达到大学程度才能有竞争力。"

家长现在有两个心态：一是不能让孩子输在起跑线上。别的孩子参加培训班我的孩子也必须要参加。第二个是，苦在前甜在后。现在有多苦就意味着将来就会有多甜。因为目前中国这个教育体制是改变不了的，研究者改变不了，家长也改变不了。所以说我们现在的工作就是想办法通过做一些社会工作来挽救一些，改变一些家长的观念，改变政府的一些认识。因为群众的力量还是比较有说服力的，大家都认识不好、呼声很高的时候，有可能会发生一些改变，社区、社会有空间去做。明年我们市里小升初取消择校，但仍屡禁不止，幼儿园都有择校现象。家长这种心理不是一下子就能改变的。

文化生态结构的平衡一旦被打破，要想再恢复和谐均衡状态则非一朝一夕之事。对于当下教育领域之内的种种病态现象，要想短期迅速改变几乎不可能，甚至可能需要相当长的一段时间去修正调整。对于教育内部的问题，如果外部社会能够给予及时的矫正和弥补，或许还能起到缓和改进的作用，这也就是教育改革的社会支持的重要意义和价值所在。

（二）平衡性结构

绝对平衡的文化生态结构只是一种理想化的状态，现实社会中并不存在这种理想状态的文化生态结构，所以，我们所能探讨的只有如何通过现实的改良，努力使失衡状态不断向平衡状态转变和接近。当下中国教育实践中的确存在着如"教育资源不均衡""目标设立不均衡""教育类型配置不均衡"等各方面的结构失衡问题。公众文化在对教育改革的积极支持中，必须以实现均衡为最核心目标，才有可能改变这一顽固的病态社会现象。事实上，从社会的层面，我们的确是有可能通过调用多方社会力量来补救和平衡学校教育的偏差，从而实现对教育实践的均衡化支持的，比如以下访谈材料中所反映的案例：

研究者："现在实际上就是师资力量比较缺，是吧？你们这个社区学堂能帮你们解决师资缺乏的问题吗？"

社区工作人员 G："师资是一部分，关键是我们对社工这个工作要感兴趣，感兴趣的同时政府你不要捆绑我，你不要分配我那么多工作，就是要设立这么一个社工职位。如果说，现在社区是三社联动，国家派来的工作人员、社区工作人员、还有个社会中介组织，社会中介组织还要我社工把他组织起来。拿我们这个××学堂来说，我是主体，我到××大学去找社团，我到社会去找志愿者，这些都是我们找的来的。还有就是说我去游说教育局我有这个平台，你能不能派人，这取决于政府能不能设立这个机制。现在社区有了劳动局的、计划生育的社团，那么我向上面喊社会维稳、综合治理。"

研究者："你这没有综治社工吗？"

社区工作人员 G："综治社工有，但他不是专职的。要社工，要政府派下来的，就是他吃他的饭，拿他的钱，受他的专业领导培训。"

研究者："有啊，综治社工是政府在推的，省里面专门拨了一部分经费聘的这么一批人员，你这没有？"

社区工作人员 G："没有，综合治理你知道吗？没有。包括那个矫正，社区矫正。有钱呢，但到我们这，一层层剥下来就没有了。我都是讲的真话。"

该案例事实上反映了从社会工作的角度来对教育改革进行弥补和协助性支持的尝试举措，一些社会工作者力图通过调用社区、政府、企业、个人志愿者等多方力量来协同工作，综合利用社会多方资源开展教育活动。这就打破了学校教育的垄断独霸状况，有助于实现教育文化生态结构的均衡。但以上案例中所体现的这种尝试还存在着许多现实的困难，比如某些工作人员不称职、制度设计不合理、专用资金不到位等问题，这些问题的诞生实际还是结构失衡所造成的。

虽然以上的案例尚不能体现出平衡性的文化生态结构，但却给我们实施均衡化的努力提供了合理可行的思路。循着这样的思路去做调研，我们也的确发现了一些可供借鉴的成功案例。例如，笔者在张家港市三兴社区进行调研时就发现，该社区在利用社会力量辅助学校教育方面有成功的经验，如以下访谈材料所示：

研究者：你们有没有上课外辅导班？

孩子们：没有。

家长 A：没上。

研究者：那像你们同学上辅导班的多吧？

家长 A：对。

孩子 A：我后面一个（同学），她（指着孩子 B）同桌就上。

研究者：那她都上的什么啊？

孩子 A：语文数学英语。

研究者：语文数学英语都上了，那你怎么没上啊？

孩子 A：老师说如果要是预习下一课或者暑假以后（课程）的话是没有用的，老师讲得才是好的。

研究者：你（指孩子 B）也没上（辅导班）？

孩子 B：没有。

研究者：你是自己不想上？

孩子 B：不是。

志愿者 X：他自己本身成绩还可以，在老师眼里面是各方面都是很优秀的。

社区工作人员 Y：课外辅导班现在怎么说呢，可能他们以盈利为主要一点，所以经济呢也可能是一个方面。

研究者：因为我看很多地方上辅导班的特别多，而且许多家长看别的孩子都上了，自己的孩子不上又觉得担心哦。

社区工作人员 Y：怕输在起跑线上。

研究者：（对家长 A）你怎么没让孩子上？看别的孩子都上了。

家长 A：我觉得她还好，还可以。我觉得老师讲的也是书上的重点，她（孩子）差不多也都（掌握），作业做得都还好。

在三兴社区调研时，研究者发现了几个比较"另类"的家长和孩子，在大家都一窝蜂上辅导班的情况下，这个另类的妈妈却坚持不让自己的孩子上辅导班。通过进一步了解发现，这也并非完全是这个妈妈个人的"觉悟高"所致，和三兴社区所提供的良好的社区教育服务有很大的关系。比如访谈中大家说道：

研究者：你们有没有觉得像现在孩子在学校里上学，有没有觉得孩子最大的一些困难有哪些？

家长 A：还好，现在实行那个政策，还有社区提供的帮助都挺好的。平时每个志愿者（笑），像这个同志给每个小孩子提供一对一的服务的。你有什么事可以及时打电话给他，从学习上的辅导，到生活上的，有什么东西都可以跟他们打电话，（他们）可以帮助我们的。学校里的老师对我们也挺好的，挺照顾的。

研究者：这边社区平时对孩子的教育方面也有帮助？

家长A：是的。像我们最近的三兴社区下午有四点半学校，像我们（家长）在上班时候下班又比较晚，作为学校，孩子到这边来写作业、看电视，还有图书馆提供的，写作业什么的，很好的。有许多（家长）很晚五点钟下班的，把孩子送到这里来也行的。

研究者：这个地方离学校很近吧？

家长A：是的，就转个弯，走个几分钟就到了，两分钟应该是。

社区工作人员Y：学校和幼儿园都在那个街上，都很近的。然后因为他们都是新市民子女嘛，首先都是外来打工的嘛，然后打工的这些家长工作都是很忙的啦，晚上接小孩基本上都是没时间的，然后在家里边也没有人好好地教。这边集中到一起有资源可以教一下。

志愿者L：这边资源本来就比较丰富，我们书也比较多，小朋友也觉得比较好。

家长A：他们为我们新市民子女提供的免费卡，礼拜六、礼拜天和礼拜五放学以后可以到这边，那些活动小孩子可以自由地来玩，看书干什么的都行的。

社区工作人员Y：对外我们是收费的。他们是免费的。

研究者：给新市民是免费的？

社区工作人员Y：是的。目前我们是结对的二十位，我们以后还会开放的。我们的面肯定要推广，不可能局限在这几个人。

研究者：当时这二十个结对的是怎么选的呢？

社区工作人员Y：××小学一些品学兼优的学生。

研究者：那你们都是很优秀的孩子啊？

孩子们：不算优秀。（众人笑）

研究者：喜欢来这玩吗？

孩子：喜欢。

研究者：你也有一个志愿者，是吧？（对孩子A）

志愿者L：是的，她也有。一对一结对的。今天没有来，叫王超的。

研究者：是一个哥哥还是一个姐姐？（对孩子 A）

孩子 A：一个姐姐。

研究者：哦，也是一个姐姐。

研究者：你们这边的志愿者是大学生还是什么样的人员？

社区工作人员 Y：有村里面工作的，也有我们小区里面年纪轻的，还有机关里面工作的。

志愿者 L：在企业里面也有的。

社区工作人员 Y：对，企业里面也有，就是不特定的嘛。

志愿者 L：就是大家自愿报名的。

在调研中了解到，张家港三兴社区调用了各类社会资源来开展青少年教育活动，比如组织志愿者来社区参与青少年教育活动，帮助孩子们和志愿者之间建立一对一的帮扶关系，给孩子们提供校外的"四点半"课堂。这些都从很大程度上缓解了家长的压力，解决了他们因为工作繁忙而无暇顾孩子的困难，同时也对学校教育起到了良好的补充和修正作用。

从三兴社区的这个尝试中，我们看到了一种相对更平衡的教育文化生态结构。从教育活动的内容上看，打破了学校教育中以认知学习为主导的模式，配以艺术教育、德育和体育等其他教育活动，使教育的内容搭配更丰富多样；从教育资源的配置上看，由于政府设立了针对外来务工人员的"新市民"优惠政策，使这些弱势群体在教育资源上得到了有效的补偿，让教育资源的分配更均衡平等；从教育活动的实施人员上看，这里除了社区自身的专职工作人员之外，还组织招募了来自企业、行政机关、大学、中小学、退休人员等不同行业的人担任志愿者，共同参与教育活动。这些身份各异的人员加入进来本身就是在给教育活动补充新鲜血液，也有助于实现教育工作队伍的均衡发展。总之，通过多方力量的调用打破单一化的教育格局，将是实现教育文化生态结构平衡的一个有效措施。

（三）单一化的社会流动途径：文化生态结构失衡的可能原因①

由于公众文化是个涉及从内在观念到外在行为的复杂事物，造成公众文化生态结构失衡的原因也是十分复杂难辨的。仅以本研究所探讨的教育改革的社会支持问题来看，社会结构则是决定公众文化发展的重要前提。不难理解，在一个相对开放的社会里，当社会流动的机会和途径越来越多，公众的生存状态也将具有更多的可能性，公众文化的发展也将更丰富多样。因而，社会流动的途径将是影响到公众文化生态结构的可能原因。我们仍以隧道效应为例来分析这一问题。

众所周知，一个理想健康的道路交通环境应当是保证所有车辆能够顺畅通行，而拥堵的出现就已经是病变的反应。要保证道路的交通顺畅，则必须建立起一套合理的交通管理规则，在车辆与道路之间形成良好的流动关系，维持道路的交通生态平衡。而隧道效应的出现则是因为隧道本身就极易形成一种失衡的交通生态系统，因为隧道内的道路环境是单一的，不存在选择不同道路的多种可能性，一旦出现严重的拥堵，则整个隧道内的交通都会陷入全面瘫痪状态。而一个开放的道路交通系统则可以在不同道路和方向之间形成一种交通路径资源的相对平衡状态，给予车辆选择不同路径的更多可能性，从而能够避免拥堵现象的发生。

类似于道路交通系统的运行原理，公众在社会中的生存就像车辆在道路上行驶，相比而言，一个开放的道路交通系统就比封闭的道路交通系统较少出现拥堵现象，而橄榄形的社会结构就比沙漏形的社会结构更有利于社会流动。在橄榄形的社会结构中，资源的分配相对平等，社会的中间阶层占据了大多数，社会流动的途径是多种多样的，社会成员可以选择不同的方法来改善自身的生存状态；而沙漏形的结构则表示社会阶层的极端分化现象明显，社会的中间阶层力量薄弱，下层通向上层之间的通道是十分狭窄的，社会流动的途径单一稀少，类似于车辆进入封闭隧道的状态，因而很容易出现导致

---

① 本节部分研究内容以论文形式已见刊，详见周宗伟：《"隧道效应"理论视野下的公众文化冲突现象分析——以中国教育改革的"变态性支持"事件为例》，《江苏社会科学》2015 年第 3 期。

激烈竞争的拥堵现象。

那么，再回到本研究所分析的教育问题中来，我们不难看出，当下的中国教育面临的难题与隧道拥堵有极大的相似性。屡令不改的"应试教育"体制其根本在于激烈的升学竞争所致，在争夺高等教育入学权上出现了严重的拥堵现象。"当下教育生态的本质是什么？军备竞赛。换言之，应试只是今天中国教育的病象与症状，军备竞赛才是病灶和病原。"[①]高考在中国一度被形容为"千军万马过独木桥"，足见其拥堵的严重程度。原因在于，激烈的教育竞争绝不仅仅只是教育内部的问题，而是教育外部的社会结构所导致的。在所有现代社会中，教育都不仅仅只是个人用来完善自身的途径，同时还是用以改变自身社会地位，实现向上社会流动的重要途径之一。但如果教育成为人们实现社会流动的最主要途径，甚至是唯一途径时，问题就产生了，由激烈竞争所导致的各种病态反应就成为必然。中国的问题是社会流动渠道的狭窄导致了教育内部的激烈竞争，"读书改变命运"几乎成了大部分民众的唯一社会流动渠道，所以，造成拥堵的真正原因是社会流动的途径太过单一狭窄。

当固化的社会结构没有打破，当社会流动的渠道被封锁限制，一切对教育的改革都将成为不合理社会结构的帮凶。所以，如果不合理的社会结构不发生改变，一切教育改革都将难以产生良好的效果。从这个角度，教育改革的顺畅运行的确需要外部社会的整体支持力量，教育的问题绝不能仅仅只从教育自身去解决。没有良好的社会环境保障，一切美好的教育理想都将成为一纸空谈。而社会整体的变迁又是漫长而艰辛的，所以，中国的教育改革之路还将任重而道远。

第三节　走向均衡：引导公共文化支持的对策建议

《国家"十一五"时期文化发展规划纲要》在提出"公共文化服务体系"

---

① 　郑也夫：《吾国教育病理》，中信出版社 2013 年版，第 15 页。

时，从完善公共文化服务设施网络布局、创新公共文化服务方式、健全公共文化服务组织体制和运行机制、维护低收入和特殊群体的基本文化权益等方面，详细地规划了政府的公共文化管理的目标。这一纲要的出台也为公众文化的建设和发展提供了基本的方向指导。公众文化作为教育改革的重要支持要素之一，若要能够实际有效地发挥支持作用，则有赖于一个健全的公共文化服务体系来满足其社会支持功能，而均衡化发展则是建设这个公共文化服务体系的基本指导原则和方针。

一、完善体制：建设协调多方的公共文化管理体制

（一）协同各职能部门的统筹管理机制

公众文化的建设和发展是一项多个政府职能部门都在参与的工作，为避免政府各职能部门各自为政的状态，因而需要建立一套能够对政府各相关职能部门进行整体统筹协调管理的制度。具体包括：

第一，建立文化项目组协作管理制度，即由某个部门牵头，以文化项目的形式联合多方单位共同管理文化活动。比如张家港市为实施"网格化公共文化服务"项目工作，就由市委宣传部牵头，联合文广新局、妇联、街道办等各部门专门成立了"网格化公共文化服务"管理委员会来进行统筹管理工作。

第二，建立文化产业"连锁超市"管理制度，也即借鉴"连锁超市"的管理理念，由政府的文化主管部门制订统一的文化产业管理标准，将其下放到各个具体的文化活动地点，实行统一管理和统一监督。比如扬州市的社区学习辅导站管理就是成功的例子。

第三，建立公共文化管理信息开放平台制度，让不同文化管理职能部门之间能够互通信息，打破单个部门的资源垄断，使各部门之间相互监督。例如，徐州市针对违法犯罪青少年的教育改造就采用了法律援助网格化措施，利用信息平台打通多方社会力量，开发了社（区）、校、军、警、家"五位一体"的联合教育方式。

（二）建立专款专用的专项资金管理制度

公众文化的开发和建设离不开一定的物质基础保障，资金的运用和管理就是十分重要的环节。然而目前在公共文化服务建设中存在资金投入不足或管理不当的现象，比如分配不均衡或挪作他用等问题。

因此，针对公共文化活动，我们需要建立一个专款专用的专项资金管理制度。首先，要落实《中共中央办公厅、国务院办公厅关于加强公共文化服务体系建设的若干意见》中"从城市住房开发投资中提取1%用于社区公共文化设施建设"的规定，保证基本的资金投入。其次，对于相关文化活动的资金管理要实行独立核算，做到专款专用，并使资金的使用公开透明，以使公众能够有效监督资金的使用状况，保障文化资金能切实合理地运用到公共文化服务体系的建设中去。

（三）加强专业文化工作队伍的管理和建设

公众文化活动的开展最终要依靠人的力量，其中文化体制的建设和文化活动的开展都需要一支专业化、高水平的文化工作者队伍。为此，应该逐步实现公共文化工作团队专业化建设，具体包括：

第一，在社区中设立专业文化社工岗位，由政府专门委派专业的文化社工人员并发放工资；

第二，制定专业工作人员的考核评价制度，如对文化心理辅导员予以考核，并给通过考核者颁发专业资格证书；

第三，建立规范化的志愿者队伍管理方法，要求参与文化服务的志愿者都必须经过认真的选拔和培养，使之具有相应的文化工作经验和组织管理能力。

二、整合资源：开发多管齐下的公共文化资源

（一）保障社区、学校、家庭等多方力量的顺畅对接

公共文化服务体系是一个面向社会大众的工作，其发展和建设也同样需要依赖整合社会多方力量的共同协作。以教育活动为例，可充分利用学校和社区的不同资源，使社区与学校之间相互开放，加强社区与学校的协作，建

立社区、学校、家庭间的通报制度，确保社区、学校、家庭之间相互良好对接，形成社区、学校、家庭"三位一体"的社会整体教育的合力。

此外，还可充分利用高校资源，加强地方与高校的合作，倡导开展"千万教师进社区"活动。另外，还要充分利用各类社会第三方组织的力量，利用企业资助和各类民间资助来共同开展面向公众的整体教育活动。比如，将老党员、老干部、老教师、老战士和老问题爱好者组织起来，成立"五老协会"，让其根据各自的兴趣和特长，设立义务宣传调解员、义务家庭教师、义务绿化监督员等岗位，让他们继续发挥余热来参与公共文化建设活动。

(二) 寻求社会第三方力量的资源协助

目前公共文化的资金主要依靠政府的投入，而政府的专项基金提供又不足，仅仅依靠政府的力量是不够的，应当大力去开发社会第三方的资源，吸收企业的赞助和民间的捐助。

对此，可以利用社区的力量，社区工作机构可以成为有效的中介组织，起到沟通和联合社会各方力量的作用。比如，南京市的花神庙社区就成功地将社会上的各类商业赞助引入社区，充分利用社区自身的设施和场馆，尝试推行了青少年培训机构在社区内的半商业化运作模式。张家港市的永合社区也成功引入了以永钢集团为核心的企业赞助的力量，不仅从永钢集团获得基本的经济援助，而且永钢集团还把"到社区担任志愿者"纳入企业员工的基本工作职责中去，从而也给永合社区的志愿者工作队伍提供了有力的保障。

(三) 积极引导和利用新兴媒体资源

新媒体的使用已经成为未来社会发展的必然趋势，为建立一个支持教育改革的公共文化服务体系，我们需要通过一些切实可行的措施来积极引导和利用各类新兴媒体资源，具体包括：

第一，公共图书馆和社区等单位可以给公众发放免费的信息资源卡或电子券，鼓励其利用媒体资源，比如扬州市新城区文广新局就有给市民赠送免费电子上网卡的措施。

第二，文化单位定期向公众开设公益性的媒体使用讲座或培训班，指导公众正确使用媒体的方法。比如张家港市永合社区就组织志愿者针对当地村民定期开展计算机知识普及培训，从而让永联村民"人人会电脑，个个懂网络"。

第三，鼓励尝试各类使用新媒体的教育实验性活动，比如南京鼓楼区教育局在一些小学中开展了"将 iPad 平板电脑引入课堂教学"的教学实验，探索引导未成年人合理使用新媒体的途径。

三、打造平台：搭建以社区为载体的公共文化服务平台

（一）强化社区组织的文化服务职能

社区作为公众日常生活中接触最多最频繁的特殊社会环境，是公共文化服务工作的重要载体，可以成为最有效的文化服务平台之一。社区应该有效发挥其中介性组织角色，将不同组织机构有机串联起来，最终形成一个组织结构上纵横交错，互相联系的整体大文化服务网络，有效履行面向公众的文化服务职能。对此，张家港市推行的"网格化公共文化服务"是一个可供借鉴的成功措施。

张家港市建立了以社区为载体的"网格化公共文化服务"体系，即将全市各社区（村）按照一定的标准再划分为若干个网格，使这些网格成为政府公共文化服务的基本单元，把全市境内的所有人口均纳入公共文化服务体系的服务范畴，形成市、镇（区）、村（社区）、网格四级服务网格体系，以向公众提供有针对性的人性化、精细化的文化服务。该体系由政府、相关公共部门、公益性文化单位和社会力量共同协作，采用"菜单"式服务向公众提供文化服务产品。网格之间交互供给，在网格、村（社区）、镇（区）和市四个层级之间形成文化联动和互动，形成了以社区为核心载体的有效公共文化服务模式。

（二）建设地方共享的公众文化阵地

公众文化活动要有基本的文化活动阵地作为保障，也即要有可供使用的文化设施和场馆以及足够的活动空间作为基础性条件。社区可以开发和利用区内的现有资源条件，建设公众共享的文化活动场所，为公众提供专门的公共文化服务。具体措施包括：

第一，按建设部下发的《城市居住区规划设计规范》，在居住区建设时配套建设室内外文化活动场所，由规划部门进行监督，确保在楼盘建设的过程中要留有一定的面积用于建设文化活动设施、设备，为社区居民参与社区文化活动提供空间保证；

第二，社区建设过程中要实现"社区文化室基本覆盖"的要求，根据全国文明城市测评要求，所有社区均需设立公益性电子阅览室或文化共享工程基层服务点，为基层文化服务提供基础性平台；

第三，要加强对文化阵地的管理，如社区图书室针对不同人群进行分类设置，满足不同人群的需求；一些文化活动场馆根据活动类别实施分时段开放，以提高文化场馆的有效利用率。

(三) 创建地方特色的公众文化品牌

社区载体是个能够较好体现地方文化和地方特色的工作环境，以社区为载体开展各类公众文化活动要从本地经济发展的实际出发，创建具有自身地方特色的文化活动品牌。

在各地方自身的公众文化品牌创建中，有不少成功案例可供借鉴，具体包括：扬州市纳入民生工程的"中小学生社区教育辅导站"品牌活动，倡导教育进社区，学生离校不离教，周末组织学校名师进社区免费对中小学生提供个别化的一对一的辅导；张家港市团市委对城乡接合部的动迁安置小区的青少年，特别是弱势群体青少年提供的"青春家园计划"品牌活动，通过广场服务、文艺下乡等一系列的活动帮助青少年适应社会，健康成长；张家港市南丰社区的"感恩文化节"品牌活动，大力弘扬中华民族传统美德，倡导公众的感恩意识，树立知恩图报的社会风范；徐州市民乐社区针对青少年教育创立的"连环教育法"品牌活动，在社区之中针对青少年特别采用了氛围宣传教育、直观教育、启发教育、激励教育等不同教育方式全面促进青少年健康成长。

第十二章　教育改革的社会支持系统：对策思考

　　社会支持系统是由各项支持要素构成的，没有各项支持要素，社会支持系统无从谈起。在这个意义上，前面各章关于十项支持要素本身的研究，可以说是对教育改革的社会支持系统研究的重要一环，也是本章对这一社会支持系统进行整体研究的一个必要基础。在这个基础上，我们必须进一步探明：究竟如何才能建构一个结构优良、运转有力、功能协调的社会支持系统，以便其中的所有支持要素都能最大限度发挥应有功能，从而为教育改革"保驾护航"？这是教育改革社会支持系统整体改善研究必须回答的问题。

　　为此，本章将着力讨论以下五个具体问题：第一，理想的教育改革社会支持系统的整体战略，即"应当向哪儿走"的问题；第二，理想的教育改革社会支持系统的模式建构，即"应当是什么样"的问题；第三，理想的教育改革社会支持系统的运行机制，即"应当如何运行"的问题；第四，理想的教育改革社会支持系统的整体保障，即"需要哪些条件"的问题；第五，我国教育改革的社会支持系统的效果评价，即"如何进行评价"的问题。概言之，本章旨在提出教育改革的社会支持系统的具体路径和操作方案，为政府提供教育改革的决策依据，服务国家发展的战略需要，从而促使教育改革成为嵌入中国社会的改革。

第一节　教育改革社会支持系统的整体战略

　　在本研究中，"教育改革"是指"好的"教育改革，即有利于学生成长、有利于社会进步的教育改革。基于此前提，本节着重回答理想的教育改革社会支持系统应向哪儿走的问题，主要包括前后相关的两个基本问题，即总体目标和系统构成。

一、社会支持系统的总体目标

我国教育改革的实践屡屡表明：制约教育改革的不仅是教育自身的问题，更是复杂的社会问题。从系统论、协同论的角度来看，教育改革既需要政府支持系统、民间支持系统、政府—民间支持系统这三个子系统各自的内部协同，也需要这三个子系统之间的协同。因此，"协同"应成为教育改革社会支持系统的一种基本理念。

既然是"教育改革"的社会支持系统，其总体目标自然应当是建构起具有系统整合、协同运行、效果优良特征的社会支持系统，从而服务于教育改革，以增进教育公平、提升教育质量、改善教育效益。

（一）系统整合

系统论认为，系统的整体功能大于部分功能之和。教育改革的社会支持系统包括政府支持子系统、民间支持子系统、政府—民间支持子系统，三个子系统不仅需要对本子系统自身所含各项支持要素加以整合，而且需要在三个子系统之间形成充分整合，共同推进教育改革。

以政府支持子系统为例。该子系统中的"政策支持"要素重点要完善政策构成体系，并在此基础上优化政策运行机制；"体制支持"要素聚焦于教育改革中的办学体制、投入体制、管理体制和评价体制；"财政投入支持"要素重视国家公共财政的投入方式、投入结构、投入规模。很显然，基于政府职能的"政策支持""体制支持""财政投入支持"不仅涉及同级政府不同部门间的关系协调与职能分化，也涉及上下级政府之间的沟通与配合。[1] 如果没有完善的政府内组织制度与政府间工作机制，教育改革的展开过程必然遭受来自政府支持子系统的各种制约。

---

[1]　王海英：《教育改革与发展需要怎样的政府支持》，《教育发展研究》2014年第Z1期。

同理，课题组也要对民间支持子系统、政府—民间支持子系统进行要素内与要素间的翔实研究。然而，教育改革社会支持要素及子系统的系统整合工作是一项艰巨任务，它需要厘清每一项具体改革所处的三个子系统、十个要素的系统生态，明晰其错综复杂的关系，勉力趋近系统整合。但正如结构功能主义代表人物帕森斯所主张的那样，教育改革的社会支持系统尽管可能会实现系统整合和结构均衡[1]，但同样会存在"结构紧张""结构分化""系统失调"等伴生现象。教育改革社会支持系统的系统整合目标恰恰是要预防失序、实现整合。

（二）协同运行

协同论认为，协同是系统内部各要素、各子系统相互作用和有机整合的现象，是系统与周围环境进行物质、能量和信息交换的方式，是系统自发地对其子系统进行组织和协调的固有能力，是系统由无序状态转变为有序结构的动力，是一切不同功能系统普遍具有的自然机理。[2] 教育改革社会支持系统是一个涉及多个子系统、多部门、多主体的复杂系统，没有彼此之间协同，教育改革的成功几乎不可想象。如果各种子系统（要素）不能很好协同，甚至互相拆台，这样的系统就会呈现无序、混沌、失衡，发挥不了整体性功能而终至瓦解。[3]

以政府支持子系统为例。财政投入支持、政策支持、体制支持是其三个核心要素，其协同运行至少需要关注横向部门协同、纵向部门协同两个方面。从财政投入支持这一要素的良好运作来看，其需要协同的横向部门就包括教育局与财政局、审计局、卫生局、规划局、编制办、人事局等。不仅同级政府的不同部门之间需要"近距离"协同，区域政府间、区域政府不同部门间也需要"远距离"协同，以使一方政府的投入政策、投入机制能影响另一方政府的投入政策与投入机制，形成一个支持改革的协同局面。

除了财政投入横向协同外，不同级别政府之间的纵向协同也是财政投入

---

① 汪和建：《社会系统分析模型：马克思与帕森斯的比较》，《社会学研究》1992年第1期。
② 刘永振：《论系统的协同作用》，《中国社会科学》1985年第2期。
③ 薛传会：《论高等学校的协同创新战略》，《当代教育科学》2012年第7期。

要素良好运行的重要条件。在我国，许多教育改革都是自上而下式的。在这种教育改革中，纵向部门协同有时会演变成作为改革设计者的中央政府与作为改革执行者的地方政府之间的协同。一般而言，中央政府代表国家利益，坚守着促进学生发展与推动社会公平两个教育改革的终极价值，这样一种价值持守实际上会使中央政府成为超利益主体或虚拟利益主体。而当由其所制定的各种改革方案推进到地方政府层面时，地方政府作为地方利益的代言人，必然会用地方利益来过滤中央政府的改革方案，从而使改革蓝图在地方层面遭遇变形、产生减损，甚至使改革目标与改革行动之间渐行渐远。[①]

（三）效果优良

从逻辑上来看，内外整合、协同运行的社会支持系统为教育改革所能达到的优良效果创造了必要的条件。在公众的评价视野中，一个效果优良的社会支持系统至少有助于目标达成、最小代价和弱者优先受益[②]三个方面教育改革成效的实现。

从目标达成来看，任何改革都有预期的目标，这些目标或微小或宏大，或具体或抽象，或远期或近期，或可测或不可测。但无论什么样的改革目标，其核心都离不开推进教育公平与促进学生发展两个基本面相。我国教育改革社会支持系统运行状况如何，首先要看其对教育改革这两个核心目标的达成程度。

从最小代价来看，改革不可能不付出代价，但改革不能付出巨大代价。如果一场战争的胜利是以所有参战士兵的阵亡为代价，那么这场战争注定虽胜犹败。而且，与其他改革不一样，教育改革主要面向发展中的学生，其生命的轨迹是不可逆转的。如果因为教育改革而贻误了一代人，那么改革者将会永远被钉在历史的耻辱柱上。"文革"中的"教育革命"当是前车之鉴！

从弱者优先受益来看，任何改革的底线都是坚守公平、促进公平，千万不能通过改革而使"弱者更弱，强者更强"。"虏弱助强"的强盗逻辑是社

---

① 王海英：《教育改革和发展需要什么样的政府支持》，《教育发展研究》2014 年第 Z1 期。
② 朱丽：《什么是成功的教育改革？——教育改革成效评价标准构想》，"教育改革的哲学反思"国际学术研讨会，2011 年 1 月 10—11 日。

会不平等的产物，它不应该出现在当下的教育改革中。要想实现弱者优先受益，政府支持系统、民间支持系统、政府—民间支持系统都要发挥各自的职能以保障弱者权益的实现。

二、社会支持系统的系统构成

基于前面章节的分析，理想的教育改革社会支持系统由十个要素构成，这十个要素可组合为三个子系统，从而在不同的层面、以不同的方式作用于教育改革的全过程。本节力图既呈现这三个子系统自身的要素构成、逻辑关系、运作机制，也呈现由这三个子系统协同构成的整个教育改革社会支持系统的总体格局、逻辑关系和运作机制。

（一）社会支持系统的三个子系统

根据十个支持要素之间的内在逻辑，结合前面各章对于这些支持要素的具体研究，可以认为，教育改革社会支持系统大致由政府支持系统、民间支持系统、政府—民间支持系统三者构成。

1.政府支持系统

政府支持系统是教育改革社会支持系统中的重要子系统，其中的要素构成、内部关系和运行逻辑可以用图 12-1 加以反映。

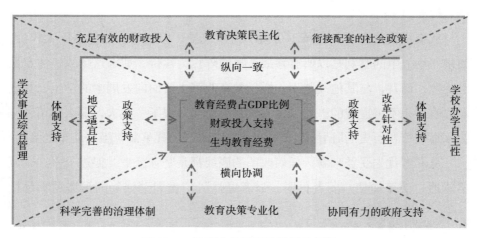

图 12-1　政府支持子系统的整体框架

（1）轴心三元：政府支持系统的要素构成

讨论要素构成，必须回答两个基本问题：一、子系统由哪些要素构成？二、为什么是这些要素？从前面各章关于十个支持要素的研究可以看出，财政投入支持、政策支持、体制支持都是教育改革社会支持系统中的重要力量，起着举足轻重的作用。其中，财政投入支持直接决定我国教育经费占 GDP 的比例，决定我国各学段生均经费的总量，是教育改革的制约要素；政策支持构成了教育改革的外部生态，政策支持能否做到纵向一致、横向协调、具有地区适宜性和改革针对性，这对教育改革的顺畅推进至关重要；体制支持则是教育改革的关键制约，譬如，学校能否拥有办学自主权，教育事业是否进行综合管理等，都是教育改革不成功或不够成功的重要影响源。

从财政投入支持、政策支持、体制支持的行动主体来看，三者都归属于政府系统。在政府系统中，除财政投入支持、政策支持、体制支持外，还有其他的支持类型，譬如资源动员、信息共享、监督问责等，但相比于财政投入支持、政策支持、体制支持，这些其他支持类型的作用可以忽略不计。而财政投入支持、政策支持、体制支持则像是政府系统的轴心，政府系统功能的发挥、政府系统其他要素的参与都是围绕这三个要素旋转构成的。

（2）由表及里：政府支持系统的内部关系

作为政府支持系统的轴心三元，财政投入支持、政策支持、体制支持三者之间并非平行的关系，而是存在着由表及里、渐次递进的关系。从教育改革的短期成功来看，财政投入支持是核心要素，而从教育改革的长期效益来看，体制支持才是关键。因此，财政投入支持是表层制约，体制支持是关键制约。

从教育改革的成功经验来看，充足有效的财政投入、衔接配套的社会政策、科学完善的治理机制才能造就协同有力的政府支持，才能最大限度地推进教育改革。这意味着不同层级的政府之间、层级相同的不同地区的政府之间、政府的各个职能部门间应当保持紧密的互动关系，形成一种"整体政府"，以实现政府支持系统的应有功能。

（3）整体政府[①]：政府支持系统的运作逻辑

"整体政府"有两种类型。一种是指向内部的，一种是指向外部的。指向内部的整体政府主要是针对"碎片化"政府提出来的。所谓"碎片化"指的是存在于政府之间、政府部门之间或政府部门内部的业务分割状况；[②] 指向外部的整体政府是指一种政府改革的治理模式，即在公共政策与公共服务的过程中，采用交互的、协作的和一体化的管理方式与技术，促使各种公共管理主体（政府、社会组织、私人组织以及政府内部各层级与各部门等）在共同的管理活动中协调一致，达到功能整合，并有效利用稀缺资源，为公民提供无缝隙服务的思想和行动的总和。[③] 这里所说的整体政府是前一种类型，强调财政投入支持、政策支持、体制支持要打破各自的行动壁垒，在对教育改革中的支持中实现相互支持、相互配合的整合效应。

2.民间支持系统

与由财政投入支持、政策支持、体制支持构成的政府支持系统的相对整合和聚焦不同，民间支持系统中分化和分散比较明显，这意味着很难在民间支持系统中找到一个强有力的要素来代表民间、制约民间，也很难厘清民间支持系统四个要素之间的逻辑关系，其整体框架如图12-2所示。

（1）松散联合：民间支持系统的要素构成

民间支持系统是如何构成的，谁是民间一员，谁能代表民间，这并非一个简单问题。从一种立体思维与全景扫描的角度来看，民间支持系统包括公众文化支持、社会舆论支持、家长支持、专家支持四个要素，是一个自上而

---

① 整体政府是西方国家继新公共管理运动之后，于20世纪90年代中后期开始的第二轮政府改革运动的新举措。1997年，英国首相布莱尔在《公民服务会议》上首次提出"整体政府"的施政理念。1999年，英国政府出版了《现代化政府》白皮书，该书在对前两年工作进行总结的基础上制定出了一个推行"整体政府"改革的10年规划。白皮书从政策制定、公共服务供给、信息技术运用和公务员管理等方面提出了具体的实施方案。在澳大利亚和新西兰，改革被冠以整体型政府。在加拿大，改革被称为水平政府，而在美国则被称为协同政府。

② 袁方成、盛元芝：《新西兰"整体政府"改革的理解》，《政治学研究》2011年第5期。

③ 杨海锋、韦城宇：《西方整体政府对我国大部制改革的启示》，《中北大学学报》（社会科学版）2010年第4期。

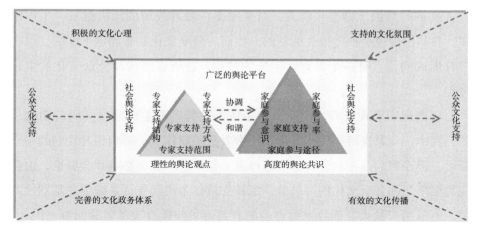

图 12-2 民间支持系统的整体框架

下和自下而上相结合的松散联合体，各构成要素之间虽无刚性约束，但却彼此关联。

公众文化支持代表的是最全域的文化状态，反映在积极的文化心理、支持的文化氛围、完善的文化服务体系和有效的文化传播上；社会舆论支持是在一种文化状态下的舆论发育水平，特别表现为广泛的舆论平台、理性的舆论观点和高度的舆论共识三个方面；家长支持反映的是教育改革的最大相关方的观念和诉求，主要表现在家庭的参与意识、家庭的参与途径和家庭的参与率上；专家支持是民间支持系统中的专业力量，它通过专家支持结构、专家支持范围和专家支持方式发挥作用。

这四个要素虽不能完全代表民间支持系统，但确实是在整个民间支持系统中对教育改革影响最大、最深的。至于民间支持系统中的其他一些要素，譬如行业协会、民间团体、自治组织等，一方面其自身力量过于薄弱，另一方面在教育改革中所能发挥的作用也比较有限，故大体可以忽略不计，或在分析中将其归类进公众文化支持与社会舆论支持范畴中。

（2）共生共长：民间支持系统的内部关系

民间支持系统的四个要素存在着共生共长的关系。从宏观到微观来看，公众文化的发育状态奠定了社会的文化基调，决定了公众的文化心理，它会在很大程度上影响社会舆论的导向和水平，也会在相当程度上影响家庭参与教育改革的意识、机会和能力，对专家支持教育改革的动机激发、工作模式、参与深度也会产生极大的制约。然而，公众文化并非固定不变的，也非一日形成的，它有一个发育、生长的过程，这就必然涉及公众文化的生长过程。

从微观到宏观来看，民间支持系统是由特定的主体通过共同行动构成的。其中，专家支持是民间支持系统中人数相对较少、影响相对较弱的一个要素。但专家的存在状态、价值选择及工作模式本身会影响社会舆论，也会成为更广泛的公众文化的一部分。家长支持作为民间支持系统中的基础性力量，不仅面广量大，而且家庭自身的利益诉求与教育改革紧紧纠缠。因此，家长支持教育改革的意识状态、坚定程度和策略水平会在很大程度上影响社会舆论的基调、方向和水平，也会在相当程度上影响整个公众文化的基调、方向和水平，从而形成一种自下而上的文化约束。

可见，民间支持系统中的四个要素之间不仅存在着一种自上而下、从宏观到微观的文化辐射作用，也存在着一种自下而上、从微观到宏观的文化制约作用，彼此之间相互依存、相互影响，共同造就出一种总体上的文化生态。

（3）集体行动：民间支持系统的运作逻辑

由相对独立和松散的四个要素构成的民间支持系统如何能很好地运作，从而实现其支持教育改革的功能呢？也许，曼瑟尔·奥尔森的集体行动学说和奥斯特罗姆关于公共池塘资源管理的自组织理论能够带来启发。奥尔森的集体行动学说可以提供反面的警醒，奥斯特罗姆的公共治理之道则可提供正面的引领。

从曼瑟尔·奥尔森的集体行动学说[①]来看，一个具有共同利益的群体是由各个具有理性的个体构成的，但各个个体基于"搭便车"的算计，并不一定会为实现共同利益采取集体行动。在民间支持系统四个要素的实际运作中，专家支持、家长支持、社会舆论支持及公众文化支持的主体虽然都拥有

①　[英] 曼瑟尔·奥尔森《集体行动的逻辑》，陈郁译，上海三联书店、上海人民出版社1995年版，前言。

理性，且在相当程度上具有共同目标，但倘若没有充分的社会动员和舆论造势，各理性主体很难形成指向共同目标的集体行动。

从奥斯特罗姆的公共治理之道[①] 来看，共同目标的共享者们可通过"自组织"有效地实现自主治理。[②] 在教育改革过程中，专家支持、家长支持、社会舆论支持、公众文化支持四要素一方面自发地发挥着各自的功能，推动专家更有效地建言、家庭更广泛地参与、舆论更高度地共识、公众更积极地认同；另一方面，也在相互作用中形成自组织合力，推动集体行动的出现和集体行动的有效。

3. 政府—民间支持系统

政府—民间支持系统是介于政府支持系统和民间支持系统之间的系统，其行动主体既非政府亦非民间，而是介于两者之间的经济与非政府组织。在不断推进现代化的过程中，我国此类非官非民的中介组织、第三方平台、第三方机构会越来越多，对教育改革也在产生愈来愈重要的影响。政府—民间支持系统的整体框架如图 12-3 所示。

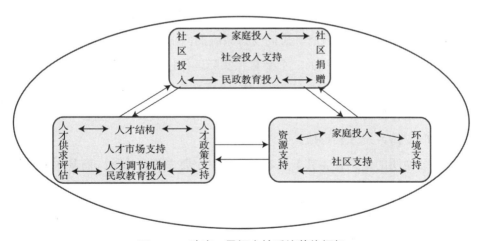

图 12-3　政府—民间支持系统整体框架

---

① 　[美] 埃莉诺·奥斯特罗姆：《公共事物的治理之道：集体行动制度的演进》，余逊达、
　　陈旭东译，上海译文出版社 2012 年版，第 213 页。
② 　张立荣、冷向明：《协同治理与我国公共危机管理模式创新：基于协同理论的视角》，
　　《华中师范大学学报》（人文社会科学版）2008 年第 2 期。

（1）生态三角：政府—民间支持系统的要素构成

在我国当下的语境中，政府—民间支持系统主要包括人才市场支持、社会投入支持、社区支持三项要素，涵盖了人、财、物及组织等各种资源。其中，在人才市场支持要素部分，课题组重点考察了人才结构、人才调节机制、人才供求评估、人才政策支持之间的相互关系；在社会投入支持要素部分，课题组重点关注了由家庭投入、民办教育投入、社区投入、社会捐赠所构成的社会投入总体状况；在社区支持要素部分，课题组重点聚焦社区中的理念支持、环境支持和资源支持。

当然，政府—民间支持系统并不仅仅由人才市场支持、社会投入支持、社区支持三个要素构成，还包括企业组织、全国工商联、各种 NGO 等。但相比而言，人才市场支持、社会投入支持、社区支持这三要素对教育改革的影响更加明显，作用也更加持久。通过彼此的互动，三者之间逐渐形成了生态三角的结构性优势。即，一方面，三个要素在诸多政府—民间支持要素中脱颖而出，成为政府—民间生态系统中的重要三元；另一方面，这三个要素还相互支持，形成了如图 12-3 所示的稳定而有力的三角关系。

（2）各美其美①：政府—民间支持系统的内部关系

政府—民间支持系统的三个要素在实际运作过程中相对独立，三者之间本无必然的逻辑联系。因此，"各美其美""美美与共"是其核心的诉求。只有各个要素自身能够独立运作，且能物尽其用，共生共长、生态平衡式的政府—民间支持系统才会形成。

需要说明的是，各美其美并不意味着三个要素各自为阵，而是在各美其美的基础上美美与共，形成整体效应。事实上，由于人才市场支持、社会投入支持、社区支持也正好分别主要代表了政府—民间支持系统中的人力资源、财力资源和组织资源，因而三者之间的互动所形成的三角关系恰恰是最具稳定性、持久性的。

---

① 费孝通：《全球化与文化自觉：费孝通晚年文选》，外语教学与研究出版社 2013 年版，第 97 页。

（3）边缘效应：政府—民间支持系统的运作逻辑

由于政府—民间支持系统是处于政府支持系统和民间支持系统之间的非官非民、亦官亦民的中间系统，并因此而具有两面性，因而，从积极的一面来看，政府—民间支持系统中的三个要素可以利用其各自优势，在政府和民间的边缘地带发挥特殊作用。譬如，人才市场对于职业技术人员的旺盛需求会直接推动职业教育的兴盛，社会投入规模的扩张也会相应促进民办教育的改革和发展；从消极的一面来看，政府—民间支持系统由于既缺少官方身份的保护，也缺少民间社会的足够自由，在教育改革中，尤其是在许多教育改革中只能发挥有限的支持性作用。

总体而言，政府支持系统、民间支持系统、政府—民间支持系统的要素构成、内部关系和运作逻辑可如表 12-1 所示：

表 12-1　教育改革社会支持系统三个子系统关系汇总

	政府支持系统	民间支持系统	政府—民间支持系统
要素构成	轴心三元	松散联合	生态三角
内部关系	由表及里	共生共长	各美其美
运作逻辑	整体政府	集体行动	边缘效应

（二）社会支持系统的整体框架

通过以上对政府支持系统、民间支持系统、政府—民间支持系统的关系梳理，教育改革社会支持系统的内部构成和运作机制逐渐清晰，具体框架见图 12-4。

1.政府支持系统与民间支持系统之间的关系

政府支持系统与民间支持系统之间的关系是教育改革社会支持系统中的主要关系。

从政府支持系统来看，其对民间支持系统主要实现两种功能：一是支持引导，二是培育激励。"支持引导"是假定民间社会不仅初具规模，而且具备一定的参与教育改革的能力；"培育激励"则是假定民间社会还处于刚开始发育或发育不良、能力不佳的状态，急需政府采取措施提供有助于其发育

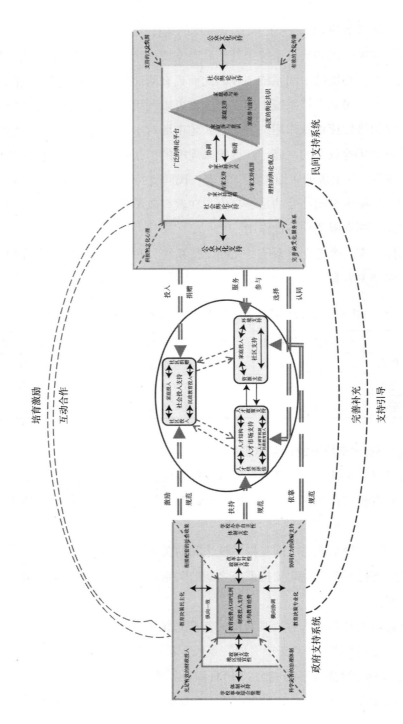

图12-4 教育改革社会支持系统整体框架

壮大的制度土壤，释放出有助于其发挥自身优势的运作空间。

从民间支持系统来看，其对政府支持系统主要实现两种反向功能：一是互动合作，二是完善补充。与前述假设一样，"互动合作"是假定民间社会已经具备了与政府支持系统进行对话乃至谈判的能力，能够在教育改革的决策阶段、执行阶段、评估阶段发挥民间社会的舆论营造功能、专家建言功能与文化心理引导功能；"完善补充"则是假定民间社会还处于发育不良、行动不力状态，还只能对政府系统发挥更多地属于拾遗补阙的作用，处于影响教育改革的边缘性位置。

2. 政府支持系统与政府—民间支持系统的关系

政府支持系统与政府—民间支持系统的总体关系是规范—扶持，即政府一方面对处于政府—民间中间地带的人才市场支持、社会投入支持、社区支持三个要素加以规范，一方面从制度、空间、政策、资源等方面给予扶持，以促进政府—民间支持系统中的这些要素更好地发育壮大。

正如前述，政府—民间支持系统的三个要素是一种各美其美的关系，彼此之间的联通性、互动性较弱，它们只是在各自发挥对教育改革的影响作用时自组织地形成了"生态三角"，实现了"美美与共"的系统目标。

3. 民间支持系统与政府—民间支持系统的关系

民间支持系统与政府—民间支持系统之间是一种相对松散、相互依靠的关系。从民间支持系统的广义来看，它实际上可以包括政府—民间支持系统，即政府—民间支持系统中的人才市场支持、社会投入支持、社区支持更多地偏向民间系统而不是政府系统。作为广义的民间支持系统的一部分，民间支持系统与政府—民间支持系统实际上是一种伙伴性关系，有时甚至会表现出你中有我、我中有你的模糊状态。

从狭义的民间支持系统而言，其与社会投入之间的关系更多表现为投入—捐赠式，即广大的社会公众通过投入、捐赠的方式不断地扩大社会投入的基数，更好地服务于教育改革，为教育改革的顺利开展提供财政支撑；从民间支持系统与人才市场的关系而言，选择—认同是其关系的基本样态，即社会公众要认同人才市场在教育改革和社会发展中的桥梁作用，积极地通过人才市场进行人才的合理流动、配置，使人才市场成为教育改革的晴雨表；从民间支持系统与社区的关系来看，服务——参与是其基本关系样态，即社会公众要积极参与社区生活，不断扩大教育改革的社区基础。

第二节　教育改革社会支持系统的模型建构

本节拟讨论构建教育改革社会支持系统所需说清的两个渐次递进的基本问题，即社会支持系统的基本模型、社会支持系统基本模型的适用改革类型。

一、社会支持系统的基本模型

在以上分析的基础上，作为提炼教育改革与社会支持系统"中国经验"的一种尝试，本部分拟借鉴仿生学、博弈论及自组织理论，结合教育改革中常见的一些结构关系，并结合教育改革的不同类型，建构教育改革社会支持系统的三种模型。

（一）"一体两翼"鱼骨模型

"一体两翼"鱼骨模型是依据仿生学的原理，结合结构静力学、流体动力学建构而成的。从逻辑上来看，"一体两翼"中的"一体"可以指政府支持系统、民间支持系统、政府——民间支持系统中的任意一个，"两翼"则是除"一体"之外的其余两个子系统。但是从模型功能最大化和实际运作情况来看，"一体两翼"中的"一体"通常是指政府支持系统，"两翼"则是指民间支持系统、政府——民间支持系统。（见图 12-5）

"一体两翼"鱼骨模型的建构过程涉及三个彼此相关的问题：建构依据、结构框架和实现路径。

1."一体两翼"鱼骨模型的建构依据

"一体两翼"鱼骨模型是"三位一体"建构思路的产物，包括仿生学、结构静力学、流体动力学。

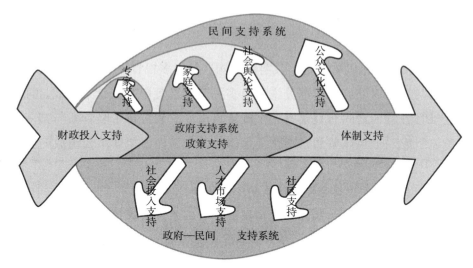

图 12-5　"一体两翼"鱼骨模型

（1）仿生学

仿生学是 20 世纪 60 年代初出现的一门综合性的边缘学科，它由生命科学与工程技术科学相互渗透、相互结合而成。[①]鱼类作为自然界中最早出现的脊椎动物，历经了亿万年的自然选择，其独特性不仅在于生物学上的结构设计，还在于其完美的加速性能、巡航性能和机动性能。[②]人们借鉴鱼类仿生学不仅用来开发水下机器人，也大量地拓展到社会科学、管理科学的研究中。如著名的鱼骨图分析法便是由日本管理大师石川馨发展起来的。

在教育改革社会支持系统的模型建构过程中，研究者意识到，鱼骨图的结构特征与功能状态都比较类似于政府支持系统、民间支持系统、政府—民间支持系统的结构关系与运作逻辑。如果借鉴鱼骨的结构力学特性（对称、均衡、引擎、舵手）和流体运动特性（低能耗、高效率、爆发力、协调性），充分协调三个子系统之间的力学关系与功能关系，那么，一个结构合理、功

[①]　刘希民：《机器鱼群体协调运动规划研究及单体系统设计》，中国海洋大学信息科学与工程学院硕士学位论文，2004 年。

[②]　张叶蒙：《多仿生机器鱼协调控制研究》，天津大学电气与自动化工程学院硕士学位论文，2010 年。

能卓越的社会支持系统便可应运而生。

（2）结构力学

鱼类属于脊椎动物种群，其身体的构造是由多根脊椎骨相互连接而成。除鱼头与尾鳍以外的鱼体部分主要由多关节脊椎骨串联竖骨架组成，且鱼体脊椎骨各骨节之间有且仅有一个旋转自由度。假定每个竖骨架与其一周的鱼体组成一个鱼体单元，则整个鱼体可看作是许多鱼体单元组成的多体系统。①

以此类推，如果将政府支持系统比作鱼的脊椎骨的话，那么连接到鱼的脊椎骨上的每一根大的鱼刺，就是教育改革社会支持系统中的一个协同主体。尽管各协同主体的规模有大小之分，但都是整个社会支持协同系统中不可缺少的重要组成部分。每一个社会支持要素，如专家支持、家长支持、人才市场支持、社区支持、社会投入支持等等，都依据其自身的特点、能力和规模等现实情况，占据社会支持系统中的一个位置，发挥着各自应有的作用。

（3）流体力学

鱼类不仅具备完美的力学结构，而且具有完美的游动系统和游动机理。"一体两翼"鱼骨模型仿生的是尾鳍摆动式推进模式。这一摆动式鱼类在其游动过程中会制造一种特殊的流场，形成特有的流场结构。在鱼类游动造成的流场结构中，能量既可以储存，也可以循环，形成一种持续不断的推动力。

在"一体两翼"鱼骨模型建构时，研究者充分借鉴了鱼类游动所运用的复杂的流体力学原理，根据仿生科学关于鱼体肌肉消耗动力的研究、鱼体游动稳定性的研究、鱼类快速起动性能研究等成果，努力减少系统摩擦力与运动阻力，维持各子系统间的内部协调与整体协同，最小化系统运行的内耗与能量扩散，增进制度吸引力。在"一体两翼"鱼骨模型中，研究者充分考虑

---

① 朱伟经：《基于波浪能获取的机器鱼能源自给系统研究》，中国科学技术大学信息科学技术学院博士学位论文，2013 年，第 16 页。

了财政投入支持的推进力和体制支持的引擎力。

2."一体两翼"鱼骨模型的结构框架

与鱼类骨骼结构类似，"一体两翼"鱼骨模型主要有三个板块构成，三个板块结构紧密、功能协调，并在静态结构的基础上形成动态的流场结构。

（1）"一体"：作为"脊柱"的政府支持系统

"一体"是"政府支持系统"，其构成鱼体的"脊柱"，也是"一体两翼"社会支持系统的主轴，其骨质坚硬，起着巨大的结构性支撑作用。在"一体两翼"鱼骨模型中，"脊柱"由财政支持、政策支持与体制支持三个板块构成，从头到尾分别为体制支持、政策支持和财政投入支持，其中，体制支持连接鱼头，起着引擎、发力、上升作用；政策支持紧随其后，起着支撑、漂浮、助力作用；而财政投入支持是鱼尾，起着加速、拐弯、跳跃等动力作用。

从仿生学上看，作为模型脊柱的体制支持与政策支持，在鱼类游动过程中很少摆动或波动，能保持身体的刚性状态，重在稳定和平衡。而作为模型脊柱尾巴的财政投入支持，它能通过小幅摆动产生迅速推进的机械功能。

不仅体制支持、政策支持、财政投入支持作为"一体两翼"鱼骨模型的构成要素各具结构和功能，且三者也以紧密的链状方式结合成一体，形成模型的脊梁，起着控制、平衡、协同、稳定作用。鱼类运动的航程远、上升快、速度大、能耗低这些优势，完全依赖于其坚强的脊梁、流线的造型、动力十足的鱼尾。因此，教育改革社会支持系统的结构优良、运转协调、效果一流也有赖于作为模型脊梁的政府支持板块。

（2）"左翼"：作为"平衡支架"的民间支持系统

在鱼骨模型中，民间支持系统位于鱼骨模型的左翼，是从大到小的嵌套结构，即公众文化支持包含社会舆论支持，公众舆论支持又包含专家支持和家长支持。所有这些支持要素，不仅是观念上的支持，更是行动上的参与，尤其是专家群体和家长群体更是如此。

在整个鱼骨模型中，左翼发挥的主要是平衡功能，即通过公众文化支持、社会舆论支持、家长支持与专家支持四个要素，实现对教育改革的平衡作用，保障政府支持系统各项投入、政策、体制的落实与执行，从文化心理、公众舆论、家庭参与、专家智库等方面助力教育改革。

（3）"右翼"：作为"资源支撑"的政府—民间支持系统

与民间支持系统的自成一体不同，政府—民间支持系统则由三个相对独立的要素构成，即人才市场支持、社区支持、社会投入支持，三者之间虽相对独立、各美其美，但可实现三者的自组织效应，发挥美美与共的协同效果。因此，作为鱼骨模型的右翼，在教育改革社会支持系统中实际上发挥着平衡、稳定、协调的作用。

如果民间支持系统作为模型的左翼发挥的是民意基础的根基性作用，那么，政府—民间支持系统承担的则是人力、财力、物力的资源性支撑作用，两者共同构成鱼骨模型的左轮驱动和右轮马力。

3."一体两翼"鱼骨模型的实现路径

"一体两翼"鱼骨模型是鱼类仿生学的原理在社会科学研究中的迁移与应用，其核心是要在社会支持系统建构过程中更多地再现其精致的结构力学与高效的流体动力。若要实现该模型的基本功能，现有的教育改革社会支持系统须在以下三个方面有所调整。

（1）转变政府职能减少系统摩擦力

适度的系统摩擦力是教育改革社会支持系统得以成功运行的前提条件。政府支持子系统的摩擦力主要缘于政府职能缺位、越位、错位。

所谓政府职能支持缺位，是指某项事务本应属于政府职能范畴，但在实际运行中政府没能履行职能或政府职能履行不足。譬如，在教育领域，政府的基本职能是提供基本公共服务，保障底线公平。这意味着政府要进行宏观的政策规划、充足的财政投入、保底的制度设计来确保政府教育基本公共服务职能的实现。但在非义务教育阶段，如学前教育、高中教育、高等教育，或民办教育、农村薄弱地区教育等方面，政府的职能通常会表现出缺位现象。

所谓政府支持越位，是指政府过度承担了其基本公共服务的职能。在改革开放以来的教育改革中，我国政府的支持越位主要表现三个方面：一是财政投入支持过度，如一些地方政府过度投入超标盖豪华学校、巨型学校，造成资源分配的不均衡；二是政策支持过度，譬如民族地区差异化扶持政策、官本位的人事管理政策等；三是体制支持过度，如与学校分类定级制度相匹配的奖励分配制度，人为制造了差异和权力寻租空间的校中校制度等。

所谓政府支持错位，是指政府承担并提供了一些本不该由政府提供和支持的服务。譬如，我国政府曾将大量的财政投入投向高等教育，而对本应由政府承担的基础教育投入不足、支持不足；再譬如，我国许多地方政府将大量的财政投入投入优质学校，使优质学校优中更优，而原本就发展薄弱的学校得不到政府的相应支持，造成教育发展中的"马太效应"。

政府在教育改革中若不能改变其支持缺位、支持越位、支持错位的状况，系统间的摩擦力会不断扩大，尤其是政府与民间的矛盾会日益尖锐，造成民间支持力量的弱化、逃离，最终使"一体两翼"鱼骨模型丧失其结构性平衡。

（2）培育民间社会增加系统平衡度

在我国的政治生活、社会生活和日常生活中，强国家弱社会几成常态，政府掌控了大量资源，主宰着各种规则的制定、执行，民间社会与民间力量一直处于受抑状态，亟待释放其潜力与能量。在我国各项教育改革中，从历史到当下的现实都说明，单纯依靠政府的力量是无法达到和谐与完美的。在一些教育改革领域，民间的力量甚至比政府的权力意志更具影响力。譬如，在学前教育领域，老百姓自身科学育儿意识的觉醒比政府自上而下发动课程改革更重要；再譬如，在职业教育领域，企业、市场自身对人才的需求与期望比政府干预的职业教育标准、职业教育方法要更具影响力。

因此，作为需要"全社会"来关心和支持的各项教育改革，倘若只是拥有强大的政府支持，缺乏更广泛、更基础的民间社会、民间力量的支持，教育改革可能会走向一种偏向的、悬空的、无根的改革，最终导致教育改革因忽视民间而丧失民间。

（3）强化中介组织改善系统协调性

政府—民间支持系统作为政府与民间之间的中介组织，起着联接、沟通、斡旋、缓冲的第三方作用。从联接的意义来看，政府与民间是一对相反相成的主体，政府代表的是国家，民间代表的是社会，如果在国家与社会之间缺少政府—民间这一中介组织，政府与民间就存在着断裂和悬崖；从沟通的意义来看，作为两个不同极向的主体，政府和民间之间要实现互动与对话，不是通过隔空喊话，而是通过中间组织的制度设计，以实现两者之间的沟通与协调，即让政府的意志到达民间，民间的诉求上传政府；从斡旋的意义来看，政府与民间作为两类不同的利益主体，其诉求与期待、主张与愿望、行动与策略之间总会存在着各种矛盾与冲突，政府—民间支持系统作为政府与民间之间的中介组织和中间方可以发挥调解功能，使双方达成一定的利益共识与利益妥协；从缓冲的意义来看，作为政府与民间之间的过渡状态，政府—民间支持系统可以成为政府与民间矛盾的缓冲区域，弱化两者之间的对立。

4."一体两翼"鱼骨模型的典型案例

"一体两翼"鱼骨模型强调的是教育改革中政府支持系统轴心功能、民间支持系统平衡功能、政府—民间支持系统支撑功能的优化整合。扫描中国教育改革的历史，目前尚无与"一体两翼"鱼骨模型比较吻合的典型案例，我国 2010 年由政府强势发起、民间合力推动的学前教育转型改革具有"一体两翼"鱼骨模型的部分特点，但在政府—民间的支撑功能上显得不足。它山之石可以攻玉，相比而言，英国 1988 年的教育改革赖以启动与推进的社会支持系统倒是可作为"一体两翼"鱼骨模型的一个典例案例，给我们带来启发。

首先，在这项改革中，政府支持系统发挥了核心作用，通过财政拨款、政策制定、体制设计来保障改革的成功。从财政投入支持角度来看，1988年英国财政出现了 140 亿英镑的盈余，为教育改革提供了坚实的经济基础，[①]也直接促使了后来改革中"直接拨款公立学校"政策的出台；从政策支持的角度来看：一方面，1979 年撒切尔上台后颁布了一系列新政策，经济上实行

---

① 王映：《英国"直接拨款公立学校"政策制定过程的研究》，华东师范大学教育学部硕士学位论文，2004 年，第 25 页。

货币主义宏观经济政策，减少国家对经济的干预，强调市场的作用，把市场力量引入教育领域；另一方面，在教育和科学大臣肯尼思·贝克的推动下，英国下议院通过了《教育改革议案》，并正式颁布《1988 年教育改革法》；从体制支持来看：一方面，英国实行议会民主制，1988 年教育改革中各项政策、文件都要经过议会讨论、审议并最终通过；另一方面，英国实行中央与地方分权制度，地方政府享有高度的自治权。同时，中央政府通过各种手段对地方政府加以控制和监督。譬如，1988 年教育改革中明确了中央和地方的教育行政管理权责，建立了中央教育督导和学校董事会制度。

其次，民间支持系统发挥了"平衡支架"的作用。从专家支持来看，教育和科学部雇请了几百名专家组成皇家督学团，通过考察研究为许多教育决策提供指导性意见。在全国统一课程的实施过程及"直接拨款公立学校"的政策制定中各种专家委员会也起到不同程度的推动作用；从家长支持来看，在获得直接拨款公立学校资格程序中，要求经过家长秘密投票，即规定学校董事会的组成中包括 5 名家长董事，高级董事中至少有两名该校注册学生的家长[1] 等，这些规定赋予了家长充分的教育参与权和选择权；从公众舆论支持来看，《教育改革议案》在酝酿和修正过程中，经过了公众广泛的争论与民间社会媒体的深入报道[2]；从社会文化支持来看，当时的英国盛行新右派思潮和撒切尔主义[3]，具有市场参与教育的文化土壤和社会基础。

最后，政府—民间支持系统发挥了"资源支撑"的作用。从社会投入支持来看，原来英国高等教育经费的来源主要是政府补贴，但伴随着政府政策的变化，高等教育经费的来源模式也由单一向多渠道模式调整，有了更多的企业合作和财团捐赠；从人才市场支持来看，学校作为产业界的"人力资源

---

① 王映：《英国"直接拨款公立学校"政策制定过程的研究》，华东师范大学教育学部硕士学位论文，2004 年，第 25 页。

② 韩娇：《1988 年〈英国教育改革法〉探析》，沈阳师范大学教育科学学院硕士学位论文，2009 年，第 50 页。

③ 辛爱灵：《英国 1988 年教育改革法研究》，山东师范大学教育科学学院硕士学位论文，2009 年，第 45—46 页。

车间"，教育质量的好坏直接影响到企业是否能选拔到合格人才为自己创造利润，因此英国企业家组成的压力集团常常会就教育内容发表看法，进而影响基础教育政策的制定[①]；从社区支持来看，1985年发布的白皮书《把学校办得更好》中，曾提出教育部门、学校、家长、雇主、社区等各方要为教育质量的提高做出努力，在之后的1988年教育改革中，也凸显了官方—民间不同方面的力量共同促进改革发展的特点。

（二）"三足鼎立"圆锥模型

"三足鼎立"一词原为比喻三方面对峙的局势，在本研究中引申为政府支持系统、民间支持系统、政府—民间支持系统共同构成的"三足鼎"结构。从力学角度讲，三足鼎立的结构最稳定、最恒久。

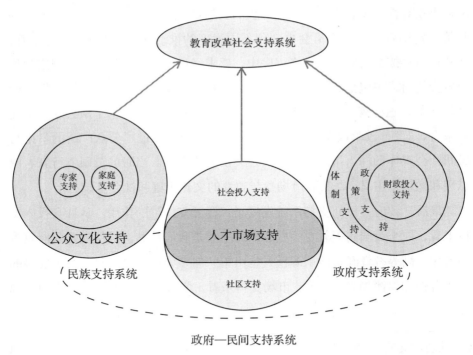

图12—6 "三足鼎立"圆锥模型

① 王映：《英国"直接拨款公立学校"政策制定过程的研究》，华东师范大学教育学部硕士学位论文，2004年，第43页。

1."三足鼎立"圆锥模型的建构依据

在现实运行中，并非所有的教育改革都需要像"一体两翼"鱼骨模型那样极其稳定、刚性十足、爆发力强的社会支持系统。相反，在有些改革类型中，诸如在终身教育、民办教育的改革中，政府支持系统、民间支持系统、政府—民间支持系统这三个子系统处于相对松散的结合状态，既遵循博弈论的规则相互竞争、相互合作，也依循自组织的原理逐步形成从无序到有序的"三足鼎"格局。

（1）博弈论

博弈论发端于冯·诺依曼、摩根斯坦的《博弈论与经济行为》[1]，完善于纳什的《非合作博弈》[2]。博弈论主要探究二人或多人在平等的对局中如何各自利用对方的策略变换自己的对抗策略以达到取胜的目的一门科学。[3]"纳什均衡"再现了人们的理性选择，即：利益冲突达到一种稳态以至无人会单方面加以改变。[4]

在不同类型、不同时期的教育改革中，政府支持系统、民间支持系统和政府—民间支持系统间，遵循着博弈论的基本规则，三个子系统间既可能产生纳什均衡，也可能产生博弈的胶着状态。譬如，在我国的民办教育分类改革中，政府、市场、企业三方各自有着自己特殊的利益诉求，但改革的方向、举措、结果并非由任何一方独自决定，而会较多依赖于三个子系统的共同决策。当三者势均力敌时，一方面三个子系统会形成"鼎立而立"的纳什均衡，无法轻易采取单方面行动；另一方面，三个子系统也会彼此跟进、彼此模仿、彼此施压，以至于形成胶着状态，不利于改革的进一步拓展。

---

① ［美］冯·诺依曼、摩根斯坦：《博弈论与经济行为》，王宇、王玉文译，生活·读书·新知三联书店 2004 年版，前言。

② ［美］约翰·F. 纳什等：《博弈论经典》，中国人民大学出版社 2013 年版，第 79—134 页。

③ 侯经川：《基于博弈论的国家竞争力评价体系研究》，武汉大学管理学院博士学位论文，2005 年，第 57 页。

④ 苟文均：《博弈论与社会经济行为分析》，《世界经济》1995 年第 4 期。

（2）自组织理论

自组织理论是 20 世纪 60 年代末期开始建立并发展起来的一种系统理论。自组织指的是系统自身所具有的、能使系统从不平衡状态恢复到平衡状态的能力。[①] 从系统论的观点来看，"自组织"是指系统在内在机制的驱动下，自行从简单到复杂、从粗糙到精致，不断提高自身的复杂度和精细度的过程；从热力学的观点来说，"自组织"是指一个系统通过与外界交换物质、能量和信息，而不断地降低自身的熵含量，提高其有序度的过程。[②]

自组织现象无论在自然界还是在人类社会中都普遍存在。"三足鼎立"圆锥模型也正是模拟并再现了政府支持子系统、民间支持子系统、政府—民间支持子系统在博弈基础上不断有序化、精致化、合力化的过程。作为一个开放的非平衡态，伴随着教育改革的阶段性进展，教育改革社会支持系统会逐渐将原本松散、无序、各自为阵的三个子系统凝聚成一个紧密、有序、互通有无的新结构。一般而言，一个系统自组织功能愈强，其保持和产生新功能的能力也就愈强，教育改革的社会支持系统正是在不断的自组织过程中不断地扩大自身的协同性，以有序推进各项教育改革的顺利进行。

（3）多中心协同治理理论

多中心理论由埃莉诺·奥斯特罗姆与文森特·奥斯特罗姆夫妇共同创立，包括三个彼此相关的命题。第一，多中心意味着主体的多样性，即公共物品的多个生产者、公共服务的多个提供者和公共事务的多个处理主体；第二，多中心治理意味着政府、市场的共同参与和多种治理手段的应用；第三，多中心治理要求政府转变自身的角色与任务，充当消费者、生产者和连接消费者与生产者的中介者角色。

在多中心治理框架下，政府更多地扮演了一个中介者的角色，即制定多中心制度中的宏观框架和参与者的行为规则，同时运用经济、法律、政策等

① ［德］H.哈肯：《信息与自组织：复杂系统的宏观方法》（第二版），郭治安译，四川教育出版社 2013 年版，第 18 页。

② 张立荣、冷向明：《协同治理与我国公共危机管理模式创新：基于协同理论的视角》，《华中师范大学学报》（人文社会科学版）2008 年第 2 期。

多种手段为公共物品的提供和公共事务的处理提供依据和便利。教育改革依赖全社会的支持和参与，任何单一方面的力量都不足以承受全部的社会期待与教育理想，政府支持系统、民间支持系统、政府—民间支持系统作为多中心治理中的重要主体，只有各自分工、各尽其职，并在分工基础上形成合力，才能真正推进教育改革。

2.“三足鼎立”圆锥模型的结构框架

从象形、具象的意义来看，“三足鼎立”圆锥模型既是一个“三足鼎”，也是一个三方聚合而成的“圆形锥”。因此，“三足鼎立”圆锥模型由以下三个部分构成：

（1）自成一体的“三足”

“三足鼎立”圆锥模型中的任何一足都自成一体、各自独立。首先是结构上各自独立，政府支持系统、民间支持系统、政府—民间支持系统都有其自身内部平衡的结构，而不是像“一体两翼”鱼骨模型那样彼此完全互赖；其次是功能上各自独立，三个子系统都能在各自范围内发挥其作为“一足”的功能。

（2）向心内聚的“三足”

“三足鼎立”圆锥模型中的任何一足虽然在结构与功能上都自成一体、各自独立，但作为一个整体，彼此之间还存在着一定程度的互赖与内聚。从互赖的意义来看，政府支持子系统、民间支持子系统、政府—民间支持子系统间之所以能形成“三足鼎立”的样态，是缘于三者间的相互借力、相互依靠。作为一个整体，缺了其中的任何一足，整个系统就会重心不稳，失去平衡；从内聚的意义来看，政府支持子系统、民间支持子系统、政府—民间支持子系统虽在形式上相互独立，但作为一个整体系统，这三个子系统在支持不同类型的教育改革时必须向心内聚，形成松散联合体，共同作用于教育改革的全程，从而保障教育改革从启动到结束都能卓有成效。

（3）协同互补的“三足”

政府支持系统、民间支持系统、政府—民间支持系统在教育改革过程中的协同，既包括结构上的协同，也包括功能上的协同。所谓结构协同是指三个子系统在支持教育改革的过程中自发形成一种合适的结构关系，以加强三方的协同；所谓功能协同是指系统内部各要素之间或各子系统间，通过求同存异、相互补充、相互完善不断实现有机整合的现象。

需要说明的是，"三足鼎立"圆锥模型中政府支持系统、民间支持系统、政府—民间支持系统的独立运行是协同互补的前提，协同互补是独立运行下的协同互补，即各个子系统在独立运行的基础上会自组织地形成协同互补的状态。因此，协同互补的三足中没有哪个子系统更重要、哪个子系统不够重要的区别，而是基于各自的特点，个性化地发挥系统内平衡功能和系统间整合功能。

3."三足鼎立"圆锥模型的实现路径

"三足鼎立"圆锥模型凸显着三个子系统在独立基础上的向心内聚和整合协同，这意味着在我国的社会治理和教育改革中，为了实现教育治理体系的现代化，政府的治理理念、治理主体、治理策略和权力结构都需要发生转型。

（1）从社会管理到社会治理

"社会管理"与"社会治理"只有一字之差，前者强调"管控""单向""不平等"，后者突显"自治""合作""平等"。具体来说，两者的差异表现在五个方面：①主体不同。社会管理重点突出政府的主导性作用，相对单一。社会治理的主体既可以是政府机关，也可以是社会组织、企事业单位、公民等，较为多元。②职责不同。社会管理的职责在于政府对社会进行管理，社会治理的核心是让全体公众参与进来，激发社会活力。③实现形式不同。社会管理的实现形式是单一的自上而下型，而社会治理的实现形式是立体式的多元互动型。④实践路径不同。社会管理更多是运用权力对社会事务进行部署和控制，具有行政命令色彩。而社会治理具有多种实践路径。除政府运用权力外，还包括市场、法律、文化、习俗等多种方式。⑤与社会的关系不同。社会管理更多是政府吞没社会，是"政府本位"下的"管控思维"，社会治理强调政府激励与培育社会，是"权利本位"下的自治合作。

从社会管理到社会治理，不只是概念的转换，更是一种全新的改革理念的转变①。教育改革作为社会治理的一部分，其治理体系的现代化特别需要政府从管控型思维模式发展成为服务型、合作型思维模式，与公民社会、社团组织、企业、非政府组织共享权力，共担责任。

（2）从大一统到多样化

伴随治理理念的转型，治理主体也必将从单一的政府发展成为多元化的复合主体，即实现政府、社会组织、公众之间的合作共治。在"三足鼎立"圆锥模型中，政府、民间、政府—民间不仅成为三个独立的治理主体，且彼此鼎足而立，形成相互依赖的均衡之势。这意味着在我国的社会生活中，政府只需做好政府该做的事，把其他事务留给民间、留给政府—民间组织或机构，让各个主体在其专业的范围内最大限度地发挥作用。

大一统的后果是可以预测的，要么是政府自身越来越成为超级政府、威权政府，要么是民间、政府—民间越来越萧条，乃至最终消失。这两种后果都不是一个良好的生态环境。对于一些改革类型，譬如民办教育、终身教育的改革，它们更需要一个多元的、宽松的生态环境，政府的过度管控不仅不会推动其发展，反而会成为其发展的掣肘。因为，以政府为唯一管理主体的社会管理，是一种通过国家强制力为保障的非协商性的自上而下管理方式，它会在客观上阻断公众、企业、社会团体和政府之间的互动与博弈、妥协与协同，最终导致正在萌芽、发展的各社会主体的日益萎缩、消失，使教育改革停滞于缺少活力的状态。

（3）从专业分工到治理协同

专业分工是治理协同的前提。在我国的社会治理格局中，治理主体主要有政府、社会组织和公众，它们属性不同、专业有别，但又彼此关联，在不同的专业领域中承担相应的社会治理职能。譬如，政府是社会治理的核心主体，处于全面统筹协调的主导地位；社会组织是社会治理的重要主体，主要包括社团组织、行业协会、民间团体，在社会生活的方方面面发挥其专业咨询、行业交流、信息联通的作用；而公众是基本主体，面广量大，且比较弥

---

① 蒋正翔：《从社会管理走向社会治理：概念、逻辑、原则与路径》，《团结》2014年第7期。

散，但可以在教育改革和社会生活中提供自己的个人意见、酝酿公共舆论、制造公共事件。政府、社会组织和公众专业分工的不同，决定了三者在社会治理中必须相互协同、相互配合，既形成以政府、社会组织和公众为中心的网络治理结构，又保障各治理主体内部的纵向协同，特别是中央政府、省级政府和地方政府间的纵向协同。

治理协同是专业分工的结果。治理协同是指社会治理主体之间、社会各子系统之间，在专业分工的基础上，通过既竞争又协作，自组织非线性作用，把社会系统中彼此无序、混沌的各种要素在统一目标、内在动力和相对规范的结构形式中整合起来，形成社会系统的宏观时空结构或有序功能结构，产生单一社会主体无法实现的社会治理整体效应。

（4）从集权到分权

治理理念、治理主体、治理策略转型的背后，实际诉求的是权力结构的转型，即从原来的政府集权与独享的格局转向政府、社会组织和公众之间的分权与共享的格局。集权是社会排斥的结果，而分权是社会分工与社会竞争的产物。在我国当下的社会格局中，集权所依赖的社会基础已不复存在，社会已经越来越精细，越来越分化，为了更好地实现社会治理，政府、社会组织和公众之间必须进行专业基础上的事权分工，以让合适的人有合适的权力来做合适的事。

在"三足鼎立"圆锥模型中，政府支持系统、民间支持系统、政府—民间支持系统既各自拥有着决策权、参与权、监督权，也共享着决策权、参与权、监督权，其权力结构表现出更多的分权与平权色彩，三个子系统在教育改革社会支持系统中的角色和作用不是基于其先赋性身份，而是基于"三足鼎立"的需要及向心内聚形成合力的需要。在教育改革的不同阶段，每一个子系统的权力地位是在任务竞争与博弈中提升或下滑的。

4."三足鼎立"圆锥模型的典型案例

从中国教育史来看，许多著名教育改革都是先由民间酝酿发起、随后政府在一定程度上予以认可并推动的，诸如春秋战国时期"百家争鸣"背景下的私学兴起、民国时期教育近代化背景下的"平民教育运动""乡村教育运动"等。这些教育改革的社会支持系统虽然都具有"三足鼎立"圆锥模型的某些样态，但还很难说在总体上充分彰显着"三足鼎立"圆锥模型的基本特征。若不拘泥于中国，而是把视野拓展至世界范围，则美国进步主义教育运动所展示的社会支持系统不失为"三足鼎立"圆锥模型的一个典型案例。

作为一场自发的教育革新运动，进步主义教育运动以 1883 年帕克创办芝加哥库克县师范学校附属实习学校和 1896 年杜威在芝加哥创办实验学校为开端，并以之后二十年间杜威哲学的形成以及一系列进步主义学校的诞生为全面兴起的标志。1919 年 3 月进步主义教育协会成立，1924 年创办了会刊《进步主义教育》，进步主义教育运动进入鼎盛时期。第二次世界大战之后，进步主义教育运动因被认为降低了知识力量而屡遭非议，迫于多方压力，进步主义教育协会于 1955 年解散，两年后协会会刊《进步主义教育》停刊，宣告进步教育运动时代的终结。

民间支持系统是早期进步主义教育改革运动开展的基础。在运动早期，从事进步主义学校实践的教育家多为中小学老师，他们作为一支重要的民间力量，不仅对教育中存在的种种问题有着切身的感受，而且与学生家长以及社会各界存在密切联系，为教育改革运动赢得了广泛的群众基础和经济支持。随着进步主义教育运动的发展和教育实践的深化，逐步产生了对专业人员和理论工作者的需求。以 1927 年杜威应邀担任进步主义教育协会名誉会长为契机，克伯屈、拉格等教育理论家加入协会。专业的理论工作者的加盟一方面促进了运动中已经出现的理论化趋势，从而使进步主义教育运动从一种教育革新的热情逐步变成一种建设和创造的自觉努力；另一方面，教育理论工作者的加盟改变了协会领导层的构成和权力结构，使协会所代表的社会革新力量赢得了学术界的认同。①

美国联邦政府也为教育改革提供了重要支持。众所周知，美国是个人主义极度盛行的国家，但是由于生产的进一步社会化，美国联邦政府对经济和社会事务的干预空前加强，颁布了《宪法第十六条修正案》《基廷—欧文童

---

① 张斌贤：《教育与社会变革》，中国社会科学出版社 2012 年版，第 195—196 页。

工法》等法律以解决社会贫困问题，鼓励教育发展，特别是 30 年代的罗斯福新政更是为教育改革注入了新的活力。

除了民间部门和政府部门的支持，政府—民间部门也是进步主义教育运动的重要一环，进步主义教育协会作为进步主义教育运动的核心，它的影响范围是使其获得各种支持的基本前提。进步主义教育协会 1919 年成立后，活动经费的主要来源为会员会费和个人资助。30 年代初，由于开展大规模的实验研究，进步主义教育协会的经费主要来源转向民间团体的资助，譬如，进步主义教育运动历史上最大的实验——"八年研究"经费主要来源于卡内基基金会和普通教育协会，这次实验巩固了进步主义教育运动在美国教育界的地位，也在一定程度上证明了进步主义教育原理的合理性。

进步主义教育运动无疑是西方教育史尤其是美国现代教育史的重要一章，在 20 世纪前半期获得了美国大部分民众和教师的支持。在运动中后期，民间支持系统，政府支持系统和政府—民间支持系统在独立运行的基础上协调互补、向心内聚形成松散联合体，共同作用于教育改革的全过程，使得进步主义教育思想在美国甚至世界范围内广泛传播，这也是"三足鼎立"圆锥模型的现实体现。

（三）"三环交叉"联动模型

政府支持系统、民间支持系统、政府—民间支持系统在围绕教育改革的自组织互动中，除了形成"一体两翼"鱼骨模型、"三足鼎立"圆锥模型外，还应当有一个重要的结构化方式，即形成"三环交叉"联动模型。在此模型的建构过程中，三个子系统既各自竞争发挥作用，也通过两两交叉、三环交叉的方式，形成推动教育改革的整体合力。具体模型构成见图 12-7。

1."三环交叉"联动模型的建构依据

与"一体两翼"鱼骨模型、"三足鼎立"圆锥模型不同，"三环交叉"联动模型特别强调在子系统相互开放的前提下，系统间通过能量交换、功能互补形成耗散结构，产生核聚变效应。

（1）开放系统学说

政府支持系统

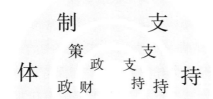

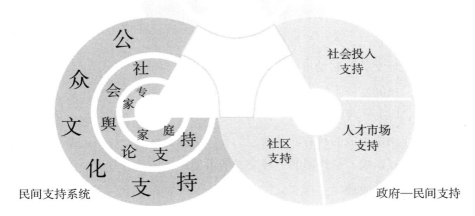

图 12-7 "三环交叉"联动模型

开放系统在不同的学科领域中有不同的界说。[1] 在热力学研究中，开放系统是指系统和外界有物质和能量的交换；在社会学研究中，开放系统是指一个与外界交换材料、能源、劳动力、资金和信息的社会结构系统；在计算机研究领域，开放系统鼓励开发兼容、互联的产品。

开放系统的对立面是封闭系统或孤立系统。在开放系统学说的视野里，封闭系统与孤立系统的存在是相对的，而开放系统的存在是绝对的。教育改革社会支持系统的建构基点就是首先把政府、民间、政府—民间视为开放系统，努力打通彼此之间、彼此与其环境之间的动态联系，摒弃自给自足的封闭思维，形成互联、交叉、包容、合力的品质。

---

[1] ［美］詹姆斯·格雷克：《混沌：开创新科学》，张淑誉译，高等教育出版社 2014 年版，第 23 页。

（2）耗散结构理论

耗散结构理论是研究耗散结构形成的条件、机理和规律的理论，也是研究远离平衡态的开放系统由原来的混沌无序转变为一种在时间上、空间上或功能上有序的演化规律的一种理论。[①] 耗散结构的形成需要彼此相关的三个条件：①三个子系统是否为开放系统，是否保持着与环境的物质和能量交换；②三个子系统是否远离平衡态，是否保持新陈代谢的活力和负熵[②] 的状态；③三个子系统间是否存在着复杂的相互作用，以至于形成两两交叉、三环交叉的联动状态，产生系统结构与系统功能的质变。

在"三环交叉"联动模型中，耗散结构表现为不同的层次：首先是政府支持系统、民间支持系统、政府—民间支持系统内部在自组织作用下形成的有序结构；其次是两两之间相互作用所形成的有序结构；最后是三个子系统之间相互作用所形成的具有联动效应的有序结构。这三个层次的有序结构相互关联、相互影响，最终影响三环交叉所可能达至的聚合效应。

（3）核聚变原理

核聚变是指由质量轻的原子，主要指氢的同位素氘和氚，在超高温条件下，发生原子核互相聚合作用，生成较重的原子核—氦，并释放出巨大的能量。[③] 核聚变的过程和原理表明，要想实现核聚变，有三个前提条件：①质量轻的原子，譬如氘和氚；②超高温条件，将氘和氚加热到等离子态；③继续加温或反应堆自身产生能量形成链式反应。

在"三环交叉"联动模型中，要想实现政府支持子系统、民间支持子系统和政府—民间支持子系统间的"三角合力"，也需要三个前提条件：①能够很好地配合、协同，且结构与功能完善的子系统，子系统间的关系类似于氘、氚之间的聚变倾向性；②三个子系统间的"和而不同"状态，具备追求

---

① 单丽辉：《基于耗散结构的物流网络系统运作模式与运行机制研究》，北京交通大学控制科学与工程学院博士学位论文，2011年，第18页。

② ［美］杰里米·里夫金、特德·霍华德：《熵：一种新的世界观》，吕明、袁舟译，上海译文出版社1987年版，第185页。

③ 参见百度百科"核聚变"词条，http://baike.baidu.com/view/22214.htm。

整体协同和三角合力的舆论氛围和行动策略；③三个子系统形成三角合力基础上的惯性约束，实现链式联动效应。

2."三环交叉"联动模型的结构框架

根据开放系统学说、耗散结构理论和核聚变原理所建构起来的"三环交叉"联动模型由三个重要部分构成：各自发力的三环、两两联通的三环和聚合交叉的三环。三者之间的独立是表象，聚合是实质。

（1）各自发力的三环

为了达到三角合力的联动效应，三个子系统必须在相对独立的意义上先发挥各自的功能，即政府支持系统要更好地发挥财政投入支持、政策支持、体制支持的作用，且保证三方的支持是协同一体的。同理，对于民间支持系统而言，其特殊的功能是制造社会舆论、形成文化氛围，充分调动家庭、专家参与并支持教育改革的积极性，最大限度地为教育改革奠定民意基础。对于政府—民间支持系统而言，情形也是一样，它也必须最大限度地激励社会投入、扩大人才市场、调动社区参与。

只有当各个子系统内部结构与功能达到相对完美状态时，"三元交叉"联动模型的教育改革社会支持系统才有优质的元素基因，才可能在两两相遇、三元相遇时形成非同一般的联动效应。

（2）两两联通的三环

政府支持子系统、民间支持子系统和政府—民间支持子系统看似各自发力的三环，独立地发挥自己的专有的功能，但世界是普遍联系且分工精细的，三个子系统各有优势，但也各有限度。因此，彼此者之间需要相互支持、取长补短，通过联通实现"1+1>2"的效应。

两两联通的三环建构方式恰恰是为了加强政府支持子系统、民间支持子系统和政府—民间支持子系统之间的交流与互动，打破各自的边界壁垒与封闭思维，使得资源与优势得以在系统间循环，共同推动教育改革的顺利进行。进一步而言，三个子系统间的互动交往不仅可以加强系统间的了解，而且，也能填充政府与民间、政府与政府—民间、民间与政府—民间之间的缝隙，使得两个子系统的优势能在交叉互动中实现整合。

（3）聚合交叉的三环

"三元交叉"联动模型中，三个子系统各自发力是基础与前提，两两联通是拓展与中介，三环聚合是突破与质变。如果说两两联通是互通有无，打破隔离与边界，那么，三环交叉则会在两两联通的基础上产生聚合效应，生成三角合力，释放巨大能量。

"聚合交叉的三环"不只是简单的三个子系统的结构协同与功能叠加，也不只是三个子系统不费周折地产生类似物理反应的简单聚合，而是要调整其聚合结构和聚合功能，将氘、氚通过核聚变反应变成氦原子，生成新质，产生化学反应。并且，聚合交叉的三环不是短暂的、瞬间性的，相反，其生命与能量是可持续的，不需要依托外界的继续加温，就可以形成反应堆的链式反应。

3."三环交叉"联动模型的实现路径

"三环交叉"联动模型是一个不断打破边界、凝聚共识、创造合力、寻求质变的教育改革社会支持系统建构思路，其目标是解决硬骨头问题、攻坚性问题、久治不决的问题，这一模型功能的实现特别依赖于政府的改革勇气、政治智慧、博大心胸与胆识谋略。

（1）弱化系统边界，建立联动机制

教育改革需要一个强大的社会支持系统，这个社会支持系统的总体、其内部的各个子系统及其同外部的更宏观的系统之间，都必须是开放的、非平衡态的、追求联动协同的。只有社会支持系统具备了这样一些核心特征，教育改革才有可能取得成功。从我国当下的实际状况来看，政府、民间、政府—民间都需要进一步强化开放意识，建立联动机制。

首先，从社会支持系统自身来看，在建构理想型教育改革社会支持系统时，要强调其开放精神、联动意识，打破局限思维和边界惯习；其次，从社会支持系统内部的子系统来看，政府间横向的堡垒意识与纵向的控制意识还很强，边界开放意识与功能联动机制都只处于初级水平；最后，从社会支持系统的外部宏观系统来看，还亟须将组织与环境、人与环境、系统与环境的关系置于一个更加开放的宏观系统中加以审视。

（2）强化系统互动，催生联动效应

联动效应，也称互动效应。在群体心理学中，人们把群体中两个或以上的个体通过相互作用而彼此影响从而联合起来产生增力的现象，称之为联动效应。[①] 在"三环交叉"联动模型中，政府支持系统的三个要素之间要进行系统内互动，政府支持系统与民间支持系统、政府—民间支持系统要产生系统间互动，无论是系统内的互动，还是系统间的互动，其互动主体都要由单一向多元发展，互动结构都要由单面结构向网络结构、拓扑结构发展，其互动方式都要由邻近互动、相关互动向网络互动、跨域互动方向发展，其互动功能都要由机械连接向择优连接方向发展。

（3）优化系统协同，促成三角合力

系统协同是指系统内、系统间、系统外的协同。就教育改革而言，系统内的协同是系统内部各组成要素之间的协同，如政府支持系统内部的协同，即财政投入支持、政策支持、体制支持之间的内部协同。系统间的协同是指政府支持系统、民间支持系统、政府—民间支持系统间的协同，这三个子系统间的协同是系统协同的核心追求。系统外协同，是指教育改革与整体生态环境、经济社会发展背景之间的协同。这是制约教育改革的外部因素。

目前，我国政府从上到下都强调经济发展的新常态，强调新常态下的新思路、新逻辑、新举措、新关系。教育改革无法脱离整个国家发展的宏观经济环境，无法摆脱经济总量下降下的政策结构调整。因此，教育改革社会支持系统要融入大生态，识读大环境，在宏观大背景下寻求生存空间与发展路径，提升系统内、系统间、系统外的系统凝聚系数，[②] 增进系统间互赖，阻止系统间碎片化倾向，将系统协同思想要贯穿社会治理、教育改革的始终。只有系统内、系统间、系统外的协同渐成现实了，三角合力的生成才为期不远。

4."三环交叉"联动模型的典型案例

---

① 参见百度百科"联动效应"词条，http://baike.baidu.com/view/3602758.htm。

② 吴宝、李正卫、池仁勇：《社会资本、融资结网与企业间风险传染——浙江案例研究》，《社会学研究》2011 年第 3 期。

在任何国家，作为政府基本公共服务的义务教育都需要"三环交叉"联动模型的合力支持。我国义务教育从强制到免费的实现过程，正在展开的义务教育均衡化改革无一不体现着教育改革社会支持系统的"三环交叉"联动模型的聚合效应。而在非义务教育领域，这种聚合效应要相对弱一些，与一些西方教育发达国家相比尚有较大距离。这里可以将美国的"开端计划"作为典型案例，对"三环交叉"联动模型的聚合效应略予说明。

美国于 1965 年正式启动开端计划。这是为低收入家庭儿童免费提供的教育与发展、营养保健与医疗等综合性服务计划，旨在消除代际贫困、追求教育公平。开端计划推行五十余年，不仅惠及了美国弱势儿童，其政策也影响全球，惠及了多个国家。美国开端计划的巨大成功正是政府系统、民间系统、政府—民间系统相互配合、三方联动的结果。

联邦政府在计划实施中发挥了主导作用。在制度建设方面，"开端计划"作为一个综合性的社会服务项目，它的主管部门是"健康与人类服务部"下属的"儿童与家庭司"，并专门设有"开端计划办公室"。[①] 此外，联邦政府还制定了严格的资助审查制度、家长参与制度、社区服务制度等。在法律保障方面，1964 年的《经济机会法》为开端计划奠定了法律基础。此后陆续出台了一系列相关法案：《开端计划执行标准》《开端计划法》《不让一个儿童落后》《入学准备法》等。在资金支持方面，开端计划不向家长收取费用，经费 80% 来自联邦政府的拨款，其余主要来自社区。1981 年《开端计划法案》中规定，联邦政府每年至少拨款 10.7 亿美元。自该法案颁布实施以来，政府对开端计划项目的拨款数额逐年增加，1990 年、1999 年、2005 年的资金支持分别为：15.52 亿、46.58 亿、68.43 亿；2008—2010 年分别拨款 73.5 亿、76.5 亿、79.9 亿，到目前为止每年政府提供的资金支持都在增加。

联邦政府承担主导责任的同时，家庭参与、社区支持也同样发挥了中流砥柱的作用。在家庭参与方面，开端计划在 20 世纪 60 年代末期亲子教育项

---

① 李敏谊：《从"开端计划"到"稳健起步计划"：国际社会建设和谐教育的不懈努力》，《比较教育研究》2008 年第 4 期。

目的基础上创新性地开展了家庭培育咨询和指导、家访服务、家长与教师合作培训和家园共育活动。① 作为开端计划的一大特色，"家长参与"打破了美国对儿童、教师、家长分开教育和区别服务的传统，首次明确地提出"让家长与儿童一起参加活动"的构想。② 此外，《开端计划家长参与执行标准》中明确规定了家庭合作目标、家长参与孕产妇教育、家长参与儿童发展活动、家长参与过渡性活动等。在社区支持方面，2011 年 8 月，开端计划办公室推出了"开端计划家长、家庭与社区共同参与框架"，为所有参加开端计划的服务机构、家庭和社区提供基于研究的、有组织的、行之有效的参考工具，最终帮助家庭建立起健康和谐的关系，构建家长与儿童之间的稳固联系，实现家长与儿童双方面的持续学习与发展。③

在开端计划的实施过程中，政府、民间、政府—民间三个系统辐合聚变为巨大的社会影响力、形成越来越完善的教育改革社会支持系统。有研究者认为，"开端计划"之所以能够获得社会广泛的支持，是因为它把很多积极因素囊括其中，同时平衡了社会各方的利益。"对于社区活跃分子来说，开端计划证明了地方控制的价值；对于早期教育工作者来说，开端计划发展和培育了幼儿；对于家庭价值观倡导者来说，开端计划强调父母要与影响儿童社会生活的有关机构合作；对于健康服务提供者来说，开端计划为儿童提供了富有营养的饮食、免疫服务以及强制性的儿童治疗等服务；对于福利改革者来说，开端计划为父母提供工作以及工作培训，父母参与到儿童看护事业使得他们可以参加工作并实现经济上的自力更生；对于那些寻求'一站式'的社会服务人士来说，开端计划自从诞生以来就为穷人提供服务，同时促

---

① 宋秋英：《20 世纪 90 年代以来美国学前读写教育改革动向之管窥——基于对"开端计划"改进措施的分析》，《外国教育研究》2010 年第 6 期。
② 刘彤、聂懿：《解读美国开端计划家长参与执行标准》，《学前教育研究》2008 年第 9 期。
③ US DEPARTMENT OF HEALTH, HUMAN SERVICE,OFFICE OF HEAD START. The Head Start Parent, Family and Community Engagement Framework：Promoting Family Engagement and School Readiness, From Prenatal to Age 8 ［EB/OL］.http://eclkc.ohs.acf.hhs.gov/hslc/standards/ IMs/2011/pfce-framework.pdf,2012-12-5.

进各个机构之间的合作。"[①] 因此，政府、民间以及政府—民间之间的两两配合、三环交叉、联动发力不仅使得开端计划持续顺利推进，而且形成了社会系统支持教育改革、改革成效促进社会发展的良性循环。

二、三种模型的适用类型

在理论推导与现实关照基础上建构出上述三种模型之后，需要进一步探究的问题是：这些模型在支持现实的教育改革中究竟适用于哪些类型的教育改革、到底能发挥多大作用。以下将从三种模型的结构属性出发，将不同子系统类型、子系统要素与不同类型教育改革相对照，指出三种模型各自适用的教育改革类型。

（一）三种模型的结构属性

上述三种模型虽然其子系统及构成要素本身并无不同，但由于它们的子系统结构方式以及十个要素之间的关联与互动方式有所不同，因而其结构属性也表现出比较明显的差异。

1."一体两翼"鱼骨模型的 "一强两弱"

"一体两翼"鱼骨模型由"强大的一体"与"协同的两翼"构成，其结构属性是典型的"强弱弱"。即政府支持系统处于强支撑、强稳定、强牵引状态，而民间支持系统、政府—民间支持系统则处于平衡结构、协同运动、辅助加速状态。三个子系统间以政府为龙头，相互支持、相互配合，以实现有机整合。

2."三足鼎立"圆锥模型的 "势均力敌"

"三足鼎立"圆锥模型是一个没有中心的、对称的结构体，三个子系统都试图在博弈中获取中心地位，但都不可能成为中心。因为，一旦出现中心，三足鼎立结构就会消解。"三足鼎立"圆锥模型最大的特点便在于其鼎立之势，即三个子系统势均力敌，任何一方的强大或衰弱都会引起结构性失

---

① Washington, V., & Bailey U. J. O.（1995）. Project Head Start：Models and Strategies for the Twenty-First Century, New York：Garland and Publishing,Inc., pp.8-9.

衡。在这个意义上，从理论上来看，"三足鼎立"圆锥模型的结构属性可能是"弱弱弱"，也可能是"强强强"，即处于同质化状态；但就现实而言，"三足鼎立"圆锥模型的结构属性只能选择"弱弱弱"。

3."三环交叉"联动模型的"强强联合"

与"一体两翼"鱼骨模型的"一强两弱"和"三足鼎立"圆锥模型的"势均力敌"不同，"三环交叉"联动模型的结构属性是"强强强"，即要求三个子系统、十个子要素在支持教育改革过程中都能发挥强大作用。总体而言，这一模式的理想性色彩更加强烈，它希望弱化各要素、各系统间的冲突与竞争，而更多地走向协同与整合。从理论上来看，"三环交叉"联动模型是可能的，三角合力是能够实现的；但从现实来看，三个子系统、十个要素的功能叠加需要有诸多前提条件。

以上对三个模型结构属性的分析，可如表 12-2 所示。其中，★代表强支持，▲代表弱支持。

表 12-2 三种理想模型社会支持系统的结构属性

模型	"一体两翼"鱼骨模型			"三足鼎立"圆锥模型			"三环交叉"联动模型		
子系统	政府支持系统	民间支持系统	政府—民间支持系统	政府支持系统	民间支持系统	政府—民间支持系统	政府支持系统	民间支持系统	政府—民间支持系统
属性	强★	弱▲	弱▲	弱▲	弱▲	弱▲	强★	强★	强★

（二）社会支持系统对不同类型教育改革的支持

在分析了三种模型的结构属性之后，可进一步示明不同支持系统、支持要素对不同类型的教育改革的支持程度，以便为在特定的教育改革中选择合适的社会支持系统模式提供依据。依照教育阶段，教育改革可分为学前教育、义务教育、高中教育、职业教育、高等教育和终身教育等六个领域的改革和发展；按照教育对象，则另列出农村教育、民族教育、特殊教育等三个领域的改革和发展。此外，区别于公办教育，还有民办教育的改革和发展这一类别。

1.政府支持系统对不同类型教育改革的支持程度

　　相对而言，除了民办教育、终身教育的改革和发展对政府支持系统的依赖程度略为偏低，其他几个类别的教育改革对政府支持系统三个要素的依赖都比较明显。其中，义务教育改革对政府支持系统的依赖更为突出。具体见表12-3。其中，★代表强支持，▲代表弱支持。

表12-3　不同类型教育改革对政府支持系统的依赖程度

子系统类型	支持要素	学前教育	义务教育	高中教育	职业教育	高等教育	终身教育	民办教育	农村教育	民族教育	特殊教育
政府支持系统	财政投入支持	★	★	★	★	★	▲	▲	★	★	★
	政策支持	★	★	★	★	★	▲	★	★	★	★
	体制支持	★	★	★	★	★	▲	▲	★	★	★

　　2.民间支持系统对不同类型教育改革的支持程度

　　民间支持系统包括公众文化支持、社会舆论支持、家长支持及专家支持四个要素。总体而言，除了义务教育改革之外，各类教育改革对民间支持系统的依赖程度都比较弱，与该支持系统的四要素之间都呈现为一种弱关系。具体见表12-4。

表12-4　民间支持系统四要素对十类教育改革的支持程度

子系统类型	支持要素	学前教育	义务教育	高中教育	职业教育	高等教育	终身教育	民办教育	农村教育	民族教育	特殊教育
民间支持系统	公众文化支持	▲	★	▲	▲	▲	▲	▲	▲	▲	▲
	社会舆论支持	▲	★	▲	▲	▲	▲	▲	▲	▲	▲
	家长支持	▲	★	▲	▲	▲	▲	▲	▲	▲	▲
	专家支持	▲	★	▲	▲	▲	▲	▲	▲	▲	▲

　　3.政府—民间支持系统对不同类型教育改革的支持程度

　　政府—民间支持系统包括三个要素：人才市场支持、社区支持和社会投入支持。总体而言，政府—民间支持系统三要素对十类教育改革的支持程度较低，只有义务教育相对较高。具体见表12-5。

表 12-5　政府—民间支持系统三要素对十类教育改革的支持程度

子系统类型	支持要素	学前教育	义务教育	高中教育	职业教育	高等教育	终身教育	民办教育	农村教育	民族教育	特殊教育
政府—民间支持系统	社会投入支持	▲	★	▲	▲	▲	▲	★	▲	▲	▲
	社区支持	▲	★	▲	▲	▲	▲	▲	▲	▲	▲
	人才市场支持	▲	★	▲	▲	▲	▲	▲	▲	▲	▲

综合以上的分析，政府支持系统对各类教育改革的支持相对较强，民间支持系统、政府—民间支持系统对各类教育改革的支持较弱。其中，义务教育是个特例。汇总情况见表 12-6。

表 12-6　政府、民间、政府—民间三个子系统对教育改革的支持现状

子系统类型	支持要素	学前教育	义务教育	高中教育	职业教育	高等教育	终身教育	民办教育	农村教育	民族教育	特殊教育
政府支持系统	财政投入支持	★	★	★	★	★	▲	▲	★	★	★
	政策支持	★	★	★	★	★	▲	★	★	★	★
	体制支持	★	★	★	★	★	▲	▲	★	★	★
民间支持系统	公众文化支持	▲	★	▲	▲	▲	▲	▲	▲	▲	▲
	社会舆论支持	▲	★	▲	▲	▲	▲	▲	▲	▲	▲
	家长支持	▲	★	▲	▲	▲	▲	▲	▲	▲	▲
	专家支持	▲	★	▲	▲	▲	▲	▲	▲	▲	▲
政府—民间支持系统	社会投入支持	▲	★	▲	▲	▲	▲	★	▲	▲	▲
	社区支持	▲	★	▲	▲	▲	▲	▲	▲	▲	▲
	人才市场支持	▲	★	▲	▲	▲	▲	▲	▲	▲	▲

（三）三种模型适用的教育改革类型

根据表 12-6，政府支持系统、民间支持系统、政府—民间支持系统对义务教育的支持普遍较强。反过来说，义务教育改革对政府支持系统、民间支持系统、政府—民间支持系统的依赖较深，需要三者之间的合力作用。由此可见，"三环交叉"联动模型适用于义务教育改革。

同样，政府支持系统、民间支持系统、政府—民间支持系统对终身教育、民办教育的支持普遍较弱。亦即，民办教育、终身教育对政府支持系统、民间支持系统、政府—民间支持系统的依赖较弱，不是特别需要三者之间的协同。由此可见，"三足鼎立"圆锥模型更适用于终身教育改革和民办教育改革。

最后，政府支持系统对学前教育、高中教育、职业教育、高等教育、农村教育、特殊教育、民族教育的支持较强。亦即，学前教育、高中教育、职业教育、高等教育、农村教育、特殊教育、民族教育对政府支持系统的依赖较深，需要政府不断地加大投入、协调政策和优化体制。而显然，学前教育、高中教育、职业教育、高等教育、农村教育、特殊教育、民族教育对民间支持系统、政府—民间支持系统的依赖则较弱。由此可见，"一体两翼"鱼骨模型特别适用于学前教育、高中教育、职业教育、高等教育、农村教育、特殊教育、民族教育的改革工作。

根据分析，汇总如下：

表 12-7　三种模型适用的教育改革类型

	"一体两翼"鱼骨模型	"三足鼎立"圆锥模型	"三环交叉"联动模型
适用类型	学前教育、高中教育、职业教育、高等教育、农村教育、民族教育、特殊教育	终身教育、民办教育	义务教育

第三节　教育改革社会支持系统的运行机制

运行机制是指在人类社会有规律的运动中，影响这种运动的各因素的结构、功能及其相互关系，以及这些因素产生影响、发挥功能的作用过程、作用原理及其运行方式。[1] 教育改革社会支持系统的运行状态基本上取决于其

---

① 陈秀峰：《当代中国大学教育基金套运行机剖研究：一种基于社会学的研究视场》，华中师范大学教育学院博士学位论文，2007年，第200页。

结构状态。而就教育改革社会支持系统的结构状态而言，总体来看政府力量十分强劲、民间力量相对较弱、介于政府与民间之间的社会力量相对更弱。改善教育改革社会支持系统的运行机制，不能不考虑这样一种结构状态。以下分别阐述社会支持系统总体运行机制及三种不同模式的特殊运行机制。

一、社会支持系统总体运行机制

具体而言，教育改革社会支持系统应建立四种总体运行机制：动机激励机制、权力制衡机制、利益协调机制及协同治理机制。

（一）动机激励机制

在管理科学中，动机激励机制是深藏于系统行为背后的"看不见的手"，[①] 既遵循着自组织运行的规律，也受制于他组织的激发与引导；而在管理哲学中，动机激励机制与中国哲学家老子所说的"道"，所谓"道法自然，无为而治"相通，这里的"无为而治"在很大程度与西方管理科学中的自组织机制有相通之处。可见，动机激励机制的有效实现，既依赖于自组织机制，也依赖于他组织下的动机激发、动机引导和动机强化。

1.自组织运行

依照自组织原理，一个开放的系统会自发地进行系统内外之间的物质、能量及信息的交换，从无序、低级走向有序、高级。很显然，教育改革的社会支持系统是一个开放的非平衡系统，其自身所具备的开放性、非平衡性就成为驱动其自组织转化的强大动力，而这种动力是由系统自身的结构决定的，而非任何外力强加的。

2.他组织激发

基于自组织运行的动力激发比较耗时、低效，且受制于系统内外多种因素，因此，教育改革社会运行系统的动机激励机制不能完全依赖于自组织，而是还必须通过他组织，即通过外力的介入实现动机激发、动机引导和动机强化。

---

① 郝英奇：《管理系统动力机制研究》，天津大学管理学院博士学位论文，2006年，第47—54页。

动机激发。任何系统在开展任何行动时都是有动机激励这一前提条件的。在教育改革的社会支持系统中，政府、民间及政府—民间这三大不同的子系统主体都有其各自的利益偏好，其利益偏好可能与整个系统的偏好相一致，也可能相偏离，这就需要子系统主体进行动机调节，将其子系统的利益偏好调整到整个系统的偏好上来。

动机引导。当通过各种举措使子系统的动机与整体系统保持一致后，还要通过正面的动机选择与反面的动机纠错来引导动机的执行。子系统动机维系的难度取决于子系统的目标与系统目标之间的距离，距离越大，表明子系统与系统动机相容度越小，子系统偏离系统目标的离心力越大。

动机强化。动机的强化可通过目标强化、过程强化、效果强化三步骤进行。所谓目标强化就是要形成各子系统对整体目标的认同与悦纳，使整体目标转化为各子系统的目标；所谓过程强化，就是要通过诸如教育决策的集体选择、舆论动员与共识营造、子系统利益最大化、减少摩擦力等方式来达成；所谓效果强化，就是让各子系统享受到精诚合作带来的改革红利，从而通过红利再来反馈动机的激发。

（二）权力制衡机制

有了子系统与系统间的目标一致与动机一致，教育改革社会支持系统的运行只是具备了初始条件，要想使社会支持系统实现预期目标，权力制衡机制才是重要的硬约束。权力制衡机制，是为保障系统的结构良好、功能高效、关系和谐而采取的权力制约方式，包括两种方式："以权力制约权力"和"以社会制约权力"。这里的"权力"包括两层含义：一是系统层面的权力，如系统的控制权，子系统的统筹权、监督权和评估权；二是要素层面的权力，如决策权、参与权、投入权等。

1. 以权力制约权力

在教育改革的社会支持系统中，以权力制约权力，意味着一方面要用政府支持子系统的统筹权、决策权制约民间支持系统的监督权和参与权，并制约政府—民间支持系统的评估权、投入权；另一方面也要用民间支持系统的监督权和政府—民间支持系统的评估权对政府支持系统的权力运作形成制约。此外，民间支持系统与政府—民间支持系统之间既需要形成监督权、评估权的相互制约，更需要形成两种权力的结盟，从而更好地制衡政府支持系统对民间支持系统和政府—民间支持系统的权力入侵。

以权力制约权力的实现方式，既可能是显性的，以公开竞争的方式进行，更可能是隐性的，以资本博弈的方式展开。但无论哪种方式，其过程都是充满冲突色彩的，有时权力间的过度博弈甚至会弱化权力的效用，造成权力的异化。

2. 以社会制约权力[①]

在教育改革的社会支持系统中，政府支持系统权力的过分扩张恰恰需要民间支持系统与政府—民间支持系统联手组建一个更为宽泛的公民社会，通过社会文化、公众舆论、新闻媒介、利益集团、公民个体等社会力量来对政府权力进行监督和制约。

与以权力制约权力的冲突色彩不同，以社会制约权力则充满温情与民主的格调，它力图通过社会舆论的发酵，形成一种倒逼政府自觉自我约束的力量。而目前最为关键的是，要尽快形成一个能够在舆论上倒逼政府的公民社会，也许，网络社会的崛起是一个可资依托的路径。

（三）利益协调机制

在教育改革社会支持系统的运行过程中，自始至终都会存在着多重利益冲突，解决利益冲突问题需要建立与完善利益平衡机制。所谓利益协调机制，是指为了化解系统内的各种利益冲突，增进系统内利益表达的畅通程度和利益冲突的协调状况，而建立的用于平衡子系统之间的结构、功能和关系的各种制度。

1. 畅通系统内利益表达

应该说，我国当下社会中利益主体的觉醒程度、利益诉求的多元程度都前所未有。因此，对于以往社会治理中的高墙意识、封闭效应、围堵策略等

---

① 　这里的权力特指"政府权力"，以区别于"以权力制约权力"中的广义权力，即既包括政府权力，也包括民间支持系统、政府—民间支持系统的权力。

等，都需要不断作出调整，众声喧哗、透明公开将不得不成为公共治理的新常态。为此，政府需要建立起有利于公众自由表达的各种制度，诸如利益表达的各种机会、利益表达的多样化渠道、利益表达的制度保障、利益表达的及时反馈等。

利益主体的利益诉求、利益冲突并非洪水猛兽，表达的通畅和利益的调节恰是一个健康社会必需的安全阀。教育改革社会支持系统的运行逻辑也是如此。

2.缓解系统内利益冲突

在当下教育改革中，宏观层面的价值规范日益遭遇挑战，譬如，文化价值、公共权威、分工互赖和自我组织化社会[①]等。当价值规范日益多歧时，社会冲突便会不断升温，教育改革遭遇的阻力也会不断增大，此时，倘若只是给予利益主体充分表达的机会与渠道还不足以凝聚共识，还需要进一步实行利益保护上的弱势优先、利益博弈中的平等竞争和利益补偿时的机会均等。

具体而言，有必要建立如下四个制度来缓解冲突，即利益冲突的预防制度、利益获取的规范制度、利益受损时的法律援助制度、利益补偿制度。

（四）协同治理机制

所谓协同治理机制，是指在教育改革社会支持系统运行中，努力克服协同惰性，创造协同引擎，制造协同优势，以实现政府支持、民间支持、政府—民间支持这三个子系统之间从微观的要素协同，到中观的关系协同，再到宏观的整体协同的螺旋递升、共生共长的运行机制。

1.增强领导力，克服协同惰性

在教育改革社会支持系统内，三个子系统间在权力／资源的不平等、协同动机、协同效果方面总是会出现这样那样的问题，这些问题通常也就成为子系统间协同惰性产生的根源。[②]要克服系统间的协同惰性，必须不断增强

---

① 张静:《长治久安须建立灵活协调利益机制》,《南方周末》2010 年 8 月 12 日, http://www.infzm.com/content/48853。

② Huxham Chris and S Vangen (2005). Managing to Collaborate: the theory and practice of collaborative advantage. Routledge. Abingdon, p. xi.

在系统协同过程中起关键作用的领导者的领导力。这些领导者可以来自政府系统，也可以来自社会组织。一些成功经验表明，在促成协同行为的起始阶段，当协同参与方比较多且各方之间存在比较明显的利益冲突时，政府官员更可能成为起决定性作用的领导者。[①]

但无论是政府支持系统的主体充当领导者，还是民间支持系统、政府—民间支持系统的主体扮演领导者角色，他们的领导方式都必须是"催化式领导"。所谓"催化式领导"，是指不以压制的方式行使权力，而是更多地采用动员、激励、引导的方式。即，此时的领导者不是指挥其他人走向一个特定的方向，而是通过各种方式来服务利益相关方，譬如，促进相互适应、构建关联意识、强调交流沟通和促使各方保持协同的心态等。[②]

2. 多中心治理，生发协同引擎

催化式的领导力实际上只有在多中心治理思想的指导下才能实现。协同治理本身诉求的便是平权意义上的合作。因此，针对不同的改革内容，社会支持系统的治理权会形成不同的主体结构，有时政府发挥更大的作用，有时社会组织或第三方发挥更大的作用。但无论哪类系统主体发挥的作用更大，都必须在实际运作过程中联合其他系统主体，通过积极的倾听、反复的协调、博弈下的妥协来达成权力共享与责任共担，实现系统的共同目标。

因此，多中心治理也好，催化式领导也好，都必须有一定的动力来源，即需要有协同引擎来抵御、化解协同治理过程中必然会出现的各种阻抗、冲突及由此而产生的协同惰性。有研究者认为，所谓协同引擎指的是协同行为的助动力，包括有效参与、思想共识和协同能力三个因素。[③]

3. 层级化运作，提升协同水平

---

① 田培杰：《协同治理：理论框架与分析模型》，上海交通大学国际与公共事务学院博士学位论文，2013年，第108页。

② Fung，A. and Wright, E. O. eds.（2003）.Deepening Democracy.Institutional Innovations in Empowered Participatory Governance, London：Verso，p.282.

③ 田培杰：《协同治理：理论框架与分析模型》，上海交通大学国际与公共事务学院博士学位论文，2013年，第101页。

在协同引擎被激发出来后，系统间的协同治理并不会立即进入有序状态，而是要经历一个层级化运作过程。所谓层级化运作是指在各系统主体在参与系统运作、发挥系统领导力的过程中所表现出来的，经由主导式协同、混合式协同到合作式协同[①]的层级化状态。

主导式协同一般出现在协同治理的初级阶段，即：由某一系统主体在系统协同中发挥主导性作用，这一主体通常是政府组织；混合式协同更多地存在于参与协同治理的三个子系统主体共同参与系统决策、推进系统运作的进程中，但此时系统主体间的合作还不够和谐，还只是混合式地参与，没有表现出分工基础上的合作；而合作式协同则通常发生在协同治理的高级阶段，此时，各系统主体间的协作既基于分工的不同、任务的不同，也基于能力的不同、权力的不同。

当系统主体间能基于专业分工、任务目标、领导力的高低而开展合作式协同时，系统间的协同优势便会自然而然地生成出来。[②] 而当协同优势所代表的协同的潜在协作利益被所有参与主体共识和认同时，主体间的协作意愿便会基于自觉，而不会迫于压力了。

二、三种不同模型的运行机制

除了上面所说的教育改革社会支持系统总体运行机制外，对于本章第二节提出的三种不同模型的社会支持系统来说，为了确保其功能最大化，还需要建立适用于本模型的特殊运行机制。

（一）"一体两翼"鱼骨模型的运行机制

由本章第二节的分析可知，"一体两翼"鱼骨模型适用于我国大多数教育改革的社会支持系统。然而，要想使这一模型的社会支持系统的应有功能得到充分发挥，还赖于建立与完善三种运行机制。

---

① 邵静野：《中国社会治理协同机制建设研究》，吉林大学管理学院博士学位论文，2014年，第 101 页。

② Parise, S. and Casher, A. (2003) .Alliance portfolios：Designing and managing your network of business-partner relationships. Academy of Management Executive,17, pp.25-39.

1.结构平衡机制

所谓结构平衡机制，是保障政府支持子系统、民间支持子系统、政府—民间支持子系统三者间在静力结构与动力结构、权力结构与利益结构等方面达至平衡的体制与制度。其实现依赖于以下三个方面：

（1）从细节管控到宏观调控

在全能型政府时期，政府不仅在经济、政治上事无巨细，而且，在教育生活中也层层把关，使得教育改革过度依赖政府，教育自身的自主权、民间社会投入教育的热情、政府—民间系统对教育的关切等，都被限制在政府的可控范围内。这种细节管控式的政府—教育关系，不仅使得教育改革举步维艰，也导致政府自身不堪重负。

服务型政府理念的提出，使得政府得以重新思考自己与各种社会事务，尤其是与教育的关系，政府更多地从对教育的直接管理转变为间接管理、从微观管理转变为宏观管理。并且，即便是政府调控，也常常和对于民间社会系统、政府—民间社会系统的激发相结合，综合运用计划、法规、政策、道德等手段履行其教育管理职能。

（2）培育民间社会

政府职能的重新定位有助于政府更好地处理其与民间社会的关系。当前的政府和民间的关系格局表明，政府正在尝试通过简政放权、扩大市场、培育专业性社会组织等，逐渐地向民间释放出或大或小的活动空间，使得民间社会能够运用自身的优势倒逼政府的决策行为。

目前，在各种教育改革中借由主流媒体、都市媒体、社交媒体所不断沸腾的公众舆论，正以各种方式倒逼着政府出台更理性、更公平的教育改革方案。譬如，2008—2010年高度沸腾的民意迫使政府将学前教育纳入国家中长期教育改革和发展规划纲要中。再譬如，当下各地出台的小学、初中阶段划片入学制度的落地，也是社会民众对教育公平、均衡的长期舆论倒逼的结果。

（3）创造政府—民间发展空间

政府—民间支持子系统，是一种既不受政府干扰，也不受民间诱导的中立系统，具有独立与中立的色彩。正是由于其独立和中立，其作为政府与民间之间的第三方作用才会突显。随着我国政府改革的不断深化，政府—民间组织在逐渐增加。政府—民间支持系统的萌芽、形成及发展，不仅可以在政府与民间之间架起桥梁，使得政府与民间的对话、协调更可能发生，也可以使政府与民间之间形成缓冲地带，有利于社会矛盾的化解。

作为"一体两翼"鱼骨模型中的重要"一翼"，政府—民间支持子系统至少要具备与民间社会同样宏阔的社会基础、同样有力的社会支持，否则，两翼的对称效果就会丧失，也会危及"体"与"翼"之间的结构性平衡。从这个意义上看，政府不仅要培育民间社会，也要以同样的力度培育与壮大政府—民间社会，使其成为结构平衡的支点。

2. 关系凝聚机制

在教育改革中，"一体两翼"鱼骨模型能否成功运作，发挥其预期功能，除了结构平衡机制外，还需要建立起关系凝聚机制，在三个子系统之间形成向心力，防止离心力。

（1）最大化向心力

向心力是一种协同内聚的倾向性，其实现依赖于三个条件：前提条件、基本条件与核心条件。从前提条件来看，构成"一体两翼"鱼骨模型的三个子系统要能和平共处，求同存异，三个子系统间不存在太多分歧因素，或者即便存在分歧因素也可以通过子系统间的自组织交往加以化解；从基本条件来看，三个子系统间则需要有在立场一致基础上的专业分工、功能互补，以使三个子系统间建立起涂尔干意义上的"有机团结"，舍弃"机械团结"[①]式的强制思维，舍弃行政管控式的"拉郎配"，使三个子系统间的协同建立在相互需要的基础上；从核心条件来看，三个子系统间要建立基于专业分工的相互依赖，基于专业平权的相互扶持，最终形成子系统间的凝聚状态。

---

① "机械团结"与"有机团结"是法国社会学家涂尔干描述当时法国社会维系方式的一对概念。"机械团结"的社会，即传统社会，靠成员们高度的一致性、共同的归属感来维系；"有机团结"的社会，即近代的分工制社会。成员间的差异日益增加，但通过分工合作相互连接在一起。详见涂尔干《社会分工论》，渠东译，生活·读书·新知三联书店 2000 年版，第 97 页。

（2）最小化离心力

鱼骨模型的离心力主要来自子系统间的摩擦力，而子系统间的摩擦力又主要缘于结构性摩擦与制度性摩擦。其中，结构性摩擦来自结构不对称，或结构的互补性差。制度性摩擦来自系统间权力、利益与责任的不对等。两类摩擦既存在于三个子系统的两两互动中，也存在于整体鱼骨模型中。其中，政府支持子系统与民间支持子系统、政府—民间支持子系统间的摩擦较大，而民间支持子系统与政府—民间支持子系统间的摩擦较小。

3.功能协调机制

功能协调既是"一体两翼"鱼骨模型的运作前提，也是其运作效果。功能协调是一个系谱化的表现状态，存在着基本协调、比较协调、协调三个阶段。从基本协调到比较协调直至协调的发展阶段表明，功能协调化的核心动力来自三个子系统间的不断的功能互补和功能调节。但是，在不同类型的教育改革中，或者在同一类型教育改革的不同阶段，功能协调并非只有一种结构状态，而是至少存在着三种状态、三种类型。

譬如，在学前教育改革初期，政府支持子系统的功能边界应该最大化，政府需要进行宏观规划、政策统筹、财政支持，民间支持子系统、政府—民间支持子系统则更多地发挥辅助功能，如营造社会舆论、鼓励公众参与决策听证、进行社区宣传等。这样一种政府强、民间次弱、政府—民间弱的结构状态是教育改革初期的功能协调类型。但随着改革的进程，政府支持子系统的力量与功能范围则要有一定的收缩，民间支持子系统的参与要进一步加强，而政府—民间支持系统的功能要不断放大，尤其是社会投入规模的扩大、人才市场的支持等。这就会形成一种政府次强、民间次强、政府—民间次弱的结构状态，但这一结构状态能很好地实现功能协调。在教育改革的评估阶段，政府支持子系统则要进一步退出，民间支持子系统的功能要最大化发挥，充分发挥民间组织、社会舆论和第三方的监督功能，政府—民间支持系统则须保持其基本功能，从而形成政府次强、民间强、政府—民间次弱的结构状态，这种状态同样也能保持功能协调的良好状态。不同教育改革时段的具体功能结构类型见表12-8。

表 12-8   不同改革时段三个子系统的功能结构类型

时段	功能结构类型	政府支持子系统	民间支持子系统	政府—民间支持子系统
改革前期	强/次弱/弱	强	次弱	弱
改革中期	次强/次强/次弱	次强	次强	次弱
改革后期	次强/强/次弱	次强	强	次弱

教育改革的大量事实证明，"一体两翼"鱼骨模型的社会支持系统在中国具有广泛的适应性，能对多种类型的教育改革产生良好的支持效果。"一体两翼"的核心便在于处理好政府支持子系统与民间支持子系统、政府—民间支持子系统之间的两两关系，尤其是政府自身要转变自身的职能范畴，在该发力的地方发力，在该收手的地方收手，为民间支持子系统、政府—民间支持子系统的发展和参与创造各种条件，形成三个子系统间的结构共振、功能互补和弹性调节机制。

（二）"三足鼎立"圆锥模型的运行机制

从"三足鼎立"圆锥模型社会支持系统的特殊性来看，其功能最大化的运行机制包括自组织机制、博弈制衡机制和向心内聚机制。

1. 自组织机制

第二节中业已指出，自组织的核心是系统在内在机制的驱动下，自行从简单到复杂、从粗糙到精致、从无序到有序，不断地提高自身的复杂度、精细度和有序度，从而形成势均力敌的结构的过程。根据系统论的观点，自组织机制正常运作依赖于以下三个条件：

一是保持三个子系统的开放边界。系统自组织的前提条件是系统自身必须是开放的、非平衡态的。[①] 在教育改革过程中，政府支持系统、民间支持系统和政府—民间支持系统任何一方都不能独自发挥支持作用，它们相互依赖、相互借力，在有限的专业分工范围内发挥各自的支持性功能。三个子系

---

① ［德］赫尔曼·哈肯：《协同学：大自然构成的奥秘》，凌复华、刘欢译，上海译文出版社 2013 年版，第 25 页。

统间的边界开放、互通有无既有助于各自系统内的功能完善，也有助于系统间的功能协同。

二是阻断任何一方主宰全局的机会。"三足鼎立"圆锥模型中的三个子系统必须是地位平等的。从逻辑来看，"三足鼎立"本身便意味着三者间的均衡，不均衡便无法鼎立；从现实来看，政府支持子系统、民间支持子系统和政府—民间支持子系统在民办教育改革、终身教育改革中必须保持均衡态势，任何一方支持过多都会导致其他两方的减弱，形成一种倾斜的状态。

三是制造一个有序且均势的三方结构。在自组织理论中，结构性失衡是常态，正是由于失衡的存在，系统才需要经由自组织协同达到新的平衡。譬如，在临界点处，系统中有几个序参量[①]同时存在，每个序参量都企图独立主宰系统，但由于势均力敌，序参量之间便自动形成妥协，合作起来协同一致控制系统。这时，系统的宏观结构由几个序参量共同来决定。但随着外界控制变量的继续变化，处于合作中的若干序参量的地位也在发生变化，序参量之间的竞争日趋激烈。一旦控制参量达到一个新的阈值，就会导致只有一个序参量单独主宰系统的格局。若从子系统之间的协同运动来看，这实际上达到了更高一级的协同，是更高一层的有序。但若从"三足鼎立"圆锥模型的运行需要来看，子系统之间的结构失衡必须尽快被恢复，否则模型功效便无法发挥。

2. 博弈制衡机制

博弈论[②]认为，一个完整的博弈应当包括五个要素：博弈者、博弈信息、策略的集合、博弈的次序、博弈的收益。博弈制衡机制的运行逻辑便是基于这五个要素，通过博弈实现制衡和均势，其有效运作依赖于由此及彼的四个环节：信息公开、规则公平、制度理性、结果均衡。

建立信息公开制度。信息是博弈论中的重要内容，也是博弈者能否实现

---

① 序参量是苏联著名理论物理学家朗道在研究平衡相变时首先提出来的，是针对系统相变后和相变前相比出现的宏观上的物理性能或结构而言的，是描述系统有序程度的物理参量。

② [美]齐格弗里德：《纳什均衡与博弈论》，洪雷等译，化学工业出版社 2011 年版，序言。

博弈收益的重要前提。从知识拥有程度来看，博弈分为完全信息博弈和不完全信息博弈。完全信息博弈指博弈者对所有参与者的特征、策略空间及策略组合下的支付有完全的了解，譬如，参与者的权力资本、运作逻辑、行为偏好等，否则是不完全信息博弈。

制定公平博弈规则。博弈分为合作性博弈和非合作性博弈。合作性博弈是指参与者从自己的利益出发与其他参与者谈判达成协议或形成联盟，其结果对联盟方均有利；而非合作性博弈是指参与者在行动选择时无法达成约束性的协议。① 教育改革中的多方博弈属于合作性博弈，它建立在专业分工与交换的基础上，不存在"囚徒困境"② 或"公地悲剧"③ 中的对抗性色彩。但合作性博弈也需要参与博弈的各方制定约束性的协议与严密精细的规则，以便采取集体行动，防范不必要的权力争夺与潜规则运作，减少内耗。

遵循理性思维与制度逻辑。围绕教育改革展开的三个子系统间的博弈属于合作性博弈，参与博弈的各个子系统都必须具有博弈理性与博弈能力，其博弈行动的展开与博弈策略的选择也必须遵循制度逻辑。所谓博弈理性，是指在参与教育改革的过程中，三个子系统充分认识自身及对方的优势与不

① 梁莹：《社区论坛：一种非均衡的博弈——以长三角地区三城市调查为例》，《社会科学》2012年第6期。
② "囚徒困境"是1950年美国兰德公司提出的博弈论模型。两个共谋犯罪的人被关入监狱，不能互相沟通情况。如果两个人都不揭发对方，则由于证据不确定，每个人都坐牢一年；若一人揭发，而另一人沉默，则揭发者因为立功而立即获释，沉默者因不合作而入狱五年；若互相揭发，则因证据确实，二者都判刑两年。由于囚徒无法信任对方，因此倾向于互相揭发，而不是同守沉默。囚徒困境是博弈论的非零和博弈中具代表性的例子，反映个人最佳选择并非团体最佳选择。
③ "公地悲剧"由英国学者哈丁（Hardin）提出。1968年，哈丁在《科学》杂志上发表了一篇题为《公地的悲剧》，他在《公地的悲剧》中设置了这样一个场景：一群牧民一同在一块公共草场放牧。一个牧民想多养一只羊增加个人收益，虽然他明知草场上羊的数量已经太多了，再增加羊的数目，将使草场的质量下降。牧民将如何取舍？如果每人都从自己私利出发，肯定会选择多养羊获取收益，因为草场退化的代价由大家负担。每一位牧民都如此思考时，"公地悲剧"就上演了——草场持续退化，直至无法养羊，最终导致所有牧民破产。"公地悲剧"的发生，人性的自私或不足只是一个必要的条件，而公产缺乏严格而有效的监管是另一个必要条件。所以，"公地悲剧"并非绝对地不可避免。

足，选择适宜的行动策略，采用恰当的行动顺序，追求系统利益的实现和教育改革效益的最大化；所谓博弈能力，是指支持博弈方在博弈过程中胜出的各种能力综合，如运筹帷幄能力、信息获取能力、策略运用能力、变通能力等。

在动态竞争中实现制衡。我国是非典型的法治国家。在社会生活中，人治逻辑、关系逻辑、情感逻辑还大有市场，制度逻辑、理性思维、规则运作还亟待完善。而且，至关重要的是，我国当下的政府还相对强势，其对规则的制定、制度的设计拥有绝对的优先权，民间社会和第三方机构还处于生长状态，需要不断发展起能与政府抗衡的各种能力，在动态竞争中实现制衡。

3. 向心内聚机制

在"三足鼎立"圆锥模型中，三个子系统仿佛三颗在同一轨道上运行的行星，既自转，也公转。自转受力于自组织机制的作用，其核心不仅在于不断增进系统内的从无序到有序的转化，也在于不断加入到系统间的从无序到有序的转化过程；公转则受力于系统自组织影响下的向心内聚机制，产生一种类似地球万有引力的向心效应。具体来说，向心内聚机制的良好运作依赖于三个条件：

子系统间弱结构的形成。从某种意义来看，三个子系统间向心内聚效应的实现是建立在系统自组织基础上的。作为三个各具功能和特点的子系统，在推动并支持教育改革的过程中，不仅在自组织运行、博弈制衡的基础上形成三足鼎立之势，而且，三者之间还要基于专业分工形成合作互补关系，从政府的统筹、民间的舆论、第三方的参与等方面来助力教育改革，形成既分又合，既独立又沟通的交错状态。

子系统间双重向心力的产生。与"一体两翼"鱼骨模型和"三环交叉"联动模型中三个子系统间的强联结不同，"三足鼎立"圆锥模型子系统间的联结是"弱弱弱"的，三者在自组织运行的基础上会产生两种不同性质的向心力：一种是各子系统在做匀速轨道运动时所需要的向心力，是一种抽象的力的形象表达，通常与离心力相对；一种是系统间的情感状态与精神氛围，是一种引申意义的向心力。第一种向心力从物理层面反映了子系统间的凝聚系数，这种向心力可以测量、可以扩展，反映了各子系统用于克服离心力而付出的努力程度；第二种向心力从心理层面反映了各子系统间的认同状态，它可以通过系统成员的共同行为准则和价值观念，譬如哲学信仰、道德境界、精神风尚等来间接反映。

子系统间功能内聚的实现。无论是子系统间弱结构的形成，还是双重向心力的产生，其目的都只有一个，即达到子系统间功能内聚的实现，一种自组织合力的生成。要达到三个子系统间弱联结、混沌状态基础上的合力效果，子系统自身及子系统之间要有足够的行为调适。① 譬如，各子系统对系统内利益的适度放弃，对系统整体利益的合理诉求；各子系统对自身运行方式、运行特点的调适，以适应三足鼎立之势和向心内聚之势的要求。

（三）"三环交叉"联动模型的运行机制

如果说"三足鼎立"圆锥模型的结构特征是"弱弱弱"，那么，"三环交叉"联动模型的结构特征则是"强强强"。同时，如果前者的结构是系统"自组织"形成的，那么，后者的结构则是"他组织"造就的。具体而言，"三环交叉"联动模型的运行机制包括以下三个方面：

1. 目标锁定机制

"锁定"原指"使固定""使不变"。在"三环交叉"联动模型运行过程中，特指模型的建构、运行、调适都围绕社会支持系统的运行目标和教育改革的最终目标来进行，具体包括确定目标、跟踪目标、校验目标三个方面。

确定目标。"三环交叉"联动模型有两个层面的目标：一是系统层面的目标，即实现对教育改革的支持到位、支持有效；二是教育改革层面的目标，即促进学生发展与推进教育公平。系统层面的目标与教育改革层面的目标不是互相割裂的，社会支持系统的支持到位、支持有效，其到位、有效的判定标准并非独立，而是关乎教育改革层面的目标；同样，教育改革层面目标的的判定也并非独立进行，而是限定在社会支持系统背景下。这意味着两

---

① ［美］詹姆斯·格雷克：《混沌：开创新科学》，张淑誉译，高等教育出版社 2014 年版，第 189 页。

个层面的目标要互相观照、互为因果。

跟踪目标。有了明确的目标，便有了教育改革行动的指南。接下来，要做的最重要的事便是跟踪目标，并采取各种措施保障目标的实现。譬如，首先，要创造各种条件、制定多种政策、开展配套改革，以保障教育改革设定的目标得以实现；其次，要预知改革进程中的各种风险，扫清可能遇到的障碍，进行各种必要的社会动员；最后，要定期反省改革的进程，对教育改革是否在路上进行阶段性评估，适度调整教育改革的进程、路径与方法。

校验目标。在目标跟踪过程中，一旦发现偏离现象，要提高警觉，查明事实，及时调整，防止渐行渐远，乃至南辕北辙。子目标的调整并非轻易进行，更非依赖于个人决策，它需要召开听证、广集民智、博采众声，最大限度地论证利弊，通过集体决策的方式使目标的调整更具理性、更合乎公意。目标的制定与调整是一件极其严肃的事，它不仅关乎价值，也直接影响改革的方向、路径、后果。

2.边界联通机制

如何才能将各自发力的三环、两两联通的三环、交叉聚合的三环的结构功能最大化，其核心的机制在于以下三方面：

建立子系统间的弹性边界。在一个动态社会中，任何个体、组织、系统都不可能完全是一个封闭状态，彼此开放是基本的选择，也是自组织生存的基本需要。但彼此间的开放又不是绝对的，不是放弃各自的特性与功能完全变成另一个东西，而是要保全各自的核心特征和核心功能，将边缘地带、拓展地带向外界开放。

创生子系统间的边缘地带。边缘地带从哪儿来，可能的路径无非两个：一是无中生有，即创生一些既不属于政府支持子系统，也不属于民间支持系统、政府—民间支持系统的灰色区域，譬如，类似经济特区、自贸区、改革试点区的"教育特区"或"教育试验区"；二是有中生有，即在政府支持系统、民间支持系统、政府—民间支持系统的原有基础上进行创生。譬如，我国义务教育改革中催生的"校中校"，学前教育改革中推广的普惠性民办园，包括美国的特许学校，法国的教育优先区等，这些都是有中生有的产物，也都是现有体制模糊表达、混合交叉的结果。

这些边缘创生的结果或被证明是可行的、值得推广的，或被鉴定为社会不公平的催化剂。在教育改革社会支持系统"三环交叉"联动模型的运行中，边界的联通及边缘地带的创生首先要注意避免不合法和不公平，保证制度创新的积极正能量。

促进子系统间的边缘协作。任何一个系统都包括中心地带和边缘地带两个部分，其中，核心地带突显的是基本职能，边缘地带实现的是拓展职能。在教育改革的社会支持系统中，政府支持系统、民间支持系统和政府—民间支持系统其基本职能分别是施政、督政，两者处于职能对立状态，而只有在边缘地带，政府支持系统、民间支持系统和政府—民间支持系统的拓展职能才可能保持一致，实现相互扶持、相互协作。

3. 能量聚合机制

"三环交叉"联动模型最大的特点是在三个子系统不断辐合交叉的基础上形成联动效应。这意味着三个子系统既要在中心地带、核心功能的基础上产生无与伦比的能量聚合，克服各种各样的阻挠障碍，合力推动教育改革的进行，也要在边缘地带、拓展功能上产生排山倒海的能量聚合，生成一股支持教育改革的新锐能量。

强化核心功能区的能量汇合。对于"三环交叉"联动模型而言，其核心功能来自政府支持系统、民间支持系统、政府—民间支持系统三个子系统核心功能的聚合，即"1+1+1>3"。那么，如何才能做到"1+1+1>3"，其关键也许取决于以下三个方面：第一，充分甄别三个子系统的核心功能，将其与辅助功能、拓展功能区别开来；第二，寻找三个子系统核心功能中功能一致或功能互补之处，舍弃或弱化功能不一致或相互冲突之处；第三，创造条件促进子系统间充分的沟通交往，推动核心功能区能量聚合效应的发生。

推进边缘功能区的能量生长。如果说系统功能包括核心功能和边缘功能，那么，成功的教育改革绝不能仅仅依赖于核心功能区的能量聚合，还需要充分创生边缘功能区的能量生长。与核心功能的相对静止、固定不同，边缘功能具有变动不居的弹性色彩，可扩张，也可收缩。因为边缘地带的边界模糊性，边缘功能的模糊性色彩也非常强烈，这就特别需要捕捉边缘地带发展变化的特点，催生边缘功能的生长壮大。可行的策略也许有两个：第一，对政府支持系统现有边缘职能做加法；第二，对民间支持系统、政府—民间支持系统的核心职能做减法。然后，在加法与减法之间找到可能的生长点。相比无中生有的高难度、高创新，有中生有式的边缘创生要容易得多。

推进系统功能的聚合效应。核心功能区的能量汇合、边缘功能区的能量生长，都为系统功能的完善创造了条件。然而，系统功能作为核心功能和边缘功能的复合体，有时也会在核心功能区的能量汇合、边缘功能区的能量生长中遭遇挫折。因为，在现实教育改革中，核心功能区与边缘功能区的发展会遭遇此消彼长的状态，即政府支持系统边缘功能的生长有时会导致民间支持系统、政府—民间支持系统核心功能的消解。因此，在促进政府支持系统边缘功能生长的过程中，要严格控制其速度和方向，防止其边缘功能的生长对民间支持系统、政府—民间支持系统造成新一轮挤压。因此，促进系统功能聚合效应的实现，其核心还是回到各司其职上来，政府的归政府、民间的归民间、政府—民间的归政府—民间，这样，社会支持系统的系统功能才能在和而不同的基础上实现天下大同与美美与共。

第四节　教育改革社会支持系统的条件保障

教育改革社会支持系统涉及三大板块十个要素，各种关系错综复杂。对于这样一个复杂社会系统的运行来说，一套结构良好、功能健全、措施有力的保障系统必不可少。就我国当下社会境况来看，这套保障系统至少应包括一些基本的组织机构、必要的制度规则及必需的平台建制。在这些组织、制度、平台中，官方与非官方的性质、正式与非正式的方式、长期与短期的筹划应兼容并存，共同筑建起教育改革社会支持系统的社会防护网。

一、社会支持系统的组织保障

作为一个功能系统，教育改革的社会支持系统需要有一系列组织依托，包括多元的组织架构、复杂的组织关系和有效的组织运作。来自政府的、民间的及政府—民间的不同组织便是教育改革社会支持系统的基本细胞，它们彼此之间的互动合作将形成特定的组织结构和组织关系，并由此而产生相应的组织运作模式。

（一）组织保障的构成

在当下日益多元的社会里，教育改革社会支持系统的组织基础也应当是多元的。主要体现在两个方面。一是组织主体的多元性。即，既有来自官方的组织，如政府各个部门、人大、政协中有关教育改革的各种机构；也有来自民间社会的自治组织，如学术团体、行业协会、基金会中有关教育改革的相关组织；还有来自介于政府与民间之间的，如人才市场、社区中有关教育改革的一些组织或机构。二是组织结构的多元性。即，建立在多元主体的专业分工、业务范围、任务目标、协调程度基础上的组织关系也是多元的。组织结构的多元性可以说是组织主体多元性的反映和结果。

1. 教育改革和发展领导小组：教育改革的决策机构

在教育改革社会支持系统中，政府支持子系统的主体是各级政府及其职能部门。鉴于政府机构自身的复杂性、层级的垂直性和职能的多样性，若想政府支持子系统更好地发挥支持教育改革的作用，就必须建立起能够协调政府各级各类部门且专门服务于教育改革的统筹机构。譬如，在推进《教育规划纲要（2010—2020）》的过程中，从中央到地方都建立起了教育改革和发展领导小组，专门讨论决定教育改革的各种重大问题，成为教育改革的核心决策机构。

从功能的角度来看，教育改革发展和领导小组是在政府现有机构基础上对于同教育改革相关的职能部门进行的一种功能整合，目的在于以更快捷更高效的方式服务于教育改革的各项决策。这样的教育改革和发展领导小组虽非政府的正式机构，也不是政府的一种实体，但却是政府治理的一种特殊运作机制，它通过对与教育改革和发展相关的各个职能部门进行功能统筹协调而实施决策领导。

2. 民间社会自治组织：教育改革的咨询机构

教育改革事关所有受教育者及其家庭，也涉及地方乃至国家的利益。建立教育改革和发展领导小组，虽然可以实现从个人决策到组织决策的转变，但任何教育改革的成功都离不开最广泛的民意基础。因此，教育改革还应当体现托克维尔主张的"以社会制约权力"[①]的思想。这就需要培育一个强大的民间社会，催生与发展具有话语权的一系列社会自治组织，发挥其积极的咨询功能。在现阶段，教育改和发展的咨询机构可以包括学术团体、行业协会、基金会三大类。其中，学术团体、行业协会发挥的是民间智库的作用，基金会发挥的民间银行的功能。

（1）学术团体

在民间社会自治组织中，面广量大、且相对不受限制的是各种学术团体。目前，我国的大多数学术团体都是以从事科学研究，推动科学技术发展为目的的组织，是以知识的继承与创新为目标而进行合理的管理与协调的具有高度自主性的社会实体。随着科学研究的发展，我国数量繁多的学术团体的专业分化也越来越细致。这些学术团体中，有些本身就是专门的教育学术团体，有些则同教育领域有着密切关联。

学术团体的学科多样性、人员构成的专业性，是其为政府的教育改革科学决策提供调查报告、研究报告、咨询建议的智慧基础。不少专家都会依托学术团体为教育改革建言献策。尤其是在个体发声比较困难的情况下，学术团体更是会成为专家介入教育改革的重要后盾。

（2）行业协会

行业协会是指介于政府与个人之间，并为双方提供咨询、沟通、监督、协调的公正、自律的社会中介组织，具有自治性、专业性和中介性特点。作为政府与个体之间的中介组织，行业协会以组织化、群体化的形

---

① ［法］托克维尔：《论美国的民主》，董果良译，商务印书馆1988年版，第67页。

式，把个体力量凝聚起来，有组织地抵制那些不合理或不合法的规则，促进由个人抗衡向团体制衡权力的转向，从而有效制约并保障公权力的良性运作。

行业协会之所以能发挥团体制衡效应，关键在于行业协会能够通过组织所拥有的各种资源、专业技能和专门知识，为公民提供一种特殊的、有效的政治生活的表达途径，为抵御对于个体的非正当干预提供一个缓冲地带。因此，从某种意义上来说，行业协会可以代表所属群体的利益和诉求去影响公共决策，反映民主呼声和监督制约公权力。

在托克维尔看来，行业协会是抗衡政权机构的"堤坝"和监督权力的社会的独立之眼。而在我国当下，相对于学术团体而言，行业协会的数量并不很多，国家对行业协会的限制也远远高于学术团体。目前，在教育领域，比较有影响的行业协会包括中国教育协会、中国教育装备行业协会、中国民办教育协会、中国职业教育协会、中国教育家协会等。这些行业协会可以在一定程度上为民间参与教育改革、影响政府相关科学决策提供组织保障。

（3）基金会

基金会，是指利用自然人、法人或者其他组织捐赠的财产，以从事公益事业为目的，按照规定成立的非营利性法人。[1] 作为一种基本的社会组织和制度形态，基金会不同于政府、企业，也有别于一般的非营利组织，公益性、非营利性、非政府性和基金信托性是基金会的基本特征。

1981 年，我国第一家基金会成立，最初大多与政府有千丝万缕的联系。之后，随着社会发展和政府政策的变化，基金会也获得了长足的发展，数量日渐增多。目前，在教育领域，比较有影响的基金会有中国教育发展基金会、中国教师发展基金会、中国儿童少年基金会、陶行知教育基金会、霍英东教育基金会等。相比国际上的基金会，我国的基金会不仅数量少，而且较少具有慈善捐赠色彩。

---

[1]　黄胜利：《中国教育公益组织发展现状及趋势》，二十一世纪教育研究院内部报告，2015 年，第 3 页。

3.非政府组织与第三方：教育改革的监督机构

教育改革不仅需要决策机构、咨询机构，也需要监督与问责机构。在我国迄今的各项改革中，常常是政策出台多，执行效果差。其主要原因，一方面缘于政府发布的信息本身不透明，导致人们对政策缺乏应有了解；另一方面则缘于民间社会力量发育不良、缺少参政途径。教育改革应当充分调动介于政府与民间之间的非政府组织与第三方，最大限度地发挥社会监督功能。

（1）非政府组织

所谓非政府组织，泛指那些独立于政府体系之外具有一定公共职能的社会组织。从约定俗成的意义来看，非政府组织并不包括企业等营利性组织，不包括家庭等亲缘性组织，也不包括政党、教会等政治性、宗教性组织。而且，相对于企业、家庭、政党和教会等社会组织来说，非政府组织往往更具有公共性、民主性、开放性和社会价值导向的特点。

目前，我国的非政府组织主要活跃在环境保护和扶贫开发两大领域，其中较为著名的环境保护非政府组织包括：自然之友、北京地球村、绿色家园志愿者等。在教育领域活跃的非政府组织多为国际性组织，譬如爱德教育基金会、联合国儿童基金会。国内教育类非政府组织中较有影响力的有"西部阳光""二十一世纪教育研究院"、广东省担当者行动教育发展中心。其中，"担当者行动教育发展中心"是一家致力于为中国乡村留守儿童和城市流动儿童提供高品质教育产品和服务的非营利性民间组织（NGO）。担当者行动通过"班班有个图书角""未来英才夏令营""阅读与成长讲座""阅读领航员教师成长计划""课外阅读活动中心"等五个互相支撑并形成一体的助学项目，长期、系统地扎根项目服务学校，为乡村孩子和打工子弟学校孩子提供全方位、多形式的课外阅读资源和阅读辅导课程，助力中国乡村孩子全面成长、实现自己的生命价值。

（2）第三方

所谓第三方是介于政府与民间之间的中立机构。在我国目前的教育改革中，发挥功能的第三方大多具有两种身份，一种是由政府机构裂变而来，一种是由民间组织转型而来。而无论其来自政府机构还是民间组织，第三方都应具有"中间人"的基本属性，保持中立，不偏不倚。

我国目前的各种评估机构多半来自政府内部，与政府之间有着千丝万缕的利益关联，几乎没有多少独立性。它们往往实际上代表政府来对政府自身进行评估，无法超越其作为政府下属机构的身份属性。因此，真正意义上的第三方评估与监督机构的诞生将有助于监督、问责效果的透明化。

（二）组织保障的运作

上述组织架构本身也得有良好的运行机制，否则再完善的组织架构也只是架构而已，不能充分发挥其支持功能。从教育改革的实践经验来看，强化伙伴关系、形成工作联盟，倡导集体决策、凝聚广泛民意，支持自主运作、实行弹性管理，是保障教育改革社会支持系统组织机构良好运行的重要机制。

1. 强化伙伴关系，形成工作联盟

对于公共治理事项，尤其是对于教育改革这样的公共治理事项而言，为了防止本位主义、视野狭隘和各自为政的治理局限①，不仅政府内部的治理要走向大部制或整体政府，而且也要逐渐打破组织与组织之间的边界，开展跨边界的组织联合，通过文化、动机及目标的整合，在教育改革的决策机构、咨询机构和监督机构之间形成工作联盟和伙伴关系。

之所以要促使决策机构、咨询机构与监督机构形成一种工作联盟，是因为只有形成工作联盟，才能更好地解决由不同机构之间的价值差异、特性差异及成员差异而可能带来的不吻应、不对接、不协调、不和谐等问题，确保顺畅有效的互动、互联、互通、互利。这种持续不断的工作磨合，也有助于性质不同的机构之间逐渐生成一种互赖互生的伙伴关系。

2. 倡导集体决策，凝聚广泛民意

公共治理视野下的决策机构、咨询机构与监督机构之间的关系必须是平等的伙伴关系，这可相应地保障各治理主体地充分地参与改革和发展进程，

---

① 曾维和：《当代西方"整体政府"改革：组织创新及方法》，《上海交通大学学报》（哲学社会科学版）2008 年第 5 期。

促使全能型政府治理格局下的政府一言堂状态得以根本转变。总体而言，在我国在当下的政府决策中，已经基本实现从个人决策到组织决策的机制转变，但公共治理中多元主体集体决策的机制尚未形成，迫切需要在上述工作联盟的基础上形成一种协商共治的制度，最大限度地扩大各种决策的民意基础。

如何才能在工作联盟的基础上形成集体决策的各项制度？基本思路可包括三个方面：第一，建立教育改革方案的公开征求意见制度，让各学术团体、民间协会、非政府组织能充分参与讨论，让民间教育改革方案与官方教育改革方案充分竞争；第二，建立教育改革方案的社会听证制度，对教育改革方案进行公开质询、辩论，让更多的普通大众有发声的机会与通道；第三，建立教育改革的全程协调制度，保证教育改革的任何的重大调整都能反映民众意愿、集中民众智慧，使教育改革的决策成为超越个人和纯粹公权力的一项活动。

3. 支持自主运作，实行弹性管理

在伙伴式的工作联盟中，与教育改革相关的学术团体、行业协会、非政府组织与第三方并不是与政府捆绑式地运行，而是各个组织机构基于自身的专业特点、分工方向自主运行。政府致力于联合其他民间机构开展科学决策，民间组织与非政府组织致力于在改革的全程中发挥教育参与、教育咨询、教育评估、教育监督的作用，每一方要在自主的基础上充分发挥自身的专业优势与组织优势。

在各个组织机构进行自主运作过程中，系统能够选择的只有弹性管理，充分尊重各个组织机构自身的运作特点，像社会第三方一样在不同的组织机构之间穿针引线，建立一种开放、畅通的利益表达和实现机制，激发组织与组织之间的纵向沟通与横向协调，利用行业内规则加强组织内自律自治，实现多元利益的冲突与整合。

与政府治理的刚性规则不同，社会组织内部与社会组织之间，基本上基于一种通过谈判、协商、妥协等方式形成的组织内秩序，即一种自生自发的自律秩序，一种相对于政府法治而言的"私序"。这种私序看起来没有约束力，但实际上可以约束组织成员的非理性集体行动，促进利益和权利诉求的理性化和程序化，达到弹性管理的目的。

二、社会支持系统的制度保障

有了组织保障还不能保证教育改革社会支持系统运作良好，还需要有制度保障和平台保障。

（一）制度类型

如同一般意义上的制度类型一样，作为教育改革社会支持系统之保障的制度也包括正式制度与非正式制度两大类型。

1.正式制度

教育改革社会支持系统的保障所需要的那些制度中，有些制度已经存在且已常规化运行，需要的是改革与调整；有些制度则尚未建立，有待创生。前者可称之为"已有正式制度"，后者可称之为"待创正式制度"。

（1）已有正式制度

与教育改革支持系统有关的已有正式制度很多，包括人事制度、分配制度、管理制度、投入制度、考核制度、领导制度、干部制度、升学制度、评价制度等等。显然，这一系列正式制度应当同教育改革相配套，应当有助于推动教育改革的进程。这意味着，当这些正式制度不能适应教育改革的需要时，就必须同时进行制度的配套改革，譬如，义务教育均衡化改革就需要同时配套进行人事制度、人口制度、经费投入制度、管理制度等相关制度的改革等。尤其是在教育改革进入"深水区"之后，任何重要的教育改革都牵一发而动全身，都需要相关制度进行配套改革，否则就不可能达到预期效果。

（2）待创正式制度

与教育改革支持系统有关的待创正式制度也很多，譬如，区域范围内政府间关于教育改革的会商制度，行业间关于教育改革的会商制度、政府部门间关于教育改革的联席会议制度、教育改革方案的社会征求意见制度、教育改革的社会听证制度、政府、企业、学校间关于教育改革的协商对话制度、教育改革问责制度等。有了这些制度的保障，改革的多元主体、多中心治理、利益的多中心协同、权力的制衡才有可能真正实现。因为，制度是行动的支撑，没有制度，就无法实现期待的行为转变，也就无法期望教育改革的成功。

2.非正式制度

非正式制度是人们在长期实践中无意识形成的，具有持久的生命力，并构成世代相传的文化的一部分，包括价值信念、伦理规范、风俗习惯及意识形态等因素。教育改革中的价值信念包括什么是好的教育，什么是推动学生可持续发展的好的教育改革，如何通过改造教育来改造社会等。教育改革中的伦理规范形式多样，包括人的规范，如作为学生、作为教师、作为家长的伦理规范；还包括作为关系的规范，譬如，师生关系、家校关系、教育与行政关系、改革与发展关系等。教育改革中的风俗习惯从古至今约定俗成的东西很多，譬如师教生学、师尊生卑、教室礼仪、服装规范等。教育改革中的意识形态更是挥之不去，如影随形。

相比于正式制度，非正式制度对人、对组织、对行为的约束更是隐性的、持久的、内在的，它更具韧性，有时也比正式制度更具激励效应。在教育改革社会支持系统的运作过程中，各系统主体要充分发挥非正式制度的约束与激励作用，推动教育改革走向成功。

（二）制度运作

制度之所以成为制度，是通过其执行力实现的。执行力使制度从文本层面升华出来，成为教育改革中人们身边不停发生作用的无形锁链，约束、指引着不同主体的行为。

1.完善制度组合

教育改革社会支持系统的制度保障是由一系列多元制度集群而成的，制度与制度之间有着复杂的联结结构与组合方式。不同的组合结构会形成不同的制度生态，产生不同的制度效应。在教育改革中，要针对改革内容的不同，选择不同的制度组合结构，达到不同的改革目标。但无论哪种类型的教育改革，制度间的组合结构是趋向于整合，而非趋向于分裂。因为，制度与制度之间的内在关联、有机整合、相互支撑、互为因果，可以保障改革全程的顺利进行，倘若制度与制度之间出现冲突、抵消、角力现象，改革一定也会遭受损失。

制度与制度的组合结构会在很大程度上制约改革的进行，制约社会支持系统的功能发挥，因此，围绕改革目标的制度变通是必不可少的选择。变通的一种方式是有选择地改变各类制度的比重及组合结构，从而改变制度安排的总体特性。有时，则是通过利用制度约束的空白点来调整制度结构以实现制度变通的目的。如我国中小学的校办企业和各种收费，私立学校的兴办等。①

2.确保制度嵌入

制度的运行既依赖于制度本身的合理性，也依赖于其嵌入制度环境的约束性。制度的合理性会随着社会变迁而变化，譬如，二元分割的户籍制度比较适应于静态社会，当社会越来越具流动性时，户籍制度就成为各种教育改革的绊脚石。制度又是一种嵌入性存在，它植根于它的时代背景和社会关系中。教育改革社会支持系统的各类保障制度不能脱离当下的宏观体制、微观制度，也不能脱离各种非正式制度的约束。只有确保教育改革的制度保障嵌入当下的社会环境，才能促使教育改革成为嵌入社会的改革。当教育改革不能很好地嵌入社会改革时，必须创生条件，促使教育改革成为嵌入社会的改革。譬如，当单纯改革户籍制度无法满足教育均衡化的需要时，必须同时进行整个社会二元制度的改革，如城乡一统、区域一统、校际一统、体制一统等。

3.克服路径依赖

让教育改革成为嵌入社会的教育改革并不容易，任何制度都具有路径依赖的特点，习惯于沿着原有制度变迁的路径和既定的方向前进。而且，一种制度的形成过程，总会伴生着与现存体制相契合的利益集团的生成过程。这些既得利益集团他们不会轻易放弃已经获得的制度收益，因此，一旦改革力图展开，便会遭遇众多压力集团的反抗，最终不得不形成妥协、变形的新制

---

① 马健生：《试论教育改革中的制度变迁》，《教育科学》2003 年第 3 期。

度。因此，教育改革社会支持系统的制度保障要能良好运行，还必须克服制度运作中的路径依赖。譬如，在义务教育均衡化改革中，要想实现从县域层面的均衡走向省域层面的均衡是要克服许多制度障碍的。首先，要打破"最低标准"的底线心态，出台"最高标准"，限定标准区间；其次，要打破义务教育地方办的责任归属，通过立法形成中央、省级、地方政府共同财政分担的格局；最后，要打破优质师资向城市集中的现实状态，出台特殊地区师资配备的特别计划，确保义务教育从形式均衡走向实质均衡。①

三、社会支持系统的平台保障

为了保障教育改革社会支持系统的良好运行，需要建立三种平台，即技术平台、业务平台及信息平台。

（一）平台类型

从理想的角度讲，支撑教育改革社会支持系统良好运作的平台可分为官方平台与民间平台两大类。官方平台隶属于政府部门，具有公益性、免费性，更适应于公共管理；民间平台基于市场营利，由私人资本投资运作，具有灵活性、自主性、逐利性。但无论官方平台还是民间平台，其所提供的具体平台类型大体都包括技术平台、业务平台、信息平台这三种。

1. 技术平台

技术平台的设计与开发是保障教育改革各项措施真正能够落实的重要保证，特别是对于各类课程改革、教育信息技术改革、终身教育改革等来说，尤为重要。目前，官方较有影响的技术平台包括教育部教育管理信息中心教育技术服务平台，其主要提供开展教育信息化、电子政务、数据统计、安全保障、技术培训、全国中小学学籍信息质量核查等各项工作的技术。

民间较有影响力的技术平台很多，譬如"融创天下"利用自身强大的技术优势，提供信息化教学、宽带网络校校通、优质资源班班通、网络学习空

---

① 吴康宁：《及早谋划省域义务教育基本均衡发展的国家战略》，《教育研究与实验》2015年第 2 期。

间人人通等教育资源公共服务平台、教育管理公共服务平台、视频服务应用平台，将学校教育、家庭教育、社会教育三方面结合起来，集教学、管理、学习、娱乐、交流于一体。

2.业务平台

业务平多以官方的教育协同创新中心、政府区域间教育联盟、大学联盟，民间的各种教育联盟形式出现。

教育协同创新中心中，最著名的当数"2011计划"，即高等学校创新能力提升计划。政府区域间教育联盟中，比较有代表性的是长三角教育联盟。该联盟由上海、江苏、浙江三省市教育部门发起，通过开展长三角研究生教育创新计划、长三角博士生论坛、长三角暑期学校等合作项目，推进三省市间的教育合作。具有一定的官方背景的大学联盟数量也较多，如九校联盟、卓越大学联盟等。九校联盟的成员包括北京大学、清华大学等9所顶尖高校，其形式类似于美国常春藤联盟、英国罗素大学集团、澳大利亚八校集团等。其建立宗旨是在人才培养、科学研究等领域加强合作与交流，优势互补。

除了官方或半官方的政府联盟、大学联盟外，还有民间组建的旨在开展各种教育合作与交流的许多联盟。譬如，长三角教师联盟、长三角人才市场联盟、长三角家庭教育联盟、中国家长联盟、中国教师联盟、中小学教育联盟网、中教联盟网等。这些教育联盟都是草根式的组织，它由教育领域中工作性质、兴趣爱好及理想信念相似的一批人通过共同接受并遵守的行为规则组成学术共同体。这些教育联盟通常拥有多样性的资源，具备一定的凝聚力，在联盟成员之间实施扁平化的管理。

3.信息平台

信息平台是教育改革过程中信息发布、信息获取、数据挖掘的重要渠道。目前，信息平台多以电子信息平台的形式呈现，如网站、数据库、电子期刊等。譬如，由教育部主办，由中央电化教育馆运行的国家教育资源公共服务平台，便是此类信息平台。在倡导电子政务的大环境下，各地政府都拥有自己的官方信息平台，如官网、官微、官信等。除了官方信息平台外，民间信息平台也是多如牛毛，鱼龙混杂。譬如，中国学前教育联盟网所提供的，就更多的只是幼儿园一站式服务与采购，基本上服务于商业目的，而不是教育目的。

除了电子信息平台外，还是纸质信息平台，如各类报纸、橱窗、宣传栏、公告栏、广告等。以报纸为例，服务于教育改革的报纸至少可分为两类：主流媒体、都市媒体、社交媒体。主流媒体以官方党报、日报为主，譬如，《人民日报》《新华日报》《中国教育报》等；都市媒体以各个城市的晚报为主，譬如，《现代快报》《南方都市报》《南方周末》等。

在正规的、组织化的官网、电子政务平台和纸质媒体之外，信息平台中还活跃着颇具影响力的社交媒体，譬如，QQ、微信、飞信、博客、论坛、维基、播客、视频博客、职业社交网站、企业社交网站和其他工具等。这些散在的社会舆论更容易成为凝聚改革共识、制造改革舆论、问责改革效益的信息平台。

（二）平台运作

要想使教育改革社会支持系统的依托平台很好地运作，精心的设计与策划、富有远见的平台建设与运行、强有力的管理与维护是重要的保证。

1. 平台设计与策划

平台的设计与策划是服务于一定的教育改革目的的，不同的教育改革需要不同的平台支撑，因此，在平台设计与规划时，要考虑其技术参数、业务流量、信息交互性与不同类型教育改革需要之间的关系。不仅如此，平台设计与策划时，还要综合分析前端用户行为和后端服务管理。从平台前端用户行为分析来看，数据挖掘，流程优化，具体用户量、交易量等数据维度是必须考虑的综合因素。2008年我国在启动《国家中长期教育改革和发展规划纲要》网络征求意见时，由于对前端用户行为的预警不足，曾多次造成网络瘫痪。从平台后端服务管理来看，网络的稳定性、防黑客能力、自我纠错能力、客服跟踪等是必须考虑的重要因素。当下我国纵横交织的教育信息化联网系统、网络数据实时更新系统若没有很好的后台管理，其服务于教育改革、建立起精确数据库的能力也会大打折扣。

2. 平台建设与运营

设计规划好的平台并不一定能很好运行，它还受制于现实的可能性，如技术参数、服务器的容量等。因此，平台建设主要包括两大工作：一是硬件设施的布局，二是组织架构的建立，譬如，人员岗位的设置和管理体系等。

平台运营是指为了提升平台的服务质量，发展更多的用户并获得更大的收益而从事的与平台经营、运作相关的工作。譬如，平台相关活动的策划、营销、推广等。在我国中长期教育改革和发展规划纲要制定期间，我国政府专门建立了信息采集平台，了解社会公众对此问题的看法与意见，更好地制定十年改革的方向、内容与路径。

3. 平台管理与维护

无论是技术平台、业务平台，还是信息平台，平台的良性运行都需要管理与维护。譬如，相关管理制度的建立，如卓越大学联盟中的《卓越人才培养合作框架协议》、长三角三省市协调小组联席会议制度等。

除了一系列管理制度的建立外，平台的运营还需要团队的维护，譬如，定期检修设施设备运行状况、进行服务器升级和保养、定期网络安全检测、定期整理网络咨询、公众投诉反馈、内容更新等。在进行硬件设施维护的同时，还需要加强成员间沟通，如联盟间论坛、网络会议、互访、交流等，强化松散组织间的协作，以增进情感互信。

第五节　教育改革社会支持系统的效果评价

教育改革社会支持系统的现实状况如何，运行效果怎样，单纯依靠零散的信息、局部的评价、主观的判断是无法得见全貌的。要想系统评判教育改革社会支持系统的整体构成与运行状态，必须建立起一套主观与客观、质性与量化相结合的评价指标体系。本研究借助德尔斐法，经过多轮课题组内的碰撞与交流，两轮课题组外专家的指导咨询，建构了我国教育改革社会支持系统的评价指标体系。本部分包括四方面：评价指标体系的功能定位、设计原则、设计方法、具体内容。

一、评价指标体系的功能定位

与一般的评价指标体系不同，本评价指标体系的功能不是直接用于教育改革社会支持系统的测量，而是对评价者用以评价教育改革社会支持系统的相关指标的整体结构、评价重点、评价方式及资料（数据）获取路径等提供必要指导。

1. 呈现基本框架

鉴于目前教育改革社会支持系统研究的相对匮乏，对于教育改革社会支持系统整体状况尚无评价标准，课题组经过对十个支持要素的深入研究、社会支持系统的整体考察以及各个不同学段教育改革的案例梳理，提出了对教育改革社会支持系统的进行评价的基本框架，力图从系统背景、系统运行、系统保障三个维度判断教育改革社会支持系统的总体状况，发现系统构成中存在的主要问题，系统运行中常见的不足，为改造与完善教育改革社会支持系统提供依据。

本评价指标体系针对一般意义上的教育改革社会支持系统而设计，适用于任何具体领域、具体学段的教育改革。譬如，若某级政府或某社会组织若要对某一具体领域或具体学段教育改革社会支持系统的状况进行判断和评价，则在这一"基本框架"中添加增加一些与该具体领域、具体学段相关的维度及具体事项即可。

2. 提供评价依据

从根本意义上来看，本评价指标体系不是为改善教育改革的社会支持系统开具一副"药方"。事实上，有关教育改革的社会支持系统本身应当如何建构的问题，在本章前面几节中已有讨论。本评价指标体系是为人们更好地审视一定区域范围① 内教育改革社会支持系统的状况提供一种判断依据。

---

① 区域范围内是从行政区划的意义来使用的，它可大可小，大至整个中国，小至乡镇乡村，中间还包含着省、市、区县，有时还包含着跨区域间的联合，譬如，长三角、京津冀等。

从使用对象上来看，本评价指标体系主要服务于政府部门、社会公众，而并非学校管理者或学术研究者。服务对象不同，看问题的角度就不同，指标的表达方式也不一样；其次，指标体系更多用于决策参考而不是现象描述、原因分析或提供研究资料。因此，评价指标体系力求遵循应用研究的基本原则，真实务实、突出重点、方便使用。

3. 推动第三方参与

与标准化的评量工具不同，本研究中的评价指标体系更像是一个导引，一张拥有各种坐标和索引的地图。政府部门或社会各界若欲对教育改革的社会支持系统进行评价，须委托第三方组织按照本评价指标体系各项指标，通过查阅、问卷调查等方式获取相关数据或资料。采用这一设计思路的目的，既在于增加评价数据的可靠性，也在于推动政府与第三方组织合作共事的机制完善，逐步实现"全社会"关心教育改革、支持教育发展的良好局面。

二、评价指标体系的设计原则

本评价指标体系的设计严格遵循科学性、系统性、可行性、定量与定性相结合原则。

1. 科学性原则

科学性原则体现在理论指导、指标体系、指标内容三个方面。

理论指导的科学性。本评价指标体系评价的是教育改革社会支持系统，是为综合判断系统背景、系统运行、系统保障的状况服务的。为此，评价指标体系以系统论思想为指导，将教育改革社会支持系统当成一个整体来考察，关注整体与局部、局部与局部、整体与外部环境之间的有机联系，通过建立严谨的概念体系和合理的逻辑框架来反映社会支持系统的客观情况。

指标体系的科学性。本评价指标体系分为三级，其中，一级指标 3 个，二级指标 9 个，三级指标 42 个。三级指标的选择遵循三个基本原则：第一，能反映社会支持系统的基本结构与核心特征；第二，能清晰表达指标内涵，既符合社会支持系统的逻辑划分，与三个子系统、十个要素保持一致，又满足现实状况，能够引导文献检查、数据采集与问卷调查；第三，力求全面、综合、系统，从不同侧面呈现教育改革社会支持系统的全貌。

指标内容的科学性。包括两个方面：第一，评价指标必须是客观的抽象描述，能抓住最重要的、最本质的和最有代表性的东西。第二，指标及指标表述之间不重复、不包含、不暗示。同时，同层次指标之间尽可能界限分明。第三，指标的概念要前后保持一致，即对同一指标的含义、分类口径、计算方法、搜索范围等保持一致。

2. 系统性原则

评价指标体系中的各项指标之间必须既互相联系又互相制约。有的指标之间有横向联系，反映不同侧面的相互制约关系；有的指标之间有纵向关系，反映不同层次之间的包含关系。因此，评价指标设计时应遵循系统性原则。具体来说，是要采用系统的方法，对评价指标体系进行全面、系统的整体设计，以达到系统优化的目的。

常见的系统方法有两种：系统分解法和层次分析法。它们都强调将总指标分解成下位的若干子指标，再将子指标分解成更低下位的子指标，最终组成树状结构的指标体系，使教育改革社会支持系统评价指标体系的各个要素及其结构都能满足系统优化的要求。

对评价指标体系进行全面、系统的整体设计。评价指标的系统设计包括三个维度：第一，总体结构的系统设计，包括多级指标、指导要点和检索路径；第二，评价指标维度的系统设计，包括一级指标、二级指标和三级指标；第三，在指导要点中，提供详细的问卷调查维度，增加评价指标体系的可操作性。

达到系统优化的目的。所谓系统优化，是指在评价指标设计与选择时，要尽量以较少的指标（数量较少、层次较少），较全面系统地反映评估对象的全貌。系统评价的目的不是为了给一个分值或一个论断，而是为各级政府或社会公众提供一个导引，有助于他们了解与把握进一步完善区域间教育改革社会支持系统的优化路径。

3. 可行性原则

可行性是评价指标体系设计的重要原则，这是将评价指标体系从文本变成现实，从理论筹划变成实践干预的重要保证。如果缺少可行性，那么，评价指标再理想，也无法用于评价实践。可行性原则主要表现为三个方面：

评价指标的具体针对性。即任何一个评价指标的选择都不是基于理论范畴，而是基于问题解决与现实操作，一个指标面向一个问题，一组指标面向一组现象，以保证对教育改革社会支持系统的评价不是流于形式或过于笼统，而是立足于准确的数据比较和清晰的范畴说明。

评价指标的可操作性。表现为两个方面：第一，评价指标可进行定性描述，即用操作化的语言定义所描述的内容、指标含义是明确的。[1]譬如，以"区域范围内近三年教育领域非政府组织参与教育改革的案例数量及执行效果"为例，评分标准分为五级，即 1 分：无；2 分：有，未执行；3 分：有，执行不足 1/3；4 分：有，执行约为 2/3；5 分：有，执行超过 2/3。第二，能用现有的工具，譬如，数据库、官方网站、网络调查、问卷调查等进行信息采集与数据获取。

评价指标的现实可行性。即看对某一指标能不能够获取充足的相关信息。如果获取某项指标相关信息的渠道不畅通，或根本不能获取充足的相关信息，那么，不管该指标看上去如何必要，也只能放弃。

4. 定量与定性结合原则

一个好的评价指标体系应当是层次少、指标少、可测量、可比较。譬如，1990 年联合国开发计划署（UNDP）创立的人类发展指数（HDI），就是以"预期寿命、教育水准和生活质量"三项基础变量，按照一定的计算方法，得出的衡量各国人类发展水平的综合指标。在本指标体系的制定过程中，定量分析主要是对社会支持系统的数量特征、数量关系与数量变化进行分析，从而揭示和描述社会支持系统的相互作用和发展趋势。

但单纯的数量化分析还不足以呈现教育改革社会支持系统的全貌，还需要用定性的方式。在评价指标体系中，"系统运行"的 3 个二级指标"改革认同"、"支持行动"和"利益调节"便大多采用问卷调查的方式进行，以

---

[1]　江易华：《县级政府基本公共服务绩效评估指标体系的理论构建与实证检测研究》，华中师范大学管理学院博士学位论文，2009 年，第 59 页。

了解个人的主观感受和行动意向，并根据一些变量来分析相互之间的关系，而不是单纯依赖于数据采掘。

三、评价指标体系的设计方法

社会支持系统评价指标体系的设计是一项复杂而又艰苦的任务，课题组尝试使用德尔斐法来建构我国教育改革社会支持系统的评价指标体系。

1. 德尔斐法

德尔斐法也叫"专家评议法"，它是利用专家的集体智慧，来确定各因素在评判问题或者决策问题中重要程度系数的一种方法。[①] 本研究首先通过向不同领域的专家发放《"教育改革社会支持系统评价指标体系"评议表》，请他们用匿名方式进行评议；然后在汇总、讨论、修改基础上形成《"教育改革社会支持系统评价指标体系"第二轮评议表》，并再次请不同领域的专家以匿名方式进行评议，然后再次汇总他们的意见，再次讨论、修改，最终形成能够比较集中反映专家意见的"教育改革的社会支持系统评价指标体系"。

2. 基本程序

在本研究中，德尔斐法的具体实施有五个步骤：（1）确定咨询专家。这些咨询专家不仅要对领域的理论与实践比较熟悉，还要具有较强的判断和分析能力。（2）拟定《"教育改革社会支持系统评价指标体系"评议表》。（3）进行第一轮专家咨询，对咨询专家完成的评议表进行汇总分析。（4）进行第二轮专家咨询。（5）汇总第二轮专家咨询的反馈意见，对评价指标体系进行修改完善。

在本研究中，共有五个领域共 15 位专家参与了对评价指标体系的评议、咨询，这 15 位专家来自全国知名的高校和研究机构，其中包括中国教育科学研究院、清华大学、厦门大学、南京大学、北京师范大学、华东师范大

---

① 安晓敏：《教育公平指标体系研究》，东北师范大学教育学部博士学位论文，2008 年，第 75 页。

学、华中师范大学、东北师范大学、华中科技大学、南京师范大学、西北师范大学。咨询专家的具体分布见表12-9：

表 12-9　咨询专家构成表

具体领域	专家一	专家二	专家三
学前教育	YYP	PLJ	LZL
义务教育	YYW	TYG	GH
高中教育	XWH	WZH	YGL
职业教育	HZ	SWP	WMG
高等教育	LHF	GF	ZYQ

（1）第一轮专家咨询

第一轮专家咨询共发放《教育改革社会支持系统评议表评价指标、评分标准和指导要点（评议稿)》15份，回收15份，回收率与有效率均为100%。

在本轮专家咨询过程中，向专家发放的是一份邀请函和两份附件。其中，邀请函重点向专家说明本研究的意义、专家咨询的要点、反馈的时间及反馈方式。两份附件是"教育改革社会支持系统评价指标体系"的评议说明，主要包括总体说明和指标体系说明；还有一份附件是《"教育改革社会支持系统评价指标体系"评议表》，包括3个一级指标、9个二级指标、39个三级指标及建议评分标准和指导要点。

（2）第二轮专家咨询

第二轮专家咨询的调查对象与第一轮相同，共发放《教育改革社会支持系统评价指标、评分标准和指导要点（第二轮评议稿)》15份，回收15份，回收率与有效率均为100%。

本轮咨询向专家发放的也是1份邀请函、2份附件。其中，邀请函重点向专家说明了第二轮专家咨询的重点。两份附件的内容主要包括1份评议表和1份评议说明。其中，评议说明包括六项补充说明（附件二）。从本轮调查结果来看，专家们对于修改后的指标体系的重要性程度基本上达到了比较一致的认识。

四、评价指标体系的具体内容

本评价指标体系包括三个部分：指标构成、评分标准、指导要点和完整架构。

（一）指标构成

本评价指标体系的具体指标包括三个层级，其中一级指标 3 个，二级指标 9 个，三级指标 42 个[①]。

1. 一级指标

本评价指标体系的三个一级指标是：系统背景、系统运行、系统保障。"系统背景"是指教育改革社会支持系统的制约因素与客观环境，"系统运行"是指教育改革社会支持系统自身的运行状况，"系统保障"是指教育改革社会支持系统的保障体系。这三个一级指标从不同层面测度区域范围内教育改革社会支持系统的整体状况。其中，系统背景是基础性指标，系统保障是条件性指标，系统运行是关键性指标。

2. 二级指标

本评价指标体系共含 9 个二级指标，系统背景、系统运行、系统保障三个一级指标各含 3 个二级指标。

"系统背景"一级指标含有的 3 个二级指标为：经济基础、人口因素、文化生态。其中，"经济基础"重点关注宏观经济发展对教育改革产生的制约，"人口因素"重点关注人口结构对教育改革产生的制约，"文化生态"重点关注国民文化教育水平及网络覆盖率对教育改革产生的制约。

"系统运行"一级指标含有的 3 个二级指标为：理念认同、支持行动、利益调节。这三个二级指标聚焦于教育改革过程中社会各方的支持状况及支持效果。譬如，社会各方对教育改革理念的认同如何？采取了哪些支持行动？在改革中遇到的利益调节机制是否形成？

---

① 第一轮专家咨询时，课题组提供的三级指标是 39 个，经过二轮专家咨询后，课题组根据专家的建议将三级指标扩展为 42 个。

　　"系统保障"一级指标含有的 3 个二级指标为：基本组织、必要制度、重要平台。这三个二级指标都强调主体的多元性、交叉性以及非官方色彩，反映的是对教育改革而言必不可少的那些组织、制度及平台的实际状况。

　　需要说明的是，二级指标的设计并非面面俱到，而是突出重点。

　　3. 三级指标

　　本评价指标体系共有 42 个三级指标。需要特别说明的是，三级指标的设计既考虑到指标本身应具有代表性，应能反映了解教育改革社会支持系统所必需的核心信息，也考虑了相关数据、资料获取的可能性。因此，三级指标的设计同样没有面面俱到，而是突出重点。

　　（1）系统背景（经济基础、人口因素、文化生态）的三级指标

　　在一级指标"系统背景"中，共有 9 个三级指标。

　　其中，"经济基础"二级指标包括 3 个三级指标：人均 GDP、GDP 增长率和产业结构，试图通过这三个宏观经济指标，大致反映我国教育改革社会支持系统所处的宏观经济环境。"人均 GDP"（人均 GDP= 国内生产总值 / 常住人口数）既反映着一个国家或地区的宏观经济运行状况，也是衡量一个国家或地区人民生活水平的重要标准；"GDP 增长率"是末期国民生产总值与基期国民生产总值的比较，它是反映一定时期经济发展水平变化程度的动态指标，也是反映一个国家经济是否具有活力的基本指标；"产业结构"亦称国民经济的部门结构，是通过第三产业增加值的方式来衡量国民经济各产业部门之间以及各产业部门内部的构成。

　　"人口因素"二级指标包括 3 个三级指标：人口抚养比、户籍人口比、就业率，试图通过这三个指标大致显示我国教育改革社会支持系统所处的人口环境。"人口抚养比"（人口抚养比 =14 岁及以下人口数 +65 岁及以上人口数）/（15—64 岁人口数）×100%）反映的是宏观的人口结构；"户籍人口比"是指户籍人口占总人口的比例，反映的是人口的流动状态；"就业率"（就业率 = 就业人口数 /（15—64 岁人口数）×100%）反映的是工作人口的状况，尤其是纳税人状况。

　　"文化生态"二级指标包括 3 个三级指标：平均受教育年限、学习资源

供给、每千人互联网用户数，试图通过这三个指标大致表明我国教育改革社会支持系统所处的文化环境。其中，"平均受教育年限"是指某一人口群体人均接受学历教育的年数，是衡量一个国家或地区国民教育水平的重要指标；"学习资源供给"考察的是区域范围内家庭图书拥有量、科技馆数量、图书馆数量；"每千人互联网用户数"反映的是一个国家或地区国民互联网占有率。

（2）"系统运行"（改革认同、支持行动、利益调节）的三级指标

在一级指标"系统运行"中，共有 15 个三级指标。

其中，"改革认同"二级指标中包括 3 个三级指标，考察的是在教育改革的倡导与发起阶段，社会各界对教育改革理念、目标、内容的认同程度。

"支持行动"二级指标中包括 10 个三级指标，考察的是在推进教育改革的过程中，社会各方的支持行动及支持效果，包括政府投入的充足程度、社会投入的踊跃程度、改革政策的配套程度、体制机制的保障程度、人才市场的理性程度、专家支持的广泛程度、家庭参与的积极程度、社区支持的深入程度、社会舆论的共识程度、公众文化的支持程度。"支持行动"是本课题研究的焦点与重点，也是十个子课题的重要内容。

"利益调节"二级指标中包括 2 个三级指标，考察教育改革过程中利益表达的畅通程度、利益冲突的协调情况。

（3）"系统保障"（基本组织、必要制度、重要平台）的三级指标

在一级指标"系统运行"中，共有 18 个三级指标。

其中，"基本组织"二级指标中包括 6 个三级指标，分别是"教育改革领导机构""人大、政协""学术团体""行业协会""非政府组织""第三方评价机构"。

"必要制度"二级指标中包括 7 个三级指标，分别是会商制度、联席会议制度、社会征求意见制度、社会听证制度、社会协商对话制度、问责制度。

"重要平台"二级指标中包括 5 个三级指标，分别为协同创新平台、区域间教育联盟、人才市场联盟、教育媒体信息平台、家庭教育联盟。

在设计"基本组织"的指标时，课题组没有机械针对"教育改革领导小组""行业协会"这些"基本组织"的形式，而是关注这些"基本组织"的存在状况及运行效果。因此，三级指标的设计全部用类似"区域范围内近三年教育改革领导小组有无实施教育改革的方案、执行情况"来表述。以此类推，关于"必要制度""重要平台"的三级指标设计也是遵循了这样的逻辑。即不是考察这些组织、制度、平台本身，而是关注其活动状况与运行效果。

（二）评分标准

本评价指标体系中的三级指标都只考虑了不可或缺的必要事项，而并未考虑这些指标在整个指标体系中的权重。为了能客观清晰地反映区域范围内教育改革社会支持系统的差异性，本评价指标体系采用五级计分的方式。

在大多数三级指标中，计分依据的是程度区分。以"区域范围内近三年教育领域非政府组织参与教育改革的案例数量及效果"为例，评分标准分为五级，即，1分：无；2分：有，未执行；3分：有，执行不足1/3；4分：有，执行约为2/3；5分：有，执行超过2/3。也有一部分五级计分采用的不是程度区分，而是根据总体比例加以确定。譬如，"人均GDP"的五级计分为：1分：低于全国均值10%；2分：低于全国均值5%；3分：等于全国均值；4分：高于全国均值5%；5分：高于全国均值10%。

在专家反馈意见中，有专家认为这些"支持行动"中部分指标的可操作性、可评估性较弱，不宜如此设计。譬如，改革政策的配套程度、体制机制的保障程度、人才市场的成熟程度等。但课题组经再三讨论后认为，这些指标的可操作性虽然相对较弱，但这些指标本身却是十分重要的、必不可少的。这也正是课题组在设计评价指标体系时的一个特别用心之处，即通过客观与主观相结合的原则来综合判断与评价，且"倒逼"指标体系的使用者采用"第三方评估"的方式，以使评估更客观、更合理。

（三）指导要点

本评价指标体系旨在为评价者提供一种路径导引与操作指南。其指导要点包括数据查阅路径、舆情监测数据的采集渠道、评价问卷的维度、资料查阅路径四个方面。其中，"数据查阅路径"主要针对评价指标中的一些硬指标，譬如人均 GDP、不同学段生均教育经费等。"舆情监测数据"主要采集各媒体所传递的社会公众对我国教育改革理念的认同度。"评价问卷维度"主要针对那些无法获得客观数据、无法直接资料查阅的评价指标，譬如，"支持行动"中的 10 个三级指标，如改革政策的配套程度、体制机制的保障程度等。"资料查询路径"面向的是"系统保障"中的三级指标，指示评价指标体系的使用者如何进行资料搜集与查阅，从而获得区域范围内教育改革社会支持系统保障程度的总体状况。

（四）完整架构

经过两轮专家咨询、专轮课题组内交流，课题组最后提出了我国教育改革社会支持系统评价指标体系的完整架构。

表 12—10　教育改革的社会支持系统评价指标体系

评价指标			建议评分标准	指导要点
一级指标	二级指标	三级指标		
系统背景 A	经济基础 A1	A11 人均可支配收入	1 分：低于全国均值 10% 2 分：低于全国均值 5% 3 分：等于全国均值 4 分：高于全国均值 5% 5 分：高于全国均值 10%	可查阅：国家统计局官方网站 http://www.stats.gov.cn/tjsj/ndsj/，更多县 GDP 数据查阅地方两会政府工作报告：http://district.ce.cn/zt/2014/zfgzbg/index.shtml
		A12 财政收入占 GDP 比	1 分：低于全国均值 10% 2 分：低于全国均值 5% 3 分：等于全国均值 4 分：高于全国均值 5% 5 分：高于全国均值 10%	
		A13 产业结构	1 分：第三产业增加值低于全国均值 10% 2 分：第三产业增加值低于全国均值 5% 3 分：第三产业增加值等于全国均值 4 分：第三产业增加值高于全国均值 5% 5 分：第三产业增加值高于全国均值 10%	
	人口因素 A2	A21 人口抚养比	1 分：低于全国均值 10% 2 分：低于全国均值 5% 3 分：等于全国均值 4 分：高于全国均值 5% 5 分：高于全国均值 10%	可查阅：中华人民共和国国家统计局官方网站：http://www.stats.gov.cn/tjsj/ndsj/

（续表）

评价指标			建议评分标准	指导要点
		A22 户籍人口比	1分：低于全国均值10% 2分：低于全国均值5% 3分：等于全国均值 4分：高于全国均值5% 5分：高于全国均值10%	户籍人口数据可查阅各省统计年鉴：http://tongji.cnki.net/kns55/navi/NaviDefault.aspx
		A23 城镇就业率	1分：低于全国均值10% 2分：低于全国均值5% 3分：等于全国均值 4分：高于全国均值5% 5分：高于全国均值10%	更多就业人口数据可查阅各省统计年鉴：http://tongji.cnki.net/kns55/navi/NaviDefault.aspx
	文化生态 A3	A31 平均受教育年限	1分：低于全国均值10% 2分：低于全国均值5% 3分：等于全国均值 4分：高于全国均值5% 5分：高于全国均值10%	可查阅：中华人民共和国国家统计局官方网站：http://www.stats.gov.cn/tjsj/ndsj/
		A32 学习资源供给	1分：低于全国均值10% 2分：低于全国均值5% 3分：等于全国均值 4分：高于全国均值5% 5分：高于全国均值10%	区域范围内家庭图书拥有量 区域范围内科技馆数量 区域范围内图书馆数量
		A33 每千人互联网用户数	1分：低于全国均值10% 2分：低于全国均值5% 3分：等于全国均值 4分：高于全国均值5% 5分：高于全国均值10%	可查阅：中国互联网络信息中心官方网站：http://www.cnnic.net.cn/hlwfzyj/

（续表）

评价指标			建议评分标准	指导要点
系统运行 B	改革认同 B1	B11 各种媒体所反映的社会公众对教育改革理念的支持性意见	1分：基本没有支持性意见 2分：支持性意见较少 3分：支持性、反对性意见基本相当 4分：支持性意见较多 5分：支持性意见占压倒多数	可查阅： http://edu.sina.com.cn/zt/edughgy/ http://www.edu.cn/html/e/2009/gang-yao/ http://diaocha.www.edu.cn/diaocha/topic_show.php?topic_id=428 http://edu.cyol.com/static/guihuagang-yao/index.html http://learning.sohu.com/s2010/2010edulianghui/ http://news.sohu.com/s2010/1138/s270385313/, http://learning.sohu.com/s2010/mydc/ http://www.edu.cn/html/e/gyyzn/ http://www.docin.com/p-294400176.html http://edu.qq.com/zt/2010/gxgy2010/index.htm 也可查阅： 一、主流报纸的网络版舆情信息，如中国青年网、人民网、光明网 二、新浪、网易、搜狐等网络的网络舆情信息 三、专门的网络调查
系统运行 B		B12 各种媒体所反映的社会公众对教育改革目标的支持性意见		

（续表）

评价指标		建议评分标准	指导要点	
	B13 各种媒体所反映的社会公众对教育改革内容的支持性意见			
支持行动 B2 支持行动 B2 支持行动 B2	B21 政府投入的充足程度	1分：低于全国均值10% 2分：低于全国均值5% 3分：等于全国均值 4分：高于全国均值5% 5分：高于全国均值10%	教育经费投入占 GDP 比例	
			生均教育经费	高等学校 中等职业学校 中学 小学 特殊教育 幼儿园
	B22 社会投入的踊跃程度	1分：低于全国均值10% 2分：低于全国均值5% 3分：等于全国均值 4分：高于全国均值5% 5分：高于全国均值10%	家庭教育经费	高等学校 中等职业学校

（续表）

评价指标		建议评分标准	指导要点	
				中学
				小学
				特殊教育
				幼儿园
			民办教育经费	高等学校
				中等职业学校
				中学
				小学
				特殊教育
				幼儿园
			人均社区教育经费	
			人均社区社会捐赠经费	
B23 改革政策的配套程度	可问卷调查	建议五级计分，具体表述根据各项指标而定，譬如，"纵向一致度"可分为完全一致、比较一致、基本一致、比较不一致、完全不一致	纵向一致度（地方是否遵循国家的政策法规）	
			横向协调度（各平行地区、部门之间的改革政策是否协调一致、是否存在冲突）	
			地区适宜性（教育改革政策是否适宜当地经济、政治、文化等发展的实际情况）	
			改革针对性（改革政策是否针对当地教育中的突出问题）	

（续表）

评价指标		建议评分标准	指导要点
	B24 体制机制的保障程度	建议五级计分	教育决策的民主化、专业化（各地在教育改革决策过程中是否遵循了民主化、专业化原则）
			教育事业的综合管理体制（各地在教育改革过程中是否采取了综合管理体制）
			学校自主办学（各地是否支持学校自主办学，如何支持学校自主办学）
	B25 人才市场的成熟程度	建议五级计分	人才结构（行业人才分布的年龄结构、地域结构是否合理等）
			调节机制（人才市场是否有一定的调节导向机制以合理调整人才策略）
			政策支持（是否出台一些政策引导人才的合理分配与流动，如先进人才引进、就业指导、流动轮岗等）
			供求评估（是否对当地人才市场和社会需求进行简单评估，看供求关系是否在正常范围之内）
	B26 专家的支持的广泛程度	建议五级计分	支持范围（是否对教育改革的各方面给予支持，如各地区的教育改革，各个层面的教育改革）
			专家群体结构（是否涵盖不同领域、不同职业、不同身份、不同年龄段的专家群体）

（续表）

评价指标	建议评分标准	指导要点
B27 家庭参与的积极程度	建议五级计分	支持方式（是否通过受托参与决策、扮演意见领袖、开设社会公益讲座、培养学生等多种方式来支持教育改革）
		参与意识（家庭是否具有参与改革的强烈愿望）
		参与途径（家庭是否有相应的渠道和方式参与教育改革）
		参与率（区域范围内有大比例家庭参与教育改革）
B28 社区支持的深入程度	建议五级计分	理念支持（如素质教育、公平教育、终身教育理念在社区中的认同状况）
		资源支持（社区为素质教育、公平教育、终身教育的开展所提供的人力、物力、财力资源）
		环境支持（如社区中的社会实践基地、活动中心等）
B29 公众文化的支持程度	建议五级计分	文化心理（我国的文化传统和当下流行的公众文化样态是否有利于教育改革的推进）
		文化氛围（是否有积极支持教育改革的文化氛围）

（续表）

评价指标			建议评分标准	指导要点
利益调节 B3	B30 社会的舆论的共识程度		建议五级计分	文化传播（是否有多样化的教育改革的公众文化的传播路径）
				公共文化服务体系（是否有健全的公共文化服务体系）
				舆论平台（社会舆论对教育改革的支持是否广布于主流媒体、都市媒体、社交媒体等多种媒介）
				舆论焦点（教育改革热点问题、难点问题是否能及时得到社会舆论的广泛的、及时关注？）
				舆论共识度（社会舆论对教育改革是否有基本的共识）
	B31 利益表达的畅通程度		建议五级计分	利益表达的机会（在教育改革过程中，公众是否有充分的利益表达的机会）
				利益表达的多样化渠道（社会是否为公众是否表达合理利益提供了多样化的渠道）
				利益表达的制度保障（是否有明确的利益表达的法律程序和制度规范，是否有便利的利益表达平台，是否有无透明公开化的信息网络，是否有表达监督管理机制）
				利益表达的反馈（各利益群体得有关表达完备的及时反馈（各利益得到及时反馈，提出的相关建议采纳情况如何，所提问题有没有得到有效解决等）

（续表）

评价指标			建议评分标准	指导要点
		B32 利益冲突的协调情况	建议五级计分	利益冲突的预防（是否有相关教育改革政策的宣传，是否有健全的社会矛盾和纠纷信息传递网络，是否有公平合理的竞争处置机制，是否有应急处理制度，是否有各部门协同化解工作制度）
				利益获取的规范（是否有清晰的法律规范和权利义务边界）
				利益受损时的法律援助（是否有对利益受损者的法律援助机制）
				利益补偿（是否有对弱者或利益受损者的政策扶持（如各项优惠政策，经费投入，社会保障制度等））
系统保障 C	基本组织 C1	C11 区域范围内近三年教育改革领导小组有无实施教育改革的方案、执行情况	1分：无 2分：有，未执行 3分：有，执行不足 1/3 4分：有，执行约为 2/3 5分：有，执行超过 2/3	可检索：区域范围内政府网站、教育部门官网
系统保障 C 系统保障 C		C12 区域范围内近三年人大、政协提案中有关教育改革的议案的议案数量、办结情况	1分：无 2分：有，未办结 3分：有，办结不足 1/3 4分：有，办结约为 2/3 5分：有，办结超过 2/3	可检索：区域范围内不同级别政府官网，并以"高级检索"的方式寻找人大、政协议案数量及效果

（续表）

评价指标		建议评分标准	指导要点
	C13 区域范围内近三年学术团体提交的教育改革建议案数量、采纳情况	1分：无 2分：有，未采纳 3分：有，采纳不足1/3 4分：有，采纳约为2/3 5分：有，采纳超过2/3	可检索： 区域范围内不同级别政府官网，并以"高级检索"的方式寻找学术团体议案数量及效果
	C14 区域范围内近三年行业协会参与的教育改革案的数量及效果	1分：无 2分：有，未执行 3分：有，执行不足1/3 4分：有，执行约为2/3 5分：有，执行超过2/3	可检索： 区域范围内不同级别政府官网，并以"高级检索"的方式寻找行业协会参与案例数量与效果
	C15 区域范围内近三年教育领域非政府组织参与的教育改革案的数量及效果	1分：无 2分：有，未执行 3分：有，执行不足1/3 4分：有，执行约为2/3 5分：有，执行超过2/3	可检索： 区域范围内不同级别政府官网，并以"高级检索"的方式寻找非政府组织参与案例数量及效果
	C16 区域范围内近三年与教育改革有关的第三方评价的数量及效果	1分：无 2分：有，未执行 3分：有，执行不足1/3 4分：有，执行约为2/3 5分：有，执行超过2/3	可检索： 区域范围内不同级别政府官网，并以"高级检索"的方式寻找第三方评价参与案例数量及效果
必要制度 C2	C21 区域范围内近三年政府间关于教育改革有无的会商制度，会商次数	1分：无 2分：有，未实行 3分：有，1—3次 4分：有，4—6次 5分：有，7—9次	可检索： 区域范围内不同级别政府官网

（续表）

评价指标		建议评分标准	指导要点
	C22 区域范围内近三年有无行业间关于教育改革的会商制度、会商次数	1分：无 2分：有，未实行 3分：有，1次 4分：有，2次 5分：有，3次及以上	可查阅：中国教育部官网 http://www.moe.gov.cn/；部分省人民政府网站、国家发展和改革委员会 http://www.sdpc.gov.cn/+站内高级检索+行业间会商制度
	C23 区域范围内近三年有无政府部门间关于教育改革的联席会议制度、会议次数	1分：无 2分：有，未实行 3分：有，1—3次 4分：有，4—6次 5分：有，7—9次	可查阅：国家发展和改革委员会 http://www.sdpc.gov.cn/；省、市人民政府官网 http://www.gov.cn/+站内高级检索+联席会议制度+教育改革
	C24 区域范围内近三年有无关于教育改革的社会征求意见制度、征求意见次数	1分：无 2分：有，未实行 3分：有，1—3次 4分：有，4—6次 5分：有，7—9次	可查阅：中国教育部官网 http://www.moe.gov.cn/；中国人民政府门户网站 http://www.gov.cn/+站内高级检索+教改征求意见
	C25 区域范围内近三年有无关于教育改革的社会听证制度、听证次数	1分：无 2分：有，未实行 3分：有，1次 4分：有，2次 5分：有，3次及以上	可查阅：中国人民政府门户网站 http://www.gov.cn/；部分省人民政府门户网站、中国教育部官网 http://www.moe.gov.cn/国家发展和改革委员会 http://www.sdpc.gov.cn/+站内高级检索+教育改革听证制度

（续表）

评价指标		建议评分标准	指导要点
重要平台 C3	C26 区域范围内近三年有无政府、企业、学校间关于教育改革的协商对话制度，对话次数	1分：无 2分：有，未实行 3分：有，1次 4分：有，2次 5分：有，3次及以上	可查阅：政府门户网站（中国人民政府门户网站 http://www.gov.cn/+站内高级检索+企业与政府协商制度）；政府与学校间（中国教育部官网 http://www.moe.gov.cn/+站内高级检索+政府与学校间协商制度教育改革）；企业与学校间（全国高校毕业生就业网络联盟 http://wllm.ncss.org.cn/+站内检索+企业与学校间协商制度+教育改革）
	C27 区域范围内近三年有无教育改革问责制度，问责次数	1分：无 2分：有，未实行 3分：有，1次 4分：有，2次 5分：有，3次及以上	可查阅：中国人民政府门户网站 http://www.gov.cn/；中国教育部官网 http://www.moe.gov.cn/；部分省教育厅+站内高级检索+问责制度教育改革
	C31 区域范围内近三年有无教育联盟，活动次数	1分：无 2分：有，未活动 3分：有，1次 4分：有，2次 5分：有，3次及以上	可查阅：中国教育部官网 http://www.moe.gov.cn/；省教育厅官网、市教育局官网+站内高级搜索+教育联盟+教育改革
	C32 区域范围内近三年有无人才市场联盟，活动次数	1分：无 2分：有，未活动 3分：有，1次 4分：有，2次 5分：有，3次及以上	可查阅：全国高校毕业生就业网络联盟 http://wllm.ncss.org.cn/+站内检索+人才市场联盟+教育改革

（续表）

评价指标		建议评分标准	指导要点
	C33 区域范围内近三年有无教育媒体信息平台，信息透明度	1分：无 2分：有，未公开 3分：有，小部分公开 4分：有，大部分公开 5分：有，完全公开	可查阅：中国教育部官网 http://www.moe.gov.cn/；省教育厅/市教育局/市教育委员会+站内高级搜索+教育媒体信息平台；(例如：教奥网 http://www.eduyq.cn；中国教育在线 http://www.eol.cn/；各地区教育微博平台(中国教育报刊社)；各地区教育微信平台，新浪教育微博平台)
	C34 区域范围内近三年有无家庭教育联盟，活动次数	1分：无 2分：有，未活动 3分：有，1次 4分：有，2次 5分：有，3次及以上	可查阅：中国妇女网 http://www.women.org.cn/+家庭教育+站内高级搜索+教育联盟 (例如：中国家庭教育学会)
	C35 区域范围内近三年关于教育改革的协同创新平台，运作效果	1分：无 2分：有，未实行 3分：有，效果一般 4分：有，效果良好 5分：有，效果优秀	可查阅：中国教育部官网 http://www.moe.gov.cn/；省人民政府官网、省政府办公厅官网、省教育厅官网、省教育局官网、市教育厅官网、高校官网+站内高级搜索+协同创新平台+教育改革

　　在改革进展到一定阶段或暂告一段落后，改革设计者与执行者要有意识地对教育改革的社会支持系统、教育改革的实际效果进行反思与评价，发现问题，总结经验，为下一阶段改革作好必要的智力准备。

　　改革是一场冒险，即便有了强烈的改革愿望、美好的改革蓝图、良好的社会支持系统，也不意味着改革就必定成功。一项改革从启动、实施到初显成效要经历一个艰难的过程。改革者只有以系统思维为引领，充分评估改革风险，进行综合的方案设计，监控改革实施进程，协调系统内外的复杂关系，才能最终赢得教育改革的成功，造福于学生，造福于社会的文明进步。

后　记

　　本书是教育部哲学社会科学研究重大课题攻关项目"我国教育改革和发展的社会支持系统研究"（12JZD046）最终成果。项目研究及书稿的形成，历经四载有余。期间，项目组共组织召开五次全体成员会议、数十次核心成员会议。本书初稿完成后，经多位相关专家进行了匿名审读。专家们在充分肯定的基础上，提出了中肯的修改建议。根据这些建议，课题组在反复研讨基础上，进行了认真的必要修改。整个修改过程，也是课题研究的反思与提高过程。通过这一过程，更加深切感到在当下中国，教育改革的社会支持系统前所未有地错综复杂，我们对于这一社会支持系统的认识与建构都只是刚刚开始。任重而道远，唯有继续努力。

　　本书撰写者如下——前言、摘要、引论、后记：吴康宁；第一章：陈华；第二章：程天君；第三章：王有升；第四章：姚继军、张新平；第五章：周元宽；第六章：叶忠；第七章：吴亦明、黄晓珊、许芸、肖金兰；第八章：郭华；第九章：胡金平；第十章：骆正林；第十一章：周宗伟；第十二章：王海英。全书统稿由吴康宁、王海英、程天君共同完成。

　　感谢人民出版社的大力支持，使得本书得以顺利出版。特别感谢人民出版社责任编辑杨瑞勇同志的盛情邀约和专业工作，使得本书增色不少。

吴康宁

2019 年 6 月 28 日

责任编辑：杨瑞勇
封面设计：徐　晖
责任校对：吕　飞
版式设计：杜维伟

图书在版编目（CIP）数据

教育改革的社会支持 / 吴康宁等 著 . —北京：人民出版社，2019.11
ISBN 978－7－01－021519－8

I. ①教…　II. ①吴…　III. ①教育改革－研究－中国　IV. ① G521

中国版本图书馆 CIP 数据核字（2019）第 243834 号

教育改革的社会支持

JIAOYU GAIGE DE SHEHUI ZHICHI

吴康宁　等　著

人民出版社 出版发行

（100706　北京市东城区隆福寺街 99 号）

北京汇林印务有限公司印刷　新华书店经销

2019 年 11 月第 1 版　2019 年 11 月北京第 1 次印刷
开本：710 毫米 ×1000 毫米 1/16　印张：35
字数：538 千字

ISBN 978－7－01－021519－8　定价：96.00 元

邮购地址 100706　北京市东城区隆福寺街 99 号
人民东方图书销售中心　电话：（010）65250042　65289539